Contribution à l'étude de la pénalisation du droit fiscal

Finances publiques

Collection dirigée par Thierry LAMBERT

Finances publiques/Public finance
Collection dirigée par/Collection directed by Thierry LAMBERT

Les finances publiques connaissent un développement important et se diversifient. Cette discipline couvre notamment les finances de l'État, le droit public financier, le droit fiscal, les finances communautaires, les finances locales, les finances sociales, les finances internationales et comparées, les procédures fiscales ainsi que le droit douanier. Ces questions peuvent être envisagées dans un cadre national, communautaire ou mondial.

La présente collection a pour vocation de publier des travaux originaux (thèses, essais, colloques...) ou de facture plus classique (manuels, commentaires de textes, recueils de documents...).

Elle a aussi pour ambition de rééditer des ouvrages aujourd'hui introuvables, mais fort utiles, dès lors qu'ils s'imposent comme référence et qu'ils sont agrémentés d'une préface substantielle.

Public finance steadily developping and diversifying. This discipline more particulary coversstate finance, public financial law, tax law, EU finance, local finance, social finance, international and comparative finance, tax procedures and customs law. Those questions can be considered within a national community or global framework.

The aim of this collection is to publish original works (theses, essays, symposiums...) or more traditional ones (textbooks text analyses, collections of documents ...).

In addition, it is meant to re-publish books which are currently untraceable no matter how usefulprovided they stand as genuine references and contain substantial prefaces.

Déjà parus

Vincent DREZET, Ophélie VILDEY, *Notre argent public, pour mieux vivre ensemble*, 2020.
Mohamed HARAKAT, *Finances publiques et réformes de l'État, le cas du Maroc*, 2020
Mathurin MBOUNOU-NGOPO, *La fiscalité et l'impératif de développement du Centrafrique*, 2019.
Emmanuel JOANNARD-LARDANT, *L'établissement de la preuve fiscale : essai de droit processuel*, 2019.
Dominique VILLEMOT, *Le débat fiscal : une passion française*, 2019.
Aurélie DORT, *Fiscalité et sécurité sociale, Étude de la fiscalisation des ressources de la Sécurité sociale*, 2019.
Fidèle MENGUE ME ENGOUANG, *Les finances publiques du Gabon*, 2018.
DIOUKHANÉ Abdourahmane, *Les finances locales sénégalaises*, 2018.
ATECK A DJAM Félix, *Droit du contentieux fiscal camerounais, Nouvelle édition*, 2017.
Mahrez ZAHED, *La démarche de performance dans la gestion locale. Les collectivités territoriales face aux défis de la nouvelle gouvernance*, 2017.

Lolita Girondeau

Contribution à l'étude de la pénalisation du droit fiscal

Préface de Thierry Lambert

L'Harmattan

***

5-7, rue de l'École-Polytechnique – 75005 Paris
www.editions-harmattan.fr
ISBN : 978-2-343-22979-9
EAN : 9782343229799

Cet ouvrage constitue une version actualisée de ma thèse de doctorat soutenue à l'université d'Aix-Marseille le 30 novembre 2020 sous la direction de Monsieur le professeur Thierry Lambert.

Je tiens à le remercier pour la qualité de son encadrement et pour son soutien tout au long de mon travail de recherche.

Je remercie également ma famille et mes amis pour leur soutien au cours de ces cinq années de doctorat.

PRÉFACE

La pénalisation du droit fiscal est une préoccupation pour les professionnels et un sujet à thèses, auquel Madame Girondeau a consacré sa recherche. La question de savoir s'il s'agit de la pénalisation du droit fiscal dans son ensemble ou des sanctions fiscales et /ou pénales doit être posée. À la suivre dans ses écrits, la pénalisation du droit fiscal doit être entendue comme l'influence exercée par le droit de la répression pénale qui est au cœur du renouveau conceptuel de la notion de sanction fiscale et de la transformation de son régime juridique. C'est donc une approche restrictive qu'elle a choisi de suivre.

Le sujet est difficile et complexe, d'autant que la répression pénale fiscale n'est pas subordonnée en totalité aux règles qui gouvernent le droit pénal et la procédure pénale stricto sensu. L'auteure soutient que la pénalisation est ce qui évolue dans le sens d'une application du droit pénal. De ce point de vue, la loi du 6 décembre 2013 a durci la lutte contre la fraude fiscale et la grande délinquance financière. Le législateur a renforcé les peines principales et complémentaires. Néanmoins, les statistiques et la pratique judiciaire démontrent une « forme douce » de la pénalisation du droit fiscal qui contraste singulièrement avec l'acceptation de la pénalisation entendue comme l'influence exercée par le droit de la répression pénale.

Pour traiter de ce sujet, elle a choisi un plan assez simple mais qui permet de la suivre aisément. En effet elle examine dans une première partie la « caractérisation de la sanction pénale au regard du droit pénal » puis traite, dans une seconde partie du « régime juridique quasi pénal des sanctions fiscales ». L'utilisation de « quasi » traduit un embarras très largement partagé par la doctrine. Le plan retenu à l'avantage de conduire à traiter les aspects substantiels et procéduraux de la pénalisation du droit fiscal, que ce soit sous l'angle de la qualification juridique ou des conséquences à en tirer.

Pour appréhender le phénomène de la pénalisation des sanctions fiscales, Madame Girondeau a dû se résoudre dans un premier temps à identifier la notion de sanction fiscale qui constitue la première étape de la pénalisation des sanctions fiscales. En effet, de cette qualification juridique découle l'application des principes de droit pénal de fond et de forme. Le caractère déterminant de l'identification de la sanction fiscale justifie d'y avoir consacré une première partie. Une fois la question de la nature juridique de la sanction fiscale traitée, la deuxième partie a eu pour finalité de démontrer l'apport du droit pénal au régime juridique des sanctions fiscales ainsi que les limites de son application.

La notion de sanction fiscale, et son régime juridique, ont connu une profonde mutation, depuis quelques années, par les apports successifs de la jurisprudence de la Cour européenne des droits de l'homme, du Conseil constitutionnel, du Conseil d'État et de la Cour de cassation mais aussi par l'intersession du législateur et d'une doctrine très prolixe. L'une des difficultés a été de mobiliser la jurisprudence des juridictions suprêmes, de l'ordonner pour la mettre en cohérence afin de dégager les éléments constitutifs de la thèse. En outre l'articulation, la combinaison, entre le droit fiscal répressif et le droit pénal permet d'expliciter les mots « pénalisation », suivi de « droit fiscal » qui sont dans le titre de ce travail de recherche.

Pour l'auteure une assimilation en tous points des sanctions fiscales aux sanctions pénales n'est pas souhaitable car, elle bouleverserait le fondement de la répression en matière fiscale. Il faut toutefois intensifier la vigilance à l'égard de la répression administrative, dont l'exercice est confié à des autorités non juridictionnelles, même si le juge peut être amené à contrôler l'usage qui est fait des sanctions administratives. L'auteure l'écrit, « il existe une tension constante entre la volonté de préserver un système de répression fiscale efficace et la préservation des droits et garanties du contribuable ».

En juriste accomplie Madame Girondeau a su mobiliser ses connaissances au service de sa thèse qui se lit facilement. Elle n'a pas hésité à présenter bon nombre de solutions retenues par la jurisprudence et à participer aux débats, qui agitaient la doctrine, en apportant son analyse. C'est un travail de qualité fort bien documenté, qui nous est livré, et qui n'a pas l'ambition d'être une réponse définitive à la question de la pénalisation du droit fiscal, dont la pénalisation de la sanction n'est qu'un aspect. Madame Girondeau a apporté sa « contribution » à la recherche.

Thierry LAMBERT
Professeur Aix-Marseille Université

SOMMAIRE

LISTE DES PRINCIPALES ABRÉVIATIONS

AJDA	Actualité juridique de droit administratif
BDCF	Bulletin des conclusions fiscales
Bull. crim.	Bulletin des arrêts de la Cour de cassation, chambre criminelle
Bull. civ.	Bulletin des arrêts de la Cour de cassation, chambre civile
CAA	Cour administrative d'appel
CA	Cour d'appel
CC	Conseil constitutionnel
Ccass	Cour de cassation
CE	Conseil d'État
CEDH	Cour européenne des droits de l'homme
CGI	Code général des impôts
D.	Dalloz
Dr fisc.	Revue de droit fiscal
DP	Revue Droit pénal
DS	Revue Droit des sociétés
Gaz. Pal.	Gazette du palais
JORF	Journal officiel de la République française
LPA	Les petites affiches
LPF	Livre des procédures fiscales
RDP	Revue de droit public
Rec. CE	Recueil des décisions du Conseil d'État
Rec. Cons. Const	Recueil des décisions du Conseil Constitutionnel
Rec. CEDH	Recueil des décisions de la Cour européenne des droits de l'homme
RFDA	Revue française de droit administratif
RFDC	Revue française de droit constitutionnel
RFFP	Revue française de finances publiques
RJF	Revue de jurisprudence fiscale
RSC	Revue de science criminelle
TA	Tribunal administratif
TGI	Tribunal de grande instance

INTRODUCTION

1. Depuis plusieurs années, d'abondantes études doctrinales font état de la « pénalisation » du droit fiscal. L'emploi fréquent du terme « pénalisation » est révélateur de son engouement au sein de la doctrine en matière fiscale. Cependant, il ressort de ces études, différentes acceptions de la « pénalisation » du droit fiscal qu'il convient de relever afin d'en analyser la réalité juridique.

1. Les différentes acceptions du terme pénalisation

2. Absent de la majorité des dictionnaires juridiques, le terme « pénalisation » a néanmoins été défini dans le vocabulaire juridique de l'Association René Capitant comme « *l'action de pénaliser-infliger une pénalité ou un handicap- et (le) résultat de cette action* »[1]. Elle désigne « *surtout en matière économique ou sociale la rupture de l'égalité des chances qui résulte d'un traitement discriminatoire ou d'une mesure jouant à la manière d'un traitement* »[2]. Cette définition a été interprétée comme le fait d'infliger un désavantage à un individu ou à une collectivité en application d'un « *mécanisme établi par le droit* »[3].

3. Au cours des années 1980, le terme « pénalisation » a subi un bouleversement sémantique dans le langage juridique. Diamétralement opposé de son acception initiale, le terme « pénalisation » est utilisé pour évoquer des mouvements juridiques différents. Ainsi, l'influence du droit de

---

[1] V. Pénalisation. Vocabulaire juridique, sous la dir. De Gérard Cornu, Association H. Capitant, PUF coll. Quadrille, 2007, 8ième édition.
[2] Ibidem
[3] MOUYSSET O., « Contribution à l'étude de la pénalisation », bibliothèque des sciences criminelles, *LGDJ Lextenso Édition*, 2008, p. 6.

la répression pénale[4], le dévoiement de l'action pénale[5], ou encore le renforcement de la répression pénale ont pu être qualifiés de pénalisation[6]. La variation du sens du terme « pénalisation » résulte de son utilisation par la doctrine dans différentes branches du droit. Les enjeux de la pénalisation étant distincts d'un domaine à un autre. Si ces différentes acceptions doctrinales de la pénalisation ont pour point commun d'unir « *le terme pénalisation au droit pénal de fond et de forme* »[7], elles revêtent des réalités juridiques très différentes. En droit fiscal, le terme pénalisation a été utilisé pour évoquer l'influence exercée par le droit pénal en matière de sanction fiscale mais également le renforcement de la répression pénale de la fraude fiscale.

La pénalisation traduction de l'influence exercée par le droit de la répression pénale

4. Le terme « pénalisation » a été utilisé dans le contentieux fiscal pour traduire l'influence exercée par le droit de la répression pénale. Cette première acception a été définie comme « *l'inclination du droit pénal aussi bien de fond que de forme à marquer de son empreinte dans d'autres branches du droit* »[8] ou encore comme « *ce qui évolue dans le sens d'une application du droit*

---

[4] AUSTRY S., « Les sanctions administratives en matière fiscale », *AJDA* 2001, p.51. ; COLLET M. « Les sanctions administratives et l'article 6 de la Convention européenne de sauvegarde des droits de l'homme et des libertés fondamentales », *JCP A* 2013, n°11, comm. 2077 ; DELMAS MARTY M., TEITGEN-COLLY C., Punir sans juger ? de la répression administrative au droit administratif pénal, *Economica* 1992., FARINA CUSSAC J., « La sanction punitive dans les jurisprudences du Conseil constitutionnel et de la Cour européenne des droits de l'homme », *RSC* 2002, p. 517 ; FROGER C., « La sanction fiscale dans les jurisprudences constitutionnelles et européennes », *RDP* 2013, n° 4, p. 929 ; DEROUIN P., « L'apport du droit pénal au régime juridique des sanctions fiscales », *LPA* 1993, n°120. ; DREIFUSS M., « Portée de l'article 6 de la Convention européenne des droits de l'homme en matière de pénalités fiscales », *AJDA* 1995, p. 739. GUTMANN D. « Sanctions fiscales et constitution », *Nouveaux Cahiers du Conseil Constitutionnel* 2011, n° 33, « La portée de l'article 6 de la Convention européenne des droits de l'homme en matière fiscale » *Dr fisc.* 2016, n°38, comm. 501. PELLAS J-R., « L'influence du droit à un procès équitable sur le pouvoir de sanction fiscale », *LPA* du 1er juillet 1994, n°78.

[5] Le terme « pénalisation » a été utilisé pour « *attirer l'attention de la communauté juridique sur l'usage de plus en plus fréquent de l'action pénale à des fins totalement étrangères à celles qui lui sont pourtant assignées par le Code de procédure pénale, et ce, quelle que soit la mise en mouvement par le ministère public ou sur l'initiative d'un accusateur privée* » : MOUYSSET O., *Contribution à l'étude de la pénalisation :* op cit. p. 23.

[6] Il s'agit de l'ensemble des règles juridiques qui organise la réaction de l'état vis à vis des infractions et des délinquants : MOUYSSET O., « Contribution à l'étude de la pénalisation », op cit. pp. 31-44.

[7] MOUYSSET O., « Contribution à l'étude de la pénalisation », op cit., p. 13.

[8] Ibidem.

pénal »[9]. Partant de cette définition large, la pénalisation pourrait signifier aussi bien « *l'extension juridictionnelle de garanties jusqu'alors réservées au droit pénal et à la procédure pénale (...) à d'autres territoires* »[10] que « *la préférence qui a été accordée, dans un cas particulier, par une juridiction extra pénale à un texte pénal au détriment d'une autre norme juridique en principe applicable* »[11]. En droit fiscal, seule la première hypothèse relève de la pénalisation. Elle a ainsi vocation à décrire le processus d'assimilation des sanctions fiscales à finalité punitive aux sanctions pénales. Ainsi, « *sous l'influence du droit européen des droits de l'homme, le droit de la répression administrative fiscale s'est pénalisé* »[12].

5. L'extension juridictionnelle des garanties du droit pénal résulte en premier lieu de « *l'éclatement de la notion de matière pénale* »[13]. La matière pénale revêt une acception beaucoup plus large que celle que lui prêtait la doctrine initialement. La Cour européenne des droits de l'homme a ainsi admis qu'une norme n'appartenant pas au droit pénal national, relève de la matière pénale en vertu de l'interprétation autonome de l'article 6 de la Convention européenne des droits de l'homme lequel prévoit de nombreuses garanties procédurales. Ce mouvement ébauché en matière de sanctions disciplinaires a progressivement été étendu en matière de sanctions fiscales. Ainsi des normes relevant de la procédure fiscale ont pu subir « *l'attraction des principes fondamentaux du droit pénal et de la procédure pénale* »[14]. L'extension juridictionnelle des garanties du droit pénal résulte, en second lieu, de l'assujettissement par le Conseil Constitutionnel des « *sanctions ayant le caractère de punition* » aux principes de fond et de forme de la procédure pénale issus de l'article 8 de la Déclaration des droits de l'homme et du citoyen. L'extension juridictionnelle procède du recours à la notion autonome de sanction « *ayant le caractère de punition* » laquelle a une acception large qui va au-delà de l'acception purement formelle de la sanction pénale. Ainsi,

---

[9] AYRAULT L., « La pénalisation de la lutte contre la fraude fiscale », *Revue européenne et internationale de droit fiscal*, n°2015-1, p.36.

[10] CONTE, Ph, MAISTRE du CHAMBON P., *Droit pénal général*, *Armand colin*, 7e ed, 2014, p. 40.

[11] MOUYSSET O., « Contribution à l'étude de la pénalisation », op cit., p. 13. Ce mouvement a été relevé par la doctrine publiciste à la suite d'un arrêt pris dans le domaine du droit de la fonction publique dans laquelle le Conseil d'Etat a préféré s'appuyer sur un texte pénal plutôt que sur un texte de droit public : CE, ass. 6 décembre 1996, *D.* 1997, jur. p. 57, note M. DOBKINE.

[12] AYRAULT L., « Sanctions fiscales », *JCl. Procédures fiscales*, Fasc. 385.

[13] MOUYSSET O., « Contribution à l'étude de la pénalisation », op cit., p.14

[14] MULLER Y., « Droit pénal, manquement administratif et faute disciplinaire », in La criminalité d'argent : quelle répression ? *L.G.D.J.*, *collection grand colloque*, ed. Montchretien, 2004, pp. 25-40.

« *l'objet des principes constitutionnels du droit* »[15] ne se cantonne plus « *à la notion de peine au sens du droit pénal classique, mais s'étend à toute sanction ayant le caractère de punition qu'elle soit prononcée par une autorité de nature non judiciaire ou non juridictionnelle* »[16].

La pénalisation entendue comme un renforcement de la répression pénale de la fraude fiscale

6. Le terme « *pénalisation* » a été utilisé par la doctrine pour exprimer un renforcement de la répression pénale. Cette acception « *occupe une place non négligeable dans le discours contemporain* »[17]. La répression est considérée par la doctrine comme *« un élément d'un dérèglement sur le plan social, un dérèglement apparu intolérable par l'atteinte portée à l'intérêt général et contre lequel la société a ressenti le besoin d'une réaction ferme, dépassant le cadre de la simple prévention »*[18]. La caractéristique de la répression réside ainsi dans une forte contrainte nécessaire au maintien de l'ordre social. Le mouvement de pénalisation entendu dans cette seconde acception va alors consister au renforcement de la contrainte pénale. Faisant preuve d'une étude d'ensemble sur la réalité juridique de la pénalisation, Olivier MOUYSSET a relevé les différentes hypothèses dans lesquelles le terme « pénalisation » a été utilisé pour exprimer un durcissement de la répression pénale[19]. Ainsi la création de nouvelles infractions, l'élévation du quantum des peines, l'assortissement de circonstances aggravantes, l'élargissement du domaine d'application d'un texte d'incrimination, l'extension du champ d'application de la responsabilité pénale ou encore de l'application de la loi pénale dans l'espace ont été qualifiés de « pénalisation ».

7. En droit fiscal, une partie de la doctrine a retenu une acception large du terme « pénalisation », en englobant dans son analyse le renforcement de l'arsenal répressif « *visant à mieux détecter, appréhender et sanctionner la fraude* »[20]. Celui-ci évolue depuis plusieurs années « *vers toujours plus de*

---

[15] GERVIER P., « L'identification de la sanction pénale : le point de vue du constitutionnaliste », in Droit constitutionnel et grands principes du Droit pénal, Acte du colloque organisé le 8 et 9 novembre 2012 par le CERCCLE et l'ISCJ de l'Université Montesquieu-Bordeaux IV, *Édition Cujas* 2013, collection Actes et Études., p.141

[16] Ibidem.

[17] MOUYSSET O., « Contribution à l'étude de la pénalisation », op cit. p. 31

[18] Ibidem.

[19] Ibidem, pp 36-41.

[20] VERGNET N., « La fraude fiscale. Vers une pénalisation accrue du droit fiscal ? », *Cah. dr. entr.* 2020, n°1, dossier 1.

rigueur »[21]. Ainsi, la doctrine s'est fondée sur cette acception juridique pour dénoncer le mouvement de pénalisation « *qui prendrait la forme d'une aggravation des sanctions encourues par les contribuables en cas de violation de leurs obligations légales* »[22], mais également « *renforcement des procédures d'enquête* »[23] et « *de contrôle* »[24]. Ainsi, a été considéré comme résultant du mouvement de pénalisation du droit fiscal, la création de la Brigade nationale de répression de la délinquance fiscale, la procédure de flagrance fiscale, le renforcement des saisies et la consécration de leur caractère conservatoire, mais également le renforcement de la coopération internationale[25]. L'utilisation du terme s'est considérablement accrue suite à l'entrée en vigueur de la loi relative à la lutte contre la fraude fiscale et la grande délinquance économique et financière[26]. Ainsi « *la loi n° 2013-1117 du 6 décembre 2013 relative à la lutte contre la fraude fiscale et la grande délinquance économique et financière* (…) *constitue* (…) *une évolution vers un droit fiscal qui se pénalise* »[27]. La création du Procureur de la République financier, l'habilitation des agents des services fiscaux à exercer des prérogatives de police judiciaire, l'élévation du quantum des peines et l'assortissement de circonstances aggravantes[28] , la création d'un régime de repentis[29], l'élargissement du champ de la « police fiscale » à toutes les fraudes fiscales en lien avec un compte ouvert ou un contrat souscrit à l'étranger, qu'il soit déclaré ou non[30], l'allongement de trois à six ans du délai de prescription pénale de la fraude fiscale[31], la simplification du dépôt des plaintes en cas de fraudes fiscales connexes[32], la modification de la composition de la Commission des infractions fiscales[33] se sont greffés à l'analyse de la pénalisation du droit fiscal. La loi relative à la lutte contre la fraude[34] a

---

[21] BOUSARDO V., MAES M., « Pénalisation de la fraude fiscale : la fin justifie-t-elle les moyens ? », *DP* 2018, n°10, dossier 9.

[22] GUTMANN D., « La pénalisation du droit fiscal : mythe ou réalité ? », *Dr fisc.* n°4, 27 janvier 2011, 122

[23] DUSSART V., « La police fiscale », *Dr fisc.* n°51-52, 18 décembre 2014, comm. 695

[24] Rapp. Comité de lutte contre la fraude, 22 mai 2014, p. 21.

[25] GUTMANN D., « La pénalisation du droit fiscal : mythe ou réalité ? », op cit.

[26] Loi n° 2013-1117 du 6 décembre 2013 relative à la lutte contre la fraude fiscale et la grande délinquance économique et financière, *JORF* du 7 décembre 2013, p. 19941, texte n°4.

[27] DAOUD E., « La pénalisation du droit fiscal : rappels et inventaire », *Revue Lamy droit des affaires* 2016, n° 114.

[28] CGI, art. 1741, al. 2 à 7.

[29] CGI, art. 1741, al. 11.

[30] LPF, art. L. 228.

[31] LPF, art. L. 230.

[32] LPF, art. L. 229.

[33] CGI, art. 1741 A.

[34] Loi n° 2018-898 du 23 octobre 2018 relative à la lutte contre la fraude, *JORF* du 24 oct. 2018, texte n° 1.

poursuivi[35] le mouvement de pénalisation du droit fiscal. Elle a renforcé « *les moyens de détection et de sanction des situations de fraude en matière fiscale et sociale en poursuivant le mouvement visant à donner au « pénal-fiscal » une place de plus en plus importante* »[36]. Pour ce faire, le législateur a renforcé les dispositifs légaux qui définissent les comportements sanctionnables[37], et les sanctions fiscales et pénales à l'encontre des contribuables ayant commis des infractions graves[38] et a supprimé en partie le « verrou de Bercy »[39].

8. Une acception plus stricte a cependant été défendue par le professeur Ludovic Ayrault dans son analyse portant sur la pénalisation de la lutte contre la fraude fiscale[40]. Si cette étude s'avère plus restreinte que l'analyse générale de la pénalisation du droit fiscal, quelques enseignements peuvent en être tirés. Partant d'une première acception du terme pénalisation, « *qui évolue dans le sens d'une application du droit pénal* »[41], il évince de l'analyse de la pénalisation, la création du Procureur de la République financier[42], l'utilisation d'informations d'origine illicite et la qualité d'officier de police

[35] PICARD B., CHERRUAULT C., « La loi relative à la lutte contre la fraude - Poursuite du mouvement de pénalisation du droit fiscal », *Revue Internationale de la Compliance et de l'Éthique des Affaires* 2018, n° 5, comm. 163.

[36] Ibidem.

[37] Notamment le durcissement des obligations applicables aux plateformes en ligne. Elles ont l'obligation d'informer les utilisateurs de leurs obligations fiscales et sociales à l'occasion de chaque transaction (cette obligation est sanctionnée par une amende forfaitaire globale fixée à un maximum de 50 000 euros) et d'adresser à leurs utilisateurs chaque année un document récapitulatif des transactions qu'il a effectué sur la plateforme (cette obligation est sanctionnée par une amende égale à 5 % des sommes non déclarées). D'autre part, la loi a étendu la notion de régime fiscal privilégié utilisée dans différents dispositifs anti-abus aux pays dont l'imposition sur les revenus est inférieure à 40 % ou plus de l'imposition française.

[38] La loi alourdit la sanction pénale pour fraude fiscale. Elle passe à 500 000 euros (voir 3 millions d'euros en cas de circonstances aggravantes) pour les personnes physiques et à 2,5 millions d'euros (voir 15 millions d'euros en cas de fraude aggravée) pour les personnes morales. Elle admet la possibilité pour l'administration fiscale de publier certaines sanctions (il en va ainsi des rehaussements en matière d'abus de droit et de manœuvres frauduleuses d'un montant minimum de 50 000 euros). Enfin, est rendu obligatoire par la loi, le prononcé de la peine complémentaire d'affichage et de diffusion de la décision de condamnation de fraude fiscale.

[39] En vertu de la loi du 23 octobre 2018, l'administration fiscale doit transmettre automatiquement les dossiers au procureur de la République lorsque les droits rectifiés excèdent un seuil de 100 000 euros et qu'est applicables les pénalités fiscales de 100 % en cas d'évaluation d'office pour opposition à contrôle fiscal, de 80 % en cas d'activité occulte, abus de droit, manœuvres frauduleuses, dissimulation de prix ou activité illicite et cas de non-déclaration des avoirs étrangers, de 40 % en cas de déclaration ou acte non déposés dans le délai de 30 jours suivant la réception d'une mise en demeure, de manquement délibéré ou d'abus de droit lorsqu'au cours des 6 dernières années civiles le contribuable a déjà fait l'objet de l'une des pénalités mentionnées précédemment, ou d'une plainte de l'administration fiscale.

[40] AYRAULT L., « La pénalisation de la lutte contre la fraude fiscale », *Revue européenne et internationale de droit fiscal*, n°2015-1, p.36

[41] Ibidem.

[42] Ça création ne contribue qu'à une réorganisation des services judiciaires.

judiciaire[43]. Ainsi, relève de la première acception du terme « pénalisation », l'assimilation des sanctions fiscales aux sanctions pénales. À cette acception première, doit être prise en compte une acception propre aux sanctions pénales fiscales à savoir *« une évolution dans le sens d'une répression accrue »*[44]. Ainsi, relève de la pénalisation de la lutte contre la fraude fiscale, le renforcement des peines principales comprenant l'élévation du quantum des peines, mais également l'assortissement de circonstances aggravantes et le renforcement des peines complémentaires de confiscation.

2. Le choix d'une étude portant sur l'acception première du terme pénalisation

9. La seconde acception du terme pénalisation entendue par la doctrine comme « *une évolution dans le sens d'une répression accrue* »[45], englobe le renforcement des sanctions pénales fiscales principales ainsi que les peines complémentaires. S'il est indéniable que le législateur a contribué au renforcement voir à l'aggravation des sanctions ces dernières années, il n'en demeure pas moins qu'en pratique la pénalisation de la fraude fiscale reste limitée. Partant de ce constat, il est possible de s'interroger sur « *la réalité* » de la pénalisation[46]. Si une réponse positive a été apportée par la doctrine dans l'analyse de l'arsenal juridique destiné à lutter contre la fraude fiscale[47], l'analyse de la pratique judiciaire complétée par les statistiques relatives aux poursuites plaide en faveur d'une « *forme douce de pénalisation* »[48].

---

[43] Selon le professeur AYRAULT, la création de la qualité d'officier de police judiciaire n'a pas pour effet de pénaliser l'administration mais procède à une fiscalisation des services de police judiciaire. AYRAULT L., « La pénalisation de la lutte contre la fraude fiscale », op cit., p.36.

[44] Ibidem.

[45] Ibidem.

[46] GUTMANN D., « La pénalisation du droit fiscal : mythe ou réalité ? », *Dr fisc.* n°4, 27 janvier 2011, 122.

[47] Ibidem ; AYRAULT L., « La pénalisation de la lutte contre la fraude fiscale », op cit.

[48] SPIRE A., WEIDENFELD K., « Des erreurs ou des fraudes ? Le sens des sanctions en matière fiscale », *ministère de la Justice, Mission de recherche Droit et Justice*, septembre 2014, p.62.

10. Les lois du 14 mars 2012 et du 6 décembre 2013 ont contribué au renforcement « *remarquable* » [49] des sanctions pénales fiscales infligées en répression de la fraude fiscale qui n'avaient pas fait l'objet de modification depuis la loi du 30 décembre 1977. Remarquable premièrement par leurs incidences sur l'élévation du quantum des peines. Celui-ci est passé de 37 000 à 500 000 euros[50], suite à l'entrée en vigueur de la loi du 14 mars 2012. Ce montant pouvait être porté à 750 000 voire 1 000 000 d'euros, en présence de circonstances aggravantes. La loi du 6 décembre 2013 a augmenté le quantum des peines infligées en cas de circonstances aggravantes à 2 000 000 d'euros. Dans la même ligne directrice, le projet de loi relatif à la lutte contre la fraude fiscale présenté le 28 mars 2018 a porté le montant de la sanction de fraude fiscale aggravée à 3 000 000 d'euros [51] et modifié le mode de calcul de ces amendes pénales afin de permettre de les fixer en proportion du produit tiré de l'infraction[52]. Le renforcement de l'arsenal répressif ne s'est pas arrêté à l'élévation du quantum des peines principales. La loi du 6 décembre 2013 a augmenté la peine privative de liberté en cas de circonstances aggravantes de 5 à 7 années. Elle constitue « *une étape supplémentaire dans le renforcement de la répression* »[53].

11. Outre le renforcement des peines principales, le législateur a contribué à faciliter le recours aux peines complémentaires de confiscation y compris dans la répression du délit de fraude fiscale. Ainsi, la loi du 9 juillet 2010[54] visant à faciliter les saisies a permis à l'autorité judiciaire de pratiquer des saisies de biens, au stade de l'enquête, pouvant faire ultérieurement l'objet d'une confiscation. La loi ne mentionne pas expressément l'application de cette procédure en matière de fraude fiscale. En revanche, il est précisé que son champ s'étend aux infractions pour lesquelles le juge pénal peut prononcer une peine complémentaire de confiscation dans les conditions prévues à l'article 131-21 du Code pénal. Or, il résulte de ces dispositions que le régime s'applique de plein droit pour les crimes et délits punis d'une peine privative de liberté supérieure à un an. Cette disposition s'applique donc très

[49] AYRAULT L., « La pénalisation de la lutte contre la fraude fiscale », op cit, p.40.
[50] Le montant est porté à 2,5 millions d'euros pour les personnes morales.
[51] L'amende est portée à 15 000 000 d'euros pour les personnes morales.
[52] Le montant de l'amende pour fraude fiscale peut être porté au double du produit tiré de l'infraction pour les personnes physiques et à un multiple pour les personnes morales.
[53] AYRAULT L., « Le renforcement des sanctions », *Dr fisc.* n° 51-52, 18 décembre 2014, comm. 701.
[54] Loi n° 2010-768 du 9 juillet 2010 visant à faciliter la saisie et la confiscation en matière pénale, *JORF* n°0158 du 10 juillet 2010 p. 12753, texte n° 1.

logiquement à la fraude fiscale dont la peine privative de liberté peut aller jusqu'à 7 ans. Elle contribue au renforcement de la pénalisation, en ce qu'elle permet de garantir l'effectivité de la peine de confiscation en lui donnant les possibilités matérielles d'y procéder et partant de garantir l'efficacité de l'exécution des sanctions pénales[55].

12. La loi relative à la lutte contre la fraude fiscale du 23 octobre 2018 prévoit l'application par défaut de la peine complémentaire de publication et de diffusion des décisions de condamnation pour fraude fiscale. Jusqu'à la décision du Conseil constitutionnel du 10 décembre 2010[56], la peine complémentaire de publication et d'affichage était prononcée de manière automatique par le juge. La juridiction suprême a confronté cette sanction au principe d'individualisation des peines et a conclu en sa contradiction avec la Constitution dans la mesure où elle ne permettait au juge de pouvoir faire varier la durée et les modalités d'affichage[57]. Quelques semaines après cette décision, le législateur a mis en place une nouvelle peine de publication et d'affichage facultative. Si certaines juridictions ont persisté à prononcer cette sanction, elle a en pratique quasiment disparu[58]. Afin de renforcer le recours à la peine complémentaire de publication, considérée comme particulièrement dissuasive en matière de lutte contre la fraude fiscale, la loi a prévu son application « *par défaut* »[59]. Les juges correctionnels sont tenus de prononcer la peine complémentaire de publication et de diffusion, sauf décision contraire motivée.

L'appréciation quantitative de la pénalisation

13. On ne saurait apprécier la réalité de la pénalisation qu'à l'aune du dispositif normatif. Il n'y a pénalisation qu'à la condition que son application soit effective. Le délit de fraude fiscale recouvre un champ très large en ce qu'il prévoit son application à toute omission déclarative ou toute minoration d'impôt supérieure à 153 euros. Ce large champ d'application contraste avec le nombre de poursuites pénales pour fraude fiscale déclenchées chaque

---

[55] GUTMANN D., « La pénalisation du droit fiscal : mythe ou réalité ? », op cit.
[56] C.C., 10 décembre 2010, n° 2010-72/75/82, *JORF* n°0287 du 11 décembre 2010 p. 21710, texte n° 81.
[57] Cette disposition a été abrogée avec effet immédiat.
[58] SPIRE A., WEIDENFELD K., « Des erreurs ou des fraudes ? Le sens des sanctions en matière fiscale », op cit, p.87.
[59] BOUSARDO V., MAES M., « Pénalisation de la fraude fiscale : la fin justifie-t-elle les moyens ? », *DP* 2018, n°10, dossier 9.

année. Ce paradoxe résulte en partie du particularisme de la procédure suivie devant le juge pénal. La loi du 25 juin 1920[60] a introduit une procédure dérogatoire au droit commun[61] codifié à l'article L 228 du LPF qui subordonne les poursuites pour fraude fiscale à la plainte préalable de l'administration fiscale. Cette prérogative qualifiée de « *verrou de Bercy* » ne s'exerçait qu'à l'issue d'un long processus de filtrage des dossiers devant être porté devant la justice. Cette sélection, qualifiée « *d'entonnoir de l'administration* »[62] faisait intervenir les inspecteurs des brigades de vérification, les responsables départementaux [63], le bureau des affaires fiscales et pénales et la Commission des infractions fiscales. Ce processus aboutissait à une sélection « drastique » des dossiers par l'administration fiscale qui consistait à ne traduire devant les juridictions pénales que les contribuables dont la culpabilité ne faisait aucun doute et dont la procédure paraissait incontestable[64]. Ainsi, nonobstant le renforcement de l'arsenal répressif de l'administration, le nombre de dossiers transmis à la Commission des infractions fiscales chaque année était d'environ un millier. Ces statistiques contrastent avec le nombre de sanctions infligées par l'administration fiscale. Sur le nombre total de contrôles, seul 1,5% à 2% font l'objet d'une poursuite pénale. Ainsi, « *la répression de la fraude fiscale représente une part minime des dossiers relatifs à la délinquance économique et financière, domaine déjà très marginal au sein de l'institution judiciaire* »[65].

---

[60] Loi du 25 juin 1920 portant création de nouvelles ressources fiscales.

[61] Il résulte de l'article 1er du Code pénal que le parquet est libre de mettre en mouvement l'action publique.

[62] SPIRE A., WEIDENFELD K., « Des erreurs ou des fraudes ? Le sens des sanctions en matière fiscale », op cit, p.27

[63] Ils assument l'essentiel du travail de sélection et de constitution des dossiers. Pour une étude développée du système de sélection des dossiers : SPIRE A., WEIDENFELD K., « Des erreurs ou des fraudes ? Le sens des sanctions en matière fiscale », op cit, p.32.

[64] Ceci s'explique par une politique de rendement budgétaire qui selon la Cour des comptes tend à privilégier « *les contrôles à finalité budgétaire et répressive (…) au détriment de la finalité dissuasive et de l'égalité devant l'impôt* ». Elle tend ainsi à privilégier les dossiers de fraude fiscale peu complexes et faciles à identifier. Cette pratique, qui contrevient à l'objectif de diversification assigné à l'administration fiscale tend à faire échapper au juge pénal, les affaires complexes concernant « *certains secteurs d'activité, certaines catégories de contribuables, certains dispositifs dérogatoires et certains impôts* ». Elle peut conduire « *à sanctionner non pas les comportements les plus répréhensibles mais les plus faciles à appréhender* » : Rapport annuel de la Cour des comptes pour 2010. Voir sur ce point : GOGUEL-NYEGAARD., « Blanchiment de fraude fiscale, les glissements dérangeants de la répression, *AJ pénal 2016*, p. 186.

[65] SPIRE A., WEIDENFELD K., « Des erreurs ou des fraudes ? Le sens des sanctions en matière fiscale », op cit, p.62.

14. Cette procédure a été aménagée par la loi du 23 octobre 2018 relative à la lutte contre la fraude[66]. La nouvelle rédaction de l'article L 228 du Livre des procédures fiscales qui procède de cette loi, contraint l'administration à dénoncer au procureur de la République les cas où l'impôt éludé est supérieur à 100 000 euros et où le contribuable s'est vu infliger les majorations de 40%, 80% ou 100%. Il reviendra dès lors au procureur de la République d'apprécier l'opportunité des poursuites pour fraude fiscale à l'encontre du contribuable. Si cette réforme consacre « *un renforcement de la liberté d'initiative du parquet en matière fiscale* »[67] en atténuant le régime dérogatoire de l'article L 228 du LPF, on ne peut toutefois y voir une révolution du régime des poursuites en matière de fraude fiscale. La loi relative à la fraude ne procède pas à la suppression du « verrou de Bercy » mais à un aménagement. En effet, hormis les cas où l'administration fiscale est tenue de dénoncer au procureur de la République les faits dont elle est saisie, la procédure dérogatoire subsiste. Selon Bercy, sur les 4 000 dossiers de fraude fiscale « grave », seuls 2 000 d'entre eux pourraient être transmis automatiquement au parquet en application de ce nouveau système, soit une augmentation de 1 000 dossiers par an. Par conséquent, si l'augmentation des poursuites est l'une des conséquences de cette réforme[68], « *les dossiers qualifiés de graves ne seront pas tous automatiquement transmis* »[69].

15. Au-delà du processus de filtrage, la faible pénalisation résulte du prononcé par les magistrats de peines peu dissuasives. Premièrement, la peine privative de liberté considérée comme une arme particulièrement dissuasive n'est utilisée qu'avec parcimonie. En effet, si le juge n'hésite pas à l'utiliser pour condamner la fraude fiscale, il ne les prononce le plus souvent qu'avec sursis. Cette pratique est conforme à la volonté du législateur de privilégier les peines alternatives ainsi que les aménagements de peine[70]. En pratique, le

---

[66] Loi n° 2018-898 du 23 octobre 2018 relative à la lutte contre la fraude, op cit.

[67] PEZET F., « Le verrou de Bercy entrouvert ? Remarques sur la décision AFEP du 27 septembre 2019 », *Dr fisc.* 2019, n° 46, comm. 436.

[68] INGRAIN C., LORRAIN R., « Verrou de Bercy allégé, justice pénale négociée et droits de la défense -. - Le nouveau visage de la justice pénale fiscale », *JCP G.*, 2019, n°16, comm. 441.

[69] TAILLE-POLIAN S., observations sous le Rapport n° 14 (2018-2019) de M. de MONTGOLFIER, sénateur et Mme CARIOU, député, fait au nom de la commission mixte paritaire, déposé le 4 octobre 2018.

[70] BOCQUET E., « Évasion des capitaux et finance : mieux connaître pour mieux combattre », Rapport n° 87 (2013-2014), fait au nom de la Commission d'enquête sur le rôle des banques, déposé le 17 octobre 2013.

juge s'attache au passé pénal[71] ou à la gravité du délit[72]. Qu'elle se fonde sur l'un ou l'autre des critères pour prononcer une peine privative de liberté, la Cour de cassation impose une motivation particulièrement circonstanciée. Les juges sont tenus de motiver leurs décisions en caractérisant la nécessité d'une peine privative de liberté au vu des circonstances de fait ainsi qu'en démontrant l'impossibilité d'ordonner une mesure d'aménagement. À ce titre, elle n'hésite pas à censurer les décisions formulées en des termes très généraux et qui ne s'expliquent pas sur le choix d'infliger une peine privative de liberté[73]. Deuxièmement, si les peines d'amende ont vu leur montant remarquablement renforcé ces dernières années, il n'en demeure pas moins que le juge n'en prononce que très rarement. Statistiquement, les amendes ne sont prononcées que dans 6 à 9% des cas. De ce constat statistique, le professeur Ludovic Ayrault a pu relever qu' « *il est alors loin d'être évident que l'augmentation très importante du montant des amendes encourues en répression du délit de fraude fiscale conduise à une augmentation en proportion des amendes infligées* »[74]. Enfin, la faible pénalisation de la fraude fiscale résulte d'une utilisation restreinte des peines complémentaires. Plusieurs peines complémentaires sont susceptibles d'être prononcées par le juge pénal en matière de lutte contre la fraude fiscale, à savoir, la peine

---

[71] Les juges du fond insistent dans leur argumentation sur l'état de récidive du contribuable exposé aux faits de fraude fiscale. Ainsi, satisfait aux exigences de l'article 132-24 du code pénal, l'arrêt infirmatif de la Cour d'appel d'Aix-en-Provence qui condamne le prévenu à deux ans de prison ferme avec mandat d'arrêt aux motifs « *que la gravité des infractions notamment par les montants des sommes en cause et la personnalité de l'auteur qui apparaît avoir érigé la fraude fiscale en mode de fonctionnement généralisé au sein des entreprises qu'il dirige depuis des années* » et que « *la peine prononcée par les premiers juges apparaît insuffisante à réprimer les infractions visées à la prévention, lesquelles ont été commises dans la continuité de la fraude fiscale ayant concerné la société Smart DFN en 2001 et pour laquelle MX a été condamné le 29 octobre 2008, ce qui relève un ancrage durable et persistant dans la délinquance économique* » : Cass., Crim., 13 janvier 2012, Inédit, n° 11-84092. Un contribuable sans antécédent judiciaire reste considéré par le juge comme un « primo délinquant » et ce même si le dossier d'instruction fait ressortir une fraude fiscale de longue date (SPIRE A., WEIDENFELD K., « Des erreurs ou des fraudes ? Le sens des sanctions en matière fiscale », op cit, p. 74.). Il ressort de la pratique judiciaire, qu'une telle situation n'appelle que très rarement une condamnation à une peine privative de liberté.

[72] Cass. Crim., 22 sept. 2010, n°09-85.666, *RD bancaire et fin.* 2011, comm. 79, note F.J. CREDOT et Th. SAMIN.

[73] Cass. Crim. 29 sept. 2010, n°10.81.174, inédit.

[74] AYRAULT L., « Le renforcement des sanctions », op. cit. Une justification peut être tirée du fonctionnement du système répressif en matière fiscale. Le double système répressif contribue dans une large majorité des cas à cumuler les sanctions pénales avec les sanctions administratives. Or, il résulte de la jurisprudence du Conseil constitutionnel que si en l'état du droit, rien n'interdit, pour les mêmes faits, de cumuler des sanctions fiscales avec des sanctions pénales, le principe de proportionnalité des peines s'oppose à ce que le montant global qui résulte du cumul, dépasse le montant le plus élevé de l'une de ces deux sanctions. Il revient à la seconde autorité saisie et donc dans la plupart des cas au juge pénal de veiller au respect de ce principe. L'ampleur du quantum des sanctions fiscales explique l'utilisation peu fréquente de l'amende pénale.

d'affichage et de publication, l'inéligibilité, les privations de droits civiques, civils et de famille et les peines de confiscation. Si l'accent est mis depuis plusieurs années sur le développement de la peine complémentaire de confiscation[75], elle n'est pour l'heure actuelle, que rarement utilisée en matière de répression de la fraude fiscale[76]. Concernant les peines d'affichage et de publication, d'inéligibilité et les privations de droits civiques, civils et de famille, le législateur a récemment rendu leur prononcé obligatoire sauf motivation spéciale par le juge en matière de fraude fiscale[77]. Ces peines ne sont pas automatiques et le juge pourra les écarter s'il ne les trouve pas appropriées. Ainsi, l'impact réel de ces mesures dépendra de la manière dont les juridictions en feront application.

16. Il résulte de ces considérations que la pénalisation entendue dans sa seconde acception revêt une réalité théorique qui contraste avec la pratique administrative et judiciaire. Les prédictions du renforcement de l'action de l'administration dans la répression de la lutte contre la fraude fiscale[78] ne sont

---

[75] Loi n° 2010-768 du 9 juillet 2010 visant à faciliter la saisie et la confiscation en matière pénale, *JORF* n°0158 du 10 juillet 2010 p. 12753, texte n° 1. Sur l'analyse de cette réforme : V. ROBERT H, « Une importante réforme de procédure pénale inachevée. À propos de la loi du 9 juillet 2010 », *JCP G* 2010, comm. 1067. Sur les conséquences de cette réforme sur la pénalisation du droit fiscal : AYRAULT L. « La pénalisation de la lutte contre la fraude fiscale », *Revue européenne et internationale de droit fiscal*, n°2015-1, p.36 ; GUTMANN D., « La pénalisation du droit fiscal : mythe ou réalité ? », *Dr fisc.* n°4, 27 janvier 2011, 122.

[76] Le rapport de la Cour des comptes fait état de la faiblesse et de la diminution des montants des sommes confisquées en matière de fraude fiscale « *passant d'environ 14 M€ en 2014 à un peu plus de 7,5 M€ en 2018 selon les chiffres de l'Agence de gestion et de recouvrement des avoirs saisis et confisqués* ». Le renforcement des sanctions pénales de fraude fiscale s'accompagne « *d'un trop faible développement des procédures de saisies et confiscations pénales, pourtant essentielles en matière de délinquance économique et financière pour assurer le paiement effectif des peines d'amendes et de dommages et intérêts* » : V. C. comptes, rapport sur La fraude aux prélèvements obligatoires, évaluer, prévenir, réprimer, novembre 2019.

[77] La loi du 30 décembre 2017 a rendu le prononcé de l'ensemble des peines complémentaires d'interdiction des droits civiques, civils et de famille obligatoire, sauf motivation spéciale par le juge, pour toute personne reconnue coupable du délit de fraude fiscale aggravée ou commise en bande organisée ou de blanchiment de fraude fiscale (Loi n° 2017-1837 du 30 décembre 2017 de finances pour 2018, *JORF* n°0305 du 31 décembre 2017, texte n° 2). Le prononcé de la peine complémentaire d'inéligibilité pour toute personne reconnue coupable du délit de fraude fiscale aggravée ou commise en bande organisée ou de blanchiment de fraude fiscale a été rendu obligatoire par la loi du 15 septembre 2017 pour la confiance de la vie politique. Toutefois la juridiction peut, par une décision motivée, ne pas prononcer cette peine en considération des circonstances de l'infraction et de la personnalité de son auteur : (Loi n° 2017-1339 du 15 septembre 2017 pour la confiance dans la vie politique *JORF* n°0217 du 16 septembre 2017, texte n° 2.) Enfin la loi du 23 octobre 2018 relative à la lutte contre la fraude a rendu la peine complémentaire de publication obligatoire sauf décision spécialement motivée par le juge. (Loi n° 2018-898 du 23 octobre 2018 relative à la lutte contre la fraude, op cit).

[78] GUTMANN D., « La pénalisation du droit fiscal : mythe ou réalité ? », op cit.

à l'heure actuelle vérifiées. Ainsi, le choix s'est porté sur l'analyse de la première acception du terme pénalisation.

3. Un phénomène au cœur de la transformation du régime juridique des sanctions fiscales

17. Sous l'influence conjuguée de la Cour européenne des droits de l'homme, du Conseil constitutionnel, de la Cour de cassation, du Conseil d'État, du législateur et de la doctrine, la notion et le régime juridique des sanctions fiscales ont subi une profonde évolution. La pénalisation des sanctions fiscales correspond au processus d'assimilation des sanctions fiscales aux sanctions pénales qui a eu pour conséquence de les soumettre aux principes tant du droit pénal de fond que de forme. Elle est l'origine d'une longue construction juridique qui a emporté « *un bouleversement radical de la conception traditionnelle de la pénalité fiscale* »[79]. En effet, avant leur assimilation aux sanctions administratives puis aux sanctions pénales, les pénalités fiscales étaient considérées comme de simples accessoires de l'impôt ou comme des impositions supplémentaires. Ainsi, le juge a pendant longtemps dénié la nature répressive des pénalités fiscales. Ces théories ont été remises en cause par la doctrine qui s'est attachée à la double nature des pénalités fiscales, à la foi répressive et indemnitaire puis par les Hautes juridictions administratives et judiciaires.

Accessoire de l'impôt et attribution de la nature juridique d'un impôt

18. La qualification d'accessoire de l'impôt repose sur l'idée que la pénalité répond aux mêmes règles que le recouvrement de l'impôt lui-même. Cette acception de la pénalité peut se réclamer des dispositions de l'article 1736 du Code général des impôts qui prévoient que les « *amendes, majorations et intérêts de retard* » sont constatés par l'administration et recouvrés et contestés « *selon les règles applicables à la catégorie d'impôt qu'ils concernent* »[80]. En cela ils constituent un accessoire de l'impôt nécessaire pour préserver les intérêts du trésor. Cette conception a été

---

[79] DEROUIN P., « L'apport du Droit pénal au régime juridique des sanctions fiscales », *LPA* 1993, n°120.
[80] Dans sa version en vigueur jusqu'au 1er mars 2005.

développée par le Conseil d'État dans un arrêt de section du 5 octobre 1973[81]. La Haute juridiction a jugé que le texte applicable, en matière de pénalités, était celui en vigueur pour les droits en principal, nonobstant l'intervention d'une législation moins sévère entre cette date et celle à laquelle le juge statue. Cette justification a été retenue de manière implicite par la juridiction administrative et judiciaire pour dénier le caractère répressif des pénalités fiscales. Ainsi, le Conseil d'État a, dans un arrêt du 10 mai 1952, jugé que la majoration de 10% pour paiement tardif constituait un accessoire de l'impôt institué pour préserver les intérêts du trésor. Cette solution a été confirmée par la Cour de cassation qui a jugé que la majoration de 10% pour paiement tardif de l'impôt « *ne présente pas le caractère d'une peine ayant pour objet de sanctionner la négligence du redevable, mais doit être considérée comme un impôt supplémentaire soumis aux mêmes règles de recouvrement que l'impôt lui-même* »[82]. Cette théorie a progressivement été remise en cause. Les prémisses résultent de la théorie développée par le professeur Marcel Waline relative à la double nature des pénalités fiscales, à la foi répressive et indemnitaire[83].

La remise en cause de la théorie de la pénalité accessoire de l'impôt par la doctrine

19. La première remise en cause de la théorie de la pénalité accessoire de l'impôt a été développée par Marcel Waline dans son étude sur la nature juridique des pénalités fiscales. Cette étude analyse les caractéristiques des pénalités fiscales. Dès les premières lignes de sa démonstration, l'auteur réfute la théorie de la pénalité accessoire de l'impôt en les définissant comme « *des mesures ayant pour objet de sanctionner la conduite d'un contribuable ou d'un assujetti portant illégalement préjudice aux intérêts du fisc* »[84]. L'objet des pénalités ainsi défini est de sanctionner la conduite du contribuable. La pénalité fiscale a la caractéristique d'une sanction et non d'un accessoire de l'impôt.

20. Outre la volonté de faire ressortir le caractère répressif des pénalités fiscales, son étude a vocation à démontrer la nature mixte des pénalités fiscales à la foi répressive et indemnitaire. Pour en arriver à cette conclusion, l'auteur commence par réfuter la nature purement pénale des pénalités fiscales. En

---

[81] CE, Sect., 5 octobre 1973, n° 82 836, SARL Clinique X, *Dr fisc.* 1974, n° 3, comm. 36, concl. D. Mardelkern.
[82] Cass. com., 25 octobre 1960, n° 57-11.284, *Bull. civ.* 1960, IV, n° 337 ; *Rev. sc. fin.* 1961, p. 714 s., note CHRETIEN M., 2e arrêt.
[83] WALINE M., « Nature juridique des pénalités fiscales », *Rev sc. fin.* 1949, p. 14
[84] Ibidem, p.22

effet, certains éléments du régime juridique des pénalités fiscales diffèrent des peines au sens du droit pénal. Ainsi, les pénalités fiscales peuvent être appliquées indépendamment du respect des principes de droit pénal de fond et de forme. La nature « non pénale » des pénalités fiscales leur permet d'être cumulées avec des peines correctionnelles et d'être prononcées alors même que le prévenu est acquitté du chef de poursuites correctionnelles. Les principes de personnalité des peines et de rétroactivité in mitius ne s'appliquent pas aux pénalités fiscales. Enfin, la nature « non pénale » se trouve justifiée par la possibilité pour l'administration de transiger sur le montant de celles-ci. Cependant, cette remise en cause ne plaide pas, selon Marcel Waline, en faveur d'une nature purement indemnitaire. En effet, si « *les pénalités envisagées ne sont pas des peines au sens du droit pénal* (…) *il serait excessif d'y voir une sorte d'indemnisation forfaitaire du préjudice subi par le fisc. Leur caractère de sanction prédomine sur le caractère de réparation* »[85].

21. Pour arriver à la conclusion de la primauté de la nature répressive sur la nature indemnitaire, le professeur assimile implicitement les sanctions fiscales aux sanctions administratives. Il relève pour cela que les services fiscaux sont des services publics plus proches des services administratifs que des services législatifs ou de la justice. Si du point de vue formel, les pénalités fiscales diffèrent des sanctions administratives, elles ont sensiblement la même nature et sont toutes concernées par « *l'évolution juridique moderne qui est le recul du droit pénal proprement dit au profit d'une sorte de pseudo-pénal, ou si l'on veut, d'un droit répressif non pénal* »[86]. Cette acception de la sanction fiscale n'a toutefois pas influencé les arrêts qui ont suivies[87]. La théorie de la pénalité accessoire de l'impôt a persisté jusqu'en 1979 où la jurisprudence a implicitement assimilé les sanctions fiscales aux sanctions pénales.

---

[85] Ibidem.

[86] Ibidem p. 23

[87] Le Conseil d'État a jugé, dans un arrêt du 26 mai 1970, que « *les amendes fiscales qui, comme les majorations, sont déterminées en fonction du montant des droits éludés, constituent un accessoire de l'impôt* (…) *qu'elles doivent être calculées par application de la législation en vigueur pendant chaque période d'imposition* ». Il en a conclu qu'il n'y avait pas lieu « *d'appliquer la majoration de 200 % aux infractions commises au cours de la période d'imposition antérieure à l'entrée en vigueur de la loi du 27 décembre 1963* » : CE, 26 mai 1970, n° 76193, Société Grasse-Arôme, *D.* 1970, p. 354.

La remise en cause implicite de la théorie de la pénalité accessoire de l'impôt

22. L'arrêt d'assemblée du Conseil d'État du 27 avril 1979 « Yacht Motors Corporation »[88], est considéré par la doctrine comme étant à l'origine de la rupture avec la théorie de la pénalité accessoire de l'impôt [89]. La Haute juridiction avait alors tiré comme conséquence des dispositions de l'article 1736 du code général des impôts, que le législateur avait entendu exclure pour l'administration, l'obligation de poursuivre une procédure contradictoire propre aux pénalités. Toutefois, le Conseil d'État a, à cette occasion, implicitement assimilé les pénalités fiscales aux sanctions administratives conformément aux conclusions du commissaire du gouvernement[90]. En effet, la Haute juridiction administrative ne s'est pas fondée sur la théorie de l'accessoire de l'impôt pour exclure la mise en œuvre d'une procédure contradictoire, mais sur le fait que « *le législateur a entendu exclure pour l'administration fiscale, chargée d'établir les impositions assignées à un contribuable ainsi que les pénalités dont ces impositions peuvent être assorties, l'obligation de suivre une procédure contradictoire* »[91]. Ainsi, « *à défaut de cette dérogation législative les sanctions fiscales auraient dû suivre le régime juridique traditionnel des sanctions administratives, qui exige une procédure contradictoire préalable à l'intervention de la sanction* »[92].

L'abandon de la théorie de la pénalité accessoire de l'impôt

23. La reconnaissance par les juridictions internes de l'autonomie des sanctions fiscales par rapport aux impositions en principal signe l'abandon de la théorie de la pénalité accessoire de l'impôt. La portée de ces arrêts doit

---

[88] CE, 27 avril 1979, n° 7 309, *Dr fisc.* 1980, n° 2, comm. 56 et 73, *D.* p. 169 ; *RJF* 6/79, n° 366, concl. contraires MARTIN LAPRADE B., p. 192.

[89] LAMARQUE J., NÉGRIN O., AYRAULT L., Droit fiscal général, *Lexis Nexis* 2019, 4ième édition, p. 206.

[90] Le commissaire du gouvernement constate que « *pour apprécier si le contribuable est ou non de bonne foi, s'il a effectué ou non des manœuvres frauduleuses au sens des articles 1729 et 1731 du CGI, l'administration se livre à un examen du comportement et des intentions du contribuable qui ressemble exactement à celui auquel procède l'autorité disciplinaire, voire le juge répressif* ». Ainsi, s'appuyant sur la théorie développée par le professeur Waline, (WALINE M., « Nature juridique des pénalités fiscales », *Rev sc. fin.* 1949, p. 14), le commissaire a invité le Conseil d'État, dans sa formation la plus solennelle à assimiler les sanctions fiscales aux sanctions administratives : Concl. MARTIN LAPRADE B., sous CE, 27 avril 1979, n° 7 309, *RJF* 6/79, n° 366.

[91] CE, 27 avril 1979, n° 7 309, op cit.

[92] AUSTRY S., « Les sanctions administratives en matière fiscale », op cit, p.51.

toutefois être relativisée. En effet, elles interviennent un an après la décision du Conseil Constitutionnel portant assimilation des sanctions fiscales aux sanctions pénales « *reléguant au second plan la question de la nature juridique des pénalités fiscales par rapport aux sanctions administratives* »[93]. S'il est indéniable que la jurisprudence du Conseil Constitutionnel a influencé la juridiction administrative, il n'en demeure pas moins que les arrêts du Conseil d'État relatifs à l'autonomie des sanctions fiscales par rapport aux impositions contribuent à l'émergence du concept de « sanction fiscale ».

24. L'autonomie des pénalités fiscales par rapport à l'imposition en principal a été « *la plus traditionnellement reconnue* »[94] en matière d'attribution de la charge de la preuve. Alors même que la loi fait peser sur le contribuable la charge de la preuve du « mal-fondé » de l'imposition, le juge a considéré qu'il appartenait à l'administration d'établir le bien-fondé de la pénalité dont ces impositions sont assorties[95]. Le même raisonnement a été adopté en matière de prescription. À cet égard, l'arrêt du Conseil d'État du 5 décembre 1983, SARL restaurant le Djerba[96], constitue une véritable « *rupture avec la théorie de l'accessoire* »[97] de l'impôt. La Haute juridiction administrative a jugé qu'une notification de redressement qui interrompt la prescription concernant les droits en principal ne l'interrompt pas vis-à-vis de pénalités qui ont été réclamées postérieurement à la notification de redressement. En revanche, les intérêts de retard parce qu'ils sont dus de plein droit, suivent, en matière de prescription, le sort des droits en principal. Dans cet arrêt, le Conseil d'État établit une distinction entre le régime juridique de l'impôt, des pénalités et des intérêts de retard. Si les intérêts de retard suivent de plein droit le régime de prescription applicable pour les droits en principal, il n'en va pas de même pour les pénalités. Cette jurisprudence implique que « *si les intérêts de retard ont le caractère d'un accessoire de l'impôt et tendent seulement à réparer le préjudice subi par le Trésor du fait de la perception différée de sa créance, tel n'est pas le cas des pénalités qui ont un caractère répressif et suivent un régime propre* »[98]. Ce raisonnement marque dès lors une rupture avec la théorie de la pénalité accessoire de l'impôt.

25. L'autonomie des pénalités fiscales par rapport à l'imposition en principal est également illustrée en matière de taxation d'office. Cette procédure contraignante dérogatoire au droit peut être régulièrement mise en

---

[93] LAMARQUE J., NÉGRIN O., AYRAULT L., Droit fiscal général, op cit, p.207.
[94] DEROUIN P., « L'apport du droit pénal au régime juridique des sanctions fiscales », *LPA* 1993, n°120, p. 70.
[95] CE 29 juillet 1983, n° 20-809, *Dr fisc.* 1984, comm. 235.
[96] CE 5 décembre 1983, n° 35-478, *RJF* 2/84, n°213, p.110.
[97] LAMARQUE J., NÉGRIN O., AYRAULT L., Droit fiscal général, op cit, p.207.
[98] DEROUIN P., « L'apport du Droit pénal au régime juridique des sanctions fiscales », op cit, p.71.

œuvre dès lors que le contribuable n'a pas répondu à une demande d'éclaircissement ou de justification. L'administration fiscale est autorisée dans les cas expressément et limitativement définis par la loi à déterminer « d'office » c'est-à-dire d'une manière unilatérale les bases d'imposition à retenir. En revanche, cela n'implique pas nécessairement que le redressement puisse être assorti de pénalités. Le juge administratif refuse d'établir une corrélation automatique entre taxation d'office et pénalités de mauvaise foi[99]. Le Conseil d'État est allé plus loin en précisant que le comportement du contribuable lors de la vérification « *n'est pas en lui-même de nature à justifier l'application de pénalités qui ont pour seul objet de sanctionner la méconnaissance par le contribuable de ses obligations déclaratives* »[100].

26. En dernier lieu, « *la multiplication des lois rétroactives* »[101] a permis au juge administratif d'entériner l'autonomie des pénalités fiscales. Le Conseil d'État a, dans un arrêt du 14 avril 1986, dissocié les pénalités des droits en principal en matière de lois fiscales rétroactives. Il a jugé que les impositions validées par une loi rétroactive ne pouvaient pas être assorties de pénalités[102].

27. Ces jurisprudences ont permis de dissocier sur différents points le régime juridique des pénalités fiscales de celui de l'imposition. Les sanctions fiscales ont pu être analysées de manière indépendante par rapport aux impôts auxquelles elles sont attachées et ont ainsi acquis une certaine autonomie.

La sanction fiscale : un instrument répressif

28. La dernière étape dans l'évolution de la nature juridique des pénalités fiscales fut l'assimilation des sanctions fiscales aux sanctions pénales. Cette étape se caractérise par la reconnaissance par la Cour européenne des droits de l'homme, le Conseil constitutionnel et les Hautes juridictions administratives et judiciaires du caractère répressif des pénalités fiscales. Elle a contribué à la formalisation d'une nouvelle catégorie juridique nommée « *sanctions punitives* » au sein de laquelle les pénalités fiscales sont désormais intégrées.

---

[99] CE, sect., 11 juillet 1988, Léonard, *Dr fisc.* 1988, n° 44, comm. 2044, concl. D. Fabre ; *RJF* 1988, n° 1055 ; CE 9 nov. 1990, Frencia, *Dr fisc.* 1991, n° 7, comm. 264, concl. J. Arrighi de Casanova ; *RJF* 1991, n° 15.

[100] CE, 17 mars 1993, n° 74-755, *Dr fisc.* 1993, n°28, comm. 1470, concl. ARRIGHI DE CASANOVA J.

[101] DEROUIN P., « L'apport du Droit pénal au régime juridique des sanctions fiscales », op cit, p.71.

[102] CE, 9e, et 7e sous-sections, 14 avril 1986, n. 44.607, *Dr fisc.* 1986, n° 41, comm. 1679.

29. Le mouvement de pénalisation des sanctions fiscales a émergé dans la jurisprudence de la Cour européenne des droits de l'homme avec l'intégration des sanctions fiscales à « la matière pénale ». Les prémisses de la pénalisation des sanctions fiscales remontent à la décision Engel du 21 février 1976[103] dans laquelle la Cour a précisé que bien qu'étant souverains dans la détermination des sanctions punitives, les États membres ne peuvent limiter le champ d'application de la convention « *en procédant à la répartition des infractions pénales et non pénales* »[104]. Elle montre ainsi une volonté d'assurer un équilibre entre la souveraineté des États dans la détermination des sanctions punitives et la protection des droits et garanties de n'importe quelle personne à l'occasion du bien-fondé de toute accusation en matière pénale. Les contours de la matière pénale furent précisés ultérieurement dans la décision Özturk du 21 février 1984[105]. Deux critères spécifiques de la matière pénale sont dégagés à savoir, le caractère général de l'infraction et la nature à la fois préventive et répressive de la sanction. La décision Bendenoun du 24 février 1994 a, quant à elle, intégré les pénalités fiscales, longtemps considérées comme non assujetties aux dispositions de l'article 6 de la CEDH[106], au processus de pénalisation. Ce mouvement a contribué à « *l'éclatement de la notion de matière pénale* »[107].

30. Le mouvement de pénalisation des sanctions fiscales résulte d'autre part de l'assimilation des pénalités fiscales aux « sanctions ayant le caractère de punition » par la décision du Conseil constitutionnel du 30 décembre 1982[108]. Dans laquelle il énonce que l'application du principe de non-rétroactivité de la loi pénale qui découle de l'article 8 de la DDHC « *ne concerne pas seulement les peines prononcées par les juridictions répressives, mais s'étend à toute sanction ayant le caractère d'une punition même si le législateur a laissé le soin de la prononcer à une autorité de nature non*

---

[103] CEDH, 8 juin 1976, n° 5100/71, Engel c/ Pays-Bas, série A, n° 22.

[104] DELMAS-MARTY M., « Code pénal d'hier, droit pénal d'aujourd'hui, matière pénale de demain », *D.* 1986, chr., p. 28

[105] CEDH, 21 févr. 1984, n° 8544/79, Öztürk c/ Allemagne, série A, n° 73.

[106] Cette solution était justifiée par l'inapplication de principe de l'article 6 de la Convention à l'ensemble du contentieux fiscal. V. Commission Européenne des Droits de l'Homme, 23 mai 1966, A, B, C, et D, c/ Pays-Bas n°1904/63, 2029/63, 2094/63 et 2217/64 ; Commission Européenne des Droits de l'Homme 4 mai 1983, X c/ France n° 9908/82. ; V. CE, 2 juin 1989, Bussoz, n°62979 et Saint-Pern, n°66604, *Dr fisc.* 1990, n°8 comm. 342, *RJF* 8-9/1989, n°912 et 1019.

[107] MOUYSSET O., « Contribution à l'étude de la pénalisation », op cit. p. 14. L'expression « matière pénale », longtemps utilisée par les pénalistes pour désigner l'ensemble des règles régissant le droit de la répression pénale revêt un champ beaucoup plus large incluant le droit de la répression non pénale.

[108] C.C., 30 décembre 1982, n° 82-155 DC, Loi de finances rectificatives pour 1982, *Rec.* P.88, *JORF* 31 décembre 1982, p. 4034

juridictionnelle »[109]. Ainsi, « *un élément du régime pénal a été appliqué aux sanctions administratives fiscales* »[110]. Le processus de pénalisation s'est poursuivi avec la décision du Conseil Constitutionnel du 17 janvier 1989[111] qui élargit le cadre de la pénalisation des sanctions fiscales au principe de légalité des délits et des peines et de nécessité des peines et au principe du respect des droits de la défense.

31. La Cour européenne des droits de l'homme et le Conseil constitutionnel ont contribué à l'élaboration d'une nouvelle catégorie juridique, à savoir « *les sanctions punitives* »[112]. Elles se distinguent des traditionnelles notions de peine, de mesures de sûreté ou encore de sanctions disciplinaires[113]. Entrent dans cette catégorie, les mesures qualifiées formellement de peine par le législateur ainsi que des mesures « non pénales » par leur forme, mais qui matériellement présentent des similitudes avec les sanctions pénales. Il s'agit de mesures qualifiées de façon autonome par la Cour européenne des droits de l'homme et par le Conseil constitutionnel d ' « *accusation en matière pénale* » ou de « *sanction ayant le caractère de punition* ». La consécration de ces notions autonomes a eu pour conséquence d' « *amplifier le domaine de la sanction* »[114] et ainsi de permettre aux autres branches du droit de bénéficier de l'attractivité des principes du droit pénal.

32. Les garanties constitutionnelles et conventionnelles s'appliquent au-delà du droit pénal stricto sensu, à toutes les autres formes de répression. Les notions de « *sanction ayant le caractère de punition* » et de « *matière pénale* » poursuivent le même objectif d'harmonisation des garanties aux différentes formes de répression afin d'éviter que celles-ci ne constituent des moyens de contourner les garanties constitutionnelles et conventionnelles. En cela le Conseil constitutionnel et la Cour européenne des droits de l'homme ont progressivement mis en place un droit commun de « la sanction punitive ».

---

[109] Ibidem.

[110] LAMARQUE J., NÉGRIN O., AYRAULT L., Droit fiscal général, op cit, p. 207.

[111] C.C., 17 janvier 1989, n° 88-248 DC, Loi modifiant la loi n° 86-1067 du 30 septembre 1986 relative à la liberté de communication, cons. n° 37, *Rec. Cons. Const.* 1988, p. 18

[112] FARINA CUSSAC J., « La sanction punitive dans les jurisprudences du Conseil Constitutionnel et de la Cour européenne des droits de l'homme », *RSC* 2002, p. 517 ; KLUGER J., « L'élaboration d'une notion de sanction punitive dans la jurisprudence du Conseil Constitutionnel », *RSC* 1995, comm. 505.

[113] FARINA CUSSAC J., « La sanction punitive dans les jurisprudences du Conseil Constitutionnel et de la Cour Européenne des Droits de l'Homme », ibidem.

[114] BONIS-GARÇON « L'identification de la sanction pénale - Le point de vue d'un pénaliste », in Droit constitutionnel et grands principes du Droit pénal », Acte du colloque organisé le 8 et 9 novembre 2012 par le CERCCLE et l'ISCJ de l'Université Montesquieu-Bordeux IV, *Édition Cujas* 2013, collection Actes et Études.

4. Une étude renouvelée de la pénalisation du droit fiscal

33. Le mouvement de pénalisation a fait l'objet de diverses études, articles, chroniques et observations en pied d'arrêt. Elles ont mis en avant les progrès effectués sur le régime des sanctions fiscales dans le sens d'une protection accrue du contribuable. Ce processus semblait avoir atteint « *un palier et ne plus pouvoir sensiblement progresser* »[115]. Plus précisément, la question de « *la fin de l'histoire* » du contrôle constitutionnel des sanctions fiscales a pu être posée[116]. Toutefois, ces dernières années, plusieurs évolutions ont bouleversé les contours de la notion de sanction fiscale et le régime juridique. Ainsi, si la tendance jurisprudentielle est à l'extension de la notion de sanction et par conséquent du champ d'application des garanties fondamentales, « *leur portée et leur effectivité diminuent* »[117]. Comme l'a constaté la doctrine « *l'analyse montre des différences très importantes avec le système pénal qui expliquent, et parfois, justifient, les craintes et critiques émises à l'encontre de cette forme de répression* »[118].

De manière générale, l'assimilation des sanctions administratives et plus particulièrement des sanctions fiscales ne présente pas « *un caractère total* »[119]. Ainsi les principes fondamentaux relatifs au droit pénal de fond et de forme attachés à la sanction ne s'appliquent qu'avec une certaine souplesse. Appliquée aux sanctions fiscales, la pénalisation a été jugée « *imparfaite* »[120] justifiant la référence faite à un régime « *quasi pénal* »[121].

34. Plusieurs justifications ont été apportées par le Conseil constitutionnel, la Cour européenne des droits de l'homme et par la Haute juridiction administrative quant à l'assimilation relative des sanctions fiscales aux sanctions pénales.

35. Se fondant principalement sur l'objectif à valeur constitutionnel de lutte contre la fraude fiscale, le Conseil constitutionnel a limité la portée des principes du droit pénal. La lutte contre la fraude fiscale a, dans un premier temps, été considérée comme une « *exigence* » qui était sur le même pied que

---

[115] GEST G., « Avant-propos de l'étude sur les sanctions fiscales », *RFFP* 1999, n°65 p.8.

[116] GUTMANN D., « « Sanctions fiscales et constitution », op cit.

[117] FROGER C., « La sanction fiscale dans les jurisprudences constitutionnelles et européennes », *RDP* 2013, n° 4, p. 929

[118] DELMAS MARTY M., TEITGEN-COLLY C., « Punir sans juger ? de la répression administrative au droit administratif pénal, op cit., p. 9.

[119] EVEILLARD G., « Les sanctions en droit administratif, entre approfondissement de la soumission à la légalité et recherche de l'efficacité », op cit. p. 497.

[120] AYRAULT L., « La pénalisation de la lutte contre la fraude fiscale », op cit. p.37.

[121] AYRAULT L., « Synthèse-Sanctions fiscales », *JCl. Procédures fiscales*, 01/05/2016.

celles de la liberté individuelle et de l'inviolabilité du domicile[122]. Puis elle a été élevée au rang « *des exigences constitutionnelles* » assurant la conciliation avec le principe de la liberté individuelle[123]. Enfin, le Conseil Constitutionnel l'a consacrée comme un « *objectif de valeur constitutionnelle qui découle nécessairement de l'article 13 de la Déclaration des droits de l'homme et du citoyen* »[124]. Cette catégorie, fruit de la jurisprudence constitutionnelle, a permis de justifier l'affaiblissement de certains droits fondamentaux[125]. Depuis sa consécration par le Conseil constitutionnel, il n'a cessé d'y faire référence afin de le concilier avec l'exercice des droits et libertés fondamentaux. La normativité des objectifs à valeur constitutionnelle, si elle est limitée, n'est plus à démontrer[126]. Il ressort de la jurisprudence du Conseil constitutionnel que le législateur peut limiter l'exercice des droits et libertés constitutionnels au nom de la réalisation des objectifs de valeur constitutionnelle[127].

36. Considérés comme l'incarnation de l'intérêt général, les objectifs à valeur constitutionnelle justifient l'atteinte d'une loi à un droit constitutionnel[128]. L'objectif de lutte contre la fraude fiscale a permis au législateur de limiter l'exercice des droits et libertés découlant de l'article 8 de la Constitution dans le domaine des sanctions fiscales. Il devient dès lors « *un instrument de limitation des droits fondamentaux* »[129]. Ainsi, « *la conciliation permanente que tente le Conseil constitutionnel entre protection des droits et respect de l'ordre public ou de l'intérêt général conduit cet*

---

[122] C.C., n° 83-164 DC, du 29 décembre 1983, Perquisitions fiscales, *JORF* 30 déc. 1983., consid. 30, déclarant non conforme à la Constitution l'article 89 de la loi de finances pour 1984.

[123] C.C., n° 84-184 DC, du 29 décembre 1984, *RJF* 3/1985, n° 482, consid. 35, déclarant conforme à la Constitution l'article 94 de la loi de finances pour 1985 d'où est issu l'article L. 16 B du LPF.

[124] C.C., n° 99-424 DC, du 29 décembre 1999, L. fin. 2000, consid. 52. ; C. C., n° 2001-457 DC, du 27 décembre 2001, L. fin. rect. 2001, *JORF* du 31 décembre 1999, p. 19991, *Rec. Cons. Const.* 1999, p. 156, *RFDC* janvier-mars 2000, n° 41, p. 132-137, note PHILIP L., *RDP*, janvier-février 2000, n° 1, p. 9-16, note BUISSON J., consid. 6 ; C.C., n° 2010-88 QPC, du 21 janvier 2001, Boisselier, consid. 4, *Dr fisc.* 2011, n° 4, act. 35 ; *RJF* 2011, n° 482, sur renvoi de CE 22 oct. 2010, n° 342.565, *Dr fisc.* 2010, n° 48, comm. 578, concl. ESCAUT, *RJF* 2011, n° 83. ; C. C., n° 2011-165 QPC, du 16 septembre 2011, Sté Heatherbrae LTD, consid. 5, *RJF* 2011, n° 1349, sur renvoi de Cass. com., 28 juin 2011, n° 11-40.019, *RJF* 2011, n° 1203. ; C.C., n° 2012-267 QPC, du 20 juillet 2012, *Dr fisc.* 2012, n° 40, comm. 461, note AYRAULT L., *RJF* 12/2012, n° 1150. consid. 5.

[125] MOLFESSIS N., « Le Conseil Constitutionnel et le droit privée », *LGDJ* 1997, Bibliothèque de droit privé, TOME 287, P. 39.

[126] DE MONTALIVET P., « Les objectifs de valeur constitutionnelle », *Cahiers du Conseil Constitutionnel* 2006, n° 20.

[127] C. C., n° 82-141 DC, 27 juillet 1982, cons. 5, *JORF* 1982, page 2422.

[128] MOLFESSIS N., « Le Conseil constitutionnel et le droit privée », op cit, p. 40

[129] DE MONTALIVET P., « Les objectifs de valeur constitutionnelle », op cit.

organe à vider de sa substance l'idée de sanction ayant le caractère d'une punition »[130]. L'objectif de lutte contre la fraude fiscale, accompagné du recouvrement de la nécessaire contribution publique, ont permis de justifier une application souple des principes du droit pénal de fond et de forme.

37. L'instauration de la question prioritaire de constitutionnalité n'a pas été dans ce domaine « *une révolution fiscale* »[131]. A contrario, elle a permis de rappeler « *à quel point le principe de la garantie des droits (issu de l'article 16 de la Déclaration) comme les principes de nécessité, de proportionnalité et d'individualisation des peines, qui découlent de l'article 8 de la Déclaration, n'ont rien d'absolu, et offrent aux personnes concernées des garanties différentes en matières pénale et fiscale* »[132].

38. Un raisonnement similaire est développé par la jurisprudence de la Cour européenne des droits de l'homme. Effectuant un rapprochement entre l'efficacité répressive et la préservation des intérêts des États membres, la Cour accepte que des restrictions soient apportées à l'exercice des droits et libertés conventionnellement reconnus. Ainsi la Cour a pu admettre que « *le caractère particulier du contentieux fiscal (*impliquent*) une exigence d'efficacité nécessaire pour préserver les intérêts de l'État* » et que « *les autorités nationales peuvent tenir compte d'impératifs d'efficacité et d'économie* »[133]. L'impératif d'efficacité comprend « *l'efficacité dans l'action* » et « *l'efficacité de l'action* »[134].

39. L'efficacité dans l'action fait référence à l'intervention de l'administration et des juridictions compétentes pour faire face à un contentieux de masse. La sanction administrative se caractérise comme une sanction présentant l'avantage de la simplicité et de l'efficacité. Elle permet de faire face au contentieux de masse caractéristique du contentieux de l'impôt [135]. Cette particularité a été relevée par la Cour européenne des droits de

---

130 DREYER E., « Question prioritaire de constitutionnalité - Le Conseil constitutionnel et la « matière » pénale La QPC et les attentes déçues... », *JCP G* 2011, n° 37, doctr. 976.

131 ROULHAC C., « L'apport de la question prioritaire de constitutionnalité en matière fiscale », *Dr fisc.* 2017, n° 51-52, 21 comm. 586.

132 COLLET M., « La question prioritaire de constitutionnalité en matière fiscale », *RJEP* 2011, p. 3.

133 CEDH, gde ch., 23 novembre 2006, n° 73053/01, Jussila c/ Finlande, pt. 42, *Dr fisc.* 2007, n° 46, comm. 946, Dr *fisc.* 2007, suppl. au n° 25, 632, chron. AYRAULT L., *RJF* 4/2007, n° 527 ; V. également, CEDH, 24 juin 1993, Schuler-Zgraggen c/ Suisse, *Rec. CEDH* 1993, série A, n° 263, pt 58.

134 AYRAULT L., « L'absence de modulation des sanctions fiscales par le juge et la Convention EDH : sens et conséquences de la décision Segame de la CEDH », *Dr fisc.* 2012, n°29, comm. 387.

135 SAUVE J.-M., « Les sanctions administratives en droit public français », *AJDA* 2001, p. 16 et s.

l'homme qui en a tiré les conséquences sur le régime juridique applicable aux sanctions fiscales. Ainsi, selon la Cour, « *le régime applicable aux sanctions administratives prononcées en matière fiscale est lié au caractère massif des cas individuels traités, et se caractérise par des barèmes relativement simples, en raison du nombre de cas, de la rapidité souhaitée et de l'objectif d'application homogène* »[136]. L'impératif d'efficacité dans l'action de l'administration a ainsi justifié une application souple de certaines garanties du droit au procès équitable.

40. À côté de l'efficacité dans l'action, la Cour européenne des droits de l'homme fait référence à l'efficacité de l'action administrative nécessaire pour préserver les intérêts de l'État. Le bon fonctionnement de ce système nécessite que le contribuable satisfasse à son obligation fiscale dans les délais impartis. La pérennité de ce système repose sur un contrôle des déclarations et sur une répression efficace en cas de manquement aux obligations fiscales. Ainsi, la Cour relève qu' « *un système d'imposition se fondant principalement sur les renseignements fournis par le contribuable ne saurait fonctionner correctement sans une forme quelconque de sanction en cas de communication de renseignements incorrects ou incomplets, et le grand nombre de déclarations fiscales traité par an, joint à la nécessité d'assurer une application prévisible et uniforme de ces sanctions, impose sans nul doute d'appliquer celles-ci selon des règles standardisées* »[137]. L'efficacité du système fiscal étant selon la Cour nécessaire pour préserver les intérêts financiers des États membres. Un raisonnement identique a été consacré par la Haute juridiction administrative pour limiter l'application du principe de personnalité des peines aux sanctions fiscales. Le Conseil d'État avait alors énoncé qu' « *un système d'imposition se fondant principalement sur les déclarations établies par les contribuables ne saurait préserver les intérêts financiers légitimes de l'État sans un régime de sanctions efficace* »[138].

41. Enfin, pour limiter la pénalisation des sanctions fiscales, la Cour européenne des droits de l'homme a fait plusieurs fois référence à la notion de « noyau dur du droit pénal » qui seul nécessite une application rigoureuse des garanties de l'article 6§1 de la CEDH. De manière générale, la Cour considère que « *les procédures pénales, qui ont pour objet la détermination de la responsabilité pénale et l'imposition de mesures à caractère répressif et*

[136] CEDH, 5e sect., 7 juin 2012, n° 4837/06, Segame SA c/ France, *Dr fisc.* 2012, n° 29, comm. 387, note AYRAULT L.
[137] CEDH, 1re sect., 23 juillet 2002, n° 34619/97, Janosevic c/ Suède, pt. 103, *RJF* 11/2002, n° 1340.
[138] CE, 3e et 8e ss-sect., avis, 4 décembre 2009, n° 329173, Sté Rueil Sports venant aux droits et obligations de la Sté Sidonie, op cit.

dissuasif, revêtent une certaine gravité »[139] mais que certaines « *d'entre elles ne comportent aucun caractère infamant pour ceux qu'elles visent* »[140]. Par conséquent, les accusations en matière pénale n'ont pas toutes le même poids. Or, le contentieux fiscal est considéré par la Cour comme ne relevant pas « *formellement des catégories traditionnelles du droit pénal* »[141] mais comme ressortant du « *du noyau dur des prérogatives de puissance publique* »[142] en raison de la prédominance du caractère public du rapport entre le contribuable et l'administration. Ainsi, dès lors que les majorations d'impôt ne font pas partie du noyau dur du droit pénal, les garanties de l'article 6 « *ne doivent pas nécessairement s'appliquer dans toute leur rigueur* »[143].

42. Ainsi, la matière fiscale laisse place à une certaine souplesse dans l'application des principes directeurs du procès pénal.

43. Le processus tendant à assimiler les sanctions fiscales aux sanctions pénales a permis de relever leur similitude sur le fond. En revanche, tant les juridictions internes qu'européennes soulèvent la singularité formelle des sanctions fiscales. La similitude de fond entre les sanctions fiscales et pénales, à savoir, leur caractère punitif, doit-elle avoir pour effet de procurer des garanties similaires ? A contrario, la singularité formelle des sanctions fiscales ne doit-elle pas conduire à moduler le contrôle juridictionnel attaché aux garanties ? Au-delà de l'aspect formel de sanction fiscale, le droit fiscal répressif n'est-il pas porteur de finalités différentes rendant l'application de ces principes contradictoires avec celles-ci ?

44. Afin d'appréhender le phénomène de pénalisation des sanctions fiscales, il convient dans un premier temps d'identifier la notion de sanction fiscale. L'identification revient à procéder à une opération de qualification juridique. Ainsi, il convient de déterminer ce que recouvre la notion de sanction fiscale au moyen des différentes méthodes utilisées par la Cour européenne des droits de l'homme, le Conseil constitutionnel, le Conseil d'État et la Cour de cassation et des analyses doctrinales. L'enjeu de l'identification de la sanction fiscale est important. De cette qualification juridique découle l'application des principes de droit pénal de fond et de forme. Or, « *si l'on néglige le travail premier de la qualification, l'application*

---

[139] CEDH, 23 novembre 2006, n°75.053/01, Jussila C/ Finlande, *Dr fisc.* 2007, suppl. au n° 25, p.90 s., §43

[140] Ibidem.

[141] Ibidem.

[142] CEDH, 12 juillet 2001, gde ch., n°44759/98, Ferrazzini c/ Italie, *Rec CEDH*- VII ; *Dr fisc.* 2002, n°10, comm. 187, *RJF* 2002, n°128, chron. MAIA J., §29.

[143] CEDH, 23 novembre 2006, n°75.053/01, Jussila C/ Finlande, op cit, §43.

ou pas de tel ou tel principe à la mesure peut être sujet à discussion et réserve »[144].

45. L'identification de la notion de sanction fiscale est déterminante. D'une part, en matière d'application des droits fondamentaux, la qualification de « sanction » au sens de l'article 6 de la Convention constitue la seule voie possible pour bénéficier des garanties du procès équitable. En effet, il résulte d'une jurisprudence constante que les procédures fiscales n'entrent pas dans le champ du volet civil de l'article 6§1 de la Convention[145]. Cette solution jurisprudentielle constante est justifiée par l'appartenance du contentieux fiscal au noyau dur des prérogatives de puissance publique. Les juridictions internes appliquent fidèlement la jurisprudence restrictive la Cour européenne des droits de l'homme. Ainsi, ne peuvent être contestées sur ce fondement, les dispositions législatives rétroactives[146], la procédure d'imposition dès lors qu'elle n'a pas trait à l'établissement de la pénalité[147], les contestations relatives à l'assiette de l'impôt[148] ou des taxes[149]. Ainsi, seul le contentieux des visites domiciliaires entre dans le champ du volet civil de l'article 6 de la Convention. D'autre part, la qualification de sanction fiscale s'avère déterminante en ce qu'elle a pour effet de faire bénéficier le contribuable de l'ensemble des garanties qui résultent de l'article 8 de la Déclaration des droits de l'homme considéré comme le pilier du droit pénal.

46. Dans un deuxième temps, il convient d'analyser le régime juridique des sanctions fiscales transformé par le phénomène de pénalisation. Le régime juridique des sanctions fiscales en est ressorti enrichi de principes protecteurs constitutionnels et fondamentaux. Ces principes sont dorénavant ancrés dans le corpus juridique des sanctions fiscales. Cependant « *si la protection*

---

[144] BONIS-GARÇON E., « L'identification de la sanction pénale - le point de vue d'un pénaliste », op cit., p.146

[145] CEDH, gde ch. 12 juillet 2001, n°44759/98, Ferrazzini c/ Italie op cit. ; V. CEDH, 3e sect., 19 septembre 2017, n° 10114/06, Khabarovskaya Toplivnaya Kompaniya c/ Russie ; CE, 9e et 10e ch., 25 octobre 2017, n° 374836, Sté Holcim France SAS venant aux droits de la société Euro Stockage et Sté Enka : *Dr fisc.* 2017, n° 45, act. 596, *RJF* 1/2018, n° 32, concl. BOKDAM-TOGNETTI É.

[146] CE, sect., 7 février 2008, n° 268961, SARL Cobenko, *RJF* 2008, n° 424. ; CE, 9e et 10e ss-sect., 3 septembre 2008, n° 277755, min. c/ SA Colly Bombled, *Dr fisc.* 2008, n° 44, comm. 561, concl. COLLIN P. ; *RJF* 2008, n° 1317.

[147] CE, 10e et 9e ss-sect., 11 avril 2008, n° 293754, Ermi, *RJF* 2008, n° 786. ; CE, 27 juillet 2006, n° 272397, M. et Mme Tournois, *Dr fisc.* 2007, n° 13, comm. 339, concl. GLASER E. ; Cass. com., 31 mai 2005, n° 02-17.025, Marin-Cudraz et Favray, *Dr fisc.* 2005, n° 38, comm. 625 ; CAA Nancy, 11 janvier 2007, n° 04NC00526, Colin ; CAA Paris, 22 décembre 2006, n° 03PA02178, Grzesiek.

[148] CE, 11 décembre 2006, n° 278806, M. et Mme Pessey, *Dr fisc.* 2007, n° 8, comm. 212 ; CE, 9 juin 2006, n° 266684, Schmidt ; CAA Marseille, 27 juin 2006, n° 02MA02252, Francois.

[149] CAA Paris, 2 février 2007, n° 04PA03365, Sté Ford Models France.

juridique des administrés en est ressortie considérablement renforcée »[150] la pénalisation du régime juridique des sanctions fiscales reste encore aujourd'hui imparfaite. Il ressort de cette transformation un régime juridique « *quasi-pénal* »[151]. Il s'agit dès lors d'analyser dans une seconde partie l'application du droit pénal de fond et de forme aux spécificités du système fiscal. Le phénomène de pénalisation fait interagir deux droits différents en raison de leurs finalités et emporte comme conséquence une singularité dans la mise en application. Il s'agit donc de dégager l'apport du droit pénal sur le régime juridique des sanctions fiscales, mais aussi les limites de son application. Pour ce faire, il convient de procéder à une présentation analytique de l'application des principes de fond et de forme du droit pénal du fondement jusqu'au prononcé de la sanction fiscale.

---

[150] AYRAULT L., « Le renforcement des sanctions », op cit.

[151] AYRAULT L., « SANCTION FISCALE. – Définition et régime juridique », JCl. Notarial Formulaire, V° Enregistrement, fasc. 385.

Partie 1 : La caractérisation de la sanction fiscale au regard du droit pénal

47. La démonstration de la pénalisation du droit fiscal part d'un constat à savoir que « *le droit pénal a perdu sa position dominante dans la politique répressive des États* »[152]. Le droit pénal se révélait être le seul instrument au service de la répression du « *phénomène criminel et plus largement contre l'asociabilité* »[153]. Or, l'émergence de répressions parallèles, « *largement indépendantes de la répression pénale et bénéficiant d'une autonomie* »[154] ont abouti à « *l'éclatement du champ répressif* »[155]. On assiste depuis plusieurs années au développement des sanctions non pénales par leur forme, mais qui présentent des similitudes sur le fond avec les sanctions pénales stricto sensu. Ces sanctions ont appelé à un renouvellement conceptuel dès lors qu'elles permettent à une autorité non judiciaire de « *punir sans juger* »[156] portant ainsi atteinte « au *monopole du juge pénal dans la répression des infractions aux lois et aux règlements* »[157].

48. Afin de dépasser le critère formel traditionnellement utilisé pour délimiter le champ des principes protecteurs du droit pénal, deux démarches ont été adoptées par la Cour européenne des droits de l'homme et par le Conseil constitutionnel. Afin d'assurer l'effectivité du droit au procès équitable, affirmé à l'article 6§1 de la Convention européenne des droits de l'homme, et de garantir « *l'unité et la cohérence du droit européen, au-delà des clivages nationaux toujours possibles* »[158], la Cour européenne des droits de l'homme a dégagé la notion autonome de la « *matière pénale* ». Cette consécration a, dans un premier temps, permis de caractériser la sanction administrative au regard de critères matériels d'essence pénale. L'extension de cette jurisprudence « *dans le domaine du contentieux des sanctions fiscales, qui lui était plutôt réfractaire (...) a été (...) inaugurée par l'arrêt Bendenoun c/ France* »[159]. Cette décision constitue le point de départ de la qualification des pénalités fiscales au regard du droit pénal. Le « *système*

---

152 KLUGER J., « L'élaboration d'une notion de sanction punitive dans la jurisprudence du Conseil constitutionnel », op cit.
153 Ibidem.
154 MOURGEON J., « La répression administrative », *LGDJ*, Bibl. Droit public 1967, p. 10.
155 KLUGER J., « L'élaboration d'une notion de sanction punitive dans la jurisprudence du Conseil constitutionnel », op cit.
156 DELMAS MARTY M., TEITGEN-COLLY C., « Punir sans juger ? de la répression administrative au droit administratif pénal », op cit.
157 KLUGER J., « L'élaboration d'une notion de sanction punitive dans la jurisprudence du Conseil constitutionnel », op cit.
158 GUINCHARD A., « Les enjeux du pouvoir de répression en matière pénale : du modèle judiciaire à l'attraction d'un système unitaire », op cit. p. 78.
159 MODERNE F., « Le pouvoir de sanction administrative au confluent du droit interne et des droits européens », *RFDA* 1997, p. 1.

d'interprétation »[160], élaboré par la Cour et la Commission européenne des droits de l'homme, considéré comme « *fort complexe* »[161] en raison du nombre de critères utilisés et de la façon dont ils s'organisent les uns avec les autres, s'est progressivement clarifié dans les décisions jurisprudentielles intervenant en matière fiscale. L'interprétation de la matière pénale a ouvert la voie à une large applicabilité des dispositions de l'article 6§1 de la Convention.

49. Une approche similaire a été adoptée par le Conseil constitutionnel. Au fil de ces jurisprudences, il a élaboré et mis en œuvre la notion de « sanction ayant le caractère de punition même si le législateur a cru devoir laisser le soin de la prononcer à une autorité de nature non judiciaire »[162]. À la différence de la Cour européenne des droits de l'homme, le Conseil constitutionnel n'a pas défini de critères d'applicabilité des principes constitutionnels qui résultent de l'article 8 de la Déclaration des droits de l'homme et du citoyen. Les études des décisions jurisprudentielles[163] ont fait ressortir la pierre angulaire du contrôle du Conseil constitutionnel, à savoir, la finalité punitive de la norme fiscale incriminatrice. Il en résulte une caractérisation de la sanction fiscale au regard du seul critère de la finalité répressive.

50. Afin de donner une pleine effectivité aux garanties du droit répressif en matière fiscale, il était nécessaire « *d'adopter des critères identiques ou du moins similaires de la qualification de peine* »[164] quel que soit le texte qu'ils mettent en œuvre. Ainsi, l'extension des garanties de l'article 6 de la Convention européenne des droits de l'homme et de l'article 8 de la Déclaration des droits de l'homme aux pénalités fiscales s'est fondée principalement sur le critère de la nature punitive de la norme fiscale incriminatrice.

---

160 DELMAS MARTY M., TEITGEN-COLLY C., « Punir sans juger ? de la répression administrative au droit administratif pénal », op cit. p. 165
161 Ibidem.
162 C.C., n° 82-155 DC du 30 décembre 1982, op cit. consid. 33.
163 V. également, KLUGER J., « L'élaboration d'une notion de sanction punitive dans la jurisprudence du Conseil constitutionnel », op cit ; GUINCHARD A., « Les enjeux du pouvoir de répression en matière pénale : du modèle judiciaire à l'attraction d'un système unitaire », op cit. ; GUTMANN D., « Sanctions fiscales et constitution », op cit. FROGER C., « La sanction fiscale dans les jurisprudences constitutionnelles et européennes », op cit.
164 PETIT J., « L'application du principe de la rétroactivité in mitius aux sanctions fiscales », *RFDA* 1997, p. 843.

Titre 1 : L'extension des garanties du procès équitable aux sanctions fiscales

51. Pendant longtemps, les juristes ont « *cru que la matière pénale était le droit pénal* »[165]. Toutefois, la Cour européenne des droits de l'homme a « *introduit une nuance importante en proposant de donner un contenu plus large à la matière pénale* »[166]. L'approche de la « matière pénale » traduit la volonté de la Cour et la Commission européenne des droits de l'homme d' « *étendre les garanties de l'article 6 de la Convention bien au-delà du droit pénal stricto sensu* »[167]. En effet, ces instances se sont tournées, « *vers une interprétation européenne autonome des catégories juridiques visées par l'article 6* »[168]. Ce système d'interprétation est élaboré autour de trois critères, à savoir, la « qualification de l'infraction d'après la technique juridique interne », la « nature même de l'infraction » et la « sévérité de la sanction ». Ébauché dans la décision Engel à propos de sanctions disciplinaires, il s'est précisé au fil des décisions jurisprudentielles de la Cour européenne des droits de l'homme statuant dans le domaine de contentieux fiscal. Il en ressort une extension du champ du volet pénal de l'article 6§1 de la Convention favorable à la pénalisation des sanctions fiscales.

52. Prenant acte de la jurisprudence de la Cour européenne des droits de l'homme, le Conseil d'État et la Cour de cassation « *ont opté pour une applicabilité très extensive de l'article 6§1 de la Convention* »[169]. S'écartant de la méthode d'identification de l'accusation en matière pénale adoptée par la Cour européenne des droits de l'homme, les juridictions suprêmes ont suivi la démarche du Conseil constitutionnel qui consiste à caractériser la sanction au regard d'un seul critère, à savoir, la finalité punitive de la mesure.

---

[165] DELMAS-MARTY M., « Code pénal d'hier, droit pénal d'aujourd'hui, matière pénale de demain », op cit.

[166] Ibidem.

[167] MODERNE F., « Sanctions administratives et justice constitutionnelle », *economica* 1993, p. 59

[168] DELMAS-MARTY M., DERVIEUX V., JACQ CH., MASSIAS F., COSTE J-F., « La « matière pénale » au sens de la Convention européenne des droits de l'homme, flou du droit pénal », *RSC* 1987, n°4, p. 820.

[169] FLAUSS J-F., « Sanction fiscale et Convention européenne des droits de l'homme », *RFFP* 1999, n°65, p.82

Chapitre 1 : L'intégration des sanctions fiscales à la « matière pénale » par la Cour européenne des droits de l'homme

53. Les garanties du « procès équitable » de l'article 6 de la Convention européenne des droits de l'homme peuvent être invoquées par toute personne s'agissant des « contestations sur ses droits et obligations de nature civile », ou du « bien-fondé de toutes accusations en matière pénale dirigées contre elle ». Selon certains auteurs, « *les rédacteurs de l'article entendaient sans doute faire référence aux catégories juridiques bien connues du droit civil et du droit pénal* »[170]. Or, la Commission et la Cour européenne des droits de l'homme ont opté pour une interprétation autonome de la « contestation sur les droits et obligations de nature civile » et de l' « accusation en matière pénale », qui constituent les « *portes d'accès* »[171] du droit à un procès équitable.

54. Dans un premier temps, le débat s'est porté sur l'intégration des pénalités fiscales au sein de la catégorie juridique des « droits et obligations de nature civile ». La Cour a solennellement affirmé que le contentieux lié à l'établissement de l'impôt échappe à l'application de l'article 6§1 de la Convention en dépit de ses effets patrimoniaux pour le contribuable[172]. Cette exclusion[173] est fondée sur la considération que la matière fiscale doit être

---

[170] DELMAS-MARTY M., DERVIEUX V., JACQ CH., MASSIAS F., COSTE J-F., « La « matière pénale » au sens de la Convention européenne des droirs de l'homme, flou du droit pénal », op cit.

[171] SUDRE F., ANDRIANTSIMBAZOVINA J., GONZALEZ G., GOUTTENOIRE A., MARCHADIER F., MILANO L., SCHAHMANECHE A., SURREL H., SZYMCZAK D., « Les grands arrêts de la Cour européenne des droits de l'homme », *Puf, thémis droit*, 9e ed., 2019, p. 47.

[172] CEDH, gde ch., 12 juillet 2001, n°44759/98, Ferrazzini c/ Italie : *Rec CEDH*- VII, *Dr fisc.* 2002, n°10, comm. 187, *RJF* 2002, n°128, chron. J. MAIA.

[173] L'exclusion de l'applicabilité du volet civil de la Convention à la matière fiscale supporte une exception pour certains litiges à connotation fiscale. Il en va ainsi de certaines actions en restitution. La Cour a estimé dans la décision National & Provincial Building Society, Leeds Permanent Building Society et Yorkshire Building Society c/ Royaume-Uni que « *les deux séries d'actions en restitution (…) étaient des actions de droit privé et cruciales pour la décision sur des droits de caractère privé à récupérer des sommes chiffrables* » et que « *la procédure en contrôle juridictionnel (…) relevait d'une stratégie calculée pour faire renaître des créances de droit privé* (..). La Cour en conclut que « *bien que ce litige relevât du droit*

rattachée au noyau dur des prérogatives de puissance publique et qu'en cette matière, le caractère public des rapports entre le contribuable et la collectivité reste prédominant. Nonobstant les critiques doctrinales de cette jurisprudence[174], elle a été parfaitement relayée par les juridictions internes[175] et a été réaffirmée par la Cour européenne des droits de l'homme[176].

55. Puis, le débat s'est porté sur l'intégration des sanctions fiscales dans la catégorie juridique de la « matière pénale ». La Cour a, dans un premier temps, intégré les sanctions disciplinaires et certaines sanctions relevant du droit administratif au sein de la matière pénale par un « *coup de force juridique* »[177]. Elle a, à cette occasion, ébauché une méthode d'identification de l'accusation en matière pénale. Puis la Cour a étendu son interprétation aux sanctions fiscales tout en précisant les critères d'identification de la matière pénale et la façon dont ils se combinent entre eux. L'analyse postérieure des décisions jurisprudentielles de la Cour européenne des droits de l'homme statuant en matière de sanctions fiscales révèle une extension tant du champ d'application matériel que temporel du volet pénal de l'article 6 de la Convention.

---

public, il y a lieu de considérer que la procédure en contrôle juridictionnel portait sur des droits ressortissants à la sphère du droit privé » : CEDH, 23 octobre 1997, National & Provincial Building Society, Leeds Permanent Building Society et Yorkshire Building Society c/ Royaume-Uni, *Recueil des arrêts et décisions* 1997-VII, p. 2353, § 97.

174 J. VAN BRUSTEM E., « L'article 6§1er de la CESDH et le contentieux fiscal : une exclusion fondée sur une spécificité de plus en plus discutable » *Dr fisc.* 2007, n°46, comm. 956

175 Les juridictions internes ont appliqué fidèlement la jurisprudence de la Cour européenne des droits de l'homme en jugeant inapplicables les dispositions de l'article 6 de la Convention aux contestations relatives à la régularité de la procédure de redressement (Voir : CE, 27 juillet 2006, n° 272397, M. et Mme Tournois, *Dr fisc.* 2007, n° 13, comm. 339, concl. GLASER E. ; Cass. com., 31 mai 2005, n° 02-17.025, Marin-Cudraz et Favray, *Dr fisc.* 2005, n° 38, comm. 625 ; CAA Nancy, 11 janv. 2007, n° 04NC00526, Colin ; CAA Paris, 22 déc. 2006, n° 03PA02178, Grzesiek.) aux litiges relatifs à l'assiette de l'impôt (Voir CE, 11 décembre 2006, n° 278806, M. et Mme Pessey : *Dr fisc.* 2007, n° 8, comm. 212 ; CE, 9 juin 2006, n° 266684, Schmidt) Ainsi qu'aux litiges relatifs à la privation rétroactive du droit d'obtenir une décharge d'imposition (CE, 8 juillet 2005, n° 268701, n° SCI CCB ; *Dr fisc.* 2005, n° 50, comm. 809.

176 Cette décision a été constamment réaffirmée par la Cour : CEDH, 3 juin 2003, n°54559/00, Morel c/ France, *Rec. CEDH* 2003-IX ; *Europe* 2004, comm. 269 ; *RJF* 2003, n° 1337., CEDH, 2 juin 2005, n° 70160/01, Aon Conseil et Courtage SA et a. c/ France : *Dr fisc.* 2007, n° 38, comm. 852, CEDH, 21 mars 2006, Flament c/ France n° 28584/03, CEDH, 23 février 2006, n° 25632/02, Stere et a. c/ Roumanie : *Dr fisc.* 2007, n° 9, comm. 224.

177 DELMAS-MARTY M., « Code pénal d'hier, droit pénal d'aujourd'hui, matière pénale de demain », op cit.

Section 1 : L'établissement des bases de la pénalisation des sanctions fiscales par le juge européen

56. L'établissement des bases de la pénalisation des sanctions fiscales résulte de deux décisions prises dans le domaine des sanctions disciplinaires et administratives. Les décisions Engel[178] et Oztürk[179] dans lesquelles la Cour européenne des droits de l'homme a intégré les sanctions disciplinaires et administratives dans la catégorie juridique des « accusations en matière pénale », constituent les prémisses de la pénalisation des sanctions fiscales. En effet, la Cour a, à l'occasion de ces deux contentieux, élaboré une méthode d'identification de l'accusation en matière pénale fondée sur trois critères alternatifs. L'extension des garanties du procès équitable aux sanctions fiscales n'a toutefois pas permis de consolider le raisonnement antérieur de la Cour. En effet, dans l'arrêt Bendenoun, la Cour a, dans le but d'étendre « *tous azimuts le champ d'application de l'article 6* »[180], opté, pour une méthode de combinaison cumulative d'indices de pénalisation.

I. L'extension des garanties du procès équitable au droit répressif

57. Bien avant d'élargir le champ d'application de l'article 6§1 de la Convention aux sanctions fiscales, la Cour européenne des droits de l'homme avait initié le mouvement de pénalisation en assimilant les sanctions disciplinaires militaires puis les sanctions administratives aux sanctions pénales. Les décisions Engel et Özturk ont permis à la Cour de définir et préciser les contours de la notion autonome « *d'accusation en matière pénale* » et d'ainsi construire les bases de la pénalisation des sanctions de nature répressive. Ce n'est que « *tardivement* »[181] que les sanctions fiscales à caractère répressif ont été intégrées dans le champ de l'article 6§1 de la Convention

[178] CEDH 8 juin 1976, n°5100/71, Engel C/ Pays-Bas : série A, n°22.
[179] CEDH 21 février 1984, n°8544/79, Öztürk c/ Allemagne : série A, n°73, *GACEDH*, n° 25.
[180] SUDRE F., ANDRIANTSIMBAZOVINA J., GONZALEZ G., GOUTTENOIRE A., MARCHADIER F., MILANO L., SCHAHMANECHE A., SURREL H., SZYMCZAK D., « Les grands arrêts de la Cour européenne des droits de l'homme », op cit. p. 298
[181] DREIFUSS M., « Portée de l'article 6 de la Convention Européenne des Droits de l'Homme en matière de pénalités fiscales », *AJDA* 1995, p. 739.

A. Les prémisses du mouvement de pénalisation des sanctions administratives

58. Les prémisses du mouvement de pénalisation par l'extension du champ du droit au procès équitable sont apparues dans la décision Engel contre Pays-Bas[182]. Il s'agit de la première décision dans laquelle la Cour donne une définition de la notion autonome « *d'accusation en matière pénale* » tout en se justifiant sur le choix de procéder à ce mode d'interprétation. Afin d'élargir le droit d'accès au procès équitable, la Cour s'est affranchie des notions internes et de leur contexte juridique en donnant à la notion « *d'accusation* » une définition compatible avec l'objet et le but de la Convention. Elle a ainsi opté pour une conception matérielle et non formelle des notions, ce qui lui a permis de « *dépasser le sens habituel que le concept en cause revêt en droit national et de conférer à ce concept une signification extensive* »[183]. Cette conception matérielle consiste à cerner la réalité des notions internes en appréciant leur proximité avec le réseau pénal. Ainsi, ont été considérées comme relevant de la matière pénale les sanctions disciplinaires militaires[184], les sanctions disciplinaires pénitentiaires[185], les sanctions administratives[186] et les sanctions fiscales[187].

59. La démarche de la Cour ne consiste pas à contraindre les États membres dans la détermination de la nature juridique des sanctions, mais simplement à éviter qu'ils puissent limiter le champ d'application de la Convention aux sanctions de nature pénale. Cette méthode a permis de construire les bases de la pénalisation des sanctions fiscales et a emporté pour conséquence l'extension substantielle du champ d'application de la Convention. Ainsi la notion « *d'accusation en matière pénale* » constitue « *le principal facteur de soumission de la fiscalité aux organes de la Convention* »[188].

---

[182] CEDH 8 juin 1976, n°5100/71, op cit.
[183] SUDRE F., ANDRIANTSIMBAZOVINA J., GONZALEZ G., GOUTTENOIRE A., MARCHADIER F., MILANO L., SCHAHMANECHE A., SURREL H., SZYMCZAK D., « Les grands arrêts de la Cour européenne des droits de l'homme », op cit, p.46.
[184] CEDH, 15 juin 2004, Canady c/ Slovaquie, n°53371/99.
[185] CEDH, 12 avril 2005, Withfield et autre, n°46387/99.
[186] CEDH, 21 février 1984, n°8544/79 Ozturk c/ France, série A, n°73, *GACEDH*, n° 25.
[187] CEDH 24 février 1994, n°12547/86, Bendenoun c/ France, *Dr fisc.* 1994, n°21-22, comm. 989 ; *Dr fisc.* 1994, n°21, comm. 100027 note LE GALL J-P., GERARD L ; *JCP G.*, 1995, II, 22372, note FROMMEL S. ; *RJF* 4 :1994, n°503 ; *RJF* 6/1994, chron. GOULARD G., p. 383 et s. ; *D.* 1996, p. 385 et s., note LAMARQUE J., *AJDA* 1994, chron. FLAUSS J-F, p. 511 et s. ; *RFDA* 1995, note MAUBLANC et FERNANDEZ L., p. 1181 et s.
[188] LE GALL J-P., GERARD L., « Les recours des contribuables sur le fondement de Convention européenne de sauvegarde des droits de l'homme et des libertés fondamentales, à propos de l'arrêt Bendenoun », *Dr fisc.* 1994, n°21, comm. 100027.

a. La consécration de l'autonomie de la matière pénale par le détachement de la qualification interne des États membres

60. C'est la décision Engel C/ Pays-Bas qui a initié le mouvement de pénalisation des sanctions de nature répressive en affirmant l'autonomie de la matière pénale. Cette autonomie résulte du détachement par les juges européens de la qualification interne des États afin d'y substituer une approche matérielle fondée sur l'appréciation punitive de la mesure. Dans la décision Engel, les juges européens ont été saisis d'une contestation relative aux sanctions disciplinaires prononcées contre des militaires servant dans l'armée néerlandaise. Les requérants soutenaient entre autres que la Haute Cour militaire n'avait pas répondu aux exigences qui découlent de l'article 6 de la Convention.

61. La contestation des requérants nécessitait au préalable que la Cour se prononce sur les conditions d'applicabilité des dispositions du droit à un procès équitable[189] aux sanctions militaires. C'est naturellement sur le terrain du volet pénal de l'article de l'article 6§1 que le débat s'est articulé. La problématique sous-jacente étant de savoir si ces sanctions, dont la qualification interne ne relève pas du droit pénal, peuvent être assimilées à des accusations en matière pénale. En d'autres termes, la classification opérée par le législateur interne entre sanctions pénales et sanctions disciplinaires emporte-t-elle des conséquences sur l'applicabilité de l'article 6§1 de la Convention ? Ou, a contrario, la notion « d'accusation » doit-elle être interprétée de façon autonome afin d'étendre le champ d'application de la Convention ? Cette problématique a été résolue par la Cour qui par une interprétation extensive du volet pénal de l'article 6§1 de la Convention s'est affranchie de la qualification interne retenue par les États membres.

L'affirmation de la prise en considération de la qualification interne

62. La Cour a pris le soin de rappeler que les États membres demeurent souverains dans la détermination de la nature juridique des sanctions. À cet égard, elle précise que l'appréciation de la matière pénale nécessite au préalable que les juges européens se fondent sur la qualification interne

---

[189] « *Toute personne a droit à ce que sa cause soit entendue équitablement, publiquement et dans un délai raisonnable, par un tribunal indépendant et impartial, établi par la loi, qui décidera, soit des contestations sur ses droits et obligations de caractère civil, soit du bien-fondé de toute accusation en matière pénale dirigée contre elle* » : Article 6§1 de la Convention.

retenue par les États membres[190]. Ce critère doit être selon la Cour analysé en fonction des textes juridiques, des pratiques judiciaires et de la doctrine. Si la Cour affirme solennellement la prise en considération de ce critère, elle précise que ce pouvoir de qualification ne saurait avoir pour conséquence de limiter la portée des dispositions de l'article 6 de la Convention. Son raisonnement est justifié dès lors qu' « *une latitude aussi étendue risquerait de conduire à des résultats incompatibles avec le but et l'objet de la Convention* »[191].

Le détachement de la qualification sur le fond

63. Concernant le critère de la qualification interne des États membres, la Cour précise que ce critère constitue un point de départ et n'a qu'une valeur relative. Il n'est pris en compte par les juges européens que lorsque la qualification est pénale[192]. A contrario, si la législation interne ne qualifie pas la sanction de pénale « *rien n'empêche la Cour européenne des droits de l'homme de juger qu'une telle qualification relève de la matière pénale au sens de la Convention* »[193]. Ainsi, il ne saurait y avoir d'influence sur le développement du champ pénal européen. Le détachement de la qualification au fond se justifie dès lors que « *si les États contractants pouvaient à leur guise qualifier une infraction de disciplinaire plutôt que pénale, ou poursuivre l'auteur d'une infraction mixte sur le plan disciplinaire de préférence à la voie pénale, le jeu des clauses fondamentales des articles 6 et 7 se trouverait*

---

[190] Cette démarche a été explicitée dans la décision Engel. La Cour considère qu' « *il importe d'abord de savoir si le ou les textes définissant l'infraction incriminée appartiennent, d'après la technique juridique de l'État défendeur au droit pénal, ou au droit disciplinaire* », CEDH 8 juin 1976, n°5100/71, Engel C/ Pays-Bas, op cit.

[191] CEDH 8 juin 1976, n°5100/71, Engel C/ Pays-Bas : Ibidem §80.

[192] En effet, dès lors que la qualification interne relève du droit pénal, « *cela signifie pour les instances européennes que l'affaire relève du droit pénal, et que par conséquent les garanties du procès équitable posées à l'article 6 de la Convention européenne s'appliquent sans qu'il soit utile d'invoquer la notion européenne autonome de la matière pénale* » : DELMAS-MARTY M., DERVIEUX V., JACQ CH., MASSIAS F., COSTE J-F., « La « matière pénale » au sens de la Convention européenne des droits de l'homme, flou du droit pénal », op cit. p. 824, à propos de CEDH, 27 février 1980, Deweer c/ Belgique, série A n° 35, pp. 24-25, et CEDH 26 mars 1982, 8269/78 Adolf c/ Autriche. série A n° 49.

[193] FRAISSINIER-AMIOT V., « l'article 6§1 de la Convention européenne des droits de l'homme et la matière fiscale, la lecture européenne (1iere partie) », *Lamy fiscal* 2011, § 8671 et s. Ainsi, dès lors que la qualification est « *extra pénale ou mixte* », la Cour va examiner si les mesures présentent une « *analogie avec le droit pénal* ». Ce qui l'amène à rechercher « *même d'office, une éventuelle fraude des États qui consisterait grâces à une qualification extra-pénale, à refuser au requérant les garanties du procès équitable* » : DELMAS-MARTY M., DERVIEUX V., JACQ CH., MASSIAS F., COSTE J-F., « La « matière pénale » au sens de la Convention européenne des droits de l'homme, flou du droit pénal », op cit. p. 824.

subordonné à leur volonté souveraine »[194]. Ce raisonnement opère un équilibre entre la souveraineté des États dans la détermination de la nature juridique d'une sanction et la nécessaire protection des droits et garanties résultant de l'article 6 de la Convention. Cette démarche permet aux instances européennes, *« en gendarme du monde juridique européen »*[195], d'affirmer aux États membres *« qu'ils ne peuvent impunément faire sortir tel ou tel comportement du champ protecteur de l'article 6§1* »[196] et d'exclure le « *risque de fraude à la Convention* »[197]. Dans cette circonstance, l'examen des critères d'assimilation des sanctions de nature répressive à la matière pénale peut « *s'avérer décisif* »[198].

b. L'ébauche des critères d'assimilation des sanctions de nature répressive aux sanctions pénales

64. La cour dans cette décision ébauche une méthode d'assimilation des sanctions présentant un caractère répressif avec les sanctions pénales. Ainsi, pour apprécier l'existence d'une accusation en matière pénale, la Cour a élaboré dans la décision Engel c/ Pays-Bas, une méthode fondée sur une conception matérielle de la sanction.

65. Afin d'apprécier si une sanction relève matériellement de la matière pénale, la Cour se fonde, en premier lieu, sur la nature de l'infraction. Ce critère représente, selon la Cour, un critère de plus grand poids dans la mesure où le critère de la qualification interne des États membres revêt un caractère relatif. Si la qualification pénale de l'infraction a pour conséquence une soumission automatique aux garanties de l'article 6§1 de la Convention, il n'en va pas de même pour les sanctions qui ne ressortent pas de cette qualification. Ainsi, il est déterminant pour la Cour de s'attacher à la nature même de l'infraction qui doit être pénale par nature. Sur ce point, la Cour précise que « *si un militaire se voit reprocher une action ou omission qui aurait transgressé une norme juridique régissant le fonctionnement des forces armées, l'État peut en principe utiliser contre lui le droit disciplinaire plutôt que le droit pénal. À cet égard, la Cour marque son accord avec le*

---

[194] CEDH, 8 juin 1976, n°5100/71, Engel C/ Pays-Bas, op cit. §81.

[195] KOERING-JOULIN R. et TRUCHE P., « Retour sur le champ pénal européen… », Mélange en hommage à PETTITI L., Bruylant 1999, p.513, p. 515.

[196] Ibidem.

[197] DELMAS-MARTY M., DERVIEUX V., JACQ CH., MASSIAS F., COSTE J-F., « La « matière pénale » au sens de la Convention européenne des droits de l'homme, flou du droit pénal », op cit. p. 824.

[198] MILANO L., « Le droit à un tribunal au sens de la Convention européenne des droits de l'homme », *Dalloz*, Nouvelle bibliothèque de thèse, p.156.

Gouvernement »[199]. La Cour révèle ici la particularité du droit militaire qui l'oblige à tenir compte de la qualification interne[200]. Ce n'est donc que « *par exception* »[201] que les sanctions militaires relèvent de l'article 6§1 de la Convention. Ainsi, dans cette décision, seule la gravité de la sanction[202] « *emporta la conviction des juges* »[203]. Selon la Cour, son contrôle serait illusoire, si elle ne prenait pas en compte le degré de sévérité de la sanction. Elle distingue ainsi « *les privations de liberté susceptibles d'être infligées à titre répressif* »[204] qui causent un préjudice grave et « *celles qui par leur nature, leur durée ou leurs modalités d'exécution ne sauraient causer un préjudice important* »[205]. Le contrôle de la Cour se borne ici à l'évaluation du préjudice subi.

66. Cette ébauche donne à la décision Engel c/ Pays-Bas la caractéristique d'engager « *un mouvement de pénalisation qui voit une même norme ne pas appartenir à l'ensemble du droit pénal national, mais néanmoins relever de la matière pénale au sens de l'article 6§1* »[206]. Toutefois, c'est essentiellement dans l'affaire Özturk que la Cour a précisé sa méthode d'identification des mesures relevant de la matière pénale.

B. L'élaboration des bases de la pénalisation des sanctions administratives

67. La Cour a précisé son analyse dans l'affaire Özturk du 21 février 1984[207]. Il s'agissait pour la Cour de se prononcer sur l'applicabilité de l'article 6§1 de la Convention aux ordnungwidrigkeiten[208]. Précisant que cette affaire comporte des questionnements analogues à ceux développés dans l'affaire Engel relative au droit militaire, la Cour reprend les critères d'assimilation ultérieurement consacrés et les étend aux sanctions administratives. Concernant le critère relatif à la qualification des infractions

---

199 CEDH 8 juin 1976, n°5100/71, Engel C/ Pays-Bas, op cit, §82.
200 BARONE L., « L'apport de la Convention européenne des droits de l'homme au droit fiscal français », op cit, p.66.
201 EVEILLARD G., « Les principes applicables à la procédure disciplinaire dans les établissements d'enseignement primaire et secondaire », *D. A.*, 2014, n° 11, comm. 66.
202 Il s'agissait en l'espèce de lourdes peines privatives de liberté.
203 KOERING-JOULIN R. et TRUCHE P., « Retour sur le champ pénal européen… », Mélange en hommage à PETTITI L., op cit. p. 521.
204 CEDH 8 juin 1976, n°5100/71, Engel C/ Pays-Bas, op cit, §82.
205 Ibidem.
206 SUDRE F., « Les grands arrêts de la Cour européenne des droits de l'homme », op cit, p. 47.
207 CEDH 21 février 1984, n°8544/79, Öztürk c/ Allemagne, op cit.
208 Signifie littéralement, une infraction aux ordres de l'administration.

donnée par les États membres, la Cour n'apporte aucune précision particulière. Elle rappelle que cette qualification ne constitue qu'un point de départ dans son analyse et qu'elle ne saurait être liée par elle.

68. En revanche concernant la nature de l'infraction, la Cour a précisé son analyse. Tout d'abord, elle rejette l'argument développé par le gouvernement, selon lequel, l'infraction concernée se range parmi les manquements de peu d'importance. Elle justifie sa position en démontrant les similitudes entre l'infraction et le droit pénal. À ce titre, elle remarque que la commission de cette l'infraction expose son auteur à des peines destinées « *à exercer un effet dissuasif et qui consiste d'habitude en des mesures privatives de liberté et en des amendes* »[209]. La cour affirme ensuite que l'infraction « *continue à ressortir au droit pénal dans une large majorité des États contractants* »[210]. Au surplus, la Cour fait référence aux règles de procédures pénales applicables aux poursuites ainsi qu'aux sanctions administratives dont elle précise le caractère à la fois préventif et répressif. Enfin quant à la règle de droit transgressée par le requérant, la Cour précise « *qu'elle ne s'adresse pas à un groupe déterminé à statut particulier, mais à tous les citoyens en leur qualité d'usagers de la route (...), elle leur prescrit un certain comportement et assortit cette exigence d'une sanction punitive* »[211]. Or, « *si l'ensemble de l'argumentation apparaît d'inégale valeur* »[212] il faut retenir de cette décision, « *le caractère général de l'infraction et la nature à la fois préventive et répressive de la sanction, comme critère de la spécificité de cette matière pénale* »[213]. En effet, La Cour précise que le fait que la sanction soit légère ne permet pas de soustraire l'infraction du champ de la matière pénale[214].

69. Les décisions Engel et Özturk instaurent une méthode d'assimilation des sanctions administratives aux sanctions pénales par le biais de critères alternatifs[215]. Elles ont posé les bases de la pénalisation du système de répression administrative. Il ressort de celles-ci qu'une accusation en matière pénale au sens de la Convention est caractérisée en fonction de la nature de

---

209 CEDH 21 février 1984, n°8544/79, Özturk c/ Allemagne, op cit. §53

210 Ibidem.

211 Ibidem

212DELMAS-MARTY M., « Code pénal d'hier, droit pénal d'aujourd'hui, matière pénale de demain », op cit., p. 28.

213 Ibidem.

214 Dès lors que « *même si la sanction est modique en elle-même, elle peut être lourde par rapport à un manquement* » : MILANO L., « Le droit à un tribunal au sens de la Convention européenne des droits de l'homme », op cit. p. 158.

215 Cette solution a été confirmée de manière explicite dans la décision CEDH, 15 août 1987, n° 9912/82, Lütz, Série A, n°123, §85. Ainsi, « *pour que l'article 6 s'applique au titre des mots accusation en matière pénale, il suffit que l'infraction soit par nature pénale au regard de la Convention ... ou ait exposé l'intéressé à une sanction qui par sa nature et son degré de gravité ressortit de la matière pénale* ».

l'infraction et de la gravité de la sanction infligée. Cette interprétation répond à une logique différente du droit pénal telle que conçue au XIXe siècle. Cette logique définie par le professeur Delmas Marty, regroupe trois idées, à savoir, « *une peine principale, la prison qui sert d'étalon de mesure à la gravité des infractions* », « *un système juridique principal selon lequel se décide l'application de la peine* », « *un ensemble normatif unique fait de règles juridiques relevant du Code pénal et plus largement des lois pénales et de leur interprétation jurisprudentielle et doctrinale* »[216]. Cette définition, guidée par une logique formelle attachée aux piliers fondateurs du droit pénal, diffère de l'acception matérielle de la matière pénale. Il en résulte un contenu plus large que le droit pénal.

70. Une fois l'autonomie de la matière pénale consacrée et consolidée, le mouvement de pénalisation s'est étendu aux sanctions fiscales. Dans la décision Bendenoun c/ France[217], la Cour a pour la première fois, caractérisé une sanction fiscale au regard des critères de la matière pénale.

II. L'extension des garanties du procès équitable aux sanctions fiscales

71. Après avoir posé les bases de la pénalisation des sanctions administratives, la Cour s'est prononcée en faveur de l'assimilation des sanctions fiscales aux sanctions pénales dans l'arrêt Bendenoun c/ France[218]. Cette décision suit l'analyse de la Commission européenne des droits de l'homme qui avait déjà intégré certaines pénalités fiscales au volet pénal de l'article 6§1 de la Convention. Elle constitue une étape importante dans la pénalisation des sanctions fiscales en ce qu'elle consacre pour la première fois le caractère répressif de certaines pénalités.

A. Les prémisses de l'extension des garanties de l'article 6§1 aux sanctions fiscales

72. Les prémisses de l'assujettissement du contentieux fiscal aux dispositions de l'article 6§1 de la Convention résultent de plusieurs décisions

216 DELMAS-MARTY M., « Code pénal d'hier, droit pénal d'aujourd'hui, matière pénale de demain », op cit, p. 28.
217 CEDH, 24 février 1994, n°3/1993/398/476, aff bendenoun c/ France, op cit.
218 Ibidem.

de la Commission. La première a été rendue du 12 mars 1987[219]. Elle concernait un requérant soumis à une majoration spéciale pour déclaration inexacte en conséquence d'un recours à une société d'artiste dans le but de s'évader fiscalement. Il contestait le fait de n'avoir pu bénéficier des garanties du procès équitable telles qu'elles résultent de l'article 6§1 de la Convention[220]. La Commission a déclaré cette requête recevable. Le conflit s'étant résolu à l'amiable, la Cour n'a pas eu l'occasion de se prononcer sur cette affaire. Cette décision est toutefois considérée par le professeur Jean François Flauss comme « *la base d'un revirement à venir* »[221]. Celle-ci a été consolidée dans une décision de la Commission du 6 juillet 1990[222]. Dans cette affaire, elle n'a pas rejeté la requête comme étant mal fondée alors même que la défense s'était attelée à démontrer à la lumière des critères conventionnels que les pénalités fiscales revêtaient une nature purement administrative. Cette décision attestait la volonté de la Commission de ne pas laisser le contentieux du droit fiscal en dehors de tout contrôle sur le terrain de l'article 6§1 de la Convention[223]. De par cette décision, « *l'imminence dudit revirement devenait de plus en plus probable* »[224].

73. La volonté de rattacher une partie du contentieux fiscal à la matière pénale fut confirmée par la Commission[225]. Elle a franchi « *un pas décisif* »[226] dans une décision du 1er décembre 1992[227] concernant une majoration d'impôt prévue à l'article 1729 du Code général des impôts. La Commission a déclaré que ces pénalités étaient susceptibles de relever de la matière pénale au sens de l'article 6§1 de la Convention. Pour arriver à cette conclusion, la Commission s'est fondée sur les décisions jurisprudentielles du Conseil constitutionnel, du Conseil d'État et de la Cour européenne des droits de l'homme. En effet, dans une décision du 30 décembre 1982, les sages de la rue de Montpensier ont assimilé les sanctions fiscales aux sanctions pénales, les soumettant ainsi aux principes répressifs résultant des dispositions de

---

219 Comm. EDH, 12 mars 1987, n°11 464/85, Max von Sydow c/ Suède, *DR* 53, p.85.

220 Le requérant mettait en cause le caractère « entièrement » écrit de la procédure mise en œuvre par les juridictions suédoises.

221 FLAUSS J-F., « Pénalités fiscales et Convention européenne des droits de l'homme : à propos de l'arrêt Bendenoun du 24 février 1994 », *LPA* 1994, n°56, p.22.

222 Comm. EDH, 6 juillet 1990 B. c/ France, *AJDA* 1992, p.20.

223 SCOFFONI G., « Jurisprudence fiscale et Convention européenne des droits de l'homme : vers une protection européenne du contribuable national », *Cahiers de l'I.D.E.H.H.* n°2, Université de Montpellier I, p.120.

224 FLAUSS J-F., « Pénalités fiscales et Convention européenne des droits de l'homme : à propos de l'arrêt Bendenoun du 24 février 1994 », op cit.

225 Comm. EDH, 3 juillet 1991, n°149-86/89, Van Kuijk c/ Grèce, *R.U.D.H.* 1991, p. 460 et Comm. EDH, 5 décembre 1991, n°13-616/88, H c/ France, *R.U.D.H.* 1991, p. 594-595.

226 FLAUSS J-F., « Pénalités fiscales et Convention européenne des droits de l'homme : à propos de l'arrêt Bendenoun du 24 février 1994 », op cit., p. 24.

227 Comm. EDH 1er décembre 1992, Edda Perin, n°18 656/91, *RJF* 8-9/93 n°1255.

l'article 8 de la Déclaration[228]. Elle ajoute ensuite que le Conseil d'État statuant sur ce litige a qualifié ces majorations de pénalités[229]. Enfin, la Commission s'est appuyée sur les critères Engel et Özturk pour affirmer que la sanction encourue par la requérante relève de la matière pénale en raison de son degré de gravité[230]. La Commission a précisé son analyse dans son rapport sur l'affaire Bendenoun c/ France[231]. Elle a appliqué le critère de la nature de l'infraction et celui de la nature et du degré de gravité de la sanction tels qu'ils résultent des décisions Engel et Özturk. À cet égard, la Commission a relevé le caractère général de la norme et son but à la foi préventif et répressif et la gravité de la sanction[232].

74. Les différentes solutions adoptées par le Commission ont, bien avant celles de la Cour européenne des droits de l'homme, assimilé certaines pénalités fiscales aux sanctions pénales. Elles sont considérées comme « *le point de départ* »[233] d'une évolution de la qualification des sanctions fiscales de nature répressive en « accusation en matière pénale ». En outre, la doctrine tant fiscaliste que pénaliste considérait qu' « *à plus ou moins brève échéance, les pénalités fiscales seraient soumises au respect du droit à un tribunal et du droit à un procès équitable* »[234]. En effet, « *la répression administrative que le fisc met en œuvre en prononçant des majorations d'impôt en l'absence de bonne foi est une prérogative de caractère pénal dont le contentieux doit suivre les règles de droit européen comme le droit interne propres à la répression pénale* »[235].

---

[228] C.C., 30 décembre 1982, n° 82-155 DC, Loi de finances rectificatives pour 1982, op cit.

[229] CE, ss 7 et 9 réunies, 18 Janvier 1989, n° 65320, Mentionné au recueil Lebon.

[230] CEDH 8 juin 1976, n°5100/71, Engel C/ Pays-Bas, op cit ; CEDH, 21 février 1984, n°8544/79, Özturk c/ France.

[231] Comm. EDH, 10 décembre 1992, n°12547/86. V. FLAUSS J-F., « Droit administratif et Convention européenne des droits de l'homme » (janvier- avril 1993), *AJDA* 1993. 483 ; V. également l'étude de FLAUSS J-F., « Pénalités fiscales et Convention européenne des droits de l'homme : à propos de l'arrêt Bendenoun du 24 février 1994 », op cit.

[232] À ce titre la Commission a relevé qu'« *qu'une sanction pécuniaire de près d'un million de francs est assez grave pour justifier l'application de l'article 6§1 de la Convention* », Comm. EDH, 10 décembre 1992. n°12547/86.

[233] LE GALL J-P., GERARD L., « Les recours des contribuables sur le fondement de Convention Européenne de Sauvegarde des Droits de l'Homme et des libertés fondamentales, à propos de l'arrêt Bendenoun », op cit.

[234] FLAUSS J-F., « Pénalités fiscales et Convention européenne des droits de l'homme : à propos de l'arrêt Bendenoun du 24 février 1994 », op cit. p.24. Position partagée : V. GEST G., « La Convention et l'action des autorités fiscales », *D.P.C.I.* 1991, n°4, p. 558. Et p. 560. : DELMAS MARTY M., TEITGEN-COLLY C., « Punir sans juger ? de la répression administrative au droit administratif pénal, op cit. p.167.

[235] LABAYLE H., SUDRE F., « Droit administratif et Convention européenne des droits de l'homme », *RFDA* 1995. 1172.

75. Ces différents « *signes annonciateurs d'une évolution* »[236] ont été confirmés par la décision de la Cour européenne des droits de l'homme du 24 février 1994, Bendenoun c/ France[237].

B. L'extension des garanties de l'article 6§1 aux pénalités fiscales

76. C'est essentiellement l'arrêt Bendenoun[238] qui marque « *une étape décisive dans la reconnaissance de l'applicabilité de l'article 6 aux sanctions fiscales* »[239]. Il fait office « *de premier précédent* »[240] dans l'assimilation des sanctions fiscales aux sanctions pénales par le juge européen. En l'espèce, M. Bendenoun, courtier et Président-directeur général d'une société détenait la quasi-totalité du capital social. Suite à une dénonciation, la société fit l'objet d'un contrôle des douanes qui donna lieu à une transaction. Le dossier de M. Bendenoun fut par la suite intégralement transmis à l'administration fiscale qui procéda à des redressements et appliqua à M. Bendenoun ainsi qu'à sa société des sanctions pour manœuvres frauduleuses. Ils furent confirmés par le Tribunal administratif de Strasbourg, puis par le Conseil d'État. M. Bendenoun a saisi les institutions de Strasbourg en arguant la méconnaissance de son droit à un procès équitable résultant du non-respect des principes du contradictoire et de l'égalité des armes. Ce litige soulevait en premier lieu la question de l'applicabilité de l'article 6§1 de la Convention aux sanctions fiscales et plus précisément de leur nature pénale.

77. S'appuyant sur la méthode d'identification des sanctions administratives et disciplinaires, la Cour a intégré les sanctions fiscales à la matière pénale. Pour justifier cette qualification, les instances européennes ont accordé « *une importance particulière à certaines caractéristiques* »[241] des pénalités fiscales.

78. Elle relève que « *les faits incriminés tombaient sous le coup de l'article 1729 par. 1 du code général des impôts (paragraphe 34 ci-dessus). Or il*

---

236 FLAUSS J-F., « Pénalités fiscales et Convention européenne des droits de l'homme : à propos de l'arrêt Bendenoun du 24 février 1994 », op cit. p.24.
237 CEDH, 24 février 1994, n°3/1993/398/476, aff bendenoun c/ France, op cit.
238 Ibidem.
239 LE GALL J-P., GERARD L., « Les recours des contribuables sur le fondement de Convention Européenne de Sauvegarde des Droits de l'Homme et des libertés fondamentales, à propos de l'arrêt Bendenoun », op cit.
240 J. VAN BRUSTEM E., « L'article 6§1er de la CESDH et le contentieux fiscal : une exclusion fondée sur une spécificité de plus en plus discutable » *Dr fisc.* 2007, n°46, comm. 956.
241 FLAUSS J-F., « Pénalités fiscales et Convention européenne des droits de l'homme : à propos de l'arrêt Bendenoun du 24 février 1994 », op cit. p. 24.

concerne tous les citoyens en leur qualité de contribuables, et non un groupe déterminé doté d'un statut particulier; il leur prescrit un certain comportement et assortit cette exigence d'une sanction », que « *les majorations d'impôt ne tendent pas à la réparation pécuniaire d'un préjudice, mais visent pour l'essentiel à punir pour empêcher la réitération d'agissements semblables* » et qu' « *elles se fondent sur une norme de caractère général dont le but est à la fois préventif et répressif* »[242]. Ces trois premiers indices relatifs à la nature de l'infraction n'ont pas été jugés suffisants par la Cour pour reconnaître la nature pénale de la sanction fiscale[243]. Un quatrième indice a donc été consacré, à savoir, l'ampleur considérable de la sanction. Or, la Cour relève sur ce point que la sanction pécuniaire s'élevait à 422 534 francs pour l'intéressé et 570 398 pour sa société et que le défaut de paiement exposait M. Bendenoun à l'exercice, par les juridictions répressives, de la contrainte par corps. Par conséquent, la sanction qui résulte de l'article 1729-1 du Code général des impôts revêt, selon la Cour, une ampleur considérable.

79. Dans cette décision, « *les critères alternatifs sont, dans une certaine mesure, devenus cumulatifs* »[244]. C'est l'addition et la combinaison des indices de pénalisation qui ont permis de faire entrer la sanction de l'article 1729-1 du Code général des impôts au sein de la matière pénale [245]. En effet, la Cour considère qu' « *ayant évalué le poids respectif des divers aspects de l'affaire*...(la Cour) *note la prédominance de ceux qui présentent une coloration pénale. Aucun d'eux n'apparaît décisif à lui seul* »[246]. Cette technique a eu l'avantage de laisser une plus grande marge « *d'appréciation au juge quant au choix des indices retenus, quant à l'importance qui leur est conférée et enfin quant au choix de la qualification finale* »[247], notamment en

---

242 CEDH, 24 février 1994, n°3/1993/398/476, aff Bendenoun c/ France, op cit., §47.

243 Pour certains commentateurs, la description de la nature de l'infraction aurait pu suffir, à caractériser la sanction résultant de l'article 1729-1 « d'accusation en matière pénale » dès lors que « *la norme est* (…) *bien punitive, et d'autant plus que la connotation pénale de l'article 1729-1 ce déduit également de son caractère général dont le but est à la fois préventif et répressif* » : BARONE L., « L'apport de la Convention européenne des droits de l'homme au droit fiscal français », op cit, p. 73.

244 GOULARD G., « Applicabilité de l'article 6-1 de la Convention européenne des droits de l'homme. CEDH 24 février 1994 n°3/1993/398/476, aff. Bendenoun c/ France », *RJF* 6/1994, p. 383 et s.

245 Dans son rapport, la Commission avait identifié le caractère pénal de la sanction fiscale au regard d'un seul élément, à savoir, le degré de gravité de la sanction. Sur ce point, Guillaume Goulard note la prudence de la position de la Cour qui devait « *lui permettre à l'avenir de limiter la portée de la solution* » : GOULARD G., « Applicabilité de l'article 6-1 de la Convention européenne des droits de l'homme. CEDH 24 février 1994 n°3/1993/398/476, aff. Bendenoun c/ France », op cit.

246 CEDH, 24 février 1994, n°3/1993/398/476, aff Bendenoun c/ France, op cit., §47.

247 CLIQUENNOIS M., « La Convention européenne des droits de l'homme et le juge français », vademecum de la pratique professionnelle, *l'Harmattan* 1997, p. 81.

présence d'une sanction lourde. Cette approche a été décisive dans la reconnaissance de la nature pénale des sanctions fiscales. En effet, dans cette décision, la méthode alternative s'avérait « *impuissante pour identifier le caractère pénal d'une infraction* »[248]. L'approche cumulative fondée sur les indices de pénalisation a donc permis à la Cour de « *s'affranchir des contraintes que lui impose l'application automatique des critères autonomes de la matière pénale* »[249].

80. La reconnaissance de la nature répressive de la pénalité de l'article 1729-1 du Code général des impôts au sens de l'article 6 de la Convention constitue le point de départ de la pénalisation des sanctions fiscales. La nature pénale de cette pénalité est reconnue indépendamment de la qualification retenue en droit interne, en fonction d'un faisceau d'indices. Ainsi, « *la jurisprudence européenne dépasse et, pourrait-on dire, transcende nos classifications juridiques formelles, nos clivages interdisciplinaires rigidifiés par la tradition et par la répartition des compétences juridictionnelles* »[250]. Toutefois, le rattachement, des pénalités fiscales à la matière pénale par la méthode du faisceau d'indices, a été à l'époque de la décision, sujet à questionnements[251]. Laissant place à une plus grande part de subjectivité[252] dans l'analyse de la nature juridique des sanctions fiscales, la méthode utilisée par la Cour questionne sur l'étendue des pénalités entrant dans le champ du volet pénal de l'article 6 de la Convention. En effet, si l'approche cumulative a permis d'étendre les garanties de l'article 6 de la Convention à la majoration de l'article 1729-1 du Code général des impôts, elle est susceptible dans certains cas d'en restreindre le champ d'application matériel.

81. La jurisprudence postérieure de la Cour européenne des droits de l'homme a permis de lever les doutes soulevés à l'issue de la décision Bendenoun. Tout en clarifiant sa méthode d'identification des sanctions

---

248 MILANO L., « Le droit à un tribunal au sens de la Convention européenne des droits de l'homme », op cit. p. 159.

249 Ibidem.

250 LABAYLE H., SUDRE F., « Droit administratif et Convention européenne des droits de l'homme », *RFDA* 1995. 1172

251 Selon le professeur Sudre, si la majoration d'impôt de l'article 1729-1 du Code général des impôts peut être qualifiée de sanction pénale à l'issue d'une analyse cumulative des indices de pénalisation, l'utilisation de cette méthode autorise à hésiter « *à conclure que toutes les pénalités fiscales relèvent de la matière pénale* » : SUDRE F., « L'onde de choc de l'article 6 de la CEDH en matière de sanctions fiscales », *JCP G.*, oct.1997, n° 43, II 22935, op cit.

252 « *Si en soi la valorisation de certains éléments est inhérente à la théorie du bilan, elle est néanmoins de nature à donner l'impression que le rattachement d'une sanction pécuniaire à la matière pénale demeure soumis à une bonne dose de subjectivité* » : FLAUSS J-F., « Pénalités fiscales et Convention européenne des droits de l'homme : à propos de l'arrêt Bendenoun du 24 février 1994 », op cit., p. 24.

fiscales à caractère pénal, la Cour a procédé à une extension du champ d'application matériel du volet pénal de l'article 6§1 de la Convention.

Section 2 : L'extension du champ d'application matériel du volet pénal

82. L'extension du champ d'application du volet pénal aux sanctions fiscales est révélée en premier lieu par la complémentarité des deux méthodes d'interprétation, mais surtout par la priorité donnée à la méthode alternative qui prône une conception large de la matière pénale. En effet, la méthode du faisceau d'indices a été considérée comme laissant place à plus de subjectivité dans la qualification ou non d'accusation en matière pénale. Cette approche a été à l'origine d'une conception plus restrictive de la matière pénale en vertu de l'importance qu'elle est susceptible de donner à l'indice de l'ampleur de la sanction. Ainsi, l'absence d'ampleur considérable de la sanction a pu être interprétée comme estompant la coloration pénale, au point de rendre inapplicable l'article 6§1 de la Convention. Si la Cour est revenue rapidement sur ce raisonnement, elle l'a fait en adoptant une approche alternative qui laisse une place primordiale à la nature de l'infraction.

83. L'interprétation des critères de la matière pénale par la Cour européenne des droits de l'homme postérieurement à la décision fondatrice Engel, a positionné le critère de la nature de l'infraction comme l'élément primordial de la matière pénale. Elle a ainsi fait de la gravité de la sanction un indice subsidiaire dont l'utilité réside dans la confirmation de la nature pénale de l'infraction. Elle n'est utilisée qu'*« au soutien de la qualification pénale lorsque le montant de la majoration est élevé »*[253]. Cette position a été clairement affirmée dans la décision Jussila c/ Suède qui constitue une étape décisive dans l'extension du champ du volet pénal de l'article 6§1 de la Convention aux sanctions fiscales. Il résulte de cette décision *« une forte propension de la Cour de Strasbourg à qualifier de « peine » des sanctions pécuniaires dont le montant traduit le souhait de punir l'intéressé et non simplement de le contraindre à s'acquitter de ses dettes ou à rembourser des sommes indues »*[254].

84. Enfin, la Cour a procédé à une extension de la matière pénale en élaborant une méthodologie qui revient à qualifier une « accusation » par absorption d'une procédure concernant une accusation en matière pénale.

---

[253] FROGER C., « La sanction fiscale dans les jurisprudences constitutionnelles et européennes », op cit.
[254] REGIS N., « Iterum ne bis in idem », *Gaz. Pal.* 6 déc. 2016, p. 35.

Sous-section 1 : La complémentarité des méthodes d'interprétation

85. La consécration de la nature répressive de certaines sanctions fiscales est le fruit d'une analyse de la Cour fondée sur un faisceau d'indices à la différence des sanctions disciplinaires et des sanctions administratives lesquelles ont été assimilées aux sanctions pénales en vertu d'une application alternative des critères de pénalisation. L'approche cumulative utilisée dans la décision Bendenoun contraste avec « *la conception large* (...) *qui prônait le caractère alternatif des éléments* »[255]. Mais alors, l'applicabilité de l'article 6§1 de la Convention aux pénalités fiscales nécessite-t-elle automatiquement une analyse cumulative d'indices de pénalisation ? Une réponse négative a été apportée par la jurisprudence de la Cour européenne des droits de l'homme. Dans l'affaire Janosevic contre Suède du 23 juillet 2002[256], les juges de Strasbourg ont eu à se prononcer sur l'applicabilité de l'article 6§1 de la Convention à des majorations d'impôt en Suède. La Cour a apprécié la notion d'accusation en matière pénale à la lumière des critères Engel sans faire référence à la jurisprudence Bendenoun[257]. Elle n'a pas suivi l'approche cumulative développée dans cette affaire. Il résulte de cette décision que l'analyse des pénalités fiscales au titre de la matière pénale peut résulter d'une approche tant cumulative qu'alternative. Ont été ainsi arguées les « *hésitations des juges strasbourgeois sur le caractère alternatif ou cumulatif des critères* »[258]. Le but recherché par les juges européens étant *« d'élargir au maximum le champ d'application de la Convention, le juge mettra bien entendu, selon les cas, l'accent sur celui des deux critères qui permettra de justifier le plus facilement la qualification pénale* »[259]. Si la Cour européenne des droits de l'homme n'a toujours pas tranché entre les deux méthodes d'identification de l'accusation en matière pénale, elle affirme l'application de principe des critères alternatifs consacrés dans la décision Engel et le caractère subsidiaire des indices cumulatifs de pénalisation.

---

[255] FRAISSINIER-AMIOT V., « l'article 6§1 de la Convention européenne des droits de l'homme et la matière fiscale, la lecture européenne (1iere partie) », op cit, p. 27.
[256] CEDH, 1re sect., 23 juillet 2002, n° 34619/97, Janosevic c/ Suède, op cit.
[257] Pour un raisonnement analogue : CEDH 23 juillet 2002 Västberga Taxi Aktiebolag et Vulic c. Suède, n° 36985/97.
[258] FRAISSINIER-AMIOT V., « l'article 6§1 de la Convention européenne des droits de l'homme et la matière fiscale, la lecture européenne (1iere partie) », op cit. p. 27.
[259] CLIQUENNOIS M., « La convention européenne des Droits de l'Homme et le juge français », op cit, p. 81

I. L'application de principe de la méthode alternative

86. Les doutes sur l'appréciation cumulative ou alternative des critères de pénalisation dans le contrôle de l'applicabilité de l'article 6§1 de la Convention aux pénalités fiscales se sont dissipés avec la décision de la Cour européenne des droits de l'homme du 24 septembre 1997, Garyfallou c/ Grèce[260]. Il était question dans cette affaire, d'amendes infligées par le ministre du Commerce pour manquement aux règles applicables au commerce international. Le requérant invoquait les dispositions de l'article 6§1 de la Convention et notamment l'absence de jugement dans un délai raisonnable. Sur le terrain de l'applicabilité des dispositions de l'article 6, la Cour affirme le caractère prioritaire de la méthode alternative. Elle commence par analyser la notion d'accusation en matière pénale à la lumière des critères Engel. Puis elle précise que les deux derniers critères[261] « *sont alternatifs et non cumulatifs* »[262]. Enfin, la Cour affirme que la méthode utilisée dans la décision Bendenoun s'applique lorsque l'analyse séparée de chacun des critères de l'arrêt Engel ne permet pas, à lui seul, de se prononcer sur « *l'existence d'une accusation en matière pénale* »[263]. La méthode du faisceau d'indices ne doit être utilisée que lorsque les critères Engel ne permettent pas de se prononcer sur la qualification d'accusation en matière pénale.

87. Ainsi, dans l'affaire Jussila[264], concernant la majoration de 10% infligée en matière de TVA, la Cour a fait application des critères Engel en jugeant que « *les majorations étaient fondées sur une norme poursuivant un but à la fois préventif et répressif* »[265]. Ajoutant que « *cette considération suffit à elle seule à conférer à l'infraction infligée un caractère pénal* »[266]. Dans cette affaire, l'analyse des critères résultant de la méthode alternative a suffi à la Cour pour qualifier la majoration d'accusation en matière pénale. Par conséquent, elle n'a pas appliqué la méthode du faisceau d'indices. Le même raisonnement a été adopté dans la décision Paykar Yev Haghtanak Ltd c/ Arménie[267]. La Cour a commencé par constater l'absence du premier critère

---

260 CEDH, 24 septembre 1997, n° 18996/91, Garyfallou c/ Grèce, *Rec. CEDH* 1997-V.

261 Il s'agit du caractère général de la norme et de la nature punitive de la sanction. Le critère de la qualification interne étant relatif.

262 CEDH, 24 sept. 1997, n° 18996/91, Garyfallou c/ Grèce, op cit, §33.

263 Ibidem, §33.

264 CEDH, gde ch., 23 novembre 2006, n° 75053/01, Jussila c/ Finlande, *Dr fisc.* 2007, n° 46, étude 946 ; *RJF* 2007, n° 527 ; *Dr fisc.* 2007, L'année fiscale, suppl. au n° 25, chron. 632.

265 Ibidem, §38.

266 Ibidem.

267 CEDH, 20 décembre 2007, n°21.638/03, Paykar Yev Haghtanak Ltd c/ Arménie. Pour un exemple plus récent : CEDH, 25 novembre 2008, n°18.384/04, Oral c/ Turquie(n°2), §25. Après avoir constaté la nature pénale de l'infraction, à savoir que, « *ces amendes étaient fondées*

relatif à la qualification interne de l'infraction[268]. Précisant que ce critère n'est pas décisif, elle a relevé la présence du second critère relatif à la nature de l'infraction qui suffit à lui seul à conférer la qualification d'accusation en matière pénale[269]. Si la Cour a fait mention de la gravité de la sanction, ce n'est qu'à la seule fin de confirmer son raisonnement relatif à la nature pénale de l'infraction.

II. L'application par exception de la méthode cumulative

88. La méthode fondée sur un faisceau d'indices étant d'application subsidiaire, elle ne connaît que très peu de cas d'application. Ces décisions qui constituent des « *exceptions* »[270], ne sauraient être interprétées *« comme remettant en cause le principe d'une application principale des critères Engel et subsidiaire du faisceau d'indices »*[271].

89. Initiée dans la jurisprudence Bendenoun c/ France, cette méthode a reçu application pour une seconde fois dans l'affaire Morel c/ France[272]. La cour a analysé la majoration pour manquement à l'obligation déclarative codifiée à l'article 1728, 1 du CGI à la lumière des quatre indices développés dans la jurisprudence Bendenoun. Appréciant l'absence d'ampleur considérable de la majoration, la Cour a estimé qu'elle ne présentait pas les caractéristiques de « *l'accusation en matière pénale* ». Le caractère exceptionnel de ce raisonnement a été clairement affirmé par la Cour dans la décision Jussila c/ Finlande[273]. Tout en se livrant à « *une lecture rétrospective*

---

sur une norme de caractère général poursuivant un but à la fois préventif et répressif », la Cour en conclut que « *cette considération suffit à elle seule à conférer à l'infraction un caractère pénal* » et ce « *même si la présence du troisième critère a été relevée à raison du montant « considérable » des amendes infligées* » : AYRAULT L., « SANCTION FISCALE. – Définition et régime juridique ».

[268] « *Turning to the first criterion, the surcharges and fines in the present case were imposed in accordance with various tax laws and are not classified as criminal. This is, however, not decisive* » : CEDH, 20 décembre 2007, n°21.638/03, Paykar Yev Haghtanak Ltd c/ Arménie, §34

[269] « *As regards the second criterion, the Court notes that the relevant provisions of the Law on Taxes and the Law on Value Added Tax are applicable to all persons – both physical and legal – liable to pay tax and are not directed at a specific group. Furthermore, the surcharges and the fines are not intended as pecuniary compensation for any costs that may have been incurred as a result of the taxpayer's conduct. The purpose pursued by these measures is to exert pressure on taxpayers to comply with their legal obligations and to punish breaches of those obligations. The penalties are thus both deterrent and punitive* » : ibidem, §35.

[270] AYRAULT L., « SANCTION FISCALE. – Définition et régime juridique », op cit.

[271] Ibidem.

[272] CEDH, 3 juin 2003, n° 54559/00, Morel c/ France : *Rec. CEDH* 2003, IX.

[273] CEDH, 23 novembre 2006, n°75.053/01, Jussila C/ Finlande, op cit.

de sa jurisprudence »[274], les juges européens ont précisé que la solution retenue dans la décision Morel c/ France ne pouvait être analysée comme un « *précédent faisant autorité* »[275]. Enfin dans la décision Loncke c/ Belgique[276], la Cour n'a pas utilisé la méthode alternative pour qualifier la sanction fiscale d'accusation en matière pénale. A contrario, elle a fait référence à la jurisprudence Bendenoun sans toutefois développer son raisonnement relatif à l'applicabilité de l'article 6§1 de la Convention[277]. L'application implicite de cette jurisprudence a permis à la Cour de conclure à la qualification d'accusation en matière pénale d'une amende égale au double des droits dus.

90. La méthode des critères alternatifs et celle du faisceau d'indices ne sont pas concurrentes, mais bien complémentaires l'une de l'autre. Si l'approche cumulative est considérée comme subsidiaire, il n'en demeure pas moins qu'elle peut s'avérer efficace lorsque la méthode alternative ne permet pas de se prononcer clairement sur la notion d'accusation en matière pénale. La complémentarité de ces deux méthodes d'analyse à vocation à garantir l'applicabilité des dispositions de l'article 6§1 de la Convention aux sanctions de nature répressive [278]. Il en va de même de l'utilisation faite par la Cour des critères Engel utilisés dans la méthode alternative et plus particulièrement, de la priorité donnée à la finalité répressive de la norme fiscale incriminatrice qui constitue la pierre angulaire de l'élargissement de la matière pénale.

---

[274] FROGER C., « La sanction fiscale dans les jurisprudences constitutionnelles et européennes », *RDP* 2013, n° 4, p. 929.

[275] CEDH, 23 novembre 2006, n°75.053/01, Jussila C/ Finlande, op cit. §35.

[276] CEDH 25 septembre 2007, n°20.656/03, Loncke c/ Belgique.

[277] Une justification de l'absence de développement de la méthode d'identification a été développée par le Ludovic Ayrault. En l'espèce, la sanction litigieuse correspondait au double des droits dus. Dans la décision Bendenoun les juges européens ont qualifié les pénalités des articles 1731 et 1729, I du CGI qui prévoient respectivement une amende égale au double des majorations prévues et une majoration de 100% des droits dus. La comparabilité de ces sanctions peut justifier l'économie de développement de la Cour. AYRAULT L., « SANCTION FISCALE. – Définition et régime juridique », op cit.

[278] La complémentarité des méthodes d'identification de l'accusation en matière pénale a fait l'objet de controverse au sein de la doctrine. Selon Renée Koering-Joulin et Pierre Truche, « *ce qui dérange actuellement dans la jurisprudence de la Cour, ce n'est pas qu'elle se tourne parfois vers la méthode « cumulative » mais plutôt qu'elle n'ait pas encore tranché entre les deux méthodes d'appréciation ; au gré des affaires à juger, elle privilégie l'une plutôt que l'autre en freinant d'ignorer que le choix de la méthode peut parfois être déterminant pour l'issue du litige* ». : KOERING-JOULIN R. et TRUCHE P., « Retour sur le champ pénal européen… », Mélange en hommage à PETTITI L., op cit, p. 524.

Sous-section 2 : Le caractère déterminant de la nature pénale de l'infraction

91. Il ressort de l'analyse de la jurisprudence de la Cour européenne des droits de l'homme, une forte prévalence du critère lié à la nature pénale de la norme fiscale incriminatrice à savoir, le caractère général de la norme et son but à la fois préventif et répressif. Le caractère déterminant du critère de la nature pénale de l'infraction et le caractère supplétif du critère de la gravité de la sanction ont permis d'étendre le champ d'application matériel du volet pénal de l'article 6 de la Convention européenne des droits de l'homme.

I. La nature de la norme fiscale

92. Le critère de la nature de la norme incriminatrice constitue l'élément déterminant dans la qualification d'accusation en matière pénale. Dès la conception des bases de la pénalisation des sanctions administratives, la Cour précisait que « *la nature même de l'infraction* (...) *représente un élément d'appréciation de plus grand poids* »[279]. La doctrine l'analysait ainsi comme le *« critère de la spécificité de la matière pénale »*[280]. En matière fiscale, la présence du critère de la nature de la norme fiscale incriminatrice suffit à elle seule, à attribuer la qualification d'accusation en matière pénale. En effet, si la Cour affirme que l'article 6 s'applique « *au titre des mots « accusation en matière pénale », il suffit que l'infraction en cause soit, par nature, « pénale » au regard de la Convention (...) ou ait exposé l'intéressé à une sanction qui, par sa nature et son degré de gravité, ressortit en général à la « matière pénale* », seul le critère de la nature de l'infraction apparaît comme décisif dans la qualification d'accusation en matière pénale. Cette analyse ressort clairement dans la décision Jussila qui prolonge le mouvement de pénalisation des sanctions fiscales en retenant le caractère décisif du critère de la nature de l'infraction par rapport à la légèreté de la sanction encourue.

A. Le caractère général de la norme fiscale

93. Le critère du caractère général de la norme a été dégagé par la Cour afin de différencier ce qui relève de la matière pénale et ce qui relève de l'ordre

---

[279] CEDH, 21 février 1984, n°8544/79 Öztürk c/ Allemagne, op cit, §52.

[280] DELMAS-MARTY M., « Code pénal d'hier, droit pénal d'aujourd'hui, matière pénale de demain », op cit, p. 28

disciplinaire[281]. La répression pénale, « *d'essence distincte de la répression disciplinaire* » [282], est rattachée d'office à la matière pénale telle qu'interprétée par la Cour européenne des droits de l'homme. A contrario, la répression disciplinaire est par principe exclue de la matière. Par exception, son rattachement à la matière pénale peut résulter du deuxième critère dégagé par la Cour à savoir « *la gravité de sanction* »[283].

94. Le caractère général signifie que la norme concerne « *tous les citoyens* (…) *et non un groupe déterminé doté d'un statut particulier* »[284]. Constitue un indice de pénalisation, la norme incriminatrice qui concerne « tous les citoyens ». La finalité de la norme doit consister en la protection de l'intérêt général de la société. Il ne doit pas avoir pour but l'organisation et le fonctionnement d'une institution. Est en principe exclue de la matière pénale, la norme incriminatrice qui s'adresse à « *un groupe déterminé doté d'un statut particulier* »[285] c'est-à-dire à « *un ensemble de personnes soudées par un lien hiérarchique ou par l'exercice d'une profession commune soumise à des règles déontologiques spécifiques* »[286].

95. En droit fiscal, l'existence de ce critère a suscité la controverse au sein de la doctrine. Celle-ci consistait dans l'affirmation ou non du caractère disciplinaire du contentieux fiscal. Dans sa thèse sur les enjeux du pouvoir de répression en matière pénale, du modèle judiciaire à l'attraction d'un système unitaire, Audrey Guinchard a relevé l'un des arguments fondés sur le caractère disciplinaire du contentieux fiscal, qui consiste à affirmer « *la norme constitutive des sanctions administratives fiscales ne viserait le citoyen qu'en raison de sa qualité de contribuable : il s'agirait de réprimer le citoyen parce qu'il contreviendrait à son devoir de contribuer à la charge publique tel qu'énoncé par l'article 13 de la Déclaration des droits de l'homme et du citoyen* »[287]. Or, « *ce devoir fiscal ne diffère pas de celui de respecter les lois de la république* »[288]. En effet, la norme fiscale a vocation à concerner l'ensemble des citoyens. Ce postulat est confirmé par la jurisprudence constante du Conseil d'État selon laquelle la qualité de contribuable ne suffit pas à donner intérêt à agir en recours pour excès de pouvoir contre les mesures

---

281 PETIT J., note sous CE, avis, 5 avril 1996, n° 176611 Houdmoon, *RFDA* 1997, p. 35.
282 GUINCHARD A., « Les enjeux du pouvoir de répression en matière pénale : du modèle judiciaire à l'attraction d'un système unitaire », op cit., p.81.
283 CEDH 8 juin 1976, n°5100/71, Engel C/ Pays-Bas, op cit, §85 : le rattachement à la matière pénale en vertu du critère de la gravité de la sanction, n'emporte aucune conséquence sur la nature disciplinaire de la norme.
284 CEDH, 24 février 1994, n°3/1993/398/476, aff bendenoun c/ France, op cit., §47.
285 Ibidem.
286 GUINCHARD A., « Les enjeux du pouvoir de répression en matière pénale : du modèle judiciaire à l'attraction d'un système unitaire », op cit., p.83.
287 Ibidem.
288 Ibidem. p.85.

administratives qui ont une répercussion sur les finances publiques, qu'elles concernent l'engagement de dépenses[289] ou l'abandon de recettes[290].

96. Un autre argument a consisté à mettre en exergue que « *certaines pénalités n'existent que pour certains contribuables en raison de leur profession* »[291]. Cette analyse a été développée par le gouvernement de Finlande, dans la décision Jussila[292]. Selon lui, la majoration avait été imposée en vertu d'une disposition qui visait un groupe déterminé de personne ayant un statut de particulier à savoir les contribuables assujettis à la TVA. Le fait que la norme incriminatrice ne s'applique qu'à certains contribuables en fonction de leur profession et non à l'ensemble des citoyens ne permettait pas d'affirmer son caractère général. La Cour européenne des droits de l'homme a réfuté cet argument en affirmant que l'assujettissement à la TVA se fait en tant que contribuable et non en tant que « *contribuable assujetti à la TVA et enregistré comme tels* »[293]. Accepter l'argumentation inverse serait oublier que « *le droit pénal s'applique aussi à certains secteurs déterminés (...) et à certaines personnes en raison de leur fonction et de leur profession (...)* »[294].

97. Pour le professeur Jacques Petit, le caractère général de la norme incriminatrice fiscale relève de l'évidence[295]. Ce qui justifierait l'absence de consécration de ce critère par le Conseil d'État dans son avis du 5 avril 1996[296]. Selon lui, ce choix ne résulte pas d'un « *désaccord* »[297] entre la Haute juridiction administrative et la Cour européenne des droits de l'homme sur le critère de la généralité de la norme incriminatrice. Cette position du Conseil d'État « *s'explique bien plutôt par le fait que, du point de vue du droit français, l'élément en cause correspond à une évidence* »[298]. Cette affirmation est confirmée par la jurisprudence constante de la Cour européenne des droits de l'homme[299].

---

289 CE, 25 juin 1920, n° 67.305, *D.* p. 639.

290 CE, 4 décembre 1936, *D.* p. 1065.

291 GUINCHARD A., « Les enjeux du pouvoir de répression en matière pénale : du modèle judiciaire à l'attraction d'un système unitaire » , op cit. p.85.

292 CEDH, 23 novembre 2006, n°75.053/01, Jussila C/ Finlande : *Dr fisc.* 2007, suppl. au n°25, p.90 s

293 Ibidem, §26

294 GUINCHARD A., « Les enjeux du pouvoir de répression en matière pénale : du modèle judiciaire à l'attraction d'un système unitaire », op cit.,p.86.

295 PETIT J., « L'application du principe de la rétroactivité in mitius aux sanctions fiscales », op cit.

296 CE, avis, 5 avril 1996, n° 176611, Houdmond, op cit.

297 PETIT J., « L'application du principe de la rétroactivité in mitius aux sanctions fiscales », op cit.

298 Ibidem.

299 CEDH, 24 février 1994, n°3/1993/398/476, aff Bendenoun c/ France, op cit. ; CEDH, 1er sect., 23 juillet 2002, n° 34619/97, Janosevic c/ Suède, op cit. ; CEDH, 23 novembre 2006, n°75.053/01, Jussila C/ Finlande, op cit.

98. Toutefois, l'affirmation du caractère général de la norme fiscale incriminatrice ne suffit pas à lui seul à rattacher le contentieux fiscal à la matière pénale. La norme générale doit avoir un but à la foi répressif et dissuasif.

B. La finalité punitive de la norme fiscale

99. Il s'agit ici, pour la Cour européenne des droits de l'homme, de déterminer la nature de la sanction. Le rattachement du contentieux fiscal à la matière pénale nécessite que la sanction revêt un caractère « *préventif et répressif* »[300] ou encore « *dissuasif et punitif* »[301]. Il ressort de ces deux expressions que la Cour européenne des droits de l'homme fait du caractère punitif de la sanction, la pierre angulaire de son contrôle de l'applicabilité de l'article 6 de la Convention. Mais la Cour fait aussi référence à la nature même de l'infraction considérée comme l'une des composantes de la norme pénale[302]. La sanction punitive étant fondée sur « *un comportement que le législateur érige en infraction puis assortit d'une sanction* »[303]. La finalité punitive est intrinsèque à l'infraction et va se réaliser par la sanction. Toutefois, l'existence d'une infraction pénale n'emporte pas automatiquement la coloration pénale des mesures qu'elle comporte. Il en va ainsi de l'intérêt de retard dont la finalité est de réparer le préjudice subi par le Trésor en raison du retard du contribuable dans l'accomplissement de son obligation fiscale. Il n'a pas pour objectif « *d'exprimer la finalité punitive inhérente à l'infraction* »[304] mais tend « *à la réparation pécuniaire du préjudice* »[305]. Ainsi, le critère de la finalité punitive de la norme fiscale incriminatrice a, dans un premier temps, permis de faire une différenciation entre ce qui relève de la réparation pécuniaire, et ce qui relève de la matière pénale. Toutefois, la position de la Cour européenne des droits de l'homme n'est pas sur ce point sans équivoque. Les formulations retenues par les juges européens ne permettent pas de conclure que les intérêts de retard sont exclusifs de toute finalité punitive.

100. À côté de la distinction « *classique* »[306] entre réparation pécuniaire et sanction, s'est développée une nouvelle problématique liée à l'évolution des

---

300 CEDH, 21 février 1984, n°8544/79, Öztürk c/ Allemagne, op cit, §53.
301 CEDH, 25 août 1987, Lutz, Rec. CEDH, série A, n° 123 op cit, §54.
302 CEDH, 21 février 1984, n°8544/79, Öztürk c/ Allemagne, op cit.
303 GUINCHARD A., « Les enjeux du pouvoir de répression en matière pénale : du modèle judiciaire à l'attraction d'un système unitaire », op cit.,p.87
304 Ibidem.
305 CEDH, 24 février 1994, n°3/1993/398/476, aff Bendenoun c/ France, op cit., §47.
306 GUTMANN D., « Sanctions fiscales et constitution », op cit.

formes de sanctions[307] en matière fiscale, à savoir la distinction entre sanction punitive et régime d'imposition.

a. La distinction entre réparation pécuniaire et sanction

101. La finalité punitive de la norme fiscale permet de faire la distinction entre ce qui relève de la répression et ce qui relève de la réparation. Selon la doctrine pénaliste, une distinction doit être faite entre les poursuites pénales qui « *aboutissent au prononcé d'une peine* [...] *qui a pour objet de sanctionner la faute, ce qui explique qu'elle soit proportionnée à la gravité de celle-ci, et qu'elle ne profite pas à la victime* »[308] et la réparation qui *se* caractérise « *par une dette du responsable envers la victime, dette qui se mesure non pas à la gravité de la faute, mais à l'ampleur du dommage* »[309]. La sanction réparatrice doit être proportionnée à la gravité du préjudice allégué et non à la gravité du comportement répréhensible. En revanche, selon le professeur Michel Degoffe, les sanctions répressives « *frappent le destinataire par des mesures sans souci de proportion exacte avec le dommage causé* »[310].

102. Cette « *conception matérielle de la punition* »[311] a été mise en œuvre dans la jurisprudence de la Cour européenne des Droits de l'Homme. Elle a été développée dans la décision Bendenoun[312] et signifie que la norme punitive doit être proportionnée à la gravité du manquement et non du préjudice. Dans cette affaire, le gouvernement observe que les majorations en cause se calculent en fonction du redressement fiscal et sont directement proportionnelles aux droits éludés. Au demeurant, il relève une spécificité du régime juridique des majorations à savoir qu'elles se transmettent aux héritiers. Le gouvernement rapproche le régime juridique de la majoration de celui des sanctions civiles. Il en résulte, selon lui, que les majorations revêtent une fonction rétributive et non une fonction punitive. La Cour a rejeté le moyen. L'article 1729 du CGI institue une majoration qui est « *proportionnelle non à la gravité du préjudice allégué mais à la qualification*

---

[307] Il s'agit ici d'analyser « le traitement fiscal défavorable réservé à certains contribuables » : GUTMANN D., « Sanctions fiscales et constitution », ibidem. Dès lors qu'il peut, dans certain cas, obéir « *manifestement, dans l'esprit du législateur, à une logique dissuasive et punitive* ». TUROT J., « Indispensable prescription », *Dr fisc.* n° 42, 15 Octobre 2015, 628.
[308] VINEY G., Traité de droit civil. Introduction à la responsabilité civile, *LGDJ*, 2008, 3e éd., p. 164.
[309] Ibidem.
[310] DEGOFFE M., « Droit de la sanction non-pénale », *Economica*, 2000, p.8
[311] GUINCHARD A., « Les enjeux du pouvoir de répression en matière pénale : du modèle judiciaire à l'attraction d'un système unitaire », op cit, p.88
[312] CEDH, 24 février 1994, n°3/1993/398/476, aff Bendenoun c/ France.

du comportement du contribuable »[313]. En atteste l'échelle de sanctions instaurées par le législateur qui prend en considération le comportement du contribuable. Ainsi, la majoration s'élève à 40% en cas de mauvaise foi et à 80% en cas de manœuvres frauduleuses. Il existe un lien entre la gravité du manquement et l'intensité de la sanction. Cette connexion postule le caractère répressif de la norme sur laquelle se fonde la sanction. Il en résulte que la sanction à une finalité punitive et non réparatrice.

103. Le fait qu'une majoration soit fondée sur des critères objectifs n'est pas de nature à lui retirer toute coloration pénale. Dans la décision Janosevic[314], la Cour européenne des droits de l'homme a apporté des précisions sur ce que recouvre le critère de la nature punitive de la norme fiscale incriminatrice. Il s'agissait en l'espèce de majorations d'impôts infligées par l'administration fiscale pour avoir donné des renseignements incorrects dans sa déclaration. Pour dénier le rattachement d'une majoration à la matière pénale, le gouvernement s'est fondé sur les modalités objectives d'infliction de la sanction fiscale qui n'exigent pas la preuve d'une intention délictueuse ou d'une négligence. Il en tire comme conséquence que les majorations d'impôts ne revêtent pas une finalité dissuasive et répressive, mais visent à protéger les intérêts financiers de l'État. Cette argumentation vise à rapprocher les majorations des réparations pécuniaires.

104. La Cour rejette cette argumentation en affirmant que « *l'absence d'éléments subjectifs ne prive pas nécessairement une infraction de son caractère pénal* »[315]. En effet, cette caractéristique n'est pas exclue du droit pénal. La Cour rappelle, à cet égard, que certaines infractions pénales sont fondées uniquement sur des éléments objectifs[316]. De plus la norme incriminatrice organise des modalités de remise[317] et d'annulation de majorations. Elle prévoit également des situations dans lesquelles la majoration ne peut être infligée. Ces modalités s'exercent en s'attachant au comportement du contribuable. Elles peuvent conduire à des exemptions plus larges que si les majorations étaient fixées en fonction de critères subjectifs. La Cour en conclut que « *les majorations d'impôt actuelles ne sont pas conçues comme une indemnisation des frais qu'aurait pu entraîner le comportement du contribuable. Le but principal des dispositions en matière de majorations consiste bien plutôt à exercer des pressions sur les*

---

[313] Ibidem.
[314] CEDH, 1er sect., 23 juillet 2002, n° 34619/97, Janosevic c/ Suède, op cit.
[315] Ibidem. §68.
[316] CEDH, 7 octobre 1988, Salabiaku c. France, série A n° 141-A, p. 15, § 27.
[317] Dès lors qu'il serait « *manifestement déraisonnable* » d'en infliger une. Cette expression désigne « *des situations où l'infliction d'une majoration serait disproportionnée à la faute imputable au contribuable ou inacceptable pour d'autres raisons* », CEDH, 1re sect., 23 juillet 2002, n° 34619/97, Janosevic c/ Suède, op cit. § 35.

contribuables pour les amener à respecter leurs obligations légales et à punir les manquements à ces obligations. Ces pénalités sont donc à la fois préventives et répressives, cette dernière caractéristique étant celle qui distingue d'habitude les sanctions pénales »[318]. C'est bien ici, le manquement à l'obligation de renseigner correctement la déclaration qui a été à l'origine de la sanction. Le but poursuivi par la norme est bien de punir le comportement fautif du contribuable. Le fait qu'il ne soit exigé de l'administration fiscale qu'elle apporte la preuve d'une intention fautive ou d'une négligence n'est pas de nature à retirer le caractère pénal de la sanction. Seule compte la volonté du législateur de punir un comportement fautif.

105. La volonté du législateur de punir le comportement du contribuable peut ressortir expressément du texte incriminateur et servir de fondement à l'applicabilité de l'article 6§1 de la Convention. Cette méthode ressort clairement de la décision Oral c/ Turquie du 25 novembre 2008 [319]. En l'espèce, le requérant avait fait l'objet de deux rappels d'impôts, assortis chacun d'une majoration d'impôt correspondant aux intérêts échus. Ces rappels d'impôts étaient en outre assortis de deux amendes fiscales qui étaient définies dans les textes de loi comme des « *sanctions pour manquement* »[320]. Ces termes révèlent la finalité exclusivement punitive de la norme fiscale. La Cour relève à cet effet que les majorations visent à punir « *toute carence des contribuables dans le paiement de leurs impôts ou dans l'exécution des obligations* »[321]. Elle en conclut que « *les amendes litigieuses ne tendaient donc pas à la réparation pécuniaire d'un préjudice, mais visaient à punir pour empêcher la réitération de l'acte incriminé* »[322].

106. Il résulte de ces décisions que la punition a un caractère déterminant dans l'assimilation des sanctions fiscales aux accusations en matière pénale. La sanction que la norme fiscale institue doit viser à punir le comportement du contribuable afin d'empêcher la réitération de ses agissements. Cette finalité est de prime abord absente des intérêts de retard ainsi que des rappels d'impôt qui poursuivent un but exclusivement réparateur. Toutefois, la jurisprudence de la Cour européenne des droits de l'homme ne permet pas de conclure « *au rejet (…) d'une qualification des intérêts de retard en accusation en matière pénale au sens de l'article 6* »[323].

---

[318] CEDH, 1er sect., 23 juillet 2002, n° 34619/97, Janosevic c/ Suède, op cit., §68.
[319] CEDH 25 novembre 2008, Oral c/ Turquie, op cit.
[320] Ibidem., §14
[321] Ibidem., §42
[322] Ibidem.
[323] AYRAULT L., « Intérêt de retard », *JCl Notarial Formulaire*, V° Enregistrement, Fasc. 386.

107. L'intérêt de retard est défini par la doctrine comme la mesure qui « *vient réparer le préjudice financier causé par le retard dans le paiement d'une dette au créancier* »[324]. Il se caractérise par sa finalité réparatrice. Or, doit-on en conclure que « *la finalité réparatrice est exclusive de toute finalité punitive* »[325] ? Tout en affirmant le caractère principalement réparateur des intérêts de retard, la Cour européenne des droits de l'homme, laisse la voie ouverte à une possible requalification de l'intérêt de retard en sanction punitive au sens de l'article 6 de la Convention.

108. La Commission européenne des droits de l'homme a été la première à se prononcer sur la qualification juridique de l'intérêt de retard au regard de l'article 6 de la Convention européenne des droits de l'homme dans une décision du 26 février 1997. Il s'agissait, en l'espèce, de se prononcer sur l'aspect punitif des intérêts de retard prévus aux articles 1727, 1728 et 1734 dans leur rédaction en 1984. Les requérants soutenaient que le montant élevé des intérêts de retard démontrait la volonté de l'administration fiscale de punir et de réprimer. La Commission a toutefois jugé qu'elle « *ne saurait déduire du montant élevé des intérêts et indemnités de retard une quelconque "coloration" pénale au sens de la jurisprudence précitée* (Bendenoun) »[326]. La Commission refuse d'assimiler les intérêts de retard à une accusation en matière pénale. Le montant élevé n'est pas de nature, selon la Commission, à leur conférer le caractère de punition au sens de l'article 6 de la Convention.

109. Les premières décisions de la Cour européenne des droits de l'homme relatives à la qualification des intérêts de retard ont pu laisser penser qu'ils peuvent revêtir un caractère répressif au sens de l'article 6 de la Convention. Dans la décision J.B c. France[327], elle jugeait à propos des intérêts de retard qu'ils *« ne revêtent pas, en principe, le même caractère de majorations d'impôts et ne constituent pas une accusation en matière pénale au sens de l'article 6 § 1.* »[328]. L'adverbe « *en principe* », laissait supposer l'éventuelle qualification d'accusation en matière pénale, d'intérêts de retard, par exception.

110. Cette ambiguïté autour de la nature juridique de l'intérêt de retard s'est prolongée dans la décision Poniatowski c/ France[329]. Il s'agissait, en l'espèce, de se prononcer sur les dispositions de l'article 1727 du Code général

[324] VAPAILLE L., « L'intérêt de retard : le prix du temps », in Les sanctions administratives fiscales : aspect de droit comparé, *L'Harmattan* 2006, collection finances publiques, p. 107.
[325] GUINCHARD A., « Les enjeux du pouvoir de répression en matière pénale : du modèle judiciaire à l'attraction d'un système unitaire », op cit, p.89.
[326] Comm. EDH, 26 février 1997, n° 29998/96, Sté d'édition des artistes peignant de la bouche et du pied c/ France.
[327] CEDH, 14 septembre 1999 n° 33634/96, J.B. c. France.
[328] Ibidem, §2 (En droit).
[329] CEDH, 5e sect., 6 oct. 2009, n° 29494/08, Poniatowski c/ France.

des impôts[330]. La Cour européenne des droits de l'homme a jugé que « *les intérêts de retard ne visent pas pour l'essentiel à punir les contribuables pour empêcher la réitération des agissements incriminés, mais tendent principalement à la réparation pécuniaire d'un préjudice, à savoir un préjudice financier lié à l'écoulement du temps et au retard dans le paiement de l'impôt. On ne saurait donc conclure que les sommes litigieuses revêtaient un caractère pénal, et ce nonobstant leur importance qui concerne le troisième critère Engel et qui n'a pas d'incidence déterminante à ce sujet* »[331]. Il résulte de cette décision que « *le montant des intérêts de retard n'est pas, du moins de prime abord, déterminant* » [332] dans la qualification d'accusation en matière pénale[333]. Toutefois, selon le professeur Ludovic Ayrault, « *on ne saurait conclure hâtivement* »[334] que la Cour européenne des droits rejette la qualification d'accusation en matière pénale aux intérêts de retards. La solution de la Cour européenne des droits de l'homme n'exclut pas que l'intérêt de retard puisse revêtir une coloration pénale en présence d'un degré de gravité manifestement disproportionnée[335].

b. La distinction entre régime d'imposition et sanction

111. À côté de la distinction classique qu'elle opère entre réparation et sanction punitive, la Cour européenne des droits de l'homme, a été récemment amenée à se prononcer sur la finalité répressive d'un élément du régime d'imposition qui « *sans constituer des pénalités directement proportionnelles à l'impôt, comportent néanmoins une dimension sanctionnatoire qui peut conduire à s'interroger sur leur soumission possible à l'article 6* »[336]. Dans sa décision Sté Oxygène + c/ France[337], la Cour a analysé la finalité d'une

---

[330] Dans sa rédaction antérieure : « *Le défaut ou l'insuffisance dans le paiement ou le versement tardif de l'un des impôts, droits, taxes, redevances ou sommes établis ou recouvrés par la direction générale des impôts donnent lieu au versement d'un intérêt de retard qui est dû indépendamment de toutes sanctions. Cet intérêt n'est pas dû lorsque sont applicables les dispositions de l'article 1732 ou les sanctions prévues aux articles 1791 à 1825 F. Le taux de l'intérêt de retard est fixé à 0,75 % par mois. Il s'applique sur le montant des sommes mises à la charge du contribuable ou dont le versement a été différé* ». Le taux de l'intérêt de retard s'élève aujourd'hui à 0,20% par mois.

[331] CEDH, 5e sect., 6 octobre 2009, n° 29494/08, Poniatowski c/ France, §2 (En droit).

[332] AYRAULT L., « Intérêt de retard », op cit.

[333] CEDH, 17 mai 2016, n° 76.959/11, Sté Oxygène Plus ; AYRAULT L. « Droit fiscal européen des droits de l'Homme. Chronique de l'année 2016 », *Dr fisc.* 2017, n° 9, étude 191, n° 5 et s. ; CEDH, 12 janv. 2018, n° 52961/09 et a., Homan et a. c/ Belgique.

[334] AYRAULT L., « Intérêt de retard », op cit.

[335] V. les développements relatifs au critère de la gravité.

[336] GUTMANN D., « « La portée de l'article 6 de la Convention européenne des droits de l'homme en matière fiscale » op cit.

[337] CEDH, 5e sect., 17 mai 2016, n° 76959/11, Sté Oxygène + c/ France, op cit.

déchéance d'un régime de faveur. Or, « *si le prononcé d'une sanction est incontestablement une déchéance, toutes les déchéances fiscales ne présentent pas pour autant le caractère d'une sanction* »[338]. La décision de la Cour européenne des droits de l'homme est venue confirmer cette affirmation.

112. En l'espèce, la société a bénéficié du régime fiscal de faveur prévu à l'article 1115 du Code général des impôts[339]. Ce régime l'a exonéré du paiement des droits et taxes de mutation à titre onéreux sur certaines opérations immobilières. Cependant, ce bénéfice était soumis, conformément à l'article 852 du Code général des impôts, à la tenue d' « *un répertoire à colonnes non sujet au timbre, présentant, jour par jour, sans blanc ni interligne et par ordre de numéros, tous les mandats, promesses de vente, actes translatifs de propriété et, d'une manière générale, tous actes se rattachant à la profession de marchands de biens* »[340]. À la suite d'une vérification, l'administration a relevé qu'il ne respectait pas les conditions posées par l'article 852 du Code général des impôts qui subordonnent le régime de faveur. La gravité du manquement a entraîné la déchéance du régime de faveur appliqué à plusieurs opérations immobilières. Le marchand de biens a par conséquent été astreint au paiement des impôts dont il avait été exempté ainsi qu'au versement d'intérêts de retard prévus à l'article 1727 du Code général des impôts.

113. La société a contesté l'application de la déchéance du régime de faveur sur le fondement du principe de rétroactivité de la loi pénale plus douce. Elle s'est fondée d'une part sur l'ordonnance du 7 décembre 2005 qui a supprimé la déchéance du régime de faveur et l'a remplacé par une amende et sur la loi 5 mars 2010 qui met fin à l'obligation de tenue d'un répertoire particulier et aux conséquences attachées à cette obligation. L'appréciation de la Cour a porté sur l'applicabilité de l'article 7 de la Convention au régime de

---

[338] MAUBLANC J-P., « Marchand de biens : la déchéance du régime de faveur en cas tenue irrégulière du registre spécial n'était pas une sanction fiscale », *AJDI* 2016 p.853.

[339] Il s'agissait du régime de faveur accordé au marchand de biens avant la réforme opérée par l'ordonnance du 7 décembre 2005 (le texte a substitué, à la déchéance du régime de faveur, un dispositif d'amendes fiscales codifié à l'article 1829 du Code général des impôts : Ordonnance n° 2005-1512 du 7 décembre 2005 relative à des mesures de simplification en matière fiscale et à l'harmonisation et l'aménagement du régime des pénalités, *JORF* n°285 du 8 décembre 2005 p. 18912, texte n° 10) et par la Loi du 9 mars 2010 (les articles 852 et 1829 du Code général des impôts ont été abrogés avec l'entrée en application de la Loi du 9 mars 2010 : Loi n° 2010-237 du 9 mars 2010 de finances rectificative pour 2010 (1), *JORF* n°0058 du 10 mars 2010 p. 4746, texte n° 1.
). Ce régime permettait sous certaines conditions de déroger au régime de droit commun en étant exonéré de ces droits en cas d'acquisition et de revente de biens.

[340] Article 852 du Code général des impôts.

déchéance d'un régime de faveur. Pour être applicable, l'article 7 de la Convention impose l'appréciation de l'existence d'une peine[341].

114. Afin d'apprécier l'existence d'une peine, la Cour a utilisé la définition de la peine au sens de l'article 6 de la Convention. En effet, « *les juges européens n'interprètent pas la différence de vocabulaire entre les articles 6 (accusation en matière pénale) et 7 (peine) comme exclusive d'une application de cette dernière stipulation en dehors de la matière pénale proprement dite* »[342]. La Cour a ainsi procédé à l'analyse des trois critères Engel. Les critères de la qualification interne et de la gravité ne soulevaient pas de problème en l'espèce. En premier lieu, il résulte des développements précédents que la qualification interne des États ne revêt pas un caractère décisif dans l'appréciation de l'applicabilité de l'article 6 de la Convention. En second lieu, le critère de la gravité de la sanction n'était pas rempli dès lors que nonobstant l'importance des montants réclamés, ceux-ci se limitaient à des rappels d'impôt assortis d'intérêts de retard.

115. C'est l'appréciation du second critère, relatif à la nature de l'infraction qui posait le plus de difficulté en l'espèce. La Cour a dû pour la première fois se positionner sur la nature punitive d'un élément du régime d'imposition, à savoir la déchéance d'un régime de faveur. La Cour a conclu en l'absence de nature répressive de la norme sur le fondement de laquelle était instituée la déchéance du régime de faveur. Elle a énoncé dans des termes clairs et précis que « *l'article 1115 du CGI ne faisait qu'énoncer les conditions que les marchands de biens devaient remplir s'ils souhaitaient déroger au droit commun et bénéficier d'une exonération des droits normalement dus en cas d'achats immobiliers. Il en résulte, de façon logique, que le marchand de biens qui avait bénéficié de ce régime de faveur sans respecter ces conditions, qui constituaient une partie déterminante de ce système fiscal dérogatoire, s'en voit retirer le bénéfice et, partant, appliquer le droit commun, qui comportait le paiement des droits dont il aurait normalement dû s'acquitter* »[343]. Pour la Cour, les dispositions précitées ne font que conditionner le bénéfice d'un régime de faveur et non sanctionner un manquement dans un but de punitif ou préventif. La remise en cause du régime de faveur a pour but de rétablir la situation dans laquelle aurait dû être le contribuable. La Cour se rallie à la position du gouvernement qui énonçait dans son argumentation que « *le législateur n'entendait pas punir le contribuable : il ne faisait que tirer les conséquences de ce que ce dernier ne remplissait plus les conditions*

---

[341] Il peut s'agir d'une peine formellement pénale ou qui relève matériellement de la matière pénale.

[342] AYRAULT L., « Droit fiscal européen des droits de l'homme, chronique de l'année 2016 », *Dr fisc.* 2017, n°9, comm. 191.

[343] CEDH, 5e sect., 17 mai 2016, n° 76959/11, Sté Oxygène + c/ France., op cit. §49

posées par les textes pour bénéficier du régime dérogatoire sous l'empire duquel il s'était placé »[344].

116. Cette décision n'a pas fait l'unanimité au sein de la doctrine. Le professeur Jean Pierre Maublanc, a fortement contesté le raisonnement des juges européens. Selon lui, la Cour n'a « *pas été (...) attentive au fait que la déchéance pouvait avoir pour but d'empêcher la réitération des agissements incriminés de nature à entraver les pouvoirs de contrôle de l'administration à partir du registre spécial. Elle a dénié au dispositif alors en vigueur cette finalité particulière, propre aux sanctions, pour ne voir que l'application normale, et a posteriori, du régime de droit commun des DMTO applicable à l'opération qui n'a pas respecté a posteriori le formalisme du registre spécial »*[345]. Il effectue une interprétation large de la notion de sanction fiscale en y incluant un élément du régime d'imposition, alors considéré comme un instrument de dissuasion. Or, si l'aspect dissuasif du mécanisme est incontestable, on peut toutefois douter de l'existence d'une finalité punitive. En effet, les dispositions en cause reviennent à conditionner le bénéfice du régime de faveur et non à sanctionner un manquement. À cela s'ajoute, selon lui, « *le critère de la gravité de la mesure* »[346], qui en l'espèce, « *n'a pas été jugé décisif, nonobstant l'importance des droits supplémentaires et de l'intérêt de retard réclamés*[347] *à raison, faut-il le rappeler, non pas d'une dissimulation, mais de l'absence de tenue régulière du registre spécial* »[348]. Or, la jurisprudence de la Cour européenne des droits de l'homme n'assimile pas l'intérêt de retard à une accusation en matière pénale[349]. La solution retenue par la Cour européenne des droits de l'homme est « *logique* »[350], au regard de sa jurisprudence constante.

117. La déchéance du régime de faveur, dès lors qu'elle est consécutive au constat de l'absence de réunion des conditions prescrites pour son application, ne présente pas les caractéristiques d'une punition et ne saurait être soumise aux règles protectrices du droit pénal. La Cour européenne des droits de l'homme a entendu poser des limites à l'interprétation extensive de la matière pénale. Toutefois, la Cour ne s'est pour l'heure pas prononcée sur la déchéance du régime de faveur consécutive au manquement du contribuable.

---

[344] Ibidem, §31.
[345] MAUBLANC J-P., « Marchand de biens : la déchéance du régime de faveur en cas tenue irrégulière du registre spécial n'était pas une sanction fiscale », op cit, p. 853.
[346] Ibidem.
[347] Les rappels de droits d'enregistrements s'élevaient à 213 915 euros, dont 43 353 euros au titre des intérêts de retard.
[348] MAUBLANC J-P., « Marchand de biens : la déchéance du régime de faveur en cas tenue irrégulière du registre spécial n'était pas une sanction fiscale », op cit, p. 853
[349] V. les développements sur la distinction entre réparation et sanction.
[350] AYRAULT L., « Droit fiscal européen des droits de l'Homme, Chronique de l'année 2016 », op cit.

II. La gravité de la sanction

118. Les deux méthodes d'assimilation des sanctions fiscales aux accusations en matière pénale prennent en compte le critère de la gravité de la sanction[351]. La Cour ne lui accorde toutefois qu'un caractère supplétif. Elle ne l'utilise que lorsque l'analyse de la norme incriminatrice ne permet pas de retenir une répression pénale. La portée de ce critère, particulièrement subjectif[352], varie selon que la norme incriminatrice fiscale est de nature pénale ou non.

A. La portée du critère de gravité de la sanction en l'absence de répression

119. Le critère de la gravité de la sanction est susceptible d'exercer une influence sur la qualification d'accusation en matière pénale en présence d'une mesure dont l'aspect répressif est initialement absent. Il en va ainsi des intérêts de retard, considérés par la Cour européenne des droits de l'homme comme ayant pour seule vocation « *de compenser le manque à gagner subi par l'administration fiscale en raison de l'écoulement du temps* »[353]. En conséquence, la Cour considère qu'ils ne revêtent en « *principe* »[354] le même caractère que les majorations et ne sauraient donc être assimilés aux sanctions punitives. Toutefois, l'adverbe « *en principe* » laisse à la Cour une marge d'appréciation dans la qualification d'accusation en matière pénale. Ainsi par exception, une norme initialement non répressive peut relever de la matière pénale au regard du critère de la gravité de sanction. Si l'on se réfère à solution retenue par la Commission, on ne peut « *déduire du montant élevé des intérêts et indemnités de retard une coloration pénale* »[355]. Alors même que dans cette affaire le montant des intérêts de retard s'élevait à un million de francs, celui-

---

[351] Afin d'apprécier ce critère de pénalisation, la Cour se réfère à la peine maximum prévue par la disposition et non à la peine réellement infligée par l'administration fiscale. L'indice de pénalisation qui résulte de la méthode cumulative semble ne se référer qu'à la peine infligée.

[352] Selon le professeur Jacques Petit, « *le critère tiré du degré de sévérité de la sanction est une source d'insécurité. La gravité d'une sanction est une qualité essentiellement relative dont le jugement ne saurait être qu'éminemment subjectif* » : PETIT J., « L'application du principe de la rétroactivité in mitius aux sanctions fiscales », op cit.

[353] CEDH, 7 mars 2000, n°41545/98, M.-T.P. c/ France.

[354] CEDH, 14 septembre 1999, J.B. c. France, n° 33634/96 ; confirmé : CEDH, 3 décembre 2002 Mieg de Boofzheim c. France, n° 52938/99, CEDH 2002-X, et CEDH, 6 octobre 2009, n° 29494/08, Poniatowski c. France,

[355] Comm. E.D.H., 26 février 1997, Société d'édition des artistes peignant de la bouche et du pied c/ France, (En droit) §2, op cit.

ci n'était pas excessif au regard du montant des droits dus qui s'élevait à 10 millions de francs. Il faut que « *le degré de gravité soit manifestement disproportionné au point qu'on puisse douter de la première conclusion d'une nature non punitive de la sanction* »[356]. Cette analyse est corroborée par l'interprétation faite par le professeur Ludovic Ayrault de la décision Poniatowski c/ France[357]. Après avoir relevé l'expression utilisée par les juges européens, à savoir « de simples intérêts de retard », il en conclut que « *si, à raison de la base concernée et/ou de la période couverte par la réparation, le montant des intérêts de retard peut être très élevé malgré un taux faible, l'application d'un taux disproportionné devrait logiquement emporter la qualification ouvrant l'application en matière fiscale de l'article 6 du texte conventionnel* »[358]. La voie d'une qualification d'accusation en matière pénale de l'intérêt de retard par la Cour européenne des droits de l'homme reste ouverte, dans des circonstances exceptionnelles.

120. Dans cette situation, l'intérêt de retard ne perdrait pas « *tout caractère indemnitaire, mais qu'outre cette vocation de réparation, serait attestée la volonté de sanctionner le retard du contribuable. Or dans le cas où les deux objectifs seraient poursuivis de manière simultanée, les règles répressives seraient applicables car même si le caractère indemnitaire perdure, cela ne permet pas de soustraire l'intérêt de retard, compris en partie comme une sanction à l'application des règles répressives* »[359].

B. La portée du critère de la gravité de la sanction en présence d'une norme fiscale répressive

121. Le critère de la gravité de la sanction est considéré par la Cour européenne des droits de l'homme comme un indice supplétif qui est utilisé pour « *confirmer les conclusions de la Cour quant à la nature* (…) *pénale de la répression* »[360]. L'analyse de ce critère est susceptible d'apporter une influence sur la décision de la Cour lorsque le deuxième critère est rempli, à savoir la nature punitive de la norme. Dans ce cas, le critère de la gravité de la sanction va permettre de confirmer cette analyse en cas de sanctions lourdes. Toutefois, lorsqu'il subsiste des doutes sur la qualification d'accusation en matière pénale à la suite de l'examen du second critère, la

---

356 GUINCHARD A., « Les enjeux du pouvoir de répression en matière pénale : du modèle judiciaire à l'attraction d'un système unitaire », op cit, p.103.

357 CEDH, 5e sect., 6 oct. 2009, n° 29494/08, Poniatowski c/ France.

358 AYRAULT L., « Intérêt de retard », op cit.

359 VAPAILLE L. « L'intérêt de retard : le prix du temps », in Les sanctions administratives fiscales : aspect de droit comparé », op cit, p. 107

360 GUINCHARD A., « Les enjeux du pouvoir de répression en matière pénale : du modèle judiciaire à l'attraction d'un système unitaire », op cit, p. 105.

gravité de la sanction peut être déterminante dans l'assimilation des sanctions fiscales aux sanctions pénales. En revanche, la légèreté de sanction n'est pas de nature à exercer une influence décisive sur la qualification d'accusation en matière pénale dès lors que la nature punitive de la norme est démontrée[361].

a. L'influence du critère de gravité en cas de sanctions lourdes

122. Les premiers enseignements quant à la portée de ce critère, résultent de la décision Bendenoun c/ France dans laquelle la Cour a fait usage d'une méthode fondée sur un faisceau d'indices[362]. Il s'agissait en l'espèce de juger de l'applicabilité de l'article 6§1 de la Convention aux majorations prévues à l'article 1729 alinéa 1 du Code général des impôts infligées pour mauvaise foi ou pour manœuvres frauduleuses. Le montant des majorations exigées de M. Bendenoun était de 422 534 francs. De plus, l'article prévoyait un recours possible à la procédure de contrainte par corps en cas de défaut de paiement. Afin d'évaluer la portée du critère de la gravité de la sanction, il convient de revenir au raisonnement suivi par la Cour. Trois indices relatifs à la nature de l'infraction sont préalablement développés par la Cour, à savoir, que les majorations d'impôt concernent tous les citoyens en leur qualité de contribuable auxquels un certain comportement est prescrit sous peine de sanction, qu'elles ne correspondent pas à la réparation du préjudice et enfin qu'elles poursuivent un but à la fois préventif et répressif. Ces trois indices n'ont pas été jugés suffisants aux yeux de la Cour pour conclure à l'applicabilité de l'article 6 de la Convention. Un dernier indice a été ajouté, à savoir que la sanction doit revêtir « *une ampleur considérable* ». Dans cette décision, l'indice de la sanction a été déterminant dans la qualification d'accusation en matière pénale dans la mesure où les trois premiers indices, liés à la nature de l'infraction, n'ont pas été jugés suffisants pour donner à la majoration fiscale une « coloration pénale ». Si des doutes ont subsisté postérieurement à l'analyse de la nature de l'infraction, ceux-ci ont été dissipés par le critère de la gravité de la sanction.

123. La Commission européenne a adopté un raisonnement différent[363]. Elle s'est uniquement fondée sur le degré de gravité de la sanction pour se prononcer en faveur de la qualification d'accusation en matière pénale des majorations en cause. Ainsi pour la Commission, le critère de la gravité de la

[361] AYRAULT L., « Droit fiscal répressif », *Dr fisc.* 2007, n° 25, n° hors-série.
[362] CEDH, 24 février 1994, n°3/1993/398/476, aff bendenoun c/ France, op cit.
[363] Rapport de la Comm. EDH n° 12547/86, rapport de la Commission du 10 décembre 1992, non publié.

sanction revêt un caractère décisif et peut, à lui seul, conférer une coloration pénale à une pénalité fiscale. La position de la Cour en conférant un caractère déterminant et non pas décisif au critère de la gravité de la sanction a été jugée plus « *prudente* »[364] que celle adoptée par la Commission et permet ainsi de limiter la portée de la solution dégagée.

124. La décision Janosevic c/ Suède[365] illustre bien le caractère supplétif du critère de la gravité de la sanction en cas de sanctions lourdes. Dans cette affaire, la Cour a eu à trancher de l'applicabilité de l'article 6 de la Convention aux majorations en Suède. Celles-ci sont proportionnelles aux droits éludés et sont fixées à 20 ou 40% de l'impôt non payé, selon le type d'impôt. La particularité de ces majorations est qu'elles ne connaissent pas de plafond et peuvent par conséquent atteindre des montants très élevés. Le critère de la gravité de la sanction dès lors qu'il est appliqué par le biais de la méthode dégagée dans l'arrêt Engel, est rempli, lorsque la peine maximum prévue par la norme et non la peine infligée revêt une importance en raison de sa nature et sa gravité. Or la Cour n'a pas jugé ce critère déterminant dans la qualification d'accusation en matière pénale. Elle a, dans un premier temps, caractérisé la nature pénale de la norme et en a conclu que « *le caractère général des dispositions légales relatives aux majorations d'impôt et le but des pénalités, tout à la fois dissuasif et répressif, suffisent à montrer que le requérant a été accusé d'une infraction pénale aux fins de l'article 6 de la Convention* »[366]. Si le second critère Engel suffit à lui seul à conférer aux majorations la qualification d'accusation en matière pénale, la Cour poursuit en énonçant que « *le caractère pénal est également attesté par la gravité de la sanction encourue et de celle réellement infligée* »[367]. Le critère de la gravité de la sanction va permettre de confirmer la position initiale de la Cour sur le caractère pénal de la norme. Ainsi, la nature pénale de l'infraction va également ressortir de la gravité de la sanction.

125. Contrairement à la décision Bendenoun, où l'ampleur de la sanction a levé les incertitudes persistantes sur la nature pénale de la norme fiscale incriminatrice, dans la décision Janosevic, le critère de la gravité de la sanction a permis de confirmer la solution initiale de la Cour quant à l'analyse du second critère.

---

[364] GOULARD G., « Applicabilité de l'article 6-1 de la Convention européenne des droits de l'homme. A propos de CEDH 24 février 1994 n°3/1993/398/476, aff. Bendenoun c/ France », *RJF* 6/1994, p. 383 et s.

[365] CEDH, 1re sect., 23 juillet 2002, n° 34619/97, Janosevic c/ Suède, op cit.

[366] Ibidem, §68

[367] Ibidem, §69.

b. Le caractère subsidiaire en cas de sanction légère[368]

126. L'analyse de la jurisprudence de la Cour européenne des droits de l'homme fait état du caractère subsidiaire de la gravité de la sanction dans la qualification d'accusation en matière pénale. Ce principe a été consacré dans la jurisprudence Jussila qui est revenue de manière définitive sur le raisonnement poursuivi dans la décision Morel dans laquelle, la Cour avait accordé une importance déterminante à l'indice de l'ampleur considérable de la sanction. En abandonnant cette position, la Cour poursuit son mouvement de pénalisation des sanctions fiscales.

a) L'exception de la décision Morel

127. Si la gravité de la sanction est de nature à confirmer la nature répressive de la norme fiscale incriminatrice, la Cour a eu à se prononcer sur les conséquences d'une faible sanction dans la qualification d'accusation en matière pénale lorsque les critères liés à la nature punitive de la norme sont avérés. Dans la décision du 3 juin 2003, Morel c/ France[369], la Cour a, à l'occasion de l'application de la méthode du faisceau d'indices, précisé la portée de celui lié à « l'ampleur de sanction ». Cette décision a eu « *un retentissement certain en ce qu'il a bouleversé la logique de la jurisprudence Bendenoun* »[370].

128. Il s'agissait en l'espèce d'une majoration de 10% appliquée sur le fondement de l'article 1728 du Code général des impôts. Le montant dû au titre de la majoration était de 4450 francs soit environ 678 euros. Les requérants ont contesté cette majoration en invoquant l'article 6§1 de la Convention. Afin de répondre au grief invoqué, la Cour a procédé à l'analyse de l'applicabilité de la Convention. Pour ce faire, la Cour a utilisé la méthode fondée sur un faisceau d'indices sans faire mention des critères développés dans la décision Engel. Elle a relevé d'une part que la règle de droit invoquée ne s'adressait « *pas à un groupe déterminé ayant un statut particulier, mais à tous les citoyens en leur qualité de contribuables* »[371], en leur prescrivant « *un*

---

[368] La légèreté de la sanction peut être déduite « *à la fois du taux de majoration applicable et du montant en valeur absolue pour le contribuable* » : GOULARD G., « Applicabilité de l'article 6-1 de la Convention européenne des droits de l'homme. CEDH 24 février 1994 n°3/1993/398/476, aff. Bendenoun c/ France », op cit.

[369] CEDH, 3 juin 2003, n°54559/00, Morel c/ France, *Rec. CEDH* 2003-IX ; *Europe* 2004, comm. 269 ; *RJF* 2003, n° 1337

[370] AYRAULT L., « droit fiscal répressif », op cit.

[371] CEDH, 3 juin 2003, n°54559/00, Morel c/ France, op cit.

certain comportement »[372] assortit d'une majoration. D'autre part, elle a observé que la majoration d'impôt visait « *à empêcher la réitération d'agissements semblables* »[373] et qu'elle se fondait « *sur une norme de caractère général dont le but est à la fois préventif et répressif* »[374]. Par conséquent, les trois premiers indices qui ont trait à la nature de l'infraction ont été relevés par la Cour. Si elle avait utilisé la méthode alternative d'assimilation des sanctions aux accusations en matière pénale, celle-ci aurait conduit à l'applicabilité de l'article 6 de la Convention[375].

129. Toutefois, dans la décision Morel, la Cour n'a pas considéré ces trois indices comme déterminants dans la qualification d'accusation en matière pénale. Elle a procédé à l'analyse de l'ampleur de la sanction et en a conclu que « *la majoration d'impôt de 10 %, est (…) tant par son taux que par son montant en valeur absolue (...) de faible importance et qu'elle est loin de revêtir l' « ampleur considérable* »[376]. Pour arriver à cette conclusion, la Cour s'est fondée sur l'ampleur considérable de la sanction infligée dans la décision Bendenoun. Par comparaison, elle estime que la majoration infligée en l'espèce n'est pas assez lourde pour remplir les conditions de l'indice de la gravité de la sanction. Si cette comparaison est juste en ce qui concerne le taux et le montant en valeur absolue, plus surprenante est la conséquence que va en tirer la Cour sur le terrain de l'applicabilité de l'article 6§1 de la Convention. Elle affirme qu' « *ayant évalué le poids respectif des divers aspects de l'affaire (...) ceux qui présentent une coloration pénale ne sont pas prédominants* »[377]. Ainsi, les trois indices relatifs à la nature de l'infraction n'ont pas été jugés prédominants pour conférer à la majoration de 10% une coloration pénale. Si « *la coloration pénale ne faisait aucun doute avant l'examen du quatrième et dernier indice* »[378], l'application de cet indice a conduit à exclure l'applicabilité de l'article 6 de la Convention.

130. Dans cette décision, la Cour s'est fondée uniquement sur l'indice de la gravité de la sanction pour dénier la nature punitive de la norme fiscale incriminatrice. « *L'ampleur considérable »*[379] de la sanction a été l'indice décisif pour juger de l'inapplicabilité de l'article 6§1 de la Convention. Ce raisonnement revient partiellement sur la méthode utilisée par la Cour dans la décision Bendenoun c/ France, dans laquelle elle avait précisé, l'absence de caractère décisif à eux seuls, des indices de « *coloration pénale* »[380]. Ainsi, la

---

[372] Ibidem.
[373] Ibidem.
[374] Ibidem.
[375] AYRAULT L., « Droit fiscal répressif », op cit.

[376] CEDH, 3 juin 2003, n°54559/00, Morel c/ France, op cit.
[377] Ibidem.
[378] AYRAULT L., « Droit fiscal répressif », op cit.
[379] CEDH, 3 juin 2003, n°54559/00, Morel c/ France, op cit.
[380] CEDH, 24 février 1994, n° 12547/86, Bendenoun c/ France, op cit.

gravité de la sanction devient dans l'application de la méthode cumulative, un critère et non plus un indice de la matière pénale. Cette décision aboutit à une remise en cause de la méthode du faisceau d'indices[381].

131. La portée de cette décision doit être relativisée. La Cour a, dans sa formation la plus solennelle, rapidement remis en cause son raisonnement et précisé que la décision Morel devait être considérée comme « *une exception parmi les affaires publiées* »[382]. En effet, « *il n'existe* (...) *pas, dans la jurisprudence de la Cour, de précédent faisant autorité qui permette de dire que la légèreté de la sanction constituerait, en matière fiscale ou autre, un facteur décisif pour exclure du champ d'application de l'article 6 une infraction revêtant par ailleurs un caractère pénal* »[383]. La décision Jussila « *revient ainsi, grâce au recours alternatif des critères et à l'abandon du critère de l'ampleur considérable de la sanction, sur la décision Morel c/ France* »[384]. Elle a été l'occasion pour la Cour de réaffirmer le caractère prioritaire de la nature pénale de l'infraction et le caractère non décisif de l'indice de légèreté d'une sanction dans la qualification d'accusation en matière pénale.

b) La réaffirmation du caractère non décisif de la légèreté de la sanction

132. Si les décisions Bendenoun et Morel laissaient penser que la légèreté de la sanction est de nature à l'exclure du champ d'application de l'article 6§1 de la Convention, la décision Jussila a été l'occasion pour la Cour de préciser sa jurisprudence relative à la qualification d'accusation en matière pénale. Les juges européens ont procédé à une lecture rétrospective de la jurisprudence et en ont tiré des conséquences quant à la portée à conférer au critère de gravité de la sanction.

133. Il s'agissait en l'espèce d'une majoration de 10% appliquée en matière de TVA et qui correspond à un montant de 308,80 euros. Un raisonnement similaire à celui développé dans la décision Morel aurait conduit la Cour à rendre une décision d'irrecevabilité fondée sur l'absence d'ampleur considérable. Or les juges européens « *vraisemblablement gênés* »[385] par la solution dégagée dans cette décision ont décidé de l'abandonner. Rappelant le

---

381 AYRAULT L., « Droit fiscal répressif », op cit.

382 CEDH, 23 novembre 2006, n°75.053/01, Jussila C/ Finlande, op cit., §34.

383 Ibidem

384 ANDRIANTSIMBAZOVINA J. SERMET L., « Jurisprudence administrative et Convention européenne des droits de l'homme », op cit, p. 715

385 AYRAULT L., « Droit fiscal répressif », op cit.

caractère prioritaire du critère de la nature de l'infraction[386], la Cour ajoute une précision importante, à savoir que « *la légèreté de la sanction litigieuse distingue la présente espèce des affaires Janosevic et Bendenoun en ce qui concerne le troisième critère Engel mais n'a pas pour effet de l'exclure du champ d'application de l'article 6* »[387]. Pour arriver à cette solution, la Cour se fonde sur l'absence « *de précédent faisant autorité qui permette de dire que la légèreté de la sanction constituerait, en matière fiscale ou autre, un facteur décisif pour exclure du champ d'application de l'article 6 une infraction* »[388]. La Cour revient sur la jurisprudence Morel en précisant que la légèreté de la sanction n'est pas de nature à exclure l'applicabilité de l'article 6 de la Convention dès lors qu'elle revêt un caractère intrinsèquement pénal. Cette solution a été confirmée ultérieurement par la décision de la Cour européenne des droits de l'homme du 4 mars 2008 Hüseyin Turan c/ Turquie[389] à propos d'une amende administrative infligée en application de l'article 140 de la loi sur la sécurité sociale correspondant à 190 170 000 TRL soit environ 34 euros. La Cour consolide son raisonnement en énonçant que « *s'agissant enfin du troisième critère* (…) *la légèreté de l'amende infligée au requérant n'a pas pour effet de l'exclure du champ d'application de l'article 6 de la Convention* »[390].

134. La décision Jussila précise que la gravité de la sanction doit être considérée comme un indice et non pas comme un critère décisif dans la qualification d'accusation en matière pénale. Elle revient également à son interprétation initiale de la matière pénale en réaffirmant le caractère prioritaire de la nature de l'infraction. Ainsi, lorsque le Cour reconnaît le but à la fois préventif et répressif de l'infraction, « *la légèreté de la sanction ne pourra jamais la faire sortir du champ d'application de la matière pénale* »[391]. Le critère de la gravité de la sanction « *vient simplement au soutien de la qualification pénale lorsque le montant de la majoration est élevé* »[392]. Ainsi,

[386] « *Les majorations d'impôt ne tendaient pas à la réparation pécuniaire d'un préjudice mais visaient pour l'essentiel à punir pour empêcher la réitération des agissements incriminés. On peut dès lors en conclure que les majorations infligées étaient fondées sur une norme poursuivant un but à la fois préventif et répressif. Cette considération suffit à elle seule à conférer à l'infraction infligée un caractère pénal* » : CEDH, 23 novembre 2006, n°75.053/01, Jussila C/ Finlande, op cit. § 38.
[387] CEDH, 23 novembre 2006, n°75.053/01, Jussila C/ Finlande, op cit. §35
[388] Ibidem.
[389] CEDH 4 mars 2008, Hüseyin Turan c/ Turquie.
[390] Ibidem, §20.
[391] FROGER C., « La sanction fiscale dans les jurisprudences constitutionnelles et européennes », op cit.
[392] Ibidem.

la Cour confirme « *l'interprétation exponentielle qu'il convient d'adopter pour déterminer le champ d'application de l'article 6* »[393].

135. En faisant de la méthode alternative, une application de principe, et en donnant un caractère prioritaire au critère de la nature punitive de la norme incriminatrice, la jurisprudence de la Cour européenne des droits de l'homme contribue au renforcement de la pénalisation des sanctions fiscales. Un pas supplémentaire a été récemment franchi par la Cour dans l'identification de la matière pénale. Les juges européens ont élaboré une méthode de qualification de l'accusation « *par absorption* »[394] permettant de prendre en compte la connexité des procédures pénales et administratives.

Sous-section 3 : L'élaboration d'une méthode de qualification d'accusation par "absorption"

136. La Cour a pendant longtemps effectué une distinction entre pénalités fiscales entrant dans le champ de l'article 6 de la Convention et la procédure d'imposition. Au fil de l'évolution de la jurisprudence des juges européens tournés vers une extension croissante du champ d'application de l'article 6 de la Convention, certains auteurs ont pu relever que « *la Cour elle-même ne peut parfois pas maintenir la distinction artificielle qu'elle instaure entre les pénalités fiscales qu'elle considère comme des « accusations pénales » auxquelles elle applique les garanties procédurales de l'article 6, § 1er et les procédures d'établissement de l'impôt auxquelles elle dénie ces mêmes garanties au motif qu'elles ne rentrent pas dans le champ d'application du volet civil de cette disposition* »[395].

137. La connexité entre les pénalités fiscales et la procédure d'imposition peut être de nature à conférer à la procédure en cause la nature d'accusation en matière pénale. À cet égard, la décision Georgiou c/ Royaume-Uni[396] constitue un précédent. Il s'agissait en l'espèce d'une procédure de taxation sur la valeur ajoutée et d'une procédure relative aux pénalités. La Cour

---

[393] DECAUX E., TAVERNIER P., BENZIMRA-HAZAN J., CALLEJON C., DELAPLACE E., EUDES M., MATTER O., TOUZE S., BACHELET O., BENOITON L., GOEFFREY J., LEMETAYER D., MILLAN S., MOULIER I., RENAUT C., « Convention européenne des droits de l'homme - Chronique de jurisprudence de la Cour européenne des droits de l'homme », *Journal du droit international* (Clunet) n° 2, Avril 2007, 5.
[394] Expression utilisée par le professeur Ludovic AYRAULT : AYRAULT L., « Droit fiscal européen des droits de l'homme, chronique de l'année 2012 », op cit.
[395] J. VAN BRUSTEM E., « L'article 6§1er de la CESDH et le contentieux fiscal : une exclusion fondée sur une spécificité de plus en plus discutable » op cit.
[396] CEDH, 16 mai 2000, n° 40042/98, Georgiou c. Royaume- Uni.

européenne des droits de l'homme a, de manière innovante, rejeté l'argument selon lequel seules les pénalités rentrent dans le champ d'application de l'article 6 de la Convention [397]. La solution de la Cour est justifiée en raison de la « *connexité et le caractère inextricable des deux procédures* »[398]. Son raisonnement a été précisé dans la décision Jussila c/ Finlande[399]. Les juges européens ont relevé qu' « *il n'est pas rare que ces différents éléments* (l'imposition et les pénalités fiscales) *se trouvent combinés dans une même instance »*[400]. Or il résulte de circonstances particulières qu'il *« est parfois impossible de distinguer les phases d'une procédure qui portent sur une « accusation en matière pénale » de celles qui ont un autre objet »*[401]. La Cour en tire comme conséquence que, lorsque la procédure a pour objet une accusation en matière pénale, il lui revient de *« procéder à son examen même si cela l'amène inévitablement à se pencher peu ou prou sur la manière dont l'imposition elle-même a été évaluée* »[402]. Ce raisonnement a amené la Cour a considéré que les prescriptions de l'article 6§1 de la Convention étaient applicables aux cotisations supplémentaires d'impôt lorsqu'elles étaient suffisamment liées aux pénalités[403].

138. Les juges européens ont fait un pas supplémentaire en « *rattachant une procédure juridictionnelle administrative à une instance pénale* »[404] dans la Décision Chambaz C/ Suisse[405]. Afin de comprendre la méthodologie utilisée par la Cour pour qualifier une procédure fiscale d'accusation en matière pénale et d'en apprécier la portée, il nécessaire d'effectuer un rappel des faits.

---

[397] « *As to whether the assessments themselves should also be seen as "criminal charges" for the purpose of the Article 6 guarantees, the applicants argue that since the penalty procedures rely on the assessments for their validity, it would be wrong not to look at the proceedings as a whole. The Court accepts that it is not possible, given the various matters which were being determined by the VAT tribunal, to separate those parts of the proceedings which determined a "criminal charge" from those parts which did not. It will consider the proceedings to the extent to which they determined a "criminal charge" against the applicants, although that consideration will necessarily involve the "pure" tax assessments to a certain extent.* » : CEDH, 16 mai 2000, n° 40042/98, Georgiou c. Royaume- Uni.
[398] CEDH, 16 mai 2000, n° 40042/98, Georgiou c. Royaume- Uni, ibidem.
[399] CEDH, 23 novembre 2006, n°75.053/01, Jussila C/ Finlande, *Dr fisc.* 2007, suppl. au n°25, p.90 s., pt. 36.
[400] Ibidem.
[401] Ibidem.
[402] Ibidem.
[403] CEDH, 13 février 2007, Marie et Michel Thomas c/ France.
[404] AYRAULT L., « Droit fiscal européen des droits de l'homme, chronique de l'année 2012 », op cit.
[405] CEDH, 5e sect., 5 avril 2012, n° 11663/04, Chambaz c/ Suisse, *JCP G* 2012, 924, obs. SUDRE F., n° 8.

139. En l'espèce, monsieur Chambaz a fait l'objet d'un rehaussement d'impôt pour cause de sous-évaluation des revenus déclarés. Contestant cette décision par la voie d'une réclamation, monsieur Chambaz a fait l'objet d'une demande de communication de pièces nécessaires pour éclaircir ses relations d'affaires avec la société de gestion de fortune et les banques qui détenaient des avoirs pour le compte de celle-ci. Suite au refus de coopération, l'administration a rejeté les réclamations et lui a infligé une amende pour refus de communication de documents. Monsieur Chambaz a alors saisi le tribunal administratif afin de contester ces décisions. Alors même que la procédure devant la juridiction administrative était pendante, l'administration fiscale a ouvert une enquête le 25 février 1999, pour soustraction frauduleuse. À la suite d'un mandat obtenu le 3 mars 1999, l'administration a procédé à des perquisitions au domicile du requérant ainsi que chez des tiers. Le 16 février 2000, l'administration a écrit au Tribunal administratif afin de lui demander de suspendre la procédure pour attendre le résultat de l'enquête. Le 7 février 2002, l'administration a demandé au Tribunal administratif de reprendre la procédure dès lors que les faits risquaient d'être prescrits. La requête du contribuable fut rejetée. Il poursuivit son action devant le Tribunal fédéral qui, à son tour, rejeta son recours le 2 octobre 2003. Par un jugement du 12 janvier 2006, le juge pénal condamna monsieur Chambaz au paiement d'une amende pour soustraction frauduleuse.

140. Le requérant a contesté sous l'angle de l'article 6 de la Convention, la procédure suivie devant les tribunaux administratifs. Pour ce faire, il a allégué, devant la Cour européenne des droits de l'homme, le fait qu'une amende lui a été infligée pour défaut de communication des documents susceptibles de l'incriminer dans la procédure pénale et que l'égalité des armes n'a pas été respectée, à défaut pour lui, d'avoir eu accès à l'ensemble des pièces du dossier en possession du représentant de l'administration fédérale. La Cour a considéré qu'il y a violation de l'article 6§1 au cours d'une procédure fiscale d'établissement de l'impôt.

141. Pour conclure à l'applicabilité du volet pénal de l'article 6§1 de la Convention, la Cour ne s'est pas fondée sur la méthode des critères alternatifs[406] ni sur celle fondée sur un faisceau d'indices[407]. Cette démarche était attendue[408] pour le moyen tiré de la violation du droit de ne pas contribuer

---

[406] CEDH, plén., 8 juin 1976, n° 5100/71, Engel c/ Pays-Bas, op cit.

[407] CEDH, 24 février 1994, n° 12547/86, Bendenoun c/ France, op cit.

[408] AYRAULT L., « Droit fiscal européen des droits de l'homme, chronique de l'année 2012 », op cit. Saisi du moyen tiré de la violation du droit de ne pas contribuer à sa propre incrimination lors de la phase pré contentieuse, le Conseil d'État a vérifié la qualification de l'accusation en matière pénale en se fondant sur les critères Engel : CE, 8e et 3e ss-sect., 17 mars 2010, n° 309197, SARL Café de la Paix, *Dr fisc.* 2010, n° 21, comm. 336, concl. ESCAUT N., note AYRAULT L., *RJF* 6/2010, n° 653.

à sa propre incrimination dès lors que le requérant invoquait, devant la Cour, le caractère pénal des amendes infligées pour refus de collaborer au soutien de l'applicabilité des dispositions de l'article 6 de la Convention. Pourtant, la Cour a, de manière innovante, dégagé une analyse qui consiste à mesurer le caractère suffisamment lié des procédures administratives et pénales pour conclure à l'applicabilité de l'article 6§1 par « absorption » de la procédure administrative de détermination des obligations fiscales.

142. Les juges européens se sont fondés sur trois éléments pour affirmer le lien suffisant entre les deux procédures. D'une part, la loi relative à l'impôt fédéral direct impose aux différentes autorités de poursuites de se fournir mutuellement des renseignements. D'autre part, concernant l'organisation de l'enquête pour soustraction frauduleuse, la Cour constate que le mandat de perquisition « *invitait les fonctionnaires chargés de l'enquête contre lui à saisir des documents concernant la période fiscale 1989-1990* »[409] et que « *l'administration fédérale des impôts a elle-même reconnu que l'enquête pour soustraction d'impôt avait porté sur des années pour lesquelles le requérant n'avait pas formellement été accusé de soustraction d'impôt* »[410]. La Cour relève en outre que l'administration cantonale des impôts a invoqué « *les résultats de la procédure d'enquête en cours pour former des demandes nouvelles devant le Tribunal administratif et un fonctionnaire chargé de l'enquête contre le requérant a assisté à une audience devant la juridiction* »[411]. Ces circonstances montrent la particulière imbrication des procédures administratives et pénales.

143. Du point de vue des faits faisant l'objet de l'enquête, la Cour a relevé d'une part que les comptes bancaires détenus par le requérant ont été mentionnés à la fois dans la procédure administrative d'établissement de l'impôt et dans l'enquête pour soustraction d'impôts. D'autre part, la Cour relève que les demandes nouvelles devant le Tribunal administratif ont été fondées sur les relations qu'entretenait le requérant et les sociétés de droit T.F et F.H. Or, le requérant a été interrogé à leur sujet au cours de l'enquête pour soustraction d'impôts.

144. Les juges européens concluent de l'ensemble des circonstances particulières de l'espèce et des faits, que la procédure de soustraction frauduleuse qui relève de la matière pénale n'est que le prolongement de la procédure administrative d'établissement de l'impôt. La connexité entre les deux procédures fait que « *le caractère manifestement pénal de l'enquête s'est*

---

[409] CEDH, 5e sect., 5 avril 2012, n° 11663/04, Chambaz c/ Suisse, op cit., §46
[410] Ibidem.
[411] Ibidem.

étendu à la procédure ayant donné lieu à la présente requête »[412]. La Cour accepte dans certains cas d'effectuer un examen global pour apprécier le respect des prescriptions du procès équitable à un ensemble de procédures à partir du moment où il existe un lien suffisant entre elles « *pour des raisons tenant soit aux faits sur lesquelles elles portent, soit à la manière dont elles sont menées par les autorités nationales* »[413]. Il suffit que l'une des procédures soit relative à une accusation en matière pénale et que les autres soient suffisamment liées pour que l'article 6 de la Convention s'applique.

145. Cette démarche a l'avantage, en l'espèce, de permettre à la Cour de se prononcer sur le droit de ne pas contribuer à sa propre incrimination mais également sur le grief fondé sur l'article 6§2 sans lien avec les amendes infligées[414] dans un souci de « *garantir le caractère concret et effectif des droits qui y sont garantis* »[415]. Sans remettre en cause la jurisprudence Ferrazzini[416], la Cour « *considère le volet pénal applicable à une procédure portée devant la juridiction administrative alors même que, en tant que telle et abstraction faite des amendes pour refus de collaborer, aucune accusation pénale n'est identifiée* »[417]. Si les procédures juridictionnelles administratives n'ont pas vocation à entrer par elle-même dans le champ d'application du volet pénal de l'article 6 de la Convention, leur connexité avec la procédure pénale peut être de nature à leur conférer un aspect répressif. La Cour procède ainsi à l'extension du champ d'application matériel du volet pénal de l'article 6 de la Convention.

---

[412] Ibidem, §48

[413]Ibidem, §43

[414] Le requérant a invoqué la violation du droit à la présomption d'innocence dans la mesure où l'enquête fiscale pour soustraction d'impôt s'est achevée après la procédure ayant donné lieu à la présente requête.

[415] CEDH, 5e sect., 5 avril 2012, n° 11663/04, Chambaz c/ Suisse, op cit.,

[416] La Cour rappelle que « *l'article 6 de la Convention n'est pas applicable sous son volet civil à la présente procédure qui avait pour objet la détermination des obligations fiscales du requérant à l'égard de l'État (...). La question qui se pose toutefois consiste à savoir si la procédure litigieuse était de nature « pénale » et est à ce titre susceptible d'entraîner l'application des garanties prévues par le volet pénal de l'article 6 de la Convention* » : CEDH, 5e sect., 5 avril 2012, n° 11663/04, Chambaz c/ Suisse, op cit.,§38. ; V. CEDH, gde ch., 12 juillet 2001, n° 44759/98, Ferrazzini c/ Italie, op cit., V. également, GERARD L. « Sur l'applicabilité de l'article 6, volet civil, de la convention européenne des droits de l'homme aux contentieux fiscaux (À propos de l'arrêt CEDH, 12 juillet 2001, Ferrazzini c/ Italie) », *Dr fisc.* 2002, n° 10, 9. ; DE CROUY-CHANEL E., « L'arrêt Ferrazzini de la Cour européenne des droits de l'homme (CEDH) (12 juillet 2001) : réflexions sur la singularité du droit public », *RRJ* 2003, p. 1493 et s.

[417] AYRAULT L., « Droit fiscal européen des droits de l'homme, chronique de l'année 2012 », op cit.

146. Cette jurisprudence est susceptible de revêtir une portée en droit interne[418]. En effet, les procédures d'imposition et les procédures pénales peuvent coexister. De plus, le Livre des procédures fiscales contient plusieurs textes organisant l'échange d'information entre l'administration fiscale et le juge judiciaire[419], mais également entre les agents fiscaux et les officiers et agents de police judiciaire, qui pourrait amener la Cour à considérer que « *par contagion en quelque sorte, le caractère pénal de la procédure répressive* (puisse) *assez rapidement s'étendre à des procédures sans caractère pénal* »[420]. Pour cela, « *il conviendra de démontrer que les faits visés et l'organisation de l'enquête présentent un socle commun, ce qui est a priori la règle si l'on considère que les poursuites pénales sont normalement engagées sur la base d'éléments découverts au cours d'une procédure d'imposition* »[421].

147. Toutefois, la qualification de l'accusation d'accusation en matière pénale n'a été retenue par la Cour qu'au terme d'une « *motivation particulièrement développée* »[422] tenant compte des circonstances

---

418 Ibidem.

419 Le juge pénal tient compte des éléments transmis par l'administration fiscale. Il résulte des termes de l'article L 228 du Livre des procédures fiscales qu'il ne peut y avoir de poursuites pour fraude fiscale sans qu'il y ait à la base une procédure administrative fiscale. De plus, si la procédure de blanchiment de fraude fiscale permet de juger des conséquences de la fraude fiscale sans l'intervention de l'administration fiscale, le législateur a garanti le lien par l'instauration de la procédure de l'article L 101 du Livre des procédures fiscales qui oblige l'autorité judiciaire à communiquer à l'administration fiscale les informations relatives à une fraude présumée en matière fiscale. Cette procédure constitue la continuité de l'article L 82 du Livre des procédures fiscales qui autorise le ministère public à communiquer les dossiers à l'administration fiscale, à l'occasion de toute instance devant les juridictions civiles ou criminelles, soit spontanément, soit sur demande préalable. Parallèlement à cette obligation, l'administration fiscale doit, en vertu des dispositions de l'article 40 du Code de procédure pénale, informer l'autorité judiciaire des délits constatés dans l'exercice de ses missions de contrôle. Ces procédures permettent ainsi de « *s'assurer qu'administration, juge de l'impôt, puis juge pénal travaillent sur une même base factuelle* » . (GAILLARDOT D., « Les conséquences de l'indépendance des contentieux pénal et fiscal pour l'autorité judiciaire », *Dr fisc.* 2016, n° 38, comm. 504.). Le juge pénal peut également se saisir d'informations détenues par l'administration fiscale pour établir sa conviction. À cet égard, il résulte d'un arrêt de la Cour de cassation que le juge pénal peut se fonder sur les constatations de faits relevées par les vérificateurs fiscaux dès lors qu'il en reconnaît l'exactitude par une appréciation exempte d'insuffisance (Cass. Crim., 16 novembre 2011, n° 10-88.105, *Dr. pén.* 2012, chron. 8.). Selon monsieur Stéphane Detraz, il ne fait aucun doute que « *le travail de l'administration constitue alors le fondement essentiel de la condamnation, même si la Haute juridiction prend soin de rappeler que l'exactitude doit en être « reconnue » par la juridiction pénale* » : DETRAZ S., « Un an de droit pénal fiscal et douanier (septembre 2012 août 2013) », *Dr. pén.* 2012, chron. 8.

420 GUTMANN D., « La portée de l'article 6 de la Convention européenne des droits de l'homme en matière fiscale », op cit.

421 AYRAULT L., « Droit fiscal européen des droits de l'homme, chronique de l'année 2012 », op cit.

422 Ibidem.

particulières de l'espèce. Ainsi, il est permis de douter[423] de l'application régulière de la méthode de qualification de l'accusation en matière pénale par absorption[424]. Cette motivation permet d'assurer un équilibre entre la préservation du régime de déclaration contrôlée et la volonté de préserver les droits et garanties du contribuable. Elle constitue une étape supplémentaire dans la pénalisation des sanctions fiscales. Ce processus s'est amplifié par l'interprétation large du champ d'application temporel de l'article 6 de la Convention donnée par la Cour européenne des droits de l'homme.

Section 3 : L'extension du champ d'application temporel du volet pénal

148. Conçue de manière primitive comme s'appliquant qu'aux seules procédures juridictionnelles, le droit au procès équitable a progressivement fait l'objet d'une interprétation plus large. Cette interprétation fondée sur la volonté de garantir l'équité du procès dans un ensemble qui inclut les procédures antérieures à la saisine du juge s'est progressivement élargie à la matière fiscale. Cette évolution s'explique « *en raison de ce que l'« accusation » se constitue avant la phase juridictionnelle, posant la question de la coïncidence ou de la dissociation entre la détermination de la sanction par une entité non juridictionnelle et la garantie juridictionnelle de droits de procédure et de fond* »[425].

I. Les divergences d'interprétation doctrinale relative au principe de séparation de la phase administrative et juridictionnelle

149. Le principe de séparation entre la phase administrative et juridictionnelle résulte d'une interprétation stricte des termes de l'article 6 de la Convention. Il résulte de cet article que « *toute personne a droit à ce que*

---

423 Ibidem.

424 Cette analyse est corroborée par l'opinion dissidente du juge Zupancic sous l'arrêt Chambaz. Selon lui, « *si l'on imposait aux États contractants cette façon de concevoir l'auto-incrimination, cela ouvrirait immédiatement une boîte de Pandore pleine d'objections de la part des contribuables de chaque pays, qui s'estimeraient victimes d'une obligation de contribuer à leur propre incrimination simplement parce qu'ils doivent fournir aux autorités fiscales des pièces par lesquelles ils s'incriminent eux-mêmes* » : CEDH, 5e sect., 5 avr. 2012, n° 11663/04, Chambaz c/ Suisse, op cit.

425 ANDRIANTSIMBAZOVINA J. SERMET L., « Jurisprudence administrative et convention européenne des droits de l'homme », op cit.

sa cause soit entendue équitablement, publiquement et dans un délai raisonnable, par un tribunal indépendant et impartial, établi par la loi, qui décidera (...) du bien-fondé de toute accusation en matière pénale dirigée contre elle »[426]. La finalité principale de l'article 6 est d'assurer le respect des prescriptions du procès équitable, devant un « tribunal » lequel est compétent pour décider du bien-fondé de l'accusation. Une interprétation littérale de ces dispositions impose le respect des garanties du procès équitable aux seuls organes juridictionnels.

150. Certaines interprétations de la jurisprudence Bendenoun ont pu laisser penser que les juges européens avaient opté pour une interprétation stricte des dispositions de l'article 6 de la Convention[427]. L'une d'elles trouvait appui dans l'affirmation de la Cour selon laquelle, « *un État contractant doit avoir la liberté de confier au fisc la tâche de les poursuivre et de les réprimer, même si la majoration encourue à titre de sanction peut être lourde. Pareil système ne se heurte pas à l'article 6 de la Convention pour autant que le contribuable puisse saisir de toute décision aussi prise à son encontre un tribunal offrant les garanties de ce texte* »[428]. En d'autres termes, il n'existe aucune obligation pour les États membres de suivre une procédure antérieure à la saisine du juge conforme aux prescriptions du procès équitable à partir du moment où un juge offrant toutes les garanties du procès équitable peut être saisi. Cette affirmation laissait penser que, « *dès lors que le recours juridictionnel y compris sous la forme d'un recours pour excès de pouvoir était disponible, seul le manquement juridictionnel était recevable au regard de l'article 6 Conv. EDH* »[429]. L'interprétation stricte de la séparation de la phase administrative et juridictionnelle a également été fondée sur l'absence d'effectivité des garanties de l'article 6 de la Convention lors de la phase non contentieuse. En effet, selon le professeur Jean François FLAUSS, « *les garanties de l'article 6-1* (...) *ne valent que pour la phase contentieuse de mise en cause d'une pénalité fiscale, mais non pour la procédure conduisant à son prononcé* »[430] et que les garanties de l'article 6 paragraphe §2 et §3 ne présentent pas un d'intérêt opératoire « *dès lors que ces dernières ne concernent pas la phase administrative de la sanction* »[431].

---

426 Article 6§1 de la Convention Européenne des Droits de l'Homme.

427 ANDRIANTSIMBAZOVINA J. SERMET L., « Jurisprudence administrative et Convention Européenne des Droits de l'Homme », op cit. ; FLAUSS J-F., « Pénalités fiscales et Convention européenne des droits de l'homme : à propos de l'arrêt Bendenoun du 24 février 1994 », op cit., p.25

428 CEDH 24 février 1994 n°3/1993/398/476, aff. Bendenoun c/ France », op cit., §46

429 ANDRIANTSIMBAZOVINA J. SERMET L., « Jurisprudence administrative et Convention Européenne des Droits de l'Homme », op cit.

430 FLAUSS J-F., « Pénalités fiscales et Convention européenne des droits de l'homme : à propos de l'arrêt Bendenoun du 24 février 1994 », op cit., p.25

431 Ibidem. p.27

151. A contrario, certains auteurs ont révélé « *le décloisonnement* »[432] de ces deux procédures, opéré dans la jurisprudence Bendenoun. L'une d'elles se fondait sur le fait que « *l'exigence d'un délai raisonnable imposerait par exemple à l'administration de respecter une limite de 7 ans environ entre la date à laquelle la sanction est infligée au contribuable et celle à laquelle la dernière juridiction interne compétente sera amenée à statuer* »[433]. Selon le professeur Jean Raphaël Pellas, « *c'est dire, implicitement, que les garanties du droit à un procès équitable s'appliquent dès la phase administrative de la sanction* »[434]. Confirmant cette position, l'auteur s'est appuyé sur l'affirmation de la Cour européenne des droits de l'homme selon laquelle « *la Cour (...) n'exclut pas que dans pareille situation la notion de procès équitable puisse quand même comporter l'obligation, pour le fisc, de consentir à fournir au justiciable certaines pièces, ou même l'intégralité, de son dossier* »[435]. Cette affirmation a été interprétée comme ouvrant la voie à une extension de l'applicabilité des prescriptions du procès équitable à la phase antérieure à la saisine du juge. Le caractère systématique de l'applicabilité temporelle a néanmoins été nuancé par Jérôme Hong Rocca dans sa thèse sur « les sanctions fiscales à l'épreuve des transformations du droit ». Selon lui, l'expression « *quand même* »[436] soulignait « *le caractère exceptionnel de cette extension et a contrario le principe de l'inapplicabilité de l'article 6 de la Convention à la procédure administrative* »[437]. Ainsi, on ne pouvait en tirer la conclusion[438] que la décision Bendenoun avait « *fermé la porte à toute extension même limitée* »[439]. Ces thèses confirment l' « *applicabilité potentielle* »[440] des dispositions de l'article 6 de la Convention à la phase administrative. Celles-ci ont été confirmées par la jurisprudence de la Cour européenne des droits de l'homme laquelle, « *sans reconnaître l'application générale de l'article 6 à la procédure antérieure à la saisine du juge, la Cour n'exclut pas de vérifier le respect de ses prescriptions* »[441]

---

432 Souligné par HONG ROCCA J., « Les sanctions fiscales à l'épreuve des transformations du droit (contribution à l'étude historique et théorique des sanctions fiscales) », op cit., p.348.

433 LE GALL J-P et GERARD L., « Les recours des contribuables sur le fondement de la Convention européenne de sauvegarde des droits de l'homme et des libertés fondamentales », op cit. p. 885.

434 PELLAS J-R., « L'influence du droit à un procès équitable sur le pouvoir de sanction fiscale », op cit.

435 CEDH, 24 février 1994, n°3/1993/398/476, aff bendenoun c/ France, op cit., §52.

436 Ibidem.

437 HONG ROCCA J., « Les sanctions fiscales à l'épreuve des transformations du droit (contribution à l'étude historique et théorique des sanctions fiscales) », op cit., p.348.

438 Ibidem.

439 Hong Rocca J. se réfère à l'expression utilisée par Guy Gest dans sa synthèse du colloque sur la Convention européenne des droits de l'homme et la fiscalité : GEST G., « Synthèse du colloque Convention européenne des droits de l'homme et fiscalité », *LPA* 11 avril 1995, p.25

440 ANDRIANTSIMBAZOVINA J., « Jurisprudence administrative et convention européenne des droits de l'Homme », op cit.

441 AYRAULT L., « Droit fiscal répressif », op cit.

II. Les limites du principe : l'applicabilité circonstancielle du procès équitable à la procédure antérieure à la saisine du juge

152. C'est dans un premier temps en dehors de la matière fiscale que la Cour européenne des droits de l'homme a accepté de vérifier les prescriptions de l'article 6§1 de la Convention lors d'une procédure non contentieuse. La Cour européenne des droits de l'homme a adopté une analyse de nature circonstancielle de l'atteinte au procès équitable dans la phase administrative préalable dès lors qu'il n'y a pas *« d'applicabilité de principe ou d'inapplicabilité de principe »*[442]. Ce sont « *les circonstances de l'espèce que l'on déduit a postériori, une fois l'atteinte grave et irrémédiable constituée au cours de la phase précontentieuse* »[443] qui « *justifient l'applicabilité de l'article 6 de la Convention européenne des droits de l'homme* »[444]. On peut parler d'une applicabilité potentielle de l'article 6 de la Convention à la phase non contentieuse.

A. L'apport du droit de ne pas contribuer à sa propre incrimination

153. Le premier paragraphe de l'article 6 de la Convention pose le principe du droit de toute personne à un procès équitable. La Cour européenne des droits de l'homme a interprété cette garantie comme incluant le droit de se taire et de ne pas contribuer à sa propre incrimination[445]. Ce droit à ne pas témoigner contre soi-même « *impose à l'accusation de fonder son argumentation sans recourir à des éléments de preuve obtenus par la contrainte ou la pression au mépris de la volonté de l'accusé* »[446]. Cette garantie a été considérée par la doctrine comme « *une garantie immédiate* »[447] applicable dès la phase antérieure à la saisine du juge dès lors que « *si un accusé est contraint, dès la phase administrative, de s'accuser lui-même, le*

---

[442] ANDRIANTSIMBAZOVINA J., « Jurisprudence administrative et Convention européenne des droits de l'homme », op cit.
[443] Ibidem.
[444] Ibidem.
[445] CEDH, 25 février 1993, n° 10588/83, Funke c/ France, op cit. et CEDH, 3 mai 2001, n° 31827/96, JB/ Suisse, op cit.
[446] CEDH, 17 décembre 1996, Saunders c/ Royaume-Uni, *JCP G* 1997, I, 4000, n° 18, chron. SUDRE F., § 68.
[447] BELDA B., « La présomption d'innocence, garantie par l'article 6, § 2 de la Convention EDH, peut s'appliquer à la procédure administrative établissant une sanction fiscale », *JCP G* 2007, n°50, II 10206.

procès qui suivra (peut-être) *irrémédiablement vicié »* [448]. Ainsi, la Cour européenne des droits de l'homme a limité le principe de séparation des procédures administratives et juridictionnelles. Cette interprétation contextuelle a été appliquée dans un premier temps aux procédures d'enquêtes douanières, puis aux procédures policières et enfin aux procédures fiscales.

154. C'est la décision Funke c/ France[449] qui a initié l'évolution de la jurisprudence européenne en faveur de l'application de l'article 6§1 de la Convention dès la phase non contentieuse. Considérant que le droit de ne pas contribuer soi-même à son incrimination résulte des exigences élémentaires du procès équitable, les juges européens ont considéré, dans un attendu « *relativement bref en dépit de la complexité du sujet* »[450], qu'il y avait violation de l'article 6§1 de la Convention dès lors « *que les douanes provoquèrent la condamnation de Funke pour obtenir certaines pièces, dont elles supposaient l'existence sans en avoir la certitude* »[451]. Le fait que les procédures douanières d'enquête soient menées afin de sauvegarder les intérêts économiques vitaux du pays n'est pas selon la Cour de nature à justifier des atteintes aux exigences du procès équitable lors de la phase préalable à la saisine du juge.

155. C'est dans la même ligne directrice de la décision Funke c/ France, que la Cour a jugé à propos du droit de se faire assister d'un avocat lors d'interrogatoires conduits par la police puis par le procureur de district que si « *l'article 6 a pour finalité principale, au pénal, d'assurer un procès équitable devant un « tribunal » compétent pour décider « du bien-fondé de l'accusation » ; (...) il n'en résulte pas qu'il se désintéresse des phases qui se déroulent avant la procédure de jugement* »[452]. Si elle ne reconnaît pas l'application générale de l'article 6 à la procédure antérieure à la saisine du juge, la Cour « *n'exclut pas de vérifier le respect de ces prescriptions* »[453]. À cet égard, la Cour précise que les exigences de l'article 6 de la Convention et en l'espèce le §3 peuvent jouer un rôle avant la saisine du juge dès lors que « *leur inobservation initiale risque de compromettre gravement le caractère équitable du procès* »[454]. Les juges européens estiment que la distinction

---

448 PIERRE J-L., « Efficacité des pénalités fiscales, principe de personnalité des peines et personnes morales, *Dr fisc.* n°6, 11 février 2010, comm. 181.
449 CEDH, 25 février 1993, n° 10828/84, Funke c/ France, série A, n° 256.

450 PANNIER J., « La condamnation d'une personne pour refus de communication de documents en matière de réglementation des changes est-elle conforme à la Convention européenne des droits de l'homme ? », *D.* 1993. 457.
451 CEDH, 25 février 1993, n° 10828/84, Funke c/ France, op cit.
452 CEDH, 24 novembre 1993, no 13972/88, Imbrioscia/Suisse, série A, n° 275, *JCP G* 1994, I, 3742, n° 21.
453 AYRAULT L., « Droit fiscal répressif », op cit.
454 CEDH, 24 novembre 1993, n° 13972/88, Imbrioscia c/ Suisse, op cit, §36.

opérée entre la procédure administrative non contentieuse et la procédure juridictionnelle pour l'application des garanties du procès équitable doit être limitée dès lors que les manquements graves aux prescriptions dudit article qui interviennent au cours de la phase administrative préalable peuvent avoir des conséquences sur la phase contentieuse. Il résulte de cette décision que certaines exigences du procès équitable doivent être respectées « *dès le stade du prononcé de la sanction* »[455] dès lors qu'elles ne sont pas « *susceptibles d'être corrigées par un recours ultérieur devant une juridiction* »[456].

156. La Cour a considéré que le droit de se taire et de ne pas contribuer à sa propre incrimination couvre dans certaines circonstances le droit de se taire lors d'un interrogatoire de police. Il s'agissait dans la décision John Murray c/ Royaume-Uni[457] du droit du prévenu de bénéficier de l'assistance d'un avocat dès les premiers stades de l'interrogatoire de police. La Cour a dans un premier temps rattaché le droit de se taire et le droit de ne pas contribuer à sa propre incrimination à l'article 6§1 de la Convention en jugeant qu' « *il ne fait aucun doute que, même si l'article 6 de la Convention ne les mentionne pas expressément, le droit de se taire lors d'un interrogatoire de police et le droit de ne pas contribuer à sa propre incrimination sont des normes internationales généralement reconnues qui sont au cœur de la notion de procès équitable consacrée par l'article 6* »[458]. Toutefois, elle précise que si « *l'article 6 exige normalement que le prévenu puisse bénéficier de l'assistance d'un avocat dès les premiers stades des interrogatoires de police. Ce droit, que la Convention n'énonce pas expressément, peut toutefois être soumis à des restrictions pour des raisons valables* »[459]. L'absence d'applicabilité générale de l'article 6§1 de la Convention est confirmée.

157. Ce raisonnement a été étendu aux procédures administratives[460] puis fiscales. Dans la décision JB c/ Suisse[461], la Cour européenne des droits de l'homme a jugé contraire à l'article 6, une pénalité fiscale infligée dès lors que de graves pressions ont été exercées contre le contribuable au cours de la procédure administrative. Il s'agissait en l'espèce d'investigations fiscales

---

[455] FERRARI BREEUR C., « La contradiction et le pouvoir de sanction de l'administration »., *RFDA* 2001 p.33.
[456] Ibidem. En l'espèce, la Cour n'a pas considéré, dans le contexte global du déroulement de la procédure que l'intervention tardive de l'avocat était contraire au droit de na pas contribuer à sa propre incrimination.
[457] CEDH, 8 février 1996, n° 18731/91, John Murray c/ Royaume-Uni : *Rec. CEDH*, 1996, I.
[458] Ibidem, §46.
[459] Ibidem, §63.
[460] Le premier précédent dans lequel la Cour a considéré applicables les droits de se taire et de ne pas contribuer à sa propre incrimination tels qu'ils résultent de l'article 6§1 de la Convention à l'égard d'une procédure administrative est la décision Saunders c/ RU : CEDH, Saunders c/ Royaume-Uni, 17 déc. 1996, op cit.
[461] CEDH, 2e sect., 3 mai 2001, n° 31827/96, JB c/ Suisse, op cit.

prises dans le cadre d'une procédure mixte conduisant à la fois à des rappels d'impôts et une amende fiscale élevée. La Cour a considéré que les prescriptions de l'article 6 de la Convention devaient leur être appliquées dès lors que le comportement de l'administration fiscale a privé le contribuable, de toute chance d'obtenir gain de cause devant le juge pénal[462]. La portée de cette décision doit être relativisée. Il résulte des commentaires au pied de cette décision à la Revue de jurisprudence fiscale que « *la transposition de ce raisonnement à d'autres systèmes fiscaux n'est pas aisée* »[463]. Elle s'est prononcée uniquement sur l'applicabilité de l'article 6 de la Convention à une procédure mixte, concernant à la fois l'établissement de la pénalité et l'infliction d'une sanction. Elle a en revanche refusé de se prononcer sur une typologie de procédures mixtes ou séparées. Or le système français ne connaît pas de telle procédure. Le Livre des procédures fiscales instaure des règles distinctes en ce qui concerne les procédures d'établissement de la pénalité et les procédures de rehaussement d'imposition.

158. Le droit de se taire et de ne pas contribuer à sa propre incrimination a fait l'objet d'une « *une interprétation extensive* »[464], par les juges européens. En considérant que ces droits doivent s'appliquer dès la phase antérieure à la saisine du juge, la Cour européenne des droits de l'homme en a fait « *une garantie forte* »[465]. En prenant en compte l'importance du stade de l'enquête dans la préparation du procès[466], elle permet de rendre effectif le droit de ne pas contribuer à sa propre incrimination.

B. L'extension aux autres prescriptions de l'article 6 de la Convention européenne des droits de l'homme

159. La volonté d'intégrer la phase antérieure à la saisine du juge au sein d'un contrôle global de l'équité s'est étendue à d'autres prescriptions de l'article 6 de la Convention. L'application du principe de présomption

---

462 FERNANDEZ-MAUBLANC L-V., « Portée en droit fiscal français du droit de toute personne de ne pas contribuer à sa propre incrimination », *Rev. UE* 2011. 476.

463 Note sous CEDH, 2e sect., 3 mai 2001, n° 31827/96, JB c/ Suisse, *RJF* 12/2001, n° 1618.

464 RENUCCI J-F., « Garde à vue et CEDH : la France condamnée à Strasbourg », *D.* 2010. p. 2950.

465 Ibidem.

466 En effet, « *un accusé se trouve souvent dans une situation particulièrement vulnérable à ce stade de la procédure* ». Or, « *dans la plupart des cas, cette vulnérabilité particulière ne peut être compensée de manière adéquate que par l'assistance d'un avocat, dont la tâche consiste notamment à faire en sorte que soit respecté le droit de tout accusé de ne pas s'incriminer lui-même* » : ROETS D., « Du droit à l'assistance d'un avocat dès le début de la garde à vue : bis repetita placent... », *RSC* 2010, p. 231.

d'innocence témoigne de cette volonté. La Cour européenne a estimé que la présomption d'innocence était applicable aux sanctions fiscales dans la phase antérieure à la saisine du juge une décision du 29 août 1997[467]. Les juges européens ont considéré qu'infliger des sanctions fiscales aux survivants pour des actes apparemment commis par une personne décédée violait le droit à la présomption d'innocence consacrée par l'article 6 § 2 de la Convention européenne des droits de l'homme. Il résulte de cette décision que la présomption d'innocence s'impose aux autorités fiscales lorsqu'elles établissent une sanction relevant de la matière pénale. Cette solution « *vient probablement renforcer la jurisprudence de la Cour selon laquelle les dispositions de l'article 6 § 1 de la Convention européenne des droits de l'homme peuvent s'appliquer à des phases de la procédure antérieure à la saisine d'un juge* »[468]. Cette décision, ultérieurement confirmée par la Cour européenne des droits de l'homme[469] témoigne de ce que la présomption d'innocence s'applique « *au-delà du procès pénal stricto sensu* »[470].

160. Dans la continuité de ces décisions, la Cour européenne des droits de l'homme a étendu l'applicabilité temporelle de l'article 6 de la Convention à la procédure suivie devant la Commission des infractions fiscales. Excepté les cas où la transmission du dossier au procureur est automatique, les poursuites pénales pour fraude fiscale sont conditionnées par le dépôt de plainte de l'administration fiscale après avis préalable de la Commission des infractions fiscales[471]. La Cour européenne des droits de l'homme a accepté de faire application de l'article 6§1 de la Convention à la procédure suivie devant la Commission des infractions fiscales alors même que cette institution ne constitue pas un organe juridictionnel au sens dudit article[472]. Les juges européens se sont fondés implicitement sur le principe dégagé dans la décision Imbrioscia c/ Suisse[473] selon lequel, les prescriptions de l'article 6 de la Convention s'appliquent dès la phase d'instruction, car « *leur inobservation*

---

[467] CEDH, 29 août 1997, n° 71/1996/690/882, AP, MP et TP c/ Suisse, op cit. ; CEDH, 1re sect., 23 juillet 2002, n° 34619/97, Janosevic c/ Suède, op cit.

[468] Note sous CEDH, 29 août 1997, n° 71/1996/690/882, AP, MP et TP c/ Suisse, *RJF* 1997, n° 1097.

[469] CEDH, 1re sect., 23 juillet 2002, n° 34619/97, Janosevic c/ Suède, op cit.

[470] BELDA B., « La présomption d'innocence, garantie par l'article 6, § 2 de la Convention EDH, peut s'appliquer à la procédure administrative établissant une sanction fiscale », *JCP G* 2007, n°50, II 10206.

[471] Il résulte de l'article L 228 II du Livre des procédures fiscales, dans sa rédaction issue de la loi du 23 octobre 2018, que le principe de la plainte préalable du ministre du Budget après avis conforme de la Commission des infractions fiscales est maintenu pour les faits autres que ceux donnant lieu à la transmission automatique prévue au I de l'article L. 228 du Livre des procédures fiscales.

[472] CEDH, 26 septembre 1996, n° 18978/91, Miailhe c/ France, op cit.

[473] CEDH, 24 novembre 1993, n° 13972/88, Imbrioscia c/ Suisse, A. 275 ; *JCP* 1994, éd. G, I, 3742, n° 21.

initiale risque de compromettre gravement le caractère équitable du procès »[474]. Il en va ainsi, d'une part, de la procédure de l'article L 228 du Livre des procédures fiscales qui constitue « *une formalité substantielle* »[475] préalable au déclenchement des poursuites pénales pour fraude fiscale et revêt de ce fait un « *caractère décisif* (…) *dans la mise en mouvement de l'action publique* »[476]. Toutefois, la Cour ne s'est pas prononcée au fond sur la seule procédure suivie devant la Commission des infractions fiscales, et a conclu à la conformité de la procédure « dans son ensemble ». À partir du moment où le principe du contradictoire a été respecté devant les juridictions répressives, l'équité de la procédure est respectée. Cette décision peut être analysée comme la conséquence du caractère non détachable de l'avis de la Commission des infractions fiscales de la procédure pénale [477]. Il semble néanmoins que cette solution inscrive « *la procédure fiscale non contentieuse* (…) *dans la dynamique de l'applicabilité de l'article 6* »[478].

161. Le principe de la séparation de la phase administrative et contentieuse qui résulte de l'interprétation littérale de l'article 6 de la Convention s'est atténué avec la jurisprudence de la Cour européenne des droits de l'homme. La Cour a progressivement admis l'applicabilité des prescriptions de l'article 6 de la Convention à la phase antérieur à la saisine du juge. L'objectif poursuivi par la Cour « *est moins lié à la nécessité intrinsèque de la faire régir par les exigences de l'article 6, puisqu'elle est susceptible d'être suivie par une phase contentieuse qui pour sa part y sera soumise, que d'empêcher que la phase précontentieuse permettre d'empêcher l'application des règles du procès équitable à la phase contentieuse, cette dernière ne pouvant revenir, malgré la plénitude de juridiction du juge, sur certains éléments de la procédure antérieure* »[479].

---

[474] Ibidem., §36.

[475] SUDRE F., « « L'onde de choc de l'article 6 de la CEDH en matière de sanctions fiscales », La Semaine Juridique Édition Générale Oct.1997, n° 43, II 22935

[476] AYRAULT L., « Droit fiscal répressif », op cit.

[477] BETCH M., « Contentieux pénal. Fraude fiscal » *JCI Proc. Fisc.*, 2019. Dès 1988, le juge administratif a considéré que l'avis de la Commission ne constituait pas une décision administrative « faisant grief » au contribuable et n'était pas susceptible d'être contesté par la voie du recours pour excès de pouvoir. Cet avis s'analyse comme un acte non détachable de la procédure pénale. V. TA Paris, 16 déc. 1988, *Dr fisc.* 1989, n° 14, comm. 727 ; TC 19 décembre 1988, *Le quotidien juridique*, 1989, 25, pp. 2-5, note LAMBERT T.

[478] SUDRE F., « L'onde de choc de l'article 6 de la CEDH en matière de sanctions fiscales », op cit.

[479] EVEILLARD G., « L'application de l'article 6 de la Convention européenne des droits de l'homme à la procédure administrative non contentieuse », AJDA 2010. 531.

Conclusion chapitre 1

162. L'élaboration de la notion autonome d'accusation en matière pénale et l'intégration des sanctions fiscales en son sein ont amorcé le mouvement de pénalisation des sanctions fiscales. L'ensemble des décisions de la Cour européenne des droits de l'homme ont indéniablement permis une extension de l'applicabilité de l'article 6§1 de la Convention aux sanctions fiscales. L'interprétation constructive de la matière pénale a permis d'intégrer tout un pan du droit fiscal sous la protection conventionnelle. La jurisprudence de la Cour s'avère favorable à l'extension des garanties de l'article 6 à la répression fiscale. Elle a permis de donner les bases de l'élargissement des garanties de la Convention aux juridictions internes. Il n'en demeure pas moins que les critères de la matière pénale restent d'une application délicate et aboutissent à une « *source d'incertitudes du point de vue de « l'intégration » des sanctions fiscales dans le champ de protection de l'article 6 § 1 de la Convention EDH* »[480]. La jurisprudence de la Cour européenne des droits de l'homme relative à l'applicabilité de l'article 6 de la Convention a été jugée comme demeurant « *d'une lecture malaisée* »[481] ce qui a pour conséquence d'engendrer pour le Conseil d'État « *de sérieuses difficultés d'ordre théorique* »[482] dans la mise en œuvre des exigences ainsi consacrées.

163. La Cour n'est pas allée au bout de sa logique. En effet, nonobstant l'extension de l'applicabilité de l'article 6 aux sanctions fiscales revêtant un caractère pénal, tout un pan du droit fiscal relatif aux intérêts de retard ainsi qu'à certains éléments du régime d'imposition, a été exclu du volet pénal de l'article 6 de la Convention alors qu'ils peuvent dans certain cas revêtir « *la consistance de véritables sanctions pénales* »[483]. La Cour n'a pas été sensible à l'évolution des formes de sanction en matière fiscale et notamment à la déchéance de régime de faveur qui peut s'apparenter à une sanction punitive au sens de l'article 6§1 de la Convention.

---

[480] Ibidem.
[481] GUTMANN D., « La portée de l'article 6 de la Convention européenne des droits de l'homme en matière fiscale » op cit.
[482] Ibidem.
[483] FRAISSINIER-AMIOT V., « l'article 6§1 de la Convention européenne des droits de l'homme et la matière fiscale, la lecture européenne (1iere partie) », op cit. Si l'auteur utilise cette expression pour apprécier l'inapplicabilité de l'article 6§1 aux intérêts de retard, son analyse critique peut être transposée aux éléments du régime d'imposition exclus du champ de la pénalisation.

Chapitre 2 : L'interprétation extensive de la jurisprudence de la Cour européenne des droits de l'homme par les juridictions internes

164. L'interprétation des dispositions de l'article 6 de la Convention par la Cour européenne des droits de l'homme a influencé les jurisprudences des juridictions internes dans la consécration de l'applicabilité des garanties du procès équitable aux sanctions fiscales de nature répressive. Les Hautes juridictions administratives et judiciaires ont, tout en s'inspirant du juge européen, adopté une méthode d'assimilation des sanctions fiscales aux sanctions pénales qui se fonde uniquement sur la finalité punitive de la norme à l'instar de la jurisprudence du Conseil constitutionnel. De l'application du critère finaliste, par les juridictions internes, ressort une acception plus large de la notion de sanction fiscale que celle adoptée par les juges européens. Cette interprétation autonome des dispositions de l'article 6 de la Convention a permis aux juridictions internes d'aller plus loin dans la protection du procès équitable du contribuable.

Section 1 : L'intégration par les juridictions internes de la jurisprudence de la Cour européenne des droits de l'homme

165. L'effectivité de la pénalisation des sanctions fiscales s'est renforcée par l'intégration dans la jurisprudence interne, des décisions de la Cour européenne des droits de l'homme relatives à l'applicabilité des dispositions du procès équitable à la matière pénale. Les Hautes juridictions administratives et judiciaires ont, dans un premier temps, été réticentes à l'application de l'article 6 de la Convention aux sanctions fiscales. Cependant, le développement de la matière pénale par le juge européen a contribué à édifier un cadre juridique propice au revirement de jurisprudence. Alors même que l'autorité de la chose interprétée par les juges européens n'est pas reconnue par les juridictions internes, celles-ci se sont ralliées, dans l'ensemble, à leurs interprétations. L'intégration de la jurisprudence européenne s'est faite par le Conseil d'État et la Cour de cassation en adoptant une interprétation conforme à la jurisprudence constitutionnelle.

Sous-section 1 : L’intégration par le juge administratif

166. Si l’application de l’article 6 de la Convention aux litiges examinés par le Conseil d’État n’a jamais été exclue par principe[484], il n’en demeure pas moins que la Haute juridiction administrative a intégré la jurisprudence de la Cour européenne des droits de l’homme relative à l’applicabilité des prescriptions du procès équitable aux sanctions administratives avec réticence[485]. La jurisprudence primitive de la Haute juridiction administrative jugeait inapplicables les dispositions de l’article 6 de la Convention en matière fiscale. Cette position bien qu’étant difficilement compatible avec la jurisprudence judiciaire et constitutionnelle a dominé le raisonnement du Conseil d’État jusqu’à ce que la Cour européenne des droits de l’homme se positionne explicitement en faveur de l’applicabilité de l’article 6 de la Convention aux sanctions fiscales de nature répressive.

I. Une interprétation primitive restrictive

167. Le Conseil d’État a, dans un premier temps, été réticent à la consécration de l’applicabilité de l’article 6 de la Convention aux sanctions fiscales. Il a de ce fait reçu de la part de certains commissaires de gouvernement plusieurs invitations à prendre en considération les prescriptions du procès équitable telles qu’elles résultent de l’article 6 de la Convention. Ces conclusions ont été rendues avant que la Cour européenne des droits de l’homme ne consacre l’applicabilité de l’article 6 de la Convention aux sanctions fiscales. Ils ont ainsi initié le mouvement de pénalisation des sanctions fiscales par l’extension des garanties du procès équitable.

168. L’étude du professeur Jean Pierre le Gall et de Laurence Gérard, sur « les recours du contribuable sur le fondement de la Convention européenne de sauvegarde des droits de l’homme »[486], a relevé les différentes expressions du « *rejet de principe* »[487] du Conseil d’État de l’applicabilité matérielle de l’article 6 de la Convention à la fiscalité. La première résulte de l’arrêt

---

484 CE sect, 27 octobre 1978, n° 7103, Debout : Lebon p. 393, concl. CHAHIB NOURAI.

485 HONG ROCCA J., « Les sanctions fiscales à l’épreuve des transformations du droit (contribution à l’étude historique et théorique des sanctions fiscales) », op cit, p.305.

486 LE GALL J-P., GERARD L., « Les recours des contribuables sur le fondement de Convention européenne de sauvegarde des droits de l’homme et des libertés fondamentales, à propos de l’arrêt Bendenoun, op cit.

487 Ibidem.

monsieur Boisard du 28 août 1984[488]. Malgré les conclusions favorables à l'applicabilité de l'article 6 de la Convention au contentieux fiscal, du commissaire du gouvernement Chahib Nouraï[489], la Haute juridiction administrative a jugé inapplicables les dispositions du procès équitable au litige en cause. Sans apporter de justifications particulières, le Conseil d'État affirmait qu'« *il résulte clairement* (que cette) *stipulation n'a pas la portée que lui donne l'intéressé* »[490].

169. Ce rejet de principe a été confirmé par un arrêt du 9 décembre 1985. Le Conseil d'État a utilisé une autre expression pour écarter l'applicabilité de l'article 6, à savoir qu' « *en tout état de cause, le moyen tiré des stipulations de l'article 6-1 de la Convention européenne de sauvegarde des droits de l'homme et des libertés fondamentales* (...) *n'est pas fondé* »[491]. Le juge administratif a, par la suite, précisé les motifs de son refus en énonçant, dans un arrêt du 2 juin 1989 que « *le juge fiscal ne statue ni sur des droits et obligations de caractère civil ni sur des accusations en matière pénale* »[492]. Le Conseil avait alors transposé sa jurisprudence relative à l'inapplicabilité de l'article 6§1 de la Convention aux sanctions disciplinaires d'ordre professionnel[493]. Cette position a été explicitement réaffirmée dans un arrêt du 22 avril 1992[494]. Le Conseil d'État n'avait alors pas suivi la proposition du commissaire du gouvernement de modifier la rédaction du considérant de principe afin de différencier l'applicabilité de l'article 6§1 de la Convention à l'assiette de l'impôt et aux pénalités et de se positionner sur l'éventuelle évolution de la qualification de ces dernières à la lumière de la jurisprudence de la Cour européenne des droits de l'homme[495].

170. Une évolution quant à la portée de l'article 6§1 de la Convention résulte d'un arrêt du 18 mars 1994 dans lequel le Conseil d'État a écarté l'application de cet article à la contestation relative à la procédure d'imposition dès lors qu'il n'est pour la juridiction suprême « *applicable*

---

488 CE 28 septembre 1984, n°41.335, M. Boisard, *RJF* 11/84, n°1367.
489 Concl. CHAHIB N., sous, CE 28 septembre 1984, n°41.335, M. Boisard, *RJF* 11/84, n°1367.
490 CE 28 septembre 1984, n°41.335, M. Boisard , op cit.
491 CE, 9 décembre 1985, n° 44 155, *Dr fisc.*1988, n° 19, comm. 928.
492 CE 2 juin 1989, n°66604, *Dr fisc.*1990, n°1, comm. 4 ; *RJF* 1989 n°1019.
493 CE 28 septembre 1984, n°41335, *Dr fisc.* 1986, n°15, comm. 804.
494CE 22 avril 1992 n°85 159 *Dr fisc.*1992, n°41, comm.1837., concl. ARRIGHI DE CASANOVA J.
495 Prenant acte de l'absence de décisions explicites de la Cour européenne des droits de l'homme relatives à l'applicabilité de l'article 6 de la Convention aux sanctions fiscales, le Commissaire du gouvernement a précisé qu' « *afin de ne pas préjuger de l'attitude* » que le Conseil d'État pourrait prendre « *lorsque la Cour se sera prononcée sur la question des pénalités et de bien marquer que cette question demeure réservée* », il pourrait « *répondre, non pas que l'article 6-1 ne s'applique pas en matière fiscale, mais plutôt qu'il ne concerne pas les litiges relatifs à l'assiette de l'impôt* » : concl. ARRIGHI DE CASANOVA J., sous CE 22 avril 1992 n° 85 159, *Dr fisc.* 1992, n°41, comm.1837.

qu'aux procédures contentieuses suivies devant les juridictions »[496]. Cet arrêt a pour conséquences d'écarter l'applicabilité de l'article 6§1 de la Convention aux procédures administratives antérieures aux prononcés des pénalités.

171. La question de l'applicabilité de l'article 6§1 de la Convention aux procédures contentieuses suivies devant le juge fiscal s'est posée d'autant plus, suite à la décision Bendenoun C/ France dans laquelle la Cour européenne des Droits de l'Homme a reconnu explicitement le caractère pénal des pénalités fiscales pour mauvaise foi. Suite à cette décision, la Haute juridiction administrative a assoupli sa position en consacrant de manière mesurée l'assimilation des sanctions fiscales aux sanctions pénales.

II. Une intégration mesurée

172. Confrontée à un litige relatif à la nature pénale d'une pénalité pour manœuvre frauduleuse, la Cour administrative de Lyon[497] a jugé nécessaire de laisser la Haute juridiction administrative trancher cette question qui, depuis la décision Bendenoun, appelait un éclairage nouveau. Les juges d'appel ont saisi le Conseil d'État afin qu'elle apporte une réponse à la question de savoir si « *les pénalités pour manœuvres frauduleuses sont assimilables à des condamnations pénales et, dans l'affirmative, de savoir quelle est la portée des dispositions de l'article 6 § 2 de la Convention européenne de sauvegarde des droits de l'homme et des libertés fondamentales sur les conditions d'élaboration, de prononcé et de contestation desdites sanctions* »[498]. C'est ainsi que près d'un an après la décision de la Cour européenne des droits de l'homme, le Conseil d'État, a été amené à rendre un avis relatif à l'applicabilité de l'article 6§1 de la Convention. Or, « *la Cour de Strasbourg, à la différence de celle de Luxembourg, ne statue pas à titre préjudiciel ; ses décisions ne sont en rien revêtues de l'autorité de chose interprétée* »[499]. Ainsi, si le juge administratif a intégré la base essentielle de la jurisprudence Bendenoun, il l'a fait en adoptant une interprétation différente de celle des juges européens.

173. S'agissant de la première branche de la question préjudicielle, le Conseil d'État répond positivement, en affirmant l'applicabilité de l'article 6 de la Convention aux contestations devant les juridictions des pénalités

---

[496] CE 18 mars 1994, n° 68799-70814, Sovemarco, *RJF* 5/94, n°532, concl. MARTIN Ph.
[497] CAA Lyon 20 décembre 1994, n° 92-847, *RJF* 2/95 n° 286.
[498] Ibidem.
[499] LABAYLE H., SUDRE F., « Droit administratif et Convention européenne des droits de l'homme », *RFDA* 1995 p. 1181.

fiscales lorsqu'elles constituent des accusations en matière pénale. À ce titre, la juridiction suprême précise que « *les majorations d'impositions prévues à l'article 1729-1 du Code général des impôts en cas de manœuvres frauduleuses* (…) *présentent le caractère d'une punition tendant à empêcher la réitération des agissements qu'elles visent et n'ont pas pour seul objet la réparation pécuniaire d'un préjudice ; (elles) constituent (...) des « accusations en matière pénale » au sens des stipulations de l'article 6* »[500]. Par ce considérant de principe, le Conseil d'État infléchit sa jurisprudence afin de prendre en compte la solution retenue par la Cour européenne des droits de l'homme. Il reconnaît de manière explicite le caractère pénal des majorations d'imposition prévues à l'article 1729-1 du Code général des impôts. Il ne s'agit pas d'une intégration automatique de toutes les pénalités fiscales à la matière pénale. Il résulte de cet avis que seules les pénalités fiscales ayant pour caractéristique de viser à punir un contribuable peuvent constituer des accusations en matière pénale. Celles-ci accèdent ainsi au statut de « *pénalités fiscales pénales* »[501]. Sur ce point, l'avis rendu par la Haute juridiction administrative « *n'apparaît pas restrictif par rapport à la position prise par la Cour* »[502] dès lors qu'elle considère que « *l'autorité administrative peut prononcer des pénalités pour manœuvres frauduleuses sans avoir à attendre que la culpabilité du contribuable concerné ait été reconnue par un tribunal* »[503] et que « *la personne sanctionnée a le droit de s'appuyer sur les dispositions de l'article 6 de la Convention européenne des droits de l'homme pour contester devant le juge de l'impôt le bien-fondé de l'application de ces pénalités dans sa situation personnelle* »[504].

174. Le Conseil d'État intègre la jurisprudence de la Cour tout en procédant à une technique d'assimilation différente de celle des juges européens. En effet, si la Cour se livre à une analyse matérielle fondée sur des critères ou sur des indices cumulatifs, le Conseil d'État utilise uniquement sur un critère finaliste, à savoir, la finalité punitive du dispositif. Or, le « *critère de pénalisation adopté pour qualifier les pénalités pour manœuvres frauduleuses est plus large que celui adopté par la Cour européenne dans l'arrêt Bendenoun de 1994* »[505]. Le juge administratif opère une distinction

---

[500]CE avis, 31 mars 1995, n° 164008, SARL Auto-industrie Méric *RJF* 3/1995 n° 623 concl. ARRIGHI DE CASANOVA J., p. 326, *Dr fisc.* 1995 n° 18-19 comm. 1006 note BORNHAUSER p. 1141 *AJDA* 1995 p. 739 note M. Dreyfuss, *Procédures* 1995 comm. 164 note PIERRE J. L., *RFDA* 1995 p. 1181 note LABAYLE H., SUDRE F.

[501] DREIFUSS M., « Portée de l'article 6 de la Convention européenne des droits de l'homme en matière de pénalités fiscales », op cit.

[502] PIERRE J-L., note sous CE avis 31 mars 1995 n° 164008, SARL Auto-industrie Méric, *Procédures* 1995 comm. 164

[503] Ibidem.

[504] Ibidem.

[505] DREIFUSS M., « Portée de l'article 6 de la Convention européenne des droits de l'homme en matière de pénalités fiscales », op cit.

entre les majorations ayant le caractère de punition et celles qui ont pour finalité la réparation d'un préjudice pécuniaire. Cette solution « *rend compte des influences réciproques entre les trois grandes institutions : le Conseil d'État, le Conseil constitutionnel et la Cour européenne* »[506].

175. Concernant la seconde branche de la question préjudicielle tenant au champ d'application temporel de l'article 6 de la Convention, le Conseil d'État répond par la négative en maintenant sa jurisprudence antérieure. Ainsi, l'article 6 de la Convention n'est susceptible d'être invoqué qu'à l'encontre des contestations portées devant le juge de l'impôt. Elles ne sont pas invocables en dehors de la procédure contentieuse. Par conséquent, « *en limitant étroitement le champ d'application des exigences de l'article 6 aux procédures juridictionnelles, en excluant en principe les procédures administratives ou fiscales, l'avis du Conseil d'État tire le minimum d'implications de l'arrêt Bendenoun* »[507]. Cette interprétation a pour conséquence de valider le droit interne au regard du droit européen dès lors que la procédure juridictionnelle respecte le droit à un procès équitable et que la procédure préalable à la saisine du juge est exclue de l'applicabilité de ces exigences.

176. La consécration de la pénalisation des sanctions fiscales par le juge administratif a été mesurée. Si cet avis transpose « *un des apports essentiels de l'arrêt Bendenoun* »[508], le Conseil d'État a pris soin de limiter la portée de l'assimilation des sanctions fiscales aux accusations en matière pénale en restreignant le champ d'application temporel. Cette solution s'explique par le souci de *« concilier, dans la mesure du possible, deux préoccupations : d'une part, éviter toute solution qui serait radicalement incompatible avec la jurisprudence de la Cour ; d'autre part, éviter aussi toute solution qui sur un point marquerait une rupture avec le droit national antérieur* »[509]. Elle permet ainsi de garantir « *l'autonomie du juge administratif »*[510] mais également *« la prise en compte de la Convention européenne des droits de l'homme telle qu'interprétée par la Cour européenne des droits de l'homme* »[511]. C'est la démarche adoptée par la Haute juridiction administrative dans le processus d'identification des sanctions fiscales aux accusations en matière pénale.

---

506 Ibidem.
507 Ibidem.
508 LABAYLE H., SUDRE F., « Droit administratif et Convention européenne des droits de l'homme », op cit.
509 Concl. LABETOULLE. D., sous, CE Sect. 27 octobre 1978, Debout, Lebon p. 395.
510 ANDRIANTSIMBAZOVINA J., « Jurisprudence administrative et Convention Européenne des Droits de l'Homme », op cit.
511 Ibidem.

Sous-section 2 : L'intégration par le juge judiciaire

177. La Haute juridiction judiciaire a, bien avant le Conseil d'État, consacré l'applicabilité de l'article 6 de la Convention à la matière fiscale. Un an après la ratification de la Convention, la Cour de cassation a affirmé l'applicabilité directe de la Convention et l'admission du moyen tiré de son article 6§1 sous son volet civil. Ce n'est que postérieurement que la Haute juridiction judiciaire a consacré l'applicabilité de l'article 6 de la Convention sous l'angle du volet pénal, aux sanctions fiscales.

I. Une approche extensive antérieure à la jurisprudence Bendenoun

178. C'est en dehors du contentieux des pénalités fiscales que le juge judiciaire a, dans un premier temps, accepté de faire application de la Convention. Antérieurement à la jurisprudence de la Cour européenne des droits de l'homme relative à l'applicabilité de l'article 6 de la Convention aux pénalités fiscales, la Cour de cassation avait déjà accepté de faire application de cet article au contentieux fiscal. Se fondant implicitement sur le volet civil de l'article 6 de la Convention, la Cour de cassation avait accepté d'appliquer les droits de la défense au recouvrement de l'impôt[512]. La Cour l'a, quelques années plus tard, appliquée au contentieux de l'assiette[513]. Elle a par la suite pris une position de principe quant à l'applicabilité de l'article 6§1 à l'ensemble de contentieux fiscal. Dans son arrêt d'Assemblée du 14 juin 1996 Kloeckner[514], la Cour a précisé que les garanties qui résultent de l'article 6§1 de la Convention peuvent être invoquées « *devant toute juridiction civile en matière fiscale* »[515]. Dans cet arrêt, aucune pénalité n'était en cause.

---

[512] Cass. com., 20 novembre 1990, n° 1342, Donsimoni, *RJF* 01/91, p. 123. La Cour rejette le pourvoi, affirmant que la Cour d'appel, loin d'avoir méconnu les dispositions de l'article 6 de la Convention européenne des droits de l'homme, en a fait l'exacte application.

[513] Cass. com., 4 janvier 1994, n° 91-15.601 Bruyelle, *JCP* 1994, éd. G, IV, 594 ; *RJF* 04/94, p. 498.

[514] Cass. Ass. Plén., 14 juin 1996, n° 93-21 710, M. Kloeckner, *Dr fisc.* 1996, n° 30, comm. 986, concl. av. gén. MONNET Y.

[515] Ibidem.

II. L'intégration de la jurisprudence de la Cour européenne des droits de l'homme

179. La consécration de l'applicabilité matérielle de l'article 6 de la Convention sous son volet pénal résulte de l'arrêt Ferraria du 29 avril 1997[516]. En l'espèce, monsieur Ferreira s'est vu notifier, à la suite d'un procès-verbal dressé le 22 août 1993 en raison d'un défaut de vignette, un avis de mise en recouvrement d'un montant de 32.356 francs. Il correspondait à la taxe majorée de l'amende du double droit, c'est-à-dire à une amende égale à 200 % de la valeur de la vignette. À la suite du rejet de sa requête, monsieur Ferreira a saisi le Tribunal de grande instance de Béthune sur le fondement de la violation de l'article 6 de la Convention. Pour débouter le requérant de sa demande, les juges de première instance ont adopté un raisonnement purement interne sans se référer à la jurisprudence de la Cour européenne des droits de l'homme. Ils ont considéré que la pénalité instituée à l'article 1840-N quater du Code général des impôts était exclue du volet pénal de l'article 6 de la Convention dès lors qu'elle revêt un caractère automatique et forfaitaire. Les juges d'instance ont constaté que la pénalité en cause résultait d'une simple constatation matérielle du non-paiement de la taxe et présentait donc un caractère objectif à la différence des celles fondées sur l'appréciation du comportement du contribuable. De l'application du critère subjectif fondé sur l'appréciation du comportement du contribuable ressort une conception « *interniste* »[517] de la sanction qui diffère de celle retenue par la Cour européenne des droits de l'homme.

180. La Cour de cassation a censuré ce raisonnement en jugeant le volet pénal de l'article 6 de la Convention applicable aux sanctions fiscales. Pour en arriver à cette solution, la Cour de cassation a rejeté le critère subjectif fondé sur l'appréciation du comportement du contribuable développé par les juges d'instance pour lui substituer un critère objectif fondé sur la finalité punitive du dispositif. À la différence de l'interprétation que fait la Cour européenne des droits de l'homme de l'accusation en matière pénale, la Cour de cassation n'a pas utilisé de méthodes fondées sur des critères ou sur des indices appliqués cumulativement. C'est sur le seul fondement de la nature répressive du dispositif que le juge statue sur la qualification de sanction. Par cet arrêt, les juges de cassation se situent « *dans le droit fil de la jurisprudence*

---

[516] Cass. com., 29 avril 1997, n° 1068 PB, Ferreira, *Dr fisc.* 1997, n° 20-21, comm. 594 ; *JCP E* 1997, II, 990, note Y. Brard ; *LPA* 1erdéc. 1997, p. 6 s., note G. Tixier et A. Hamonic-Gaux ; *JCP G* 1997, II, 22935, note SUDRE F., *RJF* 6/1997, n° 641.

[517] TIXIER G., HAMONIC-GAUX A-G., « Notion de compétence de pleine juridiction et pouvoir de modération du juge fiscal », *LPA* 1er décembre 1997, p 7.

Conseil constitutionnel »[518] et qui constitue la feuille de route du raisonnement du Conseil d'État dans la qualification des sanctions punitives. Il y a donc désormais une convergence des jurisprudences des Hautes juridictions administratives et judiciaires pour admettre *« sous la pression immédiate d'un juge européen procédant à une lecture constructive de l'article 6, § 1, de la Convention, que des pénalités fiscales peuvent être qualifiées de sanctions pénales »*[519].

181. La portée de cet arrêt *« dépasse donc largement la seule question de la vignette automobile »*[520]. Par une interprétation autonome du champ d'application de l'article 6§1 de la Convention, la jurisprudence de la Cour de cassation prolonge *« en l'amplifiant, la jurisprudence européenne »*[521]. Comme le Conseil d'État, la Haute juridiction judiciaire s'inscrit dans une politique jurisprudentielle visant à maintenir un équilibre entre le respect des décisions de la Cour européenne des droits de l'homme et du Conseil constitutionnel et la marge d'autonomie dont il dispose pour préserver la cohérence du droit national antérieur. Cette politique a guidé la Cour de cassation et le Conseil d'État dans le processus d'identification des sanctions fiscales au regard de la matière pénale.

Section 2 : L'identification de « l'accusation en matière pénale » par les juridictions internes

182. Avant d'identifier la sanction fiscale au sens de la Convention, les Hautes juridictions administratives et judiciaires l'ont analysé au sens des normes internes. L'applicabilité des textes régissant l'obligation de motivation, la rétroactivité in mitius, la non-rétroactivité de la loi pénale plus sévère était subordonnée à l'identification d'une « sanction » par les juridictions internes. Le Conseil d'État et la Cour de cassation ont, dans un premier temps, retenu des méthodes d'interprétation divergentes. La Haute juridiction administrative retenait une interprétation restrictive du champ d'application des normes internes protectrices. A contrario, la Cour de cassation adoptait une interprétation large de la notion de sanction en se fondant sur le critère de la finalité punitive de la mesure. Sous l'influence

---

[518] SUDRE F., « L'onde de choc de l'article 6 de la CEDH en matière de sanctions fiscales », *JCP G.*, Oct.1997, n° 43, II 22935.
[519] Ibidem.
[520] Ibidem.
[521] Ibidem.

conjuguée des jurisprudences de la Cour européenne des droits de l'homme et du Conseil constitutionnel, le Conseil d'État a infléchi sa jurisprudence pour se rallier à l'interprétation large de la notion de sanction fondée sur le critère unique de la finalité punitive. Il en ressort une convergence des méthodes d'identification des pénalités fiscales.

183. L'analyse de la finalité punitive n'a consisté, dans un premier temps, qu'à distinguer les sanctions punitives des simples réparations pécuniaires[522]. Or le Conseil d'État a progressivement admis que l'intérêt de retard qui dépasse le taux de l'intérêt légal puisse dans certaines conditions s'analyser comme une sanction au sens de la Convention. L'acception large de la notion de sanction progressivement développée par les juridictions internes a eu pour conséquence d'élargir les débats relatifs à la qualification de sanction. Ainsi, sous l'impulsion d'analyses doctrinales relatives à l'élargissement de la qualification de sanction[523], certains éléments du régime d'imposition sont entrés dans le champ de la protection de l'article 6§1 de la Convention.

Sous-section 1 : La méthode d'identification

184. Pour déterminer l'applicabilité de l'article 6 de la Convention, la Cour européenne des droits de l'homme a fait application de deux méthodes différentes, l'une fondée que les critères de pénalisation alternatifs et l'autre fondée sur un faisceau d'indices. Cependant, elle a précisé que « *les critères de pénalisation étaient alternatifs à titre prioritaire et cumulatifs à titre subsidiaire* ». Il ressort de l'analyse de l'application de ces critères que la Cour a donné la priorité dans l'analyse des accusations en matière pénale au critère de la nature de l'infraction, à savoir le caractère général de la norme et son but à la fois préventif et répressif. Les Hautes juridictions administratives et judiciaires se sont fondées sur le seul critère de la nature de l'infraction. Elles s'attachent au caractère punitif de la norme fiscale incriminatrice. Afin de caractériser la sanction fiscale, les Hautes juridictions administratives et judiciaires se sont fondées sur un critère unique, à savoir, la finalité punitive de la norme fiscale incriminatrice.

---

[522] FROGER C., « La sanction fiscale dans les jurisprudences constitutionnelle et européenne » op cit.
[523] GUTMANN D., « Sanctions fiscales et Constitution » : op cit ; LAMARQUE J., NÉGRIN O., AYRAULT L., Droit fiscal général, op cit.; Voir également TUROT J., « indispensable prescription », *Dr fisc.* 2015, n° 42, comm. 628.

I. Une méthode fondée sur la finalité punitive de la norme fiscale incriminatrice[524]

185. À la différence de la Cour de cassation, le Conseil d'État ne s'est pas toujours fondé sur la nature punitive de la norme fiscale incriminatrice pour caractériser la sanction fiscale. Toutefois, sous l'influence conjuguée de la Cour européenne des droits de l'homme et du Conseil constitutionnel, la Haute juridiction administrative a fait évoluer sa méthode d'identification. Désormais, on observe une convergence dans les jurisprudences de la Cour de cassation et du Conseil d'État autour de l'identification de la sanction fiscale au regard du critère unique de la finalité punitive de la norme fiscale incriminatrice.

A. L'évolution de la méthode de qualification du Conseil d'État

186. Avant d'analyser la sanction fiscale au sens de la Convention, l'ordre juridictionnel administratif s'est prononcé sur la qualification juridique de sanction au sens de la loi du 11 juillet 1979[525]. L'article 1er de cette loi dispose que, « *les décisions individuelles défavorables qui infligent une sanction* » doivent être motivées. L'applicabilité de cet article est conditionnée par la qualification donnée aux pénalités par le juge administratif. L'identification de la sanction fiscale au sens de cette loi a constitué un exercice épineux pour la juridiction administrative[526].

187. Dans un premier temps, la Haute juridiction administrative a interprété ces dispositions comme posant « *de manière générale* »[527] l'exigence de motivation des pénalités fiscales [528]. Cette interprétation large du champ d'application de la loi du 11 juillet 1979 laissait place aux doutes

---

524 La finalité punitive est ainsi considérée par la doctrine comme la « *pierre de touche de l'identification des sanctions* » : BOKDAM-TOGNETTI E., « La non-application de l'allégement d'impôt sur les bénéfices des entreprises nouvelles pour absence de déclaration de chiffre d'affaires n'est pas une sanction », concl. Sous CE, 9e et 10e ch., 18 janv. 2017, n° 389268, Remy, *Dr fisc.* 2017, n°18-19, comm. 296.

525 Loi n° 79-587 du 11 juillet 1979 relative à la motivation des actes administratifs, *JO* du 12 juillet 1979, *Dr fisc.* 1979, n. 31, comm. 1627 ; *JCP* 1979, III, 48802.

526 Les divergences de jurisprudences témoignent de cette difficulté.

527 AYRAULT L., « SANCTION FISCALE. – Définition et régime juridique », op cit.

528 Selon le Conseil d'État, « *les pénalités prévues par le CGI sont au nombre des sanctions auxquelles s'appliquent les dispositions précitées* » : CE, 13 oct. 1986, n° 44193, SA Pessac automobiles, *Dr fisc.* 1987, n° 19, comm. 996 ; *RJF* 12/1986, n° 1141.

quant à l'applicabilité de ces dispositions aux intérêts de retard. En effet, « *en ne rétablissant pas d'office les intérêts de retard, la décision avait paru juger qu'ils avaient eux aussi le caractère d'une sanction* »[529]. Ces doutes ont été levés par l'arrêt Grisoni du 9 novembre 1988[530] dans laquelle le Conseil d'État a appliqué un critère subjectif fondé sur l'appréciation du comportement du contribuable afin de qualifier une pénalité fiscale de sanction. Le Conseil d'État a, en réintroduisant la distinction entre « réparation pécuniaire » et « sanction punitive », jugé que les pénalités fiscales « *qui n'impliquent aucune appréciation par l'administration fiscale du comportement du contribuable* »[531] ne constituent pas des sanctions devant faire l'objet d'une motivation. Cette conception de la sanction fiscale impliquait pour le juge d'effectuer une distinction entre les sanctions infligées en vertu du pouvoir discrétionnaire de l'administration et celles infligées en vertu de la compétence liée de l'administration[532].

188. Ce critère de qualification a fait l'objet de critiques doctrinales qui ont montré les dérives qu'il pouvait engendrer. Notamment dans les conclusions sur l'arrêt Vermeersch, le commissaire du gouvernement Philipe Martin, a relevé que ce critère semblait exclure de la qualification de sanction les majorations infligées de manière automatique[533]. Or dans le Code général des impôts, de nombreuses majorations sont infligées de manière automatique[534]. Il en résulte une « *limitation de la nature répressive des sanctions fiscales* »[535], « *trop restrictive des droits des citoyens* »[536]. Ce critère a été considéré par la doctrine comme un « *faux critère* »[537] dans la mesure où il résulte de la

---

529 TUROT J., « Pénalités fiscales : une « zone de transit » du droit administratif. », *RJF* 1992, chronique p. 263.

530 CE Plén., 9 novembre 1988, n° 68 965, M. Grisoni, *Dr fisc.* 1989, n° 27, comm. 1360, concl. MARTIN LAPRADE B.

531 Ibidem.

532 FROGER C., « La sanction fiscale dans les jurisprudences constitutionnelles et européennes », op cit.

533 Concl. MARTIN P., sous CE 17 février 1992, n° 58299, 9e et 7e s.-s., Vermeersch, *Dr fisc.* 1992, n°45, comm. 2117.

534 Dans sa chronique relative au régime des pénalités fiscales, Jérôme Turôt a montré les dérives auxquelles peuvent conduire l'application du critère subjectif fondé sur le comportement du contribuable. Il relève qu' « *il y a malheureusement dans le CGI des sanctions qui sont automatiques* ». Il en va ainsi, des majorations prévues en cas de défaut de production de déclaration malgré une ou deux mises en demeure, les majorations, anciennement de 25 % et 100 % (ancien article 1733-1) et dorénavant de 40 % et 80 % (article 1728 du Code général des impôts issu de la Loi Aicardi du 8 juillet 1987) : TUROT J., « Pénalités fiscales : une « zone de transit » du droit administratif. », op cit. Or, selon Philipe Martin, les majorations pour défaut de réponse à une mise en demeure « *répriment l'obstruction commise par le contribuable en ignorant les mises en demeure* » : concl. MARTIN P., sous CE 17 février 1992, n° 58299, 9e et 7e s.-s., Vermeersch, op cit.

535 AUSTRY S., « Les sanctions administratives en matière fiscale », op cit.

536 TUROT J., « Pénalités fiscales : une « zone de transit » du droit administratif. », op cit.

537 Ibidem.

jurisprudence du Conseil constitutionnel que le caractère objectif d'une infraction ne dispense pas de respecter les garanties exigées par sa jurisprudence en matière de sanctions administratives[538]. À partir de ce constat, le commissaire du gouvernement a préconisé de se rapprocher du raisonnement tenu par le Conseil constitutionnel selon lequel les principes qui résultent de l'article 8 de la Déclaration des droits de l'homme de 1789 s'appliquent à toute sanction administrative ayant le caractère d'une punition, sous réserve, en matière fiscale, des « *majorations de droits et intérêts de retard ayant le caractère d'une réparation pécuniaire* »[539]. Cette conception de la sanction met l'accent sur l'objet de la pénalité et non plus sur les conditions dans lesquelles elles sont infligées.

189. Cette conception de la notion de sanction a été abandonnée dans l'arrêt du 17 février 1992[540]. Le Conseil d'État a jugé que « *les majorations de 25 % et 100 % prévues par l'article 1733 du Code général des impôts sont au nombre des sanctions auxquelles s'appliquent les dispositions précitées [loi du 11 juillet 1979] ; qu'il en est de même de la majoration de 10 % prévue par le même article lorsque le taux de l'intérêt de retard, qui serait dû dans le cas et les conditions énoncés par les articles 1728 et 1734 du code, est inférieur à 10 %* »[541]. Le Conseil d'État ne s'attache plus à rechercher si l'administration a pris en compte le comportement du contribuable pour infliger une pénalité. En revanche, « *le niveau des taux appliqués, largement supérieur à la réparation susceptible d'être accordée, explique la solution* »[542]. Le Conseil d'État s'aligne sur la jurisprudence du Conseil constitutionnel en se fondant sur l'objet punitif de la pénalité comme le lui avait proposé le commissaire du gouvernement Philippe Martin[543]. Le critère finaliste se substitue au critère subjectif. Seules les pénalités dont la finalité est de punir un comportement répréhensible relèvent de la qualification de sanction fiscale. Cette jurisprudence contribue à « *infléchir* »[544] la définition de la sanction telle qu'elle résulte de l'arrêt Grisoni. À partir de cet arrêt, la nature juridique d'une pénalité fiscale est fonction de son objet et non plus des conditions dans lesquelles elle est infligée. Cette acception a pour conséquence de qualifier de réparations pécuniaires les seuls intérêts calculés

---

538 C.C., 29 décembre 1989, n° 89-268 DC, *RJF* 2/90 n° 195-point 6, *Recueil DC* p. 110, *JORF* du 30 décembre 1989 p. 16498. Dans cette décision, le Conseil constitutionnel a été amené à censurer une sanction frappant une infraction considérée comme objective.

539 C.C., 30 décembre 1982, n° 82-155 DC, Loi de finances rectificatives pour 1982, op cit.

540 CE 17 février 1992, Epx Vermeersch, req. n° 58299, op cit.

541 Ibidem.

542 AYRAULT L., « SANCTION FISCALE. – Définition et régime juridique », op cit.

543 Concl. MARTIN P., sous CE 17 février 1992, Exp. Vermeersch, op cit.

544 TUROT J., « Pénalités fiscales : une « zone de transit » du droit administratif. », op cit.

prorata temporis. Cet arrêt est remarqué en ce qu'il consacre la nature répressive des pénalités fiscales[545].

190. Cette méthode d'identification fondée sur le critère unique de la finalité punitive de la mesure a été conservée par le Conseil d'État pour définir le champ d'application matériel du volet pénal de l'article 6 de la Convention européenne des droits de l'homme[546]. Ainsi, constituent des sanctions fiscales au sens de la Convention, les pénalités qui « *présentent le caractère d'une punition tendant à empêcher la réitération des agissements qu'elles visent et n'ont pas pour objet la seule réparation d'un préjudice pécuniaire* »[547]. La Haute juridiction administrative reprend la distinction entre les pénalités ayant le caractère de « punition » et celles dont la finalité est de réparer un préjudice pécuniaire.

191. C'est ainsi au grès d'une évolution jurisprudentielle que le Conseil d'État s'est aligné sur la conception constitutionnelle de la sanction fiscale. Il rejoint dès lors la position de la Cour de cassation qui qualifie également la sanction au sens de la Convention par référence au critère de l'objet punitif de la sanction.

B. La constance de la méthode de qualification de la Cour de cassation

192. La méthode d'identification de la sanction fiscale a dans un premier temps été utilisée par la Cour de cassation pour l'application du principe de non-rétroactivité des peines. Dans son arrêt du 7 novembre 1989[548], la Haute juridiction judiciaire a appliqué le principe de non-rétroactivité des peines à l'amende fiscale prévue à l'article 1840 N quater du Code général des impôts. Pour arriver à cette solution, la Cour de cassation s'est alignée sur le raisonnement adopté par le Conseil constitutionnel en énonçant que le principe de non-rétroactivité des peines s'étendait « *à toute sanction ayant le caractère de punition* »[549]. Or, dès lors que l'amende prévue à l'article 1840 N quater du Code général des impôts « *n'a pas le caractère d'intérêt de retard*

---

[545] AUSTRY S., « Les sanctions administratives en matière fiscale », op cit.
[546] CE, avis, 31 mars 1995, Soc. Auto Méric, op cit ; CE Sect., 5 avril 1996, Houdmond, op cit ; CE avis, 8 juillet 1998, Fatell, *Rec.* tables p. 849 ; *RJF*, 8-9/98, comm. 970, concl. ARRIGHI DE CASANOVA J., *Procédures*, 1999, n° 1, comm. 22, note PIERRE J.-L..
[547] Ibidem.
[548] Cass. com., 7 novembre 1989, n° 88-12.059, *Dr fisc.* 1989, n° 52, comm. 2533 ; *RJF* 12/1989, n° 1461, concl. RAYNAUD.
[549] Ibidem.

ni de réparation pécuniaire »[550], le principe de non-rétroactivité de la loi d'incrimination plus sévère s'applique. Il ressort de cet arrêt que le caractère réparateur d'une mesure est exclusif de toute finalité répressive. La Cour de cassation a procédé au même raisonnement concernant l'application rétroactive de l'article 18 de la loi de finances rectificative pour 1993 à l'amende prévue à l'article 1840 N quater du Code général des impôts [551]. Ces arrêts ont été confirmés pour l'application de la rétroactivité in mitius aux pénalités fiscales dont l'objet consiste à punir le contribuable[552].

193. La Haute juridiction judiciaire a poursuivi son raisonnement pour l'applicabilité du volet pénal de l'article 6 de la Convention. Les arrêts rendus en cette matière ont permis de préciser l'analyse de la Cour de cassation.

194. Dans l'arrêt du 29 avril 1997 « Ferreira », la Haute juridiction judiciaire a pour la première fois consacré l'applicabilité du volet pénal de l'article 6 à l'ensemble des pénalités à l'exception des intérêts de retard qui ont un caractère indemnitaire[553]. La doctrine a saisi l'occasion d'interpréter le raisonnement suivi par la Haute juridiction. Selon le professeur Frédéric Sudre[554], la Cour de cassation aurait utilisé la méthode des critères alternatifs développée dans la jurisprudence Özturk. Ainsi, en affirmant « *avec une grande netteté* »[555] que l'amende fiscale prévue par l'article 1840 N quater du Code général des impôts constitue « *une sanction ayant le caractère d'une punition* », la Cour de cassation s'est fondée sur un critère unique, à savoir, la nature punitive de l'infraction[556]. Elle n'a pas procédé à l'analyse de la gravité de la sanction qui constitue depuis la décision Bendenoun un indice permettant d'aboutir ou non à la qualification d'accusation en matière pénale. Cet élément aurait pu conduire la Haute juridiction judiciaire, si elle s'était fondée sur la jurisprudence Bendenoun, a jugé inapplicables les dispositions du procès équitable. La Cour de cassation a opté pour une acception large de la notion de sanction au sens de la Convention en se fondant sur le critère de la nature punitive de la mesure. Elle a, nonobstant le caractère léger de la sanction, retenu que le caractère de punition de l'amende prévue par l'article 1840 N quater du Code général des impôts, suffisait à lui conférer la nature de sanction fiscale au sens de la Convention. Ainsi, « *en s'attachant au caractère punitif de l'amende fiscale, la Cour de cassation se situe dans la ligne de la*

---

550 Ibidem.
551 Cass. com., 26 mars 1996, n° 661 D, Société Reneric, *RJF* 7/1996, n° 952.
552 Cass. com., 21 mars 2000, n° 735 P, de Noailles de Mouchy de Poix, *RJF* 6/2000, n° 863
553 Cass. com., 29 avril 1997, n° 1068 PB, Ferreira, op cit.
554 SUDRE F. « L'onde de choc de l'article 6 de la CEDH en matière de sanctions fiscales », op cit.
555 Ibidem.
556 V. les développements précédents sur le caractère prioritaire donné à la nature punitive de la norme fiscale incriminatrice par la Cour européenne des droits de l'homme.

jurisprudence Oztürk (critères alternatifs) et se montre moins rigoureuse que la Cour européenne dans sa décision Bendenoun (critères "additionnés et combinés") »[557].

195. Si le raisonnement de la Cour de cassation peut s'apparenter de manière implicite à celui poursuivi par la Cour européenne des droits de l'homme, il se situe également dans la droite ligne de celui développé par le Conseil constitutionnel. Tout en dégageant de l'article 8 de la Déclaration des droits de l'homme et du citoyen les « *principes de base du droit répressif* »[558], le Conseil constitutionnel a précisé qu'ils s'appliquent à toute sanction « *ayant le caractère d'une punition* »[559] et ce indépendamment du fait qu'elles aient été prononcées par une autorité autre que judiciaire. Ont été directement exclus, *« les majorations de droits et intérêts de retard ayant le caractère d'une réparation pécuniaire »*[560]. Ce raisonnement revient à consacrer la finalité punitive de la norme fiscale incriminatrice comme unique critère de pénalisation des sanctions fiscales. C'est l'objet punitif de la pénalité qui détermine son inclusion au sein des sanctions fiscales.

II. Une méthode fondée sur un critère unique

196. L'application par les Hautes juridictions judiciaires et administratives, d'un critère unique de qualification de sanction au sens de l'article 6 de la Convention s'explique par une raison systémique. La Cour de cassation et le Conseil d'État ne sont pas confrontés comme la Cour européenne des droits de l'homme à « *une pluralité de systèmes juridiques* »[561] et peuvent se limiter au critère de l'objet de la pénalité dans la qualification de sanction pour l'application du volet pénal de l'article 6 de la Convention. Cependant, il n'y a pas « *de rupture fondamentale* »[562] entre l'approche européenne et celle des juridictions internes. Les juges européens donnent une priorité au critère de la nature de l'infraction dans la qualification d'accusation en matière pénale. L'application d'un critère unique fondé sur la

---

557 SUDRE F. « L'onde de choc de l'article 6 de la CEDH en matière de sanctions fiscales », op cit.
558 Ibidem.
559 C.C., 30 décembre 1982, n° 82-155 DC, op cit.
560 Ibidem.
561 AYRAULT L., « SANCTION FISCALE. – Définition et régime juridique », op cit.
562 FROGER C., « La sanction fiscale dans les jurisprudences constitutionnelles et européennes », op cit.

finalité répressive de la norme fiscale incriminatrice a eu pour effet d'élargir le champ d'applicabilité de l'article 6 de la Convention aux sanctions fiscales.

Sous-section 2 : L'application de la méthode d'identification

197. La méthode d'identification a, dans un premier temps, permis d'établir « *une ligne de partage* »[563] entre les pénalités dont la finalité est de punir pour empêcher la réitération des agissements en cause et celles qui visent pour l'essentielle à réparer un préjudice. L'application du critère unique de la « punition » a, dans cette matière, permis d'élargir l'applicabilité de l'article 6 de la Convention. À cet égard, la Haute juridiction administrative a ouvert des débats relatifs à la qualification des intérêts de retard en sanction. Ceux-ci ont contribué à l'encadrement des mesures réparatrices sur le fondement de l'article 6 de la Convention nonobstant l'interprétation stricte adoptée par la Cour européenne des droits de l'homme. La Haute juridiction judiciaire a, sur ce point, opté pour une interprétation plus conforme aux solutions dégagées par les juges européens.

198. Le critère de la nature punitive de la norme fiscale incriminatrice a, dans un second temps, permis d'effectuer une distinction entre les mesures fiscales dérogatoires du droit commun et les sanctions relevant des prescriptions du procès équitable. En d'autres termes, il a servi de fondement dans la distinction entre impositions et sanctions. À cet égard, les Hautes juridictions judiciaires et administratives ont dans la droite ligne de la jurisprudence européenne et constitutionnelle procédé à un élargissement de la qualification de sanction à certains dispositifs dérogatoires du droit commun institués dans le but de punir le comportement du contribuable.

I. L'exclusion sous réserve des intérêts de retard de la catégorie de sanction

199. L'intérêt de retard étant « *motivé par le simple passage du temps* »[564], son application n'est pas conditionnée par le comportement du contribuable. Il a été institué à la seule fin de réparer le préjudice financier causé par le retard dans le paiement d'une dette à un créancier. Cette caractéristique

---

[563] SUDRE F. « L'onde de choc de l'article 6 de la CEDH en matière de sanctions fiscales », op cit.
[564] LOPEZ C., Droit pénal fiscal, *LGDJ Lextenso Édition*, 2012.

l'exclut de principe de la qualification de sanctions fiscales. Si le débat autour de la qualification juridique de l'intérêt de retard semblait s'être achevé par la concordance des jurisprudences judiciaires et administratives, l'écart entre son taux et celui de l'intérêt légal a suscité la controverse.

A. L'exclusion de principe des intérêts de retard

200. Si la Haute juridiction administrative exclut de manière explicite les intérêts de retard de la qualification de sanction fiscale, cette position n'a pas toujours été aussi claire. Le juge administratif a, dans un premier temps, montré des hésitations sur la qualification ou non de sanction au sens de la loi du 11 juillet 1979 sur la motivation des sanctions administratives[565].

201. Affirmant, dans un premier temps, l'absence de caractère répressif de l'intérêt ou indemnité de retard[566], la Haute juridiction administrative a semblé « *marquer une évolution* »[567] dans un arrêt du 26 juillet 1982[568]. Le Conseil d'État avait alors admis le caractère répressif des intérêts de retard en se fondant sur sa finalité qui vise à sanctionner l'infraction commise par le contribuable même de bonne foi[569]. Le fait qu'ils tendent, eu égard à la manière dont la loi prescrit de les calculer, à la réparation du préjudice subi par le Trésor, n'est pas de nature à exclure leur caractère répressif. Il en résultait une opposition entre la jurisprudence administrative et la position de l'administration fiscale qui dans une instruction du 22 septembre 1983 avait réaffirmé le caractère de réparation civile de l'intérêt de retard.

---

[565] Loi n° 79-587 du 11 juillet 1979 relative à la motivation des actes administratifs, op cit.

[566] CE 26 janvier 1972, n° 81959, Société Gaitz-Hocky, *Dr fisc.* 1972, n° 26, comm. 1030 ; Dupont 1972, p. 110. Pour une confirmation : CE 10 novembre 1980, req n°19.019, *RJF* 1/81, p. 26.

[567] NEEL B., Les pénalités fiscales et douanières, *economica* 1989, coll. Finances publiques.

[568] CE, 26 septembre 1982, n°30.825, *Dr fisc.* 1983, n°9, comm.332.

[569] Cet arrêt a été rendu conformément aux conclusions du commissaire du gouvernement VERNY qui a affirmé de manière explicite la nature des intérêts de retard. À cet égard, il relève que l'intérêt de retard constitue une sanction fiscale « *infligée aux contribuables qui ont commis une infraction définie à l'article 1728 du Code et qui consiste à déclarer ou faire apparaître une base ou des éléments d'imposition insuffisants, inexacts ou incomplets ou a effectué un versement insuffisant* ». L'intérêt de retard est donc conçu comme une réaction à la commission d'une infraction fiscale et non comme une simple réparation pécuniaire. Il remet ainsi en cause l'analyse faite deux ans plus tôt par la Haute juridiction administrative (V. CE 10 novembre 1980, n°19.019, op cit.) : concl. VERNY, sous. CE, 26 septembre 1982, n°30.825, *Dr fisc.* 1983, n°9, comm.332.

202. Dans un arrêt du 13 octobre 1986, le Conseil d'État est paru plus hésitant dans la qualification juridique de l'intérêt de retard au sens de la loi du 11 juillet 1979. Il a relevé de manière générale que « *les pénalités prévues par le CGI sont au nombre des sanctions auxquelles s'appliquent les dispositions précitées* »[570]. Eu égard à cette affirmation, certains auteurs ont pu se demander s'il fallait étendre cette solution aux indemnités de retard qui « *sont dues de plein droit et ont un caractère civil, indemnitaire, à la différence des pénalités pour mauvaise foi ou manœuvres frauduleuses* »[571]. Pour d'autres, cet arrêt devait s'analyser comme consacrant la nature répressive des intérêts de retard[572].

203. Cette solution était vouée à évoluer. Elle était d'une part en contradiction avec la jurisprudence du Conseil constitutionnel et de la Cour européenne des droits de l'homme, qui excluent de manière explicite les intérêts de retard de la qualification de sanction. Le critère de l'objet[573] de la pénalité et les critères européens de pénalisation revenaient à exclure « *de façon générale* »[574] que l'intérêt de retard soit considéré comme une sanction au sens de l'article 6§1 de la Convention. D'autre part, elle s'éloignait de l'esprit de la loi. Il est incontestable que le législateur n'a entendu assigner à l'intérêt de retard, le seul objectif de réparation pécuniaire du préjudice subi par le Trésor, et ce, à l'exclusion de toute finalité répressive. Il ressort des dispositions de l'article 1727 du Code général des impôts, issu de la loi du 8 juillet 1987[575] que l'intérêt de retard « *est dû indépendamment de toutes sanctions* ». En ajoutant cette précision, le législateur a de façon explicite exclu que l'intérêt de retard puisse être qualifié de sanction. Cette acception stricte de l'intérêt de retard est corroborée par les débats parlementaires[576] qui font ressortir une unanimité sur le fait que l'intérêt de retard tel qu'il résulte des dispositions de l'article 1727 du Code général des impôts est « *exempt de*

---

570 CE, 13 octobre 1986, n° 44.193, SA Pessac automobiles, *Dr fisc.* 1987, n° 19, comm. 996, *RJF* 12/1986, n° 1141

571 Observation sous CE, 13 octobre 1986, n° 44.193, SA Pessac automobiles, *RJF* 12/1986, n° 1141

572 Le Commissaire du gouvernement Martin LAPRADE a relevé que l'arrêt du Conseil d'État du 13 octobre 1986 avait consacré la nature répressive des intérêts de retard en énonçant que « *les intérêts de retard avaient un caractère suffisamment répressif pour constituer une sanction soumise à l'obligation de motivation au sens de la Loi du 11 juillet 1979 sur la motivation des sanctions administratives, entraînant donc la nécessité d'une notification spécifique pour interrompre la prescription* » : concl. LAPRADE M., sous CE Plén., 9 novembre 1988, n° 68 965, M. Grisoni, *Dr fisc.* 1989, n° 27, comm. 1360.

573 Il s'agit du critère retenu par le Conseil constitutionnel dans sa décision du 30 décembre 1982.

574 Concl. SENERS F., sous. CE, Ass., Avis, 12 avril 2002, n° 239 693, SA Financière Labeyrie, *Dr fisc.* 2002 n° 26, comm. 555.

575 Loi n°87-502 du 8 juillet 1987, Dite Aicardi modifiant les procédures fiscales et douanières, op cit.

576 Rapp M. R.-A. Vivien à l'Assemblée nationale, 2 juin 1987, *JOAN*, p. 1797

toute idée de sanction »[577] en ce qu'il tend exclusivement à compenser le préjudice subi par le Trésor. La position du Conseil d'État a été clarifiée, dans un arrêt du 9 novembre 1988[578], en excluant les intérêts de retard de la qualification de sanction fiscale au sens de la loi du 8 juillet 1979[579].

204. A contrario, le juge judiciaire a toujours exclu l'intérêt de retard de la qualification de sanction fiscale[580]. Il effectue une nette séparation entre la finalité réparatrice et la finalité punitive d'une mesure. L'objet restitutif de la pénalité est exclusif de l'applicabilité de l'article 6§1 de la Convention, alors même qu'il peut dans certain cas révéler une finalité dissuasive[581].

B. Le renouvellement du débat

205. L'article 1727 du Code général des impôts issu de la loi du 8 juillet 1987 a été adopté afin de simplifier le calcul des intérêts dus par le contribuable en fonction du retard cumulé en maintenant son niveau à hauteur de celui de l'intérêt légal[582]. Lors de l'entrée en vigueur de la loi, le taux de l'intérêt légal était fixé à 9,5% par an, ce qui le rapprochait sensiblement de celui de l'intérêt de retard dû par le contribuable[583]. Or, il s'avère qu'à partir de l'année 1993, le taux d'intérêt légal a diminué chaque année créant ainsi un décalage entre l'intérêt légal et l'intérêt de retard. La doctrine s'est légitimement posé la question de savoir si l'intérêt de retard qui n'est pas, par nature, assimilable à une sanction pourrait l'être *« pour sa fraction qui dépasse le taux d'intérêt légal »*[584] . En d'autres termes, *« le taux d'intérêt légal tel qu'il a été défini par la loi n° 75-619 du 11 juillet 1975 modifiée suffit-il à couvrir le préjudice financier subi par le Trésor public lorsque l'encaissement de l'impôt est retardé du fait du comportement du contribuable*

[577] Concl. SENERS F., sous. CE, Ass., Avis, 12 avril 2002, n° 239 693, SA Financière Labeyrie, op cit.
[578] CE, 9 novembre 1988, n° 68.965, Grisoni, op cit.
[579] Loi n°87-502 du 8 juillet 1987, Dite Aicardi modifiant les procédures fiscales et douanières, op cit.
[580] Cass. com., 6 mai 1996, n° 94-14.686, Verbrugghe ; Cass. com., 4 février 2004, n° 01-02.650, Étienne Saldaqui ; Cass. com., 17 mars 2004, n° 544 FS-PB, Société Kervilly : *RJF* 7/2004, n° 797.
[581] Cass. com., 27 septembre 2005, n° 1321 et 1322 FS-PBIR, Sté Octogone immobilier et n° 1323 FS-PBIR, Sté Montroyal, *Dr fisc.* 2006, n° 12, comm. 275 et n° 27, comm. 492, rapport C. Guéguen ; *RJF* 1/2006, n° 103 ; *Procédures* 2005, n° 12, comm. 298, note PIERRE J.-L.
[582] L'intérêt légal est l'indicateur de référence du prix du temps sur lequel l'intérêt de retard est implicitement indexé.
[583] Le taux de l'intérêt de retard était fixé à 0,75% par mois.
[584] Concl. SENERS F., sous. CE, Ass., Avis, 12 avr. 2002, n° 239 693, SA Financière Labeyrie, op cit.

? »[585]. Par conséquent, l'intérêt de retard qui excède l'intérêt légal constitue-t-il « *une sanction innomée* »[586] ?.

206. Le débat relatif à la nature juridique des intérêts de retard a été rouvert par un jugement du Tribunal de grande instance de Paris[587]. Les juges du fond ont rappelé que si l'intérêt de retard n'a pas le caractère d'une pénalité et est uniquement destiné à indemniser l'administration de son préjudice « *son montant doit être limité au taux de l'intérêt légal fixé par le pouvoir réglementaire* »[588]. Ainsi, pour le Tribunal de grande instance de Paris, seuls les intérêts de retard dont le taux est équivalent à celui de l'intérêt légal peuvent être considérés comme relevant de la réparation pécuniaire. A contrario, le Tribunal précise « *que la différence entre le taux de l'intérêt de retard réclamé par l'administration et celui de l'intérêt légal ne peut qu'être considérée comme une pénalité qui aurait dû être motivée* »[589]. Cette position s'explique par le fait que l'intérêt légal est l'indicateur du prix du temps. Par conséquent, le taux de l'intérêt de retard ne peut dépasser le montant de l'intérêt légal sans revêtir un aspect répressif. La portée de ce jugement doit être relativisé dès lors qu'il ne se fonde pas expressément sur l'article 6§1 de la Convention comme le proposait les requérants.

207. L'appréciation de la nature répressive des intérêts de retard a été confirmée par le Tribunal de grande instance de Nîmes[590]. Au terme d'une analyse « *particulièrement pénétrante* »[591] de la nature juridique de l'intérêt de retard, les juges du fond ont considéré qu'il revêtait une coloration pénale. Ils ont jugé que la fraction de l'intérêt de retard qui excède le taux de l'intérêt légal entrait dans le champ d'application de l'article 6 de la Convention. À cet égard, ils ont relevé que l'intérêt de retard s'appliquait de manière indifférenciée à l'ensemble des contribuables[592] et qu'il ne tendait pas, pour partie à réparer le préjudice, mais à punir pour éviter la réitération de

---

585 Ibidem.

586 PRIOL J-M., « Intérêt de retard : une saga sans fin ? », *Lexbase édition fiscale*, n°119 du 6 mai 2004.

587 TGI de Paris 6 juillet 2000, n° 99-20096 et 99-20 097, *RJF* 2/01 n° 257.

588 Ibidem.

589 Ibidem.

590 TGI de Nîmes 15 février 2001, n° 99-1710, *RJF* 12/01 n° 384 ; *Dr fisc.* 2001, n°28, comm.670.

591 BOUTEMY B., « Intérêts de retard-Selon le TGI de Nîmes, le juge est habilité à ramener l'intérêt de retard au taux de l'intérêt légal », *Dr fisc.* 2001, n°28, comm. 670.

592 Sur ce point les juges considèrent qu'il « *s'inscrit dans un champ d'application très large assimilable à la seule qualité de contribuable et non pas à un groupe déterminé doté d'un statut particulier* » : TGI de Nîmes 15 février 2001, n° 99-1710, op cit.

l'infraction[593]. Enfin, ils ont relevé que l'intérêt de retard peut dans certains cas revêtir une ampleur considérable[594]. Cette solution a été considérée comme « *juridiquement plus satisfaisante* »[595].

208. Le débat s'est poursuivi au sein de la juridiction administrative du fond. Par un jugement du 18 juillet 2001, le Tribunal administratif a conclu en la nature répressive de la fraction de l'intérêt de retard qui excède le taux de l'intérêt de retard[596]. Il ne s'est pas fondé sur les dispositions de la Convention européenne des droits de l'homme, mais sur l'objet de l'intérêt de retard. Il relève ainsi que « *l'intérêt de retard prévu par l'article 1727 du CGI n'est pas au nombre des sanctions auxquelles s'appliquent ces dispositions, en tant qu'il constitue une réparation pécuniaire pour l'État, privé d'une ressource ; que toutefois lorsque l'application dudit intérêt conduit le service à infliger au contribuable une pénalité d'un montant supérieur au préjudice subi par l'État du fait du retard pris pour liquider les impositions dont il est redevable, la partie de ladite pénalité qui dépasse le préjudice doit être regardée, non comme une simple réparation pécuniaire, mais comme une sanction* »[597]. Ce raisonnement revient à considérer comme une sanction toutes les majorations de retard dont le montant dépasse le préjudice subi par le Trésor. Le Tribunal administratif de Nantes, comme le Tribunal de grande instance de Paris, se fonde sur le dépassement du taux de l'intérêt de légal par l'intérêt de retard pour lui attacher la finalité répressive. En d'autres termes, dès lors que le taux de l'intérêt de retard dépasse le prix du temps, son objet ne consiste plus en la réparation du préjudice subi par le Trésor, mais bien en la répression du comportement du contribuable.

---

593 Afin d'apprécier la finalité punitive, le tribunal a effectué une comparaison détaillée des taux pratiqués en matière fiscale depuis l'entrée en vigueur de la Loi Aicardi avec les taux pratiqués sur le marché. Il conclut en l'existence d'une « *inadéquation entre les taux pratiqués tant sur le marché que dans le contexte judiciaire et le montant équivalent aux recettes dont la perception est différée par le retard de paiement sanctionné dans les conditions de l'article 1727 du CGI* » et qu'il « *apparaît dès lors difficile de reconnaître au taux issu de la loi fiscale applicable au litige les attributs d'une réparation pécuniaire d'un préjudice subi par le Trésor public* » : TGI de Nîmes 15 février 2001, n° 99-1710, op cit.

594 Afin de conclure en l'ampleur de la sanction, les juges du fond comparent le taux de l'intérêt de retard avec les taux d'intérêts actuellement servis par les marchés financiers par rapport à ceux pratiqués en 1987 ainsi qu'avec les pénalités des articles 1840 G ter et 1840 G quinquies du Code général des impôts, réduite de 6 % à 1 % du montant des droits éludés depuis la Loi de finances pour 1999.

595 BOUTEMY B., MEIER E., « Intérêts de retard : rendez à César ce qui est à César (Matthieu 22,21), mais pas plus (TGI Paris 6 juillet 2000) », *Dr fisc.* 2001, n° 3, p. 133 s.

596 TA de Nantes, 1er ch., 18 juillet 2001, n° 97-2530, SA Mecattantic, *Dr fisc.* 2002, n°11, comm.225.

597 Ibidem.

209. Ces jugements ne constituent que « *la prémisse du raisonnement* »[598] développé par le juge administratif. En effet, c'est le Tribunal administratif de Pau qui a consolidé l'analyse de la nature juridique des intérêts de retard en l'examinant sous l'angle de la Convention européenne des droits de l'homme[599]. Cette question a été jugée par le Tribunal comme soulevant une « *difficulté sérieuse (…) se posant dans de nombreux litiges* »[600]. Justifiant une question préjudicielle au Conseil d'État.

C. La réaffirmation de l'exclusion de l'intérêt de retard de la catégorie des sanctions fiscales

210. Le juge administratif et le juge judiciaire ont réaffirmé l'exclusion de l'intérêt de retard de la catégorie des sanctions fiscales. Toutefois, contrairement à la Cour de cassation, le Conseil d'État a émis une réserve tenant à leur taux manifestement excessif.

a. L'exclusion par le juge administratif sous réserve du taux manifestement excessif

211. Suites aux jugements rendus par les juridictions du fond et à la multiplication des contestations fondées sur la comparaison entre le taux de l'intérêt de retard et celui de l'intérêt légal, le Tribunal administratif de Pau a jugé nécessaire de poser une question préjudicielle au Conseil d'État en application de l'article L 113-1 du Code de justice administrative. Le Conseil d'État, dans son avis du 12 avril 2002, SA Financière Labeyrie c/ ministre de l'Économie, des Finances et de l'Industrie, a affirmé que « *l'intérêt de retard vise essentiellement à réparer les préjudices de toute nature subis par l'État à raison du non-respect par les contribuables de leurs obligations de déclarer et payer l'impôt aux dates légales* »[601]. La Haute juridiction administrative confirme sa jurisprudence antérieure en déniant la nature répressive des intérêts de retard dont la finalité vise pour l'essentiel à réparer le préjudice

598 BOUTEMY B., MEIER E., « Intérêts de retard-Selon le Tribunal administratif de Nantes, la partie de l'intérêt de retard qui dépasse l'intérêt légal est une sanction et doit être motivée », op cit

599 TA de Pau, 30 octobre 2001, n°98-296, SA Financière Labeyrie, *Dr fisc.* 2002, n° 11, comm. 226.

600 Ibidem.

601 CE, Ass., Avis, 12 avril 2002, n° 239 693, SA Financière Labeyrie, op cit.

subi par le Trésor. Il s'agit « *simplement de faire payer au contribuable en retard « le prix du temps » et non de le punir de ce retard* »[602]. Il ressort de cet avis rendu « *sans surprise* »[603] que l'intérêt de retard dès lors qu'il vise pour l'essentiel à réparer et non à punir un comportement fautif, il ne peut être rattaché à la qualification de sanction fiscale.

212. Toutefois, le Conseil d'État ne renonce pas « *définitivement à contrôler, au-delà des intentions affichées, les effets concrets des majorations de retard* »[604]. En effet, le Conseil d'État constate que le niveau du taux d'intérêt de retard « *n'est pas devenu manifestement excessif au regard du taux moyen pratiqué par les prêteurs privés pour un découvert non négocié* »[605]. Selon Mattias Guyomar et Pierre Collin, la portée de cette précision peut être résumée ainsi ; « *s'il est loisible au législateur de forfaitiser le « prix du temps », encore faut-il qu'il reste dans les limites du raisonnable par rapport aux pratiques du marché pour ne pas basculer dans le domaine de la sanction administrative* »[606].

213. Par cet arrêt, le Conseil d'État ouvre la porte à la requalification de l'intérêt de retard en sanction[607]. Toutefois, cette faculté semble aujourd'hui insusceptible d'être mise en œuvre. Le législateur a pris acte « des *critiques visant le taux de l'intérêt de retard* »[608] et a réformé en deux temps le taux de l'intérêt de retard. Il a, par la loi de finances pour 2006[609], abaissé à 0,40 % par mois le taux de l'intérêt de retard et aligné le taux de l'intérêt moratoire sur le taux de l'intérêt de retard. Désormais, les articles L. 208 et L. 209 du Livre des procédures fiscales ne font plus référence au taux de l'intérêt légal, mais à « *l'intérêt de retard prévu à l'article 1727 du Code général des impôts* ». Il résulte de l'exposé des motifs du projet de loi que la finalité de cette réforme est de traiter de la même façon le contribuable selon qu'il est débiteur ou créancier de l'État. Il s'agit « *de fixer au même niveau le taux des intérêts*

---

602 GUYOMAR M., COLLIN P., « L'inapplicabilité de l'article 14 de la Convention européenne des droits de l'homme à la fiscalité », *AJDA* 2002, p.410.

603 GIRARD F., « L'intérêt de retard face à l'intérêt légal », *Lexbase Hebdo Édition fiscale* n°23 du 16 mai 2002.

604 BOUTEMY B., MEIER E., « Intérêts de retard-Selon le Tribunal administratif de Nantes, la partie de l'intérêt de retard qui dépasse l'intérêt légal est une sanction et doit être motivée », op cit

605 CE, Ass., Avis, 12 avril 2002, n° 239 693, SA Financière Labeyrie, op cit.

606 GUYOMAR M., COLLIN P., « L'inapplicabilité de l'article 14 de la Convention européenne des droits de l'homme à la fiscalité », op cit.

607 Cette question semble actuellement résolue par l'abaissement du taux de l'intérêt de retard de 0,40% puis de 0, 20% par mois. « La fin d'un serpent de mer » peut ainsi être envisagée : OLLEON L., « Intérêts de retard et Convention européenne des droits de l'Homme : peut-on noyer un serpent de mer ? », *RJF* 06/02, chron. 447

608 Commentaire sous l'article L 208 du Livre des procédures fiscales.

609 Loi n° 2005-1719, du 30 décembre 2005, de finances pour 2006, art. 29, *Dr fisc.* n° 4, 26 Janvier 2006, comm. 92

moratoires dus par l'État en cas de dégrèvement d'impôt et celui de l'intérêt de retard dû par les contribuables en cas d'insuffisance ou de retard de paiement »[610]. Le législateur a par la suite procédé à la division par deux du taux des intérêts de retard et moratoires par la loi de finances pour 2017 en répondant au motif selon lequel « *le taux des intérêts de retard et moratoires est systématiquement largement supérieur à l'ensemble des autres taux censés représenter le « prix du temps » en raison de l'évolution des taux d'intérêt sur les marchés financiers* »[611]. Le législateur a pris en compte de la forte diminution des taux d'intérêt intervenus ces dernières années, dans la fixation du taux de l'intérêt de retard et de l'intérêt moratoire. Il a ainsi répondu aux différentes controverses liées au taux manifestement excessif de l'intérêt de retard. La politique de réduction du taux de l'intérêt, prise dans l'objectif de l'aligner sur ceux caractérisant le prix du temps, semble définitivement trancher la question de la nature de l'intérêt de retard, à savoir, une mesure exclusivement réparatrice.

b. La réaffirmation par le juge judiciaire de l'absence de finalité répressive de l'intérêt de retard

214. Suite aux jugements des juridictions judiciaires du fond[612] considérant la fraction de l'intérêt de retard excédant l'intérêt légal comme constitutive d'une sanction, la Cour de cassation a réaffirmé la nature exclusivement réparatrice de l'intérêt de retard. Dans son arrêt du 17 mars 2004, la Cour de cassation a affirmé que « *les intérêts de retard prévus par l'article 1727 du CGI sont appliqués en réparation du préjudice financier subi par le Trésor public du fait de l'encaissement tardif de sa créance et ne constituent pas des sanctions relevant de l'application de l'article 6 de la convention européenne de sauvegarde des droits de l'homme et des libertés fondamentales, la cour d'appel, qui n'était pas tenue de procéder à la recherche inopérante visée par le moyen* (rechercher s'ils n'excèdent pas, même s'ils sont dépourvus de caractère manifestement excessif au regard des taux pratiqués sur les marchés, le préjudice financier subi par le Trésor public)*, a légalement justifié sa décision ; que le moyen n'est pas fondé* »[613]. La Cour de cassation ne répond pas clairement à la question de savoir si l'intérêt de retard dont le taux excède celui de l'intérêt légal relève de la qualification de sanction. Elle réaffirme

[610] Commentaire sous l'article L 208 du Livre des procédures fiscales.
[611] Commentaire sous la Loi n° 2017-1775, du 28 décembre 2017, de finances rectificative pour 2017, *Dr fisc.* n° 3, 18 Janvier 2018, comm. 129
[612] TGI de Paris 6 juillet 2000, n° 99-20096 et 99-20 097, *RJF* 2/01 n° 257 ; TGI de Nîmes 15 février 2001, n° 99-1710, *RJF* 12/01 n° 384.
[613] Cass. com. 17 mars 2004, n° 02-19.276, Mme Gisèle Menu, veuve Philippart, FS-P+B+R+l et 02-17.035, M. Franck Philippart, *RJF* 7/04 n° 812.

simplement la nature de réparation pécuniaire de l'intérêt de retard et précise en répondant au moyen du pourvoi, que la Cour d'appel n'a pas à rechercher si le taux excède le préjudice financier du Trésor. Le moyen n'étant pas fondé expressément sur le caractère dissuasif du taux au regard de la jurisprudence européenne, la Haute juridiction judiciaire n'a pas saisi l'occasion de se positionner clairement sur ce sujet[614].

215. La Cour de cassation a pris position de manière explicite sur la question de savoir si l'intérêt de retard qui dépasse le taux de l'intérêt de retard est constitutif d'une sanction fiscale dans son arrêt du 27 septembre 2005[615]. L'un des moyens du pourvoi était articulé autour du caractère dissuasif, forfaitaire et excessif du taux de l'intérêt de retard en comparaison avec les taux pratiqués en matière de restitution et de dégrèvement. Ces caractéristiques étaient, selon le moyen du pourvoi, exclusives de la qualification de réparation pécuniaire. A contrario, elles révélaient la nature de sanction fiscale au sens de l'article 6§1 de la Convention européenne des droits de l'homme. La Cour de cassation a saisi l'occasion de se prononcer clairement sur la nature juridique de l'intérêt de retard et notamment sur son caractère dissuasif au regard de la jurisprudence « Bendenoun ». À cet égard, elle affirme que « *l'intérêt de retard, qui a pour objet la réparation forfaitaire du préjudice subi par le Trésor du fait de l'encaissement tardif de sa créance, distinct d'autres préjudices qui peuvent être éprouvés par celui-ci ou par les contribuables à raison de circonstances différentes, et qui compte tenu de sa finalité réparatrice ne vise pas à punir même s'il peut être dissuasif, ne constitue pas une sanction susceptible de justifier la mise en œuvre des garanties résultant de l'article 6 de la convention européenne de sauvegarde des droits de l'homme et des libertés fondamentales ; que dès lors la cour d'appel a statué, à bon droit, comme elle a fait* »[616]. Dans ce considérant de

---

[614] La Cour a adopté la même ligne directrice, dans un arrêt rendu le même jour, en refusant de qualifier l'intérêt de retard de sanction au sens de la Convention. Saisie sur le fondement du pouvoir de modulation des sanctions fiscales résultant des dispositions de l'article 6 de la Convention, la Haute juridiction apporte une réponse circonscrite en réaffirmant le caractère exclusivement réparateur de l'intérêt de retard. Selon la Cour de cassation, les intérêts de retard « *sont destinés à compenser le préjudice financier subi par le Trésor public du fait de l'encaissement tardif de sa créance, ne sont pas des sanctions susceptibles de justifier la mise en œuvre des garanties résultant de l'article 6 de la Convention européenne de sauvegarde des droits de l'Homme et des libertés fondamentales* ». Aucune référence au taux dissuasif de l'intérêt de retard n'est faite par la Haute juridiction. Cette solution s'explique, comme pour l'arrêt Philippart par le fait que la Cour de cassation n'a pas été saisie expressément du moyen fondé sur la jurisprudence « Bendenoun » et du caractère dissuasif du taux. (Cass, com., 17 mars 2004, n°544FS-PB, Sté Kervilly, *RJF* 6/04, n°797)

[615] Cass. com., 27 septembre 2005, n° 1321 et 1322 FS-PBIR, Sté Octogone immobilier et n° 1323 FS-PBIR, Sté Montroyal, *Dr fisc.* 2006, n° 12, comm. 275 et n° 27, comm. 492, rapport GUEGUEN C. ; *RJF* 1/2006, n° 103 ; *Procédures* 2005, n° 12, comm. 298, note PIERRE J.-L.

[616] Ibidem.

principe, la Cour de cassation applique de manière implicite les critères développés dans la jurisprudence Bendenoun.

216. À cet égard, la Cour de cassation rappelle de manière explicite que l'intérêt de retard s'analyse comme la réparation du préjudice subi par le Trésor du fait de l'encaissement tardif de sa créance. À cette affirmation, elle ajoute une précision relative au préjudice du Trésor qui s'analyse comme un préjudice « *distinct d'autres préjudices qui peuvent être éprouvés par celui-ci ou par les contribuables à raison de circonstances différentes* »[617]. Par cette précision, la Cour de cassation caractérise l'intérêt de retard non comme le prix du temps, mais comme la réparation d'un préjudice spécial subi par le Trésor. Elle justifie ainsi la différence de taux entre l'intérêt de retard de 9% et l'intérêt légal de 2,5 % applicable en cas de restitution et de dégrèvement. Selon le rapporteur Guéguen, « *cette insistance à souligner une prétendue différence de situations révèle en tout cas que la Cour a entendu établir que le critère d'absence de réparation pécuniaire d'un préjudice n'est pas rempli* »[618]. Elle contre ainsi l'argument des juridictions du fond selon lequel l'intérêt de retard dont le taux excède celui de l'intérêt légal est constitutif d'une sanction fiscale[619].

217. Par conséquent, la Cour juge que l'intérêt de retard « *compte tenu de sa finalité réparatrice ne vise pas à punir, même s'il peut être dissuasif* »[620]. Le caractère de réparation pécuniaire est selon la Cour exclusive de toute finalité punitive[621]. Concernant le caractère dissuasif de l'intérêt de retard, « *il est avéré et tenu pour tel* »[622]. Or, la Cour de cassation effectue une distinction claire entre ce qui relève de la punition et ce qui relève de la dissuasion. Cette position ne s'avère pas en parfaite adéquation avec celle retenue par les juges européens. Si l'on se réfère à la jurisprudence de la Cour européenne des droits de l'homme, l'un des critères déterminants dans la qualification d'accusation

---

617 Ibidem.

618 Sur ce point, l'auteur apporte une analyse critique de la prise de position de la Cour de cassation relative à l'absence de justification du caractère exclusivement réparateur ; Rapport GUEGUEN C., sous Cass. com., 27 septembre 2005, n° 1323 FS-PBIR, Sté Montroyal, op cit.

619 TGI de Paris 6 juillet 2000, n° 99-20096 et 99-20 097, *RJF* 2/01 n° 257. ; TGI de Nîmes 15 février 2001, n° 99-1710, *RJF* 12/01 n° 384.

620 Cass. com., 27 septembre 2005, n° 1321 et 1322 FS-PBIR, Sté Octogone immobilier et n° 1323 FS-PBIR, Sté Montroyal, op cit

621 Cette conclusion a été nuancée par la doctrine qui a démontré que l'absence de caractère punitif de l'intérêt de retard ne relevait pas de l'évidence. C'est ce qui résulte de l'analyse de Guéguen C., sous l'arrêt commenté. Elle part du constat que l'article 1727 du Code général des impôts « *prescrit nécessairement le paiement de l'impôt à échéance et sanctionne le défaut de paiement* » pour s'interroger sur sa nature répressive : Rapport GUEGUEN C., sous Cass. com., 27 sept. 2005, n° 1323 FS-PBIR, Sté Montroyal, op cit.

622 Rapport GUEGUEN C., sous Cass. com., 27 sept. 2005, n° 1323 FS-PBIR, Sté Montroyal, ibidem.

en matière pénale réside dans le but à la fois répressif et préventif de la norme fiscale incriminatrice. La Cour européenne des droits de l'homme réunit « *dans une même notion unitaire la punition et la dissuasion* »[623]. Or, selon le rapporteur Guéguen, « *on voit mal comment la distinction de nature opérée par la Cour de cassation entre punition et dissuasion pourrait s'harmoniser avec cette conception* »[624]. À la différence du Conseil d'État, la Cour de cassation ne se laisse pas une marge de contrôle du taux de l'intérêt de retard lorsque celui-ci deviendrait manifestement excessif au regard de ceux pratiqués sur les marchés. Cet arrêt « *de principe* »[625] tranche de façon définitive la question de la nature juridique de l'intérêt de retard.

218. Si la question de la nature de l'intérêt de retard semble définitivement tranchée par les Hautes juridictions administrative et judiciaire, il en va différemment des éléments du régime d'imposition. Le Conseil d'État a admis que la remise en cause d'un avantage fiscal pouvait sous certaines conditions revêtir la nature d'une sanction fiscale.

II. L'inclusion de certains éléments du régime d'imposition dans la catégorie de sanction

219. À côté de la distinction classique entre ce qui relève de la réparation pécuniaire et ce qui relève de la sanction punitive, s'est développée la problématique de la qualification juridique de la remise en cause d'un avantage fiscal. Eu égard à la perte financière qui peut résulter d'une telle situation, un contentieux relatif à la qualification de sanction fiscale s'est développé. Impulsé par la jurisprudence de la Haute juridiction administrative, le débat s'est poursuivi avec la doctrine qui a appelé à un élargissement de la qualification de sanction. Le professeur Gutmann a été le précurseur de cette analyse[626]. S'appuyant sur les débats relatifs à la qualification d'un impôt en sanction qui ont eu lieu aux États-Unis[627], le professeur Gutmann a préconisé d'élargir la qualification de sanction à certains éléments du régime d'imposition. Afin de remédier aux inconvénients

---

[623] Ibidem.
[624] Ibidem.
[625] Ibidem.
[626] GUTMANN D., « Sanctions fiscales et constitution », op cit.
[627] SURREY S., « Tax Incentives as a Device for Implementing Government Policy : A Comparison with Direct Government Expenditures », *Harvard Law Review*, vol. 83, 1970, p. 705 et s. ; ZOLT E., « Deterrence via Taxation: A Critical Analysis of Tax Penalty Provisions », *UCLA Law Review*, vol. 37, 1989, p. 343 et s. ; WALKER D., « Suitable for Framing : Business Deductions in a Net Income Tax System », *William and Mary Law Review*, vol. 52, 2011, p. 1247 et s.

résultant de l'acception stricte de la notion de sanction, il préconisait de qualifier de sanction fiscale, l'impôt dont le fait générateur est constitué par le non-respect d'une obligation préexistante. Cette conception se fonde sur « *l'aspect « réaction » des mesures en cause en mettant en avant le manquement à une obligation préexistante à la fois concrète et bien circonscrite* »[628].

220. Cet appel destiné au Conseil constitutionnel a été reçu par les juridictions internes qui ont procédé à un « *élargissement discret de la qualification de sanction fiscale* »[629]. Les juridictions internes distinguent deux situations. Celle dans laquelle la remise en cause de l'avantage fiscal résulte d'un manquement du contribuable et celle dans laquelle il découle de l'absence de réunion des conditions prescrites pour son application. Or, il résulte de la jurisprudence tant judiciaire qu'administrative, que la frontière est ténue. Afin d'apprécier la nature juridique de la mesure, les juges judiciaires et administratifs se rapportent aux fondements et à l'objet de la mesure pour apprécier si la remise en cause du régime de faveur résulte du constat que l'une des conditions prescrites pour son application fait défaut ou si elle procède de la volonté du législateur de sanctionner une méconnaissance par le contribuable de ses obligations fiscales. Ainsi, la pierre de touche de la qualification de sanction réside dans l'existence ou non d'un manquement à une obligation juridique.

A. La consécration de la nature répressive de la remise en cause du régime de faveur pour manquement

221. Le Conseil d'État a, de façon primitive, procédé à l'élargissement de la qualification de sanction fiscale dans deux arrêts en date du 14 juin 1989[630] et du 2 avril 1993[631] en y incluant un élément du régime d'imposition. Il s'agissait en l'espèce de la perte de l'abattement de 10% porté à 20% à compter du 1er janvier 1978 par la loi du 30 décembre 1977[632] en faveur des adhérents des associations agréées des professions libérales[633]. Le Conseil

---

628 PELLETIER M., « Vers un élargissement discret de la qualification de sanction fiscale », *Dr fisc ?* 2014 n° 31-35, act. 432

629 Ibidem.

630 CE, 7e et 8e ss-sect., 14 juin 1989, n° 64630, Delaere, *D.* 1989, tables p. 577 ; *Dr fisc.* 1989, n° 42, comm. 1928 ; *RJF* 8-9/1989, n° 992.

631 CE, 9e et 8e ss-sect., 2 avril 1993, n° 89508, Chopy : *RJF* 6/1993, n° 652.

632 Loi n° 77-1467, du 30 décembre 1977, de finance pour 1978, *JORF* 31 décembre 1977.

633 L'article 158-4 ter du Code général des impôts disposait qu'« *en cas de remise en cause pour inexactitude ou insuffisance des éléments fournis à l'association agréée, les adhérents*

d'État a jugé que « *la suppression de cet abattement implique une appréciation par l'administration fiscale du comportement du contribuable et revêt, dès lors, le caractère d'une sanction* »[634]. En effet, cette suppression était prévue en cas de remise en cause, pour inexactitude ou insuffisance, des éléments fournis à l'association. A contrario, l'abattement était maintenu en cas de « bonne foi du contribuable » et si le redressement avait pour objet de rectifier des erreurs de droit ou purement matérielles. La remise en cause de l'avantage résultait de la constatation du manquement aux obligations fiscales des adhérents des associations de gestion agréées. Ces deux arrêts constituent les prémisses du raisonnement du juge en faveur de la qualification de sanction fiscale de la remise en cause du régime de faveur pour manquement.

222. Le Conseil d'État a poursuivi cette analyse dans deux arrêts en date du 5 février 2014[635] et du 28 mai 2014[636] à propos de la remise en cause de la déductibilité des sommes versées à titre de commissions en cas de manquement à l'obligation déclarative « renforcée »[637] prévue à l'article 238 du Code général des impôts jusqu'à son abrogation à compter du 1er janvier 2006, et de la remise en cause de l'abattement de 20 % lié à l'adhésion à un organisme de gestion en cas de rectifications assorties de pénalités pour mauvaise foi, prévue, jusqu'en 2006, à l'article 158, 4 bis du Code général des impôts. Dans ces deux arrêts, les griefs soulevés portaient respectivement, sur deux normes de droit interne, à savoir, l'article 8 de la Déclaration et la loi du 11 juillet 1979. Afin d'apprécier le respect de ces dispositions aux deux mécanismes de remise en cause de régime juridique de faveur, la Haute juridiction administrative les a, dans un premier temps, caractérisés de sanction au regard de leur finalité punitive. Cette interprétation large de la notion de sanction, nécessite d'être étudiée dès lors qu'elle est susceptible d'être transposée aux litiges portant sur l'article 6§1 de la Convention.

223. Concernant la qualification de sanction résultant de la non-déductibilité pour défaut de déclaration des commissions et autres rémunérations versées à des tiers, le juge s'est également fondé sur la nature répressive de cette disposition. En effet, il résulte des conclusions du rapporteur public que cette qualification se justifie dès lors que l'article 238 du CGI « *ne vise pas à réparer un préjudice subi par l'administration mais à être répressif, dans la mesure où il s'applique même si les conditions de*

---

perdent le bénéfice de l'abattement de 10 %, sans préjudice des sanctions de droit commun, pour l'année au titre de laquelle le redressement est opéré ».

634 CE, 7e et 8e ss-sect., 14 juin 1989, n° 64630, Delaere, op cit.

635 CE, 9e et 10e ss-sect., 5 février 2014, n° 371352, Sté EBC Pharmexport, *Dr fisc.* 2014, n° 12, comm. 233, concl. F. Aladjidi.

636 CE, 9e et 10e ss-sect., 28 mai 2014, n° 351935, M. et Mme Matallah, *Dr fisc.*. 2014, n° 29, comm. 448, concl. LEGRAS C., *RJF* 8-9/2014, n° 771

637 Instituée par l'article 240 du Code générale des impôts.

déductibilité avaient été remplies »[638]. Le Conseil d'État, se rapprochant de la jurisprudence européenne et constitutionnelle, a effectué une distinction entre ce qui relève de la réparation pécuniaire et ce qui relève de la sanction. La nature répressive est justifiée dès lors que la perte de l'avantage fiscal est réalisée alors même que les conditions prescrites pour son application sont remplies. Il ne s'agit pas ici d'une simple remise en cause des conditions d'obtention de l'avantage fiscal.

224. Le Conseil d'État a adopté le même raisonnement concernant la qualification de la remise en cause de l'abattement de 20% lié à l'adhésion à un centre de gestion agréé institué à l'article 4 bis de l'article 158 du Code général des impôts[639]. En l'espèce, monsieur Matallah, dirigeant et associé de la société de conseil SARL Jalma EPS effectuait des missions de consultant indépendant pour le compte de la société. La rémunération de ces missions était versée en honoraires et portée au crédit d'un compte fournisseur ouvert à son nom dans les écritures de la société. Il a fait l'objet d'une vérification de comptabilité à l'issue de laquelle l'administration a estimé qu'il aurait dû déclarer ses honoraires non pas en fonction du rythme des encaissements, mais en fonction du rythme de leur inscription au crédit du compte fournisseur dès lors qu'il en avait la libre disposition. Outre les cotisations supplémentaires et pénalités pour absence de bonne foi du contribuable, l'administration fiscale a remis en cause l'abattement de 20% pour adhésion à un centre de gestion agréé et ainsi mis à la charge du contribuable des impositions supplémentaires sur le fondement du dernier alinéa de l'article 4 bis de l'article 158 du Code général des impôts[640]. Si l'ensemble des pénalités ont été contestées par le requérant, seule la contestation relative aux cotisations supplémentaires résultant de la remise en cause de l'abattement a été admise.

---

638 Concl. ALADJIDI F., sous CE, 9e et 10e ss-sect., 5 févr. 2014, n° 371352, Sté EBC Pharmexport, *Dr fisc.* 2014, n° 12, comm. 233

639 CE, 9e et 10e ss-sect., 28 mai 2014, n° 351935, M. et Mme Matallah, op cit.

640 Il ressort de ces dispositions que « *Les adhérents des centres de gestion et associations agréées définis aux articles 1649 quater C à 1649 quater H ainsi que les membres d'un groupement ou d'une société visés aux articles 8 à 8 quater adhérant à l'un de ces organismes bénéficient d'un abattement de 20 % sur leurs bénéfices déclarés soumis à un régime réel d'imposition ou au régime prévu à l'article 68 F* » ; qu'aux termes du dernier alinéa du 4 bis du même article « *L'établissement de la mauvaise foi d'un adhérent à l'occasion d'un redressement relatif à l'impôt sur le revenu ou à la taxe sur la valeur ajoutée auxquels il est soumis du fait de son activité professionnelle entraîne la perte de l'abattement et de la réduction d'impôt prévue à l'article 199 quater B du présent Code, pour l'année au titre de laquelle le redressement est effectué* ». Il s'agit du 4 bis de l'article 158 du Code général des impôts dans sa version modifiée par l'article 100 de la Loi de finances pour 1990, L. n° 89-935, 29 déc. 1989, art. 100, *Dr fisc.* 1990, n° 2-3, comm. 54.

225. La problématique inhérente à ce litige était de savoir si la remise en cause de l'abattement de 20% pour adhésion à un centre de gestion agréé[641] s'analysait comme une sanction au sens de la loi du 11 juillet 1979[642]. Le Conseil d'État a, en suivant les conclusions du rapporteur public, jugé que la remise en cause de l'abattement constituait une sanction devant faire l'objet d'une motivation.

226. Une justification à la qualification de sanction fiscale s'agissant de la non-application de l'abattement a été donnée par le rapporteur public Claire Legras. Selon elle, « *il (...) semble que la qualification de sanction, et donc l'exigence de motivation, s'impose s'agissant du deuxième cas de non-application de l'abattement*[643]*, à savoir les retards successifs de déclaration. A fortiori, on est en présence d'une sanction lorsque le bénéfice de l'abattement est perdu, rétroactivement, dans le cas où la mauvaise foi d'un adhérent est établie à l'occasion d'un redressement relatif à l'impôt sur le revenu auquel il est soumis du fait de son activité professionnelle* »[644]. Le Conseil d'État a suivi cette position en se fondant sur la finalité répressive du dispositif afin d'imposer à l'administration fiscale une obligation de motivation. Il a ainsi censuré la solution retenue par la Cour d'appel selon laquelle, la remise en cause de l'abattement ne constitue pas une sanction. La Haute juridiction administrative a précisé que les impositions supplémentaires à l'impôt sur le revenu résultent de « *la perte de l'abattement dont ce contribuable avait bénéficié sur l'ensemble des bénéfices qu'il avait déclarés au titre de la même année* »[645]. Dans cette situation l'administration fiscale « *prononce une sanction au sens de l'article 1er de la loi du 11 juillet 1979* »[646]. Le Conseil d'État effectue une distinction entre la perte rétroactive de l'avantage fiscal qui constitue une sanction et l'absence de réunion des conditions nécessaires à sa prescription qui ne relève pas de cette qualification.

---

641 L'abattement de 20% en faveur des organismes de gestion agréés a été supprimé par la loi de finances pour 2006. Cependant, cet arrêt garde un intérêt rétrospectif pour le règlement du contentieux relatif à la qualification de sanction fiscale au sens de la Loi du 11 juillet 1979, mais également au sens de l'article 6§1 de la Convention européenne des droits de l'homme.

642 Loi n° 79-587, du 11 juillet 1979, relative à la motivation des actes administratifs, op cit.

643 Le 4 bis de l'article 158 du Code général des impôts prévoyait trois cas dans lesquelles le contribuable était privé du bénéfice de l'abattement. Tout d'abord, il était prévu que l'abattement ne s'applique qu'à la partie du bénéfice résultant d'un redressement. Ensuite l'abattement ne devait pas être appliqué lorsque la déclaration n'a pas été souscrite dans les délais et qu'il s'agit de la deuxième infraction. Enfin, il était prévu une perte de l'abattement ainsi qu'une réduction d'impôt pour l'année au titre de laquelle le redressement était effectué, dès lors qu'était établie la mauvaise foi du contribuable.

644 Concl. LEGRAS C., sous, CE, 9e et 10e ss-sect., 28 mai 2014, n° 351935, M. et Mme Matallah, *Dr fisc.* n° 29, 17 Juillet 2014, comm. 448.

645 CE, 9e et 10e ss-sect., 28 mai 2014, n° 351935, M. et Mme Matallah, op cit.

646 Ibidem.

227. En effet, la remise en cause de l'abattement « *vise à punir l'adhérent qui, en dissimulant des revenus ou des recettes, a trahi la confiance mise en lui, et non à réparer un préjudice subi par le Trésor* »[647]. L'objet de la remise en cause de l'abattement est de punir le comportement du contribuable qui n'a pas respecté ses obligations fiscales. Ce qui n'est pas le cas de la privation du régime de faveur en cas d'absence de réunion des conditions prescrites pour son application. L'objet ici n'est pas de sanctionner le contribuable, mais de respecter un régime de faveur dont l'application est conditionnée par la réunion de certaines conditions. Ainsi, la remise en cause de l'abattement de 20% « *constitue donc une sanction, au même titre que les majorations au taux de 40 % applicables aux impositions supplémentaires lorsque la mauvaise foi du redevable est établie* »[648].

228. Dans ces deux arrêts, le raisonnement développé par les rapporteurs publics et suivi par les Hautes juridictions consiste à insister « *sur l'aspect « réaction » des mesures en cause en mettant en avant le manquement à une obligation préexistante à la fois concrète et bien circonscrite et* (...) *sur la dimension punitive de ces dispositifs* »[649]. Elle permet de faire une distinction entre les mesures de politique fiscale visant à encourager ou à dissuader l'exercice d'une activité et les dispositifs qui visent à punir les manquements aux obligations fiscales. Seules ces dernières peuvent être regardées comme des sanctions au regard de ces jurisprudences. A contrario, les Hautes juridictions ont considéré que la remise en cause de l'avantage fiscal pour absence de réunion des conditions prescrites ne s'analysait pas comme une sanction au sens des dispositions internes et au sens de la Convention.

B. L'exclusion de la qualification de sanction concernant la remise en cause du régime de faveur pour absence de réunion des conditions prescrites

229. C'est dans un premier temps sur le fondement des dispositions internes que les Hautes juridictions se sont prononcées sur la qualification juridique de la remise en cause du régime de faveur pour absence de réunion des conditions prescrites. Puis, l'analyse s'est poursuivie sur le terrain de la Convention européenne des droits de l'homme. Le Conseil d'État et la Cour de cassation ont analysé les éléments du régime d'imposition à l'aune des

---

647 Note sous CE, 9e et 10e ss-sect., 28 mai 2014, n° 351935, M. et Mme Matallah, op cit.
648 Ibidem.
649 PELLETIER M., « Vers un élargissement discret de la qualification de sanction fiscale », op cit.

critères développés par les juges européens et plus particulièrement par le critère de la nature répressive de la norme qui constitue la pierre angulaire de la qualification d'accusation en matière pénale.

230. L'aspect préventif n'a pas été sujet à contestation. En effet, l'instauration par le législateur d'une mesure de remise en cause d'un régime de faveur pour absence de réunion des conditions prescrites pour son application se fonde sur le lien entre l'obligation fiscale et l'application de l'avantage fiscal. En revanche, c'est l'aspect répressif de la mesure qui est sujet à controverse. Cette appréciation est plus délicate à effectuer. Si la volonté du législateur n'est pas exempte de toute finalité répressive, les Hautes juridictions administratives et judiciaires ont refusé de qualifier de sanction fiscale la remise en cause du régime de faveur pour absence de réunion des conditions prescrites pour son application. Nonobstant les termes mêmes utilisés par le législateur de « *perte* » ou de « *remise en cause* » du régime juridique plus favorable, les jurisprudences des juridictions internes s'accordent pour les regarder exclusivement comme des cas de non-application d'une mesure de faveur dénuée de finalité répressive.

a. L'exclusion par le juge administratif

231. Il résulte d'une jurisprudence constante de la Haute juridiction administrative que la remise en cause du régime de faveur pour absence de réunion des conditions prescrites pour son application ne constitue pas une sanction.

Le régime de report d'imposition de l'article 151 octies du CGI

232. Dans un arrêt du 16 mars 2009, monsieur Gumuschian[650], la Haute juridiction administrative a répondu de manière négative à la question de savoir si la remise en cause d'un avantage fiscal pour défaut de réunion des conditions prescrites pour son application constitue une sanction auquel s'applique le principe de la loi pénale plus douce.

233. Il ressort des conclusions du rapporteur public Natalie ESCAUT que le 29 décembre 1993 monsieur Gumuschian a effectué un apport dans son entreprise créée en 1986. Dans l'acte d'apport, il a opté pour le régime de

---

[650] CE, 8e et 3e ss-sect., 16 mars 2009, n° 304749, M. Gumuschian , *Dr fisc.* 2009, n° 18, comm. 301, concl. N. Escaut ; *RJF* 6/2009, n° 540, concl. N. Escaut.

report d'imposition de l'article 151 octies du CGI[651]. L'administration fiscale a remis en cause le bénéfice de ce régime, car il n'avait pas joint à sa déclaration de revenus des années 1994 et suivantes, un état destiné à permettre le suivi des plus-values. L'une des problématiques abordées dans cet arrêt était de savoir si la remise en cause du bénéfice du régime de faveur constituait une sanction soumise au principe de rétroactivité de la loi pénale plus douce.

234. Saisi sur le fondement de l'application de la loi pénale plus douce, le Conseil d'État a jugé que « *l'imposition immédiate de la plus-value, en cas d'omission de déclaration par le contribuable, n'institue pas une sanction à caractère pénal* »[652]. Cette solution s'aligne sur les conclusions du rapporteur public qui relève que « *le législateur n'a pas entendu punir le contribuable pour éviter qu'il ne méconnaisse à nouveau son obligation, mais a uniquement tiré les conséquences de ce que le contribuable ne remplissait plus les conditions posées pour bénéficier du régime dérogatoire sous l'empire duquel il s'était placé* »[653]. Si cette mesure peut être ressentie par le contribuable comme une sanction dès lors qu'on le prive d'un avantage fiscal, la nature intrinsèque de la mesure n'est pas répressive. La finalité de la mesure ne vise pas à punir, mais à inciter le contribuable à respecter ses obligations déclaratives. Ainsi la remise en cause d'un avantage fiscal pour défaut de réunion des conditions prescrites pour son application ne constitue pas une sanction mais une perte du droit de bénéficier du régime de report d'imposition des plus-values. Par conséquent, elle n'a pas la même nature que l'amende qui lui a été substituée par la loi du 30 décembre 1999.

L'abattement de 20% en faveur des adhérents d'organisme de gestion agréé

235. Un arrêt similaire a été pris par le Conseil d'État s'agissant de l'abattement de 20% en faveur des organismes de gestion agréés[654]. La question de la qualification juridique de la remise en cause du régime de

---

[651] L'article 20 de la loi de finances rectificative du 30 décembre 1999 a instauré un régime applicable en cas de non-respect des obligations déclaratives. Ces dispositions s'appliquent à certain régime de report ou de suris à imposition. À cet égard, le dernier alinéa de l'article 151 octies du Code général des impôts prévoit un régime d'imposition immédiate de la plus-value de report en cas de non-respect des obligations déclaratives.

[652] CE, 8e et 3e ss-sect., 16 mars 2009, n° 304749, M. Gumuschian, op cit.

[653] Concl. ESCAUT N., sous, CE, 8e et 3e ss-sect., 16 mars 2009, n° 304749, M. Gumuschian, op cit.

[654] CE, 8e et 3e ss-sect., 27 oct. 2009, n° 312302, min. c/ Dervillez, *Dr fisc.* 2010, n° 3, comm. 86, concl. OLLEON L., *RJF* 1/2010, n° 8.

faveur s'est posée à nouveau dès lors que la rédaction du 4 bis de l'article 158 du CGI a évolué depuis les arrêts Delaere et Chopy. En effet, on ne parle plus de « perte de bénéfice de l'abattement » en cas de remise en cause des éléments fournis par le contribuable, mais de « non-application de l'abattement » et ce dans deux cas. Le premier résulte de la non-application de l'abattement à la partie des bénéfices résultant d'un redressement[655]. Le deuxième cas implique la non-application du régime de faveur dans l'hypothèse d'un retard de déclaration constaté pour la deuxième année consécutive pour le même type de déclaration. Le litige portait sur le premier cas de non-application.

236. Cette nouvelle rédaction a été interprétée par le Conseil d'État, conformément aux conclusions du rapporteur public Laurent Olléon[656], comme la manifestation de la volonté du législateur de n'accorder le bénéfice de l'abattement qu'aux « *bénéfices qui ont été déclarés par le contribuable* »[657]. Par conséquent, en ne « *faisant pas application de cet abattement à la partie des bénéfices qu'elle redresse, l'administration ne prononce pas une sanction* (...) *mais se borne à tirer les conséquences de ce qu'un contribuable ne remplit pas l'une des conditions d'ouverture du droit au bénéfice de cet abattement* »[658]. Cette solution se justifie dès lors que « *la rédaction antérieure conduisait à une remise en cause de l'abattement* » et que « *la nouvelle se limitait à ne pas l'accorder* »[659]. Elle implique de considérer l'article 158, 4 bis comme un texte d'assiette, ouvrant droit à un régime de faveur conditionné, et non, comme une disposition visant à sanctionner le manquement à une obligation fiscale. Ainsi dès lors que Madame Dervillez avait, faute de déclaration souscrite, fait l'objet d'un redressement par voie de taxation d'office, elle ne pouvait bénéficier du régime de faveur. L'octroi de l'avantage fiscal ne dépend plus de l'appréciation du comportement du contribuable, mais d'un constat objectif de l'absence de réunion des conditions prescrites pour son application. La déclaration de revenus devient ici une condition d'obtention du régime de faveur. C'est ce « *changement de perspective* »[660] qui a amené le Conseil d'État à écarter la qualification de sanction.

---

[655] Sauf en cas de déclaration rectificative spontanée du contribuable.

[656] Selon le commissaire du gouvernement, préciser, comme le fait le 4 bis de l'article 158 du Code général des impôts, « *que l'abattement ne s'applique pas aux bénéfices résultant d'un redressement constitue donc une simple explicitation de cette règle, et non pas la remise en cause, dans un cas de figure particulier, d'un avantage que le texte octroie de façon générale* ». concl. OLLEON L., sous CE, 8e et 3e ss-sect., 27 oct. 2009, n° 312302, min. c/ Dervillez, *Dr fisc.* 2010, n° 3, comm. 86.

[657] CE, 8e et 3e ss-sect., 27 oct. 2009, n° 312302, min. c/ Dervillez, op cit.

[658] Ibidem.

[659] AYRAULT L., « Droit fiscal européen des droits de l'homme : chronique de l'année 2015 », *Dr fisc.* 2016, n°9, comm. 206.

[660] Ibidem.

237. Dans son arrêt du 18 janvier 2017[661], le Conseil d'État a considéré que les dispositions de l'article 302 nonies qui conditionnent le bénéfice de l'allègement d'impôt sur le revenu ou sur les sociétés à la souscription dans les délais des déclarations de chiffre d'affaires ne s'analysaient pas comme une sanction au sens de la Convention. La Haute juridiction administrative a justifié cette position en relevant que ces dispositions « *n'ont pas pour objet de prévenir ou de réprimer la méconnaissance de ces obligations, mais seulement de réserver le bénéfice de ces avantages aux contribuables remplissant les conditions prévues par la loi* »[662]. Le raisonnement du Conseil d'État s'appuie, dans cet arrêt, sur l'absence de finalité répressive de la norme fiscale.

238. L'aspect préventif de la mesure ressort du lien instauré par le législateur entre l'obligation déclarative et l'application de l'avantage fiscal. Il ressort des travaux préparatoires relatifs à l'article 108 de la loi du 2 juillet 1998[663] dont l'article 302 nonies du CGI est issu que la volonté du législateur n'était pas de punir le non-respect des obligations déclaratives en matière de TVA en le privant d'un régime juridique plus favorable. Son intention était de privilégier les contribuables qui respectent leurs obligations fiscales en leur octroyant une exonération d'impôt sur le revenu ou d'impôt sur les sociétés. Le lien entre l'obligation déclarative et l'application du régime de faveur ressort des débats parlementaires lorsque le secrétaire d'État au budget énonce qu'« *il peut arriver qu'une entreprise ne respecte pas ses obligations déclaratives, notamment en matière de TVA. Une telle situation n'est satisfaisante ni du point de vue de la morale ni du point de vue de l'efficacité. C'est pourquoi le Gouvernement vous propose de subordonner l'octroi des avantages fiscaux à ce que l'on pourrait appeler une bonne moralité fiscale des bénéficiaires* »[664]. C'est encore ici, le respect de l'obligation déclarative qui subordonne le bénéfice du régime de faveur. L'aspect préventif est dans ce cas « *incontestable* »[665].

---

661 CE, 9e et 10e ch., 18 janv. 2017, n° 389268, Remy, *Dr fisc.* 2017 n° 18-19, comm. 296.
662 Ibidem.
663 Loi n° 98-546 du 2 juillet 1998 portant diverses dispositions d'ordre économique et financier, *JORF* n° 157 du 9 juillet 1998.
664 JOAN 20 mai 1998, p. 41. Une approche similaire ressort du rapport de la Commission des finances « *le présent article propose donc de subordonner le bénéfice de ces exonérations d'impôts directs au respect par le contribuable de ses obligations déclaratives en matière d'impôt indirect* ».
665 AYRAULT L., « Droit fiscal européen des droits de l'homme : chronique de l'année 2017 », *Dr fisc.* n° 9, 5 Mars 2018, 207.

239. L'appréciation de l'aspect répressif de la mesure est plus délicate à effectuer. Les conclusions du rapporteur public et l'analyse du professeur Ludovic Ayrault attestent de la frontière ténue entre la sanction, qui peut résulter de la remise en cause d'un régime de faveur et la non-application de ce régime pour absence de conditions des réunions prescrites pour son application. Afin d'apprécier la finalité de la mesure, le rapporteur public s'est fondé sur les travaux parlementaires. Il a relevé d'une part, l'ambiguïté engendrée par les intitulés retenus pour la codification qui font référence à la suppression d'un avantage fiscal[666]. S'ils n'ont pas de portée juridique, ils démontrent que cette disposition n'est pas dénuée de tout aspect répressif[667]. Toutefois, d'autres éléments des travaux parlementaires démontrent qu'en instituant les dispositions de l'article 302 nonies du Code général des impôts, le législateur n'a pas entendu punir les contribuables retardataires, mais seulement souhaité réserver le bénéfice de ces exonérations aux contribuables respectant leurs obligations déclaratives. Au soutien de cette interprétation, le rapporteur public s'est appuyé sur les termes mêmes du secrétaire d'État au budget lors du soutien de l'amendement gouvernemental, lesquels préconisaient de subordonner l'allègement d'impôt « *à ce que l'on pourrait appeler une bonne moralité fiscale des bénéficiaires* »[668] ou encore « au *respect par le contribuable de ses obligations déclaratives en matière d'impôt indirect* »[669]. Enfin, il relève que « *le texte initial du Gouvernement se référait à la deuxième infraction successive, rédaction à laquelle le Parlement a préféré substituer celle de deuxième « omission » successive* »[670]. Il en conclut que les dispositions de l'article 302 nonies doivent être considérées comme instituant une condition supplémentaire au bénéfice des exonérations d'IR et d'IS dans les zones urbaines à fiscalité privilégiée et non comme instituant une sanction fiscale visant à réprimer les contribuables retardataires.

240. S'il est en effet difficile d'écarter toute volonté du législateur de réprimer le manquement aux obligations déclaratives, le Conseil d'État a toutefois opté pour une conception stricte de la notion de sanction fiscale.

---

666 Atteste de cette ambiguïté, l'insertion de l'article dans un chapitre du titre II « *Dispositions communes aux impôts directs et aux taxes sur le chiffre d'affaires* », intitulé « *Suppression des avantages fiscaux prévus en faveur des entreprises en cas de non-respect des obligations déclarations en matière de taxe sur la valeur ajoutée* ». Cet aspect répressif est corroboré par les propos du secrétaire d'État au Budget lorsqu'il indique que « *cet amendement tend à supprimer les allégements d'impôts sur les bénéfices prévus dans les zones à fiscalité privilégiée – zones franches urbaines et Corse – pour les entreprises défaillantes dans leur déclaration de TVA* » (*JOAN* séance du 20 mai 1998, p. 41).

667 AYRAULT L., « Droit fiscal européen des droits de l'homme : chronique de l'année 2017 », op cit.

668 Concl. BOKDAM-TOGNETTI E., sous CE, 9e et 10e ch., 18 janv. 2017, n° 389268, Remy, *Dr fisc.* 2017 n° 18-19, comm. 296.

669 Ibidem.

670 Ibidem.

Cette jurisprudence est confirmée s'agissant des dispositions du 7 de l'article 158 du Code général des impôts qui subordonnent la dispense de la majoration d'assiette de 25% à l'adhésion aux organismes de gestion agrée. La substitution de l'abattement de 20% en faveur des adhérents aux organismes de gestion agréés par la majoration de 25% du résultat d'exploitation des non-adhérents a permis de relancer le débat relatif à la qualification de sanction d'une disposition incitative.

La majoration de 25% du 7 de l'article 158 du code général des impôts

241. La majoration de 25% du résultat des exploitants BIC, BNC ou BA soumis à un régime réel d'imposition s'applique aux personnes qui ne sont pas adhérents d'un centre de gestion agréé, association agréée ou organisme mixte de gestion agréé. Elle est issue de l'article 76 de la loi 2005-1719 du 30 décembre 2005[671] qui s'inscrit dans le cadre de la réforme de l'impôt sur le revenu. Elle a supprimé l'abattement de 20% dont bénéficiaient les professionnels des adhérents d'un centre de gestion ou d'une association agréée et l'a compensé par une réduction des taux de barème de l'impôt sur le revenu pour tous les contribuables. Afin de maintenir la différence de traitement entre les adhérents et non-adhérents, le législateur a instauré la majoration de 25% sur les revenus déclarés des contribuables qui ne respectent pas ce formalisme. L'adhésion à un organisme de gestion agréé ou à une association agréée permet de soumettre l'appréciation des revenus à un tiers agréé afin de lutter contre la fraude fiscale. Ces organismes et associations procèdent à un contrôle de vraisemblance et de cohérence avec les revenus déclarés afin de limiter les risques de dissimulation de recette. C'est donc l'incertitude en ce qui concerne l'exactitude des revenus déclarés par les professionnels indépendants non-adhérents qui justifient la mise en place de la majoration de 25%.

242. Si la non-application de l'abattement de 20% n'a été considérée par la Haute juridiction administrative comme une sanction, la substitution de celle-ci par une mesure visant à taxer un revenu fictif imposait de rouvrir le débat de la qualification juridique. Il en a résulté une controverse doctrinale liée à la nature juridique de la majoration de 25% du 7 de l'article 158 du code général des impôts. Ce débat doctrinal est significatif des difficultés auxquelles sont exposées les juridictions internes dans le maniement des critères dégagés par les juges européens et constitutionnels.

[671] Loi n° 2005-1719 du 30 décembre 2005 de finances pour 2006, op cit.

243. Par un arrêt contraire aux conclusions du rapporteur public Marie-Astrid Nicolazo de Barmon[672], la Haute juridiction administrative a considéré que la majoration de 25% « *ne résulte ni d'une accusation en matière pénale ni d'une contestation portant sur des droits et obligations de caractère civil et n'institue ni une incrimination, ni une peine, ni une sanction* »[673]. Le Conseil d'État considère que l'institution de la majoration de 25% résulte de la volonté du législateur de « *tenir compte de ce que certains revenus étaient auparavant exclus du bénéfice de l'abattement de 20 %* »[674]. La Haute juridiction administrative écarte la qualification de sanction, dès lors que la refonte du barème de l'impôt sur le revenu, prévue par la loi de finances pour 2006, compensée par la majoration de 25%, aboutit à un résultat équivalent pour les contribuables n'adhérant pas à un centre ou une association de gestion agréés[675]. Elle s'analyse ainsi comme une incitation fiscale fondée sur l'adhésion à un organisme de gestion agréé et non comme une sanction visant à punir le comportement du contribuable. Or, il ressort de la jurisprudence antérieure qu'une mesure d'incitation n'est pas assimilable à une sanction[676]. Ce même raisonnement a été adopté par le professeur Ludovic Ayrault. Après avoir retracé l'évolution de la jurisprudence interne relative à la qualification de sanction de certains éléments du régime d'imposition, il effectue une frontière entre la remise en cause du bénéfice d'un avantage fiscal au motif du non-respect des conditions prescrites pour son application et la remise en cause du régime de faveur au motif d'un manquement commis. C'est uniquement dans l'hypothèse d'un manquement à une obligation fiscale que la qualification de sanction peut être retenue. Or, « *les textes n'imposent, en effet, nullement aux contribuables d'adhérer à un organisme agréé. Le dispositif est purement incitatif. Ce faisant, faute de but punitif, lequel suppose un manquement, la qualification d'accusation en matière pénale ne pouvait qu'être écartée* »[677].

244. Cette solution n'a pas été partagée par le rapporteur public Marie-Astrid Nicolazo De Barmon. Dans ces conclusions, elle a proposé à la Haute juridiction administrative de retenir la qualification de sanction au sens de l'article 6 de la Convention européenne des droits de l'homme. Elle a, dans un premier temps, relevé la visée à la foi préventive et dissuasive de la

---

672 Concl. NICOLAZO DE BARMON M.-A., sous CE 9e et 10e ss-sect., 9 novembre 2015, n° 366457, M. Waldner, *Dr fisc.* 2016, n° 6, comm. 166.

673 CE, 9e et 10e ss-sect., 9 novembre 2015, n° 366457, M. Waldner, op cit.

674 Ibidem.

675 Cet argument a été avancé par le Conseil constitutionnel dans une décision du 23 juillet 2010 pour valider la constitutionnalité de la majoration de 25% du 7 de l'article 158 du Code général des impôts : (CC, 23 juillet 2010, n° 2010-16 QPC, Exbrayat, *Dr fisc.* 2010, n° 35, act. 321 ; *RJF* 11/2010, n° 1072).

676 CE ass., 28 mais 1976, n°88803, *Lebon* p.282.

677 AYRAULT L., « Droit fiscal européen des droits de l'homme : chronique de l'année 2015 », op cit.

majoration. En effet, celle-ci a été instaurée afin de faire face aux incertitudes qui entourent l'exactitude des revenus déclarés par les non-adhérents des organismes de gestion agréés. Ceux-ci peuvent plus facilement que les professionnels adhérents dissimuler une partie de leur recette fiscale. Ainsi, pour le rapporteur public Marie-Astrid Nicolazo De Barmon « *à travers l'incitation pressante à obtenir un visa de conformité de ces organismes, la majoration litigieuse a pour objectif de prévenir et de dissuader les insuffisances de déclaration* »[678]. Selon elle, « *la majoration critiquée (...) a bien elle aussi la visée à la fois préventive et répressive que décrit la CEDH* »[679] et ce dès lors qu'il ne s'agit nullement « *d'une mesure qui tend seulement à la réparation du préjudice pécuniaire subi par le Trésor du fait du retard dans le paiement de l'impôt, comme les intérêts de retard, contre lesquels l'article 6 de la convention ne peut être invoqué* »[680].

245. Au soutien de son propos, le rapporteur effectue une analyse comparée de l'abattement de 20% et de la majoration de 25% qui la substitue. Alors que le premier mécanisme vise à réduire l'imposition en cas d'adhésion à un organisme de gestion agréé, la majoration de 25% vise à taxer un revenu fictif pour ne pas avoir accompli la formalité d'adhésion à un organisme de gestion agréé, ce qui pour le rapporteur public « *se rapproche davantage d'une sanction* »[681]. Il existe selon elle, un manquement constitué par la non-conformité à la formalité d'adhésion à l'organisme de gestion agréé et sanctionné par une majoration d'assiette de 25%[682]. Sa finalité n'est pas uniquement de prévenir le risque de dissimulation de recette mais de réprimer le défaut d'adhésion aux organismes de gestion agréés. Ainsi, la majoration de 25% du revenu rectifié « *ressemble à s'y méprendre à une pénalité pour défaut de déclaration* »[683]. Elle constitue dès lors « *selon la grille d'analyse de la CEDH (...) une accusation en matière pénale entrant dans le champ de l'article 6 de la Convention* »[684].

246. Le débat doctrinal s'articule ici autour de l'existence ou non d'un manquement à l'obligation fiscale. L'interprétation du Conseil d'État, corroborée par celle de Ludovic Ayrault tend à considérer la majoration comme une incitation fiscale, à la différence du rapporteur public qui l'analyse

---

678 Concl. NICOLAZO DE BARMON M.-A., sous CE 9e et 10e ss-sect., 9 novembre 2015, n° 366457, M. Waldner, op cit.
679 Ibidem
680 Ibidem.
681 Ibidem.
682 Selon le rapporteur public, « *c'est l'écart par rapport à ce comportement* (l'adhésion à une association agréée) *qui est réprimé par une augmentation artificielle de l'imposition résultant normalement du revenu déclaré* » : concl. NICOLAZO DE BARMON M.-A., sous CE 9e et 10e ss-sect., 9 nov. 2015, n° 366457, M. Waldner, Ibidem.
683 Ibidem
684 Ibidem.

comme une mesure répressive visant à sanctionner le défaut d'adhésion à l'organisme de gestion. Or, le législateur a institué la majoration de 25% afin d'inciter le contribuable à adhérer à un organisme de gestion. Elle tend bien « *à obtenir du contribuable une action positive* »[685], celle d'adhérer à l'organisme de gestion dont l'existence contribue à l'amélioration des conditions d'établissement et de recouvrement de l'impôt et à la mise en œuvre de l'objectif de lutte contre l'évasion fiscale par l'institution « *d'une économie d'impôt qui est promise au contribuable* »[686]. « *Le moteur* »[687] de l'incitation étant le bénéfice d'une dispense de majoration de 25% de son bénéfice imposable.

247. L'arrêt du Conseil d'État a permis de circonscrire la notion de sanction au sens de l'article 6 de la Convention européenne des droits de l'homme en établissant une frontière entre ce qui relève d'une punition et ce qui relève l'incitation. Cet arrêt a l'avantage d'établir un consensus avec le Conseil constitutionnel qui a jugé ce texte conforme à la Constitution[688].

b. L'exclusion par le juge judiciaire

248. C'est en suivant la même ligne directrice que la chambre commerciale de la Cour de cassation a jugé que la remise en cause du régime de faveur pour absence de réunion des conditions prescrites ne constituait pas une sanction[689].

249. L'arrêt du 10 mars 1998[690] fait office de premier précédent en la matière. En l'espèce, le requérant a fait l'objet d'une déchéance du régime de faveur institué à l'article 1115 du Code général des impôts. Ces dispositions prévoient une exonération des droits et taxes de mutation prévue en faveur des achats réalisés par les marchands de biens. Elle est subordonnée au respect par ces derniers des prescriptions de l'article 290 du Code général des impôts. L'une des conditions consiste à respecter l'obligation pour les marchands de biens de communiquer sur demande de l'administration leurs documents de comptabilité, prévue à l'article L.88 du Livre des procédures fiscales. Cette condition n'a pas été respectée par le requérant.

---

685 LAMARQUE J., NÉGRIN O., AYRAULT L., op cit, p. 43.
686 Ibidem
687 Ibidem.
688 C. C., du 23 juillet 2010 n° 2010-16 QPC, *Constitutions*, octobre-décembre 2010, n° 2010-4, p. 598-599.
689 Cass. com., 10 mars 1998, n° 95-15 729, SARL Corevim, *Dr fisc.* 1998, n° 22, comm. 486.
690 Ibidem.

250. La Haute juridiction judiciaire a jugé que « *le refus d'appliquer un régime particulier qui, plus favorable que le régime fiscal de droit commun est subordonné à certaines conditions, qui s'avèrent non remplies, ne constitue pas une peine* »[691]. Elle a par conséquent rejeté le moyen fondé sur la violation de l'article 8 de la Déclaration des droits de l'homme selon lequel, la loi ne doit établir que des peines strictement et évidemment nécessaires et de l'article 6 de la Convention européenne des droits de l'homme relatif au droit à un procès équitable. Par la généralité des termes utilisés dans son attendu, la Cour de cassation semble vouloir faire de cette solution « une application générale » à l'ensemble des mesures de déchéance de régime de faveur pour absence de réunion des conditions prescrites pour son application.

251. Cette affirmation est confirmée par l'arrêt de la chambre commerciale de la Cour de cassation du 15 septembre 2009[692]. En l'espèce, un marchand de biens avait fait l'objet d'une déchéance du régime de faveur institué à l'article 1115 du Code général des impôts, suite au constat par l'administration, d'anomalies dans la tenue du répertoire de marchand de biens. Se fondant sur l'ordonnance du 7 décembre 2005[693]et sur le principe de la rétroactivité in mitius, il a obtenu en appel, une décharge des impositions mise en recouvrement. Le directeur général des impôts a fait un pourvoi en cassation en contestant l'applicabilité du principe de rétroactivité in mitius. Celui-ci ne pouvant s'appliquer qu'aux mesures présentant les caractéristiques d'une peine. La Haute juridiction judiciaire a dû répondre à la question de savoir si la remise en cause du régime de faveur pour absence de réunion des conditions prescrites pour son application peut s'analyser comme une accusation en matière pénale au sens de l'article 6§1 de la Convention européenne de sauvegarde des droits de l'homme et des libertés fondamentales. Si le nouveau régime juridique mis en place par l'ordonnance du 7 décembre 2005 constitue bien une sanction relevant de la matière pénale[694], la Cour de cassation considère, a contrario, que la déchéance du régime de faveur de revêt pas la même nature juridique. Elle a jugé concernant

---

[691] Ibidem.

[692] Cass. com., 15 septembre 2009, n° 08-18.013, F-P+B, DGI c/ Darras, *Dr fisc.* 2009, n° 39, étude 482.

[693] Elle a consacré l'abandon de cette déchéance et l'a substituée par une amende : Ordonnance n° 2005-1512 du 7 décembre 2005 relative à des mesures de simplification en matière fiscale et à l'harmonisation et l'aménagement du régime des pénalités, *JORF* n°285 du 8 décembre 2005 p. 18912, texte n° 10.

[694] Selon Renaud Salomon, avocat général à la Cour de cassation, le régime de sanction instauré par l'ordonnance de 2005, *« est indiscutablement pénal au sens matériel du terme »*. Il relève à cet effet, l'insertion de l'article 1829 du Code général des impôts dans le chapitre du Code consacré aux « pénalités » ainsi que l'utilisation dans cet article des termes « punie » et « amende ». Il en conclut que l'amende entre dans le champ d'application de la matière pénale au sens de la Cour européenne des droits de l'homme. SALOMON R., « Droit pénal fiscal (juin/août 2009), *Dr fisc.* 2009, n°29, comm. 482.

« *la déchéance du régime de marchands de biens frappant la tenue irrégulière du registre* »[695] que « *le refus d'appliquer en pareil cas le régime de faveur dès lors que les conditions d'octroi n'en sont pas remplies ne constitue pas une peine* »[696]. Ainsi, il ne saurait être fait application des nouvelles dispositions de l'article 1829 du Code général des impôts qui substitue, à la déchéance du régime de faveur, une amende moins sévère pour toute infraction aux obligations formelles. Cette solution est corroborée par la doctrine administrative qui affirme que l'ordonnance du 7 décembre 2005 distingue clairement « *les sanctions fiscales* » et « *la remise en cause du régime de faveur en l'absence de tenu du registre* »[697].

252. Il existe une convergence de jurisprudences du Conseil d'État et de la Cour de cassation pour dénier la nature répressive de la non-application du régime de faveur pour absence de réunion des conditions prescrites pour son application. Elles ont posé des limites à l'extension de la notion de sanction s'accordant ainsi avec les jurisprudences du Conseil constitutionnel et de la Cour européenne des droits de l'homme. Les Hautes juridictions administratives et judiciaires sont toutefois allées plus loin dans l'interprétation de la notion d'accusation en matière pénale en y intégrant la perte et la remise en cause d'un régime de faveur pour manquement à l'obligation fiscale. Dans cette hypothèse, les juges administratifs et judiciaires consentent à ce qu'un élément du régime d'imposition revêt le caractère d'une sanction punitive bénéficiant des garanties fondamentales de l'article 6 de la Convention. Elles contribuent à l'extension du champ de la pénalisation des sanctions fiscales.

253. L'interprétation extensive de la « matière pénale » par les Hautes juridictions administratives et judiciaires s'est progressivement prolongée sur le terrain de l'applicabilité temporelle du volet pénal de l'article 6 de la Convention. Le Conseil d'État et la Cour de cassation ont progressivement admis que la qualification de sanction fiscale au sens de l'article 6 de la Convention puisse emporter l'invocabilité de ces dispositions lors de la phase préalable à la saisine du juge.

---

695 Cass. com., 15 septembre 2009, n° 08-18.013, F-P+B, DGI c/ Darras, op cit
696 Ibidem.
697 BOI 13 N-1-07, § 221.

Section 3 : L'interprétation convergente de l'applicabilité temporelle de l'article 6 de la Convention

254. L'applicabilité de l'article 6§1 de la Convention européenne des droits de l'homme a, dans un premier temps, été limitée à la procédure suivie devant le juge de l'impôt. Cette acception restrictive de l'applicabilité temporelle des dispositions du procès équitable correspondait à la position primitive retenue par la Cour européenne des droits de l'homme.

255. Les difficultés qui entourent la détermination du champ d'application temporelle de l'article 6 de la Convention résultent de la jurisprudence même de la Cour européenne des droits de l'homme qui n'instaure ni une applicabilité de principe ni une inapplicabilité de principe. La juridiction européenne avait estimé que la séparation entre la procédure contentieuse et non contentieuse devait être limitée dans la mesure où des manquements graves au principe du procès équitable intervenant dans la phase administrative d'établissement de la pénalité peuvent altérer la phase juridictionnelle. Ce sont les circonstances et les faits de l'espèce qui sont à même de déterminer si un manquement intervenu lors de la phase antérieure à la saisine du juge peut avoir des conséquences sur la procédure juridictionnelle et in fine conduire à l'applicabilité de l'article 6 de la Convention. La détermination « *paradoxale* »[698] de l'applicabilité « *hors des murs du procès équitable* »[699] par la Cour européenne des droits de l'homme est confirmée par la jurisprudence de la Haute juridiction administrative.

256. L'évolution de la jurisprudence des juges européens en faveur d'un contrôle global et contextuel du procès équitable a amené le Conseil d'État et la Cour de cassation à prendre position sur l'éventuel élargissement de son contrôle à la phase administrative d'établissement des pénalités. Ainsi, sous l'influence de la Cour européenne des droits de l'homme, la Haute juridiction administrative a élargi le champ d'application temporel de l'article 6 de la Convention à la procédure antérieure à la saisine du juge. Elle inclut en matière fiscale la procédure de contrôle qui est un préalable au déclenchement de la procédure de sanction fiscale et la phase d'infliction de la sanction.

---

698 ANDRIANTSIMBAZOVINA J., « Jurisprudence administrative et Convention Européenne des Droits de l'Homme », op cit.
699 Ibidem.

Sous-section 1 : L'extension par le juge administratif de l'applicabilité temporelle à la phase administrative

257. La Haute juridiction administrative a, dans un premier temps, été réticente à étendre l'application des dispositions du procès équitable à la phase antérieure à la saisine du juge. Elle adoptait ainsi une analyse restrictive conforme à celle suivie par les juges européens. Saisie de manière répétée de moyens fondés sur la violation de l'article 6 de la Convention dès la phase administrative d'établissement des pénalités fiscales et « *soucieuse de s'inscrire dans une interprétation dynamique de la Convention* »[700], la Haute juridiction administrative est revenue sur sa position primitive s'alignant ainsi sur l'interprétation européenne de l'article 6 de la Convention. Ce revirement de jurisprudence se fonde sur le fait que l'élaboration de la sanction fiscale à lieu avant la phase juridictionnelle « *posant la question de la coïncidence ou de la dissociation entre la détermination de la sanction par une entité non juridictionnelle et la garantie juridictionnelle de droits de procédure et de fond* »[701]

I. L'interprétation primitive restrictive

258. Bien avant la décision Bendenoun, le Conseil d'État avait posé le principe de l'inapplicabilité de l'article 6 de la Convention à la phase antérieure à la saisine du juge. La Haute juridiction administrative affirmait que « *les dispositions de l'article 6-1 de la Convention européenne des droits de l'homme et des libertés fondamentales sont applicables aux seules procédures contentieuses suivies devant les juridictions statuant en matière pénale ou tranchant des contestations sur les droits et obligations de caractère civil* »[702]. Postérieurement à la décision Bendenoun, la Haute juridiction administrative a pris une position de principe entièrement négative. Dans son avis du 31 mars 1995, le Conseil d'État a fait une lecture littérale de l'article 6§1 de la Convention en jugeant que « *l'article 6 n'énonce aucune règle ou aucun principe dont le champ d'application s'étendrait au-delà des procédures contentieuses suivies devant les juridictions, et qui gouvernerait l'élaboration ou le prononcé des sanctions, quelle que soit la nature de celles-ci, par les autorités administratives qui en sont chargées par la loi* »[703]. Le

[700] Ibidem.
[701] Ibidem.
[702] CE sect., 15 avril 1992, n°66.563, SARL Hade et Compagnie, *RJF* 6/92, n°855.
[703] CE avis 31 mars 1995 n° 164008 SARL Auto-industrie Méric, op cit.

Conseil d'État subordonne l'applicabilité de l'article 6§1 de la Convention à un critère fonctionnel. Seules les décisions qui revêtent un caractère juridictionnel sont soumises au respect des prescriptions de l'article 6§1 de la Convention. Selon Jérôme Hong Rocca, « *il était normal que le Conseil d'État ne modifie pas sa position* »[704]. Cette affirmation se fondait sur l'absence d'encadrement explicite du champ d'application temporel de l'article 6 de la Convention. En effet, la Cour européenne des droits de l'homme n'avait pas posé une application ou une inapplication de principe dans la décision Bendenoun. Si la méthodologie utilisée par la Cour pouvait laisser entrevoir une application par exception des prescriptions de l'article 6 de la Convention à la phase antérieure à la saisine du juge, aucun principe n'avait été initialement posé.

259. La position de la Haute juridiction était plus restrictive que celle des juges européens dans la mesure où elle posait une inapplication de principe des dispositions de l'article 6 de la Convention à la phase antérieure à la saisine du juge. Elle ne laissait aucune place pour une interprétation extensive des dispositions du procès équitable.

II. L'extension à la phase antérieure à la saisine du juge

260. Postérieurement à l'avis précité du Conseil d'État, la doctrine a pu exprimer ces doutes quant à l'extension future de l'application de l'article 6 à la phase antérieure à la saisine du juge[705]. Or l'évolution progressive de la jurisprudence européenne vers une application du procès équitable dès la phase administrative a fait écho à la Haute juridiction administrative. Elle a progressivement admis la contamination de la procédure non contentieuse par les garanties du procès équitable.

[704] HONG ROCCA J., « Les sanctions fiscales à l'épreuve des transformations du droit (contribution à l'étude historique et théorique des sanctions fiscales) », op cit, p. 352 ; La même analyse a été retenue dans les commentaires au pied de la décision à la RJF : CEDH 24 février 1994 n°3/1993/398/476, aff. Bendenoun c/ France, op cit.
[705] HONG ROCCA J., « Les sanctions fiscales à l'épreuve des transformations du droit (contribution à l'étude historique et théorique des sanctions fiscales) », op cit, p. 354.

A. La « contamination »[706] de la procédure non contentieuse par les garanties du procès équitable

261. L'évolution de la jurisprudence européenne relative à l'applicabilité temporelle de l'article 6 de la Convention[707] permettait difficilement de garder de manière absolue la position stricte adoptée par la Haute juridiction administrative. Ainsi, dans un arrêt du 27 février 2006[708], le Conseil d'État a abandonné sa jurisprudence SARL Auto Industrie Méric en procédant à l'extension du champ d'application de l'article 6 de la Convention à la phase antérieur à la saisine du juge. Il s'agissait en l'espèce d'une contestation relative à l'article 25 de la loi de finances rectificative pour 1999 qui avait pour objet de « *purger* » les vices entachant les avis de mise en recouvrement émis à la suite de notifications de redressement effectuées avant le 1er janvier 2000 lorsqu'ils se référaient pour les informations exigées par l'article R. 256-1 du LPF à la seule notification de redressement. La Haute juridiction administrative a conformément aux conclusions du rapporteur public jugé que les prescriptions de l'article 6 de la Convention devaient s'appliquer « *à la contestation de ces pénalités* (les majorations d'impositions prévues à l'article 1729-1 du code général des impôts en cas de mauvaise foi) *devant les juridictions compétentes, y compris en tant qu'elle concerne la procédure d'établissement des pénalités* »[709].

262. Par cet arrêt la Haute juridiction administrative a consacré le principe selon lequel, sous réserve que la contestation porte sur une accusation en matière pénale, les prescriptions de l'article 6§1 de la Convention s'appliquent à la phase d'établissement de la pénalité. À cet égard, elle n'a pas retenu « *la potentialité de l'applicabilité* »[710] comme le prescrivaient les juges européens. Les conclusions du rapporteur public ne faisaient pas état de l'évolution de la position des juges européens en faveur de l'application potentielle de l'article 6 de la Convention à la phase antérieure à la saisine du juge et notamment de

---

[706] Expression utilisée par BELDA B dans son étude sur « La présomption d'innocence, garantie par l'article 6, § 2 de la Convention EDH, peut s'appliquer à la procédure administrative établissant une sanction fiscale », op cit.

[707] CEDH, 25 février 1993, n° 10828/84, Funke c/ France, op cit ; CEDH, 24 novembre 1993, n° 13972/88, Imbrioscia c/ Suisse, op cit ; CEDH, 8 février 1996, n° 18731/91, John Murray c/ Royaume-Uni, op cit ; CEDH, 26 septembre 1996, n° 18978/91, Miailhe c/ France, op cit ; CEDH, 17 décembre 1996, n° 19187/91, Saunders c/ Royaume-Uni, op cit. V. les développements sur l'extension du champ d'application temporel du volet pénal.

[708] CE, 27 février 2006, n° 257964, Krempff, *Dr fisc.* 2006, n° 29, comm. 513, concl. OLLEON L.

[709] Ibidem.

[710] ANDRIANTSIMBAZOVINA J., « Jurisprudence administrative et Convention Européenne des Droits de l'Homme », op cit.

la référence faite aux « *atteintes irréversibles aux droits des personnes mises en cause* »[711]. Si le cas d'espèce constitue indéniablement « *un cas de cette nature puisqu'était en cause une mesure législative de validation privant des contribuables de toute possibilité de gagner leurs procès* »[712], le Conseil d'État n'a pas à la différence des juges européens prescrit les limites de l'application du procès équitable à la phase administrative d'établissement des pénalités. Il résulte de cet arrêt une interprétation extensive des dispositions de l'article 6 de la Convention.

263. Cet arrêt, conforme aux conclusions du rapporteur public, constitue le premier pas vers l'extension du champ d'application temporel de l'article 6 de la Convention. La consécration de l'applicabilité de l'article 6§1 de la Convention à la phase administrative d'établissement des impositions impliquait de manière logique de l'étendre au §2 et 3. Il résulte de la jurisprudence européenne que les §2 et §3 de l'article 6 de la Convention ne font qu'expliciter les stipulations de portée générale instituées au premier paragraphe. Il n'aurait pas été cohérent pour la Haute juridiction administrative de prendre une solution différente de celle développée dans l'arrêt Krempff pour les paragraphes 2 et 3 de l'article 6 de la Convention. L'abandon de la jurisprudence Auto Industrie Méric applicable au §1, devait l'être par voie de conséquence, au §2 et 3.

264. Le Conseil a élargi son raisonnement à l'article 6§2 de la Convention dans l'arrêt S.A. Martell du 24 mars 2006[713]. Le requérant contestait les dispositions de l'article 1763 du Code général des impôts en ce qu'elles n'autorisent pas le contribuable à invoquer une excuse de bonne foi pour contester son intention de dissimuler les sommes que l'administration fiscale a regardé comme distribuées. Celles-ci revenaient pour le contribuable à instituer une présomption de culpabilité contraire à l'article 6§2 de la Convention. Conformément aux conclusions du rapporteur public, lesquelles s'appuyaient sur l'évolution de la jurisprudence de la Cour européenne des

---

[711] Souligné par le commissaire du gouvernement SENERS F. dans ces conclusions sous CE, 26 mai 2008, n° 288583, Sté Norelec, *BDCF* 8-9/2008, n° 109. Pour une application implicite de ce principe : (CEDH, 2e sect., 3 mai 2001, n° 31827/96, JB c/ Suisse, op cit). Est ainsi entaché d'irrégularité les pénalités infligées à raison des graves pressions exercées contre le contribuable au cours de la procédure administrative. Si cet arrêt ne pouvait pas directement s'appliquer au système fiscal français à raison de règles distinctes fixées par le Code général des impôts et le Livre des procédures fiscales en ce qui concerne les procédures de contrôle fiscal, de rehaussement de l'impôt et les pénalités, il a permis d'influencer la jurisprudence interne.

[712] Concl. SENERS F., sous CE, 26 mai 2008, n° 288583, Sté Norelec, ibidem.

[713] CE, 24 mars 2006, n° 257330, SA Martell & Co, *Dr fisc.* 2006, n° 39, comm. 623, concl. VALLEE L.

droits de l'homme[714], le Conseil d'État a consacré de manière implicite l'applicabilité du principe de présomption d'innocence, tel qu'il résulte de l'article 6§2 de la Convention, à la phase d'établissement de la pénalité, en acceptant d'effectuer un contrôle au fond des dispositions de l'article 1763 A du Code général des impôts. Dans la continuité de l'arrêt Krempff, la Haute juridiction administrative n'a pas limité l'applicabilité temporelle du volet pénal de l'article 6 aux atteintes irréversibles aux droits des personnes mises en cause. Il en résulte une interprétation extensive du champ d'application de l'article 6 de la Convention aux sanctions fiscales.

265. Enfin, la Haute juridiction administrative a étendu sa jurisprudence aux prescriptions de l'article 6§3 de la Convention dans son arrêt Norelec du 26 mai 2008[715]. Le litige concernait l'article 1740 ter du Code général des impôts qui réprime l'infraction aux règles de facturation d'une amende fiscale à hauteur de 50% des sommes versées ou reçues. Le requérant n'avait pas été informé de son droit de se faire assister d'un conseil de son choix dans le document informant le contribuable de l'amende envisagée. La Haute juridiction administrative a censuré l'arrêt de la Cour administrative d'appel[716] en jugeant qu'un contribuable ne peut se voir par principe exclure le droit d'invoquer les garanties du procès équitable telles qu'elles résultent des dispositions du §3 de l'article 6 de la Convention à la procédure d'établissement des pénalités dès lors « *que la mise en œuvre de cette procédure pourrait dans certain cas, emporter des conséquences de nature à porter atteinte de manière irréversible au caractère équitable d'une procédure ultérieurement engagée devant le juge de l'impôt* »[717]. Tout en consacrant l'applicabilité de l'article 6§3 de la Convention lors de la phase préalable à la saisine du juge, le Conseil d'État limite cette extension aux seules atteintes irréversibles au caractère équitable.

---

[714] Le commissaire du gouvernement Laurent Vallée a préconisé de faire évoluer la jurisprudence du Conseil d'État en tenant compte de la jurisprudence de la Cour européenne des droits de l'homme. Selon lui, la solution de l'avis SARL Auto-industrie Méric était « *excessivement fragile, compte tenu de l'évolution de la jurisprudence de la Cour de Strasbourg* ». Concl. VALLEE L., sous CE, 24 mars 2006, n° 257330, SA Martell & Co, ibidem.

[715] CE, 26 mai 2008, n° 288583, Sté Norelec, op cit..

[716] La Cour administrative d'appel, se fondant sur la jurisprudence Auto Industrie Méric a exclu par principe l'application de l'article 6§3 de la Convention à l'encontre de la procédure d'établissement des pénalités fiscales.

[717] Ibidem.

B. L'encadrement de l'invocabilité à la phase non contentieuse

266. La Haute juridiction administrative a, dans un premier temps, conçu l'applicabilité temporelle de l'article 6 de la Convention de façon large. Le Conseil d'État avait imposé le respect des prescriptions de l'article 6 dès la phase administrative d'établissement de la pénalité sans l'intégrer dans un contrôle global du procès équitable. Sous l'influence de la jurisprudence de la Cour européenne des droits de l'homme et des conclusions du rapporteur public François Seners, la Haute juridiction a restreint de manière raisonnable l'applicabilité temporelle de l'article 6 de la Convention. Le Conseil d'État effectue un contrôle intégral de la procédure afin de s'assurer que les manquements aux prescriptions de l'article 6 de la Convention au stade de l'établissement de l'impôt n'ont pas eu pour effet de priver le contribuable de toute chance d'obtenir gain de cause au procès devant le juge de l'impôt.

a. L'interprétation large de l'arrêt Krempff

267. Si l'abandon de la jurisprudence Auto Industrie Méric constitue une avancée dans la protection des droits du contribuable, elle n'a pas été exempte de toutes critiques. À la différence de la jurisprudence de la Cour européenne des droits de l'homme, elle n'imposait aucune limite à l'applicabilité temporelle de l'article 6 de la Convention. L'application des dispositions du procès équitable à la phase administrative n'était pas réservée qu'aux atteintes irréversibles aux droits des personnes mises en cause. Si l'arrêt Krempff se situe dans un de ces cas, il n'a pas exclu de manière explicite l'applicabilité de l'article 6 de la Convention en dehors de cette circonstance. La Cour européenne des droits de l'homme avait admis de vérifier le respect des prescriptions du procès équitable à la phase administrative d'établissement de la pénalité dès lors « *que le comportement de l'administration avait irrémédiablement fait perdre au contribuable toute chance d'obtenir gain de cause devant le juge pénal* »[718]. Or, l'absence d'encadrement a conduit le Conseil d'État dans son arrêt Pessey[719] à appliquer l'article 6 de la Convention en dehors de toutes circonstances de nature à priver le contribuable de toute chance de gagner le procès. Cette interprétation extensive de l'applicabilité temporelle de l'article 6 de la Convention a été abandonnée par la Haute juridiction administrative. En encadrant l'applicabilité des dispositions du procès équitable lors de la phase préalable à la saisine du juge, la Haute

---

718 Concl. SENERS F., sous. CE, 26 mai 2008, n° 288583, Soc. Norelec, op cit

719 CE, 10e et 9e ss-sect., 11 décembre 2006, n° 278806, M. et Mme Pessey, *Dr fisc.* 2007, n° 8, comm. 212 ; *RJF* 2007, n° 380.

juridiction administrative a mis un frein à l'extension de la pénalisation des sanctions fiscales.

b. Les limites imposées par l'arrêt Norelec

268. Cette « *ouverture audacieuse* »[720] de l'applicabilité de l'article 6§1 de la Convention à la phase administrative d'établissement de la pénalité a été limitée par l'arrêt Norelec du 26 mai 2008[721]. Le rapporteur public François Seners a appelé à une restriction du champ d'application temporel de l'article 6 de la Convention. Selon lui, il faut « *absolument* (...) *cantonner l'application de l'article 6 à la procédure administrative aux cas, rares, dans lesquels les agissements de l'administration ont, comme dans le cas de l'arrêt de la CEDH concernant la Suisse et dans le cas de votre arrêt Krempf, privé le contribuable de toute chance de gagner son procès. Il n'est pas absolument exclu que cela puisse se produire, en cas de violation grave et irréversible, ou difficilement réversible, des droits au procès équitable que garantissent l'ensemble des stipulations de l'article 6* »[722]. Le Conseil d'État a entendu cet appel en encadrant le champ d'application temporel du droit au procès équitable. La Haute juridiction administrative n'est toutefois pas allée au bout du raisonnement du rapporteur public en laissant une grande marge d'appréciation concernant la qualification de la perte de chance d'obtenir gain de cause au procès.

269. Le Conseil d'État s'est prononcé sur le point c du §3 de la Convention. Il a jugé conformément aux conclusions du rapporteur public qu' « *en excluant par principe qu'un contribuable puisse invoquer la méconnaissance des stipulations de cet article pour contester la procédure d'établissement d'une pénalité fiscale alors que la mise en œuvre de cette procédure pourrait, dans certains cas, emporter des conséquences de nature à porter atteinte de manière irréversible au caractère équitable d'une procédure ultérieurement engagée devant le juge de l'impôt, la cour administrative d'appel a commis une erreur de droit* »[723]. En acceptant de contrôler les effets du manquement commis lors de la phase préalable à la saisine du juge sur la phase juridictionnelle, le Conseil reprend le second aspect de la jurisprudence Didier[724]. Celui-ci précise que les dispositions de l'article 6 de la Convention ne s'appliquent pas dans leur intégralité en présence d'un organe administratif

[720] Concl. SENERS F., sous. CE, 26 mai 2008, n° 288583, Soc. Norelec, op cit.
[721] CE, 26 mai 2008, n° 288583, Soc. Norelec, op cit.
[722] Concl. SENERS F., sous. CE, 26 mai 2008, n° 288583, Soc. Norelec, op cit.
[723] CE, 26 mai 2008, n° 288583, Soc. Norelec, op cit.
[724] CE Ass., 3 décembre 1999, n° 03-12-1999 Didier, *D.* p. 399, *RFDA* 2000 p. 584.

non juridictionnel dès lors qu'il est lui-même placé sous le contrôle d'une juridiction à qui les prescriptions du procès équitable s'imposent dans leur intégralité. En revanche, la méconnaissance des dispositions essentielles du procès équitable ayant un effet irréversible sur le procès lui-même peut être censurée par le juge administratif.

270. Ce raisonnement a pour effet d'imposer au juge de vérifier si l'irrégularité commise au cours de la procédure d'établissement de la pénalité a exercé « *une influence décisive* »[725] sur le respect des prescriptions de l'article 6 de la Convention. Il implique une appréciation au cas par cas du caractère invocable des garanties de l'article 6 de la Convention dès la phase administrative, par le contribuable. L'analyse se fonde sur le bon déroulement ultérieur de la procédure juridictionnelle. Ainsi, le Conseil d'État considère que les dispositions de l'article 6 de la Convention s'appliquent dès le stade de la procédure administrative d'établissement des pénalités lorsque la mise en œuvre de cette procédure « *risque d'emporter des conséquences de nature à porter atteinte de manière irréversible au caractère équitable d'une procédure engagée devant le juge de l'impôt* »[726]. Il s'agit de la perte de chance du contribuable d'obtenir gain de cause lors de la procédure juridictionnelle. Si la Haute juridiction affirme que l'article 6 de la Convention est opérant pour contester la procédure administrative d'établissement de la pénalité, le moyen n'est fondé que si le manquement invoqué compromet toutes chances de succès du contribuable. L'applicabilité est considérée « *à l'aune de la conception globale du procès équitable* »[727]. Or, en l'espèce, le Conseil d'État relève qu'il ne résulte ni des dispositions applicables à la procédure d'établissement de la pénalité ni des obligations qui découlent du principe général des droits de la défense que l'administration fiscale est tenue de mentionner dans les documents informant le contribuable de l'amende infligée, de son droit de se faire assister d'un conseil de son choix. Il n'y a pas violation de ces prescriptions dès lors que l'absence de cette formalité n'a pas privé le contribuable de toute chance d'obtenir gain de cause avec un défenseur devant le juge de l'impôt.

271. La Haute juridiction administrative a fait application de cette jurisprudence dans l'arrêt du 7 novembre 2012 Roumiantsev[728] à propos du point e du §3 de la Convention. Le Conseil d'État a jugé opérant le moyen tiré de la violation du point e du §3 de la Convention. En revanche, il a considéré

---

[725] AYRAULT L., « Examen contradictoire et présence d'un interprète », *Procédures* 2013, n° 1, comm. 33.

[726] CE, 26 mai 2008, n° 288583, Soc. Norelec, op cit.

[727] ANDRIANTSIMBAZOVINA J., « Jurisprudence administrative et Convention Européenne des Droits de l'Homme », op cit.

[728] CE, 7 novembre 2012, n° 339441, Roumiantsev, *Dr fisc.* 2013, n° 6, comm. 147, *Procédures* 2013, comm. 33, note AYRAULY L., *RJF* 2013, n° 181.

le moyen infondé, dès lors que, le fait de ne pas avoir bénéficié d'un interprète lors de la procédure d'examen contradictoire de la situation fiscale personnelle, n'était pas de nature à porter une atteinte irréversible au caractère équitable de la procédure ultérieurement engagée devant le juge de l'impôt. La Haute juridiction avait pourtant jugé, à propos d'organismes de placement collectif en valeurs mobilières, que la possibilité de se faire assister gratuitement d'un interprète est requise dès l'origine de la procédure[729]. Cette formalité permet de garantir le caractère équitable de la procédure par le respect de la conduite contradictoire. La Haute juridiction n'a pas étendu cette jurisprudence à la procédure d'établissement des pénalités dès lors qu'elle comporte déjà plusieurs autres garanties.

272. À suivre le professeur Ludovic Ayrault, cette analyse doit être approuvée. En effet, « *au même titre que la privation du droit à un conseil au cours de la procédure administrative non contentieuse ne prive en rien le justiciable du droit de bénéficier d'un conseil devant la juridiction – le conseil étant alors à même d'invoquer devant la juridiction l'irrégularité commise antérieurement –, l'absence d'interprète n'exerce aucune influence sur le procès dès lors que, devant le juge, le droit à l'interprète est garanti* »[730]. Dès lors, la perte de chance sérieuse de gagner le procès ne peut être fondée sur le préjudice résultant de la privation du droit à un interprète. Le juge fait une distinction entre les garanties immédiates, qui s'imposent à l'administration lorsqu'elle prononce une sanction et les garanties différées dont le respect s'impose uniquement devant le juge. Le droit à l'interprète dès lors qu'il est garanti devant le juge ne s'impose pas à l'administration dans la procédure d'élaboration de la sanction. Cette interprétation est conforme à la jurisprudence de la Cour européenne des droits de l'homme dont l'analyse s'attache à la nature contextuelle du litige qui lui est soumis[731].

273. Cette jurisprudence a été confirmée à propos du §1 de l'article 6 de la Convention dans l'arrêt du 17 mars 2010 SARL café de Paris[732]. La Haute juridiction a confirmé le caractère opérant de l'invocabilité du principe de la présomption d'innocence tel qu'il résulte de l'article 6 de la Convention, à la procédure d'établissement de la sanction fiscale, dès lors que « *que la mise en œuvre de cette procédure est susceptible, le cas échéant, d'emporter des conséquences de nature à porter atteinte de manière irréversible au caractère équitable d'une procédure ultérieurement engagée devant le juge de*

---

[729] CE, sect., 27 octobre 2006, n°276069, M. Parent, *D.* 2007, pan. 2425, obs. LE BARS et THOMASSET-PIERRE ; *LPA* 20 décembre 2006, p. 4, concl. GUYOMAR ; *JCP E* 2007, p. 1218, n° 30 et s., obs. DONDERO ; *Banque et droit* 2007, 32 ; *Dr. sociétés* 2007, n° 55, note BONNEAU ; *RD bancaire et fin.* 2007, n° 86, obs. BOMPOINT ; *Bull. Joly Bourse* 2007, p. 80, concl. GUYOMAR; *RTD com.* 2007, p. 406, obs. RONTCHEVSKY.

[730] AYRAULT L., « Examen contradictoire et présence d'un interprète », op cit.

[731] CEDH, 23 novembre 2006, n°75.053/01, Jussila C/ Finlande, op cit.

[732] CE, 17 mars 2010, n° 309197, SARL Café de la paix, op cit.

l'impôt »[733]. La Cour a cependant jugé le moyen infondé en jugeant que la sanction encourue en cas de non-révélation des bénéficiaires de revenus présumés distribués ne viole pas le droit de ne pas contribuer à sa propre incrimination qui résulte des stipulations de l'article 6§1 de la Convention dès lors que les dispositions de l'article 1763 A du Code général des impôts ont pour objet et pour effet « *d'inciter une personne morale passible de l'impôt sur les sociétés à révéler, à la demande de l'administration présentée sur le fondement de l'article 117 du même code, l'identité des bénéficiaires de l'excédent des distributions auxquelles elle a procédé ; qu'elles n'obligent pas cette personne morale à s'incriminer elle-même* »[734].

274. Par ces arrêts, la Haute juridiction administrative confirme « *les paradoxes de l'applicabilité extra-muros de l'article 6 de la Convention européenne des droits de l'homme : applicabilité potentielle et partielle* »[735]. L'analyse circonstancielle développée par les juges européens et reprise par l'ordre juridictionnel administratif aboutit à restreindre le champ d'application temporel du procès équitable. La Haute juridiction administrative adopte une position stricte de la perte de chance d'obtenir gain de cause devant la juridiction ultérieurement saisie. Ces arrêts issus de la jurisprudence Norelec marquent un recul dans la protection du droit au procès équitable par rapport à la jurisprudence Krempff qui n'imposait aucune limite à l'applicabilité temporelle dudit article. Elles constituent toutefois une avancée dans le processus de pénalisation des sanctions fiscales par rapport à la jurisprudence Auto Industrie Méric qui cantonnait les garanties de l'article 6 à la procédure juridictionnelle.

Sous-section 2 : L'interprétation nuancée de l'applicabilité temporelle par la jurisprudence judiciaire

275. La Haute juridiction judiciaire a, dans un premier temps, adopté une interprétation large de l'applicabilité temporelle de l'article 6§2 de la Convention. Dans son arrêt Wolfgang Erich Peukert[736], la Chambre commerciale de la Cour de cassation a jugé opérant le moyen fondé sur la violation de l'article 6§2 de la Convention à l'occasion d'une contestation

---

733 Ibidem.
734 Ibidem.
735 ANDRIANTSIMBAZOVINA J., « Jurisprudence administrative et Convention Européenne des Droits de l'Homme », op cit.
736 Cass. com., 16 juin 1987, n° 85-13.990, Wolfgang Erich Peukert.

portant sur l'application de l'ancien article 668 du Code général des impôts[737]. En acceptant de contrôler le respect des prescriptions du procès équitable dès la phase préalable à la saisine du juge, la Haute juridiction judiciaire adoptait une position en contradiction avec l'interprétation stricte des termes de l'article 6 de la Convention adopté par le Conseil d'État[738].

276. Cette interprétation large des dispositions relatives au procès équitable développée par la Chambre commerciale tranche avec la position stricte prise par la Chambre criminelle à propos de procédure suivie devant la Commission des infractions fiscales, qui constitue la phase préalable à la saisine du juge en matière de fraude fiscale.

277. Confronté au moyen tiré de la violation de la l'article 6 de la Convention à l'encontre de la procédure suivie devant la Commission des infractions fiscales, la Chambre criminelle de la Cour de cassation l'a jugé inopérant au motif que les prescriptions du procès équitable ne concernent que les seules procédures juridictionnelles. Dans son arrêt du 28 janvier 1991[739] la Cour a jugé *« que le principe du contradictoire, reconnu par la Convention européenne de sauvegarde des droits de l'homme et des libertés fondamentales, ne saurait s'appliquer en l'espèce, la Commission susvisée ne constituant pas un premier degré de juridiction et l'avis qu'elle donne au ministre n'ayant pour but que de limiter le pouvoir discrétionnaire de ce dernier d'engager des poursuites »*[740]. La Haute juridiction judiciaire s'est fondée sur l'objectif poursuivi par le législateur lors de l'instauration de la procédure suivie devant la Commission des infractions fiscales. Celui-ci n'était pas d'instituer une nouvelle phase de la procédure pénale, mais une procédure purement administrative dont la finalité était de limiter les risques d'arbitraire dans la désignation ou non des contribuables susceptibles d'être poursuivis. Ainsi la Chambre criminelle écarte les prescriptions du droit au procès équitable dès lors qu'elles ne sont applicables qu'en matière juridictionnelle. En d'autres termes, les dispositions de l'article 6§3 de la Convention ne sont invocables qu'à partir de la saisine du juge.

278. Cette solution pouvait s'expliquer à la date ou elle a été prise par l'absence de consécration par la jurisprudence européenne de l'applicabilité de l'article 6 de la Convention à la matière fiscale. Or, la Haute juridiction judiciaire a poursuivi ce raisonnement sans tenir compte de l'évolution jurisprudentielle opérée par la Cour européenne des droits de l'homme.

---

[737] Cet article a été remplacé par l'article L. 18 du Livre des procédures fiscales qui est aujourd'hui abrogé.
[738] CE, avis, sect., 31 mars 1995, n° 164008, SARL Auto-industrie Méric, op cit.
[739] Cass. crim., 28 janvier 1991, n° 90-81526 P, Lavigne, *RJF* 4/91 n° 528.
[740] Ibidem.

279. Alors que les juges européens avaient consacré l'applicabilité de l'article 6 de la Convention aux sanctions fiscales de nature répressive[741] et ouvert la voie à une interprétation large du champ d'application temporel[742], l'Ordre juridictionnel judiciaire a confirmé son arrêt Lavigne en refusant de faire application de l'article 6 à la procédure suivie Commission des infractions fiscales[743]. La Haute juridiction judiciaire a dès lors considéré que la Cour d'appel a justifié sa décision en rejetant l'exception de nullité de la procédure, prise de l'irrégularité de la saisine de la Commission des infractions fiscales « *dès lors que les principes reconnus par la Convention européenne des droits de l'homme ne trouvent pas à s'appliquer devant cette commission, qui n'est pas un premier degré de juridiction, mais un organisme consultatif destiné à donner son avis au ministre chargé des finances sur l'opportunité des poursuites* »[744].

[741] CEDH, 24 février 1994, n°3/1993/398/476, aff bendenoun c/ France, op cit.
[742] CEDH, 23 novembre 2006, n°75.053/01, Jussila C/ Finlande, op cit.
[743] Cass. crim., 27 mars 2013, n° 12-83.246, V. SALOMON R., « Droit pénal fiscal », *Dr fisc.* 2013, n° 29, 374.
[744] Ibidem.

Conclusion chapitre 2

280. Les bases de l'interprétation de « la matière pénale » par la Cour européenne des droits de l'homme ont été intégrées dans la jurisprudence tant du Conseil d'État que de la Cour de cassation. Le caractère prioritaire de la finalité punitive de la norme fiscale incriminatrice qui résulte de la jurisprudence de la Cour européenne des droits de l'homme constitue la pierre angulaire de l'identification des sanctions fiscales par les juridictions de l'ordre administratif et judiciaire.

281. Le respect de l'interprétation de la matière pénale n'a toutefois pas compromis l'autonomie du Conseil d'État et de la Cour de cassation en la matière. S'inspirant des décisions de la Cour européenne des droits de l'homme, les juridictions tant administratives que judiciaires ont procédé à un élargissement de « la matière pénale » au-delà des prescriptions des juges européens. Cette interprétation « *constructive* »[745] de la Convention européenne des droits de l'homme résulte d'une conciliation entre interprétation européenne de la matière pénale et interprétation constitutionnelle de la « sanction ayant le caractère de punition ». En effet, « *les convergences matérielles et les interférences des sources de ces droits y sont une réalité que doivent gérer en commun et en coopération toutes les juridictions* »[746]. Selon Jean François Flauss, la « *fuite en avant* »[747] des juridictions de l'ordre administratif et judiciaire « *présente l'inconvénient ou ... l'avantage d'être largement rebelle à toute résorption* »[748].

---

[745] FLAUSS J-F., « Pénalités fiscales et Convention européenne des droits de l'homme : à propos de l'arrêt Bendenoun du 24 février 1994 », op cit, p.99.
[746] ANDRIANTSIMBAZOVINA J., « Jurisprudence administrative et Convention Européenne des Droits de l'Homme », op cit.
[747] FLAUSS J-F., « Pénalités fiscales et Convention européenne des droits de l'homme : à propos de l'arrêt Bendenoun du 24 février 1994 », op cit, p.99.
[748] Ibidem.

Conclusion Titre 1

282. La volonté de la Cour d'assurer l'effectivité du droit au procès équitable s'est traduite par l'élaboration d'une conception matérielle de la sanction. « *Faisant triompher une conception large* »[749] de la matière pénale, les juges européens ont ouvert la voie à une extension des garanties du droit au procès équitable en matière fiscale tant dans la phase juridictionnelle que dans la phase administrative d'établissement des pénalités. La conception matérielle de « la matière pénale » a constitué un instrument efficace pour faire pénétrer les garanties fondamentales du procès équitable au sein du régime juridique des sanctions fiscales.

283. Cette volonté a été prolongée par les jurisprudences des Hautes juridictions administratives et judiciaires qui ont intégré la jurisprudence de la Cour européenne des droits de l'homme en lui donnant une interprétation autonome au service de l'applicabilité de la Convention. L'effet utile de l'article 6 de la Convention nécessite que *« les juridictions internes, qui sont chargées au premier chef d'appliquer la Convention, procèdent à une lecture similaire de l'article 6-1 »*[750]. En surmontant les réticences primitives à l'applicabilité de l'article 6 de la Convention, les juridictions internes ont contribué à rendre effectives les dispositions du procès équitable en matière fiscale. L'effectivité de ces dispositions a été renforcée par une interprétation large de l'applicabilité matérielle. Les juridictions internes et plus particulièrement la Haute juridiction administrative ont pris en considération les spécificités de la matière fiscale pour procéder à une extension des garanties du procès équitable à certains éléments du régime d'imposition. L'interprétation « effective » s'est poursuivie sur le terrain de l'applicabilité temporelle de l'article 6 de la Convention. Marquant une différence avec l'interprétation stricte de la Cour de cassation, la Haute juridiction administrative a progressivement étendu l'applicabilité des dispositions du procès équitable à la phase préalable à la saisine du juge. Il en résulte une « *pénétration toujours plus importante* »[751] des garanties du procès équitable en droit interne sous l'influence de la jurisprudence européenne relative à la matière pénale.

---

[749] DUGRIP O. et SUDRE F., « Du droit à un procès équitable devant les juridictions administratives » : *RFDA* mars-avril 1990, p. 203- 223.
[750] Ibidem.
[751] SUDRE F. « L'onde de choc de l'article 6 de la CEDH en matière de sanctions fiscales », op cit.

Titre 2 : L'extension des garanties constitutionnelles aux sanctions fiscales

284. La pénalisation des sanctions fiscales résulte de l'extension par le Conseil constitutionnel des garanties de l'article 8 de la Déclaration des droits de l'homme et du citoyen qui ne s'appliquaient initialement qu'aux sanctions formellement pénales[752]. Les sages de la rue de Montpensier ont, à l'image de la construction théorique de la matière pénale par la Cour européenne des droits de l'homme, consacré et élaboré une nouvelle notion juridique à savoir, la notion de « *sanction ayant le caractère de punition* ». L'extension des garanties du droit répressif aux sanctions fiscales passe par l'identification de la sanction punitive. L'enjeu de la qualification juridique est particulièrement important en ce qu'elle permet de façon générale de faire bénéficier à toute « sanction ayant le caractère de punition » des garanties du droit constitutionnel répressif[753]. Sa fonction peut être comparée avec la notion « d'accusation en matière pénale » développée dans la jurisprudence de la Cour européenne des droits de l'homme. En effet, elles visent toutes deux, l'harmonisation des garanties aux différentes formes de répression afin que l'institution de nouveaux modes de répression, y compris fiscaux, ne s'exerce pas au détriment des droits et garanties constitutionnels et conventionnels.

285. Le processus de pénalisation des sanctions fiscales a été inauguré par le Conseil constitutionnel dans sa décision du 30 décembre 1982 dans laquelle il a étendu l'applicabilité du principe de non-rétroactivité à toute « sanction ayant le caractère de punition ». Le Conseil constitutionnel a confirmé son raisonnement et l'a approfondi en procédant à une extension du corpus normatif applicable à la répression administrative fiscale. Ainsi le mouvement de pénalisation des sanctions fiscales a été poursuivi avec la reconnaissance de l'applicabilité du principe de légalité des délits et des peines, du principe de nécessité et de son corollaire le principe de proportionnalité et des droits de la défense[754]. Le processus de pénalisation des sanctions fiscales a été

[752] C. C., 30 décembre 1980, n° 80-126 DC, *Dr fisc.* 1981, n° 2-3, comm. 85.
[753] OLIVA E., « Le Conseil constitutionnel et les sanctions fiscales : un exemple caractéristique d'unification du droit constitutionnel répressif », *Revue européenne et internationale du droit fiscal* 2020, n°2, p.170
[754] C.C., 17 janvier 1789, n° 89-248 DC Conseil supérieur de l'audiovisuel, *Rec.* 88., *RDP* 1989, p. 399, note FAVOREU

renforcé par l'introduction de l'article 16 de la Déclaration qui constitue la « garantie des droits »[755] dans le bloc du droit constitutionnel répressif. Ainsi, «*la deuxième ligne de force* »[756] du Conseil constitutionnel ou encore la « *deuxième étape* »[757] de la pénalisation des sanctions fiscales par le Conseil réside dans l'application des droits de la défense et du procès équitable à l'ensemble du droit constitutionnel répressif. À cet égard, La Cour européenne des droits de l'homme[758] et la Haute juridiction administrative[759] ont montré la voie aux sages de la rue de Montpensier. Cette circonstance s'explique par « *l'enchevêtrement des espaces normatifs* »[760] qui résulte du caractère fondamental de ces garanties.

---

[755] LAMARQUE J., « L'article 16 de la Déclaration de 1789 », *Dr fisc.* 2015, n° 13, comm. 232.

[756] LE CALVEZ J., BREEN E., « Droit Constitutionnel répressif », *JCl. Administratif*, Fasc. 1458.

[757] HONG ROCCA J., « Les sanctions fiscales à l'épreuve des transformations du droit (contribution à l'étude historique et théorique des sanctions fiscales) », op cit. p. 300.

[758] Le Conseil constitutionnel a donné une valeur constitutionnelle à une notion d'origine européenne, à savoir, le droit au procès équitable. Il a, dans un premier temps, été intégré sans base textuelle, sous la forme de l'exigence d'une procédure juste et équitable. Le Conseil constitutionnel avait alors déduit du principe fondamental reconnu par les lois de la République des droits de la défense, le respect « *d'une procédure juste et équitable garantissant l'équilibre des droits des parties* » (C. C., n° 89-260 DC, 26 juillet 1989, consid. 44 : *Rec. Cons. const.* 1989, p. 69). Puis dans un second temps, les sages de la rue de Montpensier en ont déduit le droit au procès juste et équitable (C.C., dn° 2002-461 DC, 29 août 2002, consid. 81 : *Rec. Cons. Const.* 2002, p. 204.) et enfin, le droit au procès équitable toujours sur le fondement du Principe fondamental reconnu par les lois de la République des Droits de la défense (C. C., déc. n° 2004-492 DC, 2 mars 2004, consid. 108 : *Rec. Cons. const.* 2004, p. 66).
). Ce n'est qu'en 2006 que le Conseil constitutionnel a autonomisé le droit au procès équitable en le rattachant à l'article 16 de la Déclaration (C. C., déc., 30 mars 2006, n° 2006-535 DC : *Journal Officiel* 2 Avril 2006 ; *JCP G* 2006, II, 10064, note G. Drago ; *JCP G* 2006, I, 191, chron. B. Mathieu et M. Verpeaux).

[759] La Haute juridiction administrative a ouvert la voie à une consécration constitutionnelle du principe des droits de la défense en le consacrant en tant que principe général du droit opposable à l'administration dans l'arrêt Dame Veuve Trompier Gravier du 5 mai 1944. Le respect de ce principe s'impose à toutes les mesures prises par l'administration dès lors qu'elles présentent le caractère d'une sanction et qu'elles sont suffisamment graves pour l'intéressé. L'applicabilité des droits de la défense aux sanctions ayant le caractère de punition a été consacrée dans la décision du 17 janvier 1789 (C.C., n° 89-248 DC, 17 janvier 1789, Conseil supérieur de l'audiovisuel, *JO* 18 janv. 1989, p. 754). Cette décision a, de manière générale, rattaché la pénalisation des sanctions punitives à l'ensemble des sources formelles constitutionnelles, c'est-à-dire, à la Déclaration des droits de l'homme et aux Principes fondamentaux reconnus par les lois de la République. Le Conseil constitutionnel a renforcé la normativité du principe des droits de la défense dans une décision du 20 mars 2006 (C. C., déc., 30 mars 2006, n° 2006-535 DC, op cit.). Les sages de la rue de Montpensier ont opéré un revirement de leur jurisprudence en considérant que « *le principe des droits de la défense résulte de l'article 16 de la Déclaration de 1789* ».

[760] RUIZ-FABRI H., « Procès équitable et enchevêtrement des espaces normatifs : Société de législation comparée », *coll. UMR de droit comparé de Paris*, 2003.

286. Pour qu'une sanction fiscale entre dans le champ d'application du bloc du droit constitutionnel répressif, elle doit avoir pour finalité de réprimer un manquement à l'obligation fiscale. À la différence de la Cour européenne des droits de l'homme, le Conseil constitutionnel s'est fondé sur un critère unique de pénalisation, à savoir, la finalité punitive de la norme fiscale incriminatrice. Ce critère a, dans un premier temps, permis au Conseil constitutionnel d'établir une frontière entre ce qui relève de la sanction et ce qui relève de la réparation. Au vu de l'évolution des formes de sanctions fiscales, le Conseil constitutionnel a, dans un second temps, fixé une ligne de démarcation entre les éléments du régime d'imposition qui visent à réprimer un comportement fautif et ceux qui ont simplement pour finalité d'inciter le contribuable à adopter un comportement déterminé ou de lui faire bénéficier d'un avantage fiscal. L'encadrement par le Conseil constitutionnel de la notion de sanction a permis de poser les limites au processus de pénalisation des sanctions fiscales.

Chapitre 1 : L'extension des garanties du droit constitutionnel répressif aux sanctions fiscales à finalité punitive

287. La pénalisation des sanctions fiscales résulte de l'extension par le Conseil constitutionnel des garanties de l'article 8 de la Déclaration aux « *sanctions ayant le caractère de punition même si le législateur a laissé le soin de la prononcer à une autorité non juridictionnelle* »[761]. Ce mouvement résulte de deux éléments à savoir, le détachement du critère organique, traditionnellement admis pour délimiter le pouvoir de sanction et la consécration d'une conception matérielle de la sanction. Or, le juge constitutionnel, à la différence de la Cour européenne des droits de l'homme, n'a jamais donné de définition précise de la « *sanction ayant le caractère de punition* ». À cet égard, certains auteurs ont pu faire part de leur déception face à l'imprécision du juge constitutionnel[762] ou encore de leur difficulté à donner une définition à cette notion[763]. Pour autant, l'enjeu de l'identification de la sanction fiscale n'est pas négligeable, dès lors qu'elle permet de faire bénéficier au contribuable d'un régime juridique plus protecteur. S'il n'a pas donné de définition précise de ce que doit recouvrir la notion de sanction ayant le caractère de punition, le Conseil constitutionnel en a progressivement délimité les contours grâce à l'emploi d'un critère unique de pénalisation, à savoir, la finalité punitive de la norme incriminatrice. Cette « *façon de procéder (…) n'est pas si éloignée que cela des préoccupations traditionnelles du pénaliste* »[764]. Appliqué au droit fiscal, ce critère matériel a permis au Conseil constitutionnel d'inclure une grande majorité de pénalités

---

[761] C.C., 28 juillet 1989, n° 89-260 DC, Loi relative à la sécurité et à la transparence des marchés financiers, op cit.

[762] DREYER E., « Le Conseil constitutionnel et la « matière pénale ». La QPC et les attentes déçues », *JCP* 2011, études 976.

[763] ROBERT J-H., « La punition selon le Conseil constitutionnel », *Cah. Cons. Const.* n°26 , dossier « La Constitution et le droit pénal », août 2009.

[764] L'analyse d'Evelyne Bonis-Garçon relève qu'en procédant à l'identification de la sanction au regard de sa finalité répressive « *la notion constitutionnelle de sanction pénale semble assez proche de la notion de peine du pénaliste. En effet cette distinction rejoint l'opposition classique entre les peines et les mesures de suretés qu'effectue le pénaliste au sein de la notion plus générale de sanction pénale* » : BONIS-GARÇON E., « L'identification de la sanction pénale - le point de vue d'un pénaliste », in Droit constitutionnel et grands principes du Droit pénal, Acte du colloque organisé le 8 et 9 novembre 2012 par le CERCCLE et l'ISCJ de l'Université Montesquieu-Bordeaux IV, *Édition Cujas* 2013, collection Actes et Études., p.146.

fiscales dans la catégorie de sanction ayant le caractère de punition. A contrario, le Conseil constitutionnel juge, tant dans le cadre du contrôle a priori qu'a postériori, qu'une mesure n'ayant pas une finalité punitive, mais réparatrice ne constitue pas une sanction ayant le caractère de punition.

Section 1 : La consécration de la notion de "sanction ayant le caractère de punition"

288. Une lecture stricte des termes de l'article 8 de la Déclaration selon lesquels, « *la loi ne doit établir que des peines strictement et évidemment nécessaires et nul ne peut être puni qu'en vertu d'une loi établie et promulguée antérieurement au délit et légalement appliquée* », ne permet d'y soumettre que les sanctions pénales stricto sensu. Toutefois, afin d'étendre les garanties de l'article 8 de la Déclaration aux sanctions fiscales prononcées par l'administration fiscale, le Conseil constitutionnel a consacré une notion constitutionnelle autonome de sanction. Le recours à l'interprétation autonome lui a permis d'imposer sa « *propre conception de la délimitation fonctionnelle des sanctions et, au-delà, des normes juridiques, ceci grâce à* (son) *pouvoir de qualification* »[765]. Le Conseil constitutionnel s'est ainsi détaché du critère organique qui de manière primitive permettait de délimiter le pouvoir de sanction pour lui substituer un critère matériel unique fondé sur la finalité punitive de la norme incriminatrice. Les sages de la rue de Montpensier ont ainsi dépassé l'obstacle constitutionnel du respect du principe de séparation des pouvoirs.

Sous-section 1 : Le détachement du critère organique

289. Le mouvement de pénalisation des sanctions administratives y compris fiscales part du constat que des autorités non judiciaires ou non juridictionnelles prononcent de véritables sanctions. Ainsi, le pouvoir de sanction n'appartient plus exclusivement au juge judiciaire considéré comme le « *juge naturel* »[766]. Si le Conseil constitutionnel a, dans un premier temps, montré ses hésitations à affirmer cette nouvelle forme de répression, le développement important de la répression administrative, y compris fiscale, a

---

[765] DESFOURS M-H., « Contribution à la réflexion sur la notion de sanction pénale dans le droit positif contemporain français », thèse Aix-Marseille Université., 2012 p.91.
[766] ROYER V-G., « le juge naturel en droit criminel interne », *RSC* 2006, p.787.

amené les sages de la rue de Montpensier à valider ce nouveau système de répression.

I. Les hésitations du Conseil constitutionnel

290. Dans sa décision du 30 décembre 1982, le Conseil constitutionnel a posé le principe du caractère accessoire de la nature formelle de la sanction dans la détermination de l'applicabilité des garanties constitutionnelles de l'article 8 de la Déclaration. Il énonce que le principe de non-rétroactivité de la loi pénale d'incrimination plus sévère s'applique à toute « *sanction ayant le caractère de punition même si le législateur a cru devoir laisser le soin de* (les) *prononcer à une autorité de nature non judiciaire* »[767]. Or, à l'époque, le Conseil constitutionnel n'avait pas précisé ce qu'il entendait par autorité de nature « non judiciaire ». À cet égard, la controverse s'est articulée autour de la question de savoir s'il s'agissait d'une autorité juridictionnelle ou non. En effet, la doctrine était réticente à la reconnaissance d'un pouvoir de sanction aux autorités de nature non juridictionnelle. La validation de la répression administrative et plus particulièrement des sanctions fiscales était considérée comme « *assez grave* »[768] dans la mesure où elles contribuent « *à la création et au développement d'un pseudo-droit pénal* »[769] qui constituerait « *une forme extrême de prérogative susceptible d'être reconnue à l'administration* »[770].

291. À la suite de la consécration de la notion de « sanction ayant le caractère de punition », le Conseil constitutionnel « *a pu laisser croire qu'il était opposé à la répression administrative* »[771]. En effet, il a jugé dans une décision des 10 et 11 octobre 1984[772] qu'une loi qui vise à limiter la concentration et à assurer la transparence financière et le pluralisme des entreprises de presse est contraire à la Constitution dès lors que « *cette répression ne saurait être confiée à une autorité administrative* »[773]. Il s'agissait en l'occurrence d'une autorité administrative indépendante. Selon le professeur Louis Favoreu, le Conseil constitutionnel applique

[767] C.C., 30 décembre 1982, n° 82-155 DC, cons. 34, op cit.
[768] WALINE M., « Traité de droit administratif », Sirey, 9ième édition 1963.
[769] Ibidem.
[770] LAUBADÈRE A., « Traité élémentaire de droit administratif », *LGDJ*, 8ième édition, 1980, p.333.
[771] KLUGER J., « L'élaboration d'une notion de sanction punitive dans la jurisprudence du Conseil Constitutionnel », op cit.
[772] C.C., 10 et 11 octobre 1984, n°84-181 DC, Rec. 78 ; L. Favoreu, *RDP* 1986, p. 395.
[773] Ibidem, consid. 79.

« *implicitement une conception de la séparation des pouvoirs* »[774] selon laquelle « *chaque organe du pouvoir doit remplir la fonction à laquelle il correspond* »[775]. Il admet ainsi que le principe de la séparation des pouvoirs qui résulte de l'article 16 de la Déclaration des droits de l'homme et du citoyen est de nature à amener le Conseil constitutionnel à écarter l'octroi d'un pouvoir répressif à une autorité non juridictionnelle. Selon lui, le Conseil constitutionnel a adopté une interprétation stricte du principe de séparation des pouvoirs en déniant à l'autorité administrative le pouvoir de sanction, car cela reviendrait à faire « *acte de juge* »[776]. Cette interprétation est confirmée par l'affirmation claire et explicite du Conseil constitutionnel selon laquelle le pouvoir de sanction ne saurait être confié à une autorité administrative. Elle semble poser une interdiction générale de toute forme de répression administrative.

292. Cette analyse qui soutient que le principe de séparation des pouvoirs autorise les sages de la rue de Montpensier à écarter toute forme de répression s'oppose à celle qui considère que le partage du pouvoir de répression n'est pas en soi incompatible avec ce principe. Selon Audrey Guinchard, les origines matérielles du pouvoir de répression telles qu'elles résultent du droit révolutionnaire posaient comme principe qu' « *un partage de pouvoir de répression ne s'oppose pas au principe de la séparation des pouvoirs, à condition que soit respectée la garantie des droits, l'autre donnée de l'article 16 de la Déclaration* »[777]. L'attribution du pouvoir de répression à une autorité de nature non juridictionnelle n'est pas contraire au principe de séparation des pouvoirs pourvu qu'elle respecte les garanties des droits.

293. En outre, cette solution devait être reconsidérée dès lors qu'elle était « *en totale contradiction avec l'évolution récente du droit pénal et du droit public économique qui a conduit à un développement important de la répression administrative* »[778]. Le Conseil constitutionnel a mis un terme à cette interprétation en validant de manière définitive le droit de la répression administrative.

---

[774] FAVOREU L., note sous C.C., 10 et 11 octobre 1984, n°84-181 DC, *RDP* 1986, p. 395.
[775] Ibidem.
[776] Ibidem.
[777] GUINCHARD A., « Les enjeux du pouvoir de répression en matière pénale : du modèle judiciaire à l'attraction d'un système unitaire », op cit., p.55.
[778] Ibidem.

II. La confirmation du détachement du critère organique

294. Le Conseil constitutionnel a clarifié sa position dans une décision du 17 janvier 1989 relative au Conseil supérieur de l'audiovisuel. Il a réaffirmé la validité des sanctions administratives en réaffirmant que « *ces exigences* (le principe de légalité des délits et des peines, le principe de nécessité des peines, le principe de non-rétroactivité de la loi pénale d'incrimination plus sévère ainsi que le principe du respect des droits de la défense) *ne concernent pas seulement les peines prononcées par les juridictions répressives, mais s'étendent à toute sanction ayant le caractère de punition même si le législateur a laissé le soin de la prononcer à une autorité de nature non judiciaire* »[779].

295. Hormis le fait que le doute ait été levé concernant la validation du partage du pouvoir de répression, il aura fallu attendre une décision du 28 juillet 1989 pour que les sages de la rue de Montpensier adoptent une formulation exempte d'ambiguïté s'agissant du titulaire de ce pouvoir. Dans cette décision, ils ont jugé que « *le principe de séparation des pouvoirs, non plus qu'aucun principe ou règle de valeur constitutionnelle ne fait obstacle à ce qu'une autorité administrative agissant dans le cadre de prérogatives de puissance publique puisse exercer un pouvoir de sanction* »[780]. Par conséquent, les principes qui découlent de l'article 8 de la Constitution s'appliquent à toute sanction ayant le caractère de punition « *même si le législateur a laissé le soin de la prononcer par une autorité de nature non juridictionnelle* »[781]. Cette décision constitue « *un tournant* »[782] dans la jurisprudence du Conseil constitutionnel dès lors qu'est affirmé le principe selon lequel, la séparation des pouvoirs ne fait pas obstacle au pouvoir de sanction des autorités non juridictionnelles. Par cette nouvelle expression, le Conseil constitutionnel fait « *une référence explicite* »[783] aux autorités administratives[784].

296. Mais ce n'est que par une décision du 28 décembre 1990 que le Conseil constitutionnel a validé de manière définitive le droit de la répression

---

[779] C.C., 28 juillet 1989, n°89-260 DC du 28 juillet 1989, *Rec.* 71.
[780] Ibidem.
[781] Ibidem.
[782] KLUGER J., « L'élaboration d'une notion de sanction punitive dans la jurisprudence du Conseil Constitutionnel », op cit.
[783] Ibidem.
[784] Confirmation de cette position dans la décision du 25 février 1992 relative aux conditions d'entrée et de sortie des étrangers en France (C.C., 25 février 1992, n° 92-307 DC, *RFDC*, avril-juin 1992, n° 10, p. 311-317) et dans la décision du 13 août 1993 sur la loi relative à la maitrise de l'immigration et aux conditions d'entrée, d'accueil et de séjour des étrangers en France. (C.C., 13 août 1993, n°93-325 DC, *Rec.*, 1994, n° 13, p. 111).

non pénale par le détachement du critère organique. Le juge constitutionnel a censuré une disposition relative à la taxe additionnelle dès lors que le régime juridique de la sanction qu'il institue ne respecte pas le principe fondamental reconnu par les lois de la République des droits de la défense. Il a jugé que les principes qui découlent de l'article 8 de la Déclaration « *ne concernent pas seulement les peines prononcées par les juridictions répressives mais s'étendent à toute sanction ayant le caractère d'une punition même si le législateur a laissé le soin de la prononcer à une autorité de nature non juridictionnelle* »[785]. La substitution de l'expression « a cru devoir laisser le soin » par la formulation « a laissé le soin » marque le « *passage de l'admission exceptionnelle à la reconnaissance constitutionnelle du pouvoir de répression de l'administration* »[786].

Sous-section 2 : L'identification matérielle des sanctions fiscales par le Conseil constitutionnel

297. Si le Conseil constitutionnel s'est détaché du critère organique par la reconnaissance constitutionnelle du pouvoir de sanction de l'autorité administrative, il n'en demeure pas moins que toutes sanctions prononcées par celle-ci ne rentrent pas dans la catégorie de « sanction ayant le caractère de punition ». Le Conseil constitutionnel a entendu réserver le bénéfice des garanties des articles 8 et 16 de la Déclaration qu'aux seules sanctions de nature punitive. L'absence de définition de cette notion par les juges de la rue de Montpensier rend sa conceptualisation difficile. L'apport de la doctrine est, sur ce point, important. Plusieurs théories ont été développées afin d'apprécier les contours de la notion de sanction ayant le caractère de punition. Qu'elles soient positives ou négatives, les définitions du pouvoir de répression se fondent « *sur un critère unique à savoir la finalité de la sanction* »[787].

---

785 C.C. 28 décembre 1990, n°90-285 DC, Loi de finances pour 1991 : *Rec.*, p.95 ; *Dr. soc.* 1991, n°4, p.338, comm. Pétrot (X) : *RJC* I.-424 ; *RFDC* 1995, n°5, p. 136, obs. L. FAVOREU.
786 HONG ROCCA J., Les sanctions fiscales à l'épreuve des transformations du droit (contribution à l'étude historique et théorique des sanctions fiscales), op cit., p. 345.
787 GUINCHARD A., « Les enjeux du pouvoir de répression en matière pénale : du modèle judiciaire à l'attraction d'un système unitaire », op cit., p.60.

I. Le choix d'une conception matérielle de la sanction

298. À la lumière du raisonnement utilisé par la Cour européenne des droits de l'homme dans le processus de pénalisation des sanctions administratives, le Conseil constitutionnel a eu recours à la technique des notions autonomes afin de soumettre les sanctions punitives aux principes constitutionnels qui découlent des articles 8 et 16 de la Constitution ainsi que des principes fondamentaux reconnus par les lois de la République. Le processus de pénalisation des sanctions fiscales a été guidé, dès le début, par une conception autonome de la sanction punitive. Ainsi, dès 1982, le Conseil constitutionnel énonçait que le principe de non-rétroactivité de la loi pénale d'incrimination plus sévère s'étendait à « toute sanction ayant le caractère de punition ». Il se rapproche ainsi de la notion européenne d' « accusation en matière pénale ».

299. Cette technique s'imposait à lui dès lors qu'elle lui permettait d'abandonner « *la logique binaire, trop réductrice* »[788] et d'adopter *« un raisonnement juridique qui lui permet d'appréhender les changements et l'émergence d'un champ répressif complexe* »[789]. Le Conseil constitutionnel a, comme la Cour européenne des droits de l'homme, opté pour une conception matérielle de la sanction. Il se détache ainsi « *de la délimitation fonctionnelle imposée par le législateur* »[790].

300. À la différence de la Cour européenne des droits de l'homme, le Conseil constitutionnel, dispose d'une plus grande marge de manœuvre dans l'appréciation autonome du caractère punitif d'une mesure. En effet, le Conseil constitutionnel n'est pas confronté à une pluralité de système juridique. Cette différence justifie le choix du Conseil de ne recourir qu'à un seul critère de qualification de la « *peine constitutionnelle* »[791] à savoir le caractère punitif de la mesure. Ce critère fonctionnel, utilisé par le Conseil constitutionnel vise à effectuer une distinction entre les sanctions qui ont un caractère punitif et les autres mesures.

---

788 KLUGER J., « L'élaboration d'une notion de sanction punitive dans la jurisprudence du Conseil Constitutionnel », op cit.

789 Ibidem.

790 DESFOURS M-H., « Contribution à la réflexion sur la notion de sanction pénale dans le droit positif contemporain français », op cit.

791 Expression utilisée par DESFOURS M-H. dans son étude sur la notion de sanction pénale, « Contribution à la réflexion sur la notion de sanction pénale dans le droit positif contemporain français », Ibidem.

II. Les méthodes d'identification dégagées par la doctrine

301. Lors de la consécration de la notion de « sanction ayant le caractère de punition », le Conseil constitutionnel n'a pas délimité les contours de celle-ci. Contrairement à la démarche de la Cour européenne des droits de l'homme qui a déterminé expressément les critères de la matière pénale, le Conseil constitutionnel a adopté une approche « *plus indirecte, donc plus sibylline* »[792], en refusant de donner une définition positive de la notion de « sanction ayant le caractère de punition », et en laissant « *aux commentateurs de ses décisions le soin d'en effectuer une lecture, souvent en creux* »[793]. L'absence de définition de la notion de sanction ayant le caractère de punition a poussé la doctrine à élaborer des théories pour tenter de l'expliquer. La première, très utilisée en matière fiscale vise à définir la sanction punitive de manière négative. La seconde s'attache de manière positive à faire ressortir deux critères de pénalisation.

A. L'élaboration d'une théorie négative : l'identification par exclusion

302. Une partie de la doctrine soutient la théorie selon laquelle la fonction punitive de la mesure serait déduite de l'absence d'une autre finalité. En d'autres termes, si la mesure poursuit une autre finalité que la répression, elle ne relève pas constitutionnellement de la notion de sanction, et ce même si l'esprit dans lequel elle est instituée n'est pas sans arrière-pensée dissuasive ou répressive[794]. Les premiers enseignements de la méthodologie suivie par le juge constitutionnel résultent des décisions prises à propos des mesures réparatrices. Ainsi, la qualification de sanction ayant le caractère de punition s'opère « *traditionnellement au moyen d'une distinction entre la sanction présentant un caractère punitif et le versement constitutif d'une indemnisation* »[795]. Ainsi, le caractère punitif de la mesure serait « *révélé par l'absence d'un objectif de réparation* »[796].

---

792 BOTTON A., « À la recherche de la peine perdue en droit constitutionnel », *DP* 2015, n° 9, dossier 7.

793 Ibidem.

794 Commentaire au pied de la Décision n° 2015-479 QPC du 31 juillet 2015 : https://www.conseil-constitutionnel.fr/sites/default/files/as/root/bank_mm/decisions/2015479qpc/2015479qpc_ccc.pdf

795 GUTMANN D., « Sanctions fiscales et constitution », op cit.

796 GUINCHARD A., « Les enjeux du pouvoir de répression en matière pénale : du modèle judiciaire à l'attraction d'un système unitaire », op cit, p. 60.

303. Cette théorie rejoint celle développée par le professeur Ludovic Ayrault dans son analyse relative aux sanctions fiscales. Selon lui, les sanctions fiscales sont identifiées par le Conseil constitutionnel « *par exclusion* »[797]. Il part de la seule précision donnée par les sages de la rue de Montpensier, lors de la consécration de la notion de sanction ayant le caractère de punition, selon laquelle, la limitation des effets de la validation « *ne s'étend pas aux majorations de droit et aux intérêts de retard ayant le caractère d'une réparation pécuniaire* »[798]. L'identification des sanctions fiscales s'effectue par défaut. En dehors des contributions aux charges publiques qui constituent des droits en principal, entrent dans la catégorie de sanction ayant le caractère de punition « *des prélèvements qui, n'ayant pas pour finalité de réparer, ont un but punitif* »[799]. En d'autres termes, « *à une finalité répressive correspond une véritablement sanction, tandis que la volonté de réparer un préjudice subi par le Trésor public, du fait de l'absence de perception des impositions dans les délais, caractérise un intérêt de retard* »[800]. La finalité réparatrice de la mesure est ici exclusive de toute finalité punitive. En vertu de cette théorie, une sanction ayant le caractère de punition serait une sanction qui ne poursuit pas une finalité réparatrice.

304. Si le Conseil constitutionnel s'est exprimé explicitement sur l'exclusion au sein de la catégorie juridique de sanction ayant le caractère de punition des mesures réparatrice, il a pu laisser le doute quant à l'applicabilité de mesures à finalité dissuasive, gestionnaire et incitative. Les différentes solutions dégagées par les sages de la rue de Montpensier ont servi de fondement à la doctrine pour poursuivre la théorie de la définition négative. Elle a ainsi procédé à une énumération des décisions dans lesquelles le juge constitutionnel a écarté une mesure de la qualification de sanction ayant le caractère de punition en relevant leur finalité autre que punitive[801]. À cet égard, la doctrine fiscale s'est penchée sur les mesures dites « incitatives ». Elle a relevé que la fonction incitative d'une mesure est exclusive de toute finalité punitive. Se fondant sur la décision du 13 janvier 2011[802], le professeur Daniel Gutmann a pu relever l'importance de la fonction incitative de la mesure dans l'exclusion de la qualification de sanction. Selon lui, « *c'est parce que la cotisation a pour objet de développer l'effort de construction des*

---

797 AYRAULT L., « sanctions fiscales », op cit.

798 C.C., 30 décembre 1982, n° 82-155 DC, op cit

799 AYRAULT L., « sanctions fiscales », op cit.

800 FROGER C., « La sanction fiscale dans les jurisprudences constitutionnelles et européennes », op cit.

801 DESFOURS M-H., « Contribution à la réflexion sur la notion de sanction pénale dans le droit positif contemporain français », op cit. p.98. À cet égard, sont écartés de la notion de sanction, les mesures préventives, gestionnaires, incitatives, utilitaires et constitutives d'obligation à exécuter pour l'astreinte administrative.

802 C.C., 13 janvier 2011, n° 2010-84 QPC, SNC Eiffage Construction Val de Seine et autre (Cotisation « 1 % logement »), *JO* 14 janv. 2011, p. 812

employeurs que la notion d'impôt est privilégiée par rapport à celle de sanction à caractère punitif »[803]. Il ressort de cette analyse qu'alors même que la mesure présente une dimension répressive, la finalité incitative constitue un obstacle à la qualification de sanction fiscale. Dans le même sens, la doctrine a relevé concernant le mécanisme de solidarité de paiement que « *pour écarter la qualification de sanction de ce mécanisme de responsabilité solidaire, le Conseil constitutionnel retient qu'il constitue une garantie pour le recouvrement de la créance du Trésor public* »[804]. Dès lors que l'intention du législateur était de garantir le recouvrement de l'impôt, cette mesure ne peut être qualifiée de sanction.

305. Lorsque la mesure poursuit une finalité autre que celle de punir un comportement répréhensible, le Conseil constitutionnel, ne recherche pas si cette mesure revêt un caractère intrinsèquement répressif. Selon cette théorie, « *c'est donc moins son caractère que sa fonction* »[805] qui est pris en compte par le Conseil constitutionnel pour l'identifier ou non comme une « sanction ayant le caractère de punition ». Certains auteurs n'ont pu se satisfaire d'une définition négative de la sanction en considérant qu' « *à force d'énumération négative, l'apport de l'appréciation indépendante du caractère punitif de la mesure par le Conseil serait oublié* »[806]. C'est développé à côté de l'approche négative de la sanction, une théorie fondée sur des critères positifs.

B. La définition positive fondée sur deux critères

306. La théorie positive de la sanction ayant le caractère de punition est fondée sur deux critères alternatifs. L'intention punitive du législateur serait issue d'une distinction entre la sanction de l'exercice d'une liberté constitutionnellement garantie et la sanction étrangère à la réglementation consentie. Il ressort de cette analyse que ces deux critères d'appartenance à la notion de sanction n'engendrent pas les mêmes conséquences sur le régime juridique applicable. Ainsi, l'existence du premier critère nécessite des garanties renforcées pour l'individu alors que la présence du second critère n'impose pas que les principes du droit pénal de fond et de forme soient appliqués rigoureusement.

---

803 GUTMANN D., « Sanctions fiscales et constitution », op cit.

804 JAMBORT S., « Amende pour distribution occulte : conformité à la Constitution de la responsabilité solidaire des dirigeants », *Revue des sociétés* 2011 p.721.

805 DREYER E., « Question prioritaire de constitutionnalité - Le Conseil constitutionnel et la « matière » pénale La QPC et les attentes déçues... », *JCP G.* 2011, n° 37, doctr. 976

806 DESFOURS M-H., « Contribution à la réflexion sur la notion de sanction pénale dans le droit positif contemporain français », op cit.

307. Selon le professeur Michel Degoffe, une sanction présente la caractéristique d'une punition dès lors qu' « *il y a affirmation d'une liberté et que le pouvoir de réprimer est confié par le législateur à une autorité administrative en dehors d'un cadre réglementé* »[807]. Deux hypothèses peuvent être relevées. Lorsque l'individu exerce une liberté constitutionnellement garantie, le professeur Michel Degoffe en déduit que la sanction qui le vise revêt le caractère de punition, quelle que soit sa forme[808]. Toutefois, lorsqu'il n'y a pas affirmation d'une liberté initiale, mais exercice de droit ou de liberté dans un cadre réglementé, le législateur peut instaurer des sanctions administratives afin d'assurer le respect de cette obligation. Dans ce cas, elle n'est pas obligée de les soumettre au respect des principes du droit constitutionnel répressif[809].

308. Les sanctions fiscales ne peuvent en application de ce premier critère relever de la notion de « sanction ayant le caractère de punition ». En effet, pour le professeur Michel Degoffe il est difficile d'affirmer que le contribuable « *exerce son activité dans un régime de liberté* »[810]. Pour lui, même si l'on peut déduire des dispositions de l'article 14 de la Déclaration qui dispose que « *les citoyens ont le droit... de consentir librement à la contribution publique* »[811], un régime de consentement à l'impôt, elles ne permettent pas de fonder l'application du premier critère.

309. Toutefois, la détermination de la sanction punitive ne peut se fonder uniquement sur le critère de l'exercice d'une liberté. La réalité de la notion de punition implique l'application d'un second critère lié à la nature de la sanction. La doctrine a relevé l'existence d'un second critère lié à la nature de la sanction.

---

[807] DEGOFFE M., « Droit de la sanction non pénale », *Economica*, 2000, p.38

[808] À titre d'exemple, le professeur Michel Degoffe, part de l'ordonnance du 1er décembre 1986 qui proclame la liberté de concurrence. Selon lui « *l'opérateur économique peut abuser de cette liberté. Il sera sanctionné. La sanction en cause est une punition* » : DEGOFFE M., « L'ambiguïté de la sanction administrative », *AJDA* 2001, p. 27.

[809] La professeur Degoffe prend l'exemple des régimes d'autorisation : DEGOFFE M., « L'ambiguïté de la sanction administrative », Ibidem.

[810] DEGOFFE M., « Droit de la sanction non pénale », op cit, p.38.

[811] Article 14 de la Déclaration des droits de l'homme et du citoyen.

310. Le critère de la déconnexion entre la sanction et la réglementation qu'elle tend à faire respecter a trait à la nature même la sanction. L'utilisation du critère de la nature de la sanction relève de l'évidence[812]. C'est lui qui en droit pénal permet de distinguer les infractions selon leur degré de sévérité. Ainsi, quand « *l'individu ne détient pas une liberté initiale, mais s'insère dans une réglementation, la sanction est créée pour faire respecter cette réglementation* ». En revanche, « *si la sanction n'a plus aucun rapport avec la réglementation qu'elle tend à faire respecter, elle devient alors une punition*[813]*. C'est le cas le plus souvent des sanctions pécuniaires* »[814]. L'auteur précise qu'en droit fiscal, le contribuable est enserré dans un « *statut complexe où de multiples obligations pèsent sur lui* »[815] . L'État ne peut « *pratiquement pas agir sur le statut du contribuable* »[816]. Dès lors pour faire respecter l'obligation fiscale, il « *ne peut guère que lui infliger une amende* »[817]. Or celles-ci n'ont « *aucun lien apparent avec la réglementation qu'elle tend à faire respecter* »[818]. Ce second critère qui permet de qualifier de punition une grande majorité de sanctions fiscales. L'auteur le confirme en affirmant que le critère qui résulte de la déconnexion entre la sanction et la réglementation qu'elle tend à faire respecter « *classe, de toute façon, ces sanctions parmi les punitions* »[819].

311. Afin d'appliquer sa théorie aux sanctions fiscales, le professeur Michel Degoffe distingue au sein des pénalités fiscales, « les sanctions fiscales », « les autres sanctions et mesures diverses » prononcées par l'administration fiscale et « les sanctions pénales » prononcées par l'autorité judiciaire. À la différence des sanctions qui relèvent de la catégorie de

---

[812] Ce critère trouve un fondement dans les principes du droit pénal. En effet, pour Beccaria, il faut donner « *à la peine toute la conformité possible avec la nature du délit, afin que la crainte d'un châtiment éloigne l'esprit de la route où la conduisait la perspective d'un crime avantageux* » : Beccaria Des délits et des peines, 1765, éd. de 1856, p. 119. Se fondant sur ce principe, le professeur Michel Degoffe en tire la conclusion qu' « *il est normal que, lorsque cette adéquation disparaît, les principes fondamentaux de la procédure pénale soient d'autant plus nécessaires* » : DEGOFFE M., « L'ambiguïté de la sanction administrative », op cit.

[813] Dans cette hypothèse, « *la sanction frappe l'individu mais sans chercher à atteindre les droits qu'il détient de l'autorisation* » DEGOFFE M., « Droit de la sanction non pénale », op cit, p.40

[814] Ibidem.

[815] Ibidem, p.37.

[816] Ibidem.

[817] Ibidem.

[818] Ibidem.

[819] À la seule exception des intérêts de retard.

punition par application du premier critère, les sanctions fiscales ne peuvent être automatiquement qualifiées de « sanctions ayant le caractère de punition » quelle que soit leur forme. Leur nature punitive ne peut se déduire que de la déconnexion entre la sanction et la réglementation qu'elle tend à faire respecter.

312. S'agissant des sanctions pécuniaires, l'auteur précise qu'elles rentrent dans la majorité des cas dans la catégorie de punition, dès lors qu'elles sont le plus souvent « *indifférente*(s) *à la réglementation qu'elles entendent faire respecter* »[820]. Ce n'est cependant pas le cas des intérêts de retard qui ne sont selon lui « *pas à proprement parler des sanctions* »[821]. A contrario, l'auteur classe les amendes et majorations dans la catégorie de punition dès lors que leur quantum est lié à une appréciation par l'administration de la mauvaise foi ou de manœuvres frauduleuses du contribuable. Cette circonstance ne laisse selon lui aucun doute sur leur caractère répressif.

313. L'auteur ne précise pas la nature des mesures diverses. Or, le développement de nouvelles formes de répression en matière fiscale invite à s'interroger sur leur nature punitive. Certains éléments du régime d'imposition sont susceptibles d'avoir des conséquences négatives sur la situation fiscale du contribuable. Elles peuvent en fonction du comportement du contribuable augmenter sa charge fiscale. Il en va ainsi, des dissuasions fiscales, des mesures de déchéance de régime de faveur, des mesures de solidarité. Certaines d'entre elles sont susceptibles, conformément à l'application de cette théorie, de ressortir de la catégorie de sanction punitive. Il en va ainsi de la déchéance du régime de faveur pour manquement du contribuable. On peut considérer que cette mesure relève de la qualification de sanction ayant le caractère de punition dès lors qu'elle n'a aucun rapport avec l'objet même de la réglementation. En revanche, la déchéance du régime de faveur accordé au contribuable de bonne foi dès lors qu'elle est fondée sur l'absence de conditions prescrites pour son application n'est pas dénuée de tout lien avec la réglementation qu'elle entend faire respecter.

314. Les deux théories doctrinales relatives à la notion de sanction ayant le caractère de punition ont pour point commun de faire de la nature punitive de mesure fiscale, l'élément déterminant de la qualification juridique. Elle constitue la pierre angulaire de la délimitation du domaine de contrôle du Conseil constitutionnel.

---

820 DEGOFFE M., « Droit de la sanction non pénale » op cit., p.41
821 Ibidem.

Section 2 : L'extension du champ d'application matériel aux pénalités fiscales répressives

315. Pour entrer dans le champ d'application de l'article 8 de la Constitution, les mesures fiscales doivent avoir pour but de réprimer un manquement à l'obligation fiscale. L'application de ce critère de pénalisation a permis de faire entrer, dans le champ des principes constitutionnels de l'article 8 de la Déclaration, la grande majorité des amendes et majorations de droit, lesquelles revêtent une finalité punitive. A contrario, le Conseil constitutionnel a écarté les majorations et intérêts de retard de ce champ d'application, se fondant sur leur caractère exclusivement réparateur.

I. L'assimilation des amendes et majorations de droit punitives aux sanctions pénales

316. L'identification de la sanction fiscale par le Conseil constitutionnel se fonde exclusivement sur la finalité punitive de la norme. Par conséquent, la qualification de sanction fiscale ne repose pas sur la gravité de la mesure.

A. La finalité punitive des amendes et majorations de droits

317. Il convient de relever que seule la finalité punitive permet de qualifier une mesure fiscale de sanction ayant le caractère de punition. La qualification nécessite l'établissement du caractère répressif de la mesure qui doit tendre à empêcher la réitération des agissements qu'elle réprime[822]. Dès lors, toute sanction ne revêt pas pour autant le caractère de punition. Le Conseil constitutionnel effectue une distinction entre les mesures sanctionnatrices, et les mesures punitives. Seules les dernières bénéficient des garanties de l'article 8 de la Déclaration.

318. En matière fiscale, le Conseil constitutionnel reconnaît la finalité punitive aux « *amendes et majorations qui tendent à réprimer le comportement des personnes qui ont méconnu leurs obligations fiscales*

---

[822] Note sous, C.C. 29 avril 2011, n° 2011-124 QPC, Commentaire aux cahiers : https://www.conseil-constitutionnel.fr/sites/default/files/as/root/bank_mm/decisions/2011124qpc/ccc_124qpc.pdf.

[devant] »[823]. Ces mesures doivent être *« considérées comme des sanctions ayant le caractère d'une punition »*[824]. Si la finalité punitive des amendes fiscales relevait de l'évidence pour le Conseil constitutionnel, il n'en a pas été de même pour les majorations de droits.

a. Les majorations de droits

319. Sous l'appellation « majorations de droit » il est possible de distinguer deux catégories de majorations. Certaines visent essentiellement à réparer le préjudice financier subi par l'État. Cette caractéristique les exclut de la qualification de sanction ayant le caractère de punition. A contrario, certaines majorations « *apparaissent avoir une finalité punitive indéniable* »[825] et par conséquent, « *leur refuser la qualification de sanction ayant le caractère de punition serait aller à l'encontre de leur nature* »[826]. Le Conseil constitutionnel a progressivement précisé les caractéristiques des majorations punitives. Ces précisions ont permis de dessiner la ligne de démarcation entre les majorations de nature répressive et les majorations pécuniaires.

320. Dans la décision du 30 décembre 1982[827], les sages de la rue de Montpensier ont précisé que le principe de non-rétroactivité de la loi pénale d'incrimination plus sévère devait s'appliquer à toute sanction ayant le caractère de punition. En revanche, ils ont précisé que cette garantie « *ne s'étend pas aux majorations de droits et intérêt de retard ayant le caractère de réparation pécuniaire* »[828]. L'ambiguïté de cette affirmation a laissé planer le doute quant à la nature juridique des majorations de droits. Le Conseil constitutionnel souhaitait-il qu'aucune majoration de droits n'entre dans la catégorie de sanction ayant le caractère de punition ou en revanche, instaurer une distinction entre majorations réparatrices et majorations punitives ? La jurisprudence postérieure du Conseil constitutionnel a permis d'éclaircir et de préciser les contours des majorations punitives.

---

[823] C.C., 4 mai 2012, n° 2012-239 QPC, Altmann, *Dr fisc.*, 2012, n° 27, p. 29, note GRANDEMANGE J.-P.. Voir également, C.C., 30 mars 2012, n° 2012-225 QPC, Soc. Unibail Rodamco, *RJEP*, 2012, n° 700, p. 25, note FARISSE R. : à propos de l'article L. 520-11 du Code de l'urbanisme, établissant une majoration de la « redevance » pour création de locaux à l'usage de bureaux dans la région Ile-de-France.

[824] C.C., 4 mai 2012, n° 2012-239 QPC, Altmann, ibidem.

[825] GUINCHARD A., « Les enjeux du pouvoir de répression en matière pénale : du modèle judiciaire à l'attraction d'un système unitaire », op cit., p. 60.

[826] Ibidem.

[827] C.C., 30 décembre 1982, n° 82-155 DC, Loi de finances rectificatives pour 1982, op cit.

[828] Ibidem., cons. 34.

321. Le Conseil constitutionnel a apporté des précisions dans la décision du 29 décembre 1999 relative à la majoration fiscale de 50% de l'article 1728 du Code général des impôts[829]. Le Conseil constitutionnel a accepté de contrôler la constitutionnalité de la majoration au regard de l'article 8 de la Déclaration des droits de l'homme et du citoyen. Au sein de la catégorie des majorations d'impôt, le Conseil constitutionnel distingue celles qui constituent des réparations pécuniaires et celles qui constituent de véritables sanctions. Ainsi, dans une décision du 30 mars 2012[830] relative à l'article L 520-11 du code de l'urbanisme, le juge constitutionnel a relevé l'existence de deux catégories de majoration, à savoir, les majorations de nature réparatrice et les majorations punitives. Le Conseil constitutionnel distingue les majorations pour retard de paiement de la redevance pour création de bureaux dans la région Île-de-France qui ont « *pour objet la compensation du préjudice subi par l'État du fait du paiement tardif de la redevance* »[831] et les majorations dues en cas d'infraction à la réglementation et à la législation applicable à la redevance qui tendent « à *sanctionner les personnes ayant éludé le paiement de la redevance* »[832]. Les premières revêtent la nature de réparation pécuniaire et ne sont pas assimilables à des sanctions ayant le caractère de punition. En revanche, le Conseil constitutionnel a considéré que la majoration pour manquement aux obligations législatives et réglementaires pouvant atteindre 100% du montant éludé « *avait pour objet de sanctionner une fraude à la redevance et d'éviter la réitération de tels agissements* »[833]. La finalité punitive de la majoration l'a rangé parmi les sanctions ayant le caractère de punition.

322. Cette ligne directrice a conduit le Conseil constitutionnel à juger, en matière fiscale, que la majoration relative à la contribution supplémentaire à l'apprentissage prévue à l'article 230 H du Code général des impôts, « *qui tend à sanctionner les personnes ayant liquidé de manière erronée ou ayant éludé le paiement de la contribution, a le caractère d'une punition* »[834]. Ainsi et de manière logique, Le Conseil constitutionnel a considéré que la majoration de 40% pour manœuvres frauduleuses qui « *vise* (…) *à renforcer la répression des insuffisances volontaires de déclaration de base d'imposition ou des éléments servant à la liquidation de l'impôt* »[835], institue

---

829 C.C., 29 décembre 1999, n°99-424 DC, *AJDA* 2000, 37, obs. J-E. SCHOETTL, *RFDC* 2000, 132, obs. L. PHILIP.
830 C.C. 30 mars 2012, n° 2012-225 QPC, Soc. Unibail Rodamco, *RJEP*, 2012, n° 700, p. 25, note FRAISSE R.
831 Ibidem, cons. 6
832 Ibidem.
833 FRAISSE R., « Les majorations d'une taxe d'urbanisme devant le Conseil Constitutionnel », *RJEP*, 2012, n° 700, p. 25.
834 C.C., 7 mars 2014, n° 2013-371 QPC, SAS Labeyrie, consid. 9, *Dr fisc.* 2014, n° 11, act. 180.
835 C.C., 17 mars 2011, n° 2010-103 QPC, Sté SERAS II, *Rec. Cons. Const.* 2011, p. 142.

« une sanction financière dont la nature est directement liée à celle de l'infraction »[836]. Il en va de même pour la majoration de 40% visant le non-dépôt d'une déclaration fiscale dans les 30 jours d'une première mise en demeure qui vise *« à renforcer la répression des défauts ou retards volontaires de déclaration de base d'imposition ou des éléments retenus pour la liquidation de l'impôt »*[837].

323. Ces jurisprudences révèlent que *« le statut constitutionnel des majorations encourues en cas de retard ou d'insuffisance de paiement n'est pas uniforme »*[838]. Le Conseil constitutionnel distingue celles qui constituent le prix du temps et celles qui visent à sanctionner un contribuable pour avoir éludé tout ou partie de l'impôt ou pour avoir liquidé de manière erronée un impôt. Seules les secondes entrent dans la catégorie de sanction ayant le caractère de punition.

b. Les amendes fiscales

324. Le Conseil constitutionnel a reconnu le caractère sanctionnateur des amendes fiscales en jugeant sur le fondement de l'article 8 de la Déclaration des droits de l'homme et du citoyen qu' *« en prescrivant que l'amende fiscale encourue en cas de divulgation du montant du revenu d'une personne en violation des dispositions de l'article L. 111 du Livre des procédures fiscales sera, en toute hypothèse, égale au montant des revenus divulgués, l'article 92 de la loi de finances pour 1988*[839] *édicte une sanction qui pourrait, dans nombre de cas, revêtir un caractère manifestement disproportionné »*[840]. En appliquant les dispositions de l'article 8 de la Déclaration, le Conseil constitutionnel a intégré l'amende fiscale au sein de la notion de sanction ayant le caractère de punition.

325. Cette décision qui porte assimilation de l'amende fiscale prévue en cas de divulgation du montant des revenus d'une personne aux sanctions pénales devait-elle se généraliser à l'ensemble des amendes fiscales ? Le fait d'instituer une telle mesure est-il révélateur d'une intention de punir le comportement du contribuable ? Les jurisprudences postérieures prises par le

---

[836] Ibidem.

[837] C.C., 17 mars 2011, n° 2010-105/106 QPC, M. Soares. et a., *JO* 18 mars 2011, p. 4935.

[838] GUTMANN D., « Le contrôle du Conseil constitutionnel sur les sanctions fiscales », op cit.

[839] L'article 92 a pour objet de compléter les dispositions de l'article 1768 ter du Code général des impôts. Cette disposition a été abrogée par l'ordonnance n°2005-1512 du 7 décembre 2005 - art. 17 (*JORF* 8 décembre 2005 en vigueur le 1er janvier 2006).

[840] C.C., 30 décembre 1987, n° 87-237 DC, consid. 13 à 15, *RFDA*, 1988, note GENEVOIS B., *RJF* 1988, n° 5/88, *Dr fisc.* 1988, n° 1, comm. 5 note PHILIP L.

Conseil constitutionnel attestent du véritable « *aspect sanctionnateur* »[841] des amendes fiscales. Elles permettent d'affirmer qu'en instituant ces mesures, le législateur entend réprimer un comportement récalcitrant, qu'il provienne du contribuable lui-même ou d'un tiers.

326. Les différentes saisines du Conseil constitutionnel relatives à la constitutionnalité des amendes pour défaut de déclaration ont permis d'apprécier la nature répressive des amendes fiscales prononcées à l'égard du contribuable. Afin d'apprécier la qualification juridique de l'amende fiscale, le Conseil constitutionnel se réfère à l'intention punitive du législateur. Cette méthodologie ressort clairement de la décision 2015-480 QPC du 17 septembre 2015[842] relatif à l'amende pour défaut de déclaration de comptes bancaires ouverts, utilisés ou clos à l'étranger[843]. Le juge constitutionnel s'est fondé sur la volonté du législateur de « *réprimer la méconnaissance des obligations déclaratives relatives aux comptes bancaires ouverts, utilisés ou clos à l'étranger posées par les dispositions du deuxième alinéa de l'article 1649 A du Code général des impôts* »[844] pour assimiler cette mesure à une sanction ayant le caractère de punition[845]. C'est la volonté de législateur de réprimer le comportement du contribuable qui donne aux amendes fiscales pour défaut de déclaration la nature de sanction ayant le caractère de punition.

327. La volonté de réprimer la méconnaissance des obligations fiscales peut s'exprimer à l'égard des tiers. Des précisions sur la nature répressive des amendes fiscales ont été apportées dans une décision du 8 octobre 2014 relative à l'amende pour contribution à l'obtention, par un tiers, d'un avantage

---

[841] DELLIS G., « Droit pénal et droit administratif, l'influence du droit pénal sur le droit administratif répressif », op cit.

[842] C.C. 17 septembre 2015, n° 2015-481 QPC M. et Mme Bessis, *JORF*19 sept. 2015, texte n°55, *Dr fisc.* 2015, n° 39, act. 540.

[843] Instituée au paragraphe IV de l'article 1736 du Code général des impôts dans sa rédaction issue de la loi n° 2008-1443 du 30 décembre 2008 de finances rectificative pour 2008 : Loi de finances rectificative n° 2008-1443 du 30 décembre 2008 pour 2008, *JORF* du 31 décembre 2008, *Dr fisc.* 2009, n° 5, comm. 139

[844] C.C. 17 septembre 2015, n° 2015-481 QPC M. et Mme Bessis, op cit.

[845] Cette solution a été confirmée par la décision 2016-554 QPC du 22 juillet 2016 relative à l'amende pour défaut de déclaration de comptes bancaires ouverts utilisés ou clos à l'étranger. Le Conseil d'État a renvoyé au Conseil constitutionnel une question prioritaire de constitutionnalité portant sur le second alinéa du paragraphe IV de l'article 1736 du Code général des impôts issu de la loi du 14 mars 2012 : CE, 9e et 10e ch., 18 mai 2016, n° 397826, M. B., *Dr fisc.* 2016, n° 23, comm. 368, concl. É. BOKDAM-TOGNETTI. Le Conseil constitutionnel a jugé qu'en instaurant cette mesure, le législateur a entendu réprimer « *la méconnaissance de l'obligation déclarative annuelle relative aux comptes bancaires ouverts, utilisés ou clos à l'étranger* » : C.C., 22 juillet 2016, n° 2016-554 QPC, M. Gilbert B, *Dr fisc.* 2016, n° 30-35, act. 481.

fiscal indu prévue à l'article 1756 quater du Code général des impôts[846]. Les requérants soutenaient qu'en instituant cette amende le législateur avait entendu éviter une perte pécuniaire pour l'État en lui permettant d'obtenir la restitution de l'avantage fiscal indûment obtenu par un tiers. Elle ne pouvait, selon eux, être qualifiée de sanction ayant le caractère de punition. Le Conseil constitutionnel n'a pas retenu l'argument avancé par les requérants et a jugé conformément à sa jurisprudence traditionnelle que « *cette amende fiscale, qui tend à réprimer les agissements des personnes ayant contribué à l'obtention, par un tiers, d'un avantage fiscal indu, a le caractère d'une punition* »[847]. La finalité punitive de la mesure ressort des travaux parlementaires, lesquels faisaient référence à la volonté du législateur de « *sanctionner les personnes qui ont sciemment menti afin que soit accordé un avantage fiscal dont ils ne sont pourtant pas les bénéficiaires directs ou dont le mensonge délibérément commis aboutit à la remise en cause de cet avantage fiscal* »[848]. Cette solution est proche de celle prise par le Conseil constitutionnel à propos de l'amende pour défaut de déclaration des sommes versées à un tiers[849]. Les commentaires au pied de l'arrêt font référence à l'intention du législateur de sanctionner le non-respect de plusieurs obligations de déclaration de versement mises à la charge de personnes identifiées par le législateur comme des « tiers déclarants »[850].

328. Il ressort de l'étude du contrôle constitutionnel des amendes fiscales que les sages de la rue de Montpensier n'ont jamais refusé de qualifier une amende fiscale de sanction punitive. En instituant une amende fiscale, le législateur entend réprimer un certain comportement afin que le contribuable, ou un tiers impliqué dans la méconnaissance d'une obligation fiscale ne le réitère pas[851].

---

[846] C.C., 8 octobre 2014, n° 2014-418 QPC, consid. 6, *Dr. pén.*, décembre 2014, n° 12, p. 27-28.

[847] Ibidem.

[848] PHILIPPE AUBERGER M., Rapport sur le projet de loi, modifié par le Senat, de programme pour l'outre- mer, Assemblée nationale, XIIe législature, n° 891, 28 mai 2003.

[849] C.C., 20 juillet 2012, n° 2012-267 QPC, Irène Lherbeil, *Dr fisc.* 2012, n° 40, comm. 461, note AYRAULT L. ; *RJF* 12/2012, n° 1150.

[850]Note sous C. C., 20 juill. 2012, déc. n° 2012-267 QPC, Irène Lherbeil, Commentaires aux cahiers https://www.conseilconstitutionnel.fr/sites/default/files/as/root/bank_mm/decisions/2012267qpc/ccc_267qpc.pdf

[851] Le Conseil constitutionnel est allé plus loin dans son raisonnement en appliquant de manière générale le principe d'individualisation de la peine aux amendes fiscales. Cette analyse ressort de la décision du 16 mars 2017 concernant l'amende pour défaut de déclaration de comptes bancaires ouverts, utilisés ou clos à l'étranger, instituée à l'article 1736 du Code général des impôts. Le Conseil constitutionnel a utilisé une expression plus générale qui semble englober l'ensemble des amendes fiscales. Ils ont jugé que « *le principe d'individualisation des peines qui découle de l'article 8 de la Déclaration de 1789 implique qu'une amende fiscale ne puisse être appliquée que si l'administration, sous le contrôle du juge, l'a expressément prononcée en*

B. Absence de prise en compte de la gravité de la sanction

329. Le Conseil constitutionnel n'attache pas d'importance à la gravité de la sanction. Ce critère, considéré comme « *une source d'insécurité* »[852] n'est pas pris en compte par le Conseil constitutionnel. Dans sa thèse consacrée « aux enjeux du pourvoir de répression »[853], Audrey Guinchard a relevé cette caractéristique du contrôle du Conseil constitutionnel suite aux décisions du 28 décembre 1990[854] et du 30 décembre 1997[855].

330. La première décision était relative à la constitutionnalité de l'amende prévue à l'article 1840-I du Code général des impôts[856]. L'article 43 de la loi instituait une majoration du droit de timbre sur les tickets de pari mutuel par une taxe additionnelle dont le taux était fixé à 0,3 % du montant des sommes engagés dans la même cause. Cette majoration a été qualifiée implicitement de sanction ayant le caractère de punition. Le Conseil constitutionnel a jugé que les principes qui découlent de l'article 8 de la Déclaration des droits de l'homme et du citoyen lui étaient applicables. Il en a conclu que « *l'article 43 de la loi dispose que la taxe additionnelle qu'il institue est recouvrée sous les « mêmes sanctions » que le droit de timbre sur les tickets du pari mutuel ; que ce mode de recouvrement n'astreint nullement l'administration au respect des droits de la défense préalablement au prononcé d'une amende sur le fondement de l'article 1840-I du CGI ou des dispositions mentionnées audit article* »[857]. Cette décision est considérée par Audrey Guinchard comme révélatrice du détachement du Conseil constitutionnel, du critère de gravité de

tenant compte des circonstances propres à chaque espèce ; qu'il ne saurait toutefois interdire au législateur de fixer des règles assurant une répression effective de la méconnaissance des obligations fiscales » . Le Conseil Constitutionnel a implicitement jugé que l'amende fiscale pour défaut de déclaration constitue une sanction ayant le caractère de punition en contrôlant la disposition contestée au principe d'individualité des peines qui découle des principes du droit constitutionnel répressif. Mais il est allé plus loin en utilisant l'expression neutre d' « amende fiscale ». Il ne semble pas faire de distinction au sein de la catégorie d'amende, entre des amendes ayant le caractère de punition et d'autres n'ayant pas cette caractéristique.

[852] Le professeur PETIT J. considère le critère de la gravité de la sanction comme ayant « *une qualité essentiellement relative dont le jugement ne saurait être qu'éminemment subjectif* » : V. « L'application du principe de la rétroactivité in mitius aux sanctions fiscales », op cit.

[853] GUINCHARD A., « Les enjeux du pouvoir de répression en matière pénale : du modèle judiciaire à l'attraction d'un système unitaire », op cit.

[854] C.C., 28 décembre 1990, DC. 90-285, cons. n°57, *LPA* 1991 n°17, p.15, obs. J-P CHAUMONT ; *RFDC* 1991, 145, obs. L. FAVOREU ; *RFDC* 1991, 136, obs. L. PHILIP ; *Dr fisc.* 1991, 612, note L. PHILIP.

[855] C.C., 30 décembre 1997, DC 97-395, cons. n°39, *AJDA* 1998, 118, obs. J-E SHOETTL, *RFDC* 1998, 160, obs., *Procédures* 1998, p.4, note P. SCHIELE et p.24, note J-L PIERRE.

[856] C.C., 28 décembre 1990, DC. 90-285, op cit., consid. 57.

[857] Ibidem.

la sanction[858]. Il en va de même pour l'amende prévue à l'article 1740 ter A du CGI[859] qui institue une amende de 100 francs pour toutes omissions ou inexactitudes constatées dans les factures ou documents en tenant lieu, mentionnées aux articles 289 et 290 quinquies. Les sages de la rue de Montpensier ont accepté de contrôler sa conformité aux principes du droit constitutionnel répressif.

331. Plus récemment, le Conseil constitutionnel a été saisi à propos de l'amende fiscale prévue à l'article 1665 bis du Code général des impôts en cas de demandes de prime à l'emploi formulées sur la base de renseignements inexacts en vue d'obtenir le paiement d'un acompte. Cette circonstance donne lieu à l'application d'une amende de 100 euros si la mauvaise foi de l'intéressé est établie. Les requérants contestaient cette mesure sur le fondement des droits de la défense et du principe de proportionnalité tel qu'il résulte des dispositions de l'article 8 de la Déclaration. En acceptant de contrôler les dispositions de cette mesure au principe du droit constitutionnel répressif, le Conseil constitutionnel a, de manière implicite, accepté de lui conférer la nature d'amende punitive[860].

332. Ces différents exemples attestent du caractère déterminant du critère de la punition dans la qualification de « sanction ayant le caractère de punition ». À cet égard, « *il semble même être l'élément unique* »[861]. Cette analyse est corroborée par l'absence de prise en compte par le Conseil constitutionnel de la gravité de la sanction.

II. L'exclusion des pénalités réparatrices

333. Dès la consécration de la notion de sanction ayant le caractère punition, le Conseil constitutionnel avait exclu de son champ les majorations de droits et intérêts de retard ayant le caractère de réparation pécuniaire. Toutefois, la distinction entre réparation et punition a posé des difficultés s'agissant des mesures instituées afin de réparer le préjudice du Trésor, mais dont l'aspect est « comminatoire ».

---

858 GUINCHARD A., « Les enjeux du pouvoir de répression en matière pénale : du modèle judiciaire à l'attraction d'un système unitaire », op cit., p. 61.
859 C.C., 30 décembre 1997, DC 97-395, op cit., consid. 39.
860 C.C., 29 décembre 2003, n° 2003-489 DC, *RFDC*, janvier-mars 2004, n° 57, p. 121-126, *Dr fisc.* 2004, p. 782-784.
861 Ibidem.

A. L'exclusion des intérêts et majorations de retard

334. Lors de la consécration de la notion de sanction ayant le caractère de punition, le Conseil constitutionnel a immédiatement exclus « *les majorations de droits et intérêts de retard ayant le caractère d'une réparation pécuniaire* »[862]. L'intérêt de retard est caractérisé par une volonté de réparer le préjudice subi par le Trésor public du fait du retard dans la perception des impôts. L'instauration de la question prioritaire de constitutionnalité n'a pas eu pour conséquence de changer la position du Conseil constitutionnel. En effet, il a confirmé sa jurisprudence dans une décision du 4 mai 2012 à propos des intérêts de retard dus par le défunt ou la société dissoute en cas de décès du contrevenant ou en cas de dissolution d'une société[863]. Le Conseil constitutionnel a jugé que « *les majorations et intérêts de retard ayant pour seul objet de réparer le préjudice subi par l'État du fait du paiement tardif de l'impôt ne revêtent aucun caractère punitif* »[864]. Analysant la jurisprudence constitutionnelle, la doctrine ne voyait comme seule exception à la nature de réparation pécuniaire, les intérêts de retard dont la restitution est exagérée par rapport au préjudice subi. Ainsi, « *seuls échappent* (…) *à la qualification de sanctions les intérêts de retard prorata temporis* »[865].

335. Si la nature juridique de réparation pécuniaire de l'intérêt de retard prorata temporis ne fait aucun doute à l'heure actuelle, il n'en va pas de même pour les majorations de droits dont l'aspect est comminatoire.

B. La controverse sur la nature juridique de la majoration de l'article 1730 du Code général des impôts

336. La distinction entre réparation et punition s'est avérée délicate à propos des mesures instituées afin de réparer le préjudice du Trésor, mais dont l'aspect est « comminatoire ». Il en va ainsi des dispositions de l'article 1730 du Code général des impôts[866] qui prévoient une majoration de 10% pour tout retard dans le paiement des sommes dues au titre de l'impôt sur le revenu, de la taxe d'habitation, des taxes foncières sur les propriétés bâties et non bâties.

---

862 C.C. 30 décembre 1982, n° 82-155, op cit, consid. 34.

863 IV de l'article 1754 du Code général des impôts.

864 C.C. 4 mai 2012, n° 2012-239, Altmann, *Dr fisc.* 2012, n° 27, p. 29, note GRANDEMANGE J-P.

865 DEGOFFE M., « Droit de la sanction non pénale », op cit, p.8.

866 Dans sa rédaction issue de l'ordonnance du 7 décembre 2005 relative à des mesures de simplification en matière fiscale et à l'harmonisation et l'aménagement du régime des pénalités, op cit.

La question de la nature juridique de la majoration de 10% s'est posée devant le Conseil d'État. La Haute juridiction administrative a décidé de transmettre une question prioritaire de constitutionnalité. Elle n'a pas suivi les conclusions du rapporteur public qui avait considéré que cette majoration ne revêtait pas le caractère d'une sanction ayant le caractère de punition mais correspondait à une forfaitisation de l'intérêt de retard sur une période d'un an.

337. Le Conseil constitutionnel a, conformément à son acception restrictive de la sanction, jugé que les dispositions relatives à la majoration de 10% « *figurent au nombre des règles relatives à l'assiette, au taux et au recouvrement des impositions de toutes natures ; que la majoration ainsi instituée, qui ne revêt pas le caractère d'une punition, a pour objet la compensation du préjudice subi par l'État du fait du paiement tardif des impôts directs* »[867]. La majoration de 10%, même si elle se distingue de l'intérêt de retard par son aspect « comminatoire », elle n'a pas pour finalité de punir le contribuable afin d'empêcher la réitération des agissements qu'elle réprime. L'objectif principal de la majoration de 10% étant selon les commentaires figurant au cahier du Conseil constitutionnel, d'inciter le contribuable à se libérer de son obligation fiscale dans les meilleurs délais. Ainsi, en favorisant « *un recouvrement rapide et régulier des impôts directs* »[868], la majoration de 10% pour paiement tardif « *a pour objet de réparer le préjudice subi par le Trésor du fait de l'écoulement du temps et du retard avec lequel il entre en possession des sommes qui lui sont dues* »[869] et « *vient donc répondre à une simple abstention de paiement d'une dette après mise en recouvrement* »[870].

338. Le Conseil constitutionnel n'a pas pris en compte le taux de la majoration qui rapporté par mois s'élève à 0,80% alors que le taux de l'intérêt de retard était de 0,40%[871]. Il résulte des commentaires aux cahiers du Conseil constitutionnel que cette décision procède de la combinaison entre l'article 1730 du Code général des impôts, avec l'article 1727 du même Code[872] et l'article L 209 du Livre des procédures fiscales[873]. En effet dès lors que la

---

867 C.C. 29 avril 2011, n° 2011-124 QPC, *FR* 23/11, p. 23 et s., note AUSTRY S.

868 Commentaire aux cahiers sous C.C. 29 avril 2011, n° 2011-124 QPC.

869 Ibidem.

870 Ibidem.

871 Le taux de l'intérêt de retard s'élève désormais de 0,20% par mois.

872 « *Toute créance de nature fiscale, dont l'établissement ou le recouvrement incombe aux administrations fiscales, qui n'a pas été acquittée dans le délai légal donne lieu au versement d'un intérêt de retard. À cet intérêt s'ajoutent, le cas échéant, les sanctions prévues au présent code* » : Article 1727 du Code général des impôts

873 « *Lorsque le tribunal administratif rejette totalement ou partiellement la demande d'un contribuable tendant à obtenir l'annulation ou la réduction d'une imposition établie en matière d'impôts directs à la suite d'une rectification ou d'une taxation d'office, les cotisations ou fractions de cotisations maintenues à la charge du contribuable et pour lesquelles celui-ci avait*

majoration de 10 % se substitue aux intérêts de retard et aux intérêts moratoires pendant les 12 mois qui suivent la date limite de paiement, elle ne saurait avoir, selon les commentateurs, une autre finalité que la forfaitisation du prix du temps. En d'autres termes, c'est le *« phénomène de substitution »*[874] entre les intérêts de retard et moratoires avec la majoration de 10% qui aurait permis de procéder à la qualification de réparation plutôt que de sanction.

339. L'appréciation de la nature juridique de la majoration en fonction du contexte législatif dans laquelle elle s'insère a fait l'objet de critique au sein de la doctrine. Selon le professeur Daniel Gutmann, « *une telle méthode d'analyse a ses limites* »[875]. En effet, elle ne peut s'avérer pertinente que lorsque le contexte « *est envisagé dans toutes ses composantes* »[876]. Or, comme le relève le professeur Daniel Gutmann, « *le Conseil constitutionnel n'a pas distingué selon que le contribuable soumis à l'obligation d'acquitter la majoration avait ou non demandé le bénéfice du sursis de paiement ; omission d'autant plus regrettable qu'en l'absence d'une telle demande, la majoration peut s'avérer singulièrement élevée pour un retard en définitive négligeable* »[877]. Cette analyse est corroborée par les conclusions du rapporteur public, Pierre Collin, sous l'arrêt du Conseil d'État du 24 février 2011[878]. Il considère que la solution qui dénie le caractère punitif à la majoration de 10% « *est plus difficile à tenir pour le contribuable qui n'est pas en situation de sursis de paiement et qui doit acquitter les 10 % même s'il paye le quarante-sixième jour suivant la mise en recouvrement du rôle »*[879]. Dans cette hypothèse, *« la dimension dissuasive et répressive de la majoration apparaît plus difficile à écarter »*[880].

340. À côté de cette analyse critique de l'absence de prise en compte du contexte législatif dans toutes ces composantes, le professeur Christophe de La Mardière considère que la majoration de 10% n'a pas pour finalité la

---

présenté une réclamation assortie d'une demande de sursis de paiement donnent lieu au paiement d'intérêts moratoires au taux de l'intérêt de retard prévu à l'article 1727 du Code général des impôts. Ces intérêts moratoires ne sont pas dus sur les cotisations ou fractions de cotisations d'impôts soumises à l'intérêt de retard mentionné à l'article 1727 du Code général des impôts (...) Les intérêts courent du premier jour du treizième mois suivant celui de la date limite de paiement jusqu'au jour du paiement effectif des cotisations » : Article L 209 du Livre des procédures fiscales.

[874] GUTMANN D., « Sanctions fiscales et constitution », Nouveaux Cahiers du Conseil constitutionnel 2011, n° 33 », op cit.

[875] Ibidem.

[876] Ibidem.

[877] Ibidem.

[878] Concl. COLLIN P., sous CE, 9e et 10e ss-sect., 24 févr. 2011, n° 344610, Mme Boitel, op cit

[879] Ibidem.

[880] Ibidem.

compensation du prix du temps, mais vise « *à punir le contribuable qui n'a pas respecté le délai de paiement et de le dissuader de recommencer* »[881]. Pour étayer son raisonnement, il relève que si la majoration de 10% ne se cumule pas avec l'intérêt de retard de l'article 1727 du Code général des impôts qui « *s'élève à 0,4% par mois*[882] *de retard, ce qui autorise un calcul prorata temporis. Au contraire, quel que soit le temps pris par le contribuable pour acquitter l'impôt la majoration le condamne toujours à devoir payer 10%* »[883]. Il en résulte que la majoration de 10% est « *particulièrement automatique* »[884]. Cette décision jugée « *décevante* »[885] par la doctrine, s'inscrit dans l'interprétation stricte de la notion de sanction fiscale du Conseil constitutionnel.

341. Le mouvement de pénalisation des sanctions fiscales qui résulte de l'extension du champ d'application matériel de la notion de sanction ayant le caractère de punition aux sanctions fiscales punitives s'est accompagné d'une acception large de l'applicabilité temporelle des principes constitutionnels de l'article 8 de la Déclaration. Le Conseil constitutionnel a, à la différence de la Cour européenne des droits de l'homme, entendu dès la consécration de la notion de sanction ayant le caractère de punition, donner une large portée au champ d'applicabilité temporelle des principes constitutionnels répressifs. Il devait être compris comme englobant la phase juridictionnelle et la phase administrative de mise en œuvre de la sanction alors que la Cour européenne des droits de l'homme limitait à la même époque, le respect des garanties du procès équitable à la procédure suivie devant les juridictions.

Section 3 : L'extension des garanties à l'ensemble de la procédure de mise œuvre de sanction

342. Dès la consécration de la notion de « sanction ayant le caractère de punition » dans la décision du 30 décembre 1982, le Conseil constitutionnel a laissé entendre que le champ d'application procédural devait revêtir une portée générale. Le Conseil constitutionnel a, dans un considérant de principe, énoncé que « *le principe de non-rétroactivité ainsi formulé ne concerne pas seulement les peines appliquées par les juridictions répressives, mais s'étend*

---

[881] DE LA MARDIERE C., « La pénalité de 10% pour paiement tardif n'est pas une sanction », *Constitutions* 2011, comm. 380.
[882] Le taux de l'intérêt de retard s'élève désormais de 0,20% par mois.
[883] DE LA MARDIERE C., « La pénalité de 10% pour paiement tardif n'est pas une sanction », op cit.
[884] Ibidem.
[885] PERROTIN, F., « La majoration de 10% est conforme à la Constitution », *LPA* 11-12 août 2011, n° 159-160, p. 3-4.

nécessairement à toute sanction ayant le caractère d'une punition même si le législateur a cru devoir laisser le soin de la prononcer à une autorité de nature non judiciaire »[886]. Toutefois, il n'avait pas précisé ce qu'il entendait par autorité de nature non judiciaire. Cette affirmation de principe ne permettait pas de résoudre la question de l'étendue de la reconnaissance du pouvoir de sanction. En revanche, l'application de ce principe aux faits de l'espèce a autorisé une première ouverture vers la généralisation de la pénalisation par le Conseil constitutionnel[887]. En effet, il a considéré que « *la validation régulièrement opérée de la délibération susvisée par le paragraphe II de l'article 22 de la loi soumise à l'examen du Conseil constitutionnel ne saurait avoir pour effet de soustraire au principe de non-rétroactivité les dispositions de ladite délibération édictant des sanctions, sans distinction entre celles dont l'application revient à une juridiction et celles dont l'application revient à l'administration* »[888]. Ainsi, pour le Conseil constitutionnel, l'application des principes du droit constitutionnel répressif concerne aussi bien la phase juridictionnelle que la phase administrative d'établissement de la pénalité.

343. Très rapidement, le Conseil constitutionnel a marqué un recul dans sa jurisprudence relative à la pénalisation des sanctions. En effet dans une décision des 10 et 11 octobre 1984, les sages de la rue de Montpensier ont censuré une loi qui visait à « *limiter la concentration et à assurer la transparence financière et le pluralisme des entreprises de presse* »[889] au motif que « *cette répression ne saurait être confiée à une autorité administrative* »[890]. Il semblait ainsi s'opposer à la répression administrative dans son ensemble. Cette analyse a été démentie par la consécration de la réserve de compétence de la juridiction administrative qui résulte d'une décision du 23 janvier 1987[891].

344. Depuis, le Conseil constitutionnel a réaffirmé sa position initiale en jugeant sans ambiguïté que les principes du droit constitutionnel répressif « *ne concernent pas seulement les peines prononcées par les juridictions répressives, mais s'étendent à toute sanction ayant le caractère d'une punition, même si le législateur a laissé le soin de la prononcer à une autorité*

---

[886] C.C., 30 décembre 1982, n° 82-155 DC, Loi de finances rectificatives pour 1982, op cit., consid.33.
[887] HONG ROCCA J., « Les sanctions fiscales à l'épreuve des transformations du droit (contribution à l'étude historique et théorique des sanctions fiscales) », op cit, p. 343.
[888] Ibidem., consid. 34
[889] C.C., 10 et 11 octobre 1984, n° 84-181 DC, *Rec.* 78 ; *RDP* 1986, p. 395, note FAVOREU L.
[890] Ibidem.
[891] C.C., 23 janvier 1987, n° 86-224 DC, op cit.

de nature non juridictionnelle »[892]. La nouvelle formulation du considérant de principe lève toute ambiguïté quant au champ d'application temporel de la pénalisation des sanctions administratives y compris fiscales. L'introduction de l'expression « autorité de nature non juridictionnelle » autorise à ne pas « *distinguer selon que le prononcer de la sanction revient à une juridiction ou à l'administration* »[893]. Par ailleurs, le Conseil constitutionnel a consolidé son analyse de l'applicabilité temporelle en précisant que la soumission des principes du droit constitutionnel répressif s'imposait « *à l'autorité administrative, sans qu'il soit besoin pour le législateur d'en rappeler l'existence* »[894]. Par conséquent, la pénalisation des sanctions y compris fiscales concerne aussi bien la phase juridictionnelle que la phase administrative d'établissement des pénalités.

345. En matière fiscale, les principes constitutionnels répressifs s'appliquent aussi bien aux procédures susceptibles de conduire à l'infliction de sanctions prononcées par l'administration fiscale[895] qu'au prononcé de la sanction fiscale[896]. Cette large intégration des pénalités fiscales au processus de pénalisation tranche avec l'extension limitée des garanties du droit constitutionnel répressif aux nouvelles formes de répression fiscales.

---

[892] C.C., 28 décembre 1990, DC. 90-285, op cit., consid. n°57,

[893] HONG ROCCA J., « Les sanctions fiscales à l'épreuve des transformations du droit (contribution à l'étude historique et théorique des sanctions fiscales) », op cit, p. 345.

[894] C.C., 26 novembre 2010, n° 2010-69 QPC, *RFDC* 2011, n° 87, p. 574-576.

[895] C.C., 28 décembre 1990, n° 90-285 DC, op cit., consid. 57. Par conséquent, le mode de recouvrement de la taxe additionnelle sur les tickets du pari mutuel qui n'astreint nullement l'administration au respect des droits de la défense préalablement au prononcé de l'amende est contraire à l'article 8 de la Déclaration.

[896] C.C., 30 décembre 1997, n° 97-395 DC, op cit., cons. 41.

Chapitre 2 : Une extension limitée concernant les nouvelles formes de répression fiscale

346. L'absence de définition claire et précise de la notion de sanction ayant le caractère de punition permet au Conseil constitutionnel de ne pas être lié par des critères de rattachement comme la Cour européenne des droits de l'homme avec la matière pénale.

347. Le Conseil constitutionnel a adopté une conception stricte de la notion de sanction ayant le caractère de punition particulièrement en matière fiscale. Ainsi, pour qu'une mesure fiscale soit qualifiée de sanction, « *le caractère répressif est indispensable et son objet principal doit tendre à empêcher la réitération des agissements qu'elle réprime* »[897]. Il résulte de cette interprétation restrictive que « *toute mesure qui sanctionne le manquement à une obligation ou la violation d'une règle de droit ne revêt pas pour autant le caractère d'une punition* »[898]. Elle a eu pour conséquence de limiter le nombre de dispositifs susceptibles de bénéficier des garanties constitutionnelles communes au droit répressif[899]. La matière fiscale est particulièrement touchée par l'interprétation restrictive de la notion « de sanction ayant le caractère de punition » réalisée par le Conseil constitutionnel. Certains éléments du régime d'imposition sont institués non pas dans le but unique de garantir des ressources pour le Trésor, mais dans le but de dissuader ou encore de réprimer le comportement du contribuable. L'impôt est alors conçu comme « *le bras armé de l'éthique ou de la politique économique* »[900]. La politique de lutte contre la déperdition de matière imposable a accentué ce phénomène. Le Conseil constitutionnel a, au-delà de la distinction entre réparation pécuniaire et sanction, dû répondre aux nombreuses contestations fondées sur la nature répressive de certains éléments du régime d'imposition. En adoptant une conception stricte de la notion de sanction il « *condamne à exclure de son contrôle un certain nombre de règles fiscales défavorables qui fustigent*

---

[897] Note sous, C.C., 13 janvier 2011, n° 2010-84 QPC, SNC Eiffage Construction Val de Seine, *Nouv. Cah. Cons. Const.* 2011, Cahier n° 32.
[898] Ibidem.
[899] PELLETIER M., « Droit constitutionnel fiscal : chronique de l'année 2015 », *Dr fisc.* 2017, n°10 comm. 208
[900] GUTMANN D., « Sanctions fiscales et constitution », op cit.

l'adoption par le contribuable de comportements licites, mais jugés socialement répréhensibles »[901].

348. L'appel de la doctrine à un élargissement de la notion de sanction fiscale[902] n'a pas été entendu par le Conseil constitutionnel. Si les sages de la rue de Montpensier admettent qu'une imposition puisse être instituée en vue de dissuader ou de sanctionner le comportement du contribuable, il dénie leur finalité punitive. Le refus d'adopter la conception d'impôt-sanction est justifié par le Conseil constitutionnel par le fait qu'une mesure sanctionnatrice ne relève pas toujours de la qualification de « sanction ayant le caractère de punition ». Encore faut-il, selon lui, qu'elle vise à empêcher la réitération des agissements qu'elle punit.

Section 1 : L'exclusion des mesures fiscales dissuasives

349. Une mesure fiscale dissuasive a pour finalité, de « *détourner le contribuable d'un projet, à l'amener à ne pas intervenir dans un domaine déterminé, à ne pas poursuivre son activité dans les conditions où il l'exerce et d'une manière plus générale, à renoncer à un comportement considéré*

---

[901] Dans son étude sur les « sanctions fiscales et Constitution », le professeur Daniel Gutmann s'est interrogé sur « *le traitement fiscal défavorable réservé à certains contribuables* ». Aux nombres de ces interrogations figurent celles de savoir si « *le fait d'assujettir à un impôt spécial ou plus élevé les entreprises exerçant certaines activités jugées nocives ou n'exerçant pas certaines activités fortement encouragées* (peut-être) *considéré comme une sanction* » ou s'il l'on peut qualifier de sanction punitive « *le fait d'élever le taux d'imposition d'un revenu au seul motif que le paiement est fait dans un Etat ou territoire non coopératif* ». Enfin, il s'est interrogé de savoir si l'on est en présence d'une sanction « *lorsque le fait d'être constituant d'un trust justifie, sous certaines conditions, une imposition plus élevée que celle qui se serait appliquée si les biens avaient été détenus directement* ». Le professeur Daniel Gutmann propose deux solutions pour élargir la notion de sanction à certains impôts ou éléments du régime d'imposition. Premièrement « *lorsque le fait générateur d'un impôt est le non-respect d'une obligation préexistante, quelle qu'en soit la nature, cet impôt doit être qualifié de sanction* ». Deuxièmement, « *la qualification d'impôt* (ou de supplément d'impôt, ou de refus de déduction) *donnée par le législateur n'exclut pas forcément celle de sanction pour les besoins du droit constitutionnel. Certes, il est de la nature de l'impôt de rendre plus onéreuses certaines transactions ou activités ; tout impôt ne peut donc être considéré comme une sanction du seul fait qu'il existe, et l'on ne peut manifestement sonder les motifs qui se cachent derrière chacun d'eux ; mais lorsque le législateur édicte un impôt dans le but explicite de dissuader un comportement donné, il en va autrement car la stigmatisation fiscale de certains actes a pour fonction d'empêcher la commission ou la réitération de certains actes, ce qui constitue précisément la définition de la sanction au sens du droit constitutionnel* » : GUTMANN D., « Sanctions fiscales et constitution », ibidem.

[902] GUTMANN D., « Sanctions fiscales et constitution », ibidem.

comme préjudiciable à un intérêt collectif » [903]. La mesure dissuasive en matière fiscale prend la forme d'une imposition supplémentaire mise à la charge du contribuable qui refuse d'adopter le comportement souhaité. De nombreux dispositifs fiscaux poursuivent cette finalité. Or, pour certains d'entre eux, la question s'est posée de savoir si, à côté de la finalité dissuasive, ils ne visaient pas à punir le comportement du contribuable.

I. Les prémisses de l'analyse restrictive

350. C'est notamment le cas de la contribution à la charge des entreprises exploitant des spécialités pharmaceutiques, instituée à l'article L. 138-10 du Code de la sécurité sociale. Cette mesure prévoit de mettre à la charge des médecins conventionnés une contribution conventionnelle, en cas de non-respect de l'objectif global des dépenses médicales. Il était prévu que le taux serait calculé « *de façon à ce que le montant total recouvré soit égal à une somme à répartir entre tous les médecins concernés, représentant leur participation au dépassement constaté* »[904]. Cette mesure a été contestée, entre autres, sur le fondement des principes de personnalité des peines et de responsabilité personnelle tels qu'ils résultent de l'article 8 de la Déclaration, en ce qu'elle instaurait selon les auteurs de la saisine, une sanction automatique. Ils appelaient le Conseil constitutionnel à se prononcer sur nature juridique de ce prélèvement. Une partie de la doctrine a écarté ce prélèvement de la notion de sanction fiscale. Gilles Guiheux justifie cette position, en se fondant sur la distinction entre les amendes qui visent « *à sanctionner un comportement individuel contraire à une norme* »[905] et le prélèvement de l'article L.138-10 du Code de la sécurité sociale qui « *n'a pas pour objectif direct de sanctionner un comportement individuel* »[906]. Cette position, conforme aux observations du rapporteur public Christine Maugüé[907], n'a pas fait l'unanimité de la doctrine. Pour certains d'entre eux, « *on peut se demander s'il ne faut pas voir plutôt dans le supplément d'impôt qui est institué un impôt-sanction* »[908]. Toutefois, le Conseil constitutionnel a

---

[903] LAMARQUE J., NÉGRIN O., AYRAULT L., Droit fiscal général, op cit, p. 37.

[904] Note sous C.C., 18 décembre 1998, n°98-404 DC, consid. 25, *Les Cahiers du Conseil constitutionnel* 1998, Cahier n° 6.

[905] GUIHEUX G., « La décision du Conseil Constitutionnel du 18 décembre 1998 relative à la Loi de financement pour 1999 de la sécurité sociale », *JCP G.* 1999, n°10, II 10046.

[906] Ibidem.

[907] Afin de dénier la nature juridique de sanction, au prélèvement en cause, le commissaire du gouvernement Christine Maugüé s'est fondé sur la position du Conseil d'État qui dans un arrêt du 30 avril 1997 a démontré l'absence de lien automatique entre le reversement exigé et le comportement individuel du médecin : MAUGUE C., concl. sous CE, 30 avril 1997, Ass. nat. pour l'éthique de la médecine libérale : *RFDA* 1997, p. 474.

[908] LAMARQUE J., NÉGRIN O., AYRAULT L., Droit fiscal général, op cit., p. 42

refusé de qualifier ce prélèvement de sanction en le considérant comme une contribution[909].

351. Le juge constitutionnel a poursuivi le même raisonnement en jugeant qu'un prélèvement sur les organismes d'HLM opéré en fonction d'un investissement jugé implicitement insuffisant[910] ne constitue pas une sanction ayant le caractère de punition, mais une « *imposition de toute nature* » au sens de l'article 34 de la Constitution. Il ressort des commentaires au cahier du Conseil constitutionnel que « *ce prélèvement n'aurait pu être une sanction que si la finalité poursuivie avait été la répression d'un manquement à une obligation fixée par la loi ou le règlement* »[911]. Or, « *le but poursuivi était la mutualisation de ressources destinées aux organismes d'habitation à loyer modéré* »[912].

352. La conception restrictive de l'imposition sanction s'est poursuivie et a été précisée grâce aux débats relatifs à la cotisation de 2%.

II. Les débats relatifs à la nature cotisation de 2%

353. Afin de lutter contre la crise du logement du début des années 1950, le décret du 9 août 1953[913] pris sur habilitation de l'article 7 de la loi du 11 juillet 1953 portant redressement économique et financier[914] a mis à la charge des employeurs exerçant une activité industrielle ou commerciale et occupant au minimum dix salariés[915] une participation obligatoire à l'effort de construction qui prend la forme d'un investissement annuel dans la

---

909 C.C., 18 décembre 1998, n°98-404 DC, op cit., consid. 25.

910 L'article L. 423-14 du Code de la construction et de l'habitation inséré par l'article 4 de la loi de mobilisation pour le logement et la lutte contre l'exclusion, vise à prélever une partie des ressources financières des organismes d'habitation à loyer modéré dès lors qu'au cours des deux derniers exercices comptables, leurs investissements annuels moyen étaient restés inférieurs à une fraction de leur potentiel financier annuel moyen.

911 Note sous C.C., 18 mars 2009, n° 2009-578 DC, *Les cahiers du Conseil Constitutionnel*, 2009, Cahier n° 26.

912 Ibidem.

913 Décret n°53-701 du 9 août 1953, participation des employeurs à l'effort de construction, *JORF*, 10 août 1953 p. 7040. Et Décret n°53-1184 du 2 décembre 1953, participation des employeurs à l'effort de construction, *JORF* du 3 décembre 1953 p.10755.

914 Loi n°53-611 du 11 juillet 1953 portant redressement économique et financier, *JORF* du 11 juillet 1953 p. 6143.

915 Le seuil d'assujettissement des employeurs a été relevé de dix à vingt salariés : Ord. n° 2005-895, 2 août 2005, art. 1er, *Dr fisc.* 2005, n° 38, comm. 616.

construction de logement[916]. Ce dispositif a été renforcé par la loi du 28 juin 1963 qui a étendu la participation à tous les employeurs satisfaisants à la condition d'effectif minimum, à l'exception de l'État, des collectivités locales, de leurs établissements publics administratifs et des employeurs agricoles. Pour rendre cette participation effective, la loi a instauré au 1 de l'article 235 bis du Code général des impôts une « *cotisation de 2 %* » sur les rémunérations versées au cours de l'année précédente, dû par les employeurs qui n'ont pas rempli leur obligation de participation à l'effort de construction. En d'autres termes, la cotisation de 2% est exigible dès lors que l'employeur s'est abstenu de procéder aux investissements obligatoires ou qu'il a versé un montant insuffisant. Il s'agit d'un mécanisme en deux temps. Le législateur instaure une contribution facultative puis une imposition. Dans le cadre de notre étude, seul ce second mécanisme nécessite d'être analysé tant ces caractéristiques se rapprochent de celles des sanctions punitives.

354. La qualification juridique de cette cotisation de 2% a été sujette à la controverse. Si la nature de « contribution fiscale » n'a jamais été contredite, cette nature n'est pas exclusive de toute dimension répressive. À cet égard, une partie de la doctrine a milité en faveur de la reconnaissance de la nature répressive de la cotisation de 2%[917]. Elle s'est fondée sur la finalité punitive de la cotisation dès lors qu'elle vise à punir l'employeur pour avoir omis d'effectuer les investissements obligatoires. Les sages de la rue de Montpensier ont selon une jurisprudence constante, adopté une conception restrictive de la notion de sanction fiscale, en refusant de reconnaître au dispositif en cause la nature de sanction.

A. Les arguments juridiques en faveur de la qualification de sanction

355. Les débats relatifs à la nature répressive de la cotisation de 2% ont été instigués par le rapporteur public Claire Legras dans ses conclusions sous l'arrêt du Conseil d'État du 13 octobre 2010, SNC Eiffage Construction Val-de-Seine et Sté Forclum Infra Nord [918] et ont été corroborés par les

[916] À l'origine, le pourcentage était fixé à 1% du montant des salaires versés au titre de l'année civile. Depuis la loi du 1er janvier 1992, le taux a été réduit à 0,45% : Loi n° 91-716, 26 juillet 1991, art. 26-1, *Dr fisc.* 1991, n° 31, comm. 1584.

[917] Concl. LEGRAS C., sous CE, 9e et 10e ss-sect., 13 oct. 2010, n° 341536, SNC Eiffage Construction Val-de-Seine et n° 341830, Sté Forclum Infra Nord, *Dr fisc.* 2010, n° 45, comm. 552. COLLET M., « chronique annuel 2010 de droit fiscal », *RJEP* 2011, n°685, chron. 1.

[918] CE, 9e et 10e ss-sect., 13 octobre 2010, n° 341536, SNC Eiffage Construction Val-de-Seine et n° 341830, Sté Forclum Infra Nord, *Dr fisc.* 2010, n° 45, comm. 552, concl. LEGRAS C.

commentateurs de la Revue de jurisprudence et des conclusions fiscales[919]. Cette décision de renvoi de la Haute juridiction administrative pose pour la première fois la question de la nature juridique de la cotisation de 2%. Elle résulte d'une question prioritaire de constitutionnalité, tirée de ce que l'article L. 313-4 du Code de la construction et de l'habitation, dont les dispositions sont reprises au 1 de l'article 235 bis du Code général des impôts, en ce qu'il prévoit un taux majoré de 2 % en cas d'absence ou d'insuffisance des investissements prévus à l'article L. 313-1 de ce Code, porte atteinte aux principes à valeur constitutionnelle de nécessité des peines et de respect des droits de la défense.

356. Dans ses conclusions, Claire Legras a analysé la nature juridique de la cotisation de 2%. S'opposant aux arguments développés par le gouvernement[920], elle affirme que « *cette cotisation a un autre objet que la participation obligatoire des employeurs à l'effort de construction* »[921] dès lors qu'elle « *ne vise pas à leur imposer un investissement dans le secteur du logement, donc une forme de réparation pécuniaire, mais à leur faire payer une somme parce que dans la mesure où ils n'ont pas rempli leurs obligations* »[922]. En d'autres termes, c'est le manquement à l'obligation d'investissement qui rend la cotisation de 2% exigible. Ainsi, selon Claire Legras à partir du moment où le fait générateur de la cotisation de 2% réside dans l'abstention ou dans l'insuffisance d'investissements, il s'agit d'une « *sanction d'un manquement* »[923].

357. L'analyse de la nature répressive de ce dispositif est soutenue par les commentateurs de la Revue de jurisprudence et des conclusions fiscales qui se fondent sur la différence de taux entre l'obligation d'investissement à hauteur de 0,45% du montant des salaires versés au cours de l'année N-1 et du manquement à cette obligation qui assujetti l'employeur au versement d'une cotisation à hauteur de 2% du montant des salaires versés au cours de l'année N-1. Selon eux, « *on pourrait être tenté de voir dans la cotisation de 2 % une sanction plutôt qu'une incitation financière à investir dans la construction. L'écart entre le taux de 2 % et celui de 0,45 % (qui était de 1 % à l'origine) milite en ce sens* »[924]. L'importance de l'écart entre ces deux taux

---

919 Note sous CE 13 octobre 2010 n° 341536 et 341830, 9e et 10e s.-s., SNC Eiffage Construction Val de Seine et Sté Forclum Infra Nord, *RJF* 1/2011/84.
920 Le ministre considère que la cotisation de 2% ne constitue pas une peine et de relève pas du principe constitutionnel de nécessité des peines et de respect des droits de la défense.
921 Concl. LEGRAS C., sous CE, 9e et 10e ss-sect., 13 oct. 2010, n° 341536, SNC Eiffage Construction Val-de-Seine et n° 341830, Sté Forclum Infra Nord, op cit.
922 Ibidem.
923 Ibidem.
924 Note sous CE 13 octobre 2010 n° 341536 et 341830, 9e et 10e s.-s., SNC Eiffage Construction Val de Seine et Sté Forclum Infra Nord, *RJF* 1/2011/84.

corrobore selon les commentateurs la nature répressive de la cotisation de 2%. Le professeur Martin Collet a pu conclure que ce dispositif, *« ressemblant fort à une sanction sans pour autant que son établissement en suive le régime »*[925].

358. À côté des modalités d'application de ce dispositif, la doctrine s'est fondée sur la jurisprudence antérieure de la Haute juridiction administrative qui milite en faveur de la reconnaissance de son caractère répressif.

359. Dans un premier temps, le Conseil d'État a considéré que la cotisation de 2% devait s'analyser en une « *contribution fiscale* » dès lors que les textes relatifs aux contentieux fiscaux s'appliquent[926]. Cependant, la Haute juridiction administrative ne s'était pas prononcée sur la nature exacte de celle-ci. Il aura fallu attendre l'arrêt du 13 octobre 2010 pour que la nature répressive de la cotisation soit avancée[927]. Le Conseil d'État a, suivant les conclusions du rapporteur Claire Legras, jugé que la question de la conformité de la cotisation aux principes constitutionnels du droit répressif est sérieuse dès lors que la cotisation de 2% « *est ainsi susceptible d'être regardée comme une sanction ayant pour objet de réprimer le non-respect par l'employeur de ses obligations* »[928].

360. Antérieurement à cet arrêt, le Conseil d'État avait adopté une conception large de la notion de sanction dans sa jurisprudence relative aux versements auxquels sont astreints les employeurs qui ne respectent pas l'obligation d'emploi de personnes handicapées[929]. Ce dispositif, très proche dans son inspiration de celui prévu pour l'investissement à l'effort de construction prévoyait en son article L 323-1 du Code du travail, l'obligation pour tout employeur occupant au moins 20 salariés d'employer des personnes handicapées. Les employeurs pouvaient s'acquitter de l'obligation instituée par cet article « *en versant au fonds pour l'insertion professionnelle des handicapés une contribution annuelle pour chacun des bénéficiaires de la présente section qu'ils auraient dû employer* »[930]. À défaut de versement au Trésor des sommes prescrites, le législateur avait prévu d'astreindre les employeurs « *à titre de pénalité, au versement au Trésor public d'une somme dont le montant est égal à celui de la contribution instituée par l'article L.*

---

925 COLLET M., « chronique annuel 2010 de droit fiscal », op cit.

926 CE 27 novembre 2000 n° 197915, min. c/ SARL Ets Viz, *RJF* 2/01 n° 252, concl. COURTIAL J., *BDCF* 2/01 n° 32, *Dr fisc.* 2001, n° 16, comm. 393 ; CE, 9e et 8e ss-sect., 3 juill. 1998, n° 163363, min. c/ M. Echeverria, *Dr fisc.* 1999, n° 2, comm. 17, *RJF* 10/1998, n° 1117.

927 CE, 9e et 10e ss-sect., 13 oct. 2010, n° 341536, SNC Eiffage Construction Val-de-Seine et n° 341830, Sté Forclum Infra Nord, op cit.

928 Ibidem.

929 CE 4 juin 1997 n° 169051, Sté Cap Ile-de-France : *Lebon* p. 203, *RFDA* 1997, p. 899, *D.* 1997, p. 203 ; *JCP E* 1997, pan. p. 383, note ROUAULT M.-C.

930 Article L. 323-8-6 ancien du Code du travail, actuel article L. 5212-12 du Code du travail.

323-8-2, majoré de 25 %, et qui fait l'objet d'un titre de perception émis par l'autorité administrative »[931]. La Haute juridiction administrative avait ainsi considéré que « *le versement auquel sont astreints à titre de pénalité les employeurs qui ne respectent aucune des obligations définies aux articles L 323-1, L 323-8, L 323-8-1 et L 323-8-2, a le caractère de sanction* »[932].

361. Selon les commentateurs de la Revue de jurisprudence et des conclusions fiscales, un raisonnement par analogie de cette décision aurait dû conduire à qualifier la cotisation de 2% de sanction fiscale. Toutefois, le Conseil constitutionnel a conformément à sa conception stricte de la notion de sanction[933], refusé de qualifier la cotisation de 2% de sanction ayant le caractère de punition.

B. Le rejet de la qualification de sanction

362. Dans sa décision du 13 janvier 2011[934], le Conseil constitutionnel a mis un terme aux espoirs de la doctrine d'un élargissement de la qualification de sanction fiscale. À la différence de la conception large de la notion de sanction dégagée dans la jurisprudence du Conseil d'État, le Conseil constitutionnel a adopté une acception stricte de la notion de sanction fiscale en refusant de reconnaître le caractère répressif de la cotisation de 2% prévue par l'article L. 313-1 du Code de la construction et de l'habitation pour développer l'effort de construction. Le Conseil constitutionnel s'attache à la nature répressive de la mesure qui doit tendre à empêcher la réitération des agissements qu'elle réprime. Le fait de sanctionner un manquement à une obligation ou la violation d'une règle de droit ne révèle pas systématiquement une volonté punitive.

363. Le Conseil constitutionnel s'était déjà prononcé sur l'absence de nature répressive d'un dispositif prévoyant, comme pour la cotisation de 2%, un mécanisme en deux temps. La loi de finances rectificative pour 2003 a instauré une contribution facultative, en nature ou financière, pour les

---

931 Ibidem.

932 CE 4 juin 1997 n° 169051, Sté Cap Ile-de-France, op cit.

933 Cette affirmation est corroborée par l'analyse du professeur Daniel Gutmann. Selon lui, « *au vu de l'état actuel de la jurisprudence constitutionnelle, il faut toutefois s'en tenir à une interprétation restrictive de la notion de sanction fiscale ayant un caractère punitif. Cela ressort clairement, notamment, de la décision n° 2010-84 QPC statuant sur la nature de la cotisation de 2 % des rémunérations versées par les employeurs qui n'ont pas procédé ou insuffisamment procédé aux investissements prévus par l'article L. 313-1 du code de la construction et de l'habitation pour développer l'effort de construction* » : GUTMANN D., « Sanctions fiscales et constitution », op cit.

934 C.C., 13 janvier 2011, n° 2010-84 QPC, *LPA*, 31 juillet 2012, n° 152, p. 27-28, *Dr fisc.*, 2010, n° 45, p.23-26, *Gaz. Pal.*, 8-10 mai 2011, n° 128-130, p. 12-22.

personnes qui mettent à dispositions du public, distribuent ou font distribuer des journaux ou des imprimés publicitaires gratuits afin de lutter contre la pollution[935]. Dans un second temps, le législateur a instauré, à défaut pour les personnes concernées d'avoir contribué à la lutte contre la pollution, une taxe générale sur les activités polluantes. Dans la décision du 31 décembre 2003[936], le Conseil constitutionnel n'a pas qualifié la taxe générale sur les activités polluantes de sanction en considérant que le législateur a, à travers ce dispositif, instauré un mécanisme à « *double détente* » dont seule est fiscale la seconde composante[937].

364. Dans la continuité de cette jurisprudence, le Conseil constitutionnel a considéré que la cotisation de 2% ne revêt pas le caractère de sanction fiscale. Pour ce faire, il s'est attaché aux caractéristiques de ce dispositif.

365. Tout d'abord, en ce qui concerne l'objet même de la cotisation, le Conseil constitutionnel considère qu'elle ne tend pas à sanctionner un manquement afin d'empêcher la réitération des agissements qu'elle punit, mais vise à « *développer l'effort de construction des employeurs* »[938]. Dès lors que l'objectif prioritaire de la cotisation est de développer l'effort de construction et non de réprimer un comportement, elle ne peut relever de la notion de « sanction ayant le caractère de punition ». La fonction dissuasive de la cotisation est ici exclusive de toute finalité punitive.

366. Ensuite, les modalités d'application de la cotisation plaident en faveur de la qualification d'imposition purement fiscale. À cet égard, le Conseil constitutionnel rappelle que « *le fait générateur de cette cotisation se situe à la date à laquelle expire le délai imparti pour procéder aux investissements prévus par la loi* »[939]. Cette circonstance avait dans la jurisprudence antérieure de la Cour de cassation et du Conseil d'État plaidé en faveur de la reconnaissance de la nature fiscale de la cotisation[940]. De plus, elle doit être acquittée, en vertu de l'article L.313-4 du Code de la construction et de l'habitation, de façon spontanée, en même temps que le dépôt de la déclaration relative à cette participation, par les employeurs qui se sont abstenus ou ont insuffisamment procédé aux investissements prévus par la loi. L'absence de

[935] Article L 541-10-1 du Code de l'environnement.
[936] C.C., 31 décembre 2003, n° 2003-488 DC, *JO* 31 déc. 2003, p. 22652 ; note BRONDEL S., *AJDA* 2004, p. 9 ; PHILIP L., *RFDC* 2004, n° 57 ; SCHOETTL J.-E., *LPA* 2004, n° 20, p. 5.
[937] Note sous, C.C., 31 décembre 2003, n° 2003-488 DC, *Les Cahiers du Conseil Constitutionnel* 2004, cahier n°16.
[938] C.C., 13 janvier 2011, n°2010-84 QPC, op cit.
[939] Ibidem.
[940] Cass. com., 7 juillet 1998 n°96-12014, *Bull. civ.* 1998, IV, n° 221, *RJDA* 1998, n° 1253, 3e esp., *D.* 1998, inf. rap. p. 207, *D. affaires* 1998, p. 1400, *RTD com.* 1999, p. 509, obs. MARTIN-SERF A. ; CE., 15 juillet 2004, Société Alitalia, n° 249846, *RJF* 11/2004, n° 1092, *BDCF* 11/2004, n° 132, concl. GOULARD G.

versement au Trésor de la somme due au titre de la cotisation exigible est passible de sanctions applicables aux taxes sur le chiffre d'affaires. Relevant l'ensemble de ces modalités d'application, le Conseil constitutionnel conclut que la cotisation n'entre pas dans la catégorie de « sanction ayant le caractère de punition » au sens de l'article 8 de la Déclaration. Il considère ainsi la cotisation comme une imposition de nature purement fiscale[941].

367. Cette décision est révélatrice de « *l'interprétation stricte de la notion de sanction ayant le caractère de punition, en particulier en matière fiscale, qui ne peut être reconnu qu'aux seules mesures de sanction qui ont un but répressif et anti récidivant* »[942]. Cette interprétation a été renforcée par le refus du Conseil constitutionnel de reconnaître la nature répressive de certains éléments du régime d'imposition, qui, au-delà de leur caractère sanctionnateur, révèlent une volonté de punir le contribuable contre certains agissements.

Section 2 : L'exclusion des éléments du régime d'imposition

368. Lorsqu'il s'agit d'une perte de bénéfice d'un régime d'imposition favorable ou d'une inapplication d'une règle d'assiette de droit commun, le juge doit revenir sur l'objet et le fondement de la mesure fiscale pour apprécier sa nature. Dès lors qu'il vise à sanctionner un manquement et à dissuader la réitération de ce manquement alors l'élément du régime d'imposition sera qualifié de sanction fiscale avec toutes les implications relatives aux garanties du contribuable. A contrario, si une mesure tend à faire perdre le bénéfice d'un régime favorable ou à ne pas l'appliquer, dès lors que l'une des conditions pour l'obtenir n'est pas remplie, cette mesure ne sera pas qualifiée de sanction. L'objet et le fondement des éléments du régime d'imposition sont la plupart du temps définis dans les travaux préparatoires des lois fiscales. Ceux-ci permettent d'apprécier la volonté du législateur[943]. Or, si elle peut guider les sages de la rue de Montpensier, il n'en demeure pas moins qu'ils peuvent tout

---

[941] Il rejoint ainsi le raisonnement d'une partie de la doctrine qui considère la cotisation de 2% « *comme imposition déductible en vertu du 4° du 1 de l'article 39 du CGI et qu'elle n'est donc pas au nombre des sanctions pécuniaires et pénalités de toute nature mises à la charge des contrevenants à des obligations légales, lesquelles, en vertu du 2 du même article, ne sont pas admises en déduction des bénéfices soumis à l'impôt* », Note sous, C.C., 31 décembre 2003, n° 2003-488 DC, *Les Cahiers du Conseil Constitutionnel* 2004, cahier n°16.

[942] JANICOT L., CASSARD-VALEMBOIS A-L., BAGHESTANI L., « chronique de jurisprudence constitutionnelle 2011 (1er semestre) », op cit.

[943] Concl. BOKDAM-TOGNETTI E., sous CE 9e-10e ch. 18-1-2017 no 389268, *RJF* 4/2017, comm. 342.

aussi bien s'en détacher afin de dégager leur propre analyse de la nature juridique de certains éléments du régime d'imposition.

I. La réduction ou la suppression d'un avantage fiscal

369. La réduction ou la suppression d'un avantage est souvent perçue par le contribuable comme une sanction en raison des conséquences qu'elles emportent sur l'imposition. C'est dans le cadre du contrôle a priori des lois que le Conseil constitutionnel a donné les premières bases de son raisonnement. Poursuivant l'interprétation stricte de la notion de « sanction ayant le caractère de punition », il a considéré que la réduction ou la suppression d'un avantage ne pouvait s'analyser comme une mesure répressive. Toutefois, il a admis que dès lors que la suppression de l'avantage fiscal résulte d'un manquement du contribuable, cette mesure est susceptible de relever de la qualification de « sanction ayant le caractère de punition ». Cependant, toute suppression d'avantages fiscaux pour manquement ne relève pas automatiquement de la qualification de sanction. Suivant sa jurisprudence traditionnelle, le Conseil constitutionnel analyse si cette mesure vise à empêcher la réitération d'un comportement jugé répréhensible.

A. Le principe de l'exclusion

370. Le Conseil constitutionnel a établi une séparation nette entre la notion de sanction ayant le caractère de punition et la réduction d'un avantage fiscal qui ne peut être regardé comme un droit acquis. Le juge constitutionnel a adopté ce raisonnement s'agissant de la réduction du champ d'application d'un avantage fiscal et à l'institution d'une condition résolutoire attachée à un avantage fiscal.

a. La réduction du champ d'application d'un avantage fiscal

371. L'une des premières décisions dans laquelle le Conseil constitutionnel a été amené à se positionner sur la nature de la suppression d'un avantage fiscal concernait la suppression de la réduction d'impôt accordée aux titulaires d'un contrat d'assurance-vie[944]. Cette mesure ne résultait pas du

[944] C. C., 28 décembre 1995, n° 95-369 DC, Loi de finances pour 1996, *Rec.* p. 257 ; *LPA* 13 mars 1996, p. 4, obs. B. Mathieu ; *JCP* 1996.I.3933, chron. MATHIEU B. et VERPEAUX M.

comportement du contribuable, mais du choix d'opter pour tel type de contrat d'assurance-vie. Les sages de la rue de Montpensier devaient s'interroger « *sur la faculté pour le législateur de remettre en cause un avantage fiscal dont le bénéfice potentiel était de nature à modifier le comportement de l'épargnant* »[945].

372. En l'espèce, l'article 4 de la loi prévoyait la suppression de la réduction d'impôt accordée aux titulaires de certains contrats d'assurance-vie, en application de l'article 199 septies du Code général des impôts. Cette disposition avait pour effet de priver les versements afférents aux contrats à primes périodiques et à primes uniques conclus ou prorogés à compter du 20 septembre 1995 de la déduction d'impôt. La suppression concernait également les primes payées à compter de la même date au titre des contrats de versement libre, peu importe la date de conclusion des contrats. Les parlementaires à l'origine de la saisine invoquaient le moyen tiré de la méconnaissance par cette disposition du principe de non-rétroactivité de la loi d'incrimination plus sévère. Or, ce principe n'a de valeur constitutionnelle qu'en matière répressive. La jurisprudence du Conseil constitutionnel ayant sur ce point étendu le principe de non-rétroactivité « *du droit pénal au droit répressif administratif* »[946]. La constitutionnalité de cette mesure ne pouvait être remise en cause que par une qualification préalable des sages de la rue de Montpensier de « *sanction ayant le caractère de punition* ».

373. Or, le Conseil constitutionnel a évacué « *purement et simplement la question* »[947] , en considérant que « *l'article 4 de la loi n'édicte pas une sanction, mais limite les effets dans le temps de réductions fiscales ; qu'il est loisible au législateur d'adopter des dispositions nouvelles permettant dans certaines conditions de ne pas faire application des prescriptions qu'il avait antérieurement édictées dès lors qu'il ne prive pas de garanties légales des exigences constitutionnelles* »[948]. Ainsi, une disposition législative restreignant le champ d'application d'une réduction de l'impôt sur le revenu, accordée au titre des contrats d'assurance-vie, n'édicte pas une sanction fiscale.

374. Le Conseil constitutionnel opère une nette séparation entre les sanctions fiscales et la réduction du champ d'un avantage fiscal. En effet, la modification du régime juridique de la réduction n'intègre aucune condition relative à un manquement du contribuable. Elle réduit seulement le champ

---

[945] PRETOT X., « Note sous décision n° 95-369 DC », *RFFP*, 1996, n° 55., p. 200.

[946] MODERNE F., « Le pouvoir de sanction administrative au confluent du droit interne et des droits européens », *RFDA* 1997 p.1, V. également C. C., 30 décembre 1982, n° 82-155 DC, op cit.

[947] PRETOT, X., « Note sous décision n° 95-369 DC », op cit.

[948] C.C., 28 décembre 1995, n° 95-369 DC, op cit.

d'application de la réduction en supprimant son bénéfice à certains versements. On peut dès lors en conclure que l'intention du législateur n'était pas de punir le contribuable d'un manquement à l'obligation fiscale. Il s'agissait simplement *« d'un élément de la politique fiscale d'un État à un moment déterminé et qu'il lui appartient* (au législateur) *d'aménager en fonction de considérations d'intérêt général nécessairement variables (à la différence des situations existantes intéressant une liberté publique dont on sait que la remise en cause ne saurait être qu'exceptionnelle)* »[949]. L'octroi d'un avantage fiscal n'est pas considéré comme relevant « *des droits acquis devenus intangibles pour ceux qui sont amenés à en bénéficier* »[950].

375. Le Conseil constitutionnel a poursuivi son raisonnement concernant l'instauration d'une condition résolutoire attachée à un avantage fiscal.

b. La condition résolutoire attachée à un avantage fiscal

376. La condition résolutoire attachée à un avantage fiscal n'est pas constitutive d'une sanction ayant le caractère de punition. Ce principe ressort de manière explicite de la décision du Conseil constitutionnel du 29 décembre 1984[951]. En l'espèce, l'article 82-II de la loi accordait une réduction d'impôt aux contribuables qui souscrivent à la constitution ou à l'augmentation du capital de sociétés civiles immobilières. En outre, il était prévu que le produit de ces souscriptions soit exclusivement destiné à la construction ou à l'acquisition d'immeubles neufs situés en France et affectés pendant neuf ans à la location de résidences principales. Le non-respect de cette condition, « *quelles que soient les raisons* »[952] exposait les bénéficiaires à une reprise d'impôt au titre de l'année de rupture. Le Conseil constitutionnel a jugé que ce dispositif, issu de l'article 82-II de la loi *« n'édicte aucune sanction de caractère pénal, ni même fiscal, lorsqu'il précise que l'exonération d'impôt dont le bénéfice était subordonné à une condition qui n'a pas été remplie fera l'objet d'une reprise* »[953]. Cette analyse a été confirmée et précisée une trentaine d'années plus tard dans une décision du 26 juin 2015 relative à la condition résolutoire attachée au bénéfice de l'abattement de 40% du montant brut perçu sur les revenus de capitaux mobiliers pour les personnes passibles

---

[949] MODERNE F., « Le pouvoir de sanction administrative au confluent du droit interne et des droits européens », op cit.
[950] Ibidem.
[951] C.C., 29 décembre 1984, n° 84-184 DC, loi de finances pour 1985, *JO* du 29 déc. 1984.
[952] PELLETIER M., « Vers un élargissement discret de la qualification de sanction fiscale », op cit.
[953] C.C., 29 décembre 1984, n° 84-184 DC, loi de finances pour 1985, op cit.

de l'impôt sur les sociétés[954]. Dans la continuité de cette jurisprudence, le Conseil constitutionnel a écarté la qualification de sanction à la transposition de la clause anti-abus de droit.

a) La condition résolutoire attachée au bénéfice de l'abattement de 40% du montant brut perçu sur les revenus de capitaux mobiliers pour les personnes passibles de l'impôt sur le revenu

377. Le Conseil constitutionnel a jugé que la condition résolutoire attachée au bénéfice de l'abattement de 40% du montant brut perçu sur les revenus de capitaux mobiliers pour les personnes passibles de l'impôt sur le revenu ne constituait pas une « sanction ayant le caractère de punition ». Afin d'apprécier la décision du Conseil constitutionnel au regard du critère d'identification de la peine, il convient de revenir sur les caractéristiques de l'abattement de 40%. Étaient en cause les dispositions de l'article 117 quater du Code général des impôts qui prévoyaient la faculté pour le contribuable (personne physique fiscalement domiciliée en France) d'opter pour un prélèvement forfaitaire libératoire de l'impôt sur le revenu au taux de 18%. En application de l'article 158 du Code général des impôts, les revenus ayant supporté le prélèvement forfaitaire libératoire étaient exclus des revenus de capitaux mobiliers servant de calcul de l'assiette de l'impôt sur le revenu. Il prévoyait en outre, un abattement de 40% du montant brut perçu pour les revenus de capitaux mobiliers distribués par des personnes passibles de l'impôt sur les sociétés pour le calcul de l'impôt sur le revenu dû par leurs bénéficiaires. Cet avantage était toutefois conditionné à ce qu'au cours de la même année, le contribuable n'ait pas perçu des revenus sur lesquels a été opéré le prélèvement prévu à l'article 117 quater. En d'autres termes, dès lors que le contribuable avait opté pour le prélèvement forfaitaire libératoire de l'article 117 quater du CGI, celui-ci était privé du bénéfice de l'abattement de 40% s'agissant de l'ensemble de ses revenus de capitaux mobiliers même si certains n'étaient pas concernés par ce prélèvement.

378. Les requérants soutenaient entre autres que cette disposition portait atteinte au principe de légalité des délits et des peines. Cette contestation revenait à affirmer le caractère répressif de la condition résolutoire attachée à l'abattement de 40% dès lors que ce principe s'applique « *à toute sanction ayant le caractère de punition* »[955]. Le Conseil constitutionnel a évincé cette question en affirmant succinctement que « *sous la réserve énoncée au*

[954] C.C. 26 juin 2015, n° 2015-473 QPC, Epx Palhon, *Dr fisc.* 2016, n°3, comm. 81, note GIRAUD P., *RJF* 10/2015, n°823.
[955] C.C., 17 janvier 1789, n°89-248 DC Conseil supérieur de l'audiovisuel, op cit.

considérant 6, les dispositions contestées ne sont contraires ni au principe de légalité des délits et des peines, ni au droit de propriété, ni à aucun autre droit ou liberté que la Constitution garantit »[956]. À cet égard, les commentaires du cahier du Conseil constitutionnel rappellent que « *des dispositions fiscales, si elles peuvent être confrontées aux principes d'égalité devant la loi et devant les charges publiques, ne sauraient l'être au principe de légalité des délits et des peines (lequel ne serait opérant que s'il s'agissait de dispositions instituant une sanction ayant le caractère d'une punition)*[957]. Or, s'appuyant sur les travaux préparatoires, le Conseil constitutionnel a considéré que l'intention du législateur n'était pas de punir et d'empêcher la réitération des agissements du contribuable mais d' « *interdire le cumul du bénéfice des abattements, proportionnel et fixe, applicables en cas d'imposition des dividendes au barème progressif de l'impôt sur le revenu, avec l'option en faveur du prélèvement forfaitaire libératoire, afin d'éviter que le contribuable n'exerce cette option que pour ceux des dividendes perçus au-delà du montant « effacé » par les abattements »* »[958]. Il en résulte que la condition résolutoire attachée à un avantage fiscal ne revêt pas la nature d'une sanction.

b) L'absence de qualification de la transposition de la clause « anti abus » de droit de sanction

379. La clause « anti-abus » qui résulte de la directive n° 2011/96/UE du 30 novembre 2011[959] telle que modifiée par la directive (UE) n° 2015/121 du 27 janvier 2015[960], a été transposée en droit interne par l'article 29 de la loi de finances rectificative pour 2015[961]. Elle instaure une nouvelle condition à laquelle est subordonné le bénéfice du régime des sociétés mères filles. Ce régime ancien[962] instaure une exonération presque intégrale des dividendes reçus par une société mère de ses filiales. Suite aux différents constats d'abus du régime des sociétés mères filles, le législateur[963] et la Haute juridiction

956 C.C., 26 juin 2015, n° 2015-473 QPC, Epx Palhon, op cit.

957 Note sous C.C. 26 juin 2015, n° 2015-473 QPC, Epx Palhon https://www.conseilconstitutionnel.fr/sites/default/files/as/root/bank_mm/decisions/2015473qpc/2015473qpc_ccc.pdf.

958 C.C. 26 juin 2015, n° 2015-473 QPC, Epx Palhon, op cit.

959 Directive n° 2011/96/UE du 30 novembre 2011, *JOUE* 29.12.2011, L.345/8

960 Directive (UE) n° 2015/121 du 27 janvier 2015, *JOUE* 28.1.2015, L 21/1. 7

961 Loi n° 2015-1786 du 29 décembre 2015 de finances rectificative pour 2015, *JORF* n°0302 du 30 décembre 2015, p. 24701, texte n° 2.

962 Le régime mère fille trouve son origine dans la loi du 31 juillet 1920 portant fixation du budget général de l'exercice 1920.

963 La loi de finances pour 2011 (Loi n° 2010-1657 du 29 décembre 2010 de finances pour 2011, *JORF* n°0302 du 30 décembre 2010 p. 23033, texte n° 1) a supprimé la possibilité pour une société de cumuler l'exonération des dividendes reçus par une de ses filiales avec la

administrative[964] sont intervenus ponctuellement afin d'encadrer ce régime de faveur. Dans la même ligne directrice, la directive 2015/121 du 27 janvier 2015 a imposé aux États membres de ne pas accorder les avantages de la directive mère fille « *à un montage ou une série de montage qui ayant été mis en place pour obtenir, à titre d'objectif principal ou au titre d'un des objectifs principaux, un avantage fiscal allant à l'encontre de l'objet et de la finalité de la présente directive* »[965]. La clause anti-abus a été transposée à l'article 29 de la loi déferrée. Elle écarte le régime mère fille lorsqu'il ressort de l'ensemble des faits et circonstances en cause qu'un montage non « authentique » dont le but est d'obtenir, à titre principal ou au titre de l'un des objectifs principaux, un avantage fiscal allant à l'encontre de l'objet ou de la finalité de la directive. Tel est le cas lorsque le montage ou la série de montage n'est pas mis en place pour des motifs commerciaux valables qui reflètent la réalité économique.

380. Les sénateurs requérants contestaient devant le Conseil constitutionnel, les dispositions de l'article 29 de la loi de finances rectificative pour 2015 au regard de l'article 8 et 34 de la Constitution. Ils se fondaient notamment sur l'autorité de la décision du 29 décembre 2013 relative à la procédure d'abus de droit[966]. Dans cette décision, le juge constitutionnel a jugé contraires à la Constitution, les dispositions ayant substitué, dans l'article L. 64 du Livre des procédures fiscales, l'exigence du « but principalement fiscal » par celle du « but exclusivement fiscal ». Il s'est fondé sur les articles 8 et 34 de la Constitution qui imposent au législateur « *de fixer lui-même le champ d'application de la loi pénale et de définir les crimes et délits en termes suffisamment clairs et précis* »[967]. Or, les dispositions de l'article 29 de la loi déférée utilisaient, s'agissant des clauses anti-abus, les termes « *à titre principal ou au titre d'un de ses objectifs principaux* ». La proximité de la procédure d'abus de droit et des clauses anti-

---

déduction consécutivement à une fusion d'une moins-value résultant de la cession ou de l'échange de ces titres dépréciés. Dans la même ligne directrice, le législateur a, en 2012, introduit trois dispositifs de lutte contre les montages optimisants : Loi de finances rectificative pour 2012 (LOI n° 2012-1510 du 29 décembre 2012 de finances rectificative pour 2012 : *JORF* n°0304 du 30 décembre 2012 page 20920, texte n° 2)

[964] Le Conseil d'État a jugé qu'était constitutif d'un abus de droit un montage dit « coquillards » élaboré par un groupe spécialisé dans les investissements. Il visait à acquérir des sociétés ayant cessé toute activité et disposant de liquidités qu'elles avaient distribuées. Les dividendes étaient exonérés en raison de l'application du régime fille mère et le groupe bénéficiait parallèlement de la déduction de la provision pour dépréciation des titres de ces sociétés : CE, 9e et 10e ss-sect., 17 juill. 2013, n° 352989, min. c/ SARL Garnier Choiseul Holding, *Dr fisc.* 2013, n°41, comm.477, concl. ALADJIDI F., note DEBOISSY F. et WICKER G., *RJF* 11/13 n° 1064.

[965] Directive (UE) n° 2015/121 du 27 janvier 2015, *JOUE* 28.1.2015, L 21/1.

[966] C. C., 29 décembre 2013, n° 2013-685 DC, Loi de finances pour 2014, consid. 12, *Dr fisc.* 2014, n° 1-2, comm. 70. – V. FOUQUET O., « Abus de droit : la sécurité juridique rédactionnelle », *Dr fisc.* 2014, n° 1-2, act. 3.

[967] Ibidem.

abus militait en faveur de reconnaissance par les sages de la rue de Montpensier de la méconnaissance du principe de légalité des délits et des peines.

381. Or, le Conseil constitutionnel, dans la décision du 29 décembre 2015[968], effectue une distinction entre la nature de la procédure d'abus de droit et de celle de la clause anti-abus. La procédure d'abus de droit revêt une nature répressive en vertu du caractère automatique de la majoration de droits, de 40 ou 80 %. Cette procédure vise à sanctionner les actes constitutifs d'abus de droit et à leur restituer leur véritable caractère. L'aspect répressif de cette procédure justifie la qualification de « sanction ayant le caractère de punition » au sens des dispositions de l'article 8 de la Déclaration des droits de l'homme et d' « accusation en matière pénale » au sens de l'article 6§1 de la Convention européenne des droits de l'homme. A contrario, le Conseil constitutionnel a jugé que la transposition de la clause anti-abus est déniée de caractère répressif. Pour ce faire, les sages de la rue de Montpensier ont relevé que les dispositions contestées « *ne modifient pas les dispositions de l'article L 64 du Livre des procédures fiscales* »[969], qui elles, revêtent une nature répressive. De plus, la méconnaissance de la clause anti-abus « *n'emporte pas l'application des majorations du b de l'article 1729 du Code général des impôts en cas d'abus de droit au sens de l'article L. 64 du Livre des procédures fiscales* »[970]. Il s'agit, selon le Conseil constitutionnel, d'une simple « *règle d'assiette* » instituant une « *nouvelle condition à laquelle est subordonné le bénéfice du régime fiscal dérogatoire des sociétés mères* »[971]. Ainsi, elles n'instituent pas une « sanction ayant le caractère de punition ».

382. Le professeur Marc Pelletier considère que cette décision prise « *dans le sillage de cette approche restrictive du champ d'application des garanties constitutionnelles* »[972] s'avère peu convaincante « *tant dans ses prémices que dans ses conséquences* ». Il se réfère notamment à l'argument du Conseil constitutionnel qui dénie le caractère répressif du dispositif anti-abus dès lors que sa mise œuvre n'aboutit pas au prononcé des pénalités pour abus de droit. À cet égard, le professeur Florence Deboissy relève que les faits qui justifient la mise en œuvre de la clause anti-abus « *peuvent donner lieu au prononcé d'une pénalité d'assiette de droit commun* »[973]. L'administration peut, sur le fondement de l'article 119 ter du Code général des impôts, appliquer sur le

---

[968] C. C., 29 décembre 2015, n° 2015-726 DC, *Dr fisc.* 2016, n° 4, act. 50.
[969] Ibidem., consid. 12.
[970] Ibidem.
[971] Ibidem.
[972] PELLETIER M., « Droit constitutionnel fiscal : chronique de l'année 2015 », *Dr fisc.* 2016 n° 10, comm. 208
[973] DEBOISSY F., « Articulation de la procédure d'abus de droit et des clauses anti-abus », *Dr fisc.* 2016 n°49, comm. 632.

montant des droits rappelés, les pénalités de droit commun qui résultent de l'article 1729 du Code général des impôts, à savoir, la pénalité de 80% pour manœuvres frauduleuses ou la pénalité de 40% pour manquement délibéré. Ainsi, dès lors qu'il résulte des circonstances que le montage mit en œuvre « *créé des apparences de nature à égarer l'administration dans l'exercice de son pouvoir de contrôle* »[974], elle pourra appliquer les pénalités de droit commun. Or, « *un « montage non authentique » peut-il constituer autre chose qu'une manœuvre créant des apparences destinées à égarer l'administration ?* »[975]. Par suite, l'application des pénalités pour manœuvres frauduleuses en complément de l'article 119 ter du Code général des impôts aurait pu plaider en faveur de la reconnaissance du caractère répressif de la clause anti-abus et partant de la violation des dispositions de l'article 8 de la Déclaration des droits de l'homme. Ainsi, selon le professeur Marc Pelletier l'adoption d'une interprétation stricte de la notion de sanction fiscale par le Conseil constitutionnel « *n'a semble-t-il été retenue que pour éviter de reconnaître une atteinte à l'autorité de la chose jugée par le Conseil, deux ans auparavant, lorsqu'il avait censuré l'extension de la procédure de répression des abus de droit aux opérations ayant un but « principalement » fiscal* »[976].

383. Toutefois, l'absence d'automaticité des pénalités pour mauvaise foi, pour manœuvres frauduleuses ou pour abus de droit plaide en faveur de l'absence de caractère répressif de la clause anti-abus. En effet, l'administration doit procéder en deux temps. Elle doit, dans un premier temps, se placer sur le terrain des clauses anti-abus puis dans un second temps, vérifier que les conditions d'application spécifiques des pénalités sont remplies qu'il s'agisse de la majoration pour abus de droit, de celle pour manquement délibéré ou de celle pour manœuvres frauduleuses. Dans ces conditions, la nature répressive de la clause anti-abus doit être écartée.

384. En vertu de cette conception de la notion de sanction fiscale, la transposition de la clause prévue par l'article 6 de la directive ATAD[977] et la création de la nouvelle procédure d'abus de droit par la loi de finances pour 2019[978] ne sauraient être censurées sur le fondement de l'article 8 de la

[974] CE, 8e et 9e ss-sect., 8 janvier 1997, n° 139711, M. Fattell, *D.* 1997, tables p. 773, *Dr fisc.* 1997, n° 10, comm. 275, concl. GOULARD G., *RJF* 3/1997, n° 195 ; *GAJF* 2009, p. 950 ; CE, 3e et 8e ss-sect., 30 déc. 2015, n° 377855, min. c/ Sté Opportunités Finances, *Dr fisc.* 2016, n° 2, act. 34.

[975] FOUQUET O., « Dispositif anti-abus et poursuite d'un but principalement fiscal - À propos de C. C., n° 2015-726 DC, 29 déc. 2015 », *Dr fisc.* 2016, n°4, act. 50.

[976] PELLETIER M., « Droit constitutionnel fiscal : chronique de l'année 2015 », op cit.

[977] UE, dir. n° 2016/1164/UE, 12 juillet 2016 établissant des règles pour lutter contre les pratiques d'évasion fiscale qui ont une incidence directe sur le fonctionnement du marché intérieur (dite « ATAD » pour anti-tax avoidance directive) : *JOUE* n° L 193, 19 juill. 2016, p. 1 ; *JCP E* 2016, act. 670.

[978] Loi n° 2018-1317, 28 décembre 2018, art. 108 et 109, *JORF* du 30 décembre 2018.

Déclaration. La clause générale anti-abus de droit a été codifiée à l'article 205 A du code général des impôts. Elle prévoit que, pour l'établissement de l'impôt sur les sociétés[979], « *il n'est pas tenu compte d'un montage ou d'une série de montages qui, ayant été mis en place pour obtenir, à titre d'objectif principal ou au titre d'un des objectifs principaux, un avantage fiscal allant à l'encontre de l'objet ou de la finalité du droit fiscal applicable, ne sont pas authentiques compte tenu de l'ensemble des faits et circonstances pertinents* »[980] et ajoute qu' « *un montage ou une série de montages est considéré comme non authentique dans la mesure où ce montage ou cette série de montages n'est pas mis en place pour des motifs commerciaux valables qui reflètent la réalité économique* »[981]. Les dispositions de l'article 205 A du Code général des impôts instaurent des *« clauses anti-abus, qui, privant les contribuables auteurs d'un montage abusif du bénéfice d'un régime fiscal particulier (clauses anti-abus spécifiques), d'une convention fiscale ou de la loi dans un domaine déterminé (clauses anti-abus générales), constituent de pures règles d'assiette s'imposant spontanément tant au contribuable qu'à l'administration* »[982].

385. À côté de ce dispositif, le législateur a créé une nouvelle procédure d'abus de droit à l'article L64 A du Livre procédure fiscale qui assoupli de la procédure prévue à l'article L 64 de ce Livre et s'applique à l'ensemble des impôts[983]. Ce dispositif à la différence de la cause générale anti-abus de droit revêt « *un caractère mixte, étant à la fois un article d'assiette et un article de procédure d'imposition* »[984].

---

[979] L'instauration de la clause général anti abus a entraîné la suppression de la clause anti-abus prévue au k du 6 de l'article 145 du Code général des impôts. Elle a toutefois maintenu le 3 de l'article 119 ter du Code général des impôts contenant la clause anti-abus en tant que telle et auquel renvoyait le k du 6 de l'article 145 dès lors que ce dispositif porte sur l'exonération de retenue à la source et ne concerne pas l'impôt sur les sociétés au sens strict. Enfin, le dernier alinéa du nouvel article 205 A de ce code a prévu que la clause anti-abus générale ne s'applique que sous réserve de la clause anti-abus du III de l'article 210-0 A du Code général des impôts propre au régime spécial des fusions.

[980] Article 205 A du Code général des impôts.

[981] Ibidem.

[982] RUSTCHMANN Y., ROCHE P-M., « Transposition de la clause anti-abus générale en matière d'IS (CGI, art. 205 À) et nouvelle procédure d'abus de droit (LPF, art. L. 64 A) : les paradoxes de la réforme », *JCP N.* 2019, n° 4, comm. 1084.

[983] « *afin d'en restituer le véritable caractère et sous réserve de l'application de l'article 205 A du code général des impôts, l'administration est en droit d'écarter, comme ne lui étant pas opposables, les actes qui, recherchant le bénéfice d'une application littérale des textes ou de décisions à l'encontre des objectifs poursuivis par leurs auteurs, ont pour motif principal d'éluder ou d'atténuer les charges fiscales que l'intéressé, si ces actes n'avaient pas été passés ou réalisés, aurait normalement supportées eu égard à sa situation ou à ses activités réelles* » : Article L 64 A du livre des procédures fiscales.

[984] RUSTCHMANN Y., ROCHE P-M., « Transposition de la clause anti-abus générale en matière d'IS (CGI, art. 205 À) et nouvelle procédure d'abus de droit (LPF, art. L. 64 A) : les paradoxes de la réforme », op cit.

386. Dans la mise en œuvre de ces deux dispositifs, aucune pénalité n'est automatiquement applicable. S'appuyant sur la décision du Conseil constitutionnel du 29 décembre 2015, le professeur Stéphane Austry considère qu'il s'agit d' « *un élément essentiel de ces nouvelles dispositions car c'est cette absence d'automaticité qui permet de garantir la conformité à la Constitution de ces dispositions* »[985]. Dans le cas contraire, ces dispositions seraient inévitablement contraires à la Constitution. En outre, le risque d'infliction, lors de la mise en œuvre de ces dispositifs, des majorations pour manquement délibéré, pour manœuvres frauduleuses ou pour abus de droit ne confère pas à ces deux textes à un caractère répressif. Conformément à l'analyse du Conseil constitutionnel, le professeur Florence Deboissy considère qu'il est possible de douter de leur nature répressive dès lors que « *nombreuses sont les règles fiscales dont la méconnaissance est susceptible de donner lieu à de telles pénalités sans qu'il puisse être prétendu pour autant qu'elles seraient de nature répressive. Sauf à confondre règles d'assiette et règles instituant des majorations ayant le caractère de punition, seules les secondes participent de la matière pénale* »[986]. Ainsi, sauf à ce que le Conseil constitutionnel opère un aménagement à sa jurisprudence constante, les dispositifs anti-abus ne sauraient se voir reconnaître une nature répressive.

387. A contrario, le Conseil constitutionnel a qualifié la suppression d'un avantage pour manquement de « sanction ayant le caractère de punition ».

B. L'exception de la suppression pour manquement

388. La suppression d'un avantage fiscal pour manquement ne revêt pas la même nature que la déchéance du régime de faveur pour absence d'obtention des conditions prescrites pour son application. Ce principe a été consacré par le Conseil constitutionnel dans une décision du 16 septembre 2016[987]. Il confirme ainsi, ce que les juges européens avaient jugé plus tôt, que la déchéance du régime de faveur pour manquement constitue une mesure de nature répressive.

---

[985] Comme l'a jugé le Conseil constitutionnel, les dispositifs anti-abus qui ne sont pas assortis de sanction automatique ont la nature de simples textes d'assiette et ne saurait être soumis aux dispositions de l'article 8 de la Déclaration des droits de l'homme et du citoyen : C.C., 29 décembre 2015 n° 2015-726 DC relative à la loi de finances rectificative pour 2015, op cit.

[986] DEBOISSY F., « commentaires administratifs de la nouvelle procédure d'abus de droit (LPF article L.64 A) : *Dr fisc.* n° 10, 5 Mars 2020, comm. 182.

[987] C.C. n° 2016-564 QPC du 16 septembre 2016, *Dr fisc.* 2016, n° 38, act. 538, *RJF* 12/2016, n° 1109

389. En l'espèce, l'article 17 de la loi n° 2012-354 du 14 mars 2012 de finances rectificative pour 2012[988] a créé un article 1731 bis au sein du Code général des impôts dans le but d'instituer une disposition nouvelle *« par dérogation aux règles de droit commun relatives à l'établissement de l'impôt sur le revenu »*[989] en cas d'infraction fiscale constitutive d'un manquement grave. À cet égard, le 1 de l'article 1731 bis du Code général des impôts prive le contribuable, pour l'établissement de l'impôt sur le revenu, de la faculté d'imputer les déficits catégoriels ou globaux visés au paragraphe I et I bis de l'article 156 dudit Code ainsi que les réductions d'impôt sur le revenu, sur les rehaussements de droit donnant lieu à l'application de certaines pénalités fiscales. Entraient dans le champ de cette disposition, les rehaussements d'impôt donnant lieu à l'application de la majoration de 40% pour absence de déclaration ou d'indication des éléments à retenir dans les trente jours suivant la réception d'une mise en demeure, la majoration de 80% pour exercice d'une activité occulte, la majoration de 40% ou 80% pour insuffisance de déclaration en cas de manquement délibéré, manœuvres frauduleuses ou abus de droit et la majoration de 100% dans le cadre d'une procédure d'évaluation d'office ou d'opposition à contrôle fiscal.

390. Le requérant contestait la constitutionnalité de ce dispositif au regard du principe d'égalité devant la loi, de proportionnalité et d'individualité des peines. Le Conseil d'État a jugé cette question sérieuse notamment au regard du principe de proportionnalité des peines et l'a par conséquent transmise au Conseil constitutionnel. Le contrôle de cette disposition au regard du principe de proportionnalité et d'individualité des peines nécessitait de consacrer la nature répressive d'un système de déchéance de régime de faveur.

391. Le Conseil constitutionnel a recherché s'il résultait de l'intention du législateur une volonté de punir les manquements graves aux obligations fiscales. À cet égard, l'amendement parlementaire de M. Yves Censi, dont cette disposition est issue, apporte des enseignements sur la nature répressive de la suppression de l'avantage fiscal. Il énonce que ce dispositif vise à « *compléter les sanctions résultant d'infractions constitutives de manquements graves. Les contribuables, convaincus de manquements graves à leurs obligations fiscales (défaut ou retard de déclaration, insuffisance de déclaration ...), seraient privés de la faculté d'imputer des réductions d'impôt et des avantages fiscaux à l'impôt sur le revenu ou à l'impôt de solidarité sur la fortune sur le supplément d'impôt résultant de la fraction de leurs revenus ou de leur patrimoine non déclarée spontanément et donnant lieu à ce titre à une majoration, notamment pour mauvaise foi ou défaillance déclarative*

---

[988] Loi n° 2012-354 du 14 mars 2012 de finances rectificative pour 2012, *JORF* n°0064 du 15 mars 2012 p. 4690, texte n° 1.

[989] C.C. n° 2016-564 QPC du 16 septembre 2016, op cit.

grave, d'au moins 40 % des droits en principal. Il en serait de même pour la fraction des déficits catégoriels ou globaux constatés à l'impôt sur le revenu qui ne pourraient plus être imputés sur les rehaussements au titre des années rectifiées »[990].

392. Il ressort de cet amendement une volonté explicite du législateur de renforcer la répression de manquements graves aux obligations fiscales. Le législateur a souhaité « compléter » un mécanisme de sanction afin de renforcer son effectivité. En effet, le dispositif mis en place permet de faire en sorte que l'assiette des pénalités fiscales encourues en cas de manquements graves soit « *l'assiette brute* »[991]. La plupart du temps, l'assiette des pénalités résulte des droits dus. Ainsi l'application de déficits ou de réduction d'impôt permet au contribuable sanctionné de réduire significativement l'impôt supplémentaire et donc le montant des pénalités encourues. L'instauration d'une déchéance de régime de faveur permet d'augmenter le montant des impôts supplémentaires et des pénalités encourues. Ainsi, le Conseil constitutionnel a considéré qu' « *en adoptant les dispositions contestées, le législateur a entendu priver le contribuable disposant de déficits ou bénéficiant de réductions d'impôt de la possibilité de les utiliser ou de les faire valoir pour diminuer l'impôt rappelé et les pénalités correspondantes. Il a ainsi entendu conférer une effectivité renforcée à la répression des manquements mentionnés ci-dessus* »[992]. Il en conclut qu'il a, « *par une sanction ayant le caractère d'une punition, poursuivi l'objectif de valeur constitutionnelle de lutte contre la fraude et l'évasion fiscales* »[993]. Pour le Conseil constitutionnel, ce mécanisme vise à renforcer la répression des manquements particulièrement graves aux obligations fiscales et doit donc être qualifié de sanction ayant le caractère de punition.

393. Cette solution a ouvert la voie à l'élargissement de la notion de sanction fiscale à certains éléments du régime d'imposition. Dès lors qu'il vise à punir pour empêcher la réitération du manquement à l'obligation fiscale, la déchéance d'un régime de faveur peut être qualifiée de sanction. Toutefois, le Conseil constitutionnel a poursuivi son analyse restrictive de la notion de sanction fiscale dans ces décisions relatives au mécanisme de solidarité de

---

[990] Concl. BOHNERT B., sous CE, 8e et 3e ch., 16 juin 2016, n° 397983, M. Mikou, *Dr fisc.* 2016, n°30-35, comm. 455.

[991] Note sous C.C. n°2016-564 QPC du 16 septembre 2016, https://www.conseil-constitutionnel.fr/sites/default/files/as/root/bank_mm/decisions/2016564qpc/2016564qpc_ccc.pdf

[992] C.C. n° 2016-564 QPC du 16 septembre 2016, op cit.

[993] Ibidem.

paiement, et ce, en dépit de l'appel de la doctrine à un élargissement de cette qualification juridique.

II. L'absence de qualification de sanction des solidarités fiscales

394. L'inexécution de l'obligation fiscale par les redevables principaux est de nature à conduire l'administration fiscale à mettre en œuvre les procédures de solidarité auprès des tiers tenus solidairement au paiement de la dette fiscale. Il existe de nombreux dispositifs de solidarité en matière fiscale. Ceux-ci peuvent se saisir de deux sortes de créances. On retrouve d'une part les créances de nature civile, comme les impôts et les taxes qui ne revêtent pas de caractère répressif et d'autre part, les créances de nature répressive constituées par les majorations et amendes dues par le redevable principal. Dans ce dernier cas, elles sont susceptibles de revêtir un aspect répressif. Or, la jurisprudence constitutionnelle n'admet pas l'argument selon lequel, les sommes exigibles correspondent pour partie à des sanctions ayant le caractère de punition. Le Conseil constitutionnel écarte la qualification de sanction faute d'imputation personnelle d'un manquement et devant la possibilité d'exercer une action récursoire. Dégagée pour la première fois dans la décision du 21 janvier 2011, à propos de la responsabilité solidaire du 3 du paragraphe V de l'article 1754 du Code général des impôts, cette solution a été entendue à la solidarité du donneur d'ordre prévue à l'article L. 8222-2 du Code de travail. Si le caractère de garantie de recouvrement n'a pas suscité pas de controverses au sein de la doctrine, l'absence d'imputation de la faute personnelle des dirigeants de droit et de fait et du donneur d'ordre a toutefois a été sujet à interrogations.

A. L'absence de qualification de sanction de la solidarité du dirigeant de fait ou de droit

395. La responsabilité solidaire du 3 du paragraphe V de l'article 1754 du Code général des impôts prévoit que certains dirigeants sont tenus solidairement responsables du paiement de l'amende prévue à l'article 1759 de ce Code[994]. La solidarité instituée à l'article 1754 du Code général des

---

[994] « *Les sociétés et les autres personnes morales passibles de l'impôt sur les sociétés qui versent ou distribuent, directement ou par l'intermédiaire de tiers, des revenus à des personnes dont, contrairement aux dispositions des articles 117 et 240, elles ne révèlent pas l'identité, sont soumises à une amende égale à 100 % des sommes versées ou distribuées. Lorsque l'entreprise a spontanément fait figurer dans sa déclaration de résultat le montant des sommes en cause, le taux de l'amende est ramené à 75 %* » : Article 1759 du Code général des impôts.

impôts prévoit que les dirigeants sociaux[995], et les dirigeants de fait[996], à la date du versement ou à défaut de connaissance de cette date, à la date de déclaration des résultats de l'exercice au cours duquel les versements ont eu lieu, sont solidairement responsables du paiement de l'amende dans le cas où la masse des revenus distribués excède le montant total des distributions.

396. Le Conseil constitutionnel a, pour la première fois, été saisi d'une question prioritaire de constitutionnalité portant sur un mécanisme de solidarité, par un renvoi du Conseil d'État en date du 27 octobre 2010[997]. Était soulevé devant le Conseil constitutionnel le grief tiré de la violation à la Constitution du mécanisme de solidarité des dirigeants au regard des principes constitutionnels des droits de la défense et de personnalité des peines tels qu'ils résultent de l'article 8 de la Déclaration des droits de l'homme. Dans sa décision du 21 janvier 2011, n° 2010-90 QPC, M. Cuaz, le Conseil constitutionnel a considéré que cette solidarité ne revêt pas le caractère de « sanction ayant le caractère de punition »[998]. Afin d'écarter la nature répressive de cette mesure, le Conseil constitutionnel a effectué une grille d'analyse. Ainsi dès lors qu'elle « *est fondée sur les fonctions exercées par les dirigeants au moment du fait générateur de la sanction ; qu'elle n'est pas subordonnée à la preuve d'une faute des dirigeants ; qu'elle constitue une garantie pour le recouvrement de la créance du Trésor public ; que, conformément aux règles de droit commun en matière de solidarité, le dirigeant qui s'est acquitté du paiement de la pénalité dispose d'une action récursoire contre le débiteur principal et, le cas échéant, contre les codébiteurs solidaires, cette solidarité ne revêt pas le caractère d'une punition au sens des articles 8*

---

[995]Ils s'agit de ceux mentionnés à l'article 62 du Code général des impôts (les gérants majoritaires des sociétés à responsabilité limitée n'ayant pas opté pour le régime fiscal des sociétés de personnes et des sociétés en commandite par action, associés en nom des sociétés de personnes et de ceux qui relèvent des dispositions du 1e, du 2e et du 3e du b de l'article 80 ter dudit Code (Sont concernés par ces dispositions, le président du conseil d'administration, les membres du directoire, le directeur général, l'administration provisoirement déléguée, tout administrateur ou membre du conseil de surveillance chargé de fonctions spéciales, dans une société anonyme. Dans les sociétés à responsabilité limitée, les dirigeants majoritaires relèvent de ces dispositions. Enfin, entrent dans ce régime fiscal, les dirigeants soumis au régime fiscal des salariés.)

[996] Est considéré comme dirigeant de fait pour l'application de ces dispositions, ceux qui assument des fonctions similaires à celles des dirigeants de droit ou qui exercent un contrôle effectif et constant sur la direction de l'entreprise. La Haute juridiction administrative pose comme exception la responsabilité d'un dirigeant de fait pour le paiement de la distribution occulte dès lors que l'administration ne fait uniquement état de sa qualité d'associé minoritaire (CE, 29 octobre 2001, n° 221713 mentionné au recueil Lebon) ou lorsque l'administration fiscale n'a pas apporté devant le juge de l'impôt d'éléments de nature à établir en fait, la gestion de la société. (CE, 29 octobre 2001, n° 179746, inédit au recueil Lebon).

[997] CE, 27 octobre 2010, n°342925, *Dr fisc.* 2010, n° 48, comm. 579, concl. GEFFRAY E.

[998] C. C., 21 janv. 2011, n° 2010-90 QPC, Cuaz, *Dr fisc.* 2011, n° 4, act. 35 ; *RJF* 4/2011, n° 483 ; *RJF* 2/2011, n° 215.

et 9 de la Déclaration de 1789 »[999]. À partir du moment où la solidarité fiscale de l'article 1754 n'est pas subordonnée à l'imputation de la faute du dirigeant, le Conseil constitutionnel en déduit qu'il s'agit d'une simple garantie de recouvrement. Relevant par ailleurs l'existence d'une action contre le débiteur principal, le Conseil constitutionnel en conclut qu'elle ne révèle pas une dimension répressive, mais « *indemnitaire* »[1000].

397. La qualification de « garantie de recouvrement » a été sujette à la controverse au sein de la doctrine. Monsieur Stéphane Detraz a adopté une acception large de la notion de sanction en reconnaissant le caractère punitif de la solidarité de paiement. Selon lui, « *il n'est pas déterminant de déclarer que les dirigeants de droit et de fait sont tenus au paiement de la pénalité fiscale* (...) *sans que la preuve d'une quelconque faute de leur part doive être administrée* »[1001]. Il relève à cet effet que « *la jurisprudence criminelle – quand ce n'est pas la loi elle-même – présume aujourd'hui l'implication des dirigeants sociaux en matière de fraude fiscale, en relevant qu'il leur incombe de veiller personnellement au respect par la personne morale de ses obligations fiscales et en leur reprochant conséquemment et systématiquement une négligence consciente – alors assimilée au dol général – en cas de défaillance* »[1002]. De plus, la possibilité d'exercer une action récursoire contre le débiteur principal et le cas échéant contre les codébiteurs solidaires « *ne prouve en rien le caractère non punitif* »[1003] de la solidarité de paiement instituée à l'article 1754 du Code. Il relève que « *la punition peut consister à devoir payer la dette d'autrui, serait-ce en vertu d'un simple système d'« obligation » (et non de « contribution ») à la dette* »[1004].

---

[999] Ibidem, consid. 6.

[1000] MATHIEU G., « La responsabilité solidaire des dirigeants pour le paiement d'une amende fiscale : garantie et non-punition (commentaire de la décision du Conseil constitutionnel, n°2010-90 QPC du 21 janvier 2011, M. Jean-Claude C.{ Responsabilité solidaire des dirigeants pour le paiement de l'amende fiscale }, *RFDC* 2011, n°87, p. 612.

[1001] DETRAZ S., « La nature de la solidarité de l'article 1745 du CGI », *Dr fisc.* n° 50, 13 Décembre 2012, 551

[1002] Ibidem.

[1003] Ibidem.

[1004] Stéphane Detraz s'appuie sur la jurisprudence de la Cour de cassation qui qualifie la contrainte par corps de l'ancien article L. 272 du Livre des procédures fiscales (autrefois article 1845 du Code général des impôts). En vertu de ces dispositions, une mesure privative de liberté pouvait être ordonnée à l'égard de la personne condamnée en qualité d'auteur ou de complice du délit de fraude fiscale, pour le recouvrement de l'impôt direct fraudé et des majorations et amendes fiscales y afférentes. Or, comme le relève Stéphane Detraz, « *dans l'hypothèse où la contrainte par corps était prononcée à l'égard d'une personne qui n'était pas le débiteur naturel des dettes fiscales garanties (ainsi du complice de l'infraction ou de l'auteur personne physique ayant soustrait une personne morale à l'impôt), elle produisait donc directement le même effet que la solidarité, la vertu comminatoire en plus* ». Or, la chambre criminelle a jugé dans cette situation que « *si, en effet, la contrainte par corps réservée par l'article 749 du Code pénal à la garantie des amendes, frais et autres condamnations au profit du Trésor public, est une mesure d'exécution et n'a pas en général le caractère d'une peine, il en est autrement dans*

398. Toutefois, cette acception large de la notion de sanction ne semble pas pouvoir s'imposer en l'état actuel de la jurisprudence constitutionnelle. Celle-ci subordonne la qualification de sanction, à la finalité répressive de la mesure, laquelle doit tendre à empêcher la réitération des agissements qu'elle réprime. Or, la mise en œuvre de la solidarité de paiement ne dépend pas de l'imputation de la faute du dirigeant, mais est simplement fondée sur ses fonctions au moment du fait générateur de la sanction. De plus, comme le relève le professeur Ludovic Ayrault, « *l'existence d'une action récursoire évite à la personne actionnée de supporter in fine la charge liée au manquement* »[1005]. Dans ces circonstances, la nature répressive de la solidarité de paiement doit être écartée.

B. L'absence de qualification de sanction de la solidarité du donneur d'ordre

399. Le Conseil constitutionnel a été saisi par le Conseil d'État d'une question prioritaire de constitutionnalité portant sur la nature juridique des dispositions de l'article L8222-2 du Code du travail et de l'article 1724 quater du Code général des impôts qui instituent une solidarité financière pesant sur le donneur d'ordre pour le paiement des sommes dues par un cocontractant ou sous-traitant au Trésor public et aux organismes de protection sociale en cas de travail dissimulé [1006]. Les requérants soutenaient que le mécanisme de solidarité de paiement instituait à l'égard du demandeur d'ordre une « sanction ayant le caractère de punition » et par suite, violait les principes constitutionnels de présomption d'innocence, d'individualisation et de proportionnalité des peines tels qu'ils résultent des articles 8 et 9 de la Déclaration des droits de l'homme.

400. Le Conseil constitutionnel a rejeté la qualification de sanction ayant le caractère de punition en confirmant que ce mécanisme « *constitue une garantie pour le recouvrement de la créance du Trésor public et de celle des organismes*

le cas de l'ordonnance précitée, lorsqu'elle est prononcée, en vertu de cette disposition de loi, pour assurer le recouvrement, sur ses biens personnels, d'une dette qui, dans son fondement, lui est étrangère » et « qu'elle prend alors le caractère d'une peine complémentaire ». (Cass. crim., 30 avr. 1963, n° 62-90.938, *Bull. crim.* 1963, n° 158 ; Cass. crim., 30 juin 1960, *Bull. crim.* 1960, n° 353, *Rev. sc. crim.* 1961, p. 107, obs. LEGAL A. V. DETRAZ S. « La contrainte par corps », th. dactylographiée, Bordeaux IV, 2002, n° 570 à 612.) La contrainte par corps « *appliquée dans ces conditions était une « sanction » constitutive d'une véritable « peine complémentaire* » : DETRAZ S., « La nature de la solidarité de l'article 1745 du CGI », op cit.

1005 AYRAULT L., « Droit fiscal européen des droits de l'homme : chronique de l'année 2017 », *Dr fisc.* 2018, n° 9, comm. 207.

1006 CE, 9e et 10e ss-sect., 5 juin 2015, n° 386430, Sté GECOP, op cit.

de protection sociale »[1007]. Il a réaffirmé de manière prévisible[1008], la dimension indemnitaire de ce mécanisme en relevant que « *conformément aux règles de droit commun en matière de solidarité, le donneur d'ordre qui s'est acquitté du paiement des sommes exigibles en application du 1° de l'article L. 8222-2 dispose d'une action récursoire contre le débiteur principal et, le cas échéant, contre les codébiteurs solidaires* »[1009]. Il précise en outre que le fait que parmi les sommes demandées, certaines correspondent au moins en partie, à des sanctions, ne constitue pas un argument en faveur de la qualification de « sanction ayant le caractère de punition ».

401. Cette décision conforme à sa jurisprudence antérieure est corroborée par les travaux parlementaires qui font état de la volonté du législateur de donner une garantie supplémentaire d'obtenir le paiement des sommes dues « *compte tenu des risques importants d'insolvabilité des personnes se livrant au travail clandestin* »[1010]. Dans le même sens, l'avocat général Renaud Salomon analyse la solidarité de paiement du donneur d'ordre comme « *une garantie de paiement permettant aux salariés et aux organismes de protection sociale de pallier les inconvénients résultant de la disparition ou de l'insolvabilité de l'entreprise exerçant l'activité dissimulée en s'adressant directement au client ou au bénéficiaire de la prestation accomplie dans des conditions illicites* »[1011].

402. Les commentaires aux cahiers du Conseil constitutionnel montrent que les sages de la rue de Montpensier ont pu hésiter sur la qualification de ce mécanisme. Ils relèvent que, quand bien même les dispositifs de solidarité de paiement ne sont pas institués « *sans arrière-pensée dissuasive et répressive* »[1012], ils ne peuvent être analysés autrement que comme « *instituant une obligation financière* »[1013] et non comme une sanction ayant le caractère de punition. En effet, selon l'auteur, « *il serait difficile de considérer qu'est une*

[1007] C.C., 1 juillet 2015, n° 2015-479 QPC, Sté Gecop, *Dr fisc.* 2015, n° 36, act. 485, consid. 8.
[1008] La deuxième chambre civile de la Cour de cassation a, à deux reprises, refusé de transmettre au Conseil constitutionnel la question prioritaire de constitutionnalité en jugeant que la solidarité financière du donneur d'ordre s'inscrit « *dans le dispositif de lutte contre le travail dissimulé* » et tend « *à assurer la loyauté de la concurrence* » et que par suite, elle ne constitue pas « *une sanction ayant le caractère de punition* » : Civ. 2e, 8 février 2012, n° 11-40.094, *Dr. soc.* 2013. 142, chron. SALOMON R. et MARTINEL A. ; Civ. 2e, 28 février 2013, n° 12-40.099, QPC, *Dr. soc.* 2013. 626, chron. SALOMON R.
[1009] C.C., 1 juillet 2015, n° 2015-479 QPC, Sté Gecop, op cit., consid. 8.
[1010] Rapport n° 3190 de M. Salles au nom de la Commission des affaires culturelles sur le texte n° 3046 de M. Jacques Barrot, ministre du travail et des affaires sociales, déposé à l'Assemblée Nationale le 16 octobre 1996.
[1011] SALOMON R., « chronique de droit pénal social », *DS* 2013, p. 626. Voir également, MOLLA S., « Travail dissimulé », op. cit., § 89.
[1012]Note sous C. C., déc. n° 2015-479 QPC, 1 juill. 2015, Sté Gecop https://www.conseilconstitutionnel.fr/sites/default/files/as/root/bank_mm/decisions/2015479qpc/2015479qpc_ccc.pdf.
[1013] Ibidem.

punition (…) un mécanisme qui peut aboutir à ce qu'une personne à l'égard de laquelle la solidarité est instituée ne soit finalement jamais sollicitée ou recouvre in fine l'ensemble des sommes qu'elle a versées à ce titre »[1014].

403. Une opinion dissidente résulte des conclusions du rapporteur public Emilie Bokdam-Tognetti sous la décision de renvoi du Conseil d'État du 5 juin 2015[1015]. Selon elle, l'argument en vertu duquel la solidarité de paiement constitue « *une simple modalité, quasi naturelle, de recouvrement »*[1016] doit être nuancé *« s'agissant de la solidarité entre le donneur d'ordre – entreprise ou particulier – qui n'a pas procédé à toutes les vérifications requises et son cocontractant coupable de travail dissimulé* »[1017]. Elle effectue une analyse comparative entre la solidarité de paiement des dirigeants qui résulte de l'article 1754 du Code général des impôts et celle des donneurs d'ordre qui résulte de l'article 1724 dudit Code. Elle relève d'une part que les liens entre donneurs d'ordre à l'égard des impositions dues par son cocontractant coupable de travail dissimulé sont plus distendus qu'entre une société et son dirigeant. D'autre part, elle constate la fragilité d'un raisonnement fondé uniquement sur la possibilité d'exercer une action récursoire contre le débiteur principal pour exclure la finalité répressive du mécanisme de solidarité du donneur d'ordre. Cette justification ne paraît pas *« suffire à exclure avec certitude* (…) *le caractère de sanction ayant le caractère d'une punition »*[1018], *« car si tel était le cas, le Conseil constitutionnel aurait pu se borner à relever ce seul élément dans sa décision* (du 21 janvier 2011, n° 2010-90 QPC, M. Cuaz) *ce qu'il n'a pas fait »*[1019]. Le Conseil constitutionnel s'était également fondé sur l'absence d'imputation de la faute au dirigeant de fait ou de droit. Ainsi, par un raisonnement a contrario, le caractère répressif d'une mesure de solidarité peut être révélé par l'imputation d'un manquement personnel de la personne tenue solidairement au paiement des sommes en cause. Or, c'est précisément sur ce point que le rapporteur public se fonde pour apprécier le caractère répressif de la solidarité. En effet, si un « *mécanisme de solidarité présente toujours pour le Trésor public le caractère d'une garantie de recouvrement* »[1020], l'objectif poursuivi par le législateur à travers la solidarité de l'article L. 8222-2 du Code

---

[1014] Ibidem.
[1015] Concl. BOKDAM-TOGNETTI E., sous CE, 9e et 10e ss-sect., 5 juin 2015, n° 386430, Sté GECOP, op cit.
[1016] Ibidem.
[1017] Ibidem.
[1018] Comme semble le considérer la chambre criminelle de la Cour de cassation dans un arrêt du 12 septembre 2012 (Cass. crim., 12 sept. 2012, n° 12-80.574, *Dr. sociétés* 2012, comm. 146, note SALOMON R.) rendu à propos de la solidarité de l'article 1745 du Code général des impôts.
[1019] Concl. BOKDAM-TOGNETTI E., sous CE, 9e et 10e ss-sect., 5 juin 2015, n° 386430, Sté GECOP, op cit.
[1020] Ibidem.

du travail est à la fois répressif et préventif[1021]. Cette analyse est confirmée par les travaux préparatoires des lois de 1972 et 1992 qui relèvent que ce dispositif « *intervient du fait d'un comportement fautif manifesté dès l'origine de la relation* »[1022]. Ainsi, la solidarité de l'article L. 8222-2 du Code du travail est « *bien fondée sur une faute du donneur d'ordre* »[1023].

C. La solidarité de l'article 1745 du Code général des impôts : vers une qualification de sanction ?

404. L'article 1745 du Code général des impôts prévoit de manière générale que toute personne qui a fait l'objet d'une condamnation définitive pour fraude fiscale peut être tenue solidairement avec le redevable de l'impôt au paiement de l'impôt fraudé et des pénalités fiscales y afférentes. Ce dispositif n'est susceptible d'engendrer de graves conséquences que lorsque la personne condamnée et le redevable de l'impôt constituent une seule et même personne. Dans cette circonstance, le texte énonce implicitement que la solidarité n'est pas appliquée. En revanche, il s'avère redoutable, dès lors que le redevable de l'impôt et la personne condamnée pour fraude fiscale sont deux personnes différentes. Elle a pour conséquence de rendre la personne condamnée solidaire au paiement de la créance fiscale. À titre d'exemple, ce mécanisme peut permettre à l'administration de recouvrir la dette fiscale sur le patrimoine personnel d'un dirigeant d'entreprise condamné pour avoir soustrait frauduleusement son entreprise au paiement de la taxe sur la valeur ajoutée ou de l'impôt sur les bénéfices. Il dispose dans cette circonstance d'une action récursoire, envers le redevable légal de l'impôt [1024].

405. La qualification de ce mécanisme de solidarité reste selon la doctrine « *hasardeuse, critiquable, voire incohérente* »[1025]. La Haute juridiction

---

[1021] À cet égard, le rapporteur public Emilie BOKDAM-TOGNETTI relève que « *les dispositions en cause, qui s'inscrivent dans un ensemble de mesures destinées à lutter contre le travail dissimulé, nous semblent avoir d'abord un objectif préventif – inciter les donneurs d'ordre à vérifier que leurs cocontractants sont en règle et empêcher la réitération des agissements qu'elles visent – et, au moins en partie, répressif – sanctionner le donneur d'ordre qui s'est montré négligent* » : ibidem.

[1022] Rapp. AN n° 2050, 1991/1992, p. 33.

[1023] HOLLENDER-CERF A., « Travail dissimulé : constitutionnalité de la solidarité financière du donneur d'ordre », *RSC* 2015, n° 4, 889-894.

[1024] Cass. crim., 12 septembre 2012, n° 12-80.574, QPC, *Dr fisc.* 2012, n°50 Comm. 551, V. également, SALOMON R., « Droit pénal fiscal », *Dr fisc.* 2012, n° 43, 493.

[1025] DETRAZ S., « La nature de la solidarité de l'article 1745 du CGI », *Dr fisc.* 2012, n°50 Comm. 551.

judiciaire considère la solidarité comme « *une mesure à caractère pénal* »[1026] mais a toujours refusé d'y voir « *une sanction ayant le caractère de punition* »[1027] refusant ainsi de transmettre la question prioritaire de constitutionnalité au Conseil constitutionnel. En effet, selon la Haute juridiction judiciaire, ce mécanisme, dès lors qu'il permet à la personne solidairement tenue au paiement de la créance fiscale de disposer d'une action récursoire contre le débiteur principal et le cas échéant contre les codébiteurs solidaires[1028], de contester le bien-fondé et l'exigibilité de dette et de s'opposer aux poursuites devant les autorités compétentes, il ne saurait revêtir un aspect punitif.

406. La Haute juridiction administrative s'est alignée sur la jurisprudence judiciaire en considérant la solidarité fiscale de l'article 1745 constitue « *alors même qu'elle ne revêt pas le caractère d'une sanction, une mesure de nature pénale* »[1029]. Elle justifiait sa solution en énonçant que « *la solidarité prévue par l'article 1745 du Code général des impôts, qui constitue seulement une garantie pour le recouvrement de la créance du Trésor public, ne revêt pas le caractère d'une punition entrant dans le champ de l'article 8 de la Déclaration de 1789, dès lors que celui qui s'est acquitté du paiement des impôts fraudés et des pénalités correspondantes dispose d'une action récursoire contre le débiteur principal et, le cas échéant, contre les codébiteurs solidaires* »[1030].

407. À l'encontre de la jurisprudence bien établie de la Cour de cassation et du Conseil d'État, la doctrine pénaliste considérait ce mécanisme de solidarité comme une mesure mixte, à la fois répressive et restauratrice. Dans le même sens, la doctrine fiscale voit dans ce dispositif « *une peine complémentaire facultative* »[1031]. Si le caractère de peine complémentaire facultative peut être facilement contesté, la nature répressive du mécanisme de solidarité de l'article 1745 du CGI au sens de l'article 8 de la Déclaration reste sujette à discussion.

[1026] Cass. Crim., 29 février 1996, n° 93-84.692 et n° 93-84.616 : *Bull. crim.* 1996, n° 100 ; *Dr. pén.* 1996, comm. 135, obs. ROBERT J.-H. ; *Rev. sc. crim.* 1996, p. 851, obs. BOULOC B ; Cass. crim., 7 septembre 2011, n° 10- 85.519 ; Cass. crim., 12 novembre 1984, n° 83-92.805 : *Bull. crim.* 1984, n° 342.

[1027] Cass. crim., 12 septembre 2012, n° 12-80.574, QPC, op cit. V. également : Cass. crim., 25 juin 2014, n° 13-87.692 : *Dr. pén.* 2014, comm. 122, note PELTIER V., *Dr fisc.* 2014, n° 30, étude 460 ; Cass. crim., 25 févr. 2015, n° 14-85.300, F-D : *Dr. pén.* 2015, comm. 51, note ROBERT J.-H., *Dr fisc.* 2015, n° 17, étude 279.

[1028] Cass. crim., 12 septembre 2012, n° 12-80.574 *Dr fisc.* 2012, n° 43, comm. 493, obs. SALOMON R., La Haute juridiction judiciaire s'est directement inspirée de la décision du Conseil constitutionnel du 21 janvier 2011 dans laquelle, les sages de la rue de Montpensier ont dénié le caractère punitif de la solidarité de l'article 1754 V, alinéa 3 du Code général des impôts.

[1029] CE, 10e et 9e ss-sect., 13 nov. 2013, n° 340267, Duploye et a. : *Lebon* T., p. 542, Dr *fisc.* 2014, n° 26, comm. 410, concl. HEDARY D., *RJF* 2/2014, n° 190.

[1030] CE, 8e et 3e ch., 8 déc. 2017, n° 414303, *Dr fisc.* 2018, n° 10, comm. 214, concl. VICTOR R.

[1031] LEPAGE, P. MAISTRE DU CHAMBON et SALOMON R., Droit pénal des affaires, *LexisNexis*, 4e éd., 2015, p. 825.

408. Le premier argument en faveur de la qualification de « sanction ayant le caractère de punition » se fonde sur la faute antérieure de la personne en cause. Le mécanisme de solidarité ne s'applique qu'aux seules personnes condamnées du chef de fraude fiscale qu'ils s'agissent des personnes qui ont participé de manière causale à la fraude, en la réalisant eux-mêmes soit en la qualité d'instigateur ou d'auxiliaires[1032]. S'agissant du deuxième argument, la doctrine considère, comme pour la solidarité de l'article 1754 du Code général des impôts, que le seul fait de bénéficier d'une action récursoire à l'égard du débiteur principal n'est pas de nature à exclure la nature punitive du mécanisme de solidarité de l'article 1745 du Code général des impôts[1033].

409. Le Conseil constitutionnel ne s'est pour l'heure jamais prononcé sur la nature punitive ou non de la solidarité de l'article 1745 du Code général des impôts. Ni l'Ordre juridique administratif ni la Haute juridiction judiciaire n'a jugé sérieux de transmettre au Conseil constitutionnel une question prioritaire de constitutionnalité portant sur cette question. Une avancée en faveur de la reconnaissance du caractère punitif de ce dispositif de solidarité a été relevée dans une décision du 24 juin 2016[1034]. Le Conseil constitutionnel a jugé que « *l'article 1741 du Code général des impôts permet également de recouvrer la contribution commune dès lors que toute personne ayant fait l'objet d'une condamnation sur son fondement est, par application de l'article 1745 du même Code, solidairement tenue avec le redevable légal au paiement de l'impôt fraudé et des majorations afférentes* »[1035].Ces propos ont été considérés par Stéphane Detraz comme consacrant la solidarité de paiement en tant qu' « *accessoire* »[1036] de l'article 1741 et sous-entendent « *que la solidarité participe à titre complémentaire de la répression qui incombe principalement aux peines de l'article 1741* »[1037]. Cette analyse empêcherait « *de traiter la solidarité comme une simple garantie pour le recouvrement* »[1038].

[1032] Cass. crim., 22 décembre 1986, n° 85-91.140, *Bull. crim.* 1986, n° 382 ; *Dr fisc.* 1987, n° 26, comm. 1234, Cass. crim., 23 mars 1987, n° 86-90.441.

[1033] DETRAZ S., « La nature de la solidarité de l'article 1745 du CGI », op cit.

[1034] C.C., 24 Juin 2016, n° 2016-546 QPC M. Jérôme C, *Dr fisc.* 2016, comm. 405, note S. DETRAZ.

[1035] Ibidem.

[1036] DETRAZ S., « un an de droit pénal fiscal et douanier (septembre 2015 –Aout 2016) », *Dr. pen.* 2016, n°10, chron. 9.

[1037] Ibidem.

[1038] Ibidem.

Conclusion Titre 2

410. La pénalisation des sanctions fiscales par le Conseil constitutionnel a contribué à étendre les principes constitutionnels répressifs initialement réservés au droit pénal stricto sensu aux sanctions fiscales de nature punitive. Elle résulte de l'élaboration par le Conseil constitutionnel d'une notion de sanction punitive. Cette notion résultant d'une approche matérielle de la sanction punitive a permis au Conseil constitutionnel de s'affranchir d'une logique binaire afin d'étendre le champ de protection des garanties du droit constitutionnel répressif. Si un grand effort de conceptualisation a été réalisé dans le cadre du contrôle a priori, la question prioritaire de constitutionnalité a permis de « *délimiter plus finement* »[1039] le champ d'application de l'article 8 de la Déclaration en précisant la notion de « sanction ayant le caractère de punition » dans son application à la matière fiscale.

411. La notion de « sanction ayant le caractère de punition » est fondée sur un critère unique, à savoir la finalité punitive de la mesure. Si ce choix du critère finaliste unique à l'avantage de qualifier une mesure en fonction de sa nature en s'abstenant de la qualification législative, il n'en demeure pas moins imprécis et source de confusion. Le Conseil constitutionnel donne très peu d'indices sur les éléments constitutifs de cette notion. Cette imprécision qui s'attache à la notion de « sanction ayant le caractère de punition » fait courir un risque d'arbitraire de la part du juge constitutionnel. La qualification de sanction résulte d'une appréciation d'ensemble des sages de la rue de Montpensier. Cela lui permet de «*fermer ou d'ouvrir les portes de la « matière pénale » en fonction de considérations qui sont étrangères au droit pénal* »[1040]. Plus encore, certains redoutent que la décision du Conseil constitutionnel de qualifier ou non une mesure de « sanction ayant le caractère de punition » soit « *davantage fondée sur l'opportunité de la solution que sur la rigueur technique* »[1041]. Il en résulte que « *seule une partie de l'arsenal complexe de la répression fiscale entre dans le champ du droit constitutionnel répressif* »[1042].

[1039] BOKDAM-TOGNETTI E., « QPC et contentieux fiscal : bientôt quatre années d'enrichissement mutuel et d'évolution sans révolution », *RJF* 12/2013/979.

[1040] DREYER E., « Question prioritaire de constitutionnalité - Le Conseil constitutionnel et la « matière » pénale La QPC et les attentes déçues... », *JCP G*. 2011, n° 37, doctr. 976.

[1041] PELLETIER M., « L'individualisation de la peine dans les décisions liées aux questions prioritaire de constitutionnalité » *Dr. pén.* 2011, étude 4.

[1042] OLIVA E., « Le Conseil constitutionnel et les sanctions fiscales : un exemple caractéristique d'unification du droit constitutionnel répressif », *Revue européenne et internationale du droit fiscal* 2020, n°2, p.170.

412. Il n'existe donc pas « *de critères satisfaisants de la peine dans la jurisprudence du Conseil constitutionnel* »[1043]. L'absence de systématisation de critère de pénalisation rend « *tout classement axiologique* »[1044] difficile. Cette méthode ne s'avère pas pleinement efficace pour appréhender avec précision la notion de sanction fiscale. Sur ce point, la méthode d'assimilation des sanctions fiscales à la matière pénale, au sens de l'article 6 de la Convention, s'avère plus rigoureuse en ce qu'elle instaure plusieurs critères de pénalisation maniés de manière alternative ou encore des indices de pénalisation appliqués cumulativement.

[1043] Ibidem.

[1044] DE MONTGOLFIER J-F., « L'apport de la jurisprudence du Conseil constitutionnel au critère de la peine », in Droit pénal, Le temps des réformes, op cit., p. 231 et s.

Conclusion Partie 1 : Une pénalisation mesurée

413. La pénalisation des sanctions fiscales est le fruit de la construction juridique de deux notions, à savoir, l' « accusation en matière pénale » et la « sanction ayant le caractère de punition ». Ce travail de construction théorique a suscité l'espoir des justiciables en ce qu'il permit au Conseil constitutionnel et à la Cour européenne des droits de l'homme de se détacher de la logique binaire gouvernée par une approche formelle de la sanction pour s'approcher de la logique du flou par l'adoption d'une approche matérielle de la sanction[1045]. L'enjeu de l'identification de ces deux notions en matière fiscale est important. En effet, c'est elle qui subordonne l'application d'un régime juridique protecteur pour le contribuable que ce soit par le bénéfice des articles 8 et 16 de la Déclaration ou par celui des prescriptions de l'article 6 de la Convention.

414. La substitution de la conception formelle de la sanction en droit pénal par la conception matérielle de la sanction punitive a été effectuée de deux manières différentes. Par l'instauration d'une méthode alternative fondée sur des critères de pénalisation et d'une méthode cumulative fondée sur des indices de pénalisation, la Cour européenne a su répondre à « *une réalité politique et juridique* »[1046]. En effet, cette méthode s'adapte à la souveraineté des États et à la diversité des systèmes nationaux. Cette interprétation de la matière pénale lui permet également de s'adapter plus ouvertement à la complexité des faits dans le cadre de son contrôle in concreto. L'approche matérielle de la « sanction ayant le caractère de punition » adoptée par le Conseil constitutionnel se fonde, elle, uniquement sur le critère de la finalité punitive de la mesure. Les sages de la rue de Montpensier ne sont pas confrontés à la diversité des systèmes juridiques ou encore à la problématique de la souveraineté des États. Elle lui permet de garder une marge de manœuvre importante quant à la qualification de sanction au sens de l'article 8 et 16 de la Déclaration.

415. Cette différence d'approche a pu faire craindre « *un risque de dissonance voir de cacophonie* »[1047]. Or, l'analyse de sanction fiscale dans la jurisprudence relative à la notion d'accusation en matière pénale et dans celle relative à la notion de sanction ayant le caractère de punition dément ces

---

[1045] DELAMS MARTY M. « la jurisprudence de la Cour européenne des droits de l'homme et la logique du flou », *Revue de droit pénale et de criminologie*, 1992, p. 1031. et s.

[1046] Ibidem, p. 1035.

[1047] FROGER C., « La sanction fiscale dans les jurisprudences constitutionnelles et européennes », op cit.

craintes. Les méthodes d'identifications de la sanction fiscale convergent autour de la finalité punitive de la mesure soumise à leur contrôle. L'étude consacrée à l'identification de la sanction fiscale relevant de la matière pénale a permis de mettre en avant la primauté du critère de la nature de l'infraction. S'il se décompose en deux sous critère à la différence du raisonnement du Conseil constitutionnel, il n'y a pas de rupture fondamentale dès lors que c'est la finalité punitive qui emporte la qualification de sanction. De même, si la Cour insère une finalité dissuasive à l'identification de la sanction fiscale, elle découle en réalité de l'aspect répressif. Les Hautes juridictions administratives et judiciaires se sont ralliées à la méthode d'identification des sanctions du Conseil constitutionnel en adoptant le critère unique de la finalité punitive de la norme dans l'exercice du contrôle de conventionalité des lois fondé sur l'article 6 de la Convention.

416. Cette convergence des méthodes d'assimilation a permis de limiter les discordances de jurisprudences entre la Cour européenne des droits de l'homme, le Conseil constitutionnel, le Conseil d'État et la Cour de cassation en matière d'identification de la sanction fiscale. Il résulte de ces différentes jurisprudences une acception restrictive de la notion de sanction fiscale, particulièrement visible dans les décisions du Conseil constitutionnel. L'identification restrictive de la sanction fiscale a une incidence directe sur la portée de la pénalisation dès lors qu'un certain nombre de dispositifs d'inspiration répressifs échappe au contrôle tant constitutionnel que conventionnel.

Partie 2 : Le régime juridique quasi pénal des sanctions fiscales

417. La caractérisation de la sanction fiscale au regard du droit pénal a eu pour conséquence de transformer le régime juridique des sanctions par l'intégration des principales règles de fond et de forme du droit pénal. La pénalisation du régime juridique des sanctions fiscales s'applique du fondement de la sanction fiscale jusqu'à leur contestation. C'est ainsi tout un pan du droit fiscal qui se trouve imprégné par les principes fondamentaux du droit pénal. Toutefois, les garanties constitutionnelles et conventionnelles lorsqu'elles sont applicables n'ont pas toujours la même portée en fonction du litige dans lequel elles sont invoquées. En effet, leur régime juridique peut être affecté de certains « *coefficients de variabilité* »[1048] qui bien qu'identifiables ne rendent pas prévisibles les jurisprudences tant constitutionnelles que conventionnelles. L'un de ces coefficients a justifié en matière fiscale une application plus souple des principes fondamentaux du droit pénal de fond et de forme. Celui-ci est relatif à la nature formelle de la répression. Alors même que la sanction revêt un caractère de punition au sens de la jurisprudence du Conseil constitutionnel ou relève de la matière pénale au sens de la Convention, une souplesse accrue peut être préservée dans l'application de ces principes. Cette application souple des principes du droit pénal résulte d'une tension constante entre la volonté de préserver un système de répression fiscale efficace et le respect des droits et garanties du contribuable. Il en ressort un régime juridique sui generis, empreint d'une « coloration pénale », mais qui entend préserver les spécificités de la répression administrative fiscale.

[1048] LE CALVEZ J., « Droit constitutionnel répressif », *J.-Cl. Adm.*, fasc. 385.

Titre 1 : L'application relative des règles de fond aux sanctions fiscales

418. La pénalisation du droit fiscal a eu pour conséquence d'accroître la protection juridique des contribuables. En effet, plusieurs principes gouvernent l'élaboration de la norme fiscale incriminatrice. Le principe de légalité des délits et des peines et le principe de nécessité des peines, tels qu'ils résultent de l'article 8 de la Déclaration des droits de l'homme, gouvernent le fondement de la sanction. Les principes fondamentaux du droit pénal de fond s'appliquent également lors de la fixation de la sanction fiscale. L'administration fiscale est tenue au moment de la détermination de la pénalité applicable de respecter l'un des corollaires du principe de légalité des délits et des peines, à savoir, le principe de personnalité des peines et le principe de responsabilité personnelle. Toutefois, cette protection juridique accordée aux contribuables est plus faible que celle dont disposent les justiciables en matière criminelle ou délictuelle. Les principes relatifs au fondement et à la fixation de la sanction fiscale sont appliqués avec une certaine souplesse afin de garantir l'efficacité de la répression.

Chapitre 1 : Les principes relatifs au fondement de la sanction fiscale

419. Deux principes régissent le fondement de la sanction fiscale. Il s'agit du principe de légalité des délits et des peines et du principe de nécessité des peines qui découlent tous deux de l'article 8 de la Déclaration des droits de l'homme et du citoyen. Le Conseil constitutionnel a fait découler de ces deux principes plusieurs exigences qui s'imposent au législateur lorsqu'il institue une sanction fiscale. Ces exigences sont toutefois plus faibles que celles qui encadrent le fondement de la sanction pénale stricto sensu. On le mesure au développement d'une conception souple de la légalité matérielle en matière de sanction fiscale et au contrôle limité des pénalités fiscales au regard du principe de nécessité des délits et des peines.

Section 1 : L'application mesurée du principe de légalité des délits et des peines

420. Le principe de légalité, considéré comme la clef de voûte du droit pénal[1049], revêt une valeur constitutionnelle[1050]. Sa source réside dans les dispositions de l'article 8 de la Déclaration selon lesquelles « *la loi ne doit établir que des peines strictement et évidemment nécessaires, et nul ne peut être puni qu'en vertu d'une loi établie et promulguée antérieurement au délit, et légalement appliquée* ». Il revêt également une valeur conventionnelle conformément aux dispositions de l'article 7 la Convention européenne de sauvegarde des droits de l'homme, de l'article 49 la Charte des droits

[1049] DESPORTE F., GUNEHEC F., Droit pénal général, 6ième éd., 2009, p. 221.

[1050] Le Conseil constitutionnel a élevé au rang constitutionnel l'obligation de clarté et de précision de la loi pénale (C.C., 20 janvier 1981, n°80-127 DC, loi renforçant la sécurité et protégeant la liberté des personnes, *Rec.*, p.15., *JO* du 22 janvier 1981, p. 308), l'interprétation stricte de la loi pénale (C.C., 16 juillet 1996, n°96-377 DC, consid. 11, *Rec.* p.87), le principe de non rétroactivité de la loi pénale plus sévère (C.C., déc. 30 déc. 1982, n° 82-155 DC, Loi de finances rectificatives pour 1982, op cit) et le principe de nécessité des peines (C.C., 17 janvier 1989, n°89-248 DC Conseil supérieur de l'audiovisuel, op cit.).

fondamentaux de l'Union européenne et de l'article 15 du Pacte international relatif aux droits civils et politiques. Ces différents fondements ne doivent pas être considérés sur le même plan. D'une part, le champ d'application de l'article 7 de la Convention ne coïncide pas nécessairement avec la notion d'accusation en matière pénale telle qu'elle résulte des prescriptions de l'article 6 de la Convention[1051]. D'autre part, le Conseil d'État a refusé d'assimiler la notion d'infraction pénale, au sens des dispositions de l'article 14, § 3, g du pacte, à celle d'accusation en matière pénale au sens de l'article 6§1 de la Convention[1052]. C'est exclusivement sur le fondement de l'article 8 de la Déclaration que porte l'étude de l'application du principe de légalité des délits et des peines aux sanctions fiscales. Ce principe requiert deux exigences. L'une est formelle et implique que les infractions et les peines correspondantes soient prévues par la loi. L'autre est matérielle et nécessite que les incriminations soient définies en termes suffisamment clairs et précis. En cela, elle permet d'exclure tout arbitraire du juge et d'assurer la prévisibilité de la loi. En matière de sanction fiscale, l'application du principe de légalité des peines dans sa dimension formelle est analogue au droit pénal stricto sensu. Toutefois, il résulte de la jurisprudence du Conseil constitutionnel et du Conseil d'État une conception souple de la légalité matérielle.

Sous-section 1 : Une conception de la légalité formelle similaire au droit pénal stricto sensu

421. Le principe de légalité des délits et des peines impose une source légale pour la détermination des incriminations et des sanctions. En matière de répression administrative, cette exigence se traduit par la nécessité « stricte »[1053] d'une base textuelle et par une appréciation souple de la nature du texte.

I. L'exigence d'une base textuelle

422. La détermination des incriminations et des sanctions « ayant le caractère de punition » implique l'existence d'une base textuelle. Si cette

---

1051 SUDRE F., « Sanctions fiscales et CEDH », *op cit.*, p. 98

1052 CE, 17 mars 2010, n° 309197, SARL Café de la paix, *Dr fisc.* 2010, n° 21, comm. 336, concl. ESCAUT N., note AYRAULT L., *RJF* 6/2010, n° 653.

1053 RAKOTONDRAHASO F-T., « L'application du principe constitutionnel de la légalité des délits et des peines aux sanctions administrative », *RDP* 2014, n°2, p. 399.

exigence semble relever de l'évidence, elle n'a pas toujours été garantie en matière de répression administrative. L'étude de la répression administrative par Jacques Mourgeons révèle qu' « *à une époque où la répression administrative était discrète et principalement limitée aux organes de l'administration, il pouvait paraître inutile de soumettre les autorités administratives répressives à une règle dont il faut bien admettre qu'elle amenuise sensiblement la liberté de ces derniers* »[1054]. Le pouvoir de punir de l'administration n'était donc pas soumis à une base textuelle. Cependant, le développement de la répression administrative a conduit le juge administratif à établir une exigence stricte de légalité des sanctions administratives. L'application du contrôle de légalité a contribué à la censure de sanctions non prévues par un texte[1055] ou différentes de celles déterminées par la base textuelle[1056]. La Haute juridiction administrative a poursuivi son raisonnement en posant le principe selon lequel « *lorsqu'il est appliqué aux sanctions administratives, le principe de légalité des délits et des peines implique* (...) *que les sanctions soient prévues et énumérées par un texte* (...) »[1057].

II. L'interprétation souple de la nature du texte

423. Selon une conception classique du principe de légalité des délits et des peines « *seule la volonté -légitime- du législateur permet d'éviter l'arbitraire du juge dans la mise en œuvre des lois pénales* »[1058]. Elle repose sur un postulat selon lequel « *la norme pénale ou punitive serait tout entière contenue dans le texte de loi, le juge ne faisant qu'adapter au cas d'espèce la norme législative* »[1059]. Le législateur serait exclusivement compétent pour déterminer les infractions et des peines. Or, cette conception n'est plus conforme au droit positif, du point de vue du droit pénal stricto sensu, mais aussi de celui du droit de la répression non pénale.

1054 MOURGEON J., « La répression administrative », op cit., p. 115.

1055 CE, sect., 31 mars 1944, De Weirdt, *Rec.*, p. 105 ; CE, 28 juin 1946, Société des phosphates de Nurlu, *Rec.*, p. 187 ; CE, 28 février 1947, Beauzet, *Rec.*, p. 84 ; CE, sect., 8 juillet 1949, Dame veuve Goudoulin, *Rec.*, p. 336 ; CE, sect., 1er avril 1955, Harrach, *Rec.*, p. 19 ; CE, ass., 30 mars 1962, Bertaux, *Rec.*, p. 237.

1056 CE, 23 novembre 1949, Meyer, *Rec.*, p. 502 ; CE, 24 novembre 1982, Ministre des Transports c/ Héritiers Malonda, *Rec.*, p. 720

1057 CE, ass., 7 juill. 2004, n° 255136, min. Int. c/ Benkerrou, *AJDA* 2004, p. 1695, chron. LANDAIS et LENICA, *Dr. adm.* 2004, comm. 155, note BREEN, *LPA* 11 nov. 2004, note SAILLARD ; *RFDA* 2004, p. 913, concl. Guyomar et p. 1130, note DEGOFFE et HAQUET.

1058 BONNET J., « Le principe de légalité criminelle, le point de vue d'un constitutionnaliste », op cit, p. 16.

1059 Ibidem.

424. Tous d'abord, la Constitution de 1958 a « *amputé* »[1060] le législateur d'une partie de sa compétence, en attribuant au pouvoir réglementaire une compétence résiduelle en matière contraventionnelle. Le transfert de compétence au pouvoir réglementaire est conforme à la Constitution dès lors que la détermination de la peine ne comporte pas une mesure privative de liberté[1061]. La Haute juridiction administrative ainsi que le Conseil constitutionnel ont posé le principe d'un partage de compétences entre le législateur et le pouvoir réglementaire dans la détermination des infractions et des sanctions applicables en droit de la répression non pénale. S'écartant un peu plus du légicentrisme, le Conseil constitutionnel a consacré le principe selon lequel « *en dehors du droit pénal, l'exigence d'une définition des infractions sanctionnées se trouve satisfaite, en matière administrative, par la référence aux obligations auxquelles le titulaire d'une autorisation administrative est soumis en vertu des lois et des règlements* »[1062]. La détermination des infractions et des sanctions punitives n'appartenant pas au droit pénal stricto sensu peut relever d'une norme réglementaire[1063]. En tout état de cause, la détermination des infractions et des sanctions par voie réglementaire ne saurait avoir lieu dans les domaines exclusivement attribués à la loi en vertu de l'article 34 de la Constitution[1064] ou à partir d'un certain degré de gravité[1065].

425. Cette souplesse concédée à l'application du principe de légalité des délits et des peines n'a toutefois pas touché le domaine des sanctions fiscales

[1060] HONG ROCCA J., « Les sanctions fiscales à l'épreuve des transformations du droit (contribution à l'étude historique et théorique des sanctions fiscales) », op cit., p. 358.

[1061] C.C., 28 novembre 1973, n° 73-80 L, Nature juridique de certaines dispositions du Code rural, de la Loi du 5 août 1960 d'orientation agricole, de la Loi du 8 août 1962 relative aux groupements agricoles d'exploitation en commun et de la Loi du 17 décembre 1963 relative au bail à ferme dans les départements de la Guadeloupe, de la Guyane, de la Martinique et de la Réunion, *Rec.*, p. 45.

[1062] C.C., 29 décembre 1989, n° 89-268 DC, op cit, consid.

[1063] Dans la même ligne directrice que le Conseil constitutionnel, le Conseil d'État a considéré que « *le principe de légalité des délits et des peines ne fait pas obstacle à ce que les infractions soient définies par référence aux obligations auxquelles est soumise une personne en raison de l'activité qu'elle exerce, de la profession à laquelle elle appartient ou de l'institution dont elle relève, il implique, en revanche, que les sanctions soient prévues et énumérées par un texte ; que toutefois - ainsi, d'ailleurs, qu'en matière pénale - ce texte n'a pas, dans tous les cas, à être une loi* ». : (CE, ass., 7 juill. 2004, n° 255136, min. Int. c/ Benkerrou, op cit.)

[1064] La Haute juridiction administrative a précisé par la suite que « *lorsque la définition des obligations auxquelles est soumis l'exercice d'une activité relève du législateur en application de l'article 34 de la Constitution, il n'appartient qu'à la loi de fixer, le cas échéant, le régime des sanctions administratives dont la méconnaissance de ces obligations peut être assortie et, en particulier, de déterminer tant les sanctions encourues que les éléments constitutifs des infractions que ces sanctions ont pour objet de réprimer* ». (CE, sect., 18 juill. 2008, n° 300304, *AJDA* 2008, p. 1812, chron. GEFFRAY et LIEBER).

[1065] DELLIS G., « Droit pénal et droit administratif, l'influence du droit pénal sur le droit administratif répressif », op cit. p. 235.

punitives, car « *toutes les mesures répressives (...) sont instituées par le législateur* »[1066]. Si la détermination des infractions et sanctions fiscales par le législateur relevait de l'évidence lorsque les pénalités fiscales étaient considérées comme l'accessoire de l'impôt[1067], la reconnaissance de leur autonomie n'a pas conduit à un changement de paradigme. Cette circonstance s'explique par la « *sensibilité politique des questions fiscales et des évolutions récentes en matière d'administration de l'impôt* »[1068]. Ainsi, en matière fiscale, les infractions et incriminations sont déterminées par le législateur. Elles figurent dans le Code général des impôts au chapitre II, intitulé « Pénalité »[1069]. Seules les sanctions qui visent à réparer le préjudice subi par le Trésor peuvent être instituées par voie réglementaire[1070]. Ce qui se justifie par leur absence de caractère répressif.

Sous-section 2 : La conception souple de légalité matérielle

426. Le principal enjeu du principe de légalité des délits et des peines qu'il soit appliqué en matière pénale stricto sensu ou en matière de répression fiscale est la connaissance de la définition claire[1071] et précise de l'infraction ainsi que des sanctions encourues. L'application de ce principe aux sanctions fiscales pose deux difficultés. La première a trait à la place laissée au juge dans l'interprétation du sens et de la portée des normes fiscales incriminatrices. La seconde concerne l'application excessive du mécanisme de détermination de l'infraction par renvoi.

1066 HONG ROCCA J., « Les sanctions fiscales à l'épreuve des transformations du droit (contribution à l'étude historique et théorique des sanctions fiscales) », op cit., p.362.

1067 Lorsque les sanctions fiscales étaient considérées comme l'accessoire de l'impôt, leur institution devait logiquement suivre celle de l'imposition. Or, les dispositions de l'article 34 de la Constitution réserve la compétence exclusive au législateur pour déterminer l'assiette, le taux et les modalités de recouvrement des impositions de toute nature. L'attribution du régime juridique de l'imposition aux sanctions fiscales militait en faveur de la compétence législative.

1068 HONG ROCCA J., « Les sanctions fiscales à l'épreuve des transformations du droit (contribution à l'étude historique et théorique des sanctions fiscales) », op cit., p.362

1069 On y retrouve les dispositions relatives aux intérêts de retard, aux sanctions fiscales et aux sanctions pénales.

1070 Le Conseil d'État a jugé que la création par décret d'une majoration de 10 % pour sanctionner le retard du versement de la contribution spéciale due à l'Office des migrations internationales, relève de la compétence du pouvoir réglementaire : CE, sect., 15 mars 2002, OMI : *D.* 2002, p. 103 ; *AJDA* 2002, p. 630, concl. BOISSARD S. ; *RDP* 2003, p. 413, chron. GUETTIER. Dans ces conclusions, le Commissaire du gouvernement BOISSARD a considéré que seules les réparations pécuniaires pouvaient être instituées par voie réglementaire.

1071 C.C. 20 janvier 1981, n° 80-127, op cit. ; V. également, C. C. 3 sept. 1986, n° 86- 213 DC portant sur la Loi relative à la lutte contre le terrorisme et aux atteintes à la sûreté de l'État, *JO* du 5 septembre 1986, p. 10786.

I. L'inclusion du pouvoir d'interprétation du juge dans l'exigence de clarté

427. En droit pénal stricto sensu ou en droit de la répression administrative, la légalité implique de considérer la jurisprudence non comme une source du droit, mais comme un complément de la loi. La reconnaissance par le Conseil constitutionnel du rôle supplétif de la jurisprudence dans la détermination de la loi s'accompagne d'un encadrement strict. C'est ainsi dégagé au sein de la conception matérielle de la légalité, un principe d'interprétation stricte de la loi pénale. Cependant, la réception de ce principe en droit fiscal répressif reste imparfaite. À cet égard, la définition jurisprudentielle de l'abus de droit constitue une illustration de l'application souple du principe d'interprétation stricte de la loi pénale.

A. La reconnaissance de la jurisprudence comme source complémentaire à la légalité matérielle

428. Dès lors que le législateur ne peut pas tout prévoir, l'interprétation du juge va être considérée comme un complément indispensable au principe de légalité des délits et des peines. En d'autres termes, si la jurisprudence ne peut pas être considérée comme une source du droit répressif[1072], « *il est tout aussi évident qu'une loi pénale ou un texte de répression administrative ne peut être considéré indépendamment de son interprétation par le juge* »[1073]. La jurisprudence a un rôle « supplétif » dans la détermination de l'incrimination en ce qu'elle permet de combler les imprécisions de la loi. Cette position a été illustrée dans une décision extérieure au domaine du droit fiscal répressif. Toutefois, les enseignements que l'on peut en tirer sont susceptibles de s'y appliquer. Le Conseil constitutionnel a accepté de sauver de la censure une disposition législative insuffisamment précise en se référant aux textes qui l'interprètent dans une décision du 2 mars 2004[1074]. Il a jugé que la notion de bande organisée n'était pas inconstitutionnelle au regard du principe de légalité des délits et des peines dès lors que la jurisprudence dégagée par les juridictions pénales avait apporté des précisions complémentaires et utiles et

[1072] À la différence de la Cour européenne des droits de l'homme, le Conseil constitutionnel considère que la jurisprudence n'est pas une source du droit. Les juges européens ont donc indiqué que la notion de "droit" ("law") utilisée à l'article 7 correspond à celle de "loi" qui figure dans d'autres articles de la Convention, notion qui englobe le droit écrit comme non écrit : CEDH, 2 novembre 1995, n°20166/92, SW contre Royaume Unis, §36.

[1073] Concl. LEGRAS C., sous, CE, 9e et 10e ss-sect., 23 mai 2014, n° 374056, Sté financière des pins, *Dr fisc.* 2014, n°43-44, comm. 596.

[1074] C.C 2 mars 2004, n° 2004-492 DC, op cit, consid n°13 et 14.

que d'autre part, la Convention des Nations Unies contre la criminalité transfrontalière organisée avait adopté une définition proche[1075]. Dans cette décision, le Conseil constitutionnel reconnaît le rôle complémentaire de la jurisprudence dans la détermination de l'incrimination. Si cette position est légitime au regard de l'exigence de clarté de la loi pénale, elle n'est pas exempte de critiques. Admettre la complémentarité de la jurisprudence est faire preuve de réalisme juridique. Encore faut-il qu'un contrôle de légalité soit exercé sur cette source complémentaire, ce qui n'est pas le cas dans la décision[1076].

429. Cette conception de la légalité matérielle trouve un écho dans la jurisprudence de la Cour européenne des droits de l'homme. En effet, les juges européens considèrent qu' « *aussi clair que le libellé d'une disposition légale puisse être, dans quelque système juridique que ce soit, y compris le droit pénal, il existe immanquablement un élément d'interprétation judiciaire. Il faudra toujours élucider des points douteux et s'adapter aux changements de situation* »[1077]. Pour la Cour, le principe de légalité ne proscrit pas « *la clarification graduelle des règles de la responsabilité pénale par l'interprétation judiciaire d'une affaire à l'autre, à condition que le résultat soit cohérent avec la substance de l'infraction et raisonnablement prévisible* »[1078]. La Cour européenne des droits de l'homme fait preuve de réalisme juridique en énonçant que la détermination de l'intégralité de la norme en matière pénale ne peut résulter de la seule intervention du législateur[1079].

430. Une loi pénale rédigée dans des termes flous peut être compensée par l'interprétation des juges. Ainsi le principe de légalité dans sa conception matérielle laisse place « *à un principe de prétoriennité ou de jurisprudentialité des sanctions administratives et des manquements sanctionnés* »[1080]. Toutefois, « *si la loi pénale est obscure et se prête à plusieurs interprétations, le juge doit s'efforcer d'en pénétrer le sens véritable et d'en faire application*

1075 Ibidem.

1076 Cette décision a toutefois fait l'objet de vives critiques dès lors que « *le Conseil reconnaît l'insuffisance du texte mais s'en remet, pour éviter la censure, à des compléments d'information qui n'entrent pas, traditionnellement, dans le champ de la légalité criminelle* ». Cette position « *laisse d'autant plus perplexe que le Conseil ne s'est pas demandé si la Convention en question ou la jurisprudence interne revêtent, elles-mêmes, les qualités rédactionnelles voulues* » : DE LAMY B., « le principe de la légalité criminelle dans la jurisprudence du Conseil constitutionnel », op cit.

1077 CEDH, 22 nov. 1995, SW et CR c/ Royaume-Uni, *GACEDH* n° 36.

1078 Ibidem.

1079 CEDH, 10 oct. 2006, Pessino c/ France, *D.* 2007, p. 124, note ROETS.

1080 ROBLOT-TROIZIER « Chronique de Jurisprudence- Droit administratif et droit constitutionnel », *RFDA* 2012, p. 528.

en fonction de ce sens »[1081]. Il lui est interdit, en vertu du principe d'interprétation stricte « *d'imaginer et de se substituer au législateur* »[1082].

B. La fixation des limites du pouvoir d'interprétation par le législateur

431. Le principe de légalité dans sa dimension matérielle consiste à encadrer l'action du législateur afin d' « *exclure l'arbitraire dans le prononcé des peines, mais encore pour éviter une rigueur non nécessaire lors de la recherche des auteurs d'infractions* »[1083]. La qualité rédactionnelle est donc, non seulement, « *un rempart contre un pouvoir arbitraire qui punirait sans discernement, mais encore un modérateur procédural* »[1084].

432. Le Conseil constitutionnel a, pour la première fois, consacré la dimension matérielle du principe de légalité dans une décision du 20 janvier 1981 en énonçant qu' « *aux termes de l'article 8 de la Déclaration des droits de l'homme et du citoyen de 1789 nul ne peut être puni qu'en vertu d'une loi établie et promulguée antérieurement au délit et légalement appliquée ; qu'il en résulte la nécessité pour le législateur de définir les infractions en termes suffisamment clairs et précis pour exclure l'arbitraire* »[1085]. Le Conseil constitutionnel a donné une portée générale à l'exigence de clarté et de précision en le faisant découler de l'article 8 de la Déclaration, mais aussi de l'article 34 de la Constitution. Il a ainsi retenu que « *le législateur tient de l'article 34 de la Constitution, ainsi que du principe de légalité des délits et des peines, l'obligation de fixer lui-même le champ d'application de la loi pénale et de définir les crimes et délits en termes suffisamment clairs et précis ; (...) cette exigence s'impose non seulement pour exclure l'arbitraire dans le prononcé des peines, mais encore pour éviter une rigueur non nécessaire lors de la recherche des auteurs d'infractions* »[1086].

[1081] STOLOWY N., « Interprétation stricte des lois pénales et image fidèle », *JCP G* 1999, n°30 doctr. 157.
[1082] Ibidem.
[1083] C.C. 27 juillet 2006, n° 2006-540 DC, *JO* du 3 août 2006, p. 11541, texte n° 2, cons. 9, *Rec.* p. 88 cons. n° 10.
[1084] DE LAMY B., « Le principe de la légalité criminelle dans la jurisprudence du Conseil constitutionnel », *cah. du Cons. Const.* 2009, n° 26.
[1085] C.C., 20 janvier 1981, n°80-127 DC, op cit.
[1086] C.C. 2 mars 2004, n° 2004-492 DC, § 5, *D.* 2004. 2756, obs. DE LAMY B. ; ibid. 2005. 1125, obs. OGIER-BERNAUD V. et SEVERINO C. ; *GDCC*, 15e éd. 2009. n° 43 ; *RSC*. 2004. 725, obs. LAZERGES C. ; ibid. 2005. 122, étude BUCK V. ; *RTD civ.* 2005. 553, obs. ENCINAS DE MUNAGORRI R.

433. Dans le cadre du principe de légalité des délits et des peines, le Conseil constitutionnel impose au législateur de « *définir en termes suffisamment clairs et précis pour exclure l'arbitraire* ». Or, en utilisant l'adverbe « *suffisamment* », les sages de la rue de Montpensier concèdent au législateur une certaine marge de manœuvre dans la définition des infractions et des sanctions. Il ne lui impose pas de préciser le contenu exact de l'incrimination. En effet, le législateur ne peut pas tout prévoir, car dès lors qu'il voudrait s'engager dans l'exhaustivité, il ne le pourrait pas « *tant les initiatives humaines sont inventives et déroutantes, ce qui le condamne à se contenter de formules suffisamment larges pour comprendre le plus d'action ou d'omissions possible en relation avec les valeurs sociales à défendre* »[1087]. Le Conseil constitutionnel est conscient qu'une conception trop stricte de la légalité matérielle serait de nature à faire obstacle à la répression. Il accepte ainsi de contrôler la légalité d'une norme incriminatrice en se référant non seulement à la loi, mais également aux textes auxquels elle renvoie et aux textes qui l'interprètent. Cette conception souple de la légalité matérielle développée par le Conseil constitutionnel est particulièrement renforcée en droit de la répression administrative dès lors que les sages de la rue de Montpensier considèrent que l'exigence de précision est satisfaite par la détermination des infractions sanctionnées par référence aux obligations auxquelles le titulaire d'une autorisation administrative est soumis en vertu des lois et règlements[1088].

434. Si le Conseil constitutionnel conçoit et accepte qu'une norme législative puisse être interprétée[1089] de façon à la rendre plus claire et précise, il impose au législateur de définir les limites du pouvoir d'interprétation des juges. Cette conception de la légalité matérielle suppose « *de rechercher un équilibre entre le degré de clarté et de précision que le législateur peut prétendre atteindre et la nécessité de parer à l'arbitraire du juge* »[1090]. Ainsi, elle vise à faire en sorte que le pouvoir de répression ne dépende pas des autorités administratives et juridictionnelles et que la jurisprudence et la doctrine ne deviennent pas une source du droit répressif. À cet égard, le Conseil constitutionnel a considéré que « *la rédaction ne doit pas avoir pour effet de reporter sur des autorités administratives et juridictionnelles le soin de fixer les règles dont la détermination n'a été confiée par la Constitution*

1087 MAYAUD Y., Droit pénal général, *PUF*, 3e éd. Droit fondamental, Classique, 2010, p. 33-34.

1088 CE, ass., 7 juillet 2004, n° 255136, Sécurité intérieure, Libertés locales c/ Benkerrou, *AJDA* 2004, 1695, chron. LANDAIS C et LENICA F. ; *RFD adm.* 2004, p 913, concl. GUYOMAR M. et 1130, note DEGOFFE M. et HAQUET A. ; *RD publ.* 2005, p. 500, chron. GUETTIER C.

1089 Par les autorités administratives et juridictionnelles.

1090 CAPPELLO A., « La constitutionnalisation du Droit pénal – pour une étude du Droit pénal constitutionnel – », *LGDJ Lextenso éditions*, 2014, p. 244.

qu'à la loi »[1091]. L'intervention du juge ou de l'autorité administrative ne suffit pas « *à prémunir les sujets de droit, en cas de défaillance rédactionnelle de la loi, contre le risque d'une interprétation contraire à la Constitution ou contre le risque d'arbitraire* »[1092]. La Haute instance a été amenée à préciser cette exigence de qualité rédactionnelle en matière de droit fiscal répressif où l'interprétation jurisprudentielle et doctrinale de la norme fiscale incriminatrice est fréquente.

435. Cette exigence ressort clairement de la décision du 29 décembre 2013 dans laquelle le Conseil constitutionnel a censuré sans surprise[1093] l'article 100 de la loi de finances pour 2014 relatif à la définition de l'abus de droit[1094]. Cet article introduit par un amendement de M. Pierre Alain Muet, modifiait le 1er alinéa de l'article L 64 du Livre des procédures fiscales pour substituer aux mots « n'ont pu être inspirés par un autre motif que fiscal » les mots « ont pour motif principal ». Le Conseil a considéré que « *compte tenu des conséquences ainsi attachées à la procédure de l'abus de droit fiscal, le législateur ne pouvait, sans méconnaître les exigences constitutionnelles précitées, retenir que seraient constitutifs d'un abus de droit les actes ayant « pour motif principal » d'éluder ou d'atténuer les charges fiscales que l'intéressé aurait dû normalement supporter* »[1095]. L'imprécision du terme « principal » était de nature à conférer aux autorités administratives et juridictionnelles une trop grande marge d'appréciation et susceptible d'introduire « *un risque d'arbitraire, aux conséquences redoutables, dans l'appréciation de la situation d'un contribuable donné par le service dont il relevait, alors que pour un autre contribuable placé exactement dans la même situation*

1091 C.C., 29 décembre 2013, n° 2013-685 DC, Loi de finances pour 2014 : *JO* 30 déc. 2013, p. 22188, consid. 79, *RFDC*, avril-juin 2014, n° 98, p. 470-476, note MAGIAVILLANO A., *Dr fisc.* 2014, n° 1-2, p. 8-9, note FOUQUET O., *Gaz. Pal.* 2014, n° 47-49, p. 3-4 note LAVAL J-P., *LPA*, 6 février 2014, n° 27, p. 6-8, note ROLAND M.

1092 FOUQUET O., « Abus de droit : la sécurité juridique rédactionnelle - . - À propos de la censure des articles 96 et 100 de la loi de finances pour 2014 », *Dr fisc.* n° 1-2, 9 Janvier 2014, act. 3.

1093 Le ministre chargé du budget a, lors des débats parlementaires, émis un avis défavorable à la réforme de la définition de l'abus de droit en invoquant notamment l'incompétence négative du législateur. Cet argument avait également été développé par la doctrine. Le président de section au Conseil d'État avait pris soin de relever que législateur devrait définir, dans la loi, les critères juridiques qui caractérisent un but « *principalement fiscal* ». Or, selon lui, « *l'appréciation de circonstances de fait, éminemment variables* », rend la tâche du législateur difficile. En tout état de cause, il considérait que « *le législateur qui se bornerait à introduire dans l'article L 64 du LPF le terme « principal » sans en donner la clé, n'entacherait-il pas son ouvrage d'incompétence négative ?* » (FOUQUET O., La réforme de l'abus de droit : pourquoi faire ?, *FR F. Lefebvre* 39/13, p. 2). Le Conseil Constitutionnel est venu sur ce point lui donner raison.

1094 C.C., déc. 29 déc. 2013, n° 2013-685 DC, Loi de finances pour 2014, op cit.

1095 Ibidem.

l'appréciation d'un autre service aurait pu être différente »[1096]. Le Conseil constitutionnel a considéré que l'intervention a postériori du juge n'offrait pas davantage de garanties de nature à réduire le risque d'arbitraire. Confirmant cette position, la doctrine a pu relever à cet effet que *« le contrôle du juge de cassation sur l'interprétation du terme « principal » par les juges du fond était loin d'être assuré, s'agissant d'une notion de pur fait, de sorte que l'unicité de la jurisprudence n'était pas garantie* »[1097]. Ainsi, l'intervention du juge dans l'interprétation du terme principal « *aurait laissé subsister une longue période d'insécurité juridique* »[1098].

436. Une récente réforme de la procédure d'abus de droit semble pourtant marquer un recul de la dimension matérielle du principe de légalité des délits et des peines. En effet, la loi de finances pour 2019[1099] a institué dans son article 109 une nouvelle procédure d'abus de droit afin de lutter contre les opérations poursuivant un but principalement fiscal. Cette disposition s'ajoute à la procédure d'abus de droit codifiée à l'article L 64 du Livre des procédures fiscales. Elle énonce qu' « *afin d'en restituer le véritable caractère et sous réserve de l'application de l'article 205 A du code général des impôts, l'administration est en droit d'écarter, comme ne lui étant pas opposables, les actes qui, recherchant le bénéfice d'une application littérale des textes ou de décisions à l'encontre des objectifs poursuivis par leurs auteurs, ont pour motif principal d'éluder ou d'atténuer les charges fiscales que l'intéressé, si ces actes n'avaient pas été passés ou réalisés, aurait normalement supportées eu égard à sa situation ou à ses activités réelles.(…)* »[1100].

437. Cette procédure, dès lors qu'elle permet à l'administration d'écarter comme ne lui étant pas opposable les actes qui, recherchant le bénéfice d'une application littérale d'une disposition sont motivés par un but principalement fiscal, revête un champ d'application beaucoup plus large que la procédure d'abus de droit de l'article L 64 du Livre des procédures fiscales. L'administration devra caractériser l'existence d'une fraude à la loi et la recherche d'un but principalement fiscal. Comment dès lors appréhender cette réforme au regard de la décision du Conseil constitutionnel du 29 décembre 2013[1101] ?

[1096] FOUQUET O., « Abus de droit : la sécurité juridique rédactionnelle - . - À propos de la censure des articles 96 et 100 de la Loi de finances pour 2014 », *Dr fisc.* 2014, n° 1-2, p. 8-9.
[1097] Ibidem.
[1098] Ibidem.
[1099] Loi n° 2018-1317 du 28 décembre 2018 de finances pour 2019, *JORF* n°0302 du 30 décembre 2018, texte n° 1.
[1100] Article L 64 A du Livre des procédures fiscales.
[1101] C.C., 29 décembre 2013, n° 2013-685 DC, Loi de finances pour 2014, *op cit.*

438. Selon certains auteurs, la définition retenue par le législateur de la procédure « de mini abus de droit » laisse à l'administration fiscale « *une importante marge d'appréciation qui avait d'ailleurs concouru à l'invalidation du dispositif créé par la loi de finances pour 2014, et crée un évident risque de divergences jurisprudentielles et dans les pratiques de l'administration* »[1102]. La définition législative de la procédure de mini abus de droit ne permet pas d'exclure le risque d'arbitraire[1103] des juges et de l'administration fiscale, dès lors que le terme « principal » est susceptible de faire revêtir, à la procédure, un champ d'application vaste et source d'ambiguïté. Cet argument avait contribué à la censure du Conseil constitutionnel. Toutefois, il avait pris en compte la gravité de la sanction infligée en cas de mise en œuvre de la procédure d'abus de droit. Sur ce point, il semble que les auteurs de l'amendement ont, en excluant de cette procédure, l'application des pénalités de l'article 1729 b du Code général des impôts[1104], souhaité se protéger de la censure du Conseil constitutionnel. En revanche, il n'est pas exclu que l'administration fiscale puisse, sous réserve d'apporter les éléments de preuve nécessaires, appliquer les majorations de 40 % pour manquement délibéré ou de 80 % pour manœuvres frauduleuses qui figurent à l'article 1729 a et c du Code général des impôts[1105]. Or, ces majorations revêtent la nature d'une sanction ayant le caractère de punition au sens de l'article 8 de la Déclaration des droits de l'homme.

439. Si ces dispositions ne font pas partie des mesures déférées au Conseil constitutionnel lors de l'adoption de la loi de finances pour 2019, il est probable qu'une question prioritaire de constitutionnalité aboutisse à censurer la procédure de mini abus de droit sur le fondement du principe de légalité des

---

[1102] FRULEUX F., « Loi de finances pour 2019 : une réforme contestable de l'abus de droit », *JCP éd. N.* n° 1, 4 Janvier 2019, act. 101

[1103] Selon FRULEUX F., le risque d'arbitraire est particulièrement accru « *lorsque des opérations familiales, telles que des donations, souvent contestées par l'administration, ou l'aménagement d'un régime matrimonial, sont en cause. Le praticien sait que fixer une hiérarchie dans les mobiles qui concourent à la réalisation de telles opérations est particulièrement délicat, voire impossible* », ibidem.

[1104] Lorsque l'administration recourt à la procédure d'abus de droit.

[1105] Concernant l'application automatique des pénalités pour manœuvres frauduleuses qui sont nécessairement dues en cas de mise en œuvre de l'article L. 64 A , Olivier FOUQUET précisait que « *le service ne peut pas renoncer à des recettes de pénalités légalement dues, sauf à procéder à une transaction en la forme. Soutenir que l'administration n'est pas tenue de prononcer des pénalités de 80 % pour manœuvres frauduleuses en cas de mise en œuvre de la procédure de l'article L. 64 A, revient à exposer l'agent qui agirait ainsi, aux critiques de la Cour des comptes qui ferait valoir que, dans les circonstances justifiant la mise en œuvre de l'article L. 64, le renoncement de l'inspecteur ou de son supérieur hiérarchique à appliquer des pénalités pour manœuvres frauduleuses constitue une transaction irrégulière, justifiant le renvoi de l'intéressé devant la Cour de discipline budgétaire et financière* » : FOUQUET O., « Les deux nouvelles procédures de « mini-abus de droit » instituées par le projet de Loi de finances pour 2019 sont-elles constitutionnelles ? », *Dr fisc.* 2018, n°49, act. 519.

délits et des peines[1106]. En effet, le législateur n'a pas déterminé précisément le cadre de son action, ce qui n'exclue pas le risque d'arbitraire du juge et de l'administration.

C. L'application souple du principe d'interprétation stricte de la loi pénale

440. En matière pénale, le principe d'interprétation stricte de la loi pénale s'impose au juge en vertu de l'article 111-4 du Code pénal. Il interdit « *toute interprétation déformante, qui ajoute à la loi ce qui ne peut raisonnablement s'en déduire* »[1107]. Ce principe a été rattaché par le Conseil constitutionnel au principe de légalité. Il a fait découler de l'exigence de clarté et d'intelligibilité de la loi pénale, l'obligation pour le juge d'interpréter strictement les termes de la loi[1108]. Ainsi, le Conseil constitutionnel « *reconnaît le pouvoir d'interprétation du juge* »[1109] dès lors « *qu'interpréter strictement c'est déjà interpréter* »[1110].

441. Le Conseil constitutionnel ne s'est pour l'heure jamais prononcé sur l'extension de ce principe au droit administratif répressif[1111]. Cette exigence permettrait au principe de légalité des délits et des peines de ne pas être « *malmené* »[1112] en droit fiscal répressif. Selon le rapporteur public Claire Legras, « *en matière répressive comme en matière pénale, le principe de légalité fonde (...) le principe d'interprétation stricte de la loi et en commande*

1106 FOUQUET O., « Les deux nouvelles procédures de « mini-abus de droit » instituées par le projet de Loi de finances pour 2019 sont-elles constitutionnelles ? », op cit.

1107 DECOCQ A., « Cours de droit pénal et de sociologie criminelle », *Les cours de droit*, 1986, p.98.

1108 C.C. 16 juillet 1996, n° 96-377 DC, consid. 11, op cit.

1109 CAPPELLO A., « La constitutionnalisation du Droit pénal – pour une étude du Droit pénal constitutionnel – », op cit, p. 247.

1110 Ibidem.

1111 La question de la recevabilité du principe d'interprétation stricte de la loi pénale en droit fiscal répressif a été soulevée dans un litige concernant la définition de la notion d'abus de droit fiscal. Un contribuable « coquillard » a soulevé, devant le Conseil d'État, la question de la conformité aux droits et libertés garantis par la Constitution des articles L. 64 du LPF et 1729 du CGI dans leur rédaction antérieure à la loi de finances rectificative du 30 décembre 2008. Si la question de l'application du principe de l'interprétation stricte de la loi pénale n'a pas été posée de manière explicite, elle a été le fil directeur son argumentation. En effet, il contestait le fait que l'autorité juridictionnelle ait de sa propre initiative, en contradiction avec le principe de légalité des délits et des peines, dégagé la seconde branche de l'abus de droit. Le Conseil d'État a, dans un arrêt du 23 mai 2014, refusé de transmettre la question prioritaire de constitutionnalité au Conseil constitutionnel : CE, 9e et 10e ss sect., 23 mai 2014, n° 374056, société financière des pins, op cit.

1112 Concl. LEGRAS C., sous, CE 9e et 10e ss sect. 23 mai 2014, n° 374056, société financière des pins, op cit.

les limites »[1113]. Elle conçoit que l'application du principe à la matière répressive ne devrait pas imposer « *une interprétation littérale et n'interdit pas une interprétation dite téléologique des textes répressifs* »[1114]. En revanche, il devrait « *proscrire le recours au raisonnement par analogie qui offre d'étendre la définition de manquement à des hypothèses similaires à celles que vise le texte* »[1115].

442. Or en matière d'abus de droit fiscal, la jurisprudence du Conseil d'État est marquée par « *une tradition* »[1116] d'interprétation libre de l'article L 64 du Livre des procédures fiscales. Celle-ci a été sujette à controverse par la doctrine.

a. La création jurisprudentielle de la seconde branche de l'abus de droit

443. La première codification de la procédure d'abus de droit résulte d'une loi du 13 janvier 1941[1117]. Elle visait dans son article 156 quinquies du Code général des impôts exclusivement les cas de dissimulation[1118]. La procédure d'abus de droit a, par la suite, été codifiée à l'article 41 du Code général des impôts, puis à l'article 1649 quinquies B par la loi du 27 décembre 1963[1119]. Cet article transféré à l'article L 64 B du Livre des procédures fiscales, disposait que « *ne peuvent être opposés à l'administration des impôts les actes qui dissimulent la portée véritable d'un contrat ou d'une convention à l'aide de clauses : a. qui donnent ouverture à des droits d'enregistrement ou à une taxe de publicité foncière moins élevés ; b. ou qui déguisent soit une réalisation, soit un transfert de bénéfices ou de revenus ; c. ou qui permettent*

1113 Ibidem.

1114 Ibidem.

1115 Ibidem.

1116 BENARD Y., « Dissuasion à l'anglaise : la double clef de la fraude à la loi », *RJF* 12/2006, p. 1087

1117 La loi du 13 janvier 1941 portant simplification, coordination et renforcement du Code des impôts directs s'est inspirée de la jurisprudence judiciaire et administrative et a formellement institué la procédure d'abus de droit.

1118 Il en résultait que « *toute opération conclue sous la forme d'un contrat ou d'un acte juridique quelconque et dissimulant une réalisation ou un transfert de bénéfices ou de revenus, effectués directement ou par personnes ou sociétés interposées n'est pas opposable à l'Administration des contributions directes, qui a le droit, après avoir pris l'avis du comité consultatif dont la composition est indiquée au paragraphe 2 du présent article, de restituer à l'opération son véritable caractère et de déterminer en conséquence les bases des impôts cédulaires et de l'impôt général sur le revenu dus par les parties* » : Article 156 quinquies du Code général des impôts.

1119 Loi n° 63-1316 du 27 décembre 1963, portant unification ou harmonisation des procédures, délais et ,fiscale matière en pénalités*JORF* du 29 décembre 1963 p. 11827.

d'éviter, en totalité ou en partie, le paiement des taxes sur le chiffre d'affaires correspondant aux opérations effectuées en exécution d'un contrat ou d'une convention. L'administration est en droit de restituer son véritable caractère à l'opération litigieuse (...) ».

444. Cette définition, considérée par la doctrine comme floue et source d'ambiguïté, visait à renforcer l'efficacité de la répression. Selon le professeur Christophe De la Mardière, « *la nature répressive de l'abus de droit suppose une notion floue, pour occuper le champ d'application le plus large possible* »[1120]. En effet, les auteurs de la loi du 13 janvier 1941 avaient pour ambition de faciliter le recours à l'abus de droit par l'administration. Pour atteindre cet objectif, ils ont pris le parti de définir largement cette notion. Or, il est impossible « *en présence d'un texte flou de se montrer scrupuleux quant à son interprétation. De là à se livrer à une interprétation extensive, il n'y a qu'un pas que le droit répressif fiscal n'a pas hésité à faire* »[1121].

445. Les Hautes juridictions judiciaires et administratives se sont contentées pendant plusieurs années d'une interprétation littérale de ce texte. À cet égard, le Conseil d'État considérait que la procédure d'abus de droit ne pouvait être mise en œuvre que si l'administration relevait un acte fictif ou déguisé ou une interposition de personne[1122]. Dans la même ligne directrice, la chambre commerciale de la Cour de cassation considérait qu'il revenait à l'administration de démontrer la fictivité de l'acte incriminé et le but exclusivement fiscal de l'opération[1123].

446. Le Conseil d'État a, dans un arrêt du 10 juin 1981[1124], créé l'abus de droit par fraude à la loi, en interprétant l'article 1649 quinquies B du Code général des impôts, comme visant les actes à caractère fictif ou ceux qui « *n'ont pu être inspirés par aucun autre motif que celui d'éluder ou d'atténuer les charges fiscales que l'intéressé, s'il n'avait pas passé ces actes, aurait normalement supportées eu égard à sa situation ou à ces activités* »[1125]. Cette création jurisprudentielle résultait d'une interprétation extensive des dispositions de l'article 1649 quinquies B du Code général des impôts. Il a, par cette interprétation, dépassé *« la lettre de l'article L 64 du Livre des*

[1120] DE LA MARDIERE C., « La notion d'abus de droit, arme de répression fiscale », op cit.
[1121] SOURZAT C., « Essai d'une analyse des rapports entre procédures fiscale et pénale », *RSC* 2016 p.199
[1122] CE, 27 février 1980, n° 13239, *Dr fisc.* 1980, n° 22-23, comm. 1267, *RJF* 1980, n° 347. V. également COZIAN M., « La gestion fiscale de l'entreprise », *RJF* 1980, p. 202 à 206.
[1123] Cass. com., 16 octobre 1984, n° 734, Sté SEDIF et a. : *Dr fisc.* 1985, comm. 476 ; *RJF* 1985, n° 342 ; *JCP G* 1984, IV, 355.
[1124] CE, plén., 10 juin 1981, n° 19079 : *Dr fisc.* 1981, n° 48-49, comm. 2187, concl. LOBRY P. ; *RJF* 9/1981, n° 787 ; *GAJF*, 2e éd., n° 22-7, étude PLAGNET B.
[1125] Ibidem.

procédures fiscales »[1126]. Or, cette disposition était considérée à l'époque comme « *des plus répressives* »[1127] dès lors qu'elle était assortie d'une majoration de 200 %. Cependant, cet arrêt est intervenu avant l'assimilation des sanctions fiscales aux sanctions pénales par le Conseil constitutionnel. La majoration dont était assortie la procédure d'abus de droit ne bénéficiait pas de la garantie constitutionnelle de légalité. La Haute juridiction administrative a, postérieurement à cet arrêt, confirmé l'interprétation large de la procédure d'abus de droit en faisant de la fraude à la loi un critère autonome de cette procédure dans un arrêt du 22 juin 1983[1128]. Cette interprétation a été corroborée par la chambre commerciale de la Cour de cassation dans un arrêt du 19 avril 1988[1129]. Ainsi, « *en forgeant une définition de l'abus de droit qui s'émancipait des termes de l'article L 64 du LPF tout en demeurant spécifique au droit fiscal, le juge de l'impôt plaçait l'administration et les contribuables dans une situation d'insécurité juridique d'autant plus regrettable que la qualification d'abus de droit entraîne en général l'application d'une lourde sanction fiscale* »[1130].

447. La Haute juridiction administrative a franchi un pas supplémentaire en faisant reposer l'abus de droit non sur une interprétation des textes le définissant, mais sur un principe général, tel qu'il existe en droit administratif. Dans l'arrêt Janfin du 27 septembre 2006, le Conseil d'État a précisé qu'en dehors des dispositions de l'article L 64 du Livre des procédures constitue un abus de droit les actes passés par le contribuable qui « *recherchant le bénéfice d'une application littérale des textes à l'encontre des objectifs poursuivis par leurs auteurs, n'ont pu être inspirés par aucun motif autre que celui d'éluder ou d'atténuer les charges fiscales que l'intéressé, s'il n'avait pas passé ces actes, aurait normalement supportées eu égard à sa situation et à ses activités réelles* ». Cet arrêt, inspiré de la jurisprudence de la Cour de justice de l'Union européenne[1131], apporte un fondement juridique non écrit alternatif[1132] à

[1126] PIERRE J-L. « Répression des abus de droit », *Procédures* 2006, n°12, comm. 284.
[1127] DE LA MARDIERE C, « Abus de droit- notion, texte, historique », *J.-Cl. Procédure fiscale*, fasc. 375, spéc. n° 70.
[1128] CE, 22 juin 1983, n° 32956, *Dr fisc.* 1983, n° 51, comm. 2380 ; *RJF* 1983, n° 1013, chron. RACINE P-F, p. 423 à 425.
[1129] Cass. com., 19 avril 1988, n° 86-19.079, Mme Fanny Joseph, épse Donizel, *Dr fisc.* 1988, n° 32-38, comm. 1733 ; *RJF* 1989, n° 250.
[1130] BENARD Y., « Dissuasion à l'anglaise : la double clef de la fraude à la loi », op cit.
[1131] Par une importante décision du 21 février 2006, la Cour de justice des communautés européennes a reconnu un principe général de répression de la fraude à la loi fiscale. Elle a admis qu'en matière de TVA, l'abus de droit puisse être sanctionné sur le fondement d'un principe de droit communautaire : CJCE, 21 février 2006, aff. C-255/02, Halifax : *Rec. CJCE* 2006, I, p. 1609, *RJF* 5/2006, n° 648, *BDCF* 5/2006, n° 68, p. 62, concl. POIARES MADURO L-M., *Europe* 2006, n° 4, comm. 128, note MARIATTE F.
[1132] Sur la complémentarité des fondements juridiques de l'abus de droit : V. DIBOUT P., « Répression des abus de droit en matière fiscale et principe de fraude à la loi - À propos de l'arrêt

l'article L. 64 du Livre des procédures fiscales. Si la qualification d'abus de droit par fraude à la loi telle qu'interprétée par le Conseil d'État, n'impliquait pas une sanction automatique[1133], elle exposait toutefois le contribuable à la pénalité de 80% pour manœuvres frauduleuses[1134]. La création jurisprudentielle d'un nouveau fondement juridique non écrit de l'abus de droit était de nature à porter atteinte au principe de légalité des délits et peines, en ce qu'elle pouvait conduire à l'infliction d'une sanction lourde pour le contribuable[1135]. À cet égard, une question prioritaire de constitutionnalité a été soulevée devant le Conseil d'État portant sur l'interprétation extensive, ayant conduit le juge administratif, dans la jurisprudence Janfin, à dégager la seconde branche de l'abus de droit[1136]. Les conclusions du rapporteur public ont relevé l'intérêt de cette question au regard du principe d'interprétation stricte de la loi pénale, dès lors qu'en créant la seconde branche de l'abus de droit, les juges s'étaient «*fortement écartés de la lettre de la loi*»[1137]. Le Conseil d'État ne s'est toutefois pas placé sur le terrain du principe d'interprétation stricte de la loi pénale mais sur celui de la clarté et de la prévisibilité de la loi pour en conclure que les articles L. 64 du Livre des procédures fiscales[1138] et 1729 du Code général des impôts « *ne présentent aucune ambiguïté en ce qui concerne la définition des infractions qu'ils sanctionnent* »[1139]. La question de l'interprétation stricte de loi pénale, si elle n'a pas été explicitement exprimée par les requérants, elle a constitué le fil conducteur de leur argumentation. Un renvoi au Conseil constitutionnel aurait permis d'éclaircir la portée du principe d'interprétation stricte de la loi pénale en matière répressive.

448. Toutefois, le législateur est intervenu afin d'intégrer la fraude à la loi dans la définition légale de l'abus de droit[1140].

---

du Conseil d'État du 27 septembre 2006, Société Janfin », *JCP A.*, n° 50, 14 Décembre 2006, 2820.

1133 À la différence de l'abus de droit fondé sur les dispositions de l'article L 64 du Livre des procédures fiscales.

1134 CE, 12 mars 2010, n° 306368, Sté Charcuterie du Pacifique, *Dr fisc.* 2010, n° 19, comm. 307, concl. GEFFRAY E., note DEBOISSY F., *RJF* 6/2010, n° 620.

1135 Une majorité de la doctrine a considéré qu'on ne pouvait utiliser « une arme aussi redoutable que l'abus de droit en dehors des dispositions de l'article L 64 du Livre des procédures fiscales : DE LA MARDIERE C, « Abus de droit- notion, texte, historique », op cit.

1136 CE, 9e et 10e ss-sect., 23 mai 2014, n° 374056, Sté financière des pins, *Dr. fisc.* 2014, n°43-44, comm. 596 concl. LEGRAS C., note FOUQUET O.

1137 Concl. LEGRAS C. sous CE, 9e et 10e ss-sect., 23 mai 2014, n° 374056, Sté financière des pins, op cit.

1138 Dans sa rédaction antérieure à la loi du 30 décembre 2008 de finances rectificative pour 2008, *JORF* n°0304 du 31 décembre 2008.

1139 CE, 9e et 10e ss-sect., 23 mai 2014, n° 374056, Sté financière des pins, op cit.

1140 Loi du 30 décembre 2008 de finances rectificative pour 2008, op cit.

b. L'interprétation constructive de la condition tenant à « l'application littérale d'une norme en contrariété avec son objet »

449. Il résulte des termes de l'article L 64 du Livre des procédures fiscales qu'est inopposables à l'administration les actes qui « *recherchant le bénéfice d'une application littérale des textes ou de décisions à l'encontre des objectifs poursuivis par son auteur n'ont pu être inspiré par aucun autre motif que celui d'éluder ou d'atténuer la charge fiscale que l'intéressé, si ces actes n'avaient été passés ou réalisés auraient normalement supportées eu égard à sa situation ou à ses activités réelles* »[1141]. Deux conditions subordonnent l'application de cette procédure. D'une part, la mise en œuvre de la procédure d'abus de droit par fraude à la loi nécessite de démontrer l'application littérale de la norme en contrariété avec son objet. Cette démonstration nécessite au préalable d'identifier la norme et de rechercher l'esprit de celle-ci en se référant notamment aux travaux préparatoires. D'autre part, elle nécessite l'existence d'un montage artificiel.

450. Or, le Conseil d'État a jugé, dans un arrêt du 25 octobre 2017[1142], qu'un montage artificiel dépourvu de substance économique est nécessairement contraire aux intentions des auteurs de la règle. Ce qui « *dispense donc l'administration de rechercher l'existence et le sens de ces volontés* »[1143]. Le critère subjectif serait donc subsidiaire au critère objectif. En l'espèce, monsieur Verdannet avait élaboré un montage en profitant d'un vide juridique laissé par la Convention fiscale franco-luxembourgeoise. Il résultait de l'absence d'entente, entre les deux États, sur l'imposition de plus-values immobilières réalisées en France par des sociétés établies au Luxembourg. Les jurisprudences françaises et luxembourgeoises avaient placé les revenus et plus-values de cession retirés par les entreprises luxembourgeoises de leurs biens immobiliers situés en France, en l'absence d'établissement stable, dans une situation de double exonération. Le montage consistait dans l'interposition d'une société luxembourgeoise dans une opération de vente d'un ensemble immobilier en France. La vente conclue au profit de la société luxembourgeoise avait placé la plus-value lors de la revente en 2005 légèrement supérieure à 2 millions d'euros en franchise d'impôt, au bénéfice des stipulations de l'article 4 de la Convention franco-luxembourgeoise. L'administration fiscale a vu dans ce montage un acte constitutif d'un abus de droit par fraude à la Convention franco-luxembourgeoise. Le Conseil d'État a considéré que l'administration pouvait

---

[1141] Article L 64 du Livre des procédures fiscales.

[1142] CE, plén. fisc., 25 octobre 2017, n° 396954, Verdannet, *Dr fisc.* 2018, n° 2, comm. 64, concl. CREPEY E., note DEBOISSY F. ; *RJF* 1/2018, n° 70.

[1143] DE LA MARDIERE C, « Abus de droit- notion, texte, historique », op cit.

dénoncer un abus de droit par fraude à la Convention franco-luxembourgeoise, même si celle-ci ne prévoit pas l'hypothèse de la fraude à la loi.

451. Cette solution a suscité la controverse au sein de la doctrine. Si certains auteurs ont salué cette nouvelle ouverture du champ d'application de l'abus de droit par fraude à la loi[1144], d'autres se sont demandé si l'une des deux conditions de l'abus de droit, à savoir, l'application littérale d'une norme en contraction avec les finalités qu'elle poursuit n'était pas abandonnée, et ce, en violation du principe de légalité des délits et des peines[1145].

452. L'analyse de cette condition nécessite au préalable d'identifier la norme dont le contribuable a violé les finalités qu'elle poursuit. En l'espèce, seul l'article 4 de la Convention était visé. Celui-ci prévoyait l'imposition des seuls bénéfices réalisés en France par un établissement stable. Or, la holding luxembourgeoise ne disposait pas d'un tel établissement. Cet article n'était donc pas applicable en l'espèce. Cependant, le Conseil d'État a par une interprétation extensive de la Convention franco-luxembourgeoise, considéré que « *les États partis à la convention fiscale franco-luxembourgeoise ne sauraient être regardés comme ayant entendu, pour répartir le pouvoir d'imposer, appliquer ses stipulations à des situations procédant de montages artificiels dépourvus de toute substance économique. Il suit de là qu'en jugeant que l'opération litigieuse était contraire aux objectifs poursuivis par les deux États signataires, la cour n'a entaché son arrêt d'aucune erreur de droit* »[1146].

453. Par cette affirmation, la Haute juridiction administrative a consacré une présomption de détournement de l'intention des États partis à la Convention. Cette présomption signifie qu'un montage artificiel dépourvu de toute substance économique est en tout état de cause contraire à l'intention des auteurs du texte ou de la décision[1147]. En d'autres termes, « *la*

[1144] NEGRIN O., « Abus des conventions fiscales, note sous CE, plén., 13 oct. 2017, n° 396954, Verdannet », *Procédures* 2017, comm. 327, DEBOISSY F., « La fraude corrompt tout, y compris l'application d'une convention fiscale », *JCP A*. n° 3, 18 Janvier 2018, 1034.

[1145] DE LA MARDIERE C, « Abus de droit- notion, texte, historique », op cit.

[1146] DEBOISSY F., « La fraude corrompt tout, y compris l'application d'une convention fiscale », op cit.

[1147] Concl. BOKDAM-TOGNETTI E., sous. CE, 9e et 10e ss-sect., 11 mai 2015, n° 365564, Sté Natixis, *Dr fisc.* 2015, n° 31-35, comm. 526 ; concl. OLLEON L. sous CE, 8e et 3e ss-sect., 24 avril 2012, n° 343709, Sté Abbey National Treasury Services, *RJF* 7/2012, n° 735 ; DEBOISSY F., « L'abus du régime mère-fille » *Dr fisc.* 2014, n° 41, étude 567. Cette interprétation découle également de l'avis du Comité de l'abus de droit. Il a relevé qu'un contribuable a procédé à « *une application littérale des conventions franco-luxembourgeoise, franco-danoise, franco-britannique et franco-libanaise, à l'encontre des objectifs poursuivis par les États signataires, qui n'ont pas eu l'intention de permettre une absence totale*

caractérisation du but exclusivement fiscal d'une opération, autrement dit de son caractère purement artificiel, dépourvu de toute substance, suffit à démontrer que l'intention des auteurs du texte ou de la décision a été détournée »[1148]. Cela revient à combiner les deux conditions de la fraude à la loi en une seule, à savoir, la poursuite d'un but purement fiscal. Par cet arrêt, l'administration n'est plus tenue d'identifier précisément une norme et d'en dégager les intentions des auteurs de celle-ci. Or, « *si l'on peut comprendre que le juge ne veuille tolérer ces pratiques d'évasion fiscale internationale, cette solution (...) paraît dangereuse* »[1149]. L'interprétation extensive du Conseil d'État « *semble contraire au principe de légalité des délits et des peines* (qui prescrit que la norme soit fondée) *sur un texte clair et précis* »[1150].

454. Ainsi, tout en méconnaissant l'exigence de clarté et de précision qui découle du principe de légalité des délits et des peines, le Conseil d'État procède à une interprétation extensive du champ d'application de l'abus de droit par fraude à la loi[1151]. Cet arrêt s'avère difficilement compatible avec le principe d'interprétation stricte de la loi pénale, corollaire du principe de légalité des délits et des peines, dès lors qu' « *interpréter strictement, c'est s'en tenir aux frontières des textes* »[1152].

455. Alors que le principe de légalité des délits et des peines commande que les incriminations et les sanctions soient « *matériellement et entièrement contenues dans le même texte* »[1153], la détermination de l'infraction par renvoi « *emprunte une philosophie inverse* »[1154]. Or, en matière fiscale, ce mécanisme est très utilisé.

---

d'imposition du seul fait de la création de sociétés dans l'un des pays, lorsque cette création ne résulte que de la volonté d'échapper à l'impôt » : Avis n° 2016-53, in Comité de l'abus de droit fiscal : avis rendus au cours de la séance n° 01/2017 du 19 janvier 2017 : *Dr fisc.* 2017, n° 12, act. 210

[1148] DE LA MARDIERE C., « abus de droit. – Textes, historique et notion », op cit.

[1149] Ibidem.

[1150] Ibidem.

[1151] L'interprétation constructive de la condition tenant à « l'application littérale d'une norme en contrariété avec son objet » a été confirmé par un arrêt du Conseil d'état du 12 février 2020. La Haute juridiction administrative a considéré que les actes litigieux devaient être regardé « *comme ayant poursuivi un but exclusivement fiscal et comme nécessairement contraires à l'objectif poursuivi par le législateur* » : CE, 12 févr. 2020, n° 421444, *Dr. fisc.* 2020, n° 10, comm. 180, concl. LLJIC A., note VABRES R.

[1152] JEANDIDIER W., « PRINCIPE DE LÉGALITÉ CRIMINELLE. – Interprétation de la loi pénale », *J-CL. Pénal Code* > Art. 111-2 à 111-5, FASC. 20.

[1153] RAKOTONDRAHASO F-T., « L'application du principe constitutionnel de la légalité des délits et des peines aux sanctions administratives », op cit.

[1154] Ibidem.

II. La détermination de l'infraction par renvoi

456. Le mécanisme d'incrimination par renvoi signifie qu'une norme incriminatrice se réfère ou invite à se reporter à une autre norme, « *la consultation des deux textes étant nécessaire à l'achèvement de la règle de droit, à la compréhension de son objet ou de ses conséquences* »[1155]. Ainsi dans le cadre d'un renvoi « *le texte pose une sanction, mais ne décrit pas la matérialité de l'infraction, qui doit alors être recherchée dans un autre texte* »[1156]. Cette technique n'est pas une spécificité de la répression administrative. L'élaboration de l'incrimination en droit pénal passe également par la pratique des renvois. Si la doctrine relève l'efficacité de cette pratique qui permet d'augmenter le nombre de dispositions pénales, elle déplore « *les effets pervers, lesquels apparaissent avec plus ou moins de force selon la nature du texte de renvoi* »[1157]. La loi peut renvoyer à une autre loi et dans ce cas, la connaissance de l'incrimination ne pose pas de difficulté théorique. Elle peut également renvoyer au règlement le soin de définir les infractions dont elle n'a déterminé que le cadre et la peine. La doctrine pénaliste a déploré cette pratique dès lors qu'elle contribue « *à déléguer la détermination précise de l'incrimination au pouvoir exécutif et méconnaît fortement le principe de légalité* »[1158]. Cette pratique est très largement utilisée dans la détermination de la norme fiscale incriminatrice. Il est très fréquent que la loi renvoie à une autre loi ou une norme réglementaire le soin de préciser certains éléments de l'incrimination. Cette pratique n'a pas « *choqué* »[1159] la doctrine s'agissant du renvoi à la loi ou au règlement, excepté lorsqu'il est utilisé en « *cascade* »[1160]. En revanche, la possibilité de renvoyer à la doctrine administrative fiscale a suscité de vives critiques dès lors que l'on renvoie à une source de nature infra réglementaire le soin de déterminer les éléments constitutifs de l'infraction.

457. Le Conseil constitutionnel a validé ce mécanisme en jugeant qu' « *aucun principe ou règle de valeur constitutionnelle n'interdit au législateur d'ériger en infraction le manquement à des obligations qui ne résulte pas*

[1155] GIUDICELLI A., « le principe de légalité en droit pénal français. Aspects légistiques et jurisprudentiels », *RSC*, 2007, 3, p. 155.
[1156] RAKOTONDRAHASO F-T., « L'application du principe constitutionnel de la légalité des délits et des peines aux sanctions administrative », op cit.
[1157] BENESSIANO W., « Légalité pénale et droits fondamentaux », *PUAM*, 2011, p.83.
[1158] Ibidem.
[1159] HONG ROCCA J., « Les sanctions fiscales à l'épreuve des transformations du droit (contribution à l'étude historique et théorique des sanctions fiscales) », op cit. p. 366.
[1160] Il y a renvoi en cascade « *lorsqu'un texte portant la peine renvoie pour la définition des faits incriminés, à un autre texte, lequel renvoie lui-même à un troisième* », BENESSIANO W., « Légalité pénale et droits fondamentaux », op cit.

directement de la loi elle-même »[1161]. Le Conseil constitutionnel avait alors admis que l'obligation (ce qui est prescrit) traditionnellement déterminée dans la loi soit définie dans une contravention collective ou un accord étendu. Cette décision a été analysée comme permettant de manière générale au texte incriminateur de renvoyer « *à une autre source du droit la tache de définir les obligations qui sont à l'origine de l'infraction* »[1162]. Le Conseil constitutionnel a poursuivi son raisonnement en acceptant au regard du principe de légalité des délits et des peines de se référer à une loi étrangère[1163], mais surtout à des sources réglementaires pour remédier au défaut de clarté et de précision. Il a ainsi considéré de manière générale qu' « *appliquée en dehors du droit pénal, l'exigence d'une définition des infractions concernées se trouve satisfaite, en matière administrative par la référence aux obligations auxquelles le titulaire d'une autorisation administrative est soumis en vertu des lois et règlements* »[1164]. En somme, l'exigence de précision et de clarté de la loi punitive est moindre lorsqu'elle est appliquée en dehors du droit pénal stricto sensu.

A. Le renvoi aux sources réglementaires

458. La technique du renvoi est appliquée depuis longtemps en matière fiscale répressive. De nombreuses infractions fiscales sont déterminées par référence aux dispositions législatives ou réglementaires du Code général des impôts. Cette technique a été utilisée pour déterminer les infractions liées à l'absence ou à l'insuffisance de déclaration qui donnent lieu à l'application de sanctions fiscales. C'est le cas de l'infraction prévue à l'article 1729 B du Code général des impôts. Cet article dispose que « *le défaut de production dans les délais prescrits d'un document qui doit être remis à l'administration fiscale, autre que ceux mentionnés aux articles 1728 et 1729, entraîne l'application d'une amende de 150€. L'amende est portée à 1500€ s'agissant de la déclaration prévue à l'article 242 sexies et de l'état prévu au III bis de l'article 244 quater B* (…) ». Il ressort de cet article que le législateur a déterminé les principaux éléments de l'incrimination à savoir, le comportement sanctionné (défaut de production d'un document) et le quantum de la sanction (de 150€ à 1500€). Or, afin de déterminer les déclarations qui font l'objet d'une amende de 1500€ le législateur a renvoyé à une autre disposition législative instituée à

[1161] C. C., 10 novembre 1982, n° 82-145 DC, op cit. et pour la même solution, mais avec un autre considérant, C. C., 25 juill. 1984, n° 84-176 DC : *Rec. Cons. Const.* 1984, p. 55.
[1162] DELLIS G., « Droit pénal et droit administratif, l'influence du droit pénal sur le droit administratif répressif », op cit., p. 243.
[1163] C.C., 20 novembre 2003, n°2003-484 DC, consid. 40 à 42, *Rec.*, p.438.
[1164] C.C., n° 88-248 DC, 17 janv. 1989, op cit.

l'article 242 sexies dudit Code[1165]. Ce même article renvoie à des dispositions réglementaires le soin de préciser les délais de dépôt de déclaration[1166].

B. Le renvoi à la doctrine administrative fiscale

459. Si le renvoi aux dispositions législatives et réglementaires du Code général des impôts n'est pas contestable en soi, il n'en va pas de même du renvoi à la doctrine administrative qui risque de «*réduire à l'extrême la portée du principe de légalité des incriminations*»[1167]. Certains éléments constitutifs de l'infraction susceptibles de conduire à l'infliction d'une sanction fiscale sont déterminés par la doctrine administrative fiscale. Afin d'exclure l'arbitraire face à la multiplication des renvois à la doctrine administrative, on assiste à un «*remplacement du principe de légalité par le principe de sécurité juridique*»[1168] avec l'institution de mécanismes rendant la doctrine administrative fiscale opposable.

a. La détermination de certains éléments d'incrimination par la doctrine administrative fiscale.

460. C'est le cas de l'insuffisance de déclaration instituée à l'article L. 1729 du Code général des impôts qui dispose que « *les inexactitudes ou les omissions relevées dans une déclaration ou un acte comportant l'indication d'éléments à retenir pour l'assiette ou la liquidation de l'impôt ainsi que la restitution d'une*

[1165] Il résulte de ces dispositions que « *les personnes qui réalisent des investissements bénéficiant des dispositions prévues aux articles 199 undecies A, 199 undecies B, 199 undecies C, 217 undecies, 217 duodecies, 244 quater W ou 244 quater X déclarent à l'administration fiscale la nature, le lieu de situation, les modalités de financement et les conditions d'exploitation de ces investissements. Lorsque les investissements sont réalisés par des personnes morales en vue d'être donnés en location, la déclaration indique l'identité du locataire et, dans les cas prévus par la loi, le montant de la fraction de l'aide fiscale rétrocédée à ce dernier. La déclaration donne lieu à la délivrance d'un récépissé. Ces informations sont transmises sur un support électronique dans le même délai que celui prévu pour le dépôt de la déclaration de résultats de l'exercice au cours duquel les investissements mentionnés au premier alinéa sont réalisés ou achevés lorsqu'il s'agit d'immeubles, suivant des modalités fixées par décret* ».

[1166] Ann. II art. 171 AX, et Ann. III, art. 46 quaterdecies Y.

[1167] HONG ROCCA J., « Les sanctions fiscales à l'épreuve des transformations du droit (contribution à l'étude historique et théorique des sanctions fiscales) », op cit. p. 366.

[1168] CHAABOUNI I., « La protection des personnes soumises à des contrôles fiscaux et financiers. Étude comparative des contrôles de l'administration fiscale, des juridictions financières et de l'autorité des marchés financiers », *LGDJ*, 2010, coll. Bibliothèque finances publiques et fiscalité, t. 50., p. 379.

créance de nature fiscale dont le versement a été indûment obtenu de l'État entraînent l'application d'une majoration de 40 % en cas de manquement délibéré ; (de) *80 % en cas d'abus de droit au sens de l'article L. 64 du livre des procédures fiscales ; elle est ramenée à 40 % lorsqu'il n'est pas établi que le contribuable a eu l'initiative principale du ou des actes constitutifs de l'abus de droit ou en a été le principal bénéficiaire* ; (de) *80 % en cas de manœuvres frauduleuses ou de dissimulation d'une partie du prix stipulé dans un contrat ou en cas d'application de l'article 792 bis »*[1169].

461. Les principaux éléments de l'infraction sont déterminés dans la norme législative. L'infraction est constituée par l'inexactitude ou l'omission dans la déclaration fiscale ou dans un acte comportant une obligation déclarative. La loi détermine également une échelle de sanctions en fonction du comportement du contribuable. Ainsi, la sanction diffère selon que l'inexactitude ou l'omission est constitutive d'un manquement délibéré, d'un abus de droit ou de manœuvres frauduleuses. Or, l'article 1729 du Code général des impôts ne précise pas ce qui est constitutif d'un abus de droit. La loi renvoie à l'article L 64 du livre des procédures fiscales, la détermination de l'acte constitutif d'abus de droit. Ainsi, constitue un abus de droit « *les actes ayant un caractère fictif, soit que, recherchant le bénéfice d'une application littérale des textes ou de décisions à l'encontre des objectifs poursuivis par leurs auteurs, ils n'ont pu être inspirés par aucun autre motif que celui d'éluder ou d'atténuer les charges fiscales que l'intéressé, si ces actes n'avaient pas été passés ou réalisés, aurait normalement supportées eu égard à sa situation ou à ses activités réelles* ».

462. La mise en œuvre de renvoi en cascade n'est pas en soi contestable lorsque la norme législative renvoie à une autre norme de même nature. Ce qui est plus contestable au regard du principe de légalité des délits et des peines c'est le renvoi à une norme de nature infra réglementaire à savoir la doctrine administrative. Or, la détermination de l'acte constitutif d'abus de droit est complétée par l'instruction du 9 septembre 2010 relative à la réforme de la procédure d'abus de droit[1170]. L'instruction administrative précise que la définition législative de l'abus de droit couvre les situations de fictivité juridique et de fraude à la loi. Ces deux notions sont interprétées de façon large par la doctrine administrative[1171]. En outre, elle prévoit que la mise en œuvre de cette

---

[1169] Article 1729 du Code général des impôts.

[1170] Instr. du 9 septembre 2010 relative à la réforme de la procédure de répression des abus de droit, BOI 13 L-9-10, *Dr fisc.* 2010, n°39. 13348.

[1171] L'instruction précise qu' « *en pratique, la fictivité juridique est constituée par la différence objective existant entre l'apparence juridique créée par l'acte en cause et la réalité, en particulier économique, sous-jacente à cet acte. Selon la jurisprudence, la fraude à la loi en matière fiscale, souvent résumée par la recherche d'un but exclusivement fiscal, est constituée toutes les fois que sont réunies cette recherche d'un but exclusivement fiscal et, d'autre part, l'obtention d'un avantage fiscal par une application littérale des textes ou de décisions à*

procédure s'applique dorénavant à l'ensemble des impôts[1172]. De même, une instruction du 9 septembre 2010 relative à la gradation de la majoration et à la solidarité de paiement[1173] définit les termes d'instigateur principal et de bénéficiaire principal de l'abus de droit[1174]. La détermination de ces éléments de l'infraction par l'instruction est déterminante dans la mesure où elle permet d'assujettir le contribuable à la majoration la plus sévère de l'article 1729 du code général des impôts, à savoir, la majoration de 80% du montant des droits éludés.

463. La multiplication des renvois à la doctrine administrative a contribué à réduire la portée du principe de légalité des délits et des peines dès lors que « *l'interprétation administrative peut changer plus rapidement que les textes législatifs ou réglementaires* »[1175]. Le développement croissant de la doctrine administrative fiscale a été considéré comme étant à l'origine de la faible portée du principe de légalité des délits et des peines [1176]. Son importance « *justifierait en effet les libertés prises avec la légalité matérielle, la nébulosité de la loi fiscale pouvant toujours se trouver corrigée in fine par les apports de ladite*

---

l'encontre des objectifs poursuivis par leurs auteurs (CE, 29 décembre 2006, n°283314, Bank of Scotland), par exemple par le recours à un montage juridique et économique artificiel (CE, 18 mai 2005, n° 267087, Sagal, CE, 18 février 2004, n° 247729, Pléiade et CE, 27 juillet 2009, n° 295358, Caisse Interfédérale du Crédit Mutuel). La recherche d'un but exclusivement fiscal consistant à éluder ou atténuer les charges fiscales peut notamment prendre la forme d'une réduction d'une dette d'impôt ou de la perception indue d'un crédit d'impôt ou encore de l'augmentation abusive d'une situation déficitaire. L'exercice d'une option offerte par la législation fiscale n'est pas en soi constitutif d'un abus de droit, les conditions qui ont permis de se trouver en situation d'exercer cette option peuvent en revanche être abusives et encourir la mise en œuvre de la procédure de l'abus de droit fiscal (CE, ass.plén., 3 février 1984, n° 38230, Mme Bilger Gillet). » : Instr. du 9 sept. 2010 relative à la réforme de la procédure de répression des abus de droit, op cit.

1172 Avant la réforme, la procédure d'abus de droit ne pouvait être mise en œuvre qu'en matière d'impôt sur le revenu, l'impôt sur les sociétés, les taxes sur le chiffre d'affaires et taxes assimilées, les droits d'enregistrement et la taxe de publicité foncière, l'impôt de solidarité sur la fortune et la taxe professionnelle. A contrario, les taxes sur les salaires, la taxe d'habitation et la taxe foncière étaient exclues de la procédure d'abus de droit. De même, en matière d'impôt sur le revenu et d'impôt sur les sociétés cette procédure n'était applicable qu'à l'établissement de l'assiette de l'impôt à l'exclusion de sa liquidation et de son paiement.

1173 Instr. du 9 septembre 2010 relative à la gradation de la majoration et à la solidarité de paiement des pénalités, BOI 13 M-2-10, *Dr fisc.* 2010, n° 39, 14.349.

1174 Selon l'instruction, la notion de bénéficiaire « principal » ou d'instigateur « principal » s'analyse par une « *appréciation qualitative des faits et a vocation à s'appliquer à tous les contribuables qui ont pris une part active dans le montage considéré comme abusif par l'administration.* » : Instr. du 9 septembre 2010 relative à la gradation de la majoration et à la solidarité de paiement des pénalités, op cit.

1175 CHAABOUNI I., « La protection des personnes soumises à des contrôles fiscaux et financiers. Étude comparative des contrôles de l'administration fiscale, des juridictions financières et de l'autorité des marchés financiers », op cit.

1176 Ibidem.

doctrine »[1177]. Ce développement a participé au remplacement du principe de légalité par le principe de sécurité juridique considéré « *comme une adaptation nécessaire en matière répressive fiscale* »[1178].

b. Le remplacement du principe de légalité par le principe de sécurité juridique[1179]

464. L'évolution rapide de l'interprétation de la loi par l'administration fiscale ne pouvant satisfaire pleinement le principe de légalité, des mécanismes permettant de sécuriser la situation fiscale du contribuable ont été instaurés par le législateur. Ils figurent aux articles L 80 A et L 80 B de Livre des procédures fiscales. Le premier permet sous certaines conditions de rendre la doctrine administrative fiscale de portée générale opposable à l'administration. La Haute juridiction administrative considère que ces dispositions « *instituent un mécanisme de garantie au profit du contribuable qui, s'il l'invoque, est fondé à se prévaloir de l'interprétation contraire à la loi que l'administration a donnée de celle-ci dans ses instructions ou circulaires dont il a respecté les termes* »[1180]. Ce dispositif permet aux contribuables d'opposer à l'administration les éléments de doctrine qui « *ajoutent à la loi ou la contredisent* »[1181]. Cette procédure est aujourd'hui indispensable en France. En effet, compte tenu de la généralité de la norme fiscale et de son évolution rapide « *les agents économiques ne peuvent rester les bras croisés jusqu'à ce que le juge en ait dégagé les implications. Ils sont par nécessité en constante anticipation sur la jurisprudence. Parfois même ils ne peuvent exercer leur activité sans certaines adaptations du cadre législatif, et le ministre préfère y procéder par voie administrative que parlementaire* »[1182]. Compte tenu de l'évolution constante de la doctrine

---

[1177] SOURZAT C., « Essai d'une analyse des rapports entre procédures fiscale et pénale », op cit.

[1178] Ibidem.

[1179] Le droit à la sécurité juridique et fiscale est un droit « *au non-bouleversement* » : NOEL G., « relations entre l'administration et les contribuable – Amélioration des relations – Renforcement de la sécurité juridique », *JCl. procédures fiscales*, fasc. 216-30. Il résulte de ce concept que « *les contribuables doivent être informés de façon certaine et sans équivoque des conséquences fiscales que pourraient entraîner leurs actions* » : OCDE, Droits et obligations des contribuables. Description de la situation légale dans les pays de l'OCDE, 1990, p. 14. V. également DOUET F., « Contribution à l'étude de la sécurité juridique en droit fiscal français », *LGDJ*, Bibliothèque de droit privé, Tome 280, 1997.

[1180] CE, ass., avis, 8 avril 1998, n° 192539, Sté de distribution de chaleur de Meudon et Orléans (SDMO) : *Dr fisc.* 1998, n° 18, comm. 398, concl. GOULARD G.

[1181] CE, sect., avis, 20 octobre 2000, n° 222675, Bertoni : *Dr fisc.* 2001, n° 10, comm. 201, concl. BACHELIER G.

[1182] Ibidem.

administrative, il est nécessaire que le contribuable puisse se fier aux instructions et réponses de l'administration.

465. Ce mécanisme traditionnellement exclut en matière de recouvrement et de sanctions fiscales[1183] connaît aujourd'hui un renouveau du fait de l'extension du champ d'application de l'opposabilité de la doctrine de portée générale. La loi de finances rectificative pour 2008[1184] a, par son article 47, complété le second alinéa de l'article L.80 A du Livre des procédures fiscales en permettant au contribuable de se prévaloir des instructions et circulaires publiées relatives au recouvrement de l'impôt et aux pénalités fiscales. La Haute juridiction administrative s'est prononcée pour la première fois sur les conditions d'application de cet article dans un arrêt du 24 septembre 2014[1185]. En l'espèce, la société SARL Baranco avait invoqué trois instructions administratives relatives à la procédure d'établissement de l'impôt, sur le fondement de l'article L 80 A du Livre des procédures fiscales tel que complété par l'article 47 de la loi de finances rectificative pour 2008. La Haute juridiction administrative a, conformément aux conclusions du commissaire du gouvernement, jugé que « *si cette dernière disposition* (article 47), *applicable aux instances en cours pour ce qui concerne les pénalités fiscales, institue une garantie contre les changements de doctrine de l'administration permettant, en particulier, aux contribuables auteurs d'infractions fiscales de se prévaloir des énonciations contenues dans les notes ou instructions publiées, c'est à la condition notamment que ces notes ou instructions aient été susceptibles d'influencer le comportement de l'intéressé au regard de leurs obligations fiscales ; que tel n'est pas le cas de notes ou instructions relatives à la procédure d'établissement de l'impôt* »[1186]. La Haute juridiction administrative précise que l'invocabilité des notes et instructions publiées en matière de recouvrement et de pénalités fiscales est conditionnée au fait qu'elles aient été susceptibles d'influencer le comportement de l'intéressé au

---

1183 CE, 8e et 3e ss-sect., 30 novembre 2001, n° 234654, M. Dion, *Dr fisc.* 2002, n° 11, comm. 234, concl. MIGNON E. ; *RJF* 2/2002, n° 232 ; *RJF* 4/2002, p. 287, chron. MAIA J. ; CE, 9e et 10e ss- sect., 27 juill. 2001, n° 211758, SA Agencinox : et n° 211759, SA Stirn, *Dr fisc.* 2001, n° 49, comm. 1138, concl. GOULARD G.; *RJF* 11/2001, n° 1416. : Concernant plus spécifiquement les pénalités fiscales, la solution reposait selon le commissaire du gouvernement G. GOULARD, sur un argument de texte. Il ressort des conclusions que « *le premier alinéa dispose seulement que « Il ne sera procédé à aucun rehaussement d'impositions antérieures si la cause du rehaussement poursuivi par l'administration est un différend sur l'interprétation par le redevable de bonne foi du texte fiscal et s'il est démontré que l'interprétation sur laquelle est fondée la première décision a été, à l'époque, formellement admise par l'administration. Il est clair que ces dispositions concernent les impôts et non les pénalités.* » : concl. GOULARD G., sous CE, 9e et 10e ss- sect., 27 juill. 2001, n° 211758, SA Agencinox : et n° 211759, SA Stirn, op cit.

1184 Loi n° 2008-1443 de finances rectificatives pour 2008, op cit.

1185 CE, 10e et 9e ss-sect., 24 septembre 2014, n° 361330, SARL Baranco, concl. HEDARY D., *Dr fisc.* 2015, n°3, comm. 61.

1186 Ibidem.

regard de ses obligations fiscales. Or, selon le Conseil d'État, ce n'est pas le cas des notes et instructions relatives à la procédure d'établissement des pénalités[1187]. En revanche, cette condition peut être remplie pour les instructions précisant à quelle condition l'amende est encourue. Ainsi, le contribuable est à même de s'abstenir de tout comportement fautif. Dans le prolongement des dispositions de l'article L. 80 A du livre des procédures fiscales, la Haute Assemblée a renforcé le principe de sécurité juridique en refusant de donner un effet rétroactif à l'annulation de la doctrine fiscale[1188], et ce, « *dans l'intérêt des contribuables qui s'y sont fiés en toute bonne foi* »[1189]. L'annulation de la doctrine ne produit des effets que pour l'avenir. Par cet arrêt, la Haute juridiction administrative institue une nouvelle forme de sécurité juridique, à savoir, la garantie contre l'annulation de la doctrine administrative.

466. Dans sa dimension formelle, l'application du principe de légalité des délits et des peines en droit fiscal répressif est assimilable à celle retenue en droit pénal stricto sensu. A contrario, ce principe a, dans sa dimension matérielle, reçu une application souple par rapport aux exigences qu'il implique en droit pénal. Cette application nuancée du principe de légalité des délits et des peines est également observée avec le principe de non-rétroactivité de la loi pénale plus sévère qui en constitue le corollaire.

Sous-section 3 : L'application mesurée du principe de la non-rétroactivité de la loi pénale plus sévère, corollaire du principe de légalité

467. Il résulte du principe de légalité que nul ne peut être puni qu'en vertu d'un texte préalable. Par conséquent, appliquer une nouvelle loi qui aggrave la répression d'une infraction commise à une époque où elle n'était pas

---

[1187]Cette solution est justifiée par la lettre même du second alinéa de l'article L 80 A du livre des procédures fiscales qui s'adresse au contribuable ayant « *appliqué un texte fiscal selon l'interprétation que l'administration avait fait connaître par ses instructions ou circulaires publiées* ». Or, il ressort de l'interprétation jurisprudentielle de cette disposition que le contribuable doit avoir fait application de la doctrine selon l'interprétation administrative, soit au moment de sa déclaration, soit lors du paiement (CE, plén., 11 juill. 1977, n°1929, SA Ferrero-France, *Dr fisc.* 1978, n°27, comm. 1116, concl. LOBRY P.) : Note sous CE, 10e et 9e ss-sect., 24 sept. 2014, n° 361330, SARL Baranco, op cit.

[1188] CE, Avis, sect., 8 mars 2013, n° 353782, Monzani : *RJF* 5/2013, n° 518, p. 403 ; chron. BOKDAM-TOGNETTI E., TUROT J., « Le roi et le moulin, Brèves observations sur l'avis Monzani », *Dr fisc.* 2013, n° 15, act. 203.

[1189] BARQUE F., « La doctrine fiscale, la sécurité juridique et le principe de légalité. Réflexions sur un équilibre inédit et pragmatique, à propos d'un avis du CE, sect., 8 mars 2013, n° 353782, Mme Monzani », *RDLF* 2013, chron. n°20.

applicable serait violer le principe de légalité des délits et des peines. Le principe de non-rétroactivité de la loi pénale plus sévère constitue « *le corollaire* »[1190] du principe de légalité. L'imbrication de ces deux principes apparaît à l'article 8 de la Déclaration, lequel confond ces deux principes dans une formule unique qui dispose que « *nul ne peut être puni qu'en vertu d'une loi établie et promulguée antérieurement au délit, et légalement appliquée* »[1191]. Le principe de non-rétroactivité de la loi pénale plus sévère est dès lors considéré comme « *la conséquence immédiate et inéluctable du principe de légalité* »[1192]. La non-rétroactivité des lois d'incrimination plus sévère revêt un caractère fondamental en ce qu'il est énoncé dans toutes les grandes déclarations des droits, à savoir, la Convention européenne des droits de l'homme[1193], le Pacte international relatif aux droits civils et politiques[1194] et la Charte des droits fondamentaux de l'Union européenne[1195].

468. Son applicabilité aux sanctions fiscales a été très vite reconnue par le Conseil constitutionnel. Ainsi, dans une décision du 30 décembre 1982[1196], le juge suprême a entendu accorder, au principe, une large portée, en déclarant que « *le principe de non-rétroactivité ainsi formulé ne concerne pas seulement les peines appliquées par les juridictions répressives, mais s'étend nécessairement à toute sanction ayant le caractère de punition même si le législateur a cru devoir laisser le soin de la prononcer à une autorité de nature non judiciaire* »[1197]. Il en tirait alors pour conséquence qu'il appartient « *aux autorités chargées de l'application de la présente loi de veiller à ce qu'aucune amende ne soit prononcée sur le fondement de la validation législative en raison de faits antérieurs à la date de mise en vigueur de la loi*

[1190] DESPORTES F., LE GUNEHEC F., Droit pénal général, op cit, p. 221.
[1191] Article 8 de la Déclaration des droits de l'homme et du citoyen.
[1192] DESPORTES F., LE GUNEHEC F., Droit pénal général, op cit. p. 273.
[1193] L'article 7 de la Convention européenne des droits de l'homme dispose que « *nul ne peut être condamné pour une action ou une omission qui, au moment où elle a été commise, ne constituait pas une infraction d'après le droit national ou international. De même, il n'est infligé aucune peine plus forte que celle qui était applicable au moment où l'infraction a été commise* ».
[1194] L'article 15 du Pacte international relatif aux droits civils et politiques dispose que « *nul ne sera condamné pour des actions ou omissions qui ne constituaient pas un acte délictueux d'après le droit national ou international au moment où elles ont été commises. De même, il ne sera infligé aucune peine plus forte que celle qui était applicable au moment où l'infraction a été commise. Si, postérieurement à cette infraction, la loi prévoit l'application d'une peine plus légère, le délinquant doit en bénéficier* ».
[1195] L'article 49 de la Charte des droits fondamentaux dispose que « *nul ne peut être condamné pour une action ou une omission qui, au moment où elle a été commise, ne constituait pas une infraction d'après le droit national ou international. De même, il n'est infligé aucune peine plus forte que celle qui était applicable au moment où l'infraction a été commise. Si postérieurement à cette infraction, la loi prévoit une peine plus légère, celle-ci doit être appliquée* ».
[1196] C.C., 30 décembre 1982, n° 82-155 DC, Loi de finances rectificatives pour 1982, op cit.
[1197] Ibidem., consid. 33.

validant la délibération susvisée »[1198]. Le Conseil constitutionnel a réaffirmé l'interdiction de la création rétroactive de nouvelles incriminations dans sa décision du 29 décembre 1986. Il énonçait alors que « *l'application rétroactive de la législation fiscale* (…) *ne saurait permettre aux autorités compétentes d'infliger des sanctions à des contribuables à raison d'agissements antérieurs à la publication des nouvelles dispositions qui ne tombaient pas également sous le coup de la loi ancienne* »[1199].

469. Le principe de non-rétroactivité de la loi pénale plus sévère est également appliqué par les Hautes juridictions administratives et judiciaires en matière fiscale. En effet, le Conseil d'État tire comme conséquence du principe de non-rétroactivité que « *les pénalités infligées au contribuable pour défaut de déclaration après première mise en demeure ne peuvent être fondées que sur des dispositions en vigueur à la date d'expiration du délai fixé par la mise en demeure* »[1200]. De son côté, la Cour de cassation affirme que « *le principe de non-rétroactivité des peines s'étend à toute sanction ayant le caractère d'une punition* »[1201].

470. L'application de ce principe aux sanctions fiscales a soulevé une question, aujourd'hui résolue par la jurisprudence. Il s'agissait de l'application du principe de non-rétroactivité aux sanctions fiscales en présence d'une loi de validation relative aux impôts et à la procédure d'imposition.

471. Le principe de non-rétroactivité de la loi répressive emporte pour conséquence l'impossibilité pour le législateur d'édicter des « *dispositions rétroactives qui comporteraient l'application d'un régime répressif plus sévère et notamment de sanctions fiscales en raison d'agissements antérieurs à la publication des dispositions nouvelles, qui ne tomberaient pas également sous le coup de la loi ancienne* »[1202]. Cette règle peut-elle se concilier avec les lois de validation en matière fiscale qui par définition sont rétroactives ? La Haute juridiction administrative a effectué une distinction au sein des lois de validation, entre celles qui valident rétroactivement un impôt et celles qui valident la procédure d'imposition.

472. Dès lors que la loi de validation a pour conséquence de modifier les règles d'assiette, le principe de non-rétroactivité de la loi plus sévère

---

[1198] Ibidem., consid 34.
[1199] C.C., 29 décembre 1986, n° 86-223 DC, cons. n° 5, *Rec. Cons. Const.* 1986, p. 184.
[1200] CE, 10 novembre 2000, n° 197979, Tossounian, *Dr fisc.* 2001, n° 14, comm. 329 ; *RJF* 2/2001, n° 201.
[1201] Cass. com., 1er avril 1997, n° 92-20.602, Passet, *RJF* 12/1997, n° 1162. – V. également Cass. com., 7 novembre 1989, n° 88-12.059, Daloz, op cit.
[1202] LAMARQUE J., NÉGRIN O., AYRAULT L., Droit fiscal général, op cit. p. 459.

s'applique. Cette affirmation résulte d'un arrêt du Conseil d'État du 14 avril 1986[1203]. En l'espèce, la loi du 30 décembre 1981 portant loi de finances pour 1982[1204] a, par une interprétation rétroactive, défini les entreprises redevables du prélèvement institué à l'article 235 quater 1 ter 3 du Code général des impôts. En 1979, lorsque la plus-value de la société requérante a été réalisée, l'interprétation dudit article ne s'imposait pas. La société a, sous le contrôle du juge, usé de sa liberté d'appréciation et a estimé que dès lors qu'elle n'était pas une entreprise industrielle et commerciale, elle n'entrait pas dans le champ d'application du prélèvement. Elle n'avait donc pas déclaré les profits de construction qu'elle avait réalisés. L'administration a considéré que la société entrait dans le champ d'application du prélèvement avant l'intervention de la loi de finances pour 1982 qui a confirmé ce raisonnement. Elle l'a ainsi taxé d'office et assujetti à la majoration prévue à l'article 1733-1 du Code général des impôts. Or, si le dernier alinéa de l'article 23-IV avait prévu qu'aucune sanction fiscale en cas de mauvaise foi ne puisse être prononcée à raison de faits résultant d'une interprétation de l'article 235 quater I ter 3 différente de celle prévue par le IV de l'article 23, le texte laissait à l'administration la possibilité d'infliger les majorations de 25% et de 100% de l'article 1733 du Code général des impôts qui ne requière pas l'établissement de la bonne ou mauvaise foi du contribuable. La Haute juridiction administrative a, conformément aux conclusions du commissaire du gouvernement[1205], jugé que l'interprétation nouvelle des dispositions de l'article 235 quater 1 ter 3 du Code général des impôts ne pouvait avoir pour effet de rendre les sociétés s'étant fondées sur les dispositions anciennes, passibles des majorations de 25% et 100% lesquelles ont le caractère de sanction ayant le caractère de punition.

473. Le Conseil d'État a confirmé sa position dans un arrêt en date du 11 décembre 1987[1206]. L'espèce concernait également l'application rétroactive de l'interprétation des dispositions de l'article 235 quater 1 ter 3 du Code général des impôts. Or, à la différence de l'arrêt du 14 avril 1986, la question portait exclusivement sur l'application rétroactive des intérêts de retard. En effet, la société requérante avait été, à la suite de l'examen de son pourvoi, déchargée d'une partie de ses pénalités. Seule était maintenue une somme représentant

---

1203 CE, 14 avril 1986, n°44.607, op cit.

1204 Loi n° 81-1160 du 30 décembre 1981 de finances pour 1982, *JORF* 31 Décembre 1981 en vigueur 1er janvier 1982.

1205 Les conclusions du commissaire du gouvernement ont préconisé à la Haute juridiction administrative de s'appuyer sur la jurisprudence du Conseil constitutionnel « *qui exclut que l'effet interprétatif d'une loi puisse comporter l'application rétroactive de sanctions ayant le caractère d'une punition* ». Cet appui devant les conduire « *à donner l'interprétation la plus extensive à celles des dispositions d'un texte de loi interprétative qui ont précisément pour objet d'exclure un tel effet* ». concl. MARTIN LAPRADE B., sous CE, sect. 11 décembre 1987, n° 61 531, op cit.

1206 CE, sect. 11 décembre 1987, n° 61 531, op cit.

les intérêts de retard calculés au taux de 0,75% par mois. Adoptant une solution conforme aux conclusions du commissaire du gouvernement fondées sur l'aspect répressif des intérêts de retard[1207], la Haute juridiction administrative a jugé que la loi interprétative ne pouvait avoir pour effet d'assortir les sommes dues d'intérêts de retard pour toute la période antérieure à la date de publication de la loi du 30 décembre 1981.

474. Dans ces deux arrêts, la validation a pour effet de rendre rétroactivement redevables de l'impôt et des pénalités et intérêts de retard y afférents, les sociétés qui ne l'étaient pas. En l'absence de validation législative, les sociétés se seraient trouvées hors du champ d'application de l'impôt. Dès lors, elles ne pouvaient raisonnablement être sanctionnées pour n'avoir pas acquitté dans les délais, les impositions dont elles avaient été rétroactivement rendues redevables. Par conséquent, aucune pénalité ne saurait être due. La problématique est différente lorsque la loi valide rétroactivement la procédure d'imposition afin d'y « purger » ces vices.

475. Concernant les lois validant la procédure d'imposition, la question est de savoir si une loi couvrant rétroactivement des vices de procédure doit être regardée comme une loi pénale plus sévère. À la différence de la précédente hypothèse, la validation d'une procédure de contrôle n'a pas pour effet de rendre rétroactivement redevable de l'imposition. En effet, dans cette situation, l'impôt était dû par le contribuable sur le fondement des règles de fond. La seule conséquence pour le contribuable résulte dans l'impossibilité d'obtenir la décharge de l'imposition pour vices de procédure. En effet, la loi de validation aura pour effet de « purger » ce vice et de maintenir l'imposition et les pénalités y afférentes. Ce raisonnement trouve une illustration dans un arrêt du Conseil d'État du 17 juin 1998[1208]. Il s'agissait en l'espèce de déterminer l'application de la non-rétroactivité des dispositions de l'article 35-11 de la loi du 29 décembre 1989 qui se bornent à valider une procédure de contrôle fiscal à l'issue de laquelle ont été notifiées des impositions supplémentaires assorties de pénalités fiscales. La Haute juridiction administrative a jugé, conformément aux conclusions du commissaire du gouvernement, que les dispositions de validation « *qui ont pour seul objet de*

[1207] Selon le Commissaire du gouvernement Martin Laprade, « *les intérêts ou indemnités de retard comportent, en matière fiscale, un assez large aspect répressif, qui rend possible et légitime que, sans contredire directement le Conseil constitutionnel, vous décidiez que ces majorations ne sont pas dues à défaut de dispositions contraires dans la loi. Par hypothèse, les majorations de retard sont la conséquence d'une infraction commise par le contribuable qui ne respecte pas, ou respecte mal, ses obligations de déclaration ou de paiement. Contrairement à ce qu'impliquerait un objet purement indemnitaire de réparation pécuniaire, ces majorations restent pour partie fonction de l'ampleur de la faute commise* » : concl. LAPRADE M., sous, CE, sect. 11 décembre 1987, n° 61 531, op cit.

[1208] CE, 9e et 8e sous-sect., 17 juin 1998, rec. n° 179 443, M. Paco Rabanne, *Dr fisc.* 1998, n°41, comm. 868.

régulariser, avec effet rétroactif, certain contrôle effectué par l'administration, ne modifie en rien l'appréciation à porter au regard de la loi, sur les agissements des contribuables antérieurs à leur publication »[1209]. Cette solution est sujette à la controverse. Selon certains auteurs, il s'agit « *d'une atténuation non négligeable du principe de non-rétroactivité des lois répressives* »[1210], dès lors que le législateur peut valider « *la procédure d'imposition conduisant au prononcé de la sanction* »[1211]. En effet, la loi de validation a pour conséquence de rendre la procédure d'imposition rétroactivement régulière alors qu'en l'absence d'une telle disposition cette procédure aurait été entachée d'une irrégularité de nature à entraîner la décharge des impôts concernés et des pénalités y afférentes. Ainsi, il résulte de cet arrêt, une application souple du principe de non-rétroactivité de la loi pénale plus sévère.

Section 2 : L'application souple du principe de nécessité des peines aux sanctions fiscales

476. Le principe de nécessité des peines découle de l'article 8 de la Déclaration de 1789 selon lequel « *la loi ne doit établir que des peines strictement et évidemment nécessaires* ». Sur le fondement de cette disposition, le Conseil constitutionnel, le Conseil d'État et la Cour de cassation en ont déduit plusieurs exigences, à savoir, la corrélation entre la peine encourue et le délit incriminé, l'application immédiate de la loi pénale plus douce et l'encadrement du cumul des sanctions fiscales et pénales.

Sous-section 1 : La corrélation entre la peine encourue et le délit incriminé

477. Le législateur est considéré comme le premier destinataire du principe de proportionnalité de la peine. Il lui revient de prévoir des peines proportionnées à l'infraction définie dans la norme législative. Si ce principe s'impose en premier lieu au législateur, il n'exclut pas l'intervention du juge.

1209 Ibidem.

1210 DEBAT O., « La rétroactivité et le droit fiscal », *éditions défrénois* 2006, collection de thèse dirigés par Bernard Beignier, p. 312.

1211 PERIN-DUREAU A., « L'obligation fiscale à l'épreuve des droits et libertés fondamentaux », op cit. p.438.

478. Le Conseil constitutionnel considère selon une jurisprudence constante que s'il ne lui « *appartient pas de substituer sa propre appréciation à celle du législateur en ce qui concerne la nécessité des peines attachées aux infractions définies par celui-ci* »[1212], il veille, en la matière, à « *l'absence de disproportion manifeste entre l'infraction et la peine encourue* »[1213]. Les sages de la rue de Montpensier n'effectuent qu'un « contrôle restreint » de l'erreur manifeste dans lequel il ne lui est possible que de censurer des dispositions législatives instaurant des sanctions fiscales manifestement disproportionnées. En d'autres termes, le Conseil constitutionnel ne s'autorise pas à rechercher si une mesure alternative moins restrictive aurait été plus adaptée pour sanctionner le comportement en cause. Il vérifie simplement si la peine infligée ne revêt pas un caractère disproportionné, au regard de son champ d'application matériel et temporel[1214].

479. L'exigence d'un contrôle restreint de proportionnalité des peines a été étendue par le Conseil constitutionnel dans une décision du 30 décembre 1987 à « toute sanction ayant le caractère de punition »[1215] et par conséquent aux sanctions fiscales. L'instauration de la question prioritaire de constitutionnalité n'a pas eu pour effet de modifier la nature du contrôle opéré par le Conseil constitutionnel[1216]. Toutefois, l'exercice d'un contrôle restreint n'a pas été un obstacle à l'élaboration d'une jurisprudence relative à la proportionnalité des sanctions fiscales. En effet, le juge constitutionnel tant par son contrôle a priori qu'a postériori a développé une méthode de contrôle de proportionnalité des sanctions fiscales. Celui-ci consiste à vérifier, dans un premier temps, que la sanction est en lien avec l'infraction. Puis, dans un second temps de contrôler si le montant de la sanction n'est pas

---

[1212] C.C., 20 janvier 1981, n° 80-127 DC, Loi renforçant la sécurité et protégeant la liberté des personnes, cons. 12, op cit.

[1213] C.C., 3 septembre 1986, n° 86-215 DC, Loi relative à la lutte contre la criminalité et la délinquance, cons. 7., op cit.

[1214] Ainsi, « *la nature même de la mesure adoptée, qui exprime par excellence les choix politiques effectués par le parlement, n'est pas contrôlée par le juge* » : GOESEL LE BIHAN V.,« Le contrôle de proportionnalité dans la jurisprudence du Conseil constitutionnel : figures récentes », *RFDC* 2007, n° 70, p. 292.

[1215] CAPPELLO A., « La constitutionnalisation du Droit pénal – pour une étude du Droit pénal constitutionnel – », op cit., p. 300.

[1216] Dans la décision du 26 novembre 2010, le Conseil constitutionnel a jugé que « *l'article 61-1 de la Constitution ne confère pas au Conseil constitutionnel un pouvoir général d'appréciation et de décision de même nature que celui du Parlement, mais lui donne seulement compétence pour se prononcer sur la conformité des dispositions législatives soumises à son examen aux droits et libertés que la Constitution garantit ; que, si la nécessité des peines attachées aux infractions relève du pouvoir d'appréciation du législateur, il incombe au Conseil constitutionnel de s'assurer de l'absence de disproportion manifeste entre l'infraction et la peine encourue* » : C.C. 26 novembre 2010, n° 2010-66 QPC, *op cit.*

« *manifestement hors de proportion avec la gravité des faits en prenant en compte* (le) *potentiel de répétition de la sanction* »[1217].

480. Le contrôle du Conseil constitutionnel diffère selon que l'on est en présence d'une sanction forfaitaire ou proportionnelle. La méthode utilisée par le Conseil constitutionnel semble « *révéler une sensibilité plus forte des sanctions proportionnelles au principe de proportionnalité par comparaison avec les sanctions forfaitaires* »[1218].

I. Le contrôle constitutionnel des amendes forfaitaires

481. Les sanctions fiscales forfaitaires sont caractérisées par leur montant fixe et par leur absence de dépendance aux conditions dans lesquelles l'infraction est constituée. Elles ne sont pas proportionnées aux manquements qu'elles sanctionnent. Ces caractéristiques semblaient pencher vers une censure plus fréquente des amendes forfaitaires par rapport aux sanctions proportionnelles. Or, le Conseil constitutionnel n'a jamais jugé qu'une sanction forfaitaire était inconstitutionnelle en raison de sa nature. Il a presque toujours jugé qu'il existait dans l'institution d'une amende forfaitaire, un lien entre celle-ci et le comportement sanctionné.

A. La caractérisation du lien entre l'infraction et la sanction

482. Dans l'exercice de son contrôle restreint de proportionnalité, le Conseil constitutionnel vérifie que la sanction, soit en raison du taux, soit en raison de l'assiette soit en raison de la combinaison de deux, ne revêt pas un caractère manifestement hors de proportion avec la gravité des faits réprimés. Dans la plupart du temps, il considère qu'il existe une adéquation entre la sanction infligée et l'infraction qu'elle vise à sanctionner.

483. Cette affirmation trouve une illustration parfaite dans la décision du 29 décembre 2003[1219]. Il s'agissait en l'espèce de l'amende infligée en cas de demandes de prime à l'emploi formulées sur la base de renseignements inexacts en vue d'obtenir le paiement d'un acompte instauré par la loi du 30

[1217] JACQUOT N., « Constitutionnalité des pénalités fiscales : les peines alitées par la proportionnalité ? », *Dr fisc.* 2017, n° 29, 400.
[1218] Ibidem.
[1219] C.C., 29 décembre 2003, n°2003-489 DC, Loi de finances pour 2004, *Rec. Cons. Const.* p.487, *RJF* 3/2004, n°28, consid 13.

mai 2001[1220]. Le Conseil constitutionnel a jugé *« en fixant l'amende à 100 euros, soit 40 % du montant de l'acompte indûment perçu, lorsque la mauvaise foi de l'intéressé est établie, le législateur n'a pas prévu une sanction manifestement disproportionnée à la gravité des manquements constatés »*[1221]. Le même raisonnement a été tenu à propos de l'amende en cas d'opposition à la prise de documents soumis au droit de communication qui s'élève à 1 500 euros pour chaque document, sans que le total des amendes dépasse le plafond évalué à 10 000 euros. Le Conseil a, dans un premier temps, relevé que, par l'institution de cette amende, *« le législateur a entendu réprimer les agissements faisant obstacle au droit de l'administration d'obtenir copie de documents »*[1222]. Il a ensuite analysé les caractéristiques de l'amende, à savoir, le montant forfaitaire et la règle de plafonnement global des amendes, au regard des exigences du principe de proportionnalité des peines tel qu'il découle de l'article 8 de la Déclaration. Il a dès lors jugé qu'*« en prévoyant une amende de 1 500 euros par document dont la copie serait refusée, dans la limite d'un total des amendes ne pouvant être supérieur à 10 000 euros, le législateur n'a pas établi une amende fiscale manifestement disproportionnée au regard du manquement »*[1223].

B. La prise en compte du potentiel de répétition

484. Dans son contrôle de proportionnalité, le Conseil constitutionnel prend en considération le potentiel de répétition. En effet, certaines amendes forfaitaires ont un montant unitaire faible, mais leur répétition peut revêtir un caractère manifestement hors de proportion avec l'infraction qu'elles sanctionnent.

485. Cette circonstance a amené le Conseil constitutionnel à censurer pour la première fois une amende forfaitaire sur le fondement du principe de proportionnalité des peines. Il s'agissait en l'espèce de l'article 1740 ter A du Code général des impôts. Il sanctionnait d'une amende de 100 francs les omissions ou inexactitudes dans la facturation et d'une amende de 10 000 francs le défaut de présentation d'une facture. Le Conseil constitutionnel a jugé qu'indépendamment des garanties de procédure dont le nouvel article 1740 ter A du Code général des impôts était assorti, il était

---

[1220] Loi n° 2001-458 du 30 mai 2001 portant création d'une prime pour l'emploi, *JORF* n° 125 du 31 mai 2001 p. 8639, texte n° 1.
[1221] C.C., 29 décembre 2003, n°2003-489 DC, Loi de finances pour 2004, op cit.
[1222] C.C., 4 décembre 2013, n° 2013-679 DC, Loi relative à la lutte contre la fraude fiscale et la grande délinquance économique et financière, *Dr fisc.* 2013, n° 51, comm. 563, note DE LA MARDIERE Ch., *RJF* 2014, n° 173., consid. 43.
[1223] Ibidem.

susceptible « *dans nombre de cas, de donner lieu à l'application de sanctions manifestement hors de proportion avec la gravité de l'omission ou de l'inexactitude constatée, comme d'ailleurs avec l'avantage qui en a été retiré* »[1224]. Cette décision était justifiée dès lors que la mesure ne prévoyait aucun plafond et n'établissait pas de lien avec le montant de la facture. Cette circonstance pouvait aboutir à l'infliction de sanctions disproportionnées avec la gravité de l'omission ou de l'inexactitude[1225]. À partir de cette décision, le Conseil constitutionnel a toujours considéré qu'il existait une adéquation entre l'infraction et la sanction, et ce, même en tenant compte du potentiel de répétition. Ainsi, dans une décision du 29 décembre 1999, il a déclaré conforme à la Constitution la nouvelle rédaction de cette sanction. Le Conseil constitutionnel a jugé qu'« *en fixant à 100 francs par erreur ou omission le montant forfaitaire de l'amende et en la plafonnant au quart du montant de chaque facture, le législateur n'a pas prévu une sanction manifestement disproportionnée à la gravité des manquements constatés* »[1226]. Il ressort de ces deux décisions que la mise en œuvre d'un plafond de l'amende forfaitaire a permis d'assurer la conformité au principe de proportionnalité des peines, tel qu'il découle de l'article 8 de la Déclaration. La mise en place d'un plafond permet dans certains cas de diminuer le montant de l'amende. Ainsi, le potentiel de répétition n'est pas disproportionné par rapport à l'infraction.

C. La prise en compte de l'objectif à valeur constitutionnelle de lutte contre la fraude fiscale

486. La possible répétition de l'amende forfaitaire même si son montant est élevé n'est pas considérée comme disproportionnée lorsqu'elle est justifiée par la lutte contre la fraude fiscale qui constitue un objectif à valeur constitutionnelle[1227]. Cette affirmation trouve une illustration dans la décision

---

[1224] C.C. 30 décembre 1997, Loi de finances pour 1998, n° 97-395, op cit.

[1225] Dans ses notes sous la décision du 30 décembre 1997, J-E SHOETTL a effectué une distinction entre les sanctions qui résultent de 1740 ter A du Code général des impôts et celles prévues à l'article 1725 A dudit Code. Cette comparaison « *faisait ressortir l'extrême sévérité du dispositif : 100 francs au lieu de 25 francs par inexactitude ; 10 000 francs pour non-présentation d'un simple document, au lieu de 5000 francs pour non-présentation d'un registre tout entier. De plus, le cumul de plusieurs inexactitudes trouvant leur source dans une même erreur pouvait conduire, en l'absence de pouvoir d'appréciation du contrôleur, à une amende bien supérieure au montant de la facture* » : SCHOETTL J-E note sous C.C. 30 décembre 1997, Loi de finances pour 1998, op cit.

[1226] C.C., 29 décembre 1999, n° 99-424 DC, Loi de finances pour 2000, op cit.

[1227] C.C., 20 janvier 2015, n° 2014-437 QPC, *JO* 23 janv. 2015, p. 1025, consid. 9 ; C.C., 4 déc. 2013, n° 2013-679 DC, op cit., consid. 51 ; C. C., 23 juill. 2010, n° 2010-16 QPC, *JO* 24 juill. 2010, p. 13728. V. OLIVA E., « La lutte contre la fraude fiscale : un principe à valeur constitutionnelle », in le contentieux fiscal en débats, Actes du Colloque organisé les 15 et 16

du 22 octobre 2015[1228]. Il s'agissait en l'espèce, d'une contestation relative aux dispositions du paragraphe IV de l'article 1736 du Code général des impôts. Ce paragraphe vise à sanctionner d'une amende forfaitaire d'un montant de 1 500 euros le défaut de déclaration annuelle de tout compte bancaire ouvert, utilisé ou clos à l'étranger. Ce montant est porté à 10 000 euros lorsque le compte est ouvert dans un État ou un territoire qui n'a pas conclu avec la France une convention d'assistance administrative en vue de lutter contre la fraude et l'évasion fiscales.

487. Avant de se prononcer sur la constitutionnalité de cette amende forfaitaire, le Conseil constitutionnel a rappelé la nature et la finalité poursuivie par celle-ci. Il a affirmé que l'amende instituée au IV de l'article 1736 du Code général des impôts vise « *en réprimant la méconnaissance des obligations déclaratives relatives aux comptes bancaires ouverts, utilisés ou clos à l'étranger, posées par les dispositions du deuxième alinéa de l'article 1649 A du code général des impôts* »[1229], à « *faciliter l'accès de l'administration fiscale aux informations bancaires et prévenir la dissimulation de revenus à l'étranger* »[1230]. En instituant cette amende, le législateur a entendu poursuivre « *l'objectif à valeur constitutionnelle de lutte contre la fraude et l'évasion fiscales* »[1231]. Il résulte de ces considérations que « *le législateur a, s'agissant du manquement à une obligation déclarative poursuivant l'objectif de lutte contre la fraude et l'évasion fiscales, instauré des sanctions dont la nature est liée à celle de l'infraction et qui, même par le cumul d'amendes qu'elles permettent, ne sont pas manifestement disproportionnées à la gravité des faits qu'il entend réprimer* »[1232]. Le Conseil constitutionnel a pris en considération dans son contrôle de proportionnalité à la fois le montant de ces amendes forfaitaires et la nature de cette sanction financière. Dès lors que l'objet des sanctions est « *de réprimer une omission objective et permet de poursuivre l'objectif à valeur constitutionnelle de lutte contre la fraude et l'évasion fiscales* »[1233], leur montant n'est pas disproportionné par rapport à l'infraction.

488. Un raisonnement par analogie a conduit le Conseil constitutionnel à valider l'amende forfaitaire prévue au IV de l'article 1736 du Code général des impôts en cas de manquement à l'obligation déclarative relative aux

---

novembre 2013 par le CEFF de la Faculté de droit et science politique d'Aix-Marseille Université, *LGDJ*, coll. Grand colloque, p.

1228 C.C., 17 septembre 2015, n° 2015-481 QPC, *JORF* n° 0217 du 19 septembre 2015 p. 16585, texte n° 55.

1229 Ibidem, consid. 5.

1230 Ibidem.

1231 Ibidem.

1232 Ibidem., consid. 6.

1233 Note sous, C. C., 20 janv. 2015, n° 2014-437 QPC, https://www.conseil-constitutionnel.fr/sites/default/files/as/root/bank_mm/decisions/2015481qpc/2015481qpc_ccc.pdf.

trusts[1234]. Concernant la proportionnalité de l'amende forfaitaire, le Conseil constitutionnel a considéré qu' « *en punissant d'une amende forfaitaire, fixée, selon la version des dispositions contestées, à 10 000 ou 20000 euros, chaque manquement au respect des obligations déclaratives incombant aux administrateurs de trusts, le législateur a, s'agissant d'informations substantielles et du manquement à une obligation déclarative poursuivant l'objectif de lutte contre la fraude et l'évasion fiscales, instauré une sanction dont la nature est liée à celle de l'infraction* »[1235]. Les sages de la rue de Montpensier ont pris en considération les caractéristiques du trust[1236] et son lien existant avec la fraude et l'évasion fiscale[1237].

D. La prise en compte des difficultés d'information de l'administration

489. Dans son contrôle de proportionnalité, le Conseil constitutionnel prend en considération les éventuelles difficultés d'information de l'administration. Il considère ainsi que « *plus l'information est difficile à obtenir, plus le montant de la sanction forfaitaire peut être élevé* »[1238]. Ainsi l'amende forfaitaire prévue par les dispositions du paragraphe IV de l'article 1736 du Code général des impôts pour sanctionner le défaut de déclaration de compte bancaire utilisé ou clos à l'étranger qui s'élève à 1500 ou 10 000 selon que l'État ou le territoire dans lequel le compte est ouvert a ou non conclu avec la France une convention d'assistance administrative en vue de lutter contre la fraude fiscale n'est pas disproportionnée. Dans son contrôle de proportionnalité, le Conseil constitutionnel a pris en considération le fait que cette mesure vise avant tout à faciliter l'accès aux renseignements bancaires. Dans la même ligne directrice, le juge constitutionnel a considéré, dans la décision du 16 mars 2017[1239], que l'amende forfaitaire instituée au IV bis de

---

[1234] Cette mesure qui vise à sanctionner le manquement à l'obligation déclarative instituée à l'article 1649 AB du Code général des impôts.

[1235] C.C., 16 mars 2017, n° 2016-618 QPC, M. Theresa B., op cit.

[1236] Le Conseil constitutionnel a dès lors pu valider sur le principe, certains mécanismes institués par le législateur afin de faciliter la transparence sur les trusts et d'éviter leur utilisation à des fins d'évasion fiscale et de blanchiment des capitaux. Il en va ainsi, du registre public des trusts institué au deuxième alinéa de l'article 1649 AB du Code général des impôts. Il n'a pas sanctionné le principe même de ce dispositif justifié par une volonté de transparence. C.C. 21 octobre 2016, n°2016-591 QPC, *Dr fisc.* 2016 n° 48, p. 84-89, note KHAYAT M. et PANNETIER S. ; *Dr fisc.* 2018, n° 30, P. 53-55, note CREPEY E, *LPA* 2017, n°35, p. 7-8, note BENDELAC E.

[1237] En effet, selon Transparency International France, 80 % des flux illicites mondiaux liés à l'évasion fiscale transiteraient par les trusts.

[1238] C.C., 16 mars 2017, n° 2016-618 QPC, M. Theresa B., op cit.

[1239] Ibidem.

l'article 1736 du Code général des impôts est constitutionnelle, dès lors que, même en cas de cumul elle « *n'est pas manifestement disproportionnée à la gravité des faits qu'a entendu réprimer le législateur, compte tenu des difficultés propres à l'identification de la détention d'avoirs, en France ou à l'étranger, par le truchement d'un trust* »[1240].

II. Le contrôle constitutionnel des amendes proportionnelles

490. Dans le cadre du contrôle de proportionnalité des amendes proportionnelles, le Conseil constitutionnel est amené à vérifier que le taux de la sanction n'est pas disproportionné. Ce taux peut, à lui seul, justifier une censure sur le fondement de l'article 8 de la Déclaration. Tout comme les amendes forfaitaires, le Conseil constitutionnel contrôle l'existence d'un lien entre l'infraction et la sanction proportionnelle.

A. La proportionnalité du taux

491. Le caractère disproportionné du taux peut, à lui seul, justifier la censure du Conseil constitutionnel au regard du principe de proportionnalité des peines[1241]. Cependant, « *l'expérience enseigne (...) qu'une telle censure est très rare et l'on peut regretter que trop souvent encore, des sanctions véritablement disproportionnées demeurent dans notre ordre juridique* »[1242]. Les premières décisions relatives au contrôle de proportionnalité des sanctions fiscales ont mis en exergue une acception souple du quantum des peines par le Conseil constitutionnel. En effet, dans une décision du 30 décembre 1997, les sages de la rue de Montpensier ont validé le principe de l'infliction d'une amende égale à 50 % du montant d'une facture fictive[1243]. Dans la même ligne jurisprudentielle, Le Conseil constitutionnel a jugé la majoration de 80 % pour activité occulte prévue par l'article 1728 du Code général des impôts[1244] conforme au principe de proportionnalité des peines. Il en va de même pour les amendes proportionnelles infligées en cas de manquement à des obligations déclaratives. La décision du 20 juillet 2012 constitue sur ce point

---

[1240] Ibidem.

[1241] C.C., 27 mars 2014, n° 2014-692 DC, Loi visant à reconquérir l'économie réelle, consid. 24 et 25, *JORF* n° 0077 du 1 avril 2014 p. 6232, texte n° 4.

[1242] GUTMANN D., « Le contrôle du Conseil constitutionnel sur les sanctions fiscales », op cit.

[1243] C.C., 30 décembre 1997, n° 97-395 DC, Loi de finances pour 1998, consid. 40, op cit.

[1244] C.C., 29 décembre 1999, n° 99-424 DC, Loi de finances pour 2000, op cit, consid. 56 ; C.C., décembre 17 mars 2011, n° 2010-104 QPC, Épx Bertrand, op cit.

une illustration parfaite et reste très fréquemment citée par la doctrine[1245] en raison du taux très excessif de l'amende de 50% jugé proportionnel par le Conseil constitutionnel[1246].

492. Il en va de même dans une décision du Conseil constitutionnel du 10 février 2012[1247]. Il s'agissait en l'espèce de la pénalité de 40% du montant des droits imposés sur les sommes transférées à l'étranger ou depuis l'étranger pour non-déclaration des comptes bancaires à l'étranger ou des sommes transférées vers ou depuis l'étranger. Le Conseil constitutionnel a jugé que ce taux n'était pas manifestement disproportionné. Les commentaires aux cahiers du Conseil constitutionnel, ont fait ressortir les finalités de l'amende proportionnelle, à savoir, qu'elle « *constitue une incitation forte pour les contribuables français à déclarer les avoirs bancaires à l'étranger ainsi que les mouvements de fonds vers ou en provenance de l'étranger* »[1248]. Elle vise ainsi à faciliter l'accès à l'information de l'administration « *compte tenu des difficultés pour l'administration fiscale d'appréhender les comptes bancaires à l'étranger* »[1249], et justifie ainsi « *une sanction plus lourde du contribuable n'ayant pas déclaré des comptes bancaires à l'étranger que celle pouvant être encourue par un contribuable dont tous les comptes situés à l'étranger sont déclarés* »[1250].

493. S'il n'a pour l'heure pas censuré un taux manifestement excessif, le Conseil constitutionnel a utilisé la technique de la réserve d'interprétation afin de restreindre le champ d'application d'une sanction. Il en va ainsi de l'amende prévue à l'article 1756 quater du Code général des impôts[1251]. Suite au renvoi par le Conseil d'État, le 16 juillet 2014[1252], d'une question prioritaire

---

1245 JACQUOT N., « Constitutionnalité des pénalités fiscales : les peines alitées par la proportionnalité ? », op cit. ; GUTMANN D., « Le contrôle du Conseil constitutionnel sur les sanctions fiscales », op cit.

1246 Le Conseil a jugé « *que le taux de 50 % retenu n'est pas manifestement disproportionné* » (cons. 5). C.C., 20 juillet 2012, n°2012-267 QPC, Lherbeil, op cit.

1247 C.C., 10 février 2012, n°2011-220 QPC, M. Ardouin, op cit.

1248 Note sous C.C. 10 février 2012, n°2011-220 QPC, M. Ardouin, https://www.conseil-constitutionnel.fr/sites/default/files/as/root/bank_mm/decisions/2011220qpc/ccc_220qpc.pdf.

1249 Ibidem.

1250 Ibidem.

1251 « *Lorsqu'il est établi qu'une personne a fourni volontairement de fausses informations ou n'a pas respecté les engagements qu'elle avait pris envers l'administration permettant d'obtenir pour autrui les avantages fiscaux prévus par les articles 199 undecies A, 199 undecies B, 217 undecies et 217 duodecies, elle est redevable d'une amende fiscale égale au montant de l'avantage fiscal indûment obtenu, sans préjudice des sanctions de droit commun. Il en est de même, dans le cas où un agrément n'est pas exigé, pour la personne qui s'est livrée à des agissements, manœuvres ou dissimulations ayant conduit à la remise en cause de ces aides pour autrui* » : Article 1756 quater du Code général des impôts dans sa rédaction issue de la loi du 21 juillet 2003.

1252 CE, 9e et 10e ss-sect., 16 juill. 2014, n° 380406, Sté SGI, *Dr fisc.* 2014, n° 31-35, comm. 483, concl. ALADJIDI F.

de constitutionnalité, le Conseil constitutionnel a jugé que la pénalité prévue par l'article 1756 quater du Code général des impôts était, sous réserve d'interprétation, conforme à la Constitution. Les conclusions du rapporteur public Frédéric Aladjidi, sous l'arrêt de renvoi du Conseil d'État, faisaient état de doutes quant à la proportionnalité du taux fixe de l'amende de 100% dès lors « *qu'aucune circonstance, prévue par la loi ou retenue par le juge, ne (peut) abaisser ce montant qui peut s'avérer sans commune mesure avec les gains ou parts de responsabilité dans les opérations en cause ainsi qu'avec les ressources de la personne à qui la sanction est infligée* »[1253]. Dans certaines circonstances, l'amende proportionnelle au taux de 100% pouvait revêtir un caractère manifestement hors de proportion avec la gravité des manquements qu'elle visait à sanctionner. Le Conseil constitutionnel a suivi les conclusions du rapporteur public en limitant le champ d'application de l'amende. Il a relevé que « *compte tenu des modalités de fixation de son montant en proportion de l'avantage obtenu par un tiers, cette amende pourrait revêtir un caractère manifestement hors de proportion avec la gravité des manquements réprimés si elle était appliquée sans que soit établi l'élément intentionnel de ces manquements* »[1254]. Par conséquent, l'amende s'applique uniquement « *aux personnes qui ont agi sciemment et dans la connaissance soit du caractère erroné des informations qu'elles ont fournies soit de la violation des engagements qu'elles avaient pris envers l'administration, soit des agissements, manœuvre ou dissimulation* »[1255]. L'exigence de l'élément intentionnel se fonde selon le Conseil constitutionnel sur la conjonction de quatre éléments, à savoir, la sévérité de la sanction, son caractère fixe et le caractère indirect du lien entre l'agissement réprimé et l'assiette de l'amende. Cette réserve d'interprétation a été prise en compte par le législateur qui a réécrit la disposition en prévoyant que pouvait être sanctionné celui qui « n'a volontairement pas respecté les éventuels engagements pris envers (l'administration) »[1256]. Ainsi, on peut se demander « *pourquoi l'intentionnalité n'est pas plus souvent exigée par le Conseil constitutionnel* »[1257].

[1253] Concl. ALADJIDI F., sous. CE, 9e et 10e ss-sect., 16 juill. 2014, n° 380406, Sté SGI, op cit.

[1254] C.C., décembre 8 oct. 2014, n° 2014-418 QPC, Sté SGI, consid. 10, *Dr fisc.* 2014, n° 42, act. 531.

[1255] Ibidem.

[1256] Loi n° 2009-594 du 27 mai 2009 pour le développement économique des outre-mer, article 23

[1257] JACQUOT N., « Constitutionnalité des pénalités fiscales : les peines alitées par la proportionnalité ? », op cit.

B. Le lien entre la nature de l'infraction et l'assiette de calcul

494. Le Conseil constitutionnel considère qu'une amende proportionnelle est appropriée s'agissant d'un manquement consistant à soustraire tout ou partie de l'impôt. En effet, le Conseil constitutionnel considère, de manière générale, qu'il existe un lien entre la sanction et l'infraction dans la répression des soustractions à l'impôt[1258]. Ce lien peut être direct lorsqu'il s'agit d'un manquement consistant à soustraire tout ou partie de l'impôt [1259] ou indirect lorsqu'il concerne les manquements susceptibles de permettre d'éluder l'impôt[1260]. En dehors de ces deux hypothèses, qui certes concernent la majorité des amendes proportionnelles, le Conseil constitutionnel a renforcé sa jurisprudence en faveur de la protection du contribuable. Il en va ainsi de la jurisprudence constitutionnelle relative aux sanctions pour manquement aux obligations déclaratives.

495. Le Conseil constitutionnel ne condamne pas par principe l'institution d'une amende proportionnelle pour sanctionner les manquements aux obligations déclaratives. Il a, en effet, considéré que l'amende de 40% pour non-déclaration des comptes bancaires à l'étranger ou des sommes transférées vers ou depuis l'étranger n'était pas disproportionnée[1261]. Il en va de même pour l'amende proportionnelle pour non-déclaration des sommes versées à des tiers[1262]. En revanche, le Conseil constitutionnel adopte un raisonnement plus attentif s'agissant de la proportionnalité d'une amende proportionnelle en cas de manquement à l'obligation de déclaration par rapport à la soustraction frauduleuse. La jurisprudence du Conseil varie selon la nature de l'obligation déclarative. En effet, l'infliction d'une amende proportionnelle pour de simples manquements à l'obligation de déclaration peut aboutir à punir plus sévèrement des contribuables plus aisés ayant commis une faute d'une gravité comparable à celle de contribuables moins aisés. Or, ce raisonnement revient à « *confondre la gravité du manquement et le préjudice subi par l'État* »[1263].

496. Le Conseil constitutionnel a construit son contrôle de proportionnalité autour de cinq éléments. Après avoir vérifié que la sanction

---

1258 C.C., 10 février 2012, n° 2011-220 QPC, M. Ardouin, consid. 5, op cit.

1259 C.C., 30 mars 2012, n° 2012-225 QPC, Sté Unibail Rodamco : *Dr fisc.* 2012, n° 14, act. 178 ; *RJF* 6/2012, n° 636. V. également C.C., 27 septembre 2013, n° 2013-341 QPC, M. Smaïn Q. et a., [majoration de la redevance d'occupation du domaine public fluvial pour stationnement sans autorisation] : *JORF* 1er octobre 2013 ; *Constitutions* 2013, p. 599, note LE BOT O., *AJDA* 2013, p. 1890, obs. GRAND ; *AJDA* 2013 p. 2437, note ACH N.

1260 C.C., 30 décembre 1997, n° 97-395 DC, Loi de finances pour 1998, consid. 40., op cit.

1261 C.C., 10 février 2012, n° 2011-220 QPC, M. Ardouin, op cit.

1262 C.C., 20 juillet 2012, n° 2012-267 QPC, Mme Lherbeil, op cit.

1263 AYRAULT L., note sous CEDH, 7 juin 2012, Ségame c/ France, *Dr fisc.* 2012, no 29, comm. 387.

est liée à l'infraction, il va prendre en considération l'objectif poursuivi par le législateur en instituant la sanction, la gravité du manquement appréciée au regard de l'importance des sommes non déclarées[1264], le caractère intentionnel, les éventuelles conséquences qui peuvent résulter du manquement au regard des impôts à acquitter par le contribuable[1265] et enfin, le lien entre l'assiette de la sanction et le manquement.

a. Sur le lien entre la finalité de l'obligation déclarative et l'amende proportionnelle

497. Si le Conseil constitutionnel a procédé à la censure d'amende proportionnelle concernant les manquements aux obligations de déclaration qui visent à effectuer des recoupements, il en va autrement lorsque la déclaration sert à l'établissement de l'impôt et ainsi au suivi par l'administration des décalages d'imposition dans le temps.

a) L'absence de lien entre les amendes proportionnelles et les manquements aux obligations de déclaration visant à effectuer des recoupements

498. Certaines obligations de déclaration de comptes à l'étranger ou de trust ne permettent pas en elles-mêmes d'établir l'impôt, mais de réaliser des recoupements. Dans ce cas, l'amende proportionnelle infligée en cas de défaut de déclaration peut être appliquée alors même que les biens ou sommes placées ne sont pas soumis à l'impôt en France[1266]. Par ailleurs, l'amende proportionnelle prévue au paragraphe IV de l'article 1736 du Code général des impôts, en cas d'absence de déclaration de compte bancaire à l'étranger, peut être appliquée alors que les sommes placées sur un tel compte avaient été prises en compte dans les déclarations de revenus[1267].

499. Le Conseil constitutionnel a été amené à se prononcer sur le lien entre cette infraction et la sanction proportionnelle dans une décision du 22 juillet 2016[1268]. L'amende proportionnelle du paragraphe IV de l'article 1736 du

[1264] C.C., 20 juillet 2012, n° 2012-267 QPC, Mme Lherbeil, op cit.

[1265] C.C., 4 décembre 2013, n° 2013-679 DC, Loi relative à la lutte contre la fraude fiscale et la grande délinquance économique et financière, op cit, consid. 53, 54 et 56.

[1266] Note sous, C.C., 9 juin 2017, n° 2017-636 QPC, https://www.conseil-constitutionnel.fr/sites/default/files/as/root/bank_mm/decisions/2017636qpc/2017636qpc_ccc.pdf

[1267] Ibidem.

[1268] C.C., 22 juillet 2016, n° 2016-554 QPC, M. B, op cit.

Code général des impôts prévoyait une amende par compte non déclaré égale à 5 % du solde créditeur de ce même compte lorsque le total des soldes créditeurs du ou des comptes à l'étranger non déclarés était égal ou supérieur à 50 000 € au 31 décembre de l'année au titre de laquelle la déclaration devait être faite. Le Conseil constitutionnel a jugé expressément qu'« *en prévoyant une amende proportionnelle pour un simple manquement à une obligation déclarative, le législateur a instauré une sanction manifestement disproportionnée à la gravité des faits qu'il a entendu réprimer* »[1269].

500. Cette décision se justifie dès lors que l'amende soumise au contrôle du Conseil constitutionnel vise à réprimer une omission objective. Il s'agit d'un simple manquement à l'obligation déclarative dans lequel le caractère intentionnel n'est pas requis. Ainsi, l'amende proportionnelle dépend uniquement des sommes inscrites au solde du compte bancaire. Elle ne dépend pas de la dissimulation de la fraude fiscale à la différence de l'amende prévue à l'article 1763 A du Code général des impôts en cas de défaut de réponse ou de réponse partielle à une mise en demeure de produire certains documents qui permet de prendre en compte les conséquences de la dissimulation. La seule prise en compte des sommes inscrites au crédit du compte bancaire aboutit à une situation paradoxale. Comme le relèvent les commentateurs aux cahiers du Conseil constitutionnel « *un compte bancaire au solde faible peut dissimuler une fraude fiscale importante, et inversement un compte au solde plus élevé peut correspondre à des sommes qui ont été légalement déclarées lors de leur perception et pour lesquelles le contribuable peut n'encourir aucun rehaussement de ses revenus ni aucune autre sanction* »[1270]. Par cette décision, le Conseil constitutionnel a entendu limiter la possibilité d'instituer des amendes proportionnelles pour sanctionner une omission objective[1271].

501. Le Conseil constitutionnel a poursuivi son analyse en ce qui concerne les amendes proportionnelles infligées aux tiers déclarants.

502. Dans une décision du 16 mars 2017[1272], il a jugé contraire à la Constitution, l'amende proportionnelle pour non-respect des obligations

---

[1269] Ibidem.

[1270] Note sous C.C., 22 juillet 2016, n° 2016-554 QPC, M. B, https://www.conseil-constitutionnel.fr/sites/default/files/as/root/bank_mm/decisions/2016554qpc/2016554qpc_ccc.pdf

[1271] En effet, selon les commentaires officiels de la décision, « *autant une sanction proportionnelle est appropriée s'agissant d'un manquement consistant à soustraire tout ou partie de l'assiette de l'impôt, autant une sanction proportionnelle non plafonnée applicable à une obligation déclarative est habituellement jugée disproportionnée par le Conseil constitutionnel* »., https://www.conseil-constitutionnel.fr/sites/default/files/as/root/bank_mm/decisions/2016554qpc/2016554qpc_ccc.pdf.

[1272] C. C., 16 mars 2017, n° 2016-618 QPC, Theresa B, op cit.

déclaratives relatives à un trust, instituée à l'article 1736 IV bis du Code général des impôts. Cette obligation pèse sur l'administrateur d'un trust lorsque l'administrateur, le constituant ou l'un au moins des bénéficiaires à son domicile fiscal en France ou lorsque le trust comprend un bien ou un droit qui y est situé[1273]. L'amende proportionnelle s'élevait à 12,5 % des biens ou droits placés dans le trust ainsi que des produits qui y sont capitalisés pour les déclarations qui devaient être souscrites depuis le 8 décembre 2013. Pour celles qui devaient être souscrites avant cette date, l'amende proportionnelle était égale à 5% des biens ou droits et produits capitalisés. Les sages de la rue de Montpensier ont procédé à « *un revirement* »[1274] de la jurisprudence du 20 juillet 2012[1275] en énonçant qu' « *en prévoyant une amende dont le montant, non plafonné, est fixé en proportion des biens ou droits placés dans le trust ainsi que des produits qui y sont capitalisés, pour un simple manquement à une obligation déclarative, même lorsque les biens et droits placés dans le trust n'ont pas été soustraits à l'impôt, le législateur a instauré une sanction manifestement disproportionnée à la gravité des faits qu'il a entendu réprimer* »[1276]. Le Conseil constitutionnel semble considérer comme inconstitutionnelles les amendes proportionnelles appliquées pour de simples obligations déclaratives, peu importe la personne sur qui pèse cette amende. Cette décision contribue à la limitation du pourvoir répressif de l'administration fiscale[1277].

503. Cette analyse a été confirmée par le Conseil constitutionnel dans une décision du 27 octobre 2017[1278] relative à l'amende proportionnelle pour défaut de déclaration des contrats de capitalisation souscrits à l'étranger prévue au second alinéa de l'article 1766 du Code général des impôts[1279]. Elle prévoyait que « *si le total de la valeur du ou des contrats non déclarés est égal ou supérieur à 50 000 € au 31 décembre de l'année au titre de laquelle la déclaration devait être faite, l'amende est portée pour chaque contrat non déclaré à 5 % de la valeur de ce contrat, sans pouvoir être inférieure aux*

1273 Article 1649 AB du Code général des impôts.

1274 JACQUOT N., MISPELON P., « Inconstitutionnalité partielle de la sanction pour non-respect des obligations déclaratives relatives à un trust (CGI, art. 1649 AB anc.), *Dr fisc.* 2017, n° 21, comm. 323 : Ces deux auteurs se fondent sur les dossiers documentaires du Conseil Constitutionnel qui depuis la décision du 22 juillet 2016 ne font plus référence à la décision du 20 juillet 2012 dans l'analyse du contrôle de proportionnalité.

1275 C. C., 20 juillet 2012, n° 2012-267 QPC, Lherbeil, op cit.

1276 C.C., 16 mars 2017, n° 2016-618 QPC, Theresa B, op cit.

1277 PANDO A., « Avoirs : le Conseil constitutionnel limite le droit répressif de l'administration », *LPA* 2017, n° 084, p.4.

1278 C.C., 27 octobre 2017, n° 2017-667 QPC, Cormorèche, *Dr fisc.* 2017, n° 45, act. 598, *RFP* 2017, alerte 234, *RJF* 1/2018, n° 77.

1279 Ces dispositions avaient déjà été supprimées par la loi du 29 décembre 2016 de finances rectificative pour 2016 qui avait pris en considération la décision du Conseil constitutionnel en date du 22 juillet 2016 (C. C., QPC, 22 juill. 2016, n° 2016-554, op cit.) : loi n° 2016-1918 du 29 décembre 2016, art. 110, *JORF* 30 décembre 2016.

montants prévus au premier alinéa ». Le Conseil constitutionnel a repris le même considérant de principe et a censuré l'amende proportionnelle. Les commentaires aux cahiers du Conseil constitutionnel montrent que plusieurs éléments ayant contribué au caractère disproportionné de l'amende[1280]. En effet, comme dans les deux décisions analysées, l'amende est encourue même en l'absence de soustraction à l'impôt des fonds ou produits de contrat d'assurance vie. L'amende en cause est en proportion de la valeur du contrat d'assurance vie. Enfin, l'obligation déclarative ne servait pas à établir l'imposition et n'était pas la contrepartie d'un régime fiscal favorable, dérogatoire au droit commun.

b) Le lien entre les amendes proportionnelles et les manquements aux obligations visant à établir l'imposition

504. Cette analyse trouve une illustration dans une décision du Conseil constitutionnel du 9 juin 2017[1281]. En l'espèce, le Conseil d'État a renvoyé au Conseil constitutionnel une question prioritaire de constitutionnalité portant sur les dispositions de l'article 1763, I, e du Code général des impôts (anciennement article 1734 ter du même Code), prévoyant une amende proportionnelle en cas de défaut de production ou de caractère inexact ou incomplet de l'état de suivi des plus-values en report d'imposition[1282]. Ces dispositions ont été jugées conformes à la Constitution.

505. Le Conseil constitutionnel a relevé la nature particulière de l'obligation déclarative qui « *porte sur des renseignements qui doivent figurer en annexe de la déclaration annuelle de résultat de l'entreprise et qui sont nécessaires au calcul de l'impôt sur la plus-value à l'issue du sursis ou du report d'imposition* »[1283]. Cette déclaration permet d'établir le montant de l'impôt sur les plus-values lorsqu'elles sont dues à l'issue d'un report ou d'un sursis d'imposition. Cette obligation a pour contrepartie, le bénéfice de régimes fiscaux favorables, dérogatoires au droit commun. Ainsi, selon Stéphane Austry, il ne s'agissait pas « *d'un simple manquement à une*

[1280] Note sous C.C., 27 octobre 2017, n° 2017-667 QPC, https://www.conseil-constitutionnel.fr/sites/default/files/as/root/bank_mm/decisions/2017667qpc/2017667qpc_ccc.pdf

[1281] C.C. 9 juin 2017, n° 2017-636 QPC, Société Edenred France, *Dr fisc.* 2017, n° 24, act. 355 ; *RJF* 2017, n° 973.

[1282] CE, 10e et 9e ch., 29 mars 2017, n° 379685, Sté Edenred France, *Dr fisc.* 2017, n° 17, comm. 287, concl. CREPEYIL É.

[1283] C.C., 9 juin 2017, n° 2017-636 QPC, Société Edenred France, op cit. consid. 8.

obligation déclarative, sans lien direct avec l'établissement de l'impôt »[1284], mais d'un outil nécessaire au calcul de l'impôt.

506. Le Conseil constitutionnel a jugé expressément qu' « *en punissant d'une amende égale à 5 % des résultats omis, qui servent de base au calcul de l'impôt exigible ultérieurement, chaque manquement au respect de l'obligation déclarative incombant aux contribuables bénéficiant d'un régime de sursis ou de report d'imposition, le législateur a instauré une sanction dont la nature est liée à celle de l'infraction. Ainsi, même lorsqu'elle s'applique lors de plusieurs exercices, l'amende n'est pas manifestement disproportionnée à la gravité des faits qu'a entendu réprimer le législateur, compte tenu des difficultés propres au suivi des obligations fiscales en cause* »[1285]. Le juge constitutionnel a estimé qu'il existait un lien entre la nature de la sanction et l'infraction. Cette analyse a été corroborée par les conclusions du rapporteur public sous l'arrêt du Conseil d'État du 29 mars 2017[1286]. Il avait pu relever, à cet effet, que la méconnaissance de l'obligation déclarative relative au dépôt de l'état de suivi pouvait être le prélude à une soustraction à l'impôt. Par conséquent, il y a « *une logique à définir l'assiette par référence au montant des plus-values en report qui auraient dû figurer dans l'état de suivi omis ou incomplet* »[1287]. En effet, « *plus ces plus-values sont d'un montant élevé, plus le manquement est grave en ce qu'il empêche le contrôle par l'administration du devenir des sommes en cause, destinées à taxation ultérieure, et accroît le risque de perte de matière fiscale* »[1288].

b. L'absence de lien des amendes proportionnelles au chiffre d'affaires

507. Le législateur a, pour la première fois, instauré un maximum de peine en proportion du chiffre d'affaires à l'article 3 de la loi relative à la lutte contre la fraude fiscale et la grande délinquance économique et financière. Ce mécanisme visait à augmenter le montant du maximum de l'amende encourue par les personnes morales et à instaurer en droit pénal fiscal la possibilité d'une amende proportionnelle au chiffre d'affaires. Cet article complétait les deux alinéas de l'article 131-38 du Code pénal, en prévoyant une alternative au maximum actuel de l'amende applicable aux personnes morales. Pour un

---

1284 AUSTRY S., « Chronique de droit économique et fiscal », *nouv. Cah. du Cons. const.*, Octobre 2017, n°57 p. 229.
1285 C.C., 9 juin 2017, n° 2017-636 QPC, Société Edenred France, op cit.
1286 Concl. CREPEYIL E., sous CE, 10e et 9e ch., 29 mars 2017, n° 379685, Sté Edenred France, op cit.
1287 Ibidem.
1288 Ibidem.

crime ou un délit puni d'au moins cinq ans d'emprisonnement et ayant procuré un profit direct ou indirect, le critère de calcul alternatif du maximum de l'amende prévue était égal au dixième du chiffre d'affaires moyen annuel de la personne morale prévenue, calculé sur les trois derniers chiffres d'affaires annuels connus à la date des faits. En revanche, pour un crime pour lequel aucune peine d'amende n'était prévue à l'encontre des personnes physiques et ayant procuré un profit direct ou indirect, le critère de calcul alternatif du maximum de l'amende était égal au cinquième du chiffre d'affaires moyen annuel de la personne morale accusée, calculé sur les trois derniers chiffres d'affaires annuels connus à la date des faits.

508. Le Conseil constitutionnel a considéré que l'article 3 était contraire au principe de proportionnalité des peines[1289]. Il a jugé que « *le législateur a retenu un critère de fixation du montant maximum de la peine encourue qui ne dépend pas du lien entre l'infraction à laquelle il s'applique et le chiffre d'affaires et est susceptible de revêtir un caractère manifestement hors de proportion avec la gravité de l'infraction constatée* »[1290]. La disproportion manifeste réside dans la variabilité du montant de l'amende qui selon le chiffre d'affaires de la personne morale s'avère sans lien avec la nature de l'infraction[1291]. Il résulte des commentaires aux cahiers du Conseil Constitutionnel qu'un quantum de peine « *dont le maximum n'est pas défini de façon fixe par le législateur, mais en fonction d'un critère variant non selon la gravité de l'infraction, mais selon la personnalité de l'auteur doit présenter un lien avec la nature de l'infraction en cause. À défaut, le principe de proportionnalité des peines ne peut être satisfait* »[1292].

509. Le Conseil constitutionnel a pris une position similaire en matière fiscale répressive. Il a considéré que l'amende de 0,5 % du chiffre d'affaires, prévue à l'article 1735 ter du Code général des impôts en cas de défaut de réponse ou de réponse partielle à une mise en demeure adressée par l'administration n'est pas conforme au principe de proportionnalité des peines. Le Conseil constitutionnel a considéré que le législateur avait « *retenu un critère de calcul du maximum de la peine encourue sans lien avec les infractions réprimées* »[1293]. Il considère que l'assiette sur laquelle est appliqué le taux qui détermine le plafond de l'amende ne peut être déconnectée de l'infraction. C'est en procédant au même raisonnement que le Conseil

---

[1289] C.C., 4 décembre 2013, n° 2013-679 DC, op cit.

[1290] Ibidem, consid. 10.

[1291] TOUILLIER M., « Le Conseil constitutionnel à la recherche de la juste proportion dans la lutte contre la fraude fiscale et la grande délinquance économique et financière », *La revue des droits de l'homme* (En ligne), Actualités Droit-Liberté, mis en ligne le 02 janvier 2014 : http://revdh.revues.org/499.

[1292] Note sous, C.C., 4 décembre 2013, n° 2013-679 DC, https://www.conseil-constitutionnel.fr/sites/default/files/as/root/bank_mm/decisions/2013679dc/ccc_679dc.pdf

[1293] C.C. 29 décembre 2013, n° 2013-685 DC, op cit.

constitutionnel a jugé conforme à l'article 8 de la Déclaration, l'article 78 de la loi de finances pour 2015 qui remplace à l'article 1735 du Code général des impôts, les dispositions relatives au plafond de l'amende encourue.

510. En effet dès lors que « *le taux de 0,5 % n'est appliqué qu'au montant des seules transactions pour lesquelles les documents ou compléments spécialement désignés et réclamés par mise en demeure de l'administration n'ont pas été mis à sa disposition ou ne l'ont été que partiellement* »[1294], le critère de calcul du maximum de la peine encourue est en lien avec les infractions réprimées. Le Conseil s'est fondé « *sur l'existence d'un lien entre l'assiette sur laquelle est appliqué le taux qui détermine le plafond de l'amende, et ce taux ainsi que sur le fait qu'il s'agit non d'une peine fixe, mais d'un plafond sous lequel la peine est fixée en proportion de la gravité des faits* »[1295].

511. Si le législateur tend à alourdir la répression fiscale, on constate, depuis l'assimilation des sanctions fiscales aux sanctions pénales, que très peu de censures ont été prononcées sur le fondement du principe de proportionnalité des peines. Dès lors que le contrôle juridictionnel se limite à la disproportion manifeste, l'adéquation de la sanction au comportement réprimé n'est que très peu garantie. Il en résulte de rares censures du Conseil constitutionnel sur le fondement de l'article 8 de la Déclaration. Toutefois, une avancée en faveur de la protection juridique du contribuable a été observée dans la jurisprudence du Conseil d'État, laquelle a admis la possibilité de contester la proportionnalité des pénalités fiscales sur le fondement de l'article 1er du premier protocole additionnel à la Convention européenne des droits de l'homme. Se pose ainsi la question de savoir « *s'il ne conviendrait pas, en matière de sanctions, de privilégier l'invocation de la CEDH à l'introduction d'une QPC* »[1296].

III. La possibilité de contester la proportionnalité des peines sur le fondement du 1er protocole additionnel à la CEDH

512. La Cour européenne des droits de l'homme a admis, en matière douanière, que des sanctions disproportionnées sont contraires au premier

---

1294 C.C., 29 décembre 2014, n°2014-707 DC, op cit, consid. 48.
1295 Note sous C.C., 29 décembre 2014, n°2014-707 DC, https://www.conseil-constitutionnel.fr/sites/default/files/as/root/bank_mm/decisions/2014707dc/2014707dc_ccc.pdf.
1296 PELLETIER M., « Le Conseil d'État et les discriminations à rebours », *Dr. fisc.* 2020, n° 28, comm. 303.

alinéa de l'article 1 du 1er protocole additionnel à la Convention européenne des droits de l'homme[1297]. Selon la Cour, une amende peut constituer une ingérence dans le droit garanti par le premier alinéa de l'article 1 du Protocole n° 1 dès lors qu' « *elle prive le requérant d'un élément de propriété, à savoir de la somme qu'il doit payer ; cette ingérence se justifie conformément au second alinéa de cet article, qui prévoit expressément une exception pour ce qui est du paiement d'impôts, d'autres contributions ou d'amendes* ». Cette disposition doit, selon la Cour, être interprétée à la lumière du principe général énoncé dans la première phrase du premier alinéa. En outre, il doit donc exister un rapport de proportionnalité raisonnable entre les moyens employés et le but recherché. Ainsi, l'obligation financière née du paiement d'une amende peut porter atteinte à l'article 1 du 1er protocole additionnel à la Convention européenne des droits de l'homme si elle impose à la personne en cause une charge excessive ou porte fondamentalement atteinte à sa situation financière.

513. Dans la même ligne directrice, le Conseil d'État a jugé de manière inédite qu'une sanction est disproportionnée sur le fondement de l'article 1er du premier protocole additionnel à la Convention européenne des droits de l'homme[1298]. Il s'agissait en l'espèce d'un dispositif permettant en cas de cession d'un immeuble à une société foncière chargée d'assurer la gestion professionnelle d'un patrimoine immobilier, à la société cédante de bénéficier d'un avantage fiscal, sous la forme d'un taux réduit d'impôt sur les sociétés applicable à la plus-value résultant de cette cession. La société cessionnaire devait prendre l'engagement de conserver l'immeuble pendant au moins cinq ans. À défaut, elle est passible d'une amende égale à 25% de la valeur des éléments acquis conformément aux dispositions du premier alinéa du I de l'article 1764 du Code général des impôts[1299]. S'appuyant sur le raisonnement du Conseil constitutionnel en matière proportionnalité des peines, le Conseil d'État a dans un premier temps vérifié l'existence d'un lien entre l'assiette de la sanction et l'infraction réprimée. À cet égard, la Haute juridiction administrative a considéré que l'assiette de l'amende était en lien avec l'infraction commise[1300]. Toutefois, le Conseil d'État a considéré que

[1297] CEDH, 1re sect., 11 janv. 2007, n° 35533/04, Mamidakis c/ Grèce.

[1298] CE, 8e et 3e ch., 10 mars 2020, n° 437122, SCPI Primopierre : *Dr. fisc.* 2020, n° 12, act. 102.

[1299] Ce dispositif est caduc. Toutefois, l'arrêt du Conseil d'État conserve un intérêt théorique dès lors qu'il consacre la possibilité de contester la proportionnalité des sanctions fiscales sur le fondement de l'article 1 du 1er protocole additionnel à la Convention européenne des droits de l'homme.

[1300] Le Conseil d'État a jugé qu' « *en déterminant le montant de cette amende* (article 1764 du CGI) *en fonction de la valeur à laquelle l'immeuble a été acquis par la société auteur du manquement, les dispositions de l'article 1764 du code général des impôts ont retenu une*

l'application du taux de 25% était disproportionnée par rapport à la gravité du manquement qu'elle réprime et portent ainsi une atteinte disproportionnée, au regard de l'objectif poursuivi, au droit au respect des biens garanti par les stipulations de l'article 1er du premier protocole additionnel à la convention européenne de sauvegarde des droits de l'homme et des libertés fondamentales. Le Conseil d'État s'est fondé sur l'avantage dont bénéficient le cédant et le cas échéant, indirectement, le cessionnaire, qui se limite à la différence entre le taux réduit de 19 % et le taux normal de l'impôt sur les sociétés sur le montant de la plus-value imposable. Cette solution se justifie à plusieurs égards. Le caractère disproportionné s'explique d'une part, par l'absence de plafonnement de l'amende prévue à l'article 1764 du Code général des impôts alors même qu'une telle sanction ne peut faire l'objet d'une modulation par le juge. En outre, comme l'on à juste titre relevé le Professeur Stéphane Austry et Adrien Merchadier, « *le caractère excessif de cette amende était d'autant plus manifeste que la personne sanctionnée n'a éludé aucun impôt et demeure également susceptible de réaliser une moins-value lors de la cession du bien entraînant la rupture de l'engagement de conservation* »[1301]. Cette décision présente un intérêt considérable dès lors qu'elle consacre la possibilité pour le contribuable de contester les pénalités fiscales sur le fondement de l'article 1 du 1er protocole additionnel à la Convention européenne des droits de l'homme et qu'elle procède à la censure d'une sanction disproportionnée. Elle constitue une avancée dans la protection juridique des contribuables qui pourront privilégier l'invocation de la Convention européenne des droits de l'homme à l'introduction d'une question prioritaire de constitutionnalité.

Sous-section 2 : Nécessité des peines et rétroactivité in mitius

514. Le principe de la rétroactivité in mitius a été rattaché par le Conseil constitutionnel à l'article 8 de la Déclaration des droits de l'homme. Le juge constitutionnel s'est fondé, à cet égard, sur un argument subtil d'après lequel « *le fait de ne pas appliquer aux infractions commises sous l'empire de la loi ancienne la loi pénale nouvelle, plus douce, revient à permettre au juge de prononcer les peines prévues par la loi ancienne et qui, selon l'appréciation du législateur, ne sont plus nécessaires* »[1302]. Ce raisonnement n'en

---

assiette en rapport avec l'infraction commise, tenant à la rupture de l'engagement de conservation de l'immeuble », Ibidem.

1301 . AUSTRY S. et MERCHADIER A., « Pénalités fiscales : faudrait-il privilégier l'invocation de la convention EDH à l'introduction d'une QPC ? » : *FR* 21/2020, inf. 10.

1302 C.C., 20 janvier 1981, n° 80-127 DC, *Rec.* p. 15 ; *AJDA* 1981, p. 278, note GOURNAY C. ; *D.* 1981, p. 101, note PRADEL J. et 1982, p. 441, note DEKEUWER A. ; *Gaz. Pal.*, 13-14

correspond pas moins à une conception classique selon laquelle le droit de punir « *étant essentiellement basé sur la nécessité sociale, les incriminations effacées et les peines supprimées comme trop sévères ne peuvent recevoir d'application après leur suppression, puisqu'elles sont devenues inutiles à la protection de la sécurité publique* »[1303]. La consécration constitutionnelle du principe de la rétroactivité in mitius a eu pour conséquence d'aligner les jurisprudences des deux ordres de juridiction relatives à l'applicabilité du principe de rétroactivité in mitius aux sanctions fiscales. Le Conseil d'État a donné une large portée à la rétroactivité in mitius en la considérant comme d'ordre public[1304] et applicable à l'ensemble des sanctions administratives[1305] y compris fiscales[1306]. Dans la même ligne directrice, la Cour de cassation a jugé applicable, le principe de rétroactivité in mitius à l'amende fiscale prévue à l'article 1840 N quater du Code général des impôts[1307]. La valeur constitutionnelle accordée au principe de rétroactivité in mitius n'a toutefois pas eu pour conséquence de rendre sa portée absolue en matière fiscale. Tant la doctrine, que le juge administratif sont conscient qu'en droit fiscal, les objectifs politiques peuvent conduire les autorités publiques à considérer un impôt comme inadapté. La juridiction administrative a dès lors apporté des limites à l'application du principe de rétroactivité in mitius en matière fiscale.

I. L'application du principe en matière fiscale

515. Pour l'application de la rétroactivité in mitius, il revient au juge de l'impôt de déterminer si la loi nouvelle est plus douce ou au contraire plus sévère. Cet exercice s'avère moins compliqué pour le juge de l'impôt que pour le juge pénal dès lors que « *l'appareil répressif du droit fiscal est, à l'évidence, infiniment moins sophistiqué que celui du droit pénal* »[1308]. En droit fiscal, les sanctions sont principalement d'ordre pécuniaire, et leur montant peut être fixé en valeur absolue ou en proportion des droits éludés. Dans les deux cas, l'appréciation du degré de sévérité ne pose guère de difficulté. Toutefois, une interrogation a été soulevée au sein de la doctrine portant sur la prise en compte ou non des intérêts de retard dans l'appréciation de la gravité de la sanction fiscale.

---

févr. 1981, note PERIER-DAVILLE ; *JCP* 1981. éd, G. II. 19701, note FRANCK C. ; *RDP* 1981, p. 661, note PHILIP L. ; *Rev. adm.* 1981, p. 266, note DE VILLIERS M.

[1303] Vidal et Magnol, Cours de droit criminel et de science pénitentiaire, *Paris : A. Rousseau,* 9e éd. 1949, n° 900.

[1304]CE, 23 avril 2008, n° 308.865, Min. c/ Sté Bisico France, op cit.

[1305]CE, ass., 16 février 2009, n° 274000, Sté Atom, op cit.

[1306]CE, avis, 5 avril 1996, n° 176611, Houdmond, op cit.

[1307] Cass. com., 26 mars 1996, n° 661 D, Sté Reneric, op cit.

[1308] PETIT J., « l'application du principe de rétroactivité in mitius aux sanctions fiscales », op cit.

516. Une réponse a été apportée par la Haute juridiction administrative dans un arrêt du 5 avril 1996[1309]. Il s'agissait en l'espèce d'analyser les dispositions de l'article 1729 du Code général des impôts avant et après l'entrée en vigueur de la loi du 8 juillet 1987. Dans sa version antérieure à ladite loi, l'article 1729 prévoyait deux taux de 50 ou 30% selon que le montant des droits éludés excédait ou non la moitié des droits réellement dus. Ces taux intégraient les intérêts de retard. Dans sa version postérieure à la loi du 8 juillet 1987, l'article 1729 prévoit une majoration de 40% pour mauvaise foi à laquelle s'ajoute l'intérêt de retard de 0,75%. Ainsi, la loi du 8 juillet 1987 rendait l'article 1729 du Code général des impôts plus doux en ce qu'il ramenait le taux de majoration de 50 % à 40 %. Toutefois, à la différence du droit antérieur, le nouveau régime autorisait le cumul des intérêts de retard et de la majoration.

517. Le Conseil d'État a jugé que l'application du principe de la rétroactivité in mitius « *s'étend aux majorations de droits pour mauvaise foi prévues par l'article 1729-1 du code général des impôts* »[1310] dès lors « *qu'elles présentent le caractère d'une punition tendant à empêcher la réitération des agissements qu'elles visent et n'ont pas pour objet la seule réparation d'un préjudice pécuniaire* »[1311]. Il en conclut, sans suivre l'analyse du commissaire du gouvernement Arrighi de Casanova[1312] que pour l'application du principe de la rétroactivité in mitius, « *il convient de ne prendre en compte que le taux de majoration prévu par le nouveau texte en*

1309 CE, Section, Avis, 5 avril 1996, n° 176 611, M. Houdmond, op cit.

1310 Ibidem.

1311 Ibidem.

1312À côté du raisonnement plus orthodoxe qui « *consiste à faire purement abstraction de la question des intérêts de retard* », le commissaire du gouvernement préfère l'analyse qui consiste « *à tenir compte de la manière dont chacun des deux régimes successifs traite les intérêts de retard (...) car elle revient en réalité à prendre l'ancien mécanisme de majoration pour ce qu'il était : un système mixte où la sanction proprement dite relevait d'un mécanisme différentiel, dans lequel la réparation du préjudice pécuniaire causé au Trésor était forfaitairement portée à 30, 50, ou 150% lorsque les conditions que nous venons de rappeler étaient remplies* ». Or selon lui, il faut en déduire « *qu'il est impossible d'affirmer de manière générale que le système antérieur à la Loi du 8 juillet 1987 précitée permettait d'infliger des sanctions plus lourdes que le nouveau* ». À l'appui de ces propos, le commissaire du gouvernement relève qu' « *à lecture de ses travaux préparatoires témoigne surtout de la volonté qu'a eu le Parlement, à la suite des travaux de la commission Aicardi, de simplifier et de clarifier le régime, dans le sens d'une meilleure distinction entre la réparation du préjudice pécuniaire du Trésor et la sanction de comportements répréhensibles (cf. notamment Rapp. Vivien : JO débats AN, 2 juin 1987, p. 1797). Les débats au Parlement ne traduisent nullement l'intention du législateur d'instituer un régime moins sévère. On peut, à cet égard, mentionner l'intervention devant le Sénat du ministre du Budget, M. Juppé, qui soulignait que, dans certains cas, le nouveau régime « sera plus sévère qu'à l'heure actuelle* », (*JO* débats Sénat, 18 juin 1987, p. 2036) : concl. ARRIGHI DE CASANOVA J., sous. CE, Section, Avis, 5 avril 1996, n° 176 611, M. Houdmond, op cit.

cas d'absence de bonne foi à l'exclusion des intérêts de retard»[1313]. Ce qui implique en l'espèce de défalquer de la majoration « *la fraction correspondant aux intérêts qui étaient en tout état de cause maintenus lorsque le juge était conduit à prononcer la décharge des pénalités* »[1314]. En conclusion, le juge ne doit appliquer le taux de 40 % « *que s'il ressort du dossier que cette comparaison en fait apparaître le caractère moins sévère* »[1315]. C'est par une appréciation in concreto des deux sanctions que le juge doit appliquer ou non le nouveau taux. Il ressort de cette analyse que « *la rétroactivité in mitius conduit à apprécier la sévérité comparée de deux sanctions, et non celle de deux factures. Si l'application du principe de la loi répressive plus douce conduit, de façon un peu paradoxale, à faire payer plus cher la société, cela ne peut toutefois conduire à la censure de l'arrêt attaqué* »[1316]. L'absence de prise en compte des intérêts de retard dans l'appréciation de la sévérité de la sanction peut aboutir à un paradoxe dès lors que dans certaines hypothèses, le nouveau régime n'est pas appliqué au contribuable, alors même que le montant global des pénalités et intérêts qui aurait été supporté par l'intéressé sous ce régime est inférieur à celui de la majoration ancienne[1317]. Toutefois, cette jurisprudence a été constamment réaffirmée par les Hautes juridictions administratives et judiciaires[1318].

518. Le constat d'une diminution d'un taux est de nature à emporter l'application du principe de rétroactivité in mitius aux sanctions fiscales. Le Conseil d'État a ainsi pu considérer comme relevant de la loi pénale répressive plus douce, la substitution d'une majoration de 80 % à la majoration de 200

1313 CE, Section, Avis, 5 avril 1996, n° 176 611, M. Houdmond, op cit.
1314 Concl. ARRIGHI DE CASANOVA J., sous CE, Section, Avis, 5 avril 1996, n° 176 611, M. Houdmond, op cit.
1315 Ibidem.
1316 Concl. VALLEE L., sous, CE, 9e et 10e sous-sect., 28 octobre 2002, n° 227 610, SARL Lobelle, *Dr fisc.* 2003, n° 5, comm. 67.
1317 CE, 9e et 10e ss-sect., 28 octobre 2002, n° 227610, SARL Lobelle, *D.* 2002, tables, p. 675, *Dr fisc.* 2003, n° 5, comm. 67, concl. VALLEE L., *RJF* 2003, n° 66, concl. VALLEE L., *RJF* 1/2003, n° 66.
1318 CE, 28 octobre 2002, n° 227610, SARL Lobelle, ibidem ; V. également CE, 27 févr. 1998, n° 177991, Vanadia, *Dr fisc.* 1998, n° 23, comm. 516, concl. ARRIGHI DE CASANOVA J., *RJF* 4/1998, n° 425 ; CE, 10 décembre 1999, n° 180691, SARL Boulangerie auvergnate, *Dr fisc.* 2000, n° 17, comm. 364, *RJF* 2/2000, n° 220 ; CE, 2 juillet 2001, n° 211690, Baudin, *Dr fisc.* 2001, n° 46, comm. 1067. La Haute juridiction judiciaire adopte une position identique : Cass. com., 15 septembre 2009, n° 08-18.013, DGI c/ Darras, op cit.

%[1319] ou encore la substitution de deux majorations de 40 et 80 % à l'unique majoration de 80 % pour abus de droit[1320].

519. Toutefois, comme le relève le professeur Ludovic Ayrault, la prudence s'impose « *quant aux conclusions hâtives qui peuvent être aisément tirées du simple constat d'une diminution du taux de la sanction applicable* »[1321]. Ces propos trouvent une illustration dans un arrêt du Conseil d'État du 27 mai 2009, SNC Saint-Honoré[1322]. Il s'agissait en l'espèce de comparer les dispositions de l'article 1768 bis du Code général des impôts avant et après l'entrée en vigueur de la loi du 30 décembre 2005[1323]. Antérieurement à l'entrée en vigueur de ladite loi, l'article 1768 instaurait une amende fiscale égale à 80 % du montant des sommes versées pour omission déclarative[1324]. Il prévoyait en outre, deux mesures d'assouplissement. D'une part, l'amende était inapplicable aux personnes qui réparaient spontanément leur omission déclarative avant la fin de l'année au cours de laquelle la déclaration devait être souscrite, si l'infraction ainsi réparée était la première commise par le contribuable. D'autre part, lorsque l'omission n'avait pas été réparée, l'article 1768 du Code prévoyait une sanction forfaitaire de 5 000 francs en cas de première infraction, lorsque le contribuable apportait la preuve que le Trésor n'avait subi aucun préjudice. Or, si la dispense d'amende en cas de régularisation, est toujours envisagée par les nouvelles dispositions de l'article 1736, I, 1°, elles ne prévoient plus la possibilité de se voir infliger l'amende de 5 000 francs. Ainsi, le nouveau régime pouvait dans certains cas s'avérer plus pénalisant pour le contribuable.

520. En l'espèce, l'amende et les mesures d'assouplissement avaient été considérées distinctement par l'administration et par les juges du fond. Si le rapporteur public Claire Legras a émis des doutes sur la divisibilité du texte

---

1319 TA Strasbourg, 8 décembre 1994, n° 91-437, Simon, *RJF* 1/1996, n° 73 ; Cass. com., 21 mars 2000, n°97-21.894, de Noailles de Mouchy de Poix, *Bull. civ.* 2000, IV, n° 67 ; *RJF* 6/2000, n° 863.

1320 CE, 27 juillet 2009, n° 295358, Caisse interfédérale de crédit mutuel et n° 295805, Sté Conforama holding : *Dr fisc.* 2009, n° 42, comm. 506, concl. GLASER E., *FR Lefebvre* 36/2009, n° 10, p. 13, note VALLEE L.

1321 AYRAULT L., « SANCTION FISCALE. – Définition et régime juridique », op cit.

1322 CE, 27 mai 2009, n° 307957, SNC Saint-Honoré, op cit.

1323 Loi n° 2005-1719 du 30 décembre 2005 de finances pour 2006, *JORF* 31 décembre 2005.

1324 En vertu de l'article 242 ter du Code général des impôts, « *les personnes qui assurent le paiement des revenus de capitaux mobiliers visés aux articles 108 à 125 ainsi que des produits des bons ou contrats de capitalisation et placements de même nature sont tenues de déclarer l'identité et l'adresse des bénéficiaires ainsi que, par nature de revenus, le détail du montant imposable* (...), *le revenu brut soumis à un prélèvement libératoire et le montant dudit prélèvement et le montant des revenus exonérés* (...).

[1325], celle-ci n'était pas contestée en l'espèce, ce qui a conduit le Conseil d'État à se placer uniquement sur le terrain des mesures d'assouplissement. La Haute juridiction administrative a considéré qu'il est possible pour la personne à qui la nouvelle sanction a été infligée de revendiquer l'application de l'amende forfaitaire, prévue par les dispositions de l'article 1768 bis du Code général des impôts en vigueur au moment de l'infraction, dès lors qu'elle est plus favorable que l'application de l'amende proportionnelle de 50% prévue par les dispositions de l'article 1736, I, 1°, entrées en vigueur postérieurement.

521. Cette appréciation in concreto a permis de renforcer l'effectivité du principe de la rétroactivité in mitius en matière fiscale. A contrario, la Haute juridiction administrative a entendu poser des limites dans l'application dudit principe.

II. Les limites du principe

522. Dans un avis du 28 prairial an VIII, la Haute juridiction administrative affirmait à propos de la rétroactivité in mitius qu' « *il faut toujours adopter l'opinion la plus favorable à l'humanité comme à l'innocence* ». Cette portée absolue accordée à ce principe n'est plus pertinente à l'heure actuelle. L'insuffisance conceptuelle a nécessairement limité la portée du principe de rétroactivité in mitius. À partir du moment où « *le fondement du principe de rétroactivité in mitius a été recherché dans une exigence de nécessité de la loi pénale, il n'est pas étonnant qu'il ait pu souffrir de limites, tant de la part du législateur que de la Cour de cassation* »[1326]. Ainsi, « *l'absence de nécessité de la répression* (qui) *constitue le fondement de ce principe* (…) *semble aussi*

[1325] Le Commissaire du Gouvernement Claire Legras a profité de cette occasion pour clarifier la mise en œuvre du principe de rétroactivité in mitius aux sanctions fiscales. Dans le cadre du litige, le commissaire du gouvernement préconise d'utiliser la « *technique de prise en compte des effets immédiat conféré à la loi pénale plus douce* ». Elle doit être réservée à « *l'hypothèse d'une loi dont les dispositions n'apparaîtraient pas comme divisibles* ». En effet, elle affirme que « *si ces dispositions forment un tout dont les éléments ne sauraient pas être séparés, il y a lieu d'examiner si, dans leur ensemble, elles sont ou non plus favorables à l'administré que la législation précédente. Dans l'affirmative, la possibilité pour le juge de pratiquer une « rétroactivité à éclipse » finement adaptée aux circonstances de l'espèce nous paraît devoir être exclue : si la loi nouvelle est jugée globalement plus douce, elle sera appliquée dans toutes ses dispositions* ». Elle en conclut au cas d'espèce en ce référent à la méthode utilisée par le juge pénal qu' « *au cas présent, on peut avoir un doute sur la divisibilité du texte issu de l'ordonnance de 2005* ». Concl. LEGRAS C., sous CE, 27 mai 2009, n° 307957, SNC Saint-Honoré, op cit.

[1326]DEKEUWER A., « La rétroactivité in mitius en Droit pénal : un principe encore et toujours contesté ! », *JCP G.*, 1997, n°48, comm. 4065. Dans le même sens : V. MERLE et VITU, Traité de droit criminel, *Cujas*, 6e éd., 1989, t. 1, p. 327.

en constituer la limite »[1327]. La nécessité « *est une question de fait, et ne peut faire l'objet d'un postulat a priori* »[1328]. Ainsi, des restrictions au champ d'application du principe sont nées en droit pénal stricto sensu et fort logiquement en droit répressif. Dans ces deux domaines, on constate que le principe de rétroactivité des lois plus douces « *est beaucoup plus solide en cas de diminution du quantum de la peine, qu'en cas de suppression de l'incrimination* »[1329]. Dans cette dernière hypothèse, une conception trop stricte du principe de la rétroactivité in mitius serait contraire au principe lui-même.

523. La jurisprudence administrative a confirmé la portée relative du principe de rétroactivité in mitius[1330]. À l'occasion de l'abrogation d'une sanction fiscale, le Conseil d'État a limité la portée du principe en jugeant que si elle « *a eu pour effet* (…) *de supprimer la sanction fiscale instituée par cet article, cette suppression, qui est la conséquence nécessaire de la suppression de la contribution fiscale à laquelle la sanction était attachée, ne résulte pas de ce que la sanction aurait été jugée inutile ou excessive* ; (…) *par suite, l'abrogation de la sanction ne présente pas le caractère d'une loi nouvelle plus douce* »[1331]. Par ce considérant, la Haute juridiction administrative affirme que principe de rétroactivité in mitius ne s'applique qu'en tant qu'il est nécessaire c'est à dire, seulement si les sanctions fiscales sont abrogées ou modifiées en raison de leur absence de nécessité. A contrario, si l'abrogation ne résulte pas de la volonté du législateur de supprimer une sanction inutile ou excessive, le principe de rétroactivité in mitius ne s'applique pas. Ainsi, le juge doit, pour l'application dudit principe « *s'en remettre à la ratio legis pour s'assurer que le législateur a supprimé telle sanction inutile ou excessive, suppression qui alors, à cette seule condition, pourra s'appliquer immédiatement* »[1332].

524. Cet arrêt a été pris conformément aux conclusions du rapporteur public Claire Legras. Selon ses termes, « *il est des cas où l'on voit bien que c'est par un artifice qu'une nouvelle réglementation est regardée comme plus favorable au prévenu où la personne qui s'est rendue coupable d'un manquement à une obligation administrative. C'est le cas lorsqu'une sanction n'est supprimée que par l'effet de la disparition de l'obligation ou de la*

[1327] Concl. LEGRAS C., sous CE, sect., 16 juill. 2010, n° 294239, Colomb, op cit.
[1328] DEKEUWER A., « La rétroactivité in mitius en Droit pénal : un principe encore et toujours contesté ! », op cit.
[1329] Ibidem.
[1330] CE, sect. 16 juillet 2010 n°294239, Colomb, op cit.
[1331] Ibidem.
[1332] COSTA D., « Les limites du principe de la rétroactivité in mitius », *JCP G.* 2010, n° 44, comm. 1099.

réglementation dont elle vise à garantir la bonne application, soit de l'objet même qui justifie sa raison d'être »[1333]. L'application immédiate de la loi pénale plus douce se justifie uniquement lorsque « *le législateur, constatant que la répression n'est plus nécessaire, décide de la supprimer ou de l'atténuer. Tel n'est évidemment pas le cas lorsque la suppression de la sanction n'est que la conséquence de l'abrogation d'une loi fiscale, justifiée par des nécessités économiques. Dans une telle hypothèse, la disparition des dispositions répressives ne résulte pas d'une loi pénale plus douce* »[1334]. Il s'agit d'un simple constat. Nul besoin de se référer à l'intention du législateur qui « *par nature incertaine, est inadaptée pour délimiter le champ d'application d'un principe essentiel* » mais simplement sur « *la constatation que l'objet de la loi n'est pas d'adoucir la peine* »[1335].

525. Pour aller plus loin dans le raisonnement, le rapporteur public Claire Legras donne les indications à suivre en cas de modification substantielle d'un impôt ou d'une réglementation. Dans une telle hypothèse, il appartiendra au juge « *de rechercher si la continuité entre les deux régimes est suffisante pour qu'une nouvelle peine plus douce puisse être appliquée rétroactivement* »[1336]. À la différence de l'abrogation, il se peut que dans l'hypothèse d'une telle modification, le juge reconnaisse que le texte nouveau est une loi pénale plus douce. Il sera alors amené à faire « *un travail d'analyse fine, au cas par cas, comme doit le faire le juge pénal lorsqu'il est délicat de se prononcer sur le caractère plus doux ou plus rigoureux d'une loi nouvelle, qui contient des dispositions plus sévères et d'autres, moins sévères, qui peuvent être ou non divisibles* »[1337]. Cet arrêt marque les limites de l'application du principe de rétroactivité in mitius aux sanctions fiscales.

[1333] LEGRAS C., « Rétroactivité in mitius : l'abrogation pour l'avenir de la participation pour dépassement de COS entraîne-t-elle la non application pour le passé de sa majoration pour omission ou insuffisance de déclaration ? », concl. sous CE, sect. 16 juillet 2010 n°294239, Colomb, *RJF* 1/11 n°59

[1334] Note sous CE, sect. 16 juillet 2010 n°294239, Colomb, *Dr fisc.* 2010, n°41, note 529.

[1335] Ibidem.

[1336] LEGRAS C., « Rétroactivité in mitius : l'abrogation pour l'avenir de la participation pour dépassement de COS entraîne-t-elle la non application pour le passé de sa majoration pour omission ou insuffisance de déclaration ? », op cit.

[1337] Ibidem.

Sous-section 3 : La nécessité des peines et encadrement du cumul des sanctions fiscales et pénales

526. En droit fiscal coexistent deux voies de répression. La première est organisée par l'administration fiscale, sous le contrôle du juge de l'impôt et qui vise à faire face à un contentieux de masse. La seconde est réservée au juge pénal en matière de fraude fiscale. La coexistence des voies de répression administrative et pénale « *est même nécessaire tant* (ces deux voies de répression) *sont complémentaires pour la sauvegarde des intérêts du Trésor, et partant, pour l'égalité devant la contribution publique* »[1338]. C'est ainsi rapidement posé la question de la validité de ce double système de répression au regard de l'un des grands principes du droit pénal, à savoir, le principe non bis in idem. Ce principe est reconnu au niveau international dans de nombreux textes. Il en va ainsi, de l'article 4 Protocole n°7 additionnel à la CEDH, de l'article 50 de la Charte des droits fondamentaux et de l'article 14§7 du Pacte international relatif aux droits civils et politiques. Toutefois, ce principe tel qu'il résulte des sources internationales et conventionnelles n'est pas appliqué par les Hautes juridictions administratives et judiciaires[1339]. La mise à l'écart du principe non bis in idem résulte également de l'absence de consécration de sa valeur supra législative par le juge suprême. Lorsqu'il est confronté au problème de cumul des répressions administratives et pénales, le Conseil constitutionnel se fonde exclusivement sur le principe de nécessité des peines considéré comme « *nettement plus malléable* »[1340]. Ce fondement a toutefois permis au Conseil constitutionnel de bâtir un cadre juridique protecteur pour les personnes confrontées à une double répression fiscale et pénale. Ainsi, si les critères utilisés par le juge suprême divergent de ceux qui résultent de la jurisprudence européenne et communautaire, les solutions tendent au fil des jurisprudences à se rapprocher.

[1338] AYRAULT L., « Non bis in idem : les enjeux en matière fiscal », op cit.

[1339] SCHIELE P., « La portée de la règle « non bis in idem » au regard du cumul des sanctions fiscales et pénales, Note sous Cass. crim., 20 juin 1996, n° 94-85 796, M. Ponsetti », *Dr fisc.* 1997, n° 15-16, p. 532 à 535 ; TIXIER G., et LAMULLE T., « La règle non bis in idem est-elle applicable au cumul des sanctions pénales et des sanctions fiscales ? Note sous Cass crim., 20 juin 1996, n° 94-85 796, M. Ponsetti » *D.* 1997, J, p. 249 à 251. ; FOUQUET O. « Cumul des sanctions fiscales et pénales : *Rev. adm.* 1997, n° 296, p. 170 et 171 ; AUSTRY S. « Cumul des sanctions fiscales et des sanctions pénales : requiem en trois temps pour la règle non bis in idem » *RJF* 1997, n° 5, p. 287 à 292. ; DETRAZ S., « La mise à l'écart du principe non bis in idem en matière fiscale », *Dr fisc.* 2016, n°38, comm.502. SAUPHANOR S.et MOIRIGNOT L., « Non bis in idem : état des lieux de la remise en cause du cumul des poursuites et des sanctions administratives et pénales dans l'ordre juridique français », *JCP A.* 2019, n° 45, comm. 1500.

[1340] DETRAZ S., « La mise à l'écart du principe non bis in idem en matière fiscale », op cit.

I. L'application limitée du principe non bis in idem en droit interne

527. Le principe non bis in idem a fait l'objet d'une « *mise à l'écart* »[1341] qui a consisté d'une part à « *évincer purement et simplement le principe non bis in idem, en refusant qu'il puisse entrer en action* »[1342]. Tel est le cas de la réserve formulée par la France à l'article 4 du protocole additionnel n°7 à la Convention européenne des droits de l'homme qui constitue « *une raison technique* »[1343] qui empêche l'application dudit principe. D'autre part, le principe non bis in idem tel qu'il résulte des dispositions de l'article 50 de la Charte des droits fondamentaux a vu sa portée limitée tant par la jurisprudence de la Cour de justice elle-même que par la Haute juridiction judiciaire. Enfin, concernant l'article 14§7 du Pacte international relatif aux droits civils et politiques, ce sont les conditions d'application de l'interdiction du cumul des sanctions qui font défaut. Celles-ci étant réservées au cumul des procédures pénales stricto sensu.

A. L'inapplication de l'article 4 du Protocole n°7 additionnel à la Convention européenne des droits de l'homme

528. Le principe non bis in idem est considéré comme « *un principe fondamental consacrant un droit absolu à ne pas être jugé ou puni deux fois pour la même infraction* »[1344]. Sa valeur conventionnelle résulte de l'article 4 du Protocole n°7 additionnel à la Convention européenne des droits de l'homme au terme duquel « *nul ne peut être poursuivi ou puni pénalement par les juridictions du même État en raison d'une infraction pour laquelle il a déjà été acquitté ou condamné par un jugement définitif conformément à la loi et à la procédure pénale de cet État* »[1345]. Afin de comprendre les enjeux de ce principe en matière fiscale, il convient dans un premier temps de revenir sur la teneur du principe. Cela revient à comprendre ce que recouvre l' « idem » et le « bis » de l'article 4 du Protocole n° 7.

[1341] Ibidem.

[1342] Ibidem.

[1343] Ibidem.

[1344] PARIZOT R., « Le principe ne bis in idem dans la jurisprudence de la Cour européenne des droits de l'homme », *AJ pénal* 2015. 173.

[1345] Article 4 du protocole n°7 additionnel à la Convention européenne des droits de l'homme.

a. La teneur du principe

529. L'applicabilité des dispositions de l'article 4 du Protocole n° 7 additionnel à la Convention européenne des droits de l'homme n'est pas réservée aux seules sanctions pénales stricto sensu. La Cour européenne des droits de l'homme a adopté une interprétation large des termes « procédure pénale ». En effet, elle se réfère aussi bien à la notion de « peine » que d' « accusation en matière pénale » au sens des articles 7 et 6 de la Convention. Ainsi, dans la décision Sergueï Zolotoukhine c / Russie[1346], la Cour a retenu les critères Engel pour déterminer si la procédure en cause est « pénale » pour les besoins de l'article 4 du Protocole n° 7. Cette interprétation permet d'étendre le champ de cet article « *aux rapports entre le droit pénal et la répression administrative, en tant qu'ils sont considérés comme de même nature* »[1347]. Or, dès lors que les sanctions fiscales sont considérées, sous réserve de répondre aux conditions posées par la décision Engel[1348], comme relevant de la matière pénale, l'article 4 du Protocole n°7 additionnel à la Convention est susceptible de faire obstacle à leur cumul avec les sanctions pénales. C'est ce raisonnement qui a justifié l'application de l'article 4 du Protocole n°7 au cas du cumul d'une majoration fiscale avec une sanction pénale[1349].

530. Afin d'apprécier la teneur du principe, il convient, dans un premier temps, de comprendre ce que recouvre l' « idem ». Pendant longtemps, les juges européens ont eu recours à plusieurs méthodes d'identification de la notion de « même infraction ». Elles reposaient soit sur la recherche d'un comportement identique[1350] soit sur les « éléments essentiels » des deux infractions[1351]. Pour mettre fin à l'insécurité juridique, la Cour européenne des droits de l'homme a consacré une méthode d'identification de la notion de « même infraction ». Dans la décision Zolotoukhine c/ Russie que les juges européens ont considéré que cette règle devait être comprise comme « *interdisant de poursuivre ou de juger une personne pour une seconde « infraction » pour autant que celle-ci a pour origine des faits identiques ou des faits qui sont en substance les mêmes* »[1352]. La Cour a opté pour une

---

1346CEDH, gde ch., 10 février 2009, n° 14939/03, Zolotoukhine c/ Russie, pt. 52, *JCP G* 2009, 143, obs. SUDRE F., *D.* 2009, p. 2014, note PRADEL J., *Rev. sc. crim.* 2009, p. 675, obs. ROETS D. ; V. AYRAULT L., « Droit fiscal européen des droits de l'homme : chronique de l'année 2009 », *Dr fisc.* 2010, n° 8-9, 209.

1347DETRAZ S., « La mise à l'écart du principe non bis in idem en matière fiscale », op cit.

1348CEDH, 8 juin 1976, n° 5100/71, Engel c/ Pays-Bas, op cit.

1349CEDH, 4e sect., 16 juin 2009, n° 13079/03, Ruotsalainen c/ Finlande ; V. AYRAULT L., « Droit fiscal européen des droits de l'homme : chronique de l'année 2009 », op cit.

1350CEDH, 23 octobre 1995, n° 15963/90, Gradinger c/ Autriche.

1351CEDH, 29 mai 2001, n° 37950/97, Franz Fischer c/ Autriche.

1352CEDH, gde ch., 10 février 2009, n° 14939/03, Zolotoukhine c/ Russie, pt 82, op cit.

conception factuelle de l'idem[1353] en faisant référence, aux faits matériels objets de la poursuite comme « *un ensemble de circonstances factuelles concrètes impliquant le même contrevenant et indissociablement liées entre elles dans le temps et dans l'espace* »[1354]. Cette méthode a fait l'objet d'une première application en matière fiscale dans une décision du 16 juin 2009[1355]. La Cour européenne des droits de l'homme avait alors considéré dans un litige relatif à la fraude aux droits dus sur les carburants que les faits à l'origine des deux sanctions étaient les mêmes alors même que l'infliction de l'amende pénale repose sur la démonstration de l'intentionnalité contrairement à la mise en œuvre de la sanction fiscale[1356].

531. Le « bis » renvoie quant à lui à « *l'existence de poursuites en cours ou consécutives à une première décision définitive de condamnation ou d'acquittement* »[1357]. Pour appréhender la teneur du « bis », il convient d'apprécier, le terme « définitive ». La violation du principe non bis in idem est prononcée lorsqu'après un jugement définitif, sont engagées de nouvelles poursuites ou de nouvelles condamnations pour les mêmes faits. À cet égard, deux situations peuvent se rencontrer. Soit les procédures se succèdent soit elles sont mises en œuvre concomitamment. Dans le premier cas, il y a violation de l'article 4 du Protocole n°7, lorsque la seconde procédure répressive est mise en œuvre après une décision définitive visant les mêmes faits. En revanche, le Protocole n°7 n'interdit pas que deux procédures répressives portant sur les mêmes faits soient conduites en parallèle. En l'absence de décision définitive, il est possible pour les États d'infliger deux sanctions. Toutefois, le Protocole s'oppose à ce que la seconde sanction soit

---

[1353] Le recours à une conception factuelle de l'idem s'avère plus protecteur pour les contribuables que le recours aux qualifications identiques ou aux caractéristiques essentielles des deux infractions.

[1354] Ibidem, §84. Sur ce point, la Cour a précisé que la question n'est pas de savoir si les éléments constitutifs de l'infraction sont identiques ou non mais de déterminer si les faits reprochés se réfèrent à la même conduite. Ainsi, dans la décision Grande Stevens et autres c/ Italie, la Cour relève pour conclure à la violation de l'article 4 du Protocole n°7 additionnel à la Convention européenne des droits de l'homme qu'il s'agissait « *clairement d'une seule et même conduite de la part des mêmes personnes à la même date* ». En effet dans les deux procédures, les requérants avaient fait l'objet de la même « accusation » constituée par la diffusion de fausses informations. (CEDH, 4 mars 2014, Grande Stevens et autres c. Italie, n° 18640/10, 18647/10, 18663/10, 18668/10 et 18698/10, *DS* 2014, comm 87, note TORCK S., *Bull. Joly bourse* avril 2014. 209, note CHACORNAC J.

[1355] CEDH, 16 juin 2009, n° 13079/03, Ruotsalainen c/ Finlande. V. AYRAULT L., « Droit fiscal européen des droits de l'homme : chronique de l'année 2009 », op cit.

[1356] Ce raisonnement est utilisé par la Cour de cassation pour refuser d'appliquer le principe non bis in idem en matière fiscale.

[1357] CHACORNAC J., « L'articulation des répressions. Comment résoudre le problème de non bis in idem ? », *RSC* 2019 p.333.

maintenue ou encore à ce que la procédure soit maintenue si la première présente un caractère définitif[1358].

532. Ce critère entendu de manière stricte dans la jurisprudence primitive de la Cour européenne des droits de l'homme a été tempéré par un nouveau courant jurisprudentiel favorable à la poursuite de procédures mixtes intégrées. Amorcée en matière de sécurité routière, la jurisprudence européenne a admis la conduite de « procédures mixtes ». Ainsi, dans une affaire relative au retrait de point de permis la Cour a considéré que « *si les diverses sanctions infligées à l'intéressé ont été prononcées par deux autorités différentes à l'issue de procédures distinctes, il existait entre elles un lien matériel et temporel suffisamment étroit pour que l'on puisse considérer le retrait de permis comme l'une des mesures prévues par le droit suédois pour la répression des délits de conduite en état d'ébriété avancé et de conduite sans permis* »[1359]. Pour la Cour, ces deux procédures sont liées dès lors que l'annulation du permis est intervenue en raison de la condamnation définitive du juge pénal et sans l'ouverture d'une nouvelle procédure. La procédure de retrait de permis apparaît comme une peine complémentaire de la première condamnation[1360]. Elles présentent ainsi la caractéristique d' « *un lien matériel conduisant à ce que les conclusions de l'une entraînent des conséquences directes sur les possibles issues de la seconde* »[1361] et « *d'un lien temporel étroit entre les deux procédures* »[1362].

533. La Cour a poursuivi son raisonnement et l'a généralisé dans la décision A et B contre Norvège[1363] à propos du cumul des sanctions fiscales et pénales. Par cette décision, les juges européens ont fait de l'exigence d'un « lien matériel et temporel suffisamment étroit » un « *paramètre pertinent de*

[1358] CEDH, 5e sect., 27 novembre 2014, n° 7356/10, Lucky Dev c/ Suède, pt 51, *Dr fisc.* 2015, n° 4, act. 54. En l'espèce un contribuable a été condamné fiscalement après avoir été relaxé au pénal à propos des mêmes faits par une décision définitive. Le principe non bis in idem s'applique donc non seulement au cumul des sanctions fiscales et pénales mais aussi au cumul des procédures fiscales et pénales. V. AYRAULT L., « Droit fiscal européen des droits de l'homme, chronique de l'année 2014 », *Dr fisc.* 2015, n°9, comm. 180.
[1359]CEDH, 30 mai 2000, n° 31982/96, R.T. c / Suisse ; CEDH 5 juillet 2001, Phillips c. Royaume-Uni, n° 41087/98, § 34, CEDH 2001-VII.
[1360] CEDH, 4 octobre 2016, n° 21563/12, Rivard c/ Suisse, *Dr. pén.* 2016, comm. 181.
[1361] Ibidem§31.
[1362] Ibidem, §32.
[1363] CEDH, gr. ch., 15 novembre 2016, n° 24130/11 et n° 29758/11, A et B c/ Norvège, *Dr fisc.* 2016, n° 47, comm. 603, note PELLETIER M., *JCP G* 2017, doctr. 32, obs. SUDRE F., *JCP G* 2017, 183, note DECIMA O., AJ *pénal* 2017, p. 45, note ROBERT J.-H. ; V. L. Ayrault, « Droit fiscal européen des droits de l'homme : chronique de l'année 2016 », *Dr fisc.* 2017, n° 9, étude 191.

contrôle du respect du principe non bis in idem »[1364]. La Cour européenne des droits de l'homme justifie la reconnaissance de la conventionnalité des procédures mixtes par la volonté de trouver un « *juste équilibre entre la préservation nécessaire des intérêts de l'individu protégés par le principe non bis in idem, d'une part, et la prise en compte de l'intérêt particulier pour la société de pouvoir réglementer de manière calibrée le domaine en question, d'autre part* »[1365]. Si cette jurisprudence peut être interprétée comme une limite au principe non bis in idem, la Cour européenne des droits de l'homme n'a pas octroyé aux États un « blanc-seing » pour cumuler les procédures fiscales et pénales. Elle a opté pour une appréciation restrictive de la complémentarité des procédures. Tous d'abord, la Cour a précisé que les deux éléments constitutifs du critère d'appréciation de la complémentarité des procédures à savoir, l'élément matériel et temporel sont cumulatifs[1366].

534. Le critère du lien matériel est apprécié par la Cour au regard de quatre critères cumulatifs. Ils ont trait à l'existence de procédures poursuivant « *des buts complémentaires* »[1367] et traitant « *des aspects différents de l'acte préjudiciable à la société en cause* »[1368] à la « *prévisibilité du cumul des sanctions* »[1369], à « *la non-répétition de la collecte et de l'appréciation des preuves* »[1370] et enfin au « *mécanisme de compensation* »[1371]. Or, en l'espèce, la Cour relève d'une part la complémentarité des procédures dont l'une vise à dissuader le contribuable de communiquer des informations inexactes et de compenser « *les ressources humaines et financières considérables consacrées par les autorités fiscales pour le compte de la collectivité aux contrôles et vérifications destinés à repérer les déclarations erronées* »[1372] et l'autre poursuit « *des fins non seulement dissuasives, mais aussi répressives s'agissant de la même omission préjudiciable pour la société, et comporte un*

[1364] PELLETIER M., « Nouveau requiem pour le principe non bis in idem ? - . - À propos de CEDH, gde ch., 15 novembre 2016, n° 24130/11 et n° 29758/11, A et B c/ Norvège », *Dr fisc.* n° 47, 24 Novembre 2016, comm. 603.

[1365] CEDH, gde ch., 15 novembre 2016, n° 24130/11 et n° 29758/11, A et B c/ Norvège, op cit, §124.

[1366] Selon la Cour européenne des droits de l'homme, « *il ne sera pas satisfait à ce critère si l'un ou l'autre des deux éléments – matériel et temporel – fait défaut* » : CEDH, gde ch., 15 novembre 2016, n° 24130/11 et n° 29758/11, A et B c/ Norvège, §125.

[1367] Ibidem, §50.

[1368] Ibidem.§132

[1369] Ibidem.§50 et §100.a

[1370] Ibidem. Cet élément implique selon la Cour, « *une interaction adéquate entre les diverses autorités compétentes faisant apparaître que l'établissement des faits effectué dans l'une des procédures a été repris dans l'autre* » (§132).

[1371] Ibidem. Cet élément vise à assurer que le montant global des peines prononcées soit proportionné afin de ne pas faire subir à la personne concernée un fardeau excessif. Ainsi, la procédure qui a pris fin en dernier doit avoir pris en compte la première sanction.

[1372] Ibidem, §144.

élément additionnel de fraude délictueuse »[1373]. D'autre part, la prévisibilité ne faisait aucun doute pour la Cour, dès lors, qu'à la suite d'un contrôle fiscal à l'encontre du premier requérant, l'administration fiscale a porté plainte au pénal. De plus, la Cour constate que « *les procédures administrative et pénale ont été conduites en parallèle et étaient imbriquées. Les faits établis dans le cadre de l'une de ces procédures ont été repris dans l'autre* »[1374]. Enfin, la Cour relève que « *pour ce qui est de la proportionnalité de la peine globale, la sanction pénale a tenu compte de la majoration d'impôt* »[1375]. La Cour en conclut pour la première fois à l'existence d'un lien temporel et matériel suffisamment étroit entre les procédures fiscales et pénales.

535. La portée de la décision A et B contre Norvège a été limitée par une appréciation restrictive du critère matériel par une décision de la Cour européenne des droits de l'homme du 18 mai 2017[1376]. Pour apprécier l'existence d'un lien matériel suffisamment étroit entre les procédures fiscales et pénales, les juges européens ont procédé à l'examen des critères développés dans la jurisprudence A et B contre Norvège. À cet égard, la Cour a constaté l'existence des critères relatifs à la complémentarité des procédures, à la prévisibilité du cumul et au mécanisme de compensation. Si ces circonstances révèlent « *des connexions évidentes* »[1377], c'est sur le terrain de la preuve que la Cour a conclu au défaut du lien matériel. Les juges européens ont considéré que l'enquête et les poursuites pénales avaient été conduites par des autorités différentes, devant des juridictions différentes et de façon largement indépendante alors même que l'administration fiscale avait transmis le dossier et ses constatations à la police[1378]. Ainsi, « *un seul élément jugé pertinent peut suffire pour caractériser la répétition des procédures, malgré la présence d'autres éléments en faveur du cumul autorisé* »[1379].

1373 Ibidem.
1374 Ibidem, §146.
1375 Ibidem, §146.
1376 CEDH, 1er sect., 18 mai 2017, n°22007/11 Johannesson et a. c/ Islande, décision non reproduite.
1377 AYRAULT L., « Droit fiscal européen des droits de l'homme : chronique de l'année 2017 », op cit.
1378 « *The applicants' conduct and their liability under the different provisions of tax and criminal law were thus examined by different authorities and courts in proceedings that were largely independent of each other* » : CEDH, 1er sect., 18 mai 2017, n°22007/11 Johannesson et a. c/ Islande.
1379 GUILLAND N., « Cumul de sanctions en matière de fraude fiscale et principe non bis in idem : première condamnation par la CEDH et appréciation du lien temporel et matériel entre les procédures après l'arrêt A et B c/ Norvège », *JCP E*, 7 septembre 2017, n°36.

536. Afin de satisfaire au critère du lien temporel, la Cour exige que « *les procédures ne s'étalent pas trop dans le temps* »[1380]. Cette exigence n'emporte pas l'obligation pour les États de poursuivre les deux procédures de manière simultanée du début à la fin. Ils doivent avoir la faculté « *d'opter pour la conduite des procédures progressivement si ce procédé se justifie par un souci d'efficacité et de bonne administration de la justice, poursuit des finalités sociales différentes et ne cause pas un préjudice disproportionné à l'intéressé* »[1381]. Cette faculté est subordonnée à l'existence d'un lien temporel suffisamment étroit « *pour que le justiciable ne soit pas en proie à l'incertitude et à des lenteurs, et pour que les procédures ne s'étalent pas trop dans le temps* »[1382]. Par cette formulation, la Cour semble seulement imposer un délai raisonnable des poursuites. Dans ces conditions, « *plus le lien temporel est ténu, plus il faudra que l'État explique et justifie les lenteurs dont il pourrait être responsable dans la conduite des procédures* »[1383]. Or en l'espèce, la durée totale des procédures cumulées était de 5 ans et leur durée de conduite en parallèle de 3 ans. La Cour en a conclu à l'existence d'un lien temporel suffisant.

537. Le critère du lien temporel a été précisé dans la décision Johannesson et a c/ Island[1384]. La Cour a constaté que les procédures cumulées avaient duré plus de neuf années et qu'elles n'avaient été menées simultanément que pendant une année. Les juges européens ont relevé que l'inculpation était intervenue quinze mois après l'infliction de la sanction fiscale[1385] et que la procédure pénale s'est prolongée quatre ans après la décision définitive mettant un terme à la procédure fiscale. La Cour a conclu de ces faits l'absence de lien temporel suffisant. Elle semble accorder une place importante à la durée totale des procédures cumulées, mais également au parallélisme dans la conduite des procédures fiscales et pénales. Il ressort de cette jurisprudence que seules les procédures mixtes engagées de manière quasi concomitante et poursuivies en parallèle dans un délai raisonnable sont compatibles avec l'article 4 du Protocole n°7 additionnel à la Convention européenne des droits de l'homme.

538. L'appréciation restrictive du critère du lien matériel et temporel tend à renforcer les droits de la défense en évitant « *au contribuable de faire face*

1380 CEDH, gde ch., 15 novembre 2016, n° 24130/11 et n° 29758/11, A et B c/ Norvège, op cit, §134

1381 Ibidem.

1382 Ibidem.

1383 Ibidem.

1384 CEDH, 1re sect., 18 mai 2017, n° 22007/11, Johannesson et a. c/ Islande, op cit. ; V. AYRAULT L., « Droit fiscal européen des droits de l'homme : chronique de l'année 2017 », op cit.

1385 Elle est intervenue 9 mois après le caractère définitif de la sanction fiscale.

à deux procédures engagées successivement en ayant à se défendre sur deux tableaux trop différents, notamment au regard des éléments factuels qui seront avancés contre lui »[1386]. Ainsi, l'application restrictive des critères matériels et temporels par la Cour européenne des droits de l'homme permet de donner de l'effectivité au principe non bis in idem.

539. Le cadre protecteur dudit principe tel qu'il résulte l'article 4 du Protocole n°7 additionnel et de la jurisprudence protectrice de la Cour européenne des droits de l'homme n'est toutefois pas applicable en droit interne. Les Hautes juridictions administratives et judiciaires maintiennent depuis plusieurs années leurs jurisprudences classiques qui consistent à écarter l'application du principe non bis in idem conformément à la réserve française.

b. La mise à l'écart du principe en droit interne

540. La Haute juridiction judiciaire a écarté purement et simplement l'article 4 du Protocole additionnel dans le cadre d'un litige relatif au cumul de la sanction fiscale prévue à l'article 1729 du Code général des impôts avec la sanction pénale de l'article 1741 dudit Code au motif qu'il ne trouve à s'appliquer « *selon les réserves faites par la France en marge de ce protocole, que pour les infractions relevant en droit français de la compétence des tribunaux statuant en matière fiscale et n'interdit pas le prononcé de sanctions fiscales parallèlement aux sanctions infligées par le juge répressif* »[1387]. La Haute juridiction judiciaire a limité la portée du principe non bis in idem aux infractions pénales poursuivies devant la juridiction répressive en interprétant l'article 4 du Protocole additionnel à l'aune de la réserve française formulé lors de la ratification de ces dispositions[1388]. Ainsi seul l'engagement de nouvelles poursuites devant une juridiction répressive pour une même infraction pénale est prohibé. S'il ressort des travaux préparatoires au projet de loi autorisant la ratification dudit protocole que la réserve formulée avait vocation à interdire le cumul des poursuites et des sanctions en matière disciplinaire, la généralité de la formulation invitait à une interprétation large du non-cumul des sanctions incluant, l'ensemble des sanctions administratives et donc des sanctions fiscales. Or, par cette réserve,

---

[1386] MILANO L., « Le Gouvernement refuse de lever l'incertitude sur la conventionalité de la réserve au principe non bis in idem », *JCP G*, n° 36, 2 Septembre 2019, 876.

[1387] Cass. crim., 20 juin 1996 n° 2851, Ponsetti, op cit.

[1388] Selon cette réserve, « *le Gouvernement de la République française déclare que seules les infractions relevant en droit français de la compétence des tribunaux statuant en matière pénale doivent être regardées comme des infractions au sens des articles 2 à 4 du présent protocole* ».

« la France s'est assuré le droit, en toute matière, de cumuler les sanctions purement pénales et « quasi pénales »[1389]. Cette interprétation a été confirmée par la Haute juridiction judiciaire[1390] à l'aune de l'évolution de la jurisprudence européenne relative au non-cumul des peines[1391]. Cette jurisprudence est conforme à celle relative à l'office du juge judiciaire qui est *« d'interpréter et d'appliquer un traité international invoqué dans la cause soumise à son examen, auquel s'incorpore la déclaration unilatérale faite par un État quand il signe ou ratifie un traité, par laquelle il vise à exclure ou à modifier l'effet juridique de certaines dispositions du traité dans leur application à l'État »*[1392].

541. Suivant le même raisonnement, la juridiction administrative considère que le principe non bis in idem, tel qu'il résulte de l'article 4 du Protocole additionnel à la Convention n'interdit pas le prononcé de sanctions fiscales parallèlement aux sanctions infligées par le juge répressif[1393]. Le champ de ce principe étant en raison de la réserve d'interprétation limitée qu' « *au cas où une même infraction pénale ayant déjà donné lieu à un jugement définitif de condamnation ou d'acquittement ferait l'objet d'une nouvelle poursuite et, le cas échéant, d'une condamnation devant ou par une juridiction répressive* »[1394]. Le juge administratif comme le juge judiciaire s'appuie sur le critère organique pour appliquer ou écarter le principe non bis in idem à la différence de la Cour européenne des droits de l'homme qui poursuit une approche matérielle.

542. La validité de la réserve d'interprétation est depuis la décision Grande Steven[1395] sujette à discussion[1396]. Dans cette décision, les juges européens ont effectué un contrôle de la réserve italienne formulé à l'égard de l'article 4 du

---

[1389]SCHIELE P., comm. sous Cass. crim., 20 juin 1996, n° 94-85 796, op cit.

[1390] La Haute juridiction a confirmé sa position traditionnelle en précisant que « *l'interdiction d'une double condamnation en raison de mêmes faits, prévue par l'article 4 du protocole n° 7, additionnel à la Convention européenne des droits de l'homme, ne trouve à s'appliquer, selon la réserve émise par la France, que pour les infractions relevant en droit français de la compétence des tribunaux statuant en matière pénale et n'interdit pas le prononcé de sanctions fiscales parallèlement aux peines infligées par le juge répressif ; que contrairement à ce que soutient le demandeur, cette réserve n'est pas remise en cause par la Cour européenne des droits de l'homme (cf. en dernier lieu l'arrêt CEDH du 15 novembre 2016, A et B c. Norvège, no 24130/ 11 et 29758/11 § 117)* » : Cass. crim., 6 décembre 2017, n° 16-81.857, F-P+B, *Dr fisc.* 2018, n° 5, comm. 165, note GUILLAND N.

[1391]CEDH, 15 novembre 2016, A et B c. Norvège, n° 24130/ 11 et 29758/11 § 117, op cit.

[1392] Cass. crim., 11 septembre 2019, n°18-82.430, *Dr fisc.* 2019, n°43, comm. 412.

[1393] CE, 26 décembre 2008 n° 282995, 9 e et 10 e s.-s., Gonzales-Castrillo, op cit.

[1394] CAA, Versailles, 1re ch., 7 février 2017, n° 15VE02287, SNC Grande Pharmacie de Rosny II.

[1395] CEDH, 4 mars 2014, n° 18640/18, Grande Stevens et a. c/ Italie, op cit.

[1396] TORCK S., « Chronique d'une mort annoncée ou la vaine résistance de la chambre criminelle de la Cour de cassation », *DS* n° 5, Mai 2014, comm. 87.

Protocole n°7, au regard de l'article 57 de la Convention[1397]. Ils en ont conclu qu' « *une réserve qui n'invoque ni ne mentionne les dispositions spécifiques de l'ordre juridique national excluant des infractions ou des procédures du champ d'application de l'article 4 du protocole n° 7, n'offre pas à un degré suffisant la garantie qu'elle ne va pas au-delà des dispositions explicitement écartées par l'État contractant. Par conséquent, la réserve invoquée par l'Italie ne satisfait pas aux exigences de l'article 57 et n'est de ce fait, pas valide* ». Or, la réserve française est formulée dans des termes très proches de la réserve italienne et ne comporte pas d'exposé de la loi visée. Si les juges européens ne se sont pour l'heure prononcés de manière explicite[1398] sur la validité de la réserve française, un raisonnement par analogie aboutirait à invalider ladite réserve. Or, cette décision aurait pour conséquence, au regard de la jurisprudence Gradinger[1399] et Grande Steven[1400], l'application du principe non bis in idem. En effet, dans ces deux décisions qui ont conduit la Cour à invalider les réserves d'interprétation, le principe non bis in idem a été appliqué «*purement et simplement*»[1401]. Le gouvernement français a, pour sa

---

1397 Il résulte de cet article que « *tout État peut, au moment de la signature de la présente Convention ou du dépôt de son instrument de ratification, formuler une réserve au sujet d'une disposition particulière de la Convention, dans la mesure où une loi alors en vigueur sur son territoire n'est pas conforme à cette disposition. Les réserves de caractère général ne sont pas autorisées aux termes du présent article. / 2. Toute réserve émise conformément au présent article comporte un bref exposé de la loi en cause* ».

1398 La Cour européenne des droits de l'homme a, de manière implicite, jugé valide la réserve d'interprétation en énonçant à propos de l'article 4 du protocole n°7 que « *quatre États qui l'ont ratifié (l'Autriche, la France, l'Italie et le Portugal) ont émis des réserves ou des déclarations interprétatives précisant que le mot « pénalement » devait leur être appliqué selon le sens donné à cette notion dans leurs lois nationales respectives. (Signalons que les réserves formulées par l'Autriche et l'Italie ont été jugées non valables parce qu'elles n'étaient pas accompagnées d'un bref exposé de la loi en cause comme le veut l'article 57 § 2 (voir, respectivement, Gradinger c. Autriche, 23 octobre 1995, § 51, série A no 328-C, et Grande Stevens, précité, §§ 204-211), contrairement à la réserve émise par la France (Göktan c. France, no 33402/96, § 51, CEDH 2002-V)* » : CEDH, 15 nov. 2016, n° 24130/11, 29758/11, A. et B. c/ Norvège, op cit. Toutefois, seul un arrêt explicite de la Cour européenne des droits de l'homme permettra de trancher ce sujet. À cet égard, il convient de relever que dans la décision de la Cour européenne des droits de l'homme du 6 juin 2019 (CEDH, 6 juin 2019, n° 47342/14, Nodet c/ France, *JCP G* 2019, 876), le Gouvernement français a déclaré ne pas souhaiter se prévaloir de la réserve dans un litige concernant le cumul des sanctions financière et pénales. Pour le professeur Laure Milano, cette position rend compte de la volonté de l'État français de ne pas « *donner l'occasion à la Cour de Statuer sur la validité de la réserve pour pouvoir continuer de l'invoquer* ». Ce qui expliquerait également «*le refus du Conseil d'État d'activer la demande d'avis consultatif du Protocole n° 16 sur cette question* ». : MILANO L., « Réserve française à l'article 4 du Protocole n° 7, une occasion délibérément manquée ! », *JCP G*, 24 juin 2019, n° 25, comm. 674.

1399 CEDH, 23 octobre 1995, n° 15963/90, Gradinger c/ Autriche.

1400 CEDH, 4 mars 2014, Grande Stevens et a. c/ Italie.

1401 SAUPHANOR S.et MOIRIGNOT L., « Non bis in idem : état des lieux de la remise en cause du cumul des poursuites et des sanctions administratives et pénales dans l'ordre juridique français », *JCP A.* 2019, n° 45, comm. 1500.

part, considéré dans les décisions Ponsetti[1402] et Chesnel[1403], que dans l'hypothèse d'une invalidation de la réserve par la Cour européenne des droits de l'homme, la France ne serait plus liée par les dispositions de l'article 4 du Protocole n°7. Toutefois, au regard de l'évolution de la jurisprudence relative au principe non bis in idem, il serait souhaitable que la France change sa position.

B. L'application modulée de l'article 50 de la Charte des droits fondamentaux

543. Le principe non bis in idem trouve également, depuis 2000, un fondement juridique dans l'article 50 de la Charte des droits fondamentaux qui dispose que « *nul ne peut être poursuivi ou puni pénalement en raison d'une infraction pour laquelle il a déjà été acquitté ou condamné dans l'Union par un jugement pénal définitif conformément à la loi* ». À la différence de la Convention européenne des droits de l'homme, la charte des droits fondamentaux n'a pas un champ d'application général et ne peut s'appliquer qu'à l'activité normative des États membres inspirée du droit de l'Union. Il en résulte que seuls les impôts directs sont concernés par les garanties de la Charte. Toutefois, afin de rendre les dispositions de l'article 50 de la charte effective en matière fiscale, la Cour de justice de l'Union européenne a adopté une interprétation large de la notion de « mise en œuvre ». Ainsi, dans une décision du 26 février 2013, la grande chambre de la Cour de justice de l'Union européenne a jugé en contradiction avec les conclusions de l'avocat général[1404] que si les dispositions de la Charte s'imposent aux États « *uniquement lorsqu'ils mettent en œuvre le droit de l'Union* »[1405], les droits fondamentaux doivent être respectés « *lorsqu'une réglementation nationale*

1402 CEDH, 14 septembre 1999, n° 36855/97, Ponsetti c/ France.

1403 CEDH, 14 septembre 1999, n° 41731/98, Chesnel c/ France, *RJF* 2000, n° 443.

1404 Selon les conclusions de l'avocat général VILLALON C., résumé par la note de BROKELIND C., « *c'est le degré de connexité entre le droit de l'Union « mis en œuvre » et l'exercice de la puissance publique de l'État qui constituerait la prémisse de l'intérêt de l'Union à garantir un droit fondamental, intérêt spécifique qui devrait conditionner la compétence de la Cour de justice pour garantir les droits fondamentaux au regard des manifestations du pouvoir des États* ». Or le selon, lui les systèmes de sanctions fiscales doivent rester de la compétence exclusive des États membres. Si le système de double sanction est mis au service des objectifs du droit de l'Union, il ne doit pas être considéré comme une activité normative inspirée du droit de l'Union : BROKELIND C., « Charte des droits fondamentaux de l'Union européenne et cumul de sanctions fiscales et pénales », *Dr fisc.* 2013, n°40, comm. 460.

1405 CJUE, gde ch., 26 févr. 2013, aff. C-617/10, Aklagaren c/ Hans Aklerberg Fransson, *Dr fisc.* 2013, n°40, comm. 460, note BROKELIND C., pt.17.

entre dans le champ d'application du droit de l'Union »[1406]. Dès lors, selon la Cour, « *il ne saurait exister de cas de figure qui relèvent ainsi du droit de l'Union sans que lesdits droits fondamentaux ne trouvent à s'appliquer* »[1407]. Il ressort de ce raisonnement que lorsqu'une disposition affecte même partiellement le droit de l'Union, les dispositions de la Charte s'appliquent. Or, la Cour a considéré que les sanctions fiscales et les poursuites pénales pour fraude fiscale sont liées en partie à des manquements aux obligations fiscales en matière de TVA. Or, il résulte de la directive 2006/112/CE du Conseil que « *chaque État membre à l'obligation de prendre toutes les mesures législatives et administratives propre à garantir la perception de l'intégralité de la TVA due sur son territoire et à lutter contre la fraude* »[1408]. La Cour en tire comme conséquences que lesdites sanctions constituent une mise en œuvre du droit de l'Union. Par cette décision, la Cour retient une conception large de l'article 51 de la Charte en matière fiscale. Elle est ainsi considérée comme l'une des décisions *« les plus important(e)s en matière de droits fondamentaux* »[1409].

544. Dans un premier temps, la Cour de justice de l'Union européenne a été hostile à l'application cumulée des poursuites fiscales et pénales et des sanctions qui y sont attachées. Elle considérait en effet que l'article 50 de la Charte « *ne s'oppose pas à ce qu'un État membre impose pour les mêmes faits de non-respect d'obligations déclaratives dans le domaine de la TVA, une combinaison de sanctions fiscales et pénales* »[1410]. Toutefois, « *lorsque la sanction fiscale revêt un caractère pénal au sens de l'article 50 de la Charte et est devenue définitive* (...) *ladite disposition s'oppose à ce que des poursuites pénales pour les mêmes faits soient diligentées contre une même personne* »[1411]. Ainsi, le principe non bis in idem était applicable dès lors que la coloration pénale de la sanction fiscale était relevée[1412]. Ce qui était de nature à restreindre les possibilités de cumul des sanctions fiscales et pénales. Cette solution était « *si radicale qu'elle compromettait l'efficacité de la*

[1406] Ibidem, pt. 21.
[1407] Ibidem, pt 21.
[1408] Directive 2006/112/CE du Conseil, du 28 novembre 2006, relative au système commun de taxe sur la valeur ajoutée, *JO* L 347, p. 1.
[1409] FOURNIER A., « Charte des droits fondamentaux et Convention européenne des droits de l'homme : redondance ou renforcement de la protection des contribuables ? », *Dr fisc.* 2018, n°21, comm. 281.
[1410] CJUE, gde ch., 26 février 2013, aff. C-617/10, Aklagaren c/ Hans Aklerberg Fransson, op cit., pt. 34.
[1411] Ibidem.
[1412] Dans ses conclusions présentées le 12 septembre 2017, l'avocat général M. Manuel Campos Sanchez-Bordona a relevé que les critères développés dans la décision « Engel » de la CEDH pouvaient être repris pour la qualification d'une sanction de nature pénale. V. GUILLAND N., « Cumul de sanctions de la fraude fiscale et principe non bis in idem : l'avocat général de la CJUE ne s'incline pas devant la CEDH », *Dr fisc.* 2017, n° 42, act. 559.

répression»[1413], ce qui a amené la Cour de cassation à se montrer «*circonspecte à l'égard de l'article 50 de la Charte*»[1414]. Elle a ainsi considéré que l'article 50 de la Charte des droits fondamentaux de l'Union européenne ne s'oppose pas au cumul des sanctions administratives et pénales dès lors «*ce cumul garantit la sanction effective, proportionnée et dissuasive*»[1415] et qu'il respecte l'exigence de proportionnalité des peines[1416].

545. La Cour de justice a opéré un revirement de sa jurisprudence Fransson dans une décision du 20 mars 2018[1417]. Sous l'influence des décisions de la Cour européenne des droits de l'homme, les juges du Luxembourg, ont reconnu aux États membres la possibilité de cumuler les poursuites pénales et fiscales pour les mêmes faits[1418] et les sanctions y afférentes sur le fondement de l'article 52 de la Charte. Ils ont toutefois posé trois conditions de nature à limiter la portée de ce principe. La première est relative à l'objectif d'intérêt général de nature à justifier le cumul de poursuites et de sanctions, à savoir la lutte contre les infractions en matière de TVA. À cet égard, la CJUE précise que la réglementation «*doit, tout d'abord, prévoir des règles claires et précises permettant au justiciable de prévoir quels actes et omissions sont susceptibles de faire l'objet d'un tel cumul de poursuites et de sanctions*»[1419]. La deuxième condition a trait à l'existence de règles assurant une coordination des procédures limitant au strict nécessaire la charge supplémentaire résultant du cumul pour le justiciable. Enfin, la Cour de justice de l'Union européenne a ajouté une condition relative à la sévérité de l'ensemble des sanctions qui doit être limitée à ce qui est strictement nécessaire par rapport à la gravité de l'infraction concernée.

1413 DETRAZ S., « La pérennisation jurisprudentielle du cumul des répressions fiscale et pénale », *Dr fisc.* n° 11, 14 Mars 2019, 201

1414 Ibidem.

1415 « *au sens de l'article 14-1 de la directive n° 2003/6/CE du 28 janvier 2003, dont dépend la réalisation de l'objectif d'intérêt général reconnu par l'Union européenne, entrant dans les prévisions de l'article 52 de la Charte et tendant à assurer l'intégrité des marchés financiers communautaires et à renforcer la confiance des investisseurs* » : Cass. crim., 22 janv. 2014, no 12-83.579 : *Bull. crim.* 2014, n° 22 ; *Dr. sociétés* 2014, comm. 56, obs. SALOMON R., *Dr. pén.* 2014, comm. 67, obs. BONIS-GARCON É., *JCP G* 2014, 345, note MAURO Ch. *RSC* 2014, p. 106, note STASIAK F.

1416 S'alignant sur la jurisprudence du Conseil constitutionnel, la Haute juridiction judiciaire impose que « *le montant global des amendes susceptibles d'être prononcées (ne puisse) dépasser le plafond de la sanction encourue la plus élevée* » : Cass. crim., 22 janvier 2014, n° 12-83.579, ibidem.

1417 CJUE, gde ch., 20 mars 2018, aff. C-524/15, Menci, C-537/16, Garlsson Real Estate ea, C-596/16 et C-597/16, Di Puma et Zecca.

1418 Omission de verser la TVA.

1419 CJUE, gde ch., 20 mars 2018, aff. C-524/15, Menci, C-537/16, op cit.

546. Par cette décision, la Cour de justice opère un « *véritable revirement* »[1420] de jurisprudence et s'aligne sur la pratique de la Cour européenne des droits de l'homme laquelle procède à une application modulée du principe non bis in idem en matière fiscale. Si le cumul des sanctions fiscales et pénales est « *théoriquement autorisé* »[1421], les conditions imposées par la Cour de justice de l'Union européenne sont tellement strictes qu'en pratique il semble impossible à mettre en œuvre en l'état actuel du droit français. Or, en vertu de l'autorité qui s'attache au droit de l'Union européenne, cette jurisprudence revêt une portée large. En effet, la Cour considère que le principe ne bis in idem qui résulte des dispositions de l'article 50 de la Charte des droits fondamentaux de l'Union européenne confère aux particuliers un droit directement applicable dans le cadre d'un litige tel que celui au principal. Il leur revient désormais d'assurer le respect de ces exigences dans les affaires qui relèvent du droit de l'Union.

547. Toutefois, la portée de cette jurisprudence est limitée. D'une part, la Haute juridiction judiciaire considère que, « *l'article 50 de la Charte des droits fondamentaux n'a pas en lui-même pour effet d'interdire par principe tout cumul entre des sanctions fiscales et pénales* »[1422]. En effet, si les dispositions de l'article 50 de la Charte peuvent s'appliquer au cumul des sanctions fiscales et pénales en matière de fraude à la TVA, l'interprétation de l'article 52 de la Charte ne permet pas de considérer qu'elles puissent s'appliquer en dehors de cette matière. À côté de cette limite ratione materiae, la Haute juridiction judiciaire a, conformément à la jurisprudence de la Cour de justice, considéré que le principe non bis in idem ne pouvait jouer qu'au profit d'une seule et même personne[1423]. Ainsi, elle exclut son application lorsque la condamnation pénale est prononcée à l'encontre d'un dirigeant social et que les sanctions fiscales sont infligées à la société[1424].

1420 MATSOPOULOU H., « L'application de la règle non bis in idem par la CJUE », *Rev. soc.* 2018. 731.

1421 PELLETIER M., « « La CJUE et le principe non bis in idem : un pas en arrières, deux pas en avant », *Dr fisc.* 2018, n°14 comm. 139.

1422 Cass. crim., 22 février 2017, n° 14-82.526, PB.

1423 CJUE, 5 avril 2017, aff. C-217/15, Massimo Orsi. ; CJUE, 5 avril 2017, aff. C-350/15, Luciano Baldetti.

1424 Cass. crim., 6 décembre 2017, n° 16-81.857, PB, *Dr. pén.* 2018, comm. 38, obs. V. Peltier

C. L'inapplicabilité de l'article 14§ 7, du Pacte international relatif aux droits civils et politiques

548. L'une « *des manifestations les plus radicales* »[1425] de la mise à l'écart du principe non bis in idem en matière fiscale par les Hautes juridictions administratives et judiciaires concerne l'article 14§7 du Pacte international relatif aux droits civils et politiques. Cette disposition énonce que « *nul ne peut être poursuivi ou puni en raison d'une infraction pour laquelle il a déjà été acquitté ou condamné par un jugement définitif conformément à la loi et à la procédure pénale de chaque pays* »[1426]. Optant pour l'application du principe d'interprétation littérale et raisonnable des traités, le Conseil d'État, comme la Cour de cassation ont estimé qu'il résultait des termes de l'article 14 § 7 « *que la règle non bis in idem [qu'il] énonce ne trouve à s'appliquer que dans le cas où une même infraction pénale ayant déjà donné lieu à un jugement définitif de condamnation ou d'acquittement ferait l'objet d'une nouvelle poursuite et, le cas échéant, d'une condamnation devant ou par une juridiction répressive* »[1427]. Pour le juge administratif comme pour le juge judiciaire, les notions pénales retenues dans le Pacte international relatif aux droits civils et politiques ne sont pas « autonomes » et leur interprétation littérale et raisonnable les restreint aux seules les procédures pénales. Par conséquent, le principe non bis in idem ne fait pas obstacle au cumul des sanctions fiscales et pénales.

II. La nécessité des peines comme limite au cumul des sanctions fiscales et pénales

549. Le principe non bis in idem n'a jamais été consacré par le Conseil constitutionnel. Toutefois, la jurisprudence du Conseil constitutionnel a limité les possibilités de cumul des sanctions fiscales et pénales sur le fondement du principe de nécessité des peines.

[1425] DETRAZ S., « La mise à l'écart du principe non bis in idem en matière fiscale », op cit.

[1426] Article 14§7 du Pacte international relatif aux droits civils et politiques.

[1427] CE, avis, 4 avril 1997, n° 183658, Jammet, *Dr fisc.* 1997, comm. 660, concl. LOLOUM F., *RJF* 5/97, n° 469, chron. AUSTRY S. ; Cass. crim., 10 novembre 1999, n° 98-84.076, *Dr. pén.* 2000, comm. 4, note ROBERT J-H. ; Cass. crim., 27 octobre 1999, n° 98-84.626, *Dr fisc.* 2000, n° 22-23, act. p. 830.

A. La mise à l'écart du principe non bis in idem par le Conseil constitutionnel

550. Le Conseil constitutionnel a toujours refusé de consacrer le caractère constitutionnel du principe non bis in idem malgré les nombreuses tentatives des requérants et des décisions de renvoi fondées sur ce principe. Dès la décision du 28 juillet 1989[1428], il a manifesté sa volonté d'écarter le principe non bis in idem, au cumul des sanctions administratives et pénales. Il a jugé de manière radicale que « *sans qu'il soit besoin de rechercher si le principe dont la violation est invoquée* (le principe selon lequel une même personne ne peut pas être punie deux fois pour le même fait) *a valeur constitutionnelle, il convient de relever qu'il ne reçoit pas application au cas de cumul entre sanctions pénales et sanctions administratives* »[1429]. Ainsi, le Conseil constitutionnel a refusé d'accorder à ce principe une valeur supra-législative[1430] « *malgré son caractère apparemment fondamental* »[1431].

551. Si le Conseil constitutionnel a refusé de doter le principe non bis in idem d'une valeur constitutionnelle, il a, sur le fondement de l'article 8 de la Déclaration des droits de l'homme, consacré « *un principe non bis in idem sans le nommer ainsi, mais dont les tenants et aboutissants s'en inspirent* »[1432]. Toutefois, la substitution du principe de nécessité des peines n'emporte pas les mêmes conséquences sur les garanties du contribuable faisant l'objet d'une double poursuite. En effet, à la différence du principe non bis in idem qui est considéré comme présentant un caractère « *technique et objectif* »[1433], le principe de nécessité des peines, dont découle le principe de proportionnalité des peines est considéré comme « *nettement plus malléable* »[1434]. Si ces principes ont abouti à une limitation par le Conseil constitutionnel des situations de cumul des sanctions fiscales et pénales par des réserves d'interprétation, elles tendent à préserver les caractéristiques du double système de répression fiscale.

[1428] C.C., n° 89-260 DC, 28 juill. 1989, Loi relative à la sécurité et à la transparence des marchés financiers, *JO* du 1er août 1989, p. 9676, consid n° 16.

[1429] Ibidem.

[1430] C.C., n° 82-143 DC, 30 juillet 1982, loi sur les prix et les revenus, *JORF* du 31 juillet 1982, p. 2470, consid. n° 13.

[1431] DETRAZ S., « La mise à l'écart du principe non bis in idem en matière fiscale », op cit.

[1432] FUCINI S., « L'interdiction du cumul de poursuites en matière d'abus de marché : la constitutionnalisation minimaliste du principe non bis in idem », *RFDC* 2015, n°103, p. 722.

[1433] DETRAZ S., « Constitutionnalité relative du cumul des sanctions fiscales et pénales » op cit.

[1434] DETRAZ S., « La mise à l'écart du principe non bis in idem en matière fiscale », op cit.

B. La constitutionnalisation relative du cumul des sanctions fiscales et pénales

552. La constitutionnalisation relative du cumul des sanctions fiscales et pénales se manifeste par la mise à l'écart, par le Conseil constitutionnel, des conditions caractérisant une duplication indue de la répression en matière d'abus de marché. Elle s'est manifestée dans un second temps par la consécration de trois réserves d'interprétation qui limitent en pratique le cumul des répressions fiscales et pénales. Outre les garanties qu'elles apportent au contribuable, ces réserves ont eu pour conséquences de redéfinir le rôle du juge pénal dans l'articulation des poursuites fiscales et pénales.

a. La mise à l'écart des conditions caractérisant une duplication indue de la répression

553. Si le principe de nécessité des peines ne fait pas obstacle au cumul des sanctions fiscales et pénales et aux procédures y afférentes, il s'oppose à ce qu'elles constituent une duplication indue de la répression. Ce principe a été pour la première fois posé par le Conseil constitutionnel en matière d'abus de marché dans une décision du 18 mars 2015[1435]. Il a considéré que si le principe de nécessité des peines ne « *fait pas obstacle à ce que les mêmes faits commis par une même personne puissent faire l'objet de poursuites différentes aux fins de sanctions de nature administrative ou pénale en application de corps de règles distincts devant leur propre ordre de juridiction* »[1436], il interdit le cumul des poursuites lorsqu'elles constituent une duplication indue de la répression. En d'autres termes, le cumul est autorisé lorsque les poursuites présentent une nature différente. Le Conseil constitutionnel a posé quatre indices qui permettent de vérifier la duplication indue de répression, à savoir que les sanctions répriment les mêmes faits, ne sont pas d'une nature différente, protègent les mêmes intérêts sociaux et relèvent du même ordre de juridiction[1437].

[1435] C.C., 18 mars 2015, n° 2014-453/454 QPC et n° 2015-462 QPC, *Dr fisc.* 2015, n° 13, act. 198, *AJP* 2015, n° 4, 172, note MAURO C.
[1436] Ibidem.
[1437] Ibidem.

554. Dans la décision du 24 juin 2016[1438] relative au cumul des sanctions fiscales et pénales, le Conseil constitutionnel n'a pas remis en cause la jurisprudence EADS. Il a toutefois aménagé son application à la matière fiscale. Le Conseil constitutionnel s'est placé « *en amont* »[1439] des critères dégagés dans la décision EADS en considérant comme « complémentaires » les procédures fiscales et pénales. Il relève ainsi que les dispositions de l'article 1729 « *visent à garantir la perception de la contribution commune et à préserver les intérêts financiers de l'État* »[1440], tout en assurant « *le bon fonctionnement du système fiscal qui repose sur la sincérité et l'exactitude des déclarations souscrites par les contribuables* »[1441] tandis que les dispositions de l'article 1741 visent à garantir, « *l'accomplissement volontaire par les contribuables de leurs obligations fiscales* »[1442] et le recouvrement de « *la contribution commune dès lors que toute personne ayant fait l'objet d'une condamnation sur son fondement est (...) solidairement tenue avec le redevable légal au paiement de l'impôt fraudé et des majorations afférentes* »[1443]. Ces deux articles ont trait à des finalités différentes. Le Conseil constitutionnel en a tiré la conséquence qu'elles permettent « *d'assurer ensemble la protection des intérêts financiers de l'État ainsi que l'égalité devant l'impôt, en poursuivant des finalités communes, à la fois dissuasive et répressive* »[1444]. Cette circonstance justifie, à ses yeux, l'engagement concomitant de procédures pénales et fiscales dans les cas les plus graves.

555. Estimant être en présence d'un seul et même ensemble répressif, « *le Conseil constitutionnel a opéré une refondation prétorienne de l'architecture des sanctions applicables en matière fiscale afin de sauvegarder le cumul des poursuites et des sanctions fiscales et pénales* »[1445]. Cette solution, admettant le cumul des sanctions fiscales et pénales, est fondée sur l'article 13 de la Déclaration des droits de l'homme. Et c'est ainsi par la combinaison de cet article avec les dispositions de l'article 8 de ladite Déclaration que le Conseil constitutionnel valide l'application combinée des répressions pénales et fiscales aux cas les plus graves de dissimulation de sommes sujettes à l'impôt.

1438 C.C., 24 juin 2016, n° 2016-545, QPC, M. Alec W et a. et n° 2016-546 QPC, M. Jérôme C, *JORF* n° 0151 du 30 juin 2016, texte n° 110., *Dr fisc.* 2016, n° 27, comm. 405, note DETRAZ S. JACQUOT V. N. et MISPELON P., *Dr fisc.* 2016, n° 26, act. 409

1439 PELLETIER M., « De quelques conséquences (inattendues) des décisions Alec W et Jérôme C. », *Dr fisc.* 2016, n° 30-35, act. 466.

1440 C.C., 24 juin 2016, n° 2016-545, QPC, M. Alec W et a. et n° 2016-546 QPC, M. Jérôme C, op cit, §18.

1441 Ibidem, §18.

1442 Ibidem, §19.

1443 Ibidem, §19.

1444 Ibidem, §20

1445 PELLETIER M., « De quelques conséquences (inattendues) des décisions Alec W. et Jérôme C. », op cit.

556. Cette interprétation du Conseil constitutionnel qui a suscité la controverse au sein de la doctrine pénaliste[1446] a permis de préserver le système de cumul des sanctions fiscales et pénales en matière de dissimulation frauduleuse. Parallèlement, le Conseil constitutionnel a limité, par le biais de trois réserves d'interprétation, la possibilité de cumuler les sanctions fiscales et pénales.

b. La limite traditionnelle tenant à la proportionnalité du quantum des peines cumulées

557. Le Conseil constitutionnel juge traditionnellement que « *si l'éventualité d'une double procédure peut ainsi conduire à un cumul de sanctions, le principe de proportionnalité implique qu'en tout état de cause, le montant global des sanctions éventuellement prononcées ne dépasse pas le montant le plus élevé de l'une des sanctions encourues* »[1447]. Il a confirmé cette exigence sous la forme d'une réserve d'interprétation dans la décision du 24 juin 2016[1448].

558. Afin d'appréhender la teneur de ce critère, il convient de revenir sur la signification de cette formulation. En choisissant de parler « du montant le plus élevé de l'une des sanctions encourues », le Conseil constitutionnel ne précise pas si les autorités tant judiciaires qu'administratives doivent s'en tenir au maximum le plus haut ou a contrario limiter le cumul des sanctions au maximum le plus bas. En matière de concours réel d'infraction, le Code pénal dans ses articles 123-3 alinéa 1 et 132-4, fait référence « au maximum légal » des deux sanctions de même nature encourues. Partant, le Conseil constitutionnel « *entend plus vraisemblablement viser le montant le plus élevé des deux sanctions, c'est-à-dire le montant le plus haut des deux montants en*

[1446] Selon le professeur Virginie Peltier « *on ne peut que rester pantois devant la position constitutionnelle : alors que l'ensemble des critères qu'il avait pourtant lui-même mis au jour étaient réunis pour s'opposer à un cumul de sanctions fiscale et pénale, le Conseil évite de les appliquer – sans toutefois paraître se déjuger – en recourant à un subterfuge : les textes litigieux instituant des procédures complémentaires, il n'y a pas lieu d'appliquer les critères dégagés le 18 mars 2015 qui ne valent qu'en cas de poursuites différentes...* » : PELTIER V., « Échappatoire constitutionnel », *Dr. pénal* 2016, n° 9, comm. 135. Dans le même sens, le professeur Corinne Mascala regrette cette solution « *car la motivation retenue dans les deux espèces est beaucoup plus faible pour admettre le cumul en matière fiscale, donc moins convaincante et sujette à critique, alors que la reprise de la même argumentation qui n'aurait pas contrarié la solution choisie par le Conseil aurait eu le mérite de la cohérence juridique* » : MASCALA C., « Droit pénal des affaires », *D*, 2016, p. 1836.

[1447] C.C., 28 juillet 1989, n° 89-260 DC, op cit, consid. 22.

[1448] C.C., 24 juin 2016, n° 2016-545 QPC, M. Alec W. et a. : et Cons. Const., 24 juin 2016, n° 2016-546 QPC, M. Jérôme C., op cit.

jeu »[1449]. À ce stade, il convient de préciser que les montants en cause ne s'analysent pas comme le maximum légal, mais comme le plus haut des montants s'appliquant aux faits illicites réalisés. En somme, l'amende pénale en matière de fraude fiscale peut aller de 500 000 € (dont le montant peut être porté au double du produit tiré de l'infraction) à 3 000 000 € en cas de circonstances aggravantes (dont le montant peut être porté au double du produit tiré de l'infraction). Tandis que la majoration fiscale de l'article 1729 du Code général des impôts, infligée en cas d'omission ou d'inexactitude dans la déclaration est de 40% en cas de manquement délibéré et peut être portée à 80% en cas de manœuvres frauduleuses ou d'abus de droit. Il convient pour les autorités de ne retenir que le taux ou la sanction adaptés à l'affaire. Toutefois, la réserve d'interprétation du Conseil constitutionnel concernant l'application du cumul des sanctions fiscales et pénales qu'aux seuls cas les plus graves[1450] mène à penser que seront en jeu pour l'appréciation de la proportionnalité que les sanctions et les taux les plus élevés.

559. Quant à la teneur de la réserve d'interprétation, monsieur Stéphane Detraz, relève que dès lors qu'il s'agit de réprimer des agissements quasi identiques, « *permettre le cumul – serait-ce dans la limite du montant le plus élevé – revient à sanctionner deux fois les mêmes personnes pour les mêmes comportements* »[1451]. Or, « *la règle du plafond ne justifie donc en rien la possibilité du cumul dès lors que l'on a effectivement à faire, de part et d'autre de la frontière « péno-fiscale » à des actes semblables, donnant lieu à des sanctions de même nature et portant atteinte aux mêmes intérêts sociaux* »[1452]. De plus, elle n'écarte pas le risque que le montant cumulé des sanctions fiscales et pénales apparaisse disproportionné dans chacun des deux ordres répressifs. En outre, certains éléments n'entrent pas en considération dans l'analyse du montant le plus élevé à savoir, pour les sanctions pénales, la peine privative de liberté[1453] et les peines complémentaires[1454]. Ces considérations

---

1449 DETRAZ S., « Conformité à la Constitution du cumul plafonné des pénalités fiscales et des sanctions pénales pour les fraudes fiscales les plus graves », *Revue pénitentiaire et de droit pénal*, juillet-septembre 2016, n° 3, 633-636.

1450 « *Le recouvrement de la nécessaire contribution publique et l'objectif de lutte contre la fraude fiscale justifient l'engagement de procédures complémentaires dans les cas de fraudes les plus graves* » : C.C., 24 juin 2016, n° 2016-545 QPC, M. Alec W. et a. : et Cons. Const., 24 juin 2016, n° 2016-546 QPC, M. Jérôme C., op cit.

1451 DETRAZ S., « Conformité à la Constitution du cumul plafonné des pénalités fiscales et des sanctions pénales pour les fraudes fiscales les plus graves », op cit.

1452 Ibidem.

1453 Elle peut aller jusqu'à cinq ans : article 1741 du Code général des impôts.

1454 Il en va ainsi de l'affichage et de la diffusion du jugement (Onzième alinéa de l'article 1741 du Code général des impôts modifié par l'article 16 de la Loi 2018-898 du 23 octobre 2018 relative à la lutte contre la fraude), de l'interdiction d'exercer, de la suspension du permis de conduire (Article 1750 du Code général des impôts) et de la privation des droits civils, civiques et de famille. (Article 1741 du Code général des impôts).

limitent la portée pratique de la réserve d'interprétation relative à la proportionnalité.

c. L'intégration de nouvelles limites fondées sur le principe de nécessité des peines

560. À côté de la traditionnelle limite relative à la proportionnalité des peines cumulées, le Conseil constitutionnel a institué deux autres réserves d'interprétation. Tout d'abord, il a précisé qu'un contribuable déclaré non redevable de l'impôt par décision juridictionnelle devenue définitive pour motif de fond ne peut être ultérieurement condamné pour fraude fiscale. Il admet ainsi l'autorité de la chose jugée au fiscal. Ensuite, le Conseil constitutionnel précise que le cumul des répressions fiscales et pénales ne s'applique qu'aux cas les plus graves de dissimulation frauduleuse de sommes sujettes à l'impôt.

a) La réserve tenant à l'autorité de la chose jugée au fiscal

561. Par cette réserve d'interprétation, le Conseil constitutionnel vient « *contrecarrer l'un des principaux effets du principe jurisprudentiel dit de « l'indépendance des procédures fiscales et pénales* »[1455] qui fait l'objet d'une controverse au sein de la doctrine[1456]. En effet, les sages de la rue de Montpensier ont consacré, tout en l'encadrant strictement, l'autorité de la chose jugée au fiscal.

1455 DETRAZ S., « Une brèche dans l'indépendance des procédures fiscales et pénale », *RSC*, juillet-septembre 2016, n° 3, p. 524-528.

1456 SIERACZEK-ABITAN M., « L'indépendance des procédures pénale et fiscale : un principe prétorien contestable », *Dr fisc.* 2007, n°50, comm. 1039 ; MEIER E., « L'indépendance des procédures fiscale et pénale, ou quand un train peut en cacher un autre », *Dr fisc.* 2012, n°42, comm. 488. DEBOISSY F., « Retour sur un principe controversé : l'indépendance des procédures pénale et fiscale », *Dr fisc.* 2014, n° 51-52, étude 692. BOUSTA R., « De la créativité du juge fiscal : l'exemple de l'indépendance des procédures fiscale et pénal », *Dr fisc.* 2011, n°16, comm. 310.

1. La controverse relative à l'interprétation stricte du principe d'indépendance des procédures

562. Si l'autorité de la chose jugée au pénal était acquise depuis longtemps dans les situations de cumul de sanctions fiscales et pénales, il a fallu attendre la décision du Conseil constitutionnel du 24 juin 2016 pour consacrer l'autorité de la chose jugée au fiscal[1457]. La Haute juridiction judiciaire se fondait sur une interprétation stricte du principe d'indépendance des procédures fiscales et pénales[1458] pour considérer que les décisions du juge de l'impôt n'avaient pas au pénal, l'autorité de la chose jugée[1459] et que le juge correctionnel n'avait pas à surseoir à statuer en attendant l'issue de la procédure de redressement[1460]. Cette position stricte du principe d'indépendance des procédures fiscales et pénales a été confirmée par la Commission des révisions des condamnations pénales[1461].

[1457] C.C., 24 juin 2016, n°2016-545 QPC, M Alex W. et a. et n° 2016-546 QPC Jérôme C., op cit.

[1458] Le principe d'indépendance des procédures fiscales et pénales est un principe prétorien basé sur la différence de nature et d'objet des procédures. Or, selon la Haute juridiction judiciaire « *les poursuites pénales instaurées sur les bases du CGI et la procédure administrative tendant à la fixation de l'assiette et de l'étendue des impositions sont par leur nature et leur objet différentes et indépendantes l'une de l'autre* » : Cass. crim. 24 mai 1967 : *Bull. crim.* n° 163.

[1459] La Haute juridiction judiciaire jugeait traditionnellement que « *la décision administrative ne peut avoir au pénal l'autorité de la chose jugée, qu'elle ne s'impose pas aux juridictions correctionnelles, qui ne sauraient être tenues d'en déduire que le contribuable ainsi exonéré n'en a pas pour autant fraudé ou tenté de frauder* » : Cass. crim. 29 mai 1983 : *Bull. crim.* n° 245 ; Cass. crim. 4 juin 1970 : *Bull. crim.* n° 186 ; Cass. crim. 13 juin 2012 n° 11-84.092, note MEIER E. et TORLET R., *Dr fisc.* n° 42/12 c. 488.

[1460] Cass. crim. 12 février 1958 : *Bull. crim.* n° 147 ; Cass. crim. 24 mai 1967, op cit. ; Cass. crim. 9 mai 1977, *Bull. crim.* n° 160.

[1461] Selon la Commission de révision, « *les poursuites pénales engagées sur le fondement de l'article 1741 du CGI et la procédure administrative tendant, comme en l'espèce, à la fixation de l'assiette et de l'étendue des impositions fiscales sont, par leur nature et leur objet, différentes et indépendantes l'une de l'autre et que la décision de la juridiction administrative ne saurait avoir, au pénal, l'autorité de la chose jugée* (…) *Une décision de la juridiction administrative prononçant la décharge des compléments de TVA au titre de la période du 1er avril 1997 au 31 mars 2001 ne saurait ainsi faire échec à une condamnation définitive prononcée par le juge répressif sur le fondement de l'article 1741 du CGI* » : Comm. révision des condamnations pénales 14 mai 2012 no 11-REV.103 : *Dr fisc.*. 25/12 c. 344.

563. Cette théorie suscite depuis plusieurs années des interrogations[1462]. S'agissant du fondement même du principe, à savoir la différence d'objet, ces deux matières ont connu une évolution contribuant à leur rapprochement. En effet, la procédure fiscale peut conduire à l'infliction d'amendes et de majorations de droits qui en raison de leur nature, entrent dans la qualification d'accusation en matière pénale au sens de l'article 6 de la Convention européenne des droits de l'homme et de sanction ayant le caractère de punition au sens de l'article 8 de la Déclaration des droits de l'homme et du citoyen. Ainsi, la procédure fiscale peut être considérée comme poursuivant outre une fonction budgétaire, une fonction répressive. De même, la possibilité offerte au juge pénal de prononcer des saisies conservatoires dans le cadre de poursuites pour fraude fiscale[1463] a pour but de faciliter le recouvrement de la dette fiscale. Ainsi, la procédure pénale est considérée comme poursuivant outre sa fonction répressive, une fonction budgétaire. Malgré ces évolutions, le principe d'indépendance des procédures fiscales et pénales est réaffirmé constamment par la chambre criminelle de la Cour de cassation[1464].

564. La controverse dans l'application de ce principe résidait dans la possibilité pour le juge pénal de condamner des faits de fraude fiscale après le prononcé d'une décharge totale ou partielle d'imposition par le juge de l'impôt sur les mêmes faits. Ainsi, a pu faire l'objet d'une condamnation pénale pour fraude fiscale, une société étrangère exerçant une activité imposable en France au moyen d'un établissement stable non déclaré alors même que le juge de l'impôt avait prononcé la décharge des cotisations dues au titre de l'impôt sur les sociétés en l'absence d'établissement stable[1465]. Cette décision est une

---

[1462] DEBOISSY F., « Retour sur un principe controversé : l'indépendance des procédures pénale et fiscale », op cit. ; SIERACZEK M., « « L'indépendance des procédures pénale et fiscale : un principe prétorien contestable », op cit. ; BOUSTA R., « De la créativité du juge fiscal : l'exemple de l'indépendance des procédures fiscale et pénale », op cit. MEIER E., « L'indépendance des procédures fiscale et pénale, ou quand un train peut en cacher un autre », op cit.

[1463] Loi n° 2010-768 du 9 juillet 2010 visant à faciliter la saisie et la confiscation en matière pénale, *JORF* n°0158 du 10 juillet 2010 p. 12753, texte n° 1 ; complétée par la Loi du 27 mars 2012 n° 2012-409 du 27 mars 2012 de programmation relative à l'exécution des peines, *JORF* n°0075 du 28 mars 2012 p. 5592 texte n° 1. Elles consacrent le caractère conservatoire des saisies aux fins de garantir l'effectivité de la peine de confiscation. Elles procèdent à l'extension des saisies sans lien avec la nature de l'infraction (la saisie patrimoniale fondée sur une présomption d'acquisition illicite) et à l'extension de la saisie patrimoniale fondée sur une présomption d'acquisition illicite. Enfin la Loi du 6 décembre 2013, n° 2013-1117 relative à la lutte contre la fraude fiscale et la grande délinquance économique et financière, (op cit), a autorisé les saisies sur les contrats d'assurance vie ouvrant une brèche au principe d'insaisissabilité des contrats d'assurances vie.

[1464] Pour une réaffirmation récente du principe d'indépendance des procédures fiscales et pénale : Cass. crim., 4 novembre 2010, n° 10-81.233, *Dr fisc.* 2011, n° 3, 111, R. Salomon.

[1465] Cass. crim., 13 juin 2012 n° 11-84.092, M. X, op cit. ; Note LOUIT C. sous Comm. révision des condamnations pénales, 14 mai 2012, n° 11 REV 103, M. R. : *Dr fisc.* 2012, n° 25, comm. 344 .

illustration de la controverse de ce principe qui bien qu'assurant la garantie d'une bonne justice, peut conduire à des situations critiquables et paradoxales. En effet, la divergence d'interprétation résulte d'une caractérisation différente des mêmes faits. C'est-à-dire qu'une même situation juridique peut donner lieu à deux qualifications juridiques différentes et avoir pour conséquences l'application de régimes juridiques différents. Il en résulte le questionnement suivant, « *comment peut-il y avoir fraude à l'impôt s'il n'y a pas d'impôt dû ? Comment caractériser une soustraction à un impôt qui ne serait pas dû ? Comment le juge pénal peut-il apprécier, notamment pour la détermination de la peine, l'importance de la fraude sans prendre en compte le montant de l'impôt dû ?* »[1466] Un début de réponse a été apporté par le Conseil constitutionnel par l'adoption d'une réserve d'interprétation relative au cumul des sanctions fiscales et pénales.

2. La consécration de l'autorité de la chose jugée au fiscal

565. Le Conseil constitutionnel a, de manière inédite, jugé que « *les dispositions de l'article 1741 du CGI ne sauraient, sans méconnaître le principe de nécessité des délits, permettre qu'un contribuable qui a été déchargé de l'impôt par une décision juridictionnelle devenue définitive pour un motif de fond puisse être condamné pour fraude fiscale* »[1467]. Toutefois, l'ouverture de cette brèche dans le principe d'indépendance des procédures fiscales et pénales a été strictement encadrée par le Conseil constitutionnel confirmant ainsi la nécessité d'un double système de répression en matière fiscale. Ces limites à l'autorité de la chose jugée au fiscal posées par la réserve d'interprétation ont été interprétées strictement par la Haute juridiction judiciaire, restreignant ainsi les garanties du contribuable.

566. Le cumul des sanctions fiscales et pénales n'est possible que si le contribuable n'a pas été déchargé de l'impôt par une décision juridictionnelle devenue définitive. Ainsi, tant que la procédure fiscale n'est pas juridiquement achevée, le juge pénal est libre de retenir la culpabilité du prévenu. Toutefois, lorsqu'un jugement définitif de décharge d'imposition intervient postérieurement à une condamnation pénale, cette dernière doit vraisemblablement être invalidée[1468]. Il est important à ce stade que la juridiction répressive sursoie à statuer tant que l'affaire est pendante devant le

---

[1466] GAILLARDOT D., « Les conséquences de l'indépendance des contentieux pénal et fiscal pour l'autorité judiciaire », op cit.

[1467] C.C., 24 juin 2016, n° 2016-545 QPC, M. Alec W. et a. : et Cons. Const., 24 juin 2016, n° 2016-546 QPC, M. Jérôme C., op cit.

[1468] DETRAZ S., « Une brèche dans l'indépendance des procédures fiscales et pénale », op cit.

juge de l'impôt[1469]. À cet égard, la Haute juridiction judiciaire a opéré un revirement de sa jurisprudence traditionnelle en se fondant sur la réserve d'interprétation du Conseil constitutionnel. Elle a jugé que « *même lorsque le prévenu de fraude fiscale justifie de l'existence d'une procédure pendante devant le juge de l'impôt tendant à une décharge de l'imposition pour un motif de fond, le juge pénal n'est pas tenu de surseoir à statuer jusqu'à ce qu'une décision définitive du juge de l'impôt soit intervenue. Par exception, il peut prononcer, dans l'exercice de son pouvoir souverain, le sursis à statuer en cas de risque sérieux de contrariété de décisions, notamment en présence d'une décision non définitive déchargeant le prévenu de l'impôt pour un motif de fond. Dans tous les cas, le juge saisi d'une demande de sursis à statuer doit spécialement motiver sa décision* »[1470]. Sans aller jusqu'à l'instauration d'une obligation pour le juge pénal de surseoir à statuer, la Haute juridiction judiciaire l'autorise en cas de risque sérieux de contrariété de décisions. Ainsi, cette jurisprudence permet de « *maximiser la portée de la réserve constitutionnelle, en assouplissant l'office du juge pénal* »[1471]. Cette réserve constitutionnelle et son interprétation par la Cour de cassation ont permis d'améliorer la connexion des procédures.

567. Toutefois, l'autorité de la chose jugée au fiscal comporte plusieurs limites. La décision juridictionnelle doit concerner une décharge d'imposition, et non de sanctions fiscales. Cette précision s'explique aisément, dès lors que, si « *l'imposition constitue à titre principal une question fiscale, pour laquelle il est naturel - à devoir choisir - que ce soit le juge de l'impôt qui ait le dernier mot* »[1472], « *la soustraction à l'imposition n'appartient pas plus au droit fiscal qu'au droit pénal, qui la sanctionnent tous les deux* »[1473]. D'une part, le Conseil constitutionnel ne fait référence qu'aux seules décharges d'imposition « *pour des motifs de fond* ». Cette précision réduit considérablement la portée de la réserve d'interprétation dès lors que « *les divergences d'appréciation entre le juge de l'impôt (décharge) et son homologue pénal (condamnation) s'expliquent généralement par la présence d'une cause de nullité de la procédure fiscale, qui reste sans effet sur la validité des poursuites pénales* »[1474]. La décharge d'imposition pour des motifs de forme serait-elle

---

[1469] « *même si d'aucuns craignent qu'une telle obligation n'encourage le recours à des manœuvres dilatoires* » : ibidem.

[1470] Cass. crim., 11 septembre 2019, n° 18-81.980, FS-P+B+R+I., *D. actu.* 1er octobre 2019, obs. FUCINI S., *AJ pénal* 2019. 562, obs. LASSERRE CAPDEVILLE J., *RSC* 2020. 123, note PARIZO R., *JCP* 2019. 1086, note DETRAZ S., DEZEUZE E.

[1471] JACQUOT N., « Vers une balkanisation du contentieux fiscal ? Réflexions sur les nouveaux contours de l'office du juge pénal en matière de fraude fiscale - . - À propos de Cass. crim., 11 sept. 2019, n° 18-81.980, n° 18-82.430, n° 18-81.067, n° 18-81.040 et n° 18-84.144 et note explicative », *Dr fisc.* 2019, n°43, comm. 412.

[1472] DETRAZ S., « Une brèche dans l'indépendance des procédures fiscales et pénale », op cit.

[1473] Ibidem.

[1474] Ibidem.

« *moins légitime* »[1475] aux yeux du Conseil constitutionnel ? Pour certains auteurs, il peut sembler « *étrange* »[1476] de limiter la portée pratique des garanties procédurales accordées au contribuable. En effet, en matière fiscale, le juge accorde de l'importance à certaines irrégularités de forme entachant une garantie reconnue au contribuable. Celles-ci sont susceptibles d'entraîner la décharge de l'impôt[1477]. Or, le Conseil constitutionnel effectue une différence entre ces vices de forme et les vices de fond pour l'applicabilité de l'autorité de la chose jugée au fiscal. Une autre critique a été émise par monsieur Pierre Collin et le professeur Martin Collet, à savoir que, lorsque le juge administratif pratique l'économie des moyens, il peut arriver qu'il prononce la décharge de l'imposition pour un motif de forme sans se préoccuper du fond. Toutefois, cela ne veut pas dire que sur le fond l'imposition était due. Ainsi, « *sauf à imposer la réouverture du débat sur le bien-fondé de l'impôt devant le juge pénal* (...), *le contribuable ayant triomphé devant le juge fiscal pour la violation d'une garantie de procédure ne bénéficiera pas de la même protection que celui qui, dans une situation potentiellement identique, aura convaincu le juge de l'impôt d'examiner également le fond du dossier* »[1478].

568. La Haute juridiction judiciaire a doublement limité la réserve d'interprétation du Conseil constitutionnel dans un arrêt du 31 mai 2017[1479]. À l'occasion d'un litige portant sur un cumul de sanction en matière d'omission de déclaration, la Cour de cassation a jugé que « *la réserve d'interprétation émise par le Conseil constitutionnel* (...) *ne s'applique qu'à une poursuite pénale exercée pour des faits de dissimulation volontaire d'une partie des sommes sujettes à l'impôt, et non d'omission volontaire de faire une déclaration dans les délais prescrits et nécessite également que la décision de décharge rendue par le juge administratif ou civil concerne le même impôt* »[1480]. Cette interprétation a été jugée comme relevant « *d'une*

[1475] PELLETIER M., De quelques conséquences (inattendues) des décisions Alec W et Jérôme C. », *op cit.*

[1476] COLLET M., COLLIN P., « Le cumul de sanctions pénale et fiscale face aux exigences constitutionnelles et européennes - . - À propos de Cons. Const., 24 juin 2016, n° 2016-546 QPC et n° 2016-545 QPC », *JCP G.*, 2016 n° 29, comm. 847.

[1477] Il s'agit des garanties attachées au droit de la défense. V., COLLET M., « Quelles conséquences attacher aux erreurs procédurales de l'administration fiscale ? », *JCP G.*, 2012, n° 23, comm. 687.

[1478] COLLET M., COLLIN P., « Le cumul de sanctions pénale et fiscale face aux exigences constitutionnelles et européennes -. - À propos de Cons. Const., 24 juin 2016, n° 2016-546 QPC et n° 2016-545 QPC », op cit.

[1479] Cass. crim., 31 mai 2017, n° 15-82.159, P+B, – V. R. Salomon, Droit pénal fiscal : *Dr fisc.* 2017, n° 40, étude 485.

[1480] Ibidem.

lecture a minima des décisions de 2016 du Conseil constitutionnel »[1481]. Toutefois, une décision du Conseil constitutionnel du 23 novembre 2018 est venue mettre un terme à cette interprétation restrictive de la réserve d'interprétation[1482] en étendant les trois réserves au cas de l'omission déclarative. Il n'y a donc plus lieu, « *pour la Cour de cassation, de pratiquer le distinguo entre ces deux modalités frauduleuses* »[1483].

569. En outre, la Haute juridiction judiciaire précise que la décharge prononcée par le juge de l'impôt doit concerner le même impôt que celui en cause dans la procédure pénale[1484]. La Cour de cassation en conclut qu'une décharge de rappels d'impôts sur le revenu, correspondant à des bénéfices sociaux, au motif qu'ils ne provenaient pas d'un établissement stable situé en France, n'a aucune incidence sur la condamnation pénale de la personne déchargée de ces rappels, en sa qualité de dirigeant de fait, pour défaut de déclaration de résultats au titre de l'impôt sur les sociétés, fondée sur l'existence d'un établissement stable en France. La Haute juridiction judiciaire a confirmé sa position dans un arrêt du 28 juin 2017[1485], en précisant que pour l'application de la réserve d'interprétation, la prévenue doit avoir été déchargée « *de toute imposition* »[1486]. Ainsi, la réserve ne s'applique pas lorsqu'une personne est déchargée de l'impôt calculé sur le prix de cession des parts de sa société regardé comme un salaire, mais pas des revenus imposables de ce prix de cession en tant que plus-values de cession à titre onéreux. Il résulte de ces deux arrêts que la réserve d'interprétation « *n'empêche pas des différences d'appréciation entre le juge pénal et le juge de l'impôt, y compris sur des points de fond* »[1487]. Elle a pour conséquence en matière de cumul qu' « *une même activité soit considérée comme soumise à la loi fiscale française par la juridiction répressive, et comme telle susceptible d'être le terreau d'une fraude fiscale, mais à l'inverse non assujettie à l'impôt français par la juridiction fiscale, laquelle invalide alors l'application des pénalités administratives* »[1488].

[1481] DETRAZ S., « La pérennisation jurisprudentielle du cumul des répressions fiscale et pénale », op cit.

[1482] C.C., 23 novembre 2018, n° 2018-745 QPC, *JORF* n°0272 du 24 novembre 2018, texte n° 70.

[1483] DETRAZ S., « La pérennisation jurisprudentielle du cumul des répressions fiscale et pénale », op cit.

[1484] Cass. crim., 31 mai 2017, n° 15-82.159, P+B, op cit.

[1485] Cass. crim., 28 juin 2017, n° 16-81.149, P+B, *Dr fisc.* 2017, n° 45, act. 587.

[1486] Ibidem.

[1487] DETRAZ S., « La pérennisation jurisprudentielle du cumul des répressions fiscale et pénale », op cit.

[1488] Ibidem.

b) La réserve tenant à la gravité de la dissimulation frauduleuse

570. Dans sa décision du 24 juin 2016, le Conseil constitutionnel a cantonné le cumul des sanctions fiscales et pénales aux « *cas les plus graves de dissimulation frauduleuse de sommes soumises à l'impôt* »[1489]. Par l'insertion d'un critère de contrôle subjectif, le juge constitutionnel laisse aux autorités judiciaires et administratives le soin de déterminer la légitimité du cumul des poursuites pénales et fiscales. Il ne donne comme seules précisions que « *cette gravité peut résulter du montant des droits fraudés, de la nature des agissements de la personne poursuivie ou des circonstances de leur intervention* »[1490]. Il ne s'agit pas ici d'un guide permettant d'expliquer la notion de gravité, mais d'une invitation au juge pénal, à interpréter cette notion, en tenant compte de toutes les « circonstances » de l'infraction[1491]. Si le Conseil constitutionnel n'a pas dégagé de critères plus objectifs, c'est parce qu'il ne dispose pas du même pouvoir d'appréciation que le législateur et que le législateur laisse une grande marge d'interprétation aux juges en matière fiscale[1492]. Il en résulte que, « *le Conseil constitutionnel a admis cette volonté du législateur et n'est donc pas allé au-delà de celle-ci dans la formulation de sa réserve d'interprétation* »[1493].

571. Est ainsi délégué à la juridiction répressive, le soin d'apprécier souverainement les critères de caractérisation de la gravité des faits[1494]. Ainsi, dans un des arrêts du 11septembre 2019, la Haute juridiction judiciaire a considéré que l'absence de justification de l'origine des fonds placés et le comportement du prévenu postérieurement à la fraude ne pouvaient être retenus dans la caractérisation de la gravité[1495]. De plus, la chambre criminelle de la Cour de cassation a précisé qu'il revient « *à la juridiction de jugement, devant laquelle un débat contradictoire peut s'engager de s'assurer de cette gravité* »[1496] et ce, indépendamment de la prise en compte de la gravité par l'administration fiscale lorsqu'elle dépose plainte après avis conforme de la Commission des infractions fiscales, puis par le ministère public lorsqu'il décide d'engager des poursuites. Enfin, elle indique que lorsque les faits ne

---

1489 C.C., 24 juin 2016, n° 2016-546 QPC, Jérôme C, op cit.
1490 Ibidem.
1491 Antécédents du prévenu, domaine économique de la fraude ect..
1492 Il en va ainsi des termes de « manquement délibéré », de « manœuvres frauduleuses » et de « frauduleusement soustrait ».
1493 Note sous C.C., 24 juin 2016, n° 2016-546 QPC, Jérôme C, https://www.conseil-constitutionnel.fr/sites/default/files/as/root/bank_mm/decisions/2016546qpc/2016546qpc_ccc.pdf.
1494 Cass. crim., 11 sept. 2019, n° 18-81.040 et n°18-84.144, op cit.
1495 Cass. crim., 11 sept. 2019, n° 18-81.040, ibidem.
1496 Ibidem.

présentent pas de « *caractère de gravité suffisante* »[1497], le juge pénal ne peut que prononcer la relaxe du prévenu.

572. Cette réserve a fait l'objet d'une interprétation stricte par les Hautes juridictions judiciaires et administratives quant à son champ d'application. Dans un souci de ne pas « *devancer* »[1498] le Conseil constitutionnel qui semblait limiter les cas de cumul de sanction en matière fiscale qu'aux cas de fraude fiscale par dissimulation des sommes sujettes à l'impôt, correspondant à la deuxième forme de fraude fiscale, énoncée par l'article 1741 du Code général des impôts, la Cour de cassation a jugé que « la réserve d'interprétation émise par le Conseil constitutionnel « *ne s'applique qu'à une poursuite pénale exercée pour des faits de dissimulation volontaire d'une partie des sommes sujettes à l'impôt, et non d'omission volontaire de faire une déclaration dans les délais prescrits* »[1499]. La Haute juridiction administrative a pris une position similaire dans un arrêt du 12 juillet 2017 afin de rejeter le grief tiré de la méconnaissance du principe de légalité des délits et des peines[1500].

573. Selon monsieur Stéphane Detraz, « *il était artificiel de ne pas étendre la condition de gravité aux autres modalités frauduleuses, et tout particulièrement à l'omission de déclaration dans les délais, qui pose des problèmes comparables* »[1501]. Cette position a été relayée par le Conseil constitutionnel dans une décision du 23 novembre 2018[1502]. Il a déclaré que le cumul des articles 1728 et 1741 ne peut opérer, qu'à l'égard des « *cas les plus graves d'omission déclarative frauduleuse* »[1503]. Par conséquent, dès lors que

---

1497 Ibidem.

1498 Expression utilisée par Stéphane Detraz : DETRAZ S., « La pérennisation jurisprudentielle du cumul des répressions fiscale et pénale », op cit.

1499 Cass. crim., 31 mai 2017, n° 15-82.159, P+B, *D.* 2017. 1193.

1500 Selon la Haute juridiction administrative, « *Il ne résulte ni des termes de l'article 1741 du Code général des impôts, ni des réserves d'interprétation formulées par le Conseil constitutionnel au sujet du cumul des sanctions que prévoit cet article avec celles de l'article 1729 du code général des impôts que ces dispositions, qui sont relatives au délit général de fraude fiscale et punissent notamment quiconque s'est frauduleusement soustrait ou a tenté de se soustraire frauduleusement à l'établissement ou au paiement total ou partiel des impôts en omettant de souscrire sa déclaration dans les délais prescrits, ne pourraient s'appliquer qu'aux omissions les plus graves. Par suite, ne peut être regardé comme sérieux le moyen tiré de ce que ces dispositions méconnaissent le principe de légalité des délits et des peines, garanti par l'article 8 de la Déclaration des droits de l'homme et du citoyen de 1789, en ce qu'elles ne définissent pas les critères permettant d'identifier les cas d'omissions déclaratives les plus graves* » : CE, 8e ch., 12 juill. 2017, n° 410740 , Benmussa, *Dr fisc.* 2017, n° 37, comm. 443, concl. VICTOR R.

1501 DETRAZ S., « La pérennisation jurisprudentielle du cumul des répressions fiscale et pénale », op cit.

1502 C.C., 23 novembre 2018, n° 2018-745 QPC., op cit.

1503 Ibidem.

l'omission et la dissimulation sont, au sein de l'article 1741 du Code général des impôts, « *les deux formes dominantes du délit général de fraude fiscale, la question du cumul avec les articles 1728 et 1729 apparaît donc pour l'essentiel réglée* »[1504].

574. Malgré les efforts fournis par le Conseil constitutionnel pour limiter le cumul des sanctions fiscales et pénales, il se refuse toujours, en dépit des multiples invitations des requérants, à ériger le principe non bis in idem en principe constitutionnel et par voie de conséquence « à *donner au principe conventionnel de l'article 4 du Protocole n°7 son équivalence constitutionnelle* »[1505]. Il continue de faire du principe de la nécessité des peines « *le seul à l'aune duquel doit se régler le problème du cumul des sanctions et procédures relevant d'ordres répressifs distincts* »[1506], alors que certains textes constitutionnels pourraient servir de fondement à la consécration de la valeur constitutionnelle du principe non bis in idem. Il en va ainsi de l'article 16 de la Déclaration des droits de l'homme qui assure la garantie des droits, et de l'article 8 de cette Déclaration « *dont le Conseil constitutionnel a tiré l'individualisation de la peine* »[1507]. Pour reprendre les termes de Bertrand De Lamy, « *sans doute, ne veut-il pas que sa décision ait une répercussion importante sur les choix législatifs de répression mais la prudence devient ici une regrettable frilosité oubliant que sa mission est de proclamer et de garantir des droits fondamentaux* »[1508].

[1504] DETRAZ S., « La pérennisation jurisprudentielle du cumul des répressions fiscale et pénale », op cit.
[1505] SUDRE F., « Principe non bis in idem et Convention européenne des droits de l'homme : la décision en trompe l'œil du Conseil Constitutionnel », *JCP G.*, mars 2015, n°13, p. 608.
[1506] DETRAZ S., « Constitutionnalité relative du cumul des sanctions fiscales et pénales », op cit.
[1507] DE LAMY B., « Le non cumul des sanctions par la non constitutionnalisation du principe ne bis in idem », *RSC* 2015. 705.
[1508] Ibidem.

Conclusion Chapitre 1

575. L'application du principe de légalité des délits et des peines aux sanctions fiscales a été l'occasion de réaffirmer la préservation des spécificités du droit pénal. L'intensité du contrôle du Conseil constitutionnel varie selon la nature formelle de la sanction. Ainsi la pratique jurisprudentielle laisse apparaître un renforcement du contrôle en présence de sanctions relevant du « noyau dur » du droit pénal à la différence des sanctions ayant le caractère de punition. Pour cette catégorie de sanction dont relèvent certaines sanctions fiscales, le Conseil constitutionnel a opté pour « *une conception ouverte* »[1509] du principe de légalité en se fondant sur une norme fiscale punitive qui va au-delà du support législatif pour y intégrer des précisions jurisprudentielles et parfois même doctrinales. Cette acception souple de la légalité criminelle justifie le peu de censure du Conseil constitutionnel des sanctions fiscales sur le fondement de ce principe. Ainsi, selon le professeur Julien Bonnet, il ne résulte de l'application de ce principe, en matière répressive, qu'un « *intérêt préventif à l'attention des rédacteurs des textes de loi* »[1510].

576. Si le Conseil constitutionnel admet le principe même d'un contrôle de nécessité de la norme fiscale incriminatrice, l'étude de la jurisprudence montre que la portée ou l'intensité de ce contrôle demeure assez faible. Ainsi, en matière de proportionnalité des peines, si le Conseil constitutionnel a construit une jurisprudence relative au principe de proportionnalité des peines, il a adopté une acception souple de ce principe lorsqu'il est appliqué aux sanctions fiscales. En effet, le Conseil constitutionnel a toujours considéré qu'il ne lui appartenait pas « *de substituer sa propre appréciation à celle du législateur* » en ce qui concerne la nécessité d'incriminer un comportement. Ainsi, du contrôle restreint exercé par le juge, il ne résulte que très peu de censure sur le fondement du principe de nécessité des peines. En outre, si le rattachement de la rétroactivité in mitius à l'article 8 de la Déclaration a permis de l'affranchir des racines historiques du droit pénal, elle constitue la principale limite de son application. Le principe de rétroactivité in mitius ne s'applique qu'en tant que nécessaire. Il est ainsi de nature à pouvoir justifier des restrictions à son application aux sanctions fiscales. Enfin, l'application de ce principe a permis d'encadrer la possibilité du cumul des sanctions fiscales et

---

1509 BONNET J., « Le principe de légalité criminelle, le point de vue d'un constitutionnaliste », op cit, p. 15.
1510 Ibidem, p. 21.

pénales. Il constitue, à cet égard, un palliatif à l'absence de consécration constitutionnelle du principe non bis in idem et à l'inapplication de la Convention européenne des droits de l'homme même si l'on ne peut que regretter qu'un « *principe aussi fondamental du droit pénal, protégeant à la fois l'autorité de la chose jugée et la liberté des individus, ne reçoive aucune application en cas de poursuites pénales et administratives* »[1511].

[1511] CAPPELLO A., « Rejet mitigé du principe « non bis in idem » en droit interne », *Répertoire de droit pénal et de procédure pénale,* octobre 2016. (actualisation juillet 2019).

Chapitre 2 : Les principes relatifs à la fixation de la sanction

577. Longtemps affirmé par la Haute juridiction judiciaire, en l'absence de consécration législative, le principe de responsabilité personnelle signifiait que « *nul n'est pénalement responsable qu'à raison de son fait personnel* »[1512]. Lors de l'élaboration du Code pénal le législateur a repris l'essence de ce considérant à l'article 121-1 du Code pénal, selon lequel « *nul n'est responsable pénalement que de son propre fait* »[1513]. Cet article a consacré en droit pénal, le principe de la responsabilité du fait personnel et sa conséquence logique le principe de la personnalité des peines. Le premier signifie que seules les personnes reconnues responsables pénalement encourent une peine. Le principe de personnalité des peines implique logiquement que les personnes punissables sont celles qui ont pris part personnellement à la réalisation de l'infraction. Ces deux principes sont intimement liés. En effet, l'affirmation du principe de personnalité des peines implique que la responsabilité du fait personnel soit établie au préalable. Pour autant, ces deux principes ne se superposent pas. En effet, « *chacun représente un repère dans le cheminement intellectuel qui conduit au prononcé d'une sanction pénale* »[1514]. Ainsi, il peut arriver que certains textes respectent le principe de la responsabilité du fait personnel, mais portent atteinte au principe de la personnalité des peines. De même, une exception à la personnalité de la responsabilité pénale n'emporte pas systématiquement une atteinte à la personnalité des peines.

578. Le principe de responsabilité du fait personnel et le principe de personnalité des peines tels qu'ils résultent des dispositions de l'article 121-1 du Code pénal ne s'imposent qu'aux magistrats. La consécration de la valeur constitutionnelle et conventionnelle de ces deux principes a permis d'imposer leur respect au législateur.

[1512] Cass. crim., 3 mars 1859, *Bull. crim.*, n° 69. La Chambre criminelle a reconnu que ce principe pouvait faire l'objet d'exception en raison « *soit de la loi, soit de la nature même des choses* ».

[1513] Article 121-1 du Code pénal.

[1514] FROSSARD S., « quelques réflexions relatives au principe de la personnalité des peines », *RSC* 1998. 703

579. Le Conseil constitutionnel s'est prononcé sur la valeur constitutionnelle des principes de responsabilité personnelle et le principe de personnalité des peines dans une décision du 2 décembre 1976[1515]. Il s'agissait en l'espèce du contrôle de conformité de l'article 19 de la loi relative au développement de la prévention des accidents du travail qui avait pour objet de donner au tribunal la faculté, de mettre à la charge de l'employeur le paiement en totalité ou en partie des amendes et frais de justice, lorsque l'infraction aux règles d'hygiène ou de sécurité du travail commise par un préposé a provoqué un décès, des blessures ou une maladie. Le Conseil constitutionnel s'est tenu à des exigences liées au droit de la défense pour considérer que ces dispositions « *ne portaient atteinte à aucune disposition de la Constitution ni à aucun principe de valeur constitutionnelle applicable en matière pénale* »[1516]. Certains auteurs ont analysé cette décision au regard du principe de personnalité des peines en relevant la proximité de ce principe avec la conformité de la disposition en cause. Ils relèvent dans l'analyse du Conseil constitutionnel l'essence du principe de personnalité des peines[1517]. Cette décision a été considérée comme consacrant « *de manière implicite une valeur constitutionnelle relative au principe de la personnalité des peines et partant, à celui du caractère personnel de la responsabilité pénale* »[1518].

580. La décision du Conseil constitutionnel du 16 juin 1999[1519] est venue préciser et éclaircir la décision du 2 décembre 1976. Le juge constitutionnel s'est prononcé sur la valeur du principe de responsabilité personnelle et de personnalité des peines à propos de l'examen de la constitutionnalité des dispositions de la loi n° 99-505 du 18 juin 1999 comportant diverses mesures relatives à la sécurité routière[1520] et notamment d'une modification du Code de la route prévoyant que le titulaire du certificat d'immatriculation était redevable des amendes encourues du fait des contraventions à la réglementation routière. Après avoir admis la possibilité pour le législateur d'instituer à titre exceptionnel des présomptions de culpabilité en matière contraventionnelle[1521], le Conseil constitutionnel a analysé cette disposition au regard du principe de personnalité des peines et du principe de responsabilité du fait personnel. Il a considéré que cette disposition respectait « *le principe, résultant des articles 8 et 9 de la Déclaration des droits de l'homme et du citoyen, selon lequel nul n'est punissable que de son propre*

[1515] C.C., 2 décembre 1976, n° 76-70 DC, *JO* 7 déc. 1976, p. 7052.

[1516] Ibidem.

[1517] DESPORTE F., GUNEHEC F., Droit pénal général, op cit., p. 487.

[1518] Ibidem.

[1519] C.C., 16 juin 1999, n° 99-411 DC, 16 juin 1999, *JORF* n°140 du 19 juin 1999 p. 9018.

[1520] Ibidem.

[1521] Dès lors « *qu'elles ne revêtent pas de caractère irréfragable, qu'est assuré le respect des droits de la défense et que les faits induisent raisonnablement la vraisemblance de l'imputabilité* » : C.C., 16 juin 1999, n° 99-411 DC, 16 juin 1999, ibidem.

fait »[1522]. Est ainsi admis de manière explicite que les principes de responsabilité personnelle et de personnalité des peines expriment une exigence constitutionnelle au regard des articles 8 et 9 de la Déclaration de 1789. Par conséquent, *« la substance du principe se trouve constitutionnalisée, ce qui lui confère un important rayonnement »*[1523]. Cependant, dans cette décision, comme dans celle du 2 décembre 1976, le Conseil constitutionnel ne donne à ces principes qu'une portée relative en permettant au législateur d'apporter des tempéraments aux principes de personnalité des peines et de la responsabilité personnelle.

581. C'est sur le fondement de l'article 6§2 de la Convention que la Cour européenne des droits de l'homme a consacré la valeur conventionnelle du principe selon lequel la responsabilité pénale ne survit pas à l'auteur de l'acte délictueux. Cet article ne fait pas explicitement référence aux principes de personnalité des peines et de responsabilité personnelle. Cependant, il est légitime de penser que l'imputation d'une infraction à une personne qui ne l'a pas commise est contraire à la présomption d'innocence garantie par les dispositions du §2 de l'article 6 de la Convention. La Cour européenne a suivi ce raisonnement et a, *« dans le cadre d'une interprétation finaliste »*[1524] des dispositions de l'article 6§2 de la Convention, fondée sur la prééminence du droit, élargi le principe de la présomption d'innocence à un principe proche de la responsabilité du fait personnel et du principe de personnalité des peines. Elle a ainsi jugé qu'une sanction pénale ne saurait être infligée aux héritiers d'une personne pour une infraction imputée à cette dernière dès lors qu' *« il existe une règle fondamentale du droit pénal, selon laquelle la responsabilité pénale ne survit pas à l'auteur de l'acte délictueux »*[1525]. Ce principe étant selon la Cour requis *« par la présomption d'innocence consacrée à l'article 6, § 2 de la Convention »*[1526]. Elle en conclut *qu' « hériter de la culpabilité du défunt n'est pas compatible avec les normes de la justice pénale dans une société régie par la prééminence du droit »*[1527]. On ne peut donc selon la Cour infliger une sanction à une autre personne que celui qui a commis un manquement. Ce principe a été consacré à propos de l'imputabilité d'une faute à une personne physique autre que l'auteur du manquement. La Cour européenne des droits de l'homme ne s'est pour l'heure jamais prononcée sur son applicabilité aux personnes morales.

[1522] Ibidem.

[1523] SORDINO M-C., « Spécificités de l'application du principe de personnalité des peines n matière économique », *Rec.* 2014 p.531

[1524] SUDRE F., Droit européen et international des droits de l'homme, *PUF*, 2008, p. 424.

[1525]CEDH, 29 août 1997, n° 71/1996/690/882, AP, MP et TP c/ Suisse : *JCP G* 1998, I, 107, note SUDRE F., *RJF* 11/1997, n° 1097.

[1526] Ibidem.

[1527] Ibidem.

582. Les principes de responsabilité du fait personnel et de personnalité des peines, s'ils sont intimement liés, ne doivent pas se confondre. Il convient donc de les analyser séparément. En matière fiscale, la portée de ces deux principes a été limitée afin de concilier la protection juridique du contribuable et la volonté de préserver un système de répression fiscale efficace.

Section 1 : L'application relative du principe de responsabilité du fait personnel

583. Le principe de responsabilité personnelle signifie « *qu'une personne ne peut voir sa responsabilité engagée si elle n'a pas elle-même participé à la perpétration de l'infraction* »[1528]. Ce principe exclut la responsabilité du fait d'autrui. En d'autres termes, il exclut, à la différence du droit civil, qu'une personne puisse voir sa responsabilité pénale engagée si elle n'a pas elle-même participé à la perpétration de l'infraction. Seul un fait personnel peut être facteur de poursuite et de condamnation. Ce principe est entendu strictement lorsqu'il est appliqué aux personnes physiques. A contrario, son application aux personnes morales laisse place à certains aménagements.

I. Une application stricte aux personnes physiques

584. Le principe de responsabilité personnelle lorsqu'il est appliqué aux personnes physiques est entendu strictement par les Hautes juridictions administratives et judiciaires. Il nécessite pour l'engagement de la responsabilité d'une personne physique, l'existence d'une implication personnelle de la personne physique. Il appartient à l'administration d'apporter la preuve de cette exigence indispensable à la mise en œuvre de la responsabilité.

A. L'exigence d'une implication personnelle

585. La responsabilité du fait personnel implique en droit pénal fiscal que le dirigeant de sociétés soustraites à l'impôt n'est responsable pénalement du chef de fraude fiscale qu'en cas de participation personnelle à l'infraction[1529].

[1528] DESPORTE F., GUNEHEC F., Droit pénal général, op cit, p. 487.

[1529] Cass. crim., 8 novembre 1982, pourvoi c/ CA Aix-en-Provence, 16 sept. 1981 inédit ; Cass. crim., 21 juin 1982, n° 81-93.586 : *Bull. crim.* n° 165.

Cette exigence s'applique également en droit fiscal répressif. Antérieurement à l'assimilation des sanctions fiscales aux sanctions pénales par les juges européens et les juridictions internes, le Conseil d'État appliquait le principe de la responsabilité personnelle aux pénalités ayant le « caractère de sanction ». C'est en matière en matière de répression des manquements aux obligations de déclaration que la Haute juridiction administrative a élaboré une jurisprudence relative à la responsabilité personnelle et à son corollaire, l'exclusion de la responsabilité du fait d'autrui.

586. Il résulte d'une jurisprudence constante en matière fiscale que le principe de responsabilité personnelle s'oppose à ce qu'une personne physique soit sanctionnée pour des faits commis par une autre personne, physique ou morale. Ainsi, un associé d'une société de personnes dont le gérant a volontairement souscrit des déclarations entachées d'omissions, est certes imposable pour sa part dans les bénéfices sociaux, mais n'encourt pas pour autant des pénalités pour mauvaise foi dès lors qu'il ne participait pas à la gestion de la société, n'a pris aucune part à l'établissement de la déclaration frauduleuse et que l'administration n'établit pas qu'il était informé des minorations que celle-ci comportait[1530].

a. L'apport de la jurisprudence relative aux majorations pour absence de bonne foi

587. Si la mise en jeu de la responsabilité ne présente pas de difficulté dans le régime de droit commun, dès lors que les pénalités prévues aux articles 1728, 1729 et 1734 du Code général des impôts viennent sanctionner le redevable de l'impôt au niveau de ses impositions personnelles. Il n'en va pas de même pour le régime d'imposition applicable aux sociétés de personne n'ayant pas opté pour le régime des sociétés de capitaux dès lors qu'il y a dissociation entre la personne responsable de la déclaration des bénéfices sociaux et le redevable de l'impôt qui sont chacun des associés en raison de leurs droits sociaux aux bénéfices. Ainsi, sont tenus à l'obligation de

---

[1530] CE, plén., 2 mars 1979, n° 6646, *Rec. CE* 1979, p. 92 ; *Dr fisc.* 1979, n° 20, comm. 997 ; *Dr fisc.* 1981, n° 4, comm. 125, concl. LOBRY P., *RJF* 4/1979, n° 237 ; CE, sect., 10 juill. 1987, n° 57762 et n° 57763, M. et Mme Roucaud, *Rec. CE* 1987, p. 256, concl. LE ROY T., *Dr fisc.* 1987, n° 51, comm. 2301, *RJF* 10/1987, n° 1055 ; CE, 7e et 8e ss-sect., 6 avril 1987, n° 55862, Vincent, *RJF* 6/1987, n° 664 ; CE, 8e et 3e ss-sect., 15 déc. 2010, n° 320693, Mme Retman et n° 320694, M. et Mme Guillemot, *Dr fisc.* 2011, n° 11, comm. 259, note FUMENIER P., *RJF* 3/2011, n° 283.

déclaration des bénéfices, les seuls gérants de la société alors même que les impositions qui en résultent sont à la charge de tous les associés[1531].

588. Cette dissociation entre la personne légalement tenue à la déclaration et le redevable de l'impôt, a amené la Haute juridiction administrative, dans un arrêt du 2 mars 1979[1532], à répondre à la question de savoir si, la majoration découlant de l'absence de bonne foi du déclarant devait être appliquée aux cotisations de l'associé. Les juges de première instance ont répondu dans l'affirmative en considérant qu'il n'y avait pas en réalité de dualité entre la société et les associés. Les juges du fond se fondent sur « *l'existence d'un mandat en vertu duquel la personne morale n'agit que comme mandataire des associés qui sont les seuls redevables de l'impôt sur les bénéfices en vertu de la loi* »[1533]. La Haute juridiction administrative s'est quant à elle fondée sur la bonne foi de l'associé pour juger que la majoration de l'article 1729 du Code général des impôts lui a été appliquée à tort[1534].

589. Le Conseil d'État ne s'est pas appuyé sur le principe de responsabilité personnelle tel qu'il résulte des dispositions des articles 8 et 9 de la Déclaration. À l'époque où l'arrêt a été rendu, ni le Conseil constitutionnel ni la Cour européenne des droits de l'homme n'avaient assimilé les sanctions fiscales aux sanctions pénales. Le régime juridique des sanctions fiscales n'était pas imprégné des règles de fond et de forme du droit pénal. Cependant, le raisonnement suivi par la Haute juridiction administrative s'inspire sur le fond du principe de responsabilité personnelle qui exclut la responsabilité du fait d'autrui. Pour autant, le Conseil d'État a continué à se fonder sur le principe de « *simple morale intellectuelle* »[1535], pour exclure la responsabilité du fait d'autrui, postérieurement à l'assimilation des sanctions fiscales aux sanctions pénales[1536]. Ce n'est qu'à partir d'un arrêt du 14 octobre 2015[1537] que le Conseil d'État a fait référence à la responsabilité personnelle des associés non gérant de l'entreprise[1538].

[1531] Les associés n'étant tenus qu'à la déclaration de revenu global qui résulte des dispositions de l'article 170 du Code général des impôts.
[1532] CE, plén., 2 mars 1979, n°6646, *Rec. CE* 1979, p. 92, *Dr fisc.* 1979, n° 20, comm. 997, *Dr fisc.* 1981, n° 4, comm. 125, concl. LOBRY P., *RJF* 4/1979, n° 237.
[1533] Concl. LOBRY P., sous CE, plén., 2 mars 1979, n°6646, op cit.
[1534] CE, plén., 2 mars 1979, n°6646, op cit.
[1535] Concl. LOBRY P., sous CE, plén., 2 mars 1979, n°6646, op cit.
[1536] CE, sect., 10 juillet 1987, n° 57762, op cit.
[1537] CE 10e et 9e ss-sect., 14 octobre 2015, n° 386698, min. c/ SCI 3 ME, *Dr fisc.* 2016, n° 2, comm. 70
[1538] Ibidem.

b. L'extension à la jurisprudence relative à l'opposition à contrôle fiscal

590. Dans la continuité de la jurisprudence relative aux majorations pour absence de bonne foi, la Haute juridiction administrative a considéré, dans un arrêt du 5 novembre 2014, que l'infliction d'une pénalité pour opposition à contrôle fiscal d'un associé nécessite une participation personnelle à la gestion frauduleuse[1539]. L'opposition à contrôle fiscal, considéré comme « *un acte grave de rébellion* »[1540] justifie une sanction alourdie. Cette pénalité qui atteignait en l'espèce 150% des droits éludés[1541] est d'application automatique en cas de mise en œuvre de la procédure d'évaluation d'office. À la différence des pénalités pour absence de bonne foi, la mise en œuvre de la responsabilité en cas d'opposition à contrôle fiscal, n'implique pas la démonstration par l'administration du comportement fautif du contribuable dès lors que sa mauvaise volonté est suffisamment démontrée par la caractérisation de l'opposition à contrôle fiscal.

591. La Haute juridiction administrative s'est fondée tant sur le principe de responsabilité personnelle que sur le principe de personnalité des peines pour juger que les « *pénalités fiscales, qui présentent le caractère d'une punition tendant à empêcher la réitération des agissements qu'elles visent* »[1542] ne peuvent être prononcées *« à l'encontre de contribuables, personnes physiques, lorsque ceux-ci n'ont pas participé aux agissements que ces pénalités répriment* »[1543]. Par conséquent, les dispositions de l'article 1730 du Code général des impôts, qui prévoient en cas d'évaluation d'office des bases d'imposition que les suppléments de droits mis à la charge du contribuable peuvent être assortis d'une majoration, ne sauraient être interprétées comme permettant à l'administration de mettre cette pénalité à la charge d'une personne n'ayant pas pris part à l'opposition fiscale. Cela suppose qu'il n'exerce ni en droit ni en fait aucune fonction au sein de l'entreprise.

592. En l'espèce, l'administration fiscale a mis à la charge de la SCI 3ME le paiement d'une amende fiscale égale à 50% du montant de trois factures,

---

[1539] CE, 9e et 10e ss-sect., 5 novembre 2014, n° 356798, SCI Agathe (1re esp.), concl. M.-A. Nicolazo de Barmon, *Dr fisc.* 2014, n°51-52, comm. 705

[1540] DEBOISSY F., CHADEFAUX M., Précis de fiscalité des entreprises, *Lexis Nexis* 2018, 42e Éd., p. 901.

[1541] Il s'agissait de la pénalité de 150% de l'article 1730 du Code général des impôts. Elle a été remplacée par la majoration de 100% à l'article 1732 du Code général des impôts.

[1542] CE, 9e et 10e ss-sect., 5 novembre 2014, n° 356798, SCI Agathe (1re esp.), concl. M.-A. Nicolazo de Barmon, op cit.

[1543] Ibidem.

au motif que ces factures délivrées par la SCI et non par la société tierce qui y était mentionnée en qualité d'émetteur ne correspondaient pas à une livraison ou à une prestation de service réelle. Cette amende « *étant incontestablement une sanction ayant le caractère de punition, il était nécessaire de rechercher le véritable auteur des facturations litigieuses* »[1544]. Selon la Cour administrative d'appel, la responsabilité devait être engagée à l'égard de l'émetteur des factures, c'est à dire, celui à l'en-tête duquel les factures avaient été établies[1545]. Le Conseil d'État n'a pas suivi ce raisonnement. La Haute juridiction administrative a, conformément aux conclusions du rapporteur public, considéré comme personnellement responsable la personne ayant effectivement établi et donné la fausse facture. Ainsi, l'amende fiscale pour délivrance d'une fausse facture ne peut être appliquée qu'à l'auteur réel de la facture. Il découle de cet arrêt, « *un principe de responsabilité personnelle qui s'oppose à ce que les sanctions fiscales puissent être prononcées à l'encontre de personnes qui n'ont pas participé aux agissements que ces pénalités répriment* »[1546]. Ainsi, un associé ne peut être tenu responsable des infractions fiscales commises par la société du seul fait de sa participation à son capital.

B. La charge de la preuve de l'implication personnelle

593. En vertu des principes de responsabilité personnelle et de personnalité des peines, l'intention d'éluder l'impôt qui caractérise le « manquement délibéré » ne s'apprécie pas au niveau de la société civile, mais suppose une implication personnelle du contribuable dans les manquements reprochés. Il revient à l'administration fiscale d'apporter la preuve de « *l'implication personnelle de l'associé dans la gestion fautive de la société, ce qui peut conduire en pratique à ne sanctionner que l'associé gérant de cette société* »[1547]. Ainsi, dans un arrêt du 27 juin 2016[1548], Conseil d'État a jugé que la Cour administrative de Nantes n'avait pas commis d'erreur de droit en

---

[1544] Note sous CE 10e et 9e ss-sect., 14 octobre 2015, n° 386698, min. c/ SCI 3 ME, *Dr fisc.* 2016, n°2, comm. 70., p.62

[1545] Une approche différente avait été prise par la Cour administrative de Nantes dans un arrêt du 6 avril 2010. La Cour avait jugé qu'une société ayant la maîtrise de l'émission des factures devait être regardée comme les ayant délivrées, alors même qu'elles étaient à l'entête d'une autre société : CAA Nantes, 1re ch., 6 avr. 2010, n° 09NT00336, SAS Génie Travaux Publics Négoce (GTPN) : *Dr fisc.* 2010, n° 20, comm. 320 ; *RJF* 12/2010, n° 1198.

[1546] Note sous CE, 10e et 9e ss-sect., 14 octobre 2015, n° 386698 , min. c/ SCI 3 ME, op cit., p 62.

[1547] Concl. NICOLAZO DE BARMON M-A., sous CE, 9e et 10e ss-sect., 5 novembre 2014, n° 356798, SCI Agathe, *Dr fisc.* 2014, n°51-52, comm. 705.

[1548] CE, 10e et 9e ch., 27 juin 2016, n° 376513, min. c/ M. Fily, *Dr fisc.* 2016, n° 41, comm. 550.

jugeant que l'administration, en se bornant à constater que les déductions abusives de charges foncières par la société civile immobilière « *n'avaient, en raison de leur caractère flagrant et répétitif, pu échapper* (au requérant) *alors que celui-ci n'en était pas le gérant mais seulement l'associé majoritaire* »[1549], n'apporte pas la preuve de la volonté délibérée du contribuable d'éluder l'impôt et, par suite, de sa mauvaise foi. Cet encadrement strict de l'implication personnelle contraste avec l'application souple du principe de responsabilité du fait personnel aux personnes morales.

II. Une application souple aux personnes morales

594. La possibilité d'engager la responsabilité pénale des personnes morales résulte des dispositions de l'article 121-2 du Code pénal qui dispose que « *les personnes morales, à l'exclusion de l'État, sont responsables pénalement (...) des infractions commises, pour leur compte, par leurs organes ou représentants* »[1550]. Engager la responsabilité pénale d'une personne morale implique de vérifier qu'elle est bien dotée de la personnalité morale. À cet égard, la disparition de la personnalité morale empêche de retenir sa responsabilité pénale. Cette disparition s'étend dans le temps eu égard à la période nécessaire pour la liquidation. Pendant cette période, la responsabilité pénale de la société peut être engagée. Partant de ce principe, une problématique s'est posée, à savoir, quelles conséquences tirer de la disparition de la personnalité morale d'une société en cas de fusion absorption et de scission sur l'engagement de la responsabilité pénale de la société absorbante. En effet, en cas de fusion absorption et de scission d'entreprise, la ou les sociétés transmettent l'ensemble de leur patrimoine à une ou plusieurs sociétés existantes. Cette procédure entraîne la dissolution sans liquidation de la société qui disparaît et la transmission universelle de son patrimoine à la société absorbante.

595. La Haute juridiction administrative juge de manière constante que le principe de responsabilité personnelle s'applique à l'ensemble des sanctions administratives [1551]. Il en fait une application nuancée en jugeant, dans un arrêt du 29 octobre 2007, que les désordres résultant de l'attitude des

---

[1549] CAA Nantes, 1re ch., 13 février 2014, n° 13NT00596, M. Fily

[1550] Article 121-1 du Code pénal.

[1551] CE, 2e et 7e ss-sect., avis, 29 octobre 2007, n° 307736, Sté Sportive professionnelle Losc Lille Métropole, *Rec. CE* 2007, p. 431, *AJDA* 2008, p. 919, note DUVAL J-M. ; CE, sect., 6 juin 2008, n° 299203, Sté Tradition Securities and Futures (TSAF), *JCP E* 2009, n° 25, comm. 1618, note PACLOT Y., *JCP G* 2008, act. 435, obs. ROUAULT M-Ch., *AJDA* 2008, p. 1321, chron. BOURGEOIS-MACHUREAU B. et GEFFRAY E., *RFDA* 2008, p. 699, concl. GUYOMAR M.

dirigeants, des joueurs et même des supporters des clubs de football engageaient la responsabilité disciplinaire des clubs eux-mêmes[1552]. Le Conseil d'État a confirmé sa position en jugeant qu'une société prestataire de service d'investissement peut voir sa responsabilité engagée en raison des manquements commis non seulement par les dirigeants et représentants de la société, mais aussi par leurs préposés agissant dans le cadre de leur fonction en raison des responsabilités qui lui incombe pour assurer « *le bon fonctionnement des marchés financiers, dont ils sont les principaux acteurs* »[1553]. Il n'y a pas selon le Conseil d'État méconnaissance du principe constitutionnel de responsabilité personnelle [1554].

596. Ainsi, à la différence des personnes physiques, le principe de responsabilité du fait personnel n'est pas appliqué de façon stricte par la Haute juridiction administrative. Cette application nuancée du principe de responsabilité personnelle se retrouve également dans la jurisprudence relative aux fusions et absorptions de société. Le Conseil d'État a, sous l'influence de la jurisprudence applicable en droit de la concurrence, puis en droit boursier, adopté une conception souple du principe de responsabilité du fait personnel, en validant le transfert de la responsabilité quasi pénale à la société absorbante. Ainsi, ce n'est plus l'auteur du manquement qui est condamné, mais son successeur. Les Hautes juridictions judiciaires et administratives ont donc validé la « mise à l'écart » du principe de responsabilité du fait personnel.

A. L'apport de la jurisprudence judiciaire

597. La juridiction judiciaire a, dans un premier temps, adopté une conception stricte du principe de responsabilité du fait personnel en refusant de transférer l'imputation de la faute à la société issue de la scission. La chambre commerciale de la Cour de cassation a jugé que, « *le principe de la personnalité des poursuites et des sanctions s'oppose à ce qu'en l'absence de dispositions dérogatoires expresses, des personnes physiques ou morales autres que l'auteur du manquement en cause, puissent se le voir imputer et faire l'objet de sanctions à caractère pénal* »[1555]. La chambre commerciale de la Cour de cassation a, en application du principe de la personnalité des peines, jugé que la société issue d'une scission ne saurait devoir répondre des

---

[1552] CE, 2e et 7e ss-sect., avis, 29 octobre 2007, n° 307736, Sté Sportive professionnelle Losc Lille Métropole, op cit.
[1553] CE, sect., 6 juin 2008, n° 299203, Sté Tradition Securities and Futures (TSAF), op cit.
[1554] Ibidem.
[1555] Cass. com., 15 juin 1999, n° 97-16.439, *Bull. civ.* 1999, IV, n° 127, *RTD com.* 1999, p. 914, obs. N. RONTCHEVSKY N., *Rev. soc.* 1999, p. 844, note VATEL D.

manquements à des règlements administratifs commis par la société scindée dès lors que la scission n'a pas été réalisée dans le but avéré d'éluder toute poursuite[1556]. Cette solution se justifie dès lors qu'on ne doit pas « *conférer à la règle de la dévolution universelle du patrimoine plus d'effets qu'elle n'en a* »[1557]. En effet, cette règle « *n'entraîne pas transfert de l'imputabilité des manquements constatés dans la personne de la société scindée aux sociétés issues de la scission* »[1558]. Il ressortait de cette jurisprudence que la responsabilité pénale de la société issue de la scission ne peut être qu'une responsabilité du fait personnel. La chambre criminelle de la Cour de cassation a, de manière similaire, jugé que l'absorption d'une société empêchait la poursuite d'une action pénale initiée au niveau de la société absorbée[1559].

598. Toutefois, une application stricte du principe de responsabilité du fait personnel se concilie difficilement avec le principe de la transmission universelle du patrimoine. Ainsi, en droit de la concurrence, le principe de responsabilité du fait personnel n'a été appliqué dans toute sa rigueur. Le Conseil de la concurrence a considéré qu'en cas de fusion absorption, la responsabilité des faits litigieux devait être transférée à la société absorbante[1560]. Une justification a été donnée dans le rapport du Conseil de la concurrence pour l'année 2001 qui énonçait que « *lorsque la personne morale responsable de l'exploitation a juridiquement disparu, les pratiques doivent être imputées à la personne morale à laquelle l'entreprise a juridiquement été transmise* »[1561]. La chambre commerciale de la Cour de cassation a, dans la même ligne directrice, considéré que la fusion absorption qui entraîne la transmission universelle du patrimoine, implique une continuité juridique et économique de l'entreprise[1562]. Cette acception souple de la responsabilité personnelle « *permet, en cas de modification juridique de la forme de l'entreprise ou de la disparition de la personne morale qui l'exploite, d'assurer le transfert de l'imputation, mais également l'exécution des sanctions prononcées* »[1563].

1556 Ibidem.

1557 LE NABASQUE H., « note sous CA Paris, 14 mai 1997 », *Rev. sociétés* 1997, p. 827.

1558 Ibidem.

1559 Cass. crim., 14 octobre 2003, n° 02-86.376, *Bull. crim.* 2003, n° 189, *JCP E* 2003, 1695, *JCP E* 2004, 1151, obs. FORTIS E. et MULLER Y. Muller, *Dr. pén.* 2004, comm. 20, obs. VERON M., *Bull. Joly Sociétés* 2004, p. 265, note BARBIERI J.-F., *Rev. soc.* 2004, p. 161, note BOULOC B., *Droit et patrimoine*, février 2004, p. 117, obs. BONFILS Ph.

1560 Cons. conc., 20 novembre 1996, n° 96-D-64, CCC 1997. Comm. 100, obs. VOGEL L.

1561 Rapp. Cons. conc. 2001, 2e partie, Titre III.

1562 Cass. Com., 28 janvier 2003, n° 01-00.528, *Bull. civ.* IV, n° 12, *D.* 2003. 553, obs. CHEVRIER E, *RTD com.* 2003. 493, 2004. 80 et 87, obs. CLAUDEL E.

1563 SORDINO M-C., « Spécificités de l'application du principe de personnalité des peines en matière économique », op cit.

599. Cette application souple du principe de responsabilité personnelle a été confirmée dans un arrêt de la chambre commerciale de la Cour de cassation du 21 janvier 2014[1564]. En l'espèce, une amende civile a été infligée sur le fondement de l'article L. 442-6 III du Code de commerce[1565] à la société Carrefour France[1566], venant aux droits de la société Carrefour hypermarchés France par l'effet d'une opération de fusion absorption opérée après les faits reprochés. Dans cette affaire, l'auteur de la pratique restrictive de concurrence en cause n'est pas la personne condamnée, mais c'est son successeur. La chambre commerciale de la Cour de cassation a, dans la même ligne jurisprudentielle du Conseil constitutionnel[1567], considéré que « *le principe de la personnalité des peines résultant des articles 8 et 9 de la Déclaration de 1789 ne fait pas obstacle au prononcé d'une amende civile à l'encontre de la personne morale à laquelle l'entreprise a été juridiquement transmise* ». [1568]. La Haute juridiction judiciaire a fait prévaloir le principe de la continuité économique de l'entreprise pour sanctionner la société absorbante des infractions commises par la société absorbée.

B. Une application souple dans la jurisprudence administrative

600. La position du Conseil d'État concernant le principe de responsabilité personnelle est empruntée de contradiction. La Haute juridiction administrative, « *tout en reconnaissant la portée punitive de la sanction administrative, refuse de reconnaître aux sanctions pécuniaires un caractère personnel* »[1569]. Ainsi, les sanctions qui n'ont de caractère pénal que par assimilation sont considérées comme des charges qui appartiennent au patrimoine de la société absorbée et qui par conséquent doivent être transmises avec l'actif et le passif de la société.

[1564] Cass. Com., 21 janvier 2014, n° 12-29.166, *Bull. civ.* IV, n° 11, *D.* 2014. 531, obs. CHEVRIER E.,; ibid. 2423, obs. ROUJOU DE BOUBEE G., *AJCA* 2014. 41, obs. CONSTANTIN L. ; *RTD civ.* 2014. 367, obs. BERBIER H.

[1565] Le Conseil constitutionnel a intégré l'amende civile au sein de la catégorie juridique de « sanction ayant un caractère de punition » : C. C., 13 janvier 2011, n° 2010-85 QPC, § 3, JCP G 2011, 274, D. Mainguy.

[1566] L'article 442,6, III du Code de commerce, prévoit la possibilité d'infliger une amende civile, à toute entreprise coupable de pratiques restrictives de concurrence, indépendamment de son statut juridique et sans considération de la personne qui l'exploite. Il autorise ainsi, le prononcé de cette amende à l'encontre de la personne morale à laquelle l'entreprise a été juridiquement transmise.

[1567] C.C., 13 janvier 2011 n° 2010-85 QPC, op cit. V. également C.C. n° 2016-542 QPC du 18 mai 2016, Sté ITM Alimentaire International SAS : *RJDA* 8-9/2016, n° 649.

[1568] Cass. Com., 21 janvier 2014, n° 12-29.166, op cit.

[1569] MAGNIER V., PACLOT Y., « Le principe de personnalité des poursuites et des peines à l'épreuve des décisions de l'AMF », in Étude à la mémoire du professeur Bruno Oppetit, *Lexis Nexis*, 2009, p. 536.

a. L'assimilation de la sanction pécuniaire au passif latent de la société absorbée

601. Le Conseil d'État n'accorde au principe de responsabilité personnelle, qu'une portée restrictive lorsqu'il l'applique aux sanctions fiscales, à l'encontre des personnes morales. C'est en matière boursière que le Conseil d'État a donné les premiers enseignements concernant la portée du principe de responsabilité personnelle aux sanctions administratives de caractère pénal.

602. Dans un premier temps, la Haute juridiction administrative a admis le transfert de l'imputabilité de la faute à la société absorbée en se fondant sur le critère de l'assimilation de la sanction pécuniaire au passif latent de la société absorbée. Ainsi, dans un arrêt de principe du 22 novembre 2000[1570], elle a jugé que le principe de personnalité des peines ne faisait pas obstacle à ce que le Conseil des marchés financiers inflige une amende pécuniaire à la société absorbante pour des faits commis par la société absorbée. En revanche, elle a, s'agissant du blâme, considéré que le principe de personnalité des peines faisait obstacle à ce qu'on le transfert à la société absorbante. Le Conseil d'État a fait une application nuancée du principe de personnalité des peines en l'appliquant aux sanctions disciplinaires[1571] et en refusant son bénéfice aux sanctions pécuniaires. Le Conseil d'État a implicitement considéré que la sanction pécuniaire infligée à la société absorbante relevait du passif latent de la société absorbée.

603. Dans cet arrêt[1572], le Conseil d'État a précisé que dès lors que la société absorbée l'a été intégralement par la société absorbante sans être liquidée ni scindée cette dernière peut faire l'objet d'une sanction pécuniaire. Cette position était motivée par la mission de régulation des marchés dont est investi le Conseil des marchés financiers, puis l'Autorité des marchés

---

1570 CE, sect., 22 novembre 2000, n° 207697, Sté Crédit Agricole Indosuez Chevreux : *JCP G* 2000, n° 49, p. 2218, *JCP E* 2001, 1609, *JCP E* 2000, n° 49, p. 1927, *JCP G* 2001, II, 10531, note SALOMON R., *RD bancaire et fin.* 2001, p. 28, obs. FRISON-ROCHE M-A, GERMAIN M, MARIN J-C et PENICHON Ch., *AJDA* 2000, p. 997 chron. GUYOMAR M. et COLLIN P., *Banque et droit* 2001, n° 75, p. 26 et s., note DE VAUPLANE H. et DAIGRE J-J, *LPA* 2001, n° 84, p. 18 et s., note BARBIERI J.-F. ; *Bull. Joly Bourse* 2001, § 29, note RONTCHEVSKY N.

1571 La Haute juridiction administrative a, dans la même ligne directrice, considéré que le principe de personnalité des peines faisait obstacle, à la publication nominative d'une décision de sanction prononcée par l'Autorité des marchés financiers, à l'encontre d'une société absorbante à raison d'un manquement commis par l'absorbée : CE, 17 décembre 2008, n° 316000, *Rev. sociétés* 2009, p. 397, note ARSOUZE C.

1572 Confirmée par l'arrêt du CE, 17 décembre 2008, n° 316000, Sté Oddo & Cie c/ Autorité des marchés financiers, *JCP E* 2009, 1136, *Rev. sociétés* 2009, p. 397, note C. Arsouze, *Bull. Joly bourse* 2009, p. 50.

financiers qui est d'assurer la sécurité de la place financière et la moralité de l'activité économique. L'importance de cette mission justifie l'application nuancée du principe de personnalité des peines en matière de fusion-absorption[1573]. En effet, à partir du moment où « *les évolutions capitalistiques préservent l'intégrité de l'entité économique et permettent de déterminer matériellement le successeur économique de l'entreprise auteur des faits, la sanction pécuniaire doit pouvoir être infligée nonobstant le changement de personne morale. C'est bien le cas lorsque la disparition de l'entreprise est due à une fusion-absorption* »[1574]. Il n'en va pas de même en matière de scission, « *dès lors qu'il est en pratique impossible de déterminer laquelle des personnes morales issues de la scission est le successeur économique de l'entreprise initiale* »[1575]. Cette justification impliquait de n'engager la responsabilité de la société absorbante qu'en présence d'opérations de fusion-absorption et non celles de scission.

604. Il ressort de la jurisprudence en matière boursière une application nuancée du principe de responsabilité personnelle en fonction de la nature de la sanction prononcée et en fonction de l'opération de restructuration. Si la différence de régime entre les sanctions disciplinaires et pécuniaires n'a pas d'intérêt en droit fiscal qui ne connaît ni le blâme ni la publication, la Haute juridiction administrative devait éclaircir la question de l'application du principe de personnalité des peines aux sanctions fiscales infligées à la société absorbante pour des faits commis par la société absorbée en cas de fusion et de scission d'entreprise.

1573 Cette analyse n'emporte pas l'adhésion de l'ensemble de la doctrine. Pour certains auteurs, il est difficile de concevoir « *en quoi la mission de régulation dont est investie l'autorité des marchés financiers, consistant à assurer la protection de l'épargne, l'information des investisseurs et le bon fonctionnement des marchés d'instruments financiers pourrait-elle justifier que les sanctions prononcées par l'Autorité des marchés financiers échappent au principe de responsabilité personnelle ?* ». Pour eux, « *la régulation des marchés est une mission fondamentale. Opérant un singulier renversement des valeurs, elle ne saurait être assurée au détriment de principe juridique approuvés* », MAGNIER V., PACLOT Y., « Le principe de personnalité des poursuites et des peines à l'épreuve des décisions de l'AMF », op cit. p. 537.

1574 GUYOMAR M., COLLIN P., « Conditions d'application du principe de la personnalité des peines aux sanctions prononcées par le Conseil des marchés financiers », *AJDA* 2000. 997.

1575 Ibidem.

b. La consécration du critère de la continuité économique de l'entreprise

605. Dans son avis du 4 décembre 2009, le Conseil d'État a admis la possibilité d'invoquer à l'encontre des sanctions fiscales, le principe de personnalité des peines tel qu'il résulte des dispositions de l'article 6§2 de la Convention et des articles 8 et 9 de la Déclaration de 1789. Il a toutefois limité la portée de ce principe aux personnes morales en consacrant le critère de la continuité économique de l'entreprise. Le Conseil d'État a apporté à cette solution des justifications tant pratiques que systémiques.

a) L'application du critère de la continuité économique de l'entreprise : une conception souple du principe de responsabilité personnelle

606. Le Conseil d'État a appliqué le critère de la continuité économique de l'entreprise dans un avis du 4 décembre 2009[1576], en jugeant, que le principe de personnalité des peines qui découle de l'article 6§2 de la Convention européenne des droits de l'homme, ne fait pas obstacle, à ce que les sanctions fiscales prononcées à l'encontre d'une personne morale ayant fait l'objet d'une opération de fusion ou de scission soient mises à la charge de la nouvelle société pour réaliser la fusion ou la scission à raison des manquements commis, avant cette opération, par la société absorbée ou fusionnée ou par la société scindée. À la différence de ces arrêts précédents[1577], la Haute juridiction administrative a rattaché explicitement le principe de personnalité des peines aux articles 6§2 de la Convention européenne des droits de l'homme et aux articles 8 et 9 de la Déclaration des droits de l'homme. Ainsi, « *le Conseil d'État semble ainsi suggérer la relative interchangeabilité des solutions de fond dégagées jusqu'alors, sur le fondement plus ou moins explicite de l'une ou de l'autre de ces sources* »[1578].

607. Comme l'a justement relevé monsieur Alexandre Gallois, « *le juge peut parfois dépasser la « façade juridique » pour tenir compte d'une réalité économique* »[1579]. C'est la voie choisie par le Conseil d'État et plus récemment

---

[1576] CE, avis, 4 décembre 2009, n° 329173, Sté Rueil Sports, op cit.

[1577] V. développement sur l'imputabilité de la faute à la société absorbée en matière boursière.

[1578] COLLET M., « L'application du principe de personnalité des peines aux personnes morales en matières administrative et fiscale - . - À propos de l'avis du Conseil d'État du 4 décembre 2009, Société Rueil Sports », op cit.

[1579] GALLOIS A., « La responsabilité pénale de la société absorbante en cas de fusion-absorption frauduleuse », op cit.

par la Cour de justice de l'Union européenne pour admettre la responsabilité de la société absorbante pour des faits commis par la société absorbée[1580]. Par la référence faite aux « spécificités des personnes morales », la Haute juridiction administrative a fait prévaloir la continuité de l'activité de la société absorbée dans la société absorbante plutôt que la dissolution de la personne morale. Elle s'est ainsi fondée sur le critère de la continuité économique de l'entreprise à la différence de ces précédentes décisions qui faisait prévaloir l'assimilation de la sanction pécuniaire au passif latent de la société absorbée. Elle se rapproche ainsi du motif utilisé par la chambre commerciale de la Cour de cassation en matière de droit de la concurrence.

608. La Haute juridiction administrative considère que la fusion fait disparaître la personnalité juridique, mais pas sa réalité économique[1581]. Or, une sanction pécuniaire cherche à atteindre cette réalité économique. Pour le Conseil d'État comme pour la chambre commerciale de la Cour de cassation, le sujet de droit n'est pas la personne morale, mais l'entreprise dont la notion est fondée sur la continuité économique[1582]. Selon cette théorie, la notion

---

[1580] Afin d'engager la responsabilité pénale de la société absorbante sans méconnaître les dispositions de l'article 121-1 du Code pénal, certaines juridictions ont eu recours à une fiction selon laquelle, la société absorbante aurait continué la personnalité juridique de la société absorbée. En effet, la fiction juridique n'est pas absente en droit pénal . (V. HARDOUIN-LE-GOFF C., « Les fictions légales en droit pénal », *DP* 2009, étude 1, p. 7). Selon Alexandre Gallois, « *la responsabilité pénale des personnes morales comporte déjà une part de fiction* » : GALLOIS A., « La responsabilité pénale de la société absorbante en cas de fusion-absorption frauduleuse », *DS* 2010, n° 4, étude 7. Dans la continuité de cette analyse, le professeur Renaud Salomon, affirme que « *le principe de transmission du poids de l'amende de la société absorbée vers la société absorbante ne semble pas prima facie incompatible avec l'article 121-1 du Code pénal, dès lors que la personne morale n'étant qu'une fiction juridique, sa responsabilité pénale est nécessairement du fait d'autrui, c'est-à-dire qu'elle ne peut être engagée qu'en raison des agissements de ses organes. En conséquence, on pourrait considérer que la société absorbée n'est pas une « vraie personne » qui disparaît, mais qu'elle poursuit sa personnalité juridique sous une autre forme* » : SALOMON R., « Responsabilité de la personne morale - Maintien de sa jurisprudence par la chambre criminelle », *DS* 2017, n° 2, comm. 34.

[1581] Cette analyse a été critiquée dès lors qu' « *à la différence de ces dernières* (lois applicables en droit de la concurrence), *toutefois, la rédaction des textes de la loi fiscale relatifs aux fusions de sociétés ne permet pas une telle analyse extensive. Il nous semble que le critère de l'« entreprise » ne devrait être utilisé, en droit fiscal, que lorsque la loi le prévoit – tel est le cas en matière de territorialité de l'impôt sur les sociétés*». (PIERRE J-L., « Efficacité des pénalités fiscales, principe de personnalité des peines et personnes morales », op cit.) Pour d'autres auteurs en revanche, « *l'idée de faire prévaloir une analyse plus économique que strictement juridique se retrouve en droit fiscal, en matière de fusions de sociétés, avec l'instauration d'un régime de faveur : la prise en compte de l'entreprise conduit à considérer que la fusion n'entraîne pas une cessation de l'entreprise puisque la société absorbée poursuit son activité dans la société absorbante* » : GALLOIS A., « La responsabilité pénale de la société absorbante en cas de fusion-absorption frauduleuse », op cit.

[1582] Certains auteurs ont critiqué cette théorie en affirmant qu'elle revenait « *à porter atteinte à l'un des fondements de notre système juridique, selon lequel, le sujet de droit ne peut être que la personne, physique ou morale et non pas l'entreprise* », MAGNIER V., PACLOT Y., « Le

d'entreprise « *est indépendante de toute forme juridique, de sorte qu'un changement à cet égard n'a pas pour effet de créer une nouvelle entreprise qui ne pourrait plus être tenue des infractions commises par la précédente, dès l'instant où il y a continuité dans l'activité économique* »[1583]. Les Hautes juridictions administratives et judiciaires font ainsi primer le principe de la continuité économique et fonctionnelle de l'entreprise sur le principe de responsabilité du fait personnel[1584]. Selon le professeur Martin Collet, « *le Conseil d'État y a préféré une approche plus radicale et surtout plus pragmatique, privilégiant une conception « réaliste » de la vie des affaires au détriment d'une forme d'anthropomorphisme contestable – qui conduit la Cour de cassation à appliquer sans nuance un principe certes fondamental, mais conçu à l'origine pour ne profiter qu'aux personnes physiques, et qui reste évidemment mal approprié au cas des personnes morales* »[1585].

609. L'arrêt du Conseil d'État est inspiré de la jurisprudence de la Cour de justice des communautés européennes. En effet, dans un arrêt du 28 mars 1984, la CJCE avait considéré que « *pour l'application de l'article 85 du traité, le changement de la forme juridique et du nom d'une entreprise n'a pas pour effet de créer une nouvelle entreprise dégagée de la responsabilité de comportements anticoncurrentiels de la précédente lorsque, du point de vue économique, il y a identité entre les deux* »[1586]. La Cour de justice des communautés européennes a fait prévaloir l'analyse économique sur celle strictement juridique. Cette position est ressortie renforcée par une décision

---

principe de personnalité des poursuites et des peines à l'épreuve des décisions de l'AMF », op cit. p. 537.

1583 SALOMON R., « Responsabilité de la personne morale - Maintien de sa jurisprudence par la chambre criminelle », *Droit des sociétés* 2017, n° 2, comm. 34.

1584 Cette position a été renforcée par une décision du Conseil constitutionnel. Saisi d'une question prioritaire de constitutionnalité par la Cour de cassation (Cass. com., QPC, 18 février 2016, n° 15-22.317, op cit), et dans le droit fil d'un précédent (C. C., 4 mai 2012, n° 2012-239 QPC, op cit.), le Conseil constitutionnel a considéré que la condamnation d'une société absorbante à raison d'infractions administratives commises par une société absorbée était conforme à la Constitution. Les sages de la rue de Montpensier ont validé l'application souple du principe de personnalité des peines lorsqu'il est appliqué en dehors du droit pénal. Ils ont jugé qu' « *en dehors du droit pénal, le principe selon lequel nul n'est punissable que de son propre fait peut faire l'objet d'adaptations, dès lors que celles-ci sont justifiées par la nature de la sanction et par l'objet qu'elle poursuit et qu'elles sont proportionnées à cet objet* » : C.C., 18 mai 2016, n° 2016-542 QPC, *JORF* n°0116 du 20 mai 2016 texte n° 92.

1585 COLLET M., « L'application du principe de personnalité des peines aux personnes morales en matières administrative et fiscale - . - À propos de l'avis du Conseil d'État du 4 décembre 2009, Société Rueil Sports », op cit.

1586 CJCE, 28 mars 1984, Cie royale asturienne des mines SA et Rheinzink GmbH c/ Commission : *Rec.* 1984, p. 1679 ; *CJCE*, 24 sept. 2009, aff. C-125/07 P, Erste Group Bank AG, op cit., § 79.

de la Cour de justice de l'Union européenne du 5 mars 2015[1587]. Elle a interprété les dispositions de l'article 19, § 1, de la 3e directive 78/855/CEE du 9 octobre 1978, comme entraînant en cas de « fusion par absorption », la transmission, à la société absorbante, de l'obligation de payer une amende infligée par une décision définitive après cette fusion pour des infractions au droit du travail commises par la société absorbée avant ladite fusion[1588]. En effet, ces dispositions entraînent en plus de la transmission universelle de l'ensemble du patrimoine actif et passif à la société absorbante, la cessation de la société absorbée. De sorte que « *sans la transmission à la société absorbante de la responsabilité contraventionnelle, en tant qu'élément du patrimoine passif de la société absorbée, cette responsabilité serait éteinte* »[1589]. La Cour de justice s'est ainsi fondée sur la fiction selon laquelle la société absorbée n'aurait pas disparu et que la société absorbante aurait continué la personnalité juridique de la société absorbée pour engager la responsabilité pénale de la société absorbante.

610. La solution du Conseil d'État constitue une « *innovation* »[1590] en ce qu'elle donne le même traitement aux opérations de fusion et de scission. En effet, la jurisprudence en matière boursière a toujours fait une différence entre les opérations de fusion et de scission. Le Conseil d'État n'a pas retenu cette considération et a jugé que l'imputation de la responsabilité à la société absorbante des faits commis par la société absorbée s'appliquait à la fusion absorption, mais également à toutes les autres formes principales de restructuration et notamment à la fusion par création d'une nouvelle personne morale et la scission en plusieurs sociétés. Selon la Haute juridiction administrative, les difficultés pour appréhender la personne responsable peuvent être surmontées.

b) Les justifications pratiques et systémiques de la conception souple du principe de personnalité des peines

611. Dans ces arrêts antérieurs à l'avis Rueil sport, la Haute juridiction administrative n'avait pas donné de justifications à l'application restrictive des principes de responsabilité personnelle et de personnalité des peines. Il se

---

[1587] CJUE, 5e ch., 5 mars 2015, aff. C-343/13, Modelo Continente Hipermercados SA c/ ACT, *JCP E* 2015, 1234, BARRIERE F., *Dr. pén.* 2015, comm. 74, obs. NOTTE G., *RJDA* 2015, p. 491, note SOULARD C.

[1588] Ibidem.

[1589] Ibidem.

[1590] COLLET M., « L'application du principe de personnalité des peines aux personnes morales en matières administrative et fiscale -. - À propos de l'avis du Conseil d'État du 4 décembre 2009, Société Rueil Sports », op cit.

contentait de relever l'existence de l'opération de fusion sans donner d'indications sur sa signification ou sur son implication sur le système de répression en matière fiscale. Le Conseil d'État a, dans son avis Rueil sport, précisé les justifications tant pratiques que systémiques qui l'ont amené à restreindre la portée du principe de personnalité des peines, tel qu'il découle de l'article 6§2 de la Convention européenne des droits de l'homme.

612. La Haute juridiction administrative donne la priorité à l'objectif de lutte contre la fraude fiscale, qu'il considère comme un objectif à valeur constitutionnelle. Eu égard à cet objectif, « *le principe de la personnalité des peines ne fait pas obstacle à ce que, à l'occasion d'une opération de fusion ou de scission, ces sanctions pécuniaires soient mises, compte tenu de la transmission universelle du patrimoine, à la charge de la société absorbante, d'une nouvelle société créée pour réaliser la fusion* »[1591]. Le Conseil d'État a pris en compte la spécificité de la personne morale, qui à la différence d'une personne physique peut décider de se transformer et de poursuivre leurs activités sous une nouvelle forme juridique. Elles peuvent « *disparaître pour renaître immédiatement sous les traits d'une ou plusieurs nouvelles personnes morales* »[1592] et ainsi échapper aux sanctions fiscales. Cette « *forme de résurrection* »[1593] peut alors avoir des conséquences sur la répression de la fraude et de l'évasion fiscale en permettant de suspendre les procédures répressives à l'encontre de la personne morale absorbée.

613. Se pose ainsi la question de savoir, si les dérogations aux principes régissant l'imputabilité de la responsabilité peuvent être légitimées par l'objectif de lutte contre la fraude fiscale. S'il est possible d'apporter des restrictions aux droits des contribuables, elles doivent s'inscrire dans un équilibre entre l'intérêt général et la sauvegarde des droits et libertés fondamentales reconnus aux contribuables[1594]. Selon le professeur Jean-Luc Pierre, il n'était pas nécessairement approprié de fixer « *l'objectif de lutte contre la fraude fiscale, au même niveau de priorité, justifiant des règles dérogeant de façon importante au droit commun* »[1595]. Ainsi, afin de concilier l'objectif de lutte contre la fraude fiscale et l'application du principe de responsabilité personnelle, certains auteurs ont proposé de suivre l'analyse

---

[1591] CE, avis, 4 décembre 2009, n° 329173, Sté Rueil Sports, op cit.

[1592] COLLET M., « L'application du principe de personnalité des peines aux personnes morales en matières administrative et fiscale -. - À propos de l'avis du Conseil d'État du 4 décembre 2009, Société Rueil Sports », op cit.

[1593] Ibidem.

[1594] C.C., 29 décembre 1983, n°83-164 DC, *JORF* 30 déc. 1983.

[1595] PIERRE J-L., « Efficacité des pénalités fiscales, principe de personnalité des peines et personnes morales », op cit.

adoptée en droit privé[1596]. Celle-ci revient à interdire la transmission de l'imputation de la faute à la société absorbante pour des faits commis par la société absorbée, à l'exception des cas de fraude à la loi. Cette approche civiliste à l'avantage de ne sanctionner que les sociétés ayant bénéficié d'un montage artificiel en vue d'échapper à la sanction et non à la société absorbante qui ne détenait aucun intérêt dans la société absorbée, et qui n'a pas procédé à l'opération de restructuration avec l'objectif d'échapper aux poursuites[1597].

614. L'application restrictive du principe de responsabilité personnelle des personnes morales en droit fiscal a été justifiée par l'impératif d'efficacité du système de répression. Le Conseil d'État a considéré dans son avis du 4 décembre 2009 qu' « *un système d'imposition se fondant principalement sur les déclarations établies par les contribuables ne saurait préserver les intérêts financiers légitimes de l'État sans un régime de sanctions efficace. La nécessité de préserver le caractère effectif et dissuasif des pénalités fiscales impose ainsi d'appliquer le principe de personnalité des peines en tenant compte des spécificités des personnes morales, qui peuvent notamment décider de se transformer et de poursuivre leurs activités, sous une nouvelle forme juridique, à l'occasion d'opérations de restructuration* »[1598]. Dans un système fiscal reposant sur un régime déclaratif, la mise en œuvre effective des sanctions fiscales est primordiale. Une application stricte du principe de personnalité des peines aurait été à l'encontre des intérêts de l'État.

[1596] Les professeurs Florence Deboissy et de Guillaume Wicker ont pris position en faveur de l'approche développée en droit privé, relative à l'absence de transmission de la responsabilité pénale à la société absorbante pour des faits commis par la société absorbée, à l'exception de la fraude. Il ressort de leur analyse, qu'une acception trop formelle du principe de personnalité peine aurait pour conséquence de faire échapper aux sanctions, les associés lorsqu'ils procèdent à des opérations de restructuration. Si cette acception est légitime s'agissant du cas de la transmission universelle du patrimoine d'une société unipersonnelle à la personne morale qui en était l'associé unique, il n'en va pas de même en cas de fusion absorption qui implique « *la transmission universelle (…) au profit d'une société comprenant non seulement les associés de la société dissoute mais encore des associés tiers par rapport à cette dernière* ». La transmission de l'imputabilité de l'infraction concerne autant les associés de la société dissoute que les associés tiers à cette dernière. Selon ces deux auteurs « *il est donc illégitime qu'ils aient, par principe, à subir des sanctions, fussent-elles simplement pécuniaires, à raison de l'activité d'un groupement auquel ils étaient étrangers* ». Pour autant, ils considèrent qu'il n'est pas « *davantage légitime qu'ils profitent le cas échéant d'un enrichissement en raison des sanctions pécuniaires auxquelles a échappé le patrimoine transmis* ». D'où la volonté des professeurs Florence Deboissy et de Guillaume Wicker de s'en tenir à l'approche développée par la Chambre criminelle et par la Chambre commerciale de la Cour de cassation. V. DEBOISSY F., WICKER G., « L'absence d'application du principe de personnalité des peines aux personnes morales en cas de transmission universelle du patrimoine », *Dr fisc.* 2010, n°3, act. 18.

[1597] PIERRE J-L., « Efficacité des pénalités fiscales, principe de personnalité des peines et personnes morales, op cit.

[1598] CE, avis, 4 décembre 2009, n° 329173, Sté Rueil Sports, op cit.

615. Par cette affirmation, le Conseil d'État se rapproche de la solution tenue par la Cour européenne des droits de l'homme qui a admis de restreindre la portée du principe de présomption d'innocence dès lors qu' « *un système d'imposition se fondant principalement sur les renseignements fournis par le contribuable ne saurait fonctionner correctement sans une forme quelconque de sanction en cas de communication de renseignements incorrects ou incomplets, et le grand nombre de déclarations fiscales traité par an, joint à la nécessité d'assurer une application prévisible et uniforme de ces sanctions, impose sans nul doute d'appliquer celles-ci selon des règles standardisées* »[1599]. On retrouve ici le raisonnement adopté par le Conseil d'État. On peut toutefois objecter que les considérations systémiques affirmées par la Cour européenne des droits de l'homme sont plus consistantes que celles développées par le Conseil d'État. En effet, dans l'affaire soumise à la Cour, l'absence de mécanisme de présomption de fraude aurait pour conséquence de menacer le système fiscal dans la mesure où il aurait augmenté considérablement la charge de travail de l'administration fiscale. Il n'en va pas de même de l'absence d'imputabilité de la responsabilité à la société absorbante pour des infractions commises par la société absorbée qui n'est pas de nature à menacer le système fiscal.

616. Le Conseil constitutionnel, la Cour de justice de l'Union européenne, la chambre commerciale de la Cour de cassation et le Conseil d'État ont fait prévaloir en matière de fusion-absorption et de scission, une vision purement économique des opérations de restructuration sur le principe de responsabilité du fait personnel.

Section 2 : La portée limitée du principe de personnalité des peines

617. Le principe de personnalité des peines implique que seule la personne déclarée pénalement responsable doit subir les conséquences de la répression. Ce principe a fait l'objet de certains aménagements[1600]. Ont ainsi été mis en place certains mécanismes qui permettent de faire supporter les conséquences de la condamnation sur une autre personne que celle déclarée responsable. Il en va ainsi, en matière fiscale, des mécanismes de solidarité de paiement et de transmission des amendes aux héritiers. Ces mécanismes ouvrent la possibilité de récupérer auprès d'une personne autre que l'auteur du manquement, les amendes fiscales déjà prononcées par l'administration. Ils n'emportent toutefois pas la même atteinte au principe de personnalité des peines. Le premier nécessite la réunion de certaines conditions afin que sa mise en œuvre

---

[1599] CEDH, 1re sect., 23 juillet 2002, n° 34619/97, Janosevic c/ Suède, op cit.
[1600] DESPORTE F., GUNEHEC F., *Droit pénal général*, op cit, pp. 488-490.

ne porte pas une atteinte trop forte au principe de personnalité. Le second qui s'applique de manière automatique aux héritiers constitue, en revanche, une dérogation au principe de personnalité des peines.

Sous-section 1 : Les mécanismes de solidarité : une atteinte mesurée au principe de personnalité des peines

618. L'inexécution des obligations par les redevables principaux peut amener les comptables publics « *à actionner des tiers tenus solidairement au paiement de la dette fiscale* »[1601]. Le Code général des impôts prévoit plusieurs mécanismes de solidarité dont certains impliquent en plus du paiement de l'impôt, celui des pénalités dues par les redevables principaux. Il en va ainsi, de la solidarité du dirigeant d'entreprise régie à l'article L 267 du Livre des procédures fiscales et la solidarité des époux qui résulte de la combinaison de l'article 6 et du IV de l'article 1745 du Code général des impôts. Dans ces deux cas, il existe une atteinte au principe de personnalité des peines et non au principe de responsabilité du fait personnel, car les personnes qui supportent les conséquences de la condamnation ne sont pas elles-mêmes déclarées responsables du manquement à l'obligation fiscale.

619. La solidarité fiscale du dirigeant est considérée comme une « solidarité sanction »[1602]. Elle emporte une atteinte moins forte au principe de personnalité des peines dès lors qu'elle est subordonnée à l'existence de plusieurs conditions contrôlées par le juge. A contrario, la « solidarité garantie »[1603] des époux, qui s'applique de manière automatique, s'accorde beaucoup moins avec le principe de personnalité des peines.

I. Solidarité fiscale du dirigeant d'entreprise

620. L'action prévue à l'article L. 267 du Livre des procédures fiscales « *est une action en recouvrement à caractère civil et d'ordre patrimonial* »[1604] qui vise à obtenir la condamnation du dirigeant au paiement solidaire des impositions et pénalités dues par la société, lorsque le recouvrement a été rendu impossible en raison des manœuvres frauduleuses ou par

---

[1601] LAMARQUE J., NÉGRIN O., AYRAULT L., *Droit fiscal général,* op cit, p. 796.
[1602] HONG ROCCA J., « Les sanctions fiscales à l'épreuve des transformations du droit (contribution à l'étude historique et théorique des sanctions fiscales) », op cit, p. 450.
[1603] Ibidem.
[1604] Rép. min. n° 76314 : *JOAN* Q, 20 juill. 2010, p. 8098.

l'inobservation grave et répétée des obligations fiscales par celui-ci. Cette action, introduite à l'initiative de l'administration fiscale, permet sous le contrôle du juge judiciaire d'obtenir un titre à l'encontre du dirigeant afin de poursuivre le recouvrement des impositions et pénalités dues par la personne morale. Cette responsabilité n'est pas une responsabilité de droit, mais elle doit être prononcée par le juge. Elle est à ce titre qualifiée de « solidarité-sanction » par la doctrine[1605].

621. Le législateur a encadré strictement cette action en recouvrement de sorte que l'atteinte au principe de personnalité des peines est moindre. Cette responsabilité est subordonnée à l'observation de deux conditions. La première est négative et impose que le dirigeant ne soit pas tenu au paiement de la dette fiscale par une autre disposition. La seconde est positive et implique que le dirigeant ait commis une faute qui résulte de manœuvres frauduleuses ou d'une inobservation grave et répétée des obligations fiscales ayant rendu impossible le recouvrement des impositions et des pénalités. À côté des exigences qui découlent de la loi, la Haute juridiction judiciaire a élaboré une analyse jurisprudentielle autour du lien de causalité. L'action en responsabilité solidaire a ainsi atteint un point d'équilibre.

622. La mise en œuvre de la responsabilité fiscale solidaire suppose l'existence d'une faute commise par le dirigeant, d'un préjudice subi par le Trésor et d'un lien de causalité entre les deux. Si la mise en œuvre de ce « *mécanisme sévère de responsabilité* »[1606], semble fondée sur un cadre juridique exigent, la pratique montre une certaine souplesse dans l'acception de la faute du dirigeant d'entreprise. Cette acception souple ne concerne pas la faute du dirigeant fondée sur des manœuvres frauduleuses, qui est caractérisée par « *des comportements assez lourds de la part du dirigeant impliquant généralement, à l'image de la matérialité de l'infraction pénale d'escroquerie, un procédé de tromperie évident* »[1607]. Cependant, ces comportements sont rarement l'objet de la mise en œuvre de la responsabilité fiscale du dirigeant d'entreprise. En revanche, les juges ont, par une interprétation littérale de l'article L. 267 du Livre des procédures fiscales, admis que les fautes soient alternatives[1608]. En d'autres termes, l'administration peut mettre en œuvre la responsabilité du dirigeant d'entreprise en se fondant soit sur les manœuvres frauduleuses soit sur

---

[1605] HONG ROCCA J., « Les sanctions fiscales à l'épreuve des transformations du droit (contribution à l'étude historique et théorique des sanctions fiscales) », op cit, p.450.
[1606] DEBOISSY F., CHADEFAUX M., *Précis de fiscalité des entreprises*, op cit., p. 497.
[1607] WRASEN C., CHAVENT-LECLERE A-S., RICARD T. BACHELET J., AMBLARD., MAJEROWICZ S., « La responsabilité fiscale et pénale du dirigeant d'entreprise, Compte rendu du colloque organisé par l'université Lyon 3 le 31 octobre 2008 », *Dr fisc.* 2009, n°16, comm. 279.
[1608] Cass. com., 13 mars 1978, n° 77-12.701, *Bull. civ.* 1978, IV, n° 88.

l'inobservation d'une obligation fiscale. Or, « *les comptables publics n'ont donc pas hésité en pratique à délaisser les « lourdeurs » de cette faute empreinte d'intentionnalité* (manœuvres frauduleuses), *pour lui préférer la notion plus matérielle d'inobservation grave et répétée* »[1609]. Les juges ont adopté une conception souple de la faute, en admettant qu'elle soit caractérisée par le simple non-respect d'une obligation fiscale sans qu'il soit nécessaire d'apporter la preuve du caractère répété ou de la particulière gravité du comportement du dirigeant d'entreprise. La Cour de cassation a ainsi considéré que le défaut de déclaration ou de paiement de la TVA[1610], le dépôt tardif de déclarations du chiffre d'affaires réalisé par sa société ou le non-respect d'un plan de règlement[1611] constituaient des inobservations graves des obligations fiscales de l'entreprise.

623. Si le juge concède une certaine souplesse dans la caractérisation de la faute susceptible d'engager la responsabilité solidaire du dirigeant d'entreprise, il conçoit l'imputation de la faute de manière stricte. Cette acception stricte rend ce mécanisme de solidarité conforme au principe personnalité des peines.

624. Si la responsabilité fiscale des dirigeants d'entreprise s'applique aux dirigeants de droit comme de fait, elle nécessite d'apporter la preuve que l'un comme l'autre ait exercé directement ou indirectement la direction effective de la société. À ce titre, la Haute juridiction judiciaire a considéré, dans deux arrêts du 3 mars 2004, qu'en déterminant l'imputation de la faute du gérant de droit du seul fait de ses fonctions de dirigeants « *impropres à caractériser la responsabilité personnelle de M. X. pendant l'exercice effectif de son mandat social en ce qui concernait l'inobservation grave et répétée des obligations fiscales incombant à la société, la cour d'appel n'a pas donné de base légale à sa décision* »[1612]. Dans ces deux affaires, les dirigeants de droit prétendaient qu'ils n'assuraient pas la direction effective de la société et qu'ils n'étaient que responsables techniques de la société ou encore, qu'ils avaient mis en œuvre une délégation de pouvoir. Ainsi, la Cour d'appel « *aurait dû caractériser d'une manière concrète la responsabilité personnelle du dirigeant pendant l'exercice de son mandat social dans l'inobservation grave et répétée des obligations fiscales incombant à la société* »[1613].

[1609] Cass. com., 7 décembre 1993, n° 91-19.493, Bonhomme, *RJF* 1994, n° 344 ; Cass. com., 26 février 2002, n° 98-21.744, Laruel et n° 00-18.502, Mercier, *RJF* 2002, n° 858 et 859.
[1610] Cass. com., 13 mars 1978, op cit. ; Cass. com., 9 février 1981, *Bull. civ.* 1981, IV, n° 73.
[1611] Cass. com., 3 mai 1995, n° 92-16.983, Guérin, *RJF* 1995, n° 1024.
[1612] Cass. com., 3 mars 2004, n° 01-12.882 et n° 02-14.882, Charavel, *Dr fisc.* 2004, n° 41, comm. 763, *Procédures* 2004, comm. 140, note PIERRE J-L, *RJF* 2004, n° 792, *BJS* 2004, § 165, note SERLOOTEN P.
[1613] SERLOOTEN P., « Responsabilité fiscale des dirigeants : direction effective et opposabilité des exceptions », *BJS* juin 2004, n° JBS-2004-165, p. 821.

625. L'imputabilité de la faute au dirigeant nécessite l'effectivité de la fonction de dirigeant. Plusieurs causes exonératoires ont été admises par la Haute juridiction judiciaire. Ainsi, si le dirigeant prouve qu'il a été évincé de ses fonctions effectives de direction, le juge ne peut lui imputer la faute[1614]. De même, s'il a abandonné toute fonction de direction effective pour ne conserver dans la société que des fonctions officielles, il ne peut être tenu responsable sur le fondement de l'article L. 267 du Livre des procédures fiscales[1615]. Le dirigeant peut également s'exonérer de sa responsabilité s'il est en mesure de justifier devant les juges du fond d'une délégation de pouvoir. La jurisprudence exige que la délégation soit précise, limitée, dépourvue d'ambiguïté[1616] et doit être effectuée au profit d'un préposé pourvu de la compétence, de l'autorité et des moyens nécessaires pour exercer ses prérogatives[1617]. Cette cause exonératoire implique que le dirigeant d'entreprise n'ait pas pris part à l'infraction[1618]. En revanche, un dirigeant ne peut invoquer les agissements d'un associé prétendument dirigeant de fait, pour s'exonérer de sa responsabilité dès lors qu'il n'a pas abandonné tout pouvoir de contrôle et de direction attaché à ses fonctions de gérant[1619]. De même, la Haute juridiction judiciaire a précisé que la simple délégation de signature des pièces comptables ou des déclarations fiscales au directeur administratif et financier de la société n'exonère pas le dirigeant de sa responsabilité solidaire[1620]. Par conséquent, la mise en œuvre de la responsabilité solidaire ne saurait être retenue pour des faits intervenus avant sa prise de fonction ou après sa démission.

626. À la différence de la solidarité fiscale du dirigeant instaurée à l'article L 267 du livre des procédures fiscales, certains mécanismes de solidarité de paiement sont applicables aux dirigeants sans qu'ils puissent se voir reprocher aucun manquement. Il en va ainsi de la solidarité du dirigeant au paiement de l'amende du IV bis de l'article 1736 du Code général des impôts, instituée au

[1614] Cass. com., 9 avril 1991, *RJF*, 1991/6, p. 503, n° 874.

[1615] Cass. com., 8 janvier 1991, *Bull. Joly Sociétés*, 1991, p. 333, § 105 ; *RJF*, 1991/3, p. 226, n° 369.

[1616] Cass. crim. 7 novembre 1994, n°93-85.286., *Bull. crim.*, n°354.

[1617] Cass. crim. 19 août 1997, Ballan, *RJF* 12/97/1186.

[1618] Cass. crim. 16 juin 1999, n°4030 D, Thébault, *RJF*, 5/2000, n°170.

[1619] Pour un exemple concernant un dirigeant de fait : Cass. com., 10 oct. 1989, *RJF*, 1989/12, p. 743, n° 1444. La Haute juridiction judiciaire a pris la même décision concernant un mandataire : Cass. com., 19 mai 1992, *RJF*, 1992/8-9, p. 756, n° 1255, *Dr fisc.*, 1993, comm. 103.

[1620] Cass. com., 26 juin 2007, n° 06-15.867, *Rec* 2007 p. 2037. En effet, en l'espèce, la chambre commerciale a relevé que le directeur administratif et financier de la société était sous l'autorité directe du dirigeant. Ainsi, le dirigeant ne pouvait s'exonérer de sa responsabilité en invoquant la simple délégation de signature des pièces comptables ou des déclarations fiscales dès lors qu'aucune délégation générale et directe de ses pouvoirs financiers n'était établie.

8 du V de l'article 1754 du Code général des impôts[1621]. La solidarité du paiement de l'amende n'est pas subordonnée à la faute du dirigeant. Il peut être condamné au paiement de la pénalité pour un comportement fautif imputable à la société sans que son implication personnelle ne soit démontrée. En effet, l'une des interprétations de cet article[1622] peut conduire à ce que « *les constituants et bénéficiaires réputés constituants d'un trust soient actionnés solidairement alors que seul l'administrateur du trust aurait manqué à ses obligations déclaratives* »[1623]. Or, si cette solidarité n'entraîne pas un transfert définitif de l'amende fiscale, les conditions de mise en œuvre de l'action récursoire au profit du dirigeant suscitent la controverse au regard du principe de personnalité des peines. En effet, la possibilité d'exercer une action récursoire peut dépendre de l'acte constitutif du trust ou du droit applicable aux relations qu'entretiennent constituants et bénéficiaires réputés constituants avec l'administrateur[1624].

II. La solidarité fiscale des époux

627. Le principe de personnalité des peines n'a en droit répressif qu'une portée relative. Il s'oppose seulement à ce qu'une sanction soit directement prononcée à l'encontre d'une personne qui n'a pas pris part aux agissements qu'elle vise à réprimer. Elle peut en revanche être réclamée, par application du principe d'imposition commune des époux, au conjoint qui n'a pas pris personnellement part aux agissements fautifs[1625]. Cette affirmation trouve une illustration dans un arrêt du Conseil d'État du 5 octobre 2016[1626]. En l'espèce, l'administration a, à la suite d'un examen contradictoire de la situation fiscale personnelle, taxé M et Mme B, à l'impôt sur le revenu, dans la catégorie des bénéfices non commerciaux, en raison des détournements de fonds opérés par la seule épouse au préjudice de plusieurs sociétés appartenant au groupe qui l'employait. Les cotisations d'impôt sur le revenu et de contributions sociales supplémentairement établies au nom du foyer ont été assorties de majorations

[1621] Le constituant et les bénéficiaires soumis au prélèvement de l'article 990 J sont solidairement responsables avec l'administrateur du trust du paiement de l'amende prévue au IV bis de l'article 1736.

[1622] GUTMANN D. et MEIDANI A., « La sanction pour non-respect des obligations déclaratives relatives aux trusts : une disposition inconstitutionnelle ? », *Option Finance*, 14 mars 2016, n° 1357, p. 24 et s.

[1623] GUTMANN D., « La portée de l'article 6 de la Convention européenne des droits de l'homme en matière fiscale » op cit.

[1624] Ibidem.

[1625] CAA Versailles, 3e ch., 28 mai 2015, n° 14VE00794, Ndeugoué, *RJF* 2015, n° 810.

[1626] CE, 3e et 8e ch., 5 octobre 2016, n° 380432, Teles Pinto, *Dr fisc.* 2016, n° 50, comm. 652, concl. DAUMAS V., note PEYEN L., *RJF* 12/2016, n° 1099, *Procédures* 2016, n° 12, comm. 388, obs. O. NEGRIN.

de 80 % pour manœuvres frauduleuses. Les époux ont, devant la Cour d'appel de Bordeaux, argué de l'incompatibilité du dispositif d'imposition commune, avec les dispositions de l'article 6§2 de la Convention, dès lors que seule Mme B avait pris part aux agissements fautifs.

628. L'imposition commune est régie par plusieurs dispositions du Code général des impôts. L'article 6 prévoit une imposition commune pour les revenus perçus par chacune des personnes mariées et ceux de leurs enfants et des personnes à charge. Cet article se combine en l'espèce avec les dispositions du I de l'article 1754 de ce Code, qui prévoit que le recouvrement ainsi que le contentieux des pénalités calculées sur un impôt sont régis par les dispositions applicables à cet impôt. Si l'article 6 du Code général des impôts ne prévoit pas en lui-même la mise à la charge du foyer, des majorations pour manœuvres frauduleuses, sa combinaison avec le I de l'article 1754 du Code général des impôts le prescrit. En effet, la mise en recouvrement de majorations d'impôt est régie par les mêmes règles que celles applicables à cet impôt. Il en résulte que ces majorations d'impôt doivent être mises à la charge du foyer soumis à une imposition commune. Ce dispositif, dès lors qu'il revient à faire exécuter une sanction aux couples mariés soumis à une imposition commune indépendamment du caractère fautif des deux époux, il devait faire l'objet d'un examen au regard du principe de personnalité des peines.

629. La Haute juridiction administrative a jugé que « *l'administration est tenue de respecter le principe de personnalité des peines* (…) *lequel s'oppose à ce qu'une sanction fiscale soit directement appliquée à une personne qui n'a pas pris part aux agissements que cette pénalité réprime* »[1627]. Toutefois, elle précise que ce principe doit être concilié avec le régime de l'imposition commune prévu à l'article 6 du Code général des impôts et avec les modalités de calcul de cette imposition prévue à l'article 156 de ce Code. Elle en conclut que « *lorsqu'un seul des époux a pris part à des agissements fautifs, les sanctions fiscales en résultant doivent être regardées comme ayant été prononcées uniquement à son encontre, même si elles majorent, au titre du revenu concerné par ces agissements, l'impôt qui est dû, par le foyer fiscal formé par les deux époux, sur l'ensemble de leurs revenus* »[1628].

630. Afin de justifier l'absence d'atteinte au principe de personnalité des peines, le rapporteur public s'est fondé sur la fiction créée par le régime d'imposition commune. Ce principe reviendrait, selon lui, « *à créer une fiction juridique qui n'est ni une personne physique ni une personne morale, qui n'est pas même une personne juridique, qui est tout au plus une entité fiscale*

1627 Ibidem.
1628 Ibidem.

imaginée pour les seuls besoins de l'établissement de l'impôt sur le revenu, et derrière laquelle on retrouve immédiatement les personnes physiques qui constituent le couple soumis à imposition commune »[1629]. En d'autres termes, la sanction fiscale doit être regardée comme ayant été prononcée qu'à l'égard de l'époux qui a pris part aux agissements fautifs au nom du principe de responsabilité du fait personnel, « *même si, effectivement, elle vient in concreto majorer le montant de l'impôt sur le revenu solidairement dû par les deux époux à raison de l'ensemble des revenus du foyer qu'ils constituent* »[1630]. Le régime d'imposition commune ne revient pas à sanctionner une autre personne que celle à qui ce comportement fautif est reproché.

631. En conclusion, la conformité de la solidarité fiscale des époux à l'article 6§2 de la Convention est justifiée par le fait que la sanction est regardée comme ayant été prononcée à l'encontre du seul époux fautif. Dans la même ligne directrice que le Conseil constitutionnel[1631], le Conseil d'État effectue une distinction entre le conjoint fautif et celui qui est tenu solidairement responsable du paiement de la pénalité sur le fondement du régime d'imposition commune. Il en résulte que le recouvrement des majorations pour manœuvres frauduleuses par le conjoint non fautif ne se fait pas en vertu d'une sanction, car celle-ci ne concerne que le conjoint fautif, mais par la solidarité fiscale des époux fondée sur régime de l'imposition commune. La Haute juridiction administrative considère dès lors qu'il n'y a pas d'atteinte au principe de personnalité des peines.

632. Or, si ce mécanisme n'est pas contraire au principe de responsabilité du fait personnel, dès lors que la sanction doit être regardée comme ayant été prononcée à l'encontre du seul époux fautif, on peut y voir une dérogation au principe de personnalité des peines qui implique que « *seul l'auteur du manquement doit exécuter la sanction prononcée à son encontre* »[1632]. En effet, le principe de l'imposition commune revient à faire exécuter la peine aux couples mariés et pacsés alors même que seul l'un des deux époux ou partenaires de pacs a commis un manquement[1633].

[1629] Concl. DAUMAS V., sous CE, 3e et 8e ch., 5 oct. 2016, n° 380432, Teles Pinto, *Dr fisc.* 2016, n° 50, comm. 652.

[1630] Note sous CE, 5 oct. 2016, no 380432, M. et Mme T. P., *Les Nouvelles Fiscales*, N° 1189, 1er décembre 2016.

[1631] C.C., 21 janvier 2011, n° 2010-90 QPC, M. Cuaz, consid. 6.

[1632] MAGNIER V., PACLOT Y., « Le principe de personnalité des poursuites et des peines à l'épreuve des décisions de l'AMF », in Étude à la mémoire du professeur Bruno Oppetit, op cit. p. 538.

[1633] Ce principe est dotant plus contestable lorsque les sanctions infligées à la suite d'un manquement commis par un ex-époux ou un ex-partenaire à raison de démarches administratives mises en œuvre après la rupture et qui portent sur la période couverte par

Sous-section 2 : les mécanismes de transmission du patrimoine : un tempérament au principe de personnalité des peines

633. Le législateur a atténué le principe de personnalité des peines en insérant dans le Code pénal l'article 133-1 qui dispose que « *le décès du condamné ou la dissolution de la personne morale, sauf dans le cas où la dissolution est prononcée par la juridiction pénale, la grâce et l'amnistie, empêchent ou arrêtent l'exécution de la peine. Toutefois, il peut être procédé au recouvrement de l'amende et des frais de justice ainsi qu'à l'exécution de la confiscation après le décès du condamné ou après la dissolution de la personne morale jusqu'à la clôture des opérations de liquidation* »[1634]. Cet article établit une distinction entre la peine privative de liberté considérée comme une « *véritable peine personnelle* »[1635], et l'amende, qui peut être transmise dans le patrimoine de l'héritier. En droit fiscal, le législateur a, dans le même sens, inséré un article 1754 dans le Code général des impôts qui dispose qu' « *en cas de décès du contrevenant ou s'il s'agit d'une société, en cas de dissolution, les amendes, majorations et intérêts dus par le défunt ou la société dissoute constituent une charge de la succession ou de la liquidation* »[1636]. Cet article envisage la mise à la charge de l'héritier des majorations et indemnités dues par le défunt, mais également la condamnation solidaire des dirigeants sociaux ou des dirigeants de fait.

634. Les juges européens se sont interrogés sur la compatibilité de cette approche permettant la transmission de l'amende au cujus pour des faits commis par le défunt avec les dispositions de l'article 6§2 de la Convention. S'il ressort de la jurisprudence de la Cour européenne des droits de l'homme

l'imposition commune. Dans cette hypothèse, la personne est sanctionnée pour un manquement qu'elle n'a pas commis. Pour illustrer ces propos, le professeur Ludovic AYRAULT, dans son étude sur « le couple et l'impôt », prend l'exemple de l'ex-conjoints qui refuse de coopérer avec l'administration fiscale. L'absence de coopération avec l'administration fiscale peut conduire celle-ci à se placer sur le terrain de l'opposition à contrôle fiscale et à infliger une majoration de 100% des droits dus (article 1732 du Code général des impôts). Or, cette sanction ne frappera pas uniquement le membre du couple fautif « mais bien le couple ». Le paiement de majoration est rendu exigible par l'ex-conjoint non fautif alors même que ce dernier n'a pas été informé des démarches administratives. Il convient dans une telle hypothèse de caractériser le manquement en démontrant que les membres du couple avaient connaissance des démarches effectuées par l'administration. En revanche, pour les démarches antérieures à la rupture du lien juridique « *la vie commune laisse en effet supposer, ou du moins peut laisser supposer, un échange entre époux ou partenaires* »: AYRAULT L., « Le couple et l'impôt », in refonder l'impôt sur le revenu, *l'Harmattan* 2013, coll. finances publiques, pp. 189-206.

[1634] Article 133-1 du Code pénal.

[1635] DUPRE M., « La patrimonialisation de l'amende et de la pénalité fiscale », *Dr. et patr.* 2012. 221.

[1636] Article 1754 du Code général des impôts.

« *une certaine méfiance* »[1637] à l'encontre des sanctions fiscales mises à la charge du cujus, elle a apporté certains tempéraments au principe de personnalité des peines. Le Conseil constitutionnel a, quelques années plus tard, adopté une interprétation du principe de personnalité des peines conforme à celle adoptée par les juges européens. Les deux juridictions s'accordent pour refuser de condamner directement l'hériter aux paiements d'une amende qui résulte d'un manquement imputable uniquement au défunt. En revanche, ils apportent un tempérament au principe de personnalité des peines en permettant le recouvrement des sanctions fiscales sous certaines conditions par les héritiers.

I. La conventionnalité du mécanisme de transmission des sanctions fiscales aux héritiers de la personne auteur du manquement

635. La Cour européenne des droits de l'homme s'est prononcée sur la conventionalité de dispositifs permettant de prononcer des amendes pour fraude fiscale aux héritiers de la personne auteur du manquement. Elle a consacré, sur le fondement de l'article 6§2 de la Convention européenne des droits de l'homme, le principe selon lequel « *il existe une règle fondamentale du droit pénal, selon laquelle la responsabilité pénale ne survit pas à l'auteur de l'acte délictueux* »[1638]. Ainsi, selon la Cour, « *hériter de la culpabilité du défunt n'est pas compatible avec les normes de la justice pénale dans une société régie par la prééminence du droit* »[1639]. Toutefois, la Cour a pris le soin de distinguer ce qui relève de la transmission de la responsabilité pénale fiscale aux héritiers et ce qui relève du recouvrement des pénalités fiscales imputables au défunt par les héritiers. La Cour a, par une interprétation souple du principe de personnalité des peines, énoncé que « *le recouvrement auprès des requérants des impôts impayés ne saurait prêter à discussion* (…). *À vrai dire, il est normal que les dettes fiscales, à l'instar des autres dettes contractées par le de cujus, soient réglées par prélèvement sur la masse successorale* »[1640]. Dès lors, si le principe de personnalité des peines, tel qu'il découle des dispositions de l'article 6§2 de la Convention européenne des droits de l'homme, fait obstacle à ce que les héritiers se voient infliger des sanctions fiscales pour des manquements commis par le défunt, il ne s'oppose pas au recouvrement par ceux-ci des sanctions fiscales définitivement prononcées à l'encontre de la personne décédée. La possibilité de mettre des

---

[1637] DUPRE M., « La patrimonialisation de l'amende et de la pénalité fiscale », op cit.
[1638] CEDH, 29 août 1997, E.L., R.L. et J.O.-L. contre Suisse, aff. 75/1996/694/886., op cit ; CEDH, 29 août 1997, A.P., M.P., et T.P. contre Suisse, aff. 71/1996/690/882, op cit., §48.
[1639] Ibidem.
[1640] CEDH, 29 août 1997, A.P., M.P., et T.P. contre Suisse, aff. 71/1996/690/882, op cit.

amendes à la charge de l'hériter n'est pas sans condition. La Cour européenne des droits de l'homme a récemment condamné la France pour ne pas avoir mis un héritier dont les dommages et intérêts dus par le défunt ont été mis à sa charge, en mesure de se défendre conformément au principe d'équité[1641].

II. La constitutionnalité du mécanisme de l'article 1745 du Code général des impôts

636. Saisi par le Conseil d'État d'une question prioritaire de constitutionnalité[1642], le Conseil constitutionnel a, dans une décision du 2012[1643], accepté de confronter le mécanisme du 3 du IV de l'article 1745 du Code général des impôts avec le principe selon lequel « *nul n'est punissable que de son propre fait* » qui découle de la lecture combinée des articles 8 et 9 de la Déclaration des droits de l'homme[1644]. Il résulte des termes de cet article qu' « *en cas de décès du contrevenant ou s'il s'agit d'une société, en cas de dissolution, les amendes, majorations et intérêts dus par le défunt ou la société dissoute constituent une charge de la succession ou de la liquidation* »[1645]. Après avoir fait une distinction entre les sanctions ayant le caractère de punition qui sont gouvernées par le principe selon lequel nul n'est punissable que de son propre fait et les intérêts et majorations réparatrices qui en sont exemptés, les juges de la rue de Montpensier ont énoncé les conditions permettant de déclarer le dispositif de l'article 1745 du Code général des impôts conforme au principe de personnalité des peines.

637. Le Conseil constitutionnel a relevé, conformément au principe de responsabilité personnelle et de personnalité des peines, que « *les dispositions contestées prévoient la transmission des pénalités fiscales uniquement lorsqu'elles sont dues par le défunt ou la société dissoute au jour du décès ou de la dissolution* »[1646]. A contrario, « *elles ne permettent pas que des amendes*

1641 CEDH, 12 avril 2012, n° 18851/07, Lagardère c/ France, *AJDA* 2012. 1726, chron. BURGORGUE-LARSEN L., *D.* 2012. 1708, obs. BACHELET O., note RENUCCI J.-F., *AJ pénal* 2012. 421, obs. LAVRIC S., *Rev. sociétés* 2012. 517, note MATSOPOULOU H.

1642 CE, 9e et 10e ss-sect. réunies, 22 février 2012, n° 352200, Mme Altmann, *Dr fisc.* 2012, n° 12, comm. 206, concl. ALADJIDI F., *RJF* 2012, n° 504.

1643 C.C., 4 mai 2012, n° 2012-239 QPC, Mme Altmann, *Dr fisc.* 2012, n° 27, comm. 365, note GRANDEMANGE J.-P., *RJF* 7/2012, n° 736.

1644 Ce principe s'étant vu reconnaître valeur constitutionnelle dans une décision du 16 juin 1999 (C. C., déc. 16 juin 1999, n° 99-411 DC, Loi portant diverses mesures relatives à la sécurité routière et aux infractions sur les agents des exploitants de réseau de transport public de voyageurs, *Rec. Cons. Const.* 1999, p. 63, consid. 7, *JO* 19 juin 1999, *D.* 1999, jurispr. p. 589, note MAYAUD Y.).

1645 Article 1745 du Code général des impôts.

1646 C.C., 4 mai 2012, n° 2012-239 QPC, Mme Altmann, op cit., consid. 6.

et majorations venant sanctionner le comportement du contrevenant fiscal soient prononcées directement à l'encontre des héritiers de ce contrevenant ou de la liquidation de la société dissoute »[1647]. Dans la lignée de la jurisprudence de la Cour européenne des droits de l'homme, le Conseil constitutionnel effectue une distinction entre la transmission de la responsabilité aux héritiers du contrevenant ou de la liquidation de la société dissoute et le recouvrement des pénalités fiscales. Cette solution trouve une explication dans « *la qualification civile de la somme pour l'héritier ou le légataire, à savoir, un élément du passif* »[1648]. Les pénalités fiscales infligées avant le décès du contrevenant s'analysent ainsi comme une créance entrant dans le patrimoine du défunt qui devient recouvrable après son décès. En revanche, la solution est différente lorsque le décès intervient avant l'infliction de la sanction. Dans cette hypothèse, les principes de responsabilité et de personnalité des peines sont opposables. Aucune sanction ne peut être prononcée après le décès de l'auteur du manquement ou après la dissolution de la société dissoute et n'être mise à la charge de la succession. Une solution contraire reviendrait à imputer directement la faute aux héritiers ou légataires, ce qui serait contraire aux principes de responsabilité personnelle et de personnalité des peines.

638. Opérant une « *approche spécifique du droit fiscal* »[1649], le Conseil constitutionnel a considéré que l'amende fiscale était exigible dès le prononcé de la sanction. En d'autres termes, ces pénalités entrent dans le patrimoine de la personne, dès l'émission de l'avis de mise en recouvrement par l'administration à la suite du prononcé de la décision. Les pénalités fiscales sont exigibles alors même qu'une contestation de la décision peut avoir lieu ou qu'une procédure transactionnelle est possible ou en cours. Cette solution s'oppose ainsi aux dispositions applicables au droit pénal stricto sensu[1650]. Pour neutraliser cette difficulté, le Conseil constitutionnel a ajouté une condition tenant à la mise en œuvre d'une procédure contradictoire. Ainsi, le dispositif institué au 3 du IV de l'article 1745 du Code général des impôts est conforme à la Constitution dès lors les pénalités « *sont prononcées par*

[1647] Ibidem.

[1648] AYRAULT L., « Droit fiscal européen des droits de l'homme : chronique de l'année 2016 », *Dr fisc.* 2017, n°9, comm. 191.

[1649] DUPRE M., « La patrimonialisation de l'amende et de la pénalité fiscale », op cit.

[1650] Ibidem. Selon lui, « *Ces deux principes* (le principe de personnalité des peines et le principe de présomption d'innocence) *empêchent en effet de fixer la peine après le décès de la personne. Il semble alors logique de considérer que la peine non définitive au jour du décès ne peut pas peser sur la succession du de cujus en tant que charge* ». En effet, en matière pénale, l'article 133-1 du Code pénal encadre strictement la transmission des amendes par voie successorale. Ces dispositions (déjà précitées) combinées aux articles 506 et 569 du Code de procédure pénale qui confèrent un effet suspensif à l'appel et au pourvoi en cassation permettent seulement la transmission par voie successorale des amendes et dans la seule hypothèse où la condamnation à l'origine de la peine pécuniaire est devenue définitive au jour du décès.

l'administration à l'issue d'une procédure administrative contradictoire à laquelle le contribuable ou la société a été partie »[1651]. De plus, si la pénalité fiscale est susceptible de peser sur les héritiers, alors même que la décision est encore susceptible de faire l'objet d'une contestation ou d'une transaction, le Conseil constitutionnel précise que de telles procédures ne peuvent avoir pour conséquence d'alourdir la sanction après le décès du contrevenant. En effet, une « *proposition contraire méconnaîtrait le principe selon lequel nul n'est punissable que de son propre fait* »[1652], dès lors qu'elle aurait pour conséquence, d'intégrer un surplus de dettes dans le patrimoine du cujus. Dans cette hypothèse, la décision s'apparenterait pour l'héritier à une sanction pour des faits commis par le défunt. Le Conseil constitutionnel a fait de l'existence d'une procédure contradictoire « *une condition essentielle de la transmission aux héritiers* »[1653].

639. Le Conseil constitutionnel a appliqué le principe de personnalité des peines aux personnes physiques et morales de façon souple en permettant la transmission des pénalités fiscales alors même qu'elles n'ont pas acquis de caractère définitif au jour de la liquidation de la société ou au jour du décès du cujus en opposition avec les dispositions du droit pénal. De plus, l'argumentation du juge fondée sur le bénéfice de garanties suffisantes pour le contribuable « *n'enlève rien au fait que des contribuables sont punis à raison de fautes qu'ils n'ont pas commises* »[1654]. Ainsi, si les pénalités fiscales sont définies au regard de la situation du contribuable fautif, elles sont en vertu du 3 de l'article 1754 du Code général des impôts acquittées par l'héritier ou par le continuateur de la société dissoute qui pourront être traités plus sévèrement dès lors que ne sera pas pris en compte ni leurs ressources ni leurs charges.

[1651] C.C., 4 mai 2012, n° 2012-239 QPC, Mme Altmann, op cit., consid. 6.
[1652] GRANDEMANGE J-P., « On hérite de tout... même des pénalités fiscales », *Dr fisc.* n° 27, 5 Juillet 2012, comm. 365.
[1653] DE LAMY B., « la transmission d'une amende par voie successorale », *RSC* 2013. 430.
[1654] DE LA MARDIERE C., « La mort punie saisit le vif innocent », *Constitution* 2012, p. 471. Pour une opinion contraire : GRANDEMANGE J-P., « On hérite de tout... même des pénalités fiscales », op cit.

Conclusion chapitre 2

640. Le principe de la responsabilité du fait personnel n'a en matière fiscale, qu'une portée relative qui justifie certaines exceptions jurisprudentielles. Ainsi, le Conseil Constitutionnel, la Cour européenne des droits de l'homme et les Hautes juridictions administratives et judiciaires n'imposent pas les mêmes exigences lorsque le principe de responsabilité des peines est appliqué aux personnes physiques ou aux personnes morales. Ils veillent à concilier respectivement, le respect des droits et libertés constitutionnellement et conventionnellement garantis avec l'objectif d'efficacité répressive. Le principe de personnalité des peines lorsqu'il est appliqué en matière fiscale n'a qu'une portée relative. L'instauration de mécanisme de solidarité et de transmission du patrimoine en matière fiscale a emporté des atteintes différentes au principe de personnalité des peines. Les mécanismes de solidarité fiscale, enserrés dans des conditions strictes de mise en œuvre n'ont emporté qu'une faible atteinte au principe de personnalité des peines. En revanche, les mécanismes de transmission du patrimoine qui s'appliquent de manière automatique constituent une dérogation au principe de personnalité des peines.

Conclusion Titre 1

641. Si les principes les plus importants du droit pénal de fond sont appliqués au fondement et à la fixation de la sanction fiscale, la Cour européenne des droits de l'homme, le Conseil constitutionnel et les juridictions de l'Ordre administratif et judiciaire s'accordent une certaine souplesse dans l'application de ces principes en tenant compte des spécificités pratiques et systémiques de la matière fiscale. Ainsi, à l'heure actuelle certaines garanties fondamentales du droit pénal de fond ne s'appliquent pas aux sanctions fiscales, comme le principe de non bis in idem. Si le Conseil constitutionnel et les Hautes juridictions administratives et judiciaires limitent le cumul des sanctions fiscales et sanctions pénales sur le fondement du principe de nécessité des peines, celui-ci n'emporte pas les mêmes exigences que le principe non bis in idem. D'autres principes font l'objet d'une interprétation souple par les juridictions comme la légalité des délits et des peines, le principe de proportionnalité des peines, le principe de rétroactivité in mitius et les principes de responsabilité personnelle et de personnalité des peines. Cette application souple des principes du droit pénal de fond se justifie dès lors qu'« *une assimilation parfaite des sanctions fiscales aux sanctions pénales ruinerait le fondement même de la répression administrative* »[1655]. Le même constat résulte de l'étude de l'intégration des droits procéduraux à la mise en œuvre de la sanction fiscale.

[1655] FROGER C., « La sanction fiscale dans les jurisprudences constitutionnelles et européennes », op cit.

Titre 2 : L'application relative des droits procéduraux aux sanctions fiscales

642. Les droits procéduraux peuvent être définis comme « *les droits accordés à la personne faisant l'objet d'une accusation tout au long de la procédure diligentée contre elle* »[1656]. Ces droits se subdivisent en deux catégories, à savoir, les droits procéduraux objectifs et les droits procéduraux subjectifs. Les premiers ont trait au procès. On retrouve le droit au juge[1657] et le droit au procès équitable[1658]. Les seconds concernent les droits qui ont trait à la personne faisant l'objet d'une accusation. Lorsqu'une sanction ayant le caractère de punition est susceptible d'être prononcée, la personne visée dispose « *de droits tout au long de la procédure, dès l'émanation du premier soupçon porté comme elle, et jusqu'à ce que soit statué au fond sur l'accusation, voir au-delà, pendant l'exécution de sa peine* »[1659]. Il s'agit du droit à la présomption d'innocence et des droits de la défense[1660]. Le lien entre ces deux droits a d'ailleurs été établi par la Déclaration universelle des droits de l'homme, lequel dispose que « *toute personne accusée d'un acte délictueux est présumée innocente jusqu'à ce que sa culpabilité ait été légalement établie au cours d'un procès public où toutes les garanties nécessaires à sa défense lui auront été assurées* »[1661].

[1656] CAPPELLO A., « La constitutionnalisation du droit pénal – Pour une Étude du droit pénal constitutionnel – », op cit, p. 373.

[1657] Consacré au niveau constitutionnel par la notion de droit au recours effectif, il trouve son équivalent avec le droit à un tribunal consacré au niveau européen.

[1658] Il s'agit des droits qui ont trait au jugement et au juge, à savoir, la publicité, l'indépendance et l'impartialité des juges.

[1659] CAPPELLO A., « La constitutionnalisation du droit pénal – Pour une Étude du droit pénal constitutionnel – », op cit, p. 373.

[1660] Et plus généralement au droit à l'équité du procès.

[1661] Article 11 de la Déclaration universelle des droits de l'homme.

Chapitre 1 : Les droits procéduraux objectifs

643. Ces droits visent dans un premier temps à garantir l'existence du procès. Ils ont été consacrés par Conseil constitutionnel avec la notion de « *droit au recours juridictionnel effectif* » et par la Cour européenne des droits de l'homme avec celle de « *droit à un tribunal* ».

644. Le droit au juge s'est accompagné « *paradoxalement* »[1662] de la reconnaissance du pouvoir répressif de l'administration fiscale. La Cour européenne des droits de l'homme considère qu'« *un État contractant doit avoir la liberté de confier au fisc la tâche de les poursuivre et de les réprimer, même si la majoration encourue à titre de sanction peut être lourde. Pareil système ne se heurte pas à l'article 6 de la Convention pour autant que le contribuable puisse saisir de toute décision ainsi prise à son encontre un tribunal offrant les garanties de ce texte* »[1663]. Le pouvoir de sanction de l'administration fiscale est conditionné par l'existence d'un contrôle ultérieur devant un tribunal offrant les garanties du procès équitable. La jurisprudence du Conseil constitutionnel s'inscrit dans la même ligne jurisprudentielle lorsqu'elle énonce que « *le principe de séparation des pouvoirs non plus qu'aucun principe ou règle de valeur constitutionnelle ne fait obstacle à ce qu'une autorité administrative agissant dans le cadre de prérogatives de puissance publique, puisse exercer un pouvoir de sanction dès lors que d'une part que la sanction impliquée est exclusive de toute privation de liberté et d'autre part que l'exercice du pouvoir de sanction est assorti par la loi de mesures destinées à sauvegarder les droits et libertés constitutionnellement garanties* »[1664]. Au titre des mesures destinées à la sauvegarde les droits et libertés constitutionnellement garanties, le Conseil constitutionnel exige, sur le fondement de l'interprétation des dispositions de l'article 16 de la Déclaration, l'existence d'un recours juridictionnel effectif[1665].

[1662] PELLAS J-R., « L'influence du droit à un procès équitable sur le pouvoir de sanction fiscale », *LPA* 1994, n°78.

[1663] CEDH, 24 février 1994, Bendenoun c/ France, op cit.

[1664] C.C., 28 juillet 1989, n°89-260 DC, op cit.

[1665] C.C., 9 avril 1996, n° 96-373 DC, loi organique portant statut d'autonomie de la Polynésie française, *JORF* du 13 avril 1996, p. 5724, consid. 83. Comme le relève François Luchaire « *On peut donc considérer* (à l'image du Conseil) *que cet article 16 proclame le droit au juge* » : LUCHAIRE F., « La sécurité juridique en droit constitutionnel français », *Nouv cah Cons Const*, 2001, n°11, p. 69.

645. Le droit au juge a d'abord été érigé au rang de droit fondamental par la Cour européenne des droits de l'homme[1666]. Selon la Cour, « *on ne comprendrait pas que l'article 6-1 décrive en détail les garanties de procédure accordées aux parties (…) et qu'il ne protège pas d'abord ce qui seul permet de bénéficier en réalité de l'accès au juge* »[1667]. L'article 13 de la Convention complète cet article en insérant des dispositions relatives au droit au recours effectif devant une juridiction nationale. Ce droit est également garanti à l'article 2-3 du Pacte international relatif aux droits civils et politiques, lequel commande aux États partis à la Convention de « *garantir que toute personne dont les droits et libertés reconnus dans le présent Pacte auront été violés disposera d'un recours utile, alors même que la violation aurait été commise par des personnes agissant dans l'exercice de leurs fonctions officielles (et de) garantir que l'autorité compétente, judiciaire, administrative ou législative, ou toute autre autorité compétente selon la législation de l'État, statuera sur les droits de la personne qui forme le recours et développer les possibilités de recours juridictionnel* ».

646. Le droit d'agir en justice, encore appelé droit au juge ou droit à un recours effectif[1668] trouve également un fondement constitutionnel. D'abord considéré comme un principe à valeur constitutionnelle[1669], le droit au recours effectif a été rattaché à l'article 16 de la Déclaration des droits de l'homme et du citoyen[1670]. Selon le Conseil constitutionnel « *il résulte de cette disposition qu'en principe il ne doit pas être porté d'atteintes substantielles au droit des personnes intéressées d'exercer un recours effectif devant une juridiction* »[1671]. La possibilité de réglementer le droit d'accès à un tribunal peut être ménagée par l'édiction de règles de recevabilité des recours à la condition qu'elles ne portent pas une atteinte « substantielle » à ce droit. Au fil de sa jurisprudence, le Conseil constitutionnel a fait de la possibilité d'exercer un recours juridictionnel contre les sanctions administratives et le caractère suspensif de celui-ci une « *condition essentielle du pouvoir de sanction des autorités administratives* »[1672].

1666 CEDH, 21 février 1975, n° 4451/70, Golder c/ Royaume-Uni.
1667 Ibidem.
1668 Le Conseil constitutionnel a privilégié cette dernière appellation.
1669 C.C., 18 août 1993, n° 93-225 DC, *Pouvoirs*, janvier 1994, n° 68, p. 166-167, 172, Note AVRIL P. et GICQUEL J., *RFDC*, juillet-septembre 1993, n° 15, p. 583-600, note FAVOREU L., *Rec* 1994, n° 13, p. 111, note MAILLARD DESGREES DU LOU D.
1670 C.C., 21 janvier 1994, n° 93-335 DC, *JORF* n°21 du 26 janvier 1994 p. 1382, *RFDC*, avril-juin 1994, n° 18, p. 364-370, note MELIN SOUCRAMANIEN F., *Pouvoirs*, septembre 1994, n° 70, p. 205, 219, Note AVRIL P. et GICQUEL J.
1671 C.C., 9 avril 1996, n° 96-373 DC, loi organique portant statut d'autonomie de la Polynésie française, op cit.
1672 DELVOLVE P. « Le pouvoir de sanction et le contrôle du juge », *LPA* 17 septembre 2001, n°185, p. 18.

647. Si la fondamentalité de ce droit ne peut être critiquée, il convient de s'interroger sur sa portée en matière répressive. Il ressort de la jurisprudence du Conseil constitutionnel et de la Cour européenne des droits de l'homme que le droit à un recours juridictionnel effectif n'est pas absolu et que certaines limites peuvent être tolérées. Appliqué en matière répressive, ce droit implique un certain nombre de garanties. En premier lieu, la décision de l'autorité non juridictionnelle doit pouvoir faire l'objet d'un recours devant une juridiction qui est ou peut être suspensif. En second lieu, le tribunal doit être doté de la plénitude de juridiction, ce qui suppose de la part du juge de vérifier la réalité de la validité des motifs invoqués pour infliger une sanction. En matière fiscale, ces exigences se heurtent à deux difficultés relatives à l'effet non suspensif des recours et à l'intensité du contrôle juridictionnel.

Section 1 : La portée limitée du droit à un recours juridictionnel suspensif

648. En matière fiscale, les recours n'ont pas de caractère suspensif. Ce principe se justifie « *tant par la nécessité de procéder sans délai au recouvrement des créances fiscales, que par la volonté d'éviter la multiplication des recours dilatoires, dont le seul but serait de repousser l'échéance d'une obligation incontestablement fondée* »[1673]. Toutefois, afin de ne pas « *préjudicier aux droits des contribuables de bonne foi* »[1674] le législateur a, de manière exceptionnelle, instauré une procédure de sursis au paiement de l'impôt et des pénalités y afférentes aux articles L 277 et L 280 du Livre des procédures fiscales qui permet de suspendre le caractère exécutoire des rôles nominatifs ou des avis de mise en recouvrement. Ainsi, lorsque le contribuable entend contester la procédure d'imposition dont il fait l'objet, il peut assortir sa réclamation contentieuse d'une demande de sursis au paiement de l'impôt et des pénalités y afférentes. Cette procédure qui est enserrée dans plusieurs limites constitue un « *palliatif imparfait à l'effet non suspensif des recours* »[1675]. Est ainsi née au sein de la doctrine, une controverse liée à la jouissance par le contribuable d'un véritable droit au sursis au paiement.

[1673] MASCLET DE BARBARIN M., « Le contentieux de recouvrement de l'impôt », *LGDJ* 2004, coll. Bibliothèque de droit public, Tome 243, p. 317.
[1674] Ibidem.
[1675] PELLAS J-R., « L'influence du droit à un procès équitable sur le pouvoir de sanction fiscale », op cit

649. Le législateur a prévu que lorsque litige porte sur une somme supérieure à 4500 euros[1676], le débiteur doit constituer des garanties portant sur les droits contestés[1677]. La fiabilité de ces garanties est appréciée par le comptable chargé du recouvrement qui doit s'assurer que leur valeur est équivalente à celle des « droits contestés ». La subordination du sursis au paiement à l'octroi de garanties suffisantes a été considérée par certains auteurs[1678] comme difficilement conciliable avec le droit à un procès équitable. En effet, le caractère suspensif de la réclamation portant sur des sanctions fiscales est conditionné par l'appréciation du comptable des garanties apportées par le contribuable. L'absence d'automaticité du caractère suspensif de la réclamation portant sur des pénalités fiscales comporte une lacune au regard des dispositions de l'article 6 de la Convention européenne des droits de l'homme, mais également au regard de l'article 16 de la Déclaration des droits de l'homme. Pour d'autres auteurs, en revanche, le fait que le législateur ait instauré le seuil du caractère suspensif à 4500 euros permet au contribuable de bénéficier d'un « véritable droit au sursis »[1679].

650. Une autre difficulté peut être relevée quant à la durée de la suspension de l'exigibilité de l'impôt et des pénalités y afférentes. Lorsque les garanties sont jugées suffisantes par le comptable[1680], la demande de sursis au paiement produit son effet suspensif à l'égard de l'imposition et des pénalités y afférentes. Le comptable est tenu de restituer au contribuable les sommes et les biens qu'il a pu appréhender en vertu des mesures d'exécution avant le dépôt de la demande de sursis au paiement. L'impôt et les pénalités ne redeviennent exigibles qu'à partir de la notification au contribuable d'une décision explicite en confirmant le bien-fondé. En l'absence de saisine du juge de l'impôt en temps utile par le contribuable, le sursis de paiement prend fin à l'expiration du délai de recours[1681]. En revanche, lorsque le litige est porté devant le juge de l'impôt, l'effet suspensif de paiement ne subsiste que jusqu'à

[1676] En dehors de cette hypothèse l'administration est tenue d'accorder le sursis. Ainsi selon certains auteurs, le contribuable jouit d'un « *véritable droit au sursis* » : COLLET M., COLLIN P., Procédures fiscales, *PUF* 2011, coll. thémis droit, p. 319.

[1677] Article L. 277 al 2 du Livre des procédures fiscales.

[1678] PELLAS J-R., « L'influence du droit à un procès équitable sur le pouvoir de sanction fiscale », op cit. ; BORNHAUSSER M., « Sanctions fiscales et procès équitable - La compatibilité du contentieux des pénalités fiscales avec l'article 6 de la Convention européenne des Droits de l'Homme », *Dr fisc.* 1995, n°28, comm. 100049.

[1679] COLLET M., COLLIN P., Procédures fiscales, op cit, p. 319.

[1680] En revanche, lorsque les garanties ne sont pas jugées suffisantes par le comptable, le contribuable peut simplement bénéficier des effets du « mini-sursis » instauré à l'article L 277, al 4 du Livre des procédures fiscales. Cette procédure permet au comptable de prendre des mesures conservatoires pour les impôts contestés, mais ne l'autorise pas à prendre des actes de poursuites ayant pour effet immédiat de déposséder le contribuable tant que le juge n'aura pas tranché le litige.

[1681] CE, 6 novembre 2006, n° 287940, *RJF* 1/07/ 79.

la notification du jugement, alors même que la décision prise en première instance donnerait lieu à un recours en appel ou en cassation[1682]. Ainsi, le contribuable qui succombe en première instance, à l'obligation de régler les pénalités fiscales mises à sa charge alors même qu'il interjette appel. Cette spécificité qui fait l'objet d'une controverse doctrinale relative à l'absence de présomption d'innocence[1683] s'avère également discutable au regard de l'exigence conventionnelle et constitutionnelle du droit au recours effectif.

651. D'autre part, si la demande de sursis présente un caractère facultatif « *le choix de solliciter le sursis de paiement ne peut toutefois procéder que d'une tactique juridique* »[1684]. Ainsi, lorsque les impositions et les pénalités y afférentes sont confirmées par le juge, le contribuable qui avait sollicité le sursis au paiement doit acquitter les impositions concernées, auxquelles s'ajouteront les pénalités et intérêts moratoires. Cette procédure peut donc avoir pour conséquence de dissuader le contribuable de faire une demande de sursis au paiement de l'impôt.

652. La conjonction de ces deux règles s'avère difficilement compatible avec l'exigence du droit au recours effectif. De plus, l'instauration d'un référé suspension en matière fiscale n'a pas permis de remédier à ces lacunes. En effet, lorsque le contribuable s'est vu refuser une demande de sursis au paiement ou n'a obtenu qu'un mini sursis, la suspension des impositions et pénalités y afférentes pourra être obtenue en ouvrant la voie de droit du référé fiscal[1685]. Cette procédure comporte « *certaines particularités susceptibles de heurter un esprit tatillon quant aux règles du procès équitable* »[1686] en raison du délai très bref de saisine du juge, de la subordination du recours à la consignation préalable de 10% des sommes contestées et des jugements de rejet qui peuvent naître du silence du juge. Le Conseil d'État a refusé de contrôler la conventionnalité de la procédure de sursis au paiement et du référé fiscal. À cet égard, il a jugé inopérant le moyen tiré de la non-conformité de l'obligation de consignation préalable à la saisine du juge du référé fiscal, aux règles du procès équitable instituées à l'article 6§1 de la Convention. Il a relevé que l'office du juge du référé fiscal se limite à apprécier la fiabilité des garanties. Dès lors, ce juge « *ne statue ni sur des contestations relatives à des*

1682 CE, 30 novembre 2001, n° 234654 , Dion, op cit. ; CE 27 juillet 2012, n° 331748 , Manseau, *RJF* 11/12/1073.

1683 BORNHAUSSER M., « Sanctions fiscales et procès équitable - La compatibilité du contentieux des pénalités fiscales avec l'article 6 de la Convention européenne des Droits de l'Homme », op cit.

1684 CRUVELIER E., « Contentieux fiscal – Réclamation administrative préalable », *Répertoire de droit commercial*, Janvier 2016.

1685 Article L. 279 du Livre des procédures fiscales

1686 Concl. COURTIAL J., sous, CE 25 avril 2001, n° 213 460, Sté Parfival, *Dr fisc.* n° 29, 18 Juillet 2001, comm. 711.

droits et obligations de caractère civil ni sur des accusations en matière pénale, seules visées par ces stipulations »[1687], alors même que les montants dont le recouvrement doit être garanti incluraient des pénalités. Cette solution est justifiée selon le commissaire du gouvernement Jean Courtial dès lors que les litiges en cause ne portent pas « *sur la régularité ou le bien-fondé des accessoires de l'imposition - ni sur l'imposition elle-même d'ailleurs. Il s'agit ici seulement de savoir si les garanties offertes par le contribuable sont suffisantes pour assurer le recouvrement de la créance du Trésor. Rien de plus. Par conséquent, à supposer même que les accessoires de l'imposition constituent des pénalités, le débat contentieux ne peut être regardé comme portant sur une « accusation en matière pénale » au sens de l'article 6 de la Convention* »[1688].

653. Ainsi pour reprendre les propos conclusifs de Marie Masclet de Barbarin dans sa thèse consacrée au contentieux du recouvrement, « *l'impératif du recouvrement de l'impôt demeure la règle, quand bien même il doit s'effectuer au détriment du droit d'agir du requérant* »[1689].

Section 2 : L'application souple du droit à un organe disposant d'une compétence de pleine juridiction

654. Consacrée par la Cour européenne des droits de l'homme dans ses arrêts « Le compte »[1690], l'exigence d'un organe de pleine juridiction implique que le juge examine l'affaire tant en droit qu'en fait. La notion « d'organe de pleine juridiction » ou « d'organe disposant d'une compétence de pleine juridiction » constitue une composante du droit à un tribunal. Elle implique, lorsque l'affaire relève de la matière civile ou de la matière pénale, qu'il n'est pas nécessaire que l'organe répressif respecte pleinement les règles du procès équitable tel qu'ils résultent de l'article 6 § 1 de la Convention, pour autant que la sanction puisse subir « *le contrôle ultérieur d'un organe judiciaire de pleine juridiction présentant, lui, les garanties de cet article* »[1691]. Elle permet de déterminer quels sont les pouvoirs dont une juridiction doit disposer pour pouvoir être qualifiée de « tribunal » au sens de la Convention européenne des droits de l'homme. Ainsi a été soulevée la question de savoir si la notion de

---

[1687] CE, 30 juin 2000, n° 181 003, M. Manchec, *Dr fisc.* 2001, n° 7, comm. 143, *RJF* 9-10/00, n° 1171.
[1688] Concl. COURTIAL J., sous, CE 25 avril 2001, n° 213 460, Sté Parfival, op cit.
[1689] MASCLET DE BARBARIN M., « Le contentieux de recouvrement de l'impôt », op cit., p.353.
[1690] CEDH, 23 juin 1981, Le compte, Van Leuven et De Meyere c/ Belgique, A., 43, §51, *GACEDH*, n°17.
[1691] Ibidem.

pleine juridiction intégrait le pouvoir de modulation des sanctions fiscales. La Cour européenne des droits de l'homme a, au fil de sa jurisprudence, clarifié les contours de la notion de pleine juridiction. Il en résulte que cette notion n'englobe pas le pouvoir de modulation des sanctions fiscales.

655. Ces exigences liées à l'office du juge résultent, en droit constitutionnel, du principe d'individualisation de la peine. Le Conseil constitutionnel a intégré au principe de nécessité des peines, inscrit à l'article 8 de la Déclaration des droits de l'homme, celui de l'individualisation de la peine dans une décision du 22 juillet 2005[1692]. Ce principe implique pour le juge le devoir de mesurer la nécessité des peines qu'il prononce. Toutefois, le Conseil constitutionnel ne saurait exercer un contrôle sur cette mission dès lors qu'il est « *chargé de contrôler la conformité de la loi à la Constitution, non la constitutionnalité des jugements et arrêts* »[1693]. En revanche, ce principe engage également le législateur qui est tenu de mettre le juge en mesure de procéder à l'individualisation des sanctions ayant le caractère de punition. Il ressort de la jurisprudence constitutionnelle que le principe d'individualisation de la peine implique que le juge soit en mesure d'adapter la peine « *en tenant compte des circonstances propres à chaque espèce* »[1694]. Interdisant les peines automatiques[1695], ce principe impose le recours possible à une juridiction. Parallèlement à l'approche conventionnelle de la notion de pleine juridiction, s'est posée devant le Conseil constitutionnel la question de l'interprétation à retenir de la précision, « *en tenant compte des circonstances propres à chaque espèce* ». Implique-t-elle un pouvoir de modulation des sanctions fiscales ? Les sages de la rue de Montpensier se sont accordés pour considérer que le juge fiscal ne dispose pas de la possibilité de moduler le montant de la sanction prononcée par l'administration.

I. L'approche conventionnelle du pouvoir de pleine juridiction du juge en matière fiscale : l'absence de pouvoir de modulation

656. Les contours de la notion de pleine juridiction ont été progressivement clarifiés par la jurisprudence de la Cour européenne des droits de l'homme, du Conseil d'État et de la Cour de cassation. Le juge

---

[1692] C.C., 22 juillet 2005, n° 2005-520 DC, *Rec. Cons. Const.* 2005, p. 118, consid. 3.

[1693] CAPPELLO A., « La constitutionnalisation du droit pénal – Pour une étude du droit pénal constitutionnel », op cit., p. 305

[1694] C.C., 22 juillet 2005, n° 2005-520 DC, op cit.

[1695] Cette circonstance a justifié la déclaration d'inconstitutionnalité du quatrième alinéa de l'article 1741 du Code général des impôts : C. C., 10 décembre 2010, n° 2010-72/75/82 QPC, M. D. et a., *JO* 11 déc. 2010, *Dr fisc.* 2010, n° 50, act. 477, *Dr fisc.* 2011, n° 15, 296, *Procédures* 2011, comm. 80, note AYRAULT L., *RJF* 2/2011, n° 211.

administratif s'est inscrit dans la position de principe des juges européens en rejetant le pouvoir de modulation des sanctions fiscales. En revanche, le juge judiciaire a adopté une autre interprétation de la notion de pleine juridiction, laquelle intègre un pouvoir de modulation des pénalités fiscales.

A. La position de principe des juges européens

657. Les dispositions de l'article 6 de la Convention européenne des droits de l'homme impliquent que « *la décision d'une autorité administrative qui ne remplit pas elle-même les conditions posées par cet article subisse le contrôle ultérieur d'un "organe judiciaire de pleine juridiction* »[1696]. Or, parmi les caractéristiques du tribunal de pleine juridiction se trouve « *le pouvoir de réformer en tous points, en fait comme en droit, la décision entreprise, rendue par l'organe inférieur* »[1697]. Le pouvoir de réformation implique que le tribunal puisse modifier en tout ou en partie la décision. Cette exigence conventionnelle implique-t-elle un pouvoir de modulation du juge ? La Cour européenne des droits de l'homme a admis des dérogations au pouvoir de modulation des sanctions en admettant que la loi puisse elle-même organiser un tel pouvoir.

a. L'absence d'exigence d'un pouvoir de modulation en présence d'une échelle de sanctions instituée par le législateur

658. Les premiers enseignements ont été tirés à l'occasion d'une contestation relative au retrait de points de permis de conduire par des autorités françaises[1698]. Il s'agissait pour les juges européens d'analyser la compétence de pleine juridiction du juge répressif au regard des dispositions de l'article 6 de la Convention. En effet, si le juge dispose en cette matière d'un pouvoir de constatation et de qualification des faits constitutifs de l'infraction, il ne dispose pas du pouvoir de contrôler l'adéquation de la sanction à la faute commise. Afin d'affirmer l'existence d'une compétence de pleine juridiction, la Cour européenne des droits de l'homme a raisonné en deux temps. Afin que cette compétence soit garantie, il est nécessaire, dans un premier temps, que le juge dispose d'un contrôle juridictionnel suffisant afin de permettre au requérant de contester « *la réalité de l'infraction pénale* (...),

[1696] CEDH 25 novembre 1994, Ortenberg c/ Autriche, série A n° 295-B.
[1697] CEDH 23 oct. 1995, Schmautzer c/ Autriche, A.328-A, § 36.
[1698] CEDH 23 sept. 1998, Malige c/ France, 1998-VII, *JCP* 1999., n°19, comm. II. 10086, note SUDRE F.

et (de) *soumettre aux juges répressifs tous les moyens de fait et de droit qu'il a estimé à sa cause, sachant que sa condamnation entraînerait en outre le retrait d'un certain nombre de points* »[1699]. Dans un second temps, la Cour a, à propos de la proportionnalité in concreto de la sanction, jugé que « *la loi elle-même a prévu dans une certaine mesure la modulation du retrait de points en fonction de la gravité de la contravention commise par le prévenu* »[1700]. Ainsi, l'existence d'une échelle des peines dans la loi permet de juger que l'exigence de modulation de la sanction à la gravité de l'infraction commise est remplie. Ce qui signifie que, « *le législateur* (...) *détient seul la maîtrise du retrait de points* »[1701]. Cette solution a été étendue aux sanctions fiscales dans une décision du 29 juin 1998[1702].

659. Dans ces décisions, qui constituent les prémisses du raisonnement développé par la Cour européenne des droits de l'homme, le pouvoir de modulation est implicitement reconnu comme une exigence du contrôle de pleine juridiction. Toutefois, les juges européens acceptent qu'une telle exigence soit remplie par l'organisation législative d'une échelle de sanctions. A contrario, les solutions retenues par la Cour ne permettaient pas de répondre à l'hypothèse d'une sanction ayant le caractère de punition dont le taux est unique et qui ne se rattache pas à une échelle de sanctions.

b. L'absence d'exigence d'un pouvoir de modulation en présence d'une pénalité isolée

660. La Cour européenne des droits de l'homme s'est prononcée sur la modulation des pénalités isolées dans une décision du 7 juin 2012[1703]. Elle a jugé qu' « *en matière fiscale* (le juge) *peut décharger le contribuable des impôts et pénalités mis à sa charge ou en modifier le montant dans la limite de l'application de la loi, et en matière de pénalités, substituer un taux*

[1699] Ibidem, §48.
[1700] Ibidem, §49.
[1701] SUDRE F., « Droit à un procès équitable et retrait de points du permis de conduire : un arrêt en trompe l'œil de la CEDH », *JCP* 1999., n°19, comm. II. 10086.
[1702] La Commission a relevé que les juridictions ne pouvaient moduler le taux des pénalités pour mauvaise foi de l'article 1729 du Code général des impôts. Toutefois, cet article prévoit que le montant des pénalités est calculé sur la base et en pourcentage du montant des redressements infligés selon qu'il y a mauvaise foi ou manœuvres frauduleuses. Il en résulte que « *la loi elle-même prévoit et permet d'assurer la proportionnalité de la sanction aux faits reprochés ainsi qu'aux circonstances particulières de l'espèce* » : Comm. EDH, décis., 29 juin 1998, Taddei c/ France, req. n° 36118/97.
[1703] CEDH, 5e sect., 7 juin 2012, n° 4837/06, Segame SA c/ France, *Dr fisc.* 2012, n° 29, comm. 387, note AYRAULT L.

inférieur à un taux supérieur pour autant que la loi le prévoie»[1704]. Les modalités de contrôle du juge ont permis, en l'espèce, à la requérante, de faire valoir ces arguments de faits et de droits utiles au soutien de sa demande de décharge de la taxe et des pénalités, de soulever la contrariété de la taxe avec le droit communautaire et de discuter de l'assiette, dont elle a d'ailleurs obtenu la réduction par la Cour administrative d'appel. Par conséquent, la Cour a jugé la procédure suivie devant le juge, conforme aux exigences de l'article 6§1 de la Convention. La Cour est allée plus loin dans son raisonnement et s'est penchée sur le grief à l'origine du recours, à savoir l'absence de pouvoir de modulation du juge. Afin d'affirmer la compatibilité de la procédure suivie devant le juge fiscal statuant sur les pénalités fiscales de nature répressive, la Cour s'est fondée sur quatre critères.

661. La Cour a, dans un premier temps, observé que la loi elle-même proportionne dans une certaine mesure l'amende à la gravité du comportement du contribuable «*puisque celle-ci est fixée en pourcentage des droits éludés, dont en l'espèce la requérante a pu amplement discuter l'assiette*»[1705]. L'application d'un taux proportionnel proportionne dans une certaine mesure l'amende à la gravité du comportement du contribuable. La gravité du comportement dépend donc de l'assiette de la majoration. En d'autres termes, plus l'impôt éludé est important, plus le comportement du contribuable sera considéré comme relevant d'une particulière gravité. Ce raisonnement fait de l'assiette de la majoration «*l'étalon de la gravité de l'infraction*»[1706]. Cette analyse avait été développée antérieurement par le commissaire du gouvernement Laurent Olléon sous l'arrêt du Conseil d'État du 27 juin 2008. Il avait affirmé qu' «*un taux proportionnel* (...), *par définition, établit un lien entre le montant de l'amende et la gravité de la faute du contribuable* »[1707]. Si les faits de l'espèce se prêtaient à une telle interprétation, la généralisation de cette solution ne s'avère pas opportune. En effet, dans l'hypothèse d'un enrichissement sans cause, la pénalité proportionnelle permet dans une certaine mesure de proportionner la sanction à la gravité du manquement. En revanche, dans l'hypothèse d'un retard de déclaration, la généralisation de la solution ne saurait être convaincante au regard de l'article 6§1 de la Convention. Cela reviendrait à «*confondre la gravité du manquement et l'importance du préjudice financier subi par l'État*»[1708].

[1704] Ibidem, §56

[1705] Ibidem, §59.

[1706] AYRAULT L., « L'absence de modulation des sanctions fiscales par le juge et la Convention EDH : sens et conséquences de la décision Segame de la CEDH », *Dr fisc.* n° 29, 19 Juillet 2012, comm. 387.

[1707] Concl. OLLEON L., sous CE, 8e et 3e ss-sect., 27 juin 2008, n° 301342, M. Melki et n° 301343, Sté Ségame, *Dr fisc.* 2008, n°38, comm. 501.

[1708] AYRAULT L., « L'absence de modulation des sanctions fiscales par le juge et la Convention EDH : sens et conséquences de la décision Segame de la CEDH », op cit.

662. Cette application souple du principe d'individuation de la peine est justifiée selon la Cour par *« le caractère particulier du contentieux fiscal impliquant une exigence d'efficacité nécessaire pour préserver les intérêts de l'État »*[1709] et par le fait « *que ce contentieux ne fait pas partie du noyau dur du droit pénal au sens de la Convention* »[1710].

663. L'exigence d'efficacité renvoie d'une part aux moyens d'action de l'administration et des juridictions pour assurer une répression rapide et efficace. Cette exigence se fonde sur le particularisme du droit fiscal, lequel relève d'un contentieux de masse. À cet égard, le gouvernent a relevé le particularisme du régime applicable aux sanctions administratives prononcées en matière fiscale lequel *« est lié au caractère massif des cas individuels traités »*[1711], et *« se caractérise par des barèmes relativement simples, en raison du nombre de cas, de la rapidité souhaitée et de l'objectif d'application homogène »*[1712]. Il s'agit en matière fiscale de donner les moyens nécessaires à l'administration et aux juridictions pour intervenir rapidement. A contrario, la Cour sous-entend qu'appliquer les garanties de l'article 6§1 de la Convention et en particulier le principe d'individualisation de la sanction qui en découle, aux sanctions fiscales[1713], de la même manière que les sanctions pénales, risquerait d'amoindrir l'efficacité pratique de la sanction[1714]. L'exigence d'efficacité renvoie d'autre part à l'intérêt financier de l'État. Dès lors que les impôts représentent la principale source de revenus des États, la Cour concède une certaine souplesse dans l'application des dispositions de la

---

1709 CEDH, 5e sect., 7 juin 2012, n° 4837/06, Segame SA c/ France, §59.
1710 Ibidem, §59.
1711 Ibidem, §50.
1712 Ibidem, §50.
1713 Cette analyse est transposable au contentieux du retrait de point de permis : SAUVE J-M., « Les sanctions administratives en droit public français », op cit.
1714 Antérieurement à la décision Ségame, la doctrine s'était interrogée sur le bien-fondé de l'application stricte du principe d'individualisation des peines en matière administrative et en particulier aux sanctions fiscales en ces termes : « *L'efficacité pratique de la sanction ne risque-t-elle pas de s'amoindrir et son intérêt de s'atténuer, si la décision de sanctionner doit, lorsqu'elle est prise par une autorité administrative, suivre les mêmes règles que la sanction pénale ? Si, par exemple, toute sanction devait à l'avenir être modulée en fonction de considérations propres aux circonstances de l'infraction et à la personnalité de celui qui l'a commise, des régimes conçus pour traiter des contentieux de masse auraient-ils encore un sens ?* » : SAUVE J-M., « Les sanctions administratives en droit public français », op cit. Une appréciation nuancée a été développée par le professeur Ludovic AYRAULT. Si la reconnaissance du pouvoir de modulation des sanctions fiscales n'est pas susceptible d'emporter des conséquences radicales sur le temps de la procédure (le contrôle de la qualification juridique des faits et de la justesse de la sanction porte sur les mêmes faits), elle peut avoir des répercussions sur l'efficacité pratique de la sanction en raison de l'augmentation du nombre de recours : AYRAULT L., « L'absence de modulation des sanctions fiscales par le juge et la Convention EDH : sens et conséquences de la décision Segame de la CEDH », op cit.

Convention afin d'assurer le fonctionnement du système d'imposition. Celui-ci ne pouvant subsister sans un régime de sanction efficace[1715].

664. À côté de l'exigence d'efficacité, la Cour rappelle que le contentieux fiscal ne fait pas partie du « *noyau dur du droit pénal* »[1716]. Au sein de la matière pénale, la Cour européenne des droits de l'homme distingue « *les procédures pénales* (qui) *revêtent une certaine gravité* »[1717], et les autres procédures qui « *comportent aucun caractère infamant pour ceux qu'elles visent* »[1718]. Par conséquent, toutes les « accusations en matière pénale » n'ont pas le même poids. La Cour institue une gradation des exigences du procès équitable au sein de la matière pénale. Plus les procédures relèvent d'une particulière gravité, plus les exigences du procès équitable s'appliquent strictement. La répression fiscale n'étant pas considérée par la Cour, comme relevant d'une particulière gravité, elle ne s'intègre pas au « noyau dur du droit pénal ». Par conséquent, les sanctions fiscales ne bénéficient pas de la pleine application des exigences du procès équitable. Dès lors, l'exigence de la pleine juridiction peut être interprétée comme n'imposant pas un pouvoir de modulation du juge en matière fiscale[1719].

665. Cette décision réduit la portée de l'article 6 de la Convention lorsqu'elle est appliquée en dehors du droit pénal stricto sensu. Pour reprendre les propos conclusifs du professeur Ludovic Ayrault, la Cour a « *entendu éviter que les contribuables ne bénéficient d'une protection aussi étendue que celle qui est accordée aux justiciables qui sont l'objet de poursuites pour une infraction pénale au sens du droit interne* »[1720]. Cependant, en l'absence de

---

[1715] « *La Cour tient également compte de l'intérêt financier de l'État en matière fiscale, les impôts étant la principale source de revenus de ce dernier. Un système d'imposition se fondant principalement sur les renseignements fournis par le contribuable ne saurait fonctionner correctement sans une forme quelconque de sanction en cas de communication de renseignements incorrects ou incomplets, et le grand nombre de déclarations fiscales traité par an, joint à la nécessité d'assurer une application prévisible et uniforme de ces sanctions, impose sans nul doute d'appliquer celles-ci selon des règles standardisées* » : CEDH, 1re sect., 23 juillet 2002, n° 34619/97, Janosevic c/ Suède, pt. 103, op cit. Ce principe a été complété par la Haute juridiction administrative dans l'avis Société Rueil sport. Le Conseil d'État avait eu l'occasion de préciser qu' « *un système d'imposition se fondant principalement sur les déclarations établies par les contribuables ne saurait préserver les intérêts financiers légitimes de l'État sans un régime de sanctions efficace* » : CE, 3e et 8e ss-sect., avis, 4 décembre 2009, n° 329173, Sté Rueil Sports venant aux droits et obligations de la Sté Sidonie, op cit.

[1716] CEDH, gde ch., 23 novembre 2006, n° 73053/01, Jussila c/ Finlande, op cit., pt. 43

[1717] Ibidem.

[1718] Ibidem.

[1719] Un raisonnement a contrario laisse penser que les juges européens imposent un pouvoir de modulation des peines au juge en droit pénal stricto sensu.

[1720] AYRAULT L. « Convention européenne des droits de l'homme (CEDH) - Droit fiscal européen des droits de l'homme : chronique de l'année 2012 - Étude par Ludovic Ayrault », op cit.

décisions ultérieures venant confirmer ou infirmer le raisonnement suivi par la Cour, des incertitudes persistent quant à la généralisation de la solution à l'ensemble des majorations fiscales[1721].

B. Une interprétation convergente du pouvoir de pleine juridiction par le juge administratif

666. La Haute juridiction administrative s'est, dans un premier temps, fondée sur les dispositions internes pour refuser au juge un pouvoir de modulation des sanctions fiscales. Il a ainsi déduit des dispositions de la loi du 8 juillet 1987 qui proportionnent *« les pénalités selon les agissements commis par le contribuable »*[1722] et prévoient *« l'application de taux de majorations différents selon la qualification qui peut être donnée au comportement »*[1723] du contribuable, que *« le juge de l'impôt (...), doit appliquer le taux de majoration prévu en ce cas par la loi sans pouvoir le moduler pour tenir compte de la gravité de la faute commise par le contribuable »*[1724]. Si la Haute juridiction administrative est favorable au pouvoir de réformation du juge en matière répressive, il ne lui reconnaît pas le pouvoir de modérer le taux des pénalités fiscales, fixé par la loi, en fonction de la gravité de la faute commise par le contribuable. En effet, selon le commissaire du gouvernement Arrighi de Casanova[1725], l'interprétation du droit positif à la lumière des principes constitutionnels n'implique pas la reconnaissance d'un pouvoir de modulation des sanctions administratives y compris fiscales. Cette affirmation s'explique d'une part par le contrôle constitutionnel des lois exercé par le Conseil constitutionnel avant la promulgation des lois qui permet de faire obstacle aux sanctions manifestement disproportionnées aux manquements réprimés. D'autre part, si le pouvoir de sanction accordé aux autorités administratives est subordonné à la possibilité de le contester dans un contrôle de pleine juridiction, celui-ci n'implique pas selon le Conseil constitutionnel, un pouvoir de modulation des sanctions fiscales, mais un plein contrôle de proportionnalité[1726]. Ce contrôle étant satisfait par le contentieux fiscal caractérisé par la pleine juridiction[1727].

[1721] AYRAULT L., « L'absence de modulation des sanctions fiscales par le juge et la Convention EDH : sens et conséquences de la décision Segame de la CEDH », op cit

[1722] CE, avis, 5 avril 1996, n° 176611, Houdmond, op cit.

[1723] Ibidem.

[1724] Ibidem.

[1725] Concl. ARRIGHI DE CASANOVA J., sous CE, avis, 5 avril 1996, n° 176611, Houdmond, *Dr fisc.* 1996, n° 25, comm. 765.

[1726] C.C., 17 janvier 1989, n° 88-248 DC, op cit.

[1727] La contestation des impositions devant la juridiction administrative relève du recours de plein contentieux : CE, sect., 29 juin 1962, Sté aciéries de Pompey : *Rec. CE* 1962, p. 438 ; *JCP*

Il permet ainsi au juge de moduler le taux des pénalités au sein d'une échelle de sanctions mise en œuvre par le législateur qui tient compte de la gravité des manquements aux obligations fiscales[1728].

667. La Haute juridiction administrative a, dans la même ligne directrice, jugé que les dispositions de l'article 6§1 de la Convention n'impliquaient pas la reconnaissance d'un pouvoir de modulation du juge en matière fiscale[1729]. Afin de justifier sa position, le Conseil d'État s'est livré à une définition des pouvoirs du juge administratif en matière fiscale. Il a relevé que le juge exerce dans ce domaine, un contrôle de plein contentieux sur les faits invoqués et la qualification retenue par l'administration[1730]. Il dispose d'un pouvoir de réformation qui lui permet de substituer à la majoration 80 % prononcée par l'administration une majoration de 40% prévue par la loi. Il peut également, « *s'il estime que l'administration n'établit ni que celui-ci se serait rendu coupable de manœuvres frauduleuses ni qu'il aurait agi de mauvaise foi, de ne laisser à sa charge que des intérêts de retard* »[1731]. Le Conseil d'État a estimé que le juge administratif disposait, en matière de pénalités fiscales, d'options suffisantes pour satisfaire aux exigences de l'article 6§1 de la Convention.

G 1963, II, 13026, concl. POUSSIERE, note TOURDIAS ; CE, ass., 2 juillet 1965, min. Fin. et secr. d'État budget : *Rec. CE* 1965, p. 399.

1728 Le législateur a prévu deux taux différents en fonction du comportement du contribuable. Ainsi, le taux de majoration s'élève à 40%, en cas de mauvaise foi du contribuable, c'est-à-dire lorsqu'il a sciemment minoré sa déclaration fiscale. En revanche, en cas de manœuvres frauduleuses constituées par des procédés qui visent à égarer ou restreindre le pouvoir de vérification de l'administration, la majoration s'élève à 80%. Le législateur a, par l'institution de ces deux taux, prévu lui-même une gradation du taux suivant la gravité de la faute commise. Le commissaire du gouvernement a démontré l'intérêt de la modulation du taux effectué par le législateur lorsque le juge exerce un contrôle de pleine juridiction. Ainsi, « *à supposer que le juge estime que la gravité des faits reprochés au contribuable se situe à mi-chemin entre la notion de mauvaise foi et celle de manœuvres frauduleuses, il se bornera à constater que les conditions ne sont pas remplies pour confirmer la pénalité de 80% et y substituera en principe celle de 40% que la loi a prévue lorsque seule la mauvaise foi est caractérisée* ». Par conséquent, « *on voit mal, au demeurant, de quelle garantie supplémentaire le contribuable bénéficierait si le juge décidait de réduire seulement le montant de la pénalité infligée, au lieu d'en prononcer la décharge pure et simple* » : concl. ARRIGHI DE CASANOVA J., sous CE, avis, 5 avr. 1996, n° 176611, Houdmond, op cit.

1729 CE, avis, 8 juillet 1998, n° 195664, Fattell, *Dr fisc.* 1998, n° 40, comm. 842, *RJF* 8-9/1998, n° 970, concl. ARRIGHI DE CASANOVA J., *RGDP* 1998, p. 673 s., chron. LAMARQUE J.

1730 En matière de pénalités fiscales, la plénitude de juridiction consiste en un contrôle de la réalité de l'infraction qui peut conduire le juge soit à maintenir la pénalité si l'infraction est constituée, soit à accorder la décharge totale en l'absence d'infractions. Il est également possible de substituer une pénalité à une autre en cas d'erreur de fondement de l'administration : CE, Sect., 1er octobre 1999, n° 170 598, Association pour l'unification du christianisme mondial, *Dr fisc.* 2000, n° 12, comm. 240, concl. BACHELIER G., *Procédures* 2000, comm. 114, note PIERRE J-L, *RJF* 1999, n° 1397.

1731 CE, avis, 8 juillet 1998, n° 195664, Fattell, op cit.

a. L'exigence primitive d'une échelle de sanctions organisée par l'auteur de la norme

668. La mise en place de plusieurs échelles de sanctions a permis au juge administratif d'affirmer la compatibilité du régime des pénalités fiscales aux dispositions de l'article 6 de la Convention européenne des droits de l'homme.

669. Plusieurs dispositions du Code général des impôts prévoient pour un même comportement, plusieurs sanctions en fonction de la gravité du manquement réprimé. Il en va ainsi des dispositions de l'article 1728 du Code général des impôts qui sanctionnent le défaut de production de déclarations dans les délais prescrits ou d'actes comportant l'indication d'éléments à retenir pour l'assiette ou la liquidation de l'impôt. La sanction est fonction de la gravité de la faute commise. Ainsi, la majoration de 10% sera appliquée en l'absence de mise en demeure ou en cas de dépôt de la déclaration ou de l'acte dans les trente jours suivant la réception d'une mise en demeure. Lorsque la déclaration ou l'acte n'a pas été déposé dans les trente jours suivant la réception d'une mise en demeure, le contribuable encourt une majoration de 40%. Enfin, le législateur a prévu une majoration de 80% en cas de découverte d'une activité occulte. Cette progressivité, jugée *« au moins aussi nette que celle de l'article 1729 »*[1732], a été considérée, par le Conseil d'État, comme permettant avec le pouvoir de réformation du juge, de respecter l'exigence d'un contrôle de pleine juridiction conformément aux dispositions de l'article 6 de la Convention[1733].

670. Il en va de même pour les dispositions de l'article 1729 du Code général des impôts qui prévoient deux taux de majorations en fonction de la gravité de la faute commise[1734]. Un taux de 40 % est prévu en cas de manquement délibéré et d'abus de droit lorsqu'il n'est pas établi que le contribuable a eu l'initiative principale du ou des actes constitutifs de l'abus de droit ou en a été le principal bénéficiaire[1735]. Cet article a également institué

[1732] Concl. GOULARD G., sous CE, 9e et 1Oe sous-sect., 8 mars 2002, n° 224 304, SARL Clinique médicale de Mazargues, *Dr fisc.* 2002, n° 30, comm.648.

[1733] CE, 8 mars 2002, n° 224304, SARL Clinique Mazargues, *Dr fisc.* 2002, n° 30-35, comm. 648, concl. GOULARD G., *RJF* 6/2002, n° 671 ; CE, 6 juin 2007, n° 270955, Min. c/ Lemarinier, *Dr fisc.* 2007, n° 38, comm. 846 ; CE, 10e et 9e sous-sections, 10 avril 2009, n° 297.040, Min. c/ Von Koenig, *RJF* 9/2006, n° 676.

[1734] En cas d'inexactitude ou d'omission dans les déclarations ou dans les actes comportant l'indication d'éléments à retenir pour l'assiette ou la liquidation de l'impôt ainsi que la restitution d'une créance de nature fiscale dont le versement a été indûment obtenu de l'État.

[1735] L'article 35 de la loi de finances rectificative pour 2008 a modifié le régime de la pénalité pour abus de droit de l'article 1729 du Code général des impôts en prévoyant une atténuation du taux à 40 % lorsqu'il n'est pas établi que le contribuable a eu l'initiative principale du ou

un taux deux fois plus élevé lorsque la faute commise constitue un abus de droit au sens de l'article L. 64 du Livre des procédures fiscales, une manœuvre frauduleuse ou une dissimulation d'une partie du prix stipulé dans un contrat ou en cas d'application de l'article 792 bis du Code général des impôts. L'organisation d'une modulation du taux des pénalités en fonction de la gravité de la faute, par le législateur, a été considérée comme conforme aux dispositions du procès équitable.

671. Dans un second temps, la Haute juridiction administrative a reconnu l'existence d'une échelle de sanctions lorsque les pénalités isolées, dans un article du Code général des impôts, peuvent être regardées avec d'autres sanctions fiscales comme formant un « *ensemble répressif cohérent* »[1736]. Ainsi, « *l'unicité de taux prévu pour une majoration dans un article n'est pas exclusive de la reconnaissance d'une échelle de sanctions* »[1737]. Il en va ainsi de l'article 1788 du Code général des impôts qui prévoit une pénalité de 5 % en cas de non-déclaration de la TVA immédiatement déductible. Cette pénalité a été intégrée, par le Conseil d'État, dans un ensemble répressif cohérent avec les articles 1728, 1729 et 1788 septies du Code général des impôts. Les taux de pénalités diffèrent selon que « *le redevable a éludé des droits en omettant de souscrire une déclaration, a éludé des droits en omettant de mentionner des opérations sur une déclaration ou a omis de déclarer des opérations sans toutefois éluder de droits en raison du caractère immédiatement déductible de la taxe afférente aux opérations omises* »[1738]. Les taux s'échelonnent entre 5% et 80%. La Haute juridiction judiciaire a pu en conclure qu'en instituant des pénalités différentes pour sanctionner des manquements différents aux obligations déclaratives, la loi avait elle-même assuré, dans une certaine mesure, la modulation des peines en fonction de la gravité des comportements réprimés et que par conséquent, l'article 1788 septies était conforme aux dispositions de l'article 6 de la Convention.

672. Cette solution a été confirmée par le Conseil d'État, dans un arrêt du 26 décembre 2008, relatif aux dispositions de l'article 1730 du Code général des impôts qui a été remplacé par l'article 1732 dudit Code. Celui-ci prévoit une majoration au taux unique de 100 % pour opposition à contrôle fiscal et constitue le « *dernier barreau de l'échelle* »[1739]. La Haute juridiction judiciaire a relevé l'existence d'une échelle de sanctions en rapprochant les articles 1730, 1728 et 1729 du Code général des impôts. Ainsi, le taux de 100% ne

---

des actes constitutifs de l'abus de droit ou a été le principal bénéficiaire : loi n° 2008-1443, 30 déc. 2008, art. 35, op cit.

[1736] Concl. COLLIN P., sous CE, 26 déc. 2008, Gonzales-Castrillo, *Dr fisc.* 2009, n° 10, comm. 231.

[1737] AYRAULT L., « Sanction fiscale. – Définition et régime juridique », op cit.

[1738] CE, 8e et 3e ss-sect., 30 novembre 2007, n° 292705, Sté Sideme, *Dr fisc.* 2008, n° 7, comm. 178, concl. OLLEON L., *RJF* 2008, n° 172 ; *BDCF* 2008, n° 25, concl. OLLEON L.

[1739] Concl. COLLIN P., sous CE, 26 déc. 2008, n°282995, Gonzales-Castrillo, op cit.

sera appliqué que pour une faute d'une particulière gravité. À défaut, l'administration ou le juge, en vertu de son pouvoir de réformation, pourront infliger, en fonction du comportement du contribuable, les majorations de 10%, 40% ou 80% prévues aux articles 1728 et 1729 du Code général des impôts. Une explication a été donnée par le commissaire du gouvernement Pierre Collin. Il a affirmé que « *le contrôle étant le corollaire de la déclaration, les comportements consistant à ne pas déclarer, à sous-déclarer, ou à faire obstacle à ce que l'administration procède au contrôle des déclarations se rattachent selon nous à une même catégorie d'agissements répréhensibles dont la sanction peut être regardée comme un ensemble répressif cohérent* »[1740]. Ainsi, il « *semble difficilement contestable* »[1741] que « *les articles 1728, 1729 et 1730 participent, avec d'autres tels que par exemple l'article 1788 septies en TVA, à un système cohérent et progressif de répression des comportements non coopératifs des contribuables envers l'administration fiscale* »[1742].

673. La Haute juridiction administrative a fait un pas supplémentaire dans sa jurisprudence en admettant en matière de facturation, l'institution d'une échelle de sanctions organisées par le législateur. La Haute juridiction administrative a dû rechercher les éléments de modulation, dans un corpus de texte plus large que ce qui a été fait en matière de manquement aux obligations déclaratives, afin de se conformer aux dispositions de l'article 6 de la Convention. Dans son arrêt du 26 mai 2008[1743], le Conseil d'État a relevé dans le Code général des impôts, les différentes pénalités fiscales infligées pour des cas de dissimulation d'éléments nécessaires à l'établissement de l'impôt. Si les principales dispositions ont été abrogées, le raisonnement suivi par le juge mérite d'être analysé tant l'interprétation de l'échelle de sanctions a été poussée à l'extrême.

674. Le Conseil d'État a intégré les dispositions de l'article 1740 ter du Code général des impôts qui sanctionnent l'utilisation d'une identité fictive ou le recours à un prête-nom dans un ensemble répressif avec les dispositions des articles 1740 ter A et 1740 quater de ce Code qui instituent des pénalités nettement différenciées par leur assiette et leur taux en cas d'omissions ou d'inexactitudes dans les factures justificatives. L'article 1740 ter du Code général des impôts sanctionne la dissimulation d'une amende de 50% des sommes versées ou perçues. Les dispositions des articles 1740 ter A et 1740 quater de ce Code sanctionnent respectivement le manquement à l'obligation fiscale par une pénalité de 100 francs par omission ou inexactitude constatée dans les factures ou documents en tenant lieu, et par une pénalité égale au

---

[1740] Ibidem.
[1741] Ibidem.
[1742] Ibidem.
[1743] CE, 26 mai 2008, n° 288583, Sté Norelec, op cit.

montant de la réduction d'impôt ou du crédit d'impôt pour des mentions fausses sur certaines factures de travaux. Ces différentes pénalités ont été considérées comme instaurant dans une certaine mesure une modulation de la sanction à la gravité de la faute commise.

675. L'échelle de sanctions peut s'analyser au-delà des dispositions rappelées en l'espèce. Le commissaire du gouvernement François Seners a, pour aller plus loin dans le raisonnement, émis la possibilité d'élargir le corpus normatif aux articles 1740 decies, 1743 et 1768 quater du Code général des impôts, qui sanctionnent respectivement, les manquements à l'obligation de produire les justificatifs des contrats d'assurance souscrits à l'étranger, ceux constitués par les écritures comptables inexactes ou fictives et la délivrance frauduleusement des documents permettant à un contribuable d'obtenir une réduction d'impôt. Selon le commissaire du gouvernement, « *ces différents cas de dissimulation (…) paraissent constituer une famille assez homogène de comportements fiscaux répréhensibles, permettant d'apprécier, au regard des critères jurisprudentiels, si la loi module les pénalités* »[1744].

b. La compatibilité des sanctions à taux unique

676. Au vu de la jurisprudence constante de la Haute juridiction administrative, la question de la compatibilité d'une sanction à taux unique avec les exigences de l'article 6§1 de la Convention a été soulevée. Le Conseil d'État a apporté une réponse dans un arrêt du 27 juin 2008[1745]. Il a jugé que « *le juge de l'impôt, après avoir exercé son plein contrôle sur les faits invoqués et la qualification retenue par l'administration, décide, dans chaque cas, selon les résultats de ce contrôle, soit de maintenir la majoration infligée par l'administration, soit d'en prononcer la décharge s'il estime que le contribuable n'a pas contrevenu aux règles applicables et dispose ainsi d'un pouvoir de pleine juridiction conforme aux stipulations du paragraphe 1 de l'article 6 de la Convention EDH, lesquelles n'impliquent pas, alors même que le législateur a retenu un taux unique pour l'amende en cause, que le juge puisse en moduler l'application en lui substituant un taux inférieur à celui prévu par la loi* »[1746]. Par cet arrêt, la Haute juridiction administrative confirme que le juge ne peut moduler le taux des pénalités, et ce même si ce taux est unique. Une justification de cette solution a été donnée par le

---

[1744] Concl. SENERS F., sous CE, 26 mai 2008, n° 288583, Sté Norelec : *Dr fisc.* 2008, n° 23, comm. 411

[1745] CE, 8e et 3e ss-sect., 27 juin 2008, n° 301342, M. Melki et n° 301343, Sté Segame, op cit.

[1746] Ibidem.

commissaire du gouvernement Laurent Olléon. Selon lui, un taux unique « *ne suffit pas, à lui seul, à disqualifier une sanction au regard de l'article 6 de la Convention européenne* »[1747]. Il faut que le taux « *soit placé à un niveau disproportionné à la gravité des manquements que l'amende entend réprimer* »[1748].

677. La portée de cet arrêt doit toutefois être relativisée. En effet, la Haute juridiction administrative a précisé qu' « *en n'écartant pas l'application au cas d'espèce de l'amende prévue à l'article 1761 du Code général des impôts, dont l'ordonnance du 7 décembre 2005 a fixé le taux à 25 % pour le proportionner à l'infraction, une cour administrative d'appel ne commet aucune erreur de droit* »[1749]. Le Conseil d'État se réserve ainsi la possibilité de prendre une décision différente en présence d'un taux unique de l'ordre de 80% ou de 100%.

C. L'interprétation large du pouvoir de pleine juridiction par le juge judiciaire

678. La notion de pleine juridiction, appliquée aux sanctions fiscales, par la Cour de cassation peut, selon une expression Pierre-François RACINE, « *se recommander d'une assimilation totale des sanctions pénales aux sanctions fiscales* »[1750]. Dès l'année 1997, la Haute juridiction judiciaire jugeait qu' « *il résulte de la jurisprudence de la CEDH qu'un système de majorations d'impôt ne se heurte pas à l'article 6 de la Convention pour autant que le contribuable puisse saisir de toute décision ainsi prise à son encontre devant un tribunal offrant les garanties de ce texte* »[1751]. Elle en tirait pour conséquences que l'article 1840 N septies du Code général des impôts « *n'a pas institué à l'encontre de la décision de l'administration un recours de pleine juridiction permettant au tribunal de se prononcer sur le principe et le montant de l'amende* »[1752]. Cette interprétation de l'article 6§1 de la Convention impose d'écarter toutes dispositions qui n'instituent pas au profit du juge, un recours lui permettant de se prononcer, sur le principe et le montant de l'amende fiscale. Elle s'oppose ainsi, en l'absence de recours de pleine juridiction au caractère automatique de la sanction dans son principe et dans son montant. Il

---

[1747] Concl. OLLEON L., sous, CE, 8e et 3e ss-sect., 27 juin 2008, n° 301342, M. Melki et n° 301343, Sté Ségame, op cit.
[1748] Ibidem.
[1749] CE, 8e et 3e ss-sect., 27 juin 2008, n° 301342, M. Melki et n° 301343, Sté Ségame, op cit.
[1750] RACINE P-F « Les sanctions fiscales et la CEDH », Regards critiques et perspectives sur le droit et la fiscalité, liber amicorum Cyrille Avid, *LGDJ Montchrestien* 2005, p. 68.
[1751] Cass. com., 29 avril 1997, n° 95-20.001, P-B, Ferreira, op cit.
[1752] Ibidem.

ne s'agit pas seulement pour le juge d'un pouvoir, mais d'un « *devoir, de se prononcer sur le principe et le montant de la pénalité, le taux légal n'étant plus qu'un maximum* »[1753].

679. Si la Cour européenne des droits de l'homme a jugé le contrôle de pleine juridiction suffisant en raison de l'organisation d'une échelle de sanctions par le législateur et du contrôle de qualification juridique, la Haute juridiction judiciaire a considéré que le pouvoir de modulation s'imposait même lorsque la majoration prévoit en elle-même une telle échelle. Il en va ainsi, de la majoration de l'article 1728 du Code général des impôts[1754] qui comporte une amorce de proportionnalité, par l'institution, en elle-même, de plusieurs taux de majorations en fonction de la gravité du comportement du contribuable[1755]. La mise en place d'une échelle de sanctions n'a pas été jugée suffisante pour écarter le pouvoir de modulation du juge[1756].

680. Postérieurement à la décision de la Cour européenne des droits de l'homme du 7 juin 2012 « Segame SA c/ France »[1757], une partie de la doctrine s'est questionnée sur le maintien de cette jurisprudence[1758]. La décision de la Cour européenne des droits de l'homme ne saurait avoir pour conséquence d'interdire au juge de moduler les sanctions. Elle affirme simplement que les dispositions de l'article 6§1 de la Convention ne peuvent être interprétées comme imposant au juge, pour satisfaire le contrôle de pleine juridiction, un pouvoir de modulation. Comme le relevait Bernard Hatoux, conformément à l'esprit de la Convention européenne des droits de l'homme, « *la position de la Cour de cassation est celle qui donne au justiciable les garanties les plus importantes. On ne voit pas pourquoi la cour régulatrice française estimerait devoir restreindre les droits qu'elle juge indispensables* »[1759]. La Haute juridiction judiciaire peut maintenir sa position en faveur des garanties du contribuable, à condition d'abandonner la référence à l'article 6§1 de la Convention comme fondement du pouvoir de modulation du juge[1760]. La Cour

---

[1753] HATOUX B., « La règle de droit en matière fiscale devant l'ordre judiciaire », *Dr fisc.* n° 24, 13 Juin 2013, 325.

[1754] Ancien article 1728-3 du Code général des impôts.

[1755] Cass. com., 22 février 2000 n° 488 P, *RJF* 5/00 n° 737.

[1756] Ibidem.

[1757] CEDH, 5e sect., 7 juin 2012, n° 4837/06, Segame SA c/ France, op cit.

[1758] AYRAULT L., « L'absence de modulation des sanctions fiscales par le juge et la Convention EDH : sens et conséquences de la décision Segame de la CEDH », op cit, HATOUX B., « La règle de droit en matière fiscale devant l'ordre judiciaire », op cit.

[1759] HATOUX B., « La règle de droit en matière fiscale devant l'ordre judiciaire », op cit.

[1760] À partir du moment où l'on considère que la Cour européenne des droits de l'homme « *a pour tâche de donner une interprétation authentique et définitive des droits et libertés énumérés dans le titre I de la Convention* » (CEDH, 3ième section, 9 juin 2009, n°33401/02, Opuz c/ Turquie, §163) la Cour de cassation devrait abandonner la référence à l'article 6 de la

de cassation n'a pour l'heure pas réaffirmé sa jurisprudence au regard de la décision Ségame. Toutefois, on peut relever l'arrêt de la Cour d'appel d'Aix-en-Provence qui réaffirme l'exigence d'un pouvoir de modulation sur le fondement de l'article 6§1 de la Convention[1761]. Cet arrêt, regrettable sur la forme reste légitime sur le fond[1762].

II. La portée du principe constitutionnel d'individualisation de la peine : l'absence de pouvoir de modulation

681. Les sages de la rue de Montpensier ont, dans la même ligne directrice que leurs homologues administratifs et européens, considéré que le juge ne dispose pas d'un pouvoir de modulation du taux des sanctions administratives y compris fiscales. Cette spécificité n'est toutefois pas contraire au principe d'individualisation des peines tel qu'il découle des dispositions de l'article 8 de la Déclaration. Le Conseil constitutionnel s'est fondé sur deux critères pour apprécier la constitutionnalité de la procédure d'infliction des sanctions fiscales. Ainsi, dès lors que le législateur a lui-même organisé une échelle de répression au sein d'une ou plusieurs dispositions et que le juge de l'impôt dispose d'un pouvoir de pleine juridiction lui permettant soit de maintenir la majoration effectivement encourue au taux prévu par la loi, soit de ne laisser à la charge du contribuable que des intérêts de retard, il n'y a pas d'atteinte au principe d'individualisation.

Convention : AYRAULT L., « L'absence de modulation des sanctions fiscales par le juge et la Convention EDH : sens et conséquences de la décision Segame de la CEDH », op cit.

[1761] La Cour d'appel d'Aix-en-Provence a jugé que « *les sanctions fiscales prononcées contre le contribuable ne sont jugées compatibles avec les dispositions de l'article 6 de la Convention européenne des droits de l'homme que pour autant que le contribuable a la possibilité de saisir le juge d'une demande de modération et que ce dernier apprécie alors la proportionnalité de la sanction au comportement du contribuable pour réduire, le cas échéant, le montant de la pénalité prononcée par l'administration fiscale* » : CA Aix-en-Provence, ch. 1 A, 12 sept. 2017, n° 15/21470.

[1762]Selon le professeur Ludovic AYRAULT que « *le maintien de cette divergence est évidemment regrettable, non pas sur le fond – un examen de la proportionnalité in concreto de la sanction nous paraissant effectivement relever du contrôle de pleine juridiction qu'un justiciable est en droit d'attendre – mais sur la persistance des juridictions judiciaires, après l'arrêt Segame c/ France, à maintenir cette exigence sur le fondement de l'article 6 du texte conventionnel.* » : AYRAULT L., « Droit fiscal européen des droits de l'homme : chronique de l'année 2017 », op cit.

A. Les dispositions comprenant plusieurs majorations

682. Le Conseil constitutionnel a été saisi par le Conseil d'État[1763] de quatre questions prioritaires de constitutionnalité portant sur les articles 1728 et 1729 du Code général des impôts dès lors qu'ils fondent les majorations de 40 % en cas de manquement délibéré ou de défaut de déclaration après une mise en demeure infructueuse et de 80 % en cas de découverte d'une activité occulte. La contestation portait sur les principes de nécessité et de proportionnalité, mais surtout sur le principe d'individualisation des peines, tel qu'il découle de l'article 8 de la Déclaration. Le Conseil constitutionnel a saisi l'opportunité pour se prononcer sur la portée du principe d'individualisation des peines dont l'application par les juridictions internes est controversée.

683. Le Conseil constitutionnel a, dans un premier temps, apporté des précisions sur le rôle du législateur et de l'administration dans l'application du principe d'individualisation des peines. Il a ainsi affirmé que « *le principe d'individualisation des peines qui découle de cet article implique que la majoration des droits, lorsqu'elle constitue une sanction ayant le caractère d'une punition, ne puisse être appliquée que si l'administration, sous le contrôle du juge, l'a expressément prononcée en tenant compte des circonstances propres à chaque espèce ; qu'il ne saurait toutefois interdire au législateur de fixer des règles assurant une répression effective des infractions* »[1764]. Par ce considérant de principe, le Conseil constitutionnel apporte deux précisions quant à l'application du principe d'individualisation des peines au droit fiscal répressif. D'une part, ce principe fondamental, confère au législateur la possibilité d'organiser la répression. Il s'agit là d'un pouvoir d'encadrement et non d'une obligation. D'autre part, cette faculté doit être conciliée avec la possibilité pour l'administration de s'abstenir d'infliger une sanction. En effet, « *l'administration dispose d'une compétence discrétionnaire en ce domaine* »[1765].

684. Dans un second temps, le Conseil constitutionnel s'est prononcé sur le rôle du juge dans l'application du principe d'individualisation des peines. Dès lors que le législateur organise lui-même une échelle de sanctions au sein

---

[1763] CE, 17 décembre 2010, n° 341014, Sté Seras II, n° 331113, Bertrand, n° 336406, Blanc et n° 344316, Soares, *Dr fisc.* 2011, n° 3, comm. 118, concl. COLLIN P.

[1764] C.C., n° 2010-103 QPC, 17 mars 2011, Sté SERAS II et n° 2010-105/106 QPC, *Dr fisc.* 2011, n° 27, comm. 416, note SUBRA F. et LE TACON M., *Procédures* 2011, comm. 216, note AYRAULT L.

[1765] AYRAULT L., « Note sous C.C., n° 2010-103 QPC, 17 mars 2011, Sté SERAS II et n° 2010-105/106 QPC », *Procédures* 2011, comm. 216.

de l'article 1729 du Code général des impôts, par l'instauration de deux majorations fixes de 40% pour mauvaise foi et de 80% pour manœuvres frauduleuses, faut-il aller au-delà et imposer au juge un pouvoir de modulation du taux des pénalités fiscales, en vertu du principe d'individualisation des peines ? Les juges de la rue de Montpensier ont répondu par la négative, par un raisonnement analogue à celui suivi par la Haute juridiction administrative. Ainsi, après avoir constaté l'existence d'une échelle de sanctions, le Conseil constitutionnel a jugé qu'il appartient au juge de décider « *dans chaque cas, après avoir exercé son plein contrôle sur les faits invoqués et la qualification retenue par l'administration, soit de maintenir ou d'appliquer la majoration effectivement encourue au taux prévu par la loi, soit de ne laisser à la charge du contribuable que des intérêts de retard s'il estime que l'administration n'établit pas que ce dernier se serait rendu coupable de manœuvres frauduleuses ni qu'il aurait agi de mauvaise foi* »[1766]. Dans ces conditions, il n'y a pas violation du principe d'individualisation des peines. Le Conseil constitutionnel admet que « *le contrôle de pleine juridiction permet bien de considérer qu'une modulation de la sanction par le juge est en principe possible* »[1767]. Le pouvoir de modulation est toutefois limité dans la mesure où « *le juge ne peut pas véritablement moduler le quantum lui-même de la sanction à l'instar de ce que fait par exemple le juge pénal lorsqu'il prononce une peine prévue par le Code pénal, qui constitue alors la peine maximale encourue* »[1768]. Cette restriction du pouvoir de modulation du juge étant d'autant plus acceptable que le montant de la pénalité est faible[1769].

B. Les dispositions comprenant une seule majoration

685. Après s'être prononcé sur la constitutionnalité des dispositions comprenant divers taux en fonction du comportement du contribuable, le Conseil constitutionnel a été saisi d'une question prioritaire de constitutionnalité portant sur l'article 1759 du Code général des impôts qui institue une majoration de 40 % des droits dus en application des articles 1649 A ou 1649 quater A de ce code. Afin d'apprécier la constitutionnalité de cet article au regard du principe d'individualisation de la peine, le Conseil

---

[1766] C.C., n° 2010-103 QPC, 17 mars 2011, Sté SERAS II et n° 2010-105/106 QPC, op cit.
[1767] Ibidem.
[1768] Ibidem.
[1769] À côté des deux conditions liées à l'échelle de sanctions organisée par le législateur et le contrôle de pleine juridiction exercé sur les faits et la qualification, le Conseil constitutionnel a ajouté un critère lié à la gravité de la sanction. En l'espèce, l'absence de pouvoir de modulation du juge était dotant plus acceptable que le taux de 40% a été jugé proportionné à la gravité du comportement réprimé. Ce critère renforce le lien entre le contrôle de proportionnalité et celui de l'individualisation de la peine.

constitutionnel a, dans un premier temps, relevé la possibilité de combiner cette majoration de 40% avec les majorations de 40 % pour mauvaise foi et de 80 % pour manœuvres frauduleuses ou abus de droit, instituées à l'article 1729 du Code général des impôts. Dans un second temps, le Conseil constitutionnel a repris sa grille d'analyse du principe d'individualisation de la peine. Ainsi, en instituant des pénalités différentes pour sanctionner des comportements différents « *le législateur assure ainsi une modulation des peines en fonction de la gravité des comportements réprimés* »[1770]. Ce faisant, le Conseil rappelle qu'il appartient au juge, après avoir exercé son plein contrôle sur les faits invoqués et la qualification retenue par l'administration, soit de « *maintenir la majoration de 40 % prévue par l'article 1759 du code général des impôts, soit d'en dispenser le contribuable s'il estime que ce dernier apporte la preuve que les sommes, titres et valeurs transférés de ou vers l'étranger en méconnaissance des obligations déclaratives ne constituent pas des revenus imposables* »[1771].

686. Les faits de l'espèce démontrent la faculté de moduler, au sein du cadre défini par la loi, la sanction fiscale. En effet, le requérant avait été condamné en première instance aux deux majorations d'impôts de 40% sur le fondement des articles 1759 et 1729 du Code général des impôts. En appel, le juge a décidé de ne maintenir que la première majoration. Ces faits démontrent selon les commentateurs autorisés de la décision que « *la loi offrait ainsi au juge saisi d'un litige relatif à un défaut de déclaration de sommes ayant transité par l'étranger la possibilité d'adapter la sanction en fonction de l'intention du contribuable* »[1772]. Par conséquent, le Conseil constitutionnel a jugé que « *le législateur assure ainsi une modulation des peines en fonction de la gravité des comportements réprimés* »[1773]. Il a relevé en outre que l'article 1759 du Code général des impôts qui peut se cumuler avec l'article 1729 instaure une présomption simple de revenus imposables de sommes non déclarées. Ainsi, pour échapper à la majoration de 40% de l'article 1759 du Code général des impôts, le justiciable peut toujours prouver le caractère non imposable de ces sommes. Dans cette hypothèse, il reviendra au juge en vertu de son contrôle de pleine juridiction de décharger le contribuable de la majoration de 40% de l'article 1759 du Code général des impôts.

687. En dépit d'une certaine clarification de la portée du principe d'individualisation de la peine, des interrogations persistent. Les précisions apportées par le Conseil constitutionnel ne permettent, pour l'heure, de

---

[1770] C.C., 10 février 2012, n° 2011-220 QPC, M. Ardouin, *Dr fisc.* 2012, n° 7-8, act. 87, *Procédures* 2012, n° 3, comm. 100, note AYRAULT L.
[1771] Ibidem.
[1772] Note sous C.C., 10 février 2012, n° 2011-220 QPC, https://www.conseil-constitutionnel.fr/sites/default/files/as/root/bank_mm/decisions/2011220qpc/ccc_220qpc.pdf.
[1773] C.C., 10 février 2012, n° 2011-220 QPC, M. Ardouin, op cit.

répondre avec certitude, à la question de la constitutionnalité d'une sanction ne s'intégrant dans aucune échelle de sanctions organisée par le législateur. La solution dépend de l'interprétation de la formule « *en tenant compte des circonstances propres à chaque espèce* »[1774]. Selon le professeur Ludovic Ayrault, « *le recours au vocable « toutefois » dans la proposition suivante, avec la mise en lumière d'une échelle de sanctions, milite cependant pour la reconnaissance de la non-conformité d'une telle disposition* »[1775].

688. Les conceptions européennes et constitutionnelles du pouvoir de modulation des sanctions, si elles ne font pas l'unanimité dans la doctrine[1776], ne sont pour l'heure pas susceptibles d'être modifiées. Elles demeurent une source d'ambiguïté. D'une part, l'acception large de l'exigence d'une échelle de sanctions organisée par le législateur ne permet pas de résoudre le cas où le juge sera face à une pénalité unique, non susceptible d'être intégrée dans un ensemble répressif plus vaste. Les prémisses qui résultent de la jurisprudence du Conseil d'État méritent d'être clarifiées. D'autre part, l'opposition entre le juge judiciaire et administratif nuit « *à la cohérence du droit fiscal et à l'égalité des justiciables devant la loi et devant le juge* »[1777]. Toutefois, dès lors que la Convention n'impose que des garanties minimales, elle ne saurait s'opposer à une solution « *plus protectrice des intérêts du contribuable* »[1778].

[1774] C.C., 17 mars 2011, Sté SERAS II et n° 2010-105/106 QPC, n° 2010-103 QPC, op cit. ; C.C., 10 février 2012, n° 2011-220 QPC, M. Ardouin, op cit.
[1775] AYRAULT L., « Office du juge et répression administrative en matière fiscale », *Procédures* 2012, n° 3, comm. 100.
[1776] Selon le professeur Charles Froger, « *le récent refus des juridictions constitutionnelle et européenne de reconnaître un pouvoir de modulation juridictionnelle au juge fiscal conforte l'idée d'une régression des garanties constitutionnelles et européennes du contribuable* », Selon lui, « *la technique de l'échelle de sanctions a été poussée à l'extrême en rattachant la pénalité en cause à un « bloc d'irrégularités » construit artificiellement* » : FROGER C., « La sanction fiscale dans les jurisprudences constitutionnelles et européennes », op cit.
[1777] Note sous CEDH, 7 juin 2012, n° 4837/06, Segame SA c/ France, *GACEDH*, n°26.
[1778] MILANO L., « Sanctions fiscales et pouvoir de modulation du juge, la réponse de la Cour de Strasbourg », *JCP G.*, 2012, n°35, comm. 922.

Conclusion chapitre 1

689. Les droits procéduraux objectifs que sont le droit à un recours juridictionnel suspensif et le droit à un organe disposant d'une compétence de pleine juridiction sont appliqués en matière fiscale avec une certaine souplesse. La Cour européenne des droits de l'homme et le Conseil constitutionnel n'accordent pas une portée absolue à ces deux principes et admettent certaines limites à leur application en matière fiscale. Sont ainsi admis l'effet non suspensif des recours et l'absence de pouvoir de modulation des sanctions. Ce dernier fait, à l'heure actuelle, l'objet de jurisprudences divergentes entre la Cour européenne des droits de l'homme, le Conseil constitutionnel et le Conseil d'État qui refusent de l'appliquer aux sanctions fiscales et la Cour de cassation, qui en prescrit l'application pour les besoins du caractère équitable de la procédure. Sur ce point, il serait souhaitable que le législateur intervienne pour harmoniser ces divergences d'interprétation et plus généralement de formaliser les garanties procédurales des contribuables.

Chapitre 2 : Les droits procéduraux subjectifs

690. Les droits procéduraux subjectifs sont ceux qui ont trait à la personne qui fait l'objet d'une accusation. Le contribuable bénéficie de ces droits dès la phase préalable à la saisine du juge. Il s'agit de la règle procédurale de la présomption d'innocence et des principes directeurs garantissant l'équité du procès.

Section 1 : La portée de la règle procédurale de la présomption d'innocence en matière de sanctions fiscales

691. La présomption d'innocence est considérée comme « *le principe fondateur des règles de procédure pénale, le creuset dans lequel elles ont été fabriquées* »[1779]. Bien plus qu'une règle de preuve ayant pour effet de faire peser sur l'accusation la charge de démontrer la culpabilité de la personne poursuivie, la présomption d'innocence est considérée comme « *l'expression d'une conception politique de la position du citoyen à l'égard de l'État d'où découlent les règles du procès pénal dans les États démocratiques* »[1780]. La présomption d'innocence est établie au cœur du droit au procès pénal dans l'article 9 de la Déclaration des droits de l'homme, selon lequel, « *tout homme étant présumé innocent jusqu'à ce qu'il ait été déclaré coupable, s'il est jugé indispensable de l'arrêter, toute rigueur qui ne serait pas nécessaire pour s'assurer de sa personne doit être sévèrement réprimée par la loi* »[1781]. Il est également érigé au cœur du procès équitable dans le §2 de l'article 6 de la Convention européenne des droits de l'homme, qui dispose que « *toute personne accusée d'une infraction est présumée innocente jusqu'à ce que sa culpabilité ait été légalement établie* »[1782]. Enfin, ce principe est énoncé à l'article 48 de la Charte, qui énonce que « *tout accusé est présumé innocent jusqu'à ce que sa culpabilité ait été légalement établie* »[1783].

[1779] DESPORTES F., LAZERGES-COUSQUER L., *Traité de procédure pénale,* op cit, p.131.
[1780] Ibidem, p.132.
[1781] Article 9 de la Déclaration des droits de l'homme.
[1782] Article 6§2 de la Convention européenne des droits de l'homme.
[1783] Article 48 de la Charte des droits fondamentaux de l'Union Européenne.

692. La présomption d'innocence, considérée comme « *la source, le soubassement ou la pierre angulaire de la procédure pénale* »[1784], s'est progressivement imposée au législateur et à l'administration fiscale dans ces différents aspects. C'est d'une part, par la reconnaissance de la valeur constitutionnelle du principe de la présomption d'innocence[1785] et la consécration de son applicabilité aux sanctions administratives revêtant le caractère d'une punition[1786] que la principale règle de forme du droit à la présomption d'innocence s'est imposée à la répression administrative[1787]. C'est d'autre part, par l'établissement de la présomption d'innocence comme partie intégrante de la notion de procès équitable au sens de l'article 6 de la Convention que les règles de forme ont été intégrées à la procédure applicable aux sanctions fiscales[1788]. La Cour européenne des droits de l'homme ne s'est pas contentée d'imposer les règles qui résultent de la conception classique de la présomption d'innocence. Elle a, au-delà de son approche traditionnelle, étendu le champ d'application du paragraphe 2 de l'article 6 de la Convention afin de couvrir certains aspects de la personnalité de l'accusé, à savoir, sa dignité, son honneur, et sa réputation[1789].

Sous-section 1 : L'encadrement de la charge de la preuve du bien-fondé des pénalités fiscales

693. Le principe général de la présomption d'innocence est considéré comme le « *gouvernail du droit de la preuve en procédure pénale* »[1790]. Il a pour conséquence, dans la procédure pénale, d'attribuer le fardeau de la preuve à l'autorité pénale chargée de l'accusation et non à la personne poursuivie. Il a été longtemps soutenu par la doctrine que le principe de présomption d'innocence n'avait pas vocation à s'appliquer à la procédure

---

1784 DESPORTES F., LAZERGES-COUSQUER L., *Traité de procédure pénale,* op cit, p.132.

1785 C.C., 20 janvier 1981, n° 80-127 DC, op cit. ; C.C., 8 juillet 1989, n° 89-258 DC, *Rec.* p. 48 ; C.C., 2 février 1995, n° 95-360 DC, *RJC* 1959-1997.

1786 Le Conseil constitutionnel l'a appliqué aux sanctions infligées par la Haute Autorité pour la diffusion des œuvres et la protection des droits sur internet : C.C., 10 juin 2009, n° 2009-580 DC, *RSC*, 2010, n° 2, p. 415-422.

1787 Il s'agit de la règle selon laquelle la charge de la preuve repose sur la partie poursuivante et non sur la partie poursuivie.

1788 La présomption constitue également une règle de fond selon laquelle « *la personne ne peut faire l'objet de mesures coercitives que si celles-ci sont nécessaires et proportionnées au but poursuivi, et notamment à la gravité de l'infraction qu'il s'agit de réprimer » :* CAPPELO A., « La constitutionnalisation du droit pénal - Pour une étude du droit pénal constitutionnel- », op cit, p. 406.

1789 CEDH 24 mai 2011, Konstas c/ Grèce, n° 53466/07, § 32.

1790 SAND C., DAOUD E., « Fraude fiscale : réflexions autour de la présomption d'innocence », *Dr. pénal* n° 10, Octobre 2018, dossier 11.

administrative y compris fiscale[1791]. Cette position était loin de refléter la réalité[1792] des règles procédurales applicables dans ces deux matières. En effet, si la présomption d'innocence n'est jamais expressément évoquée en droit fiscal répressif, elle est néanmoins respectée par les règles d'attribution de la charge de la preuve. En effet, le principe de la présomption d'innocence doit impliquer en matière fiscale que la charge de la preuve du bien-fondé des pénalités fiscales soit mise à la charge de l'administration. Si cette règle semble s'imposer en matière de sanction fiscale, le Conseil constitutionnel a admis une exception au principe de la présomption d'innocence en validant sous certaines conditions les présomptions de culpabilité en matière répressive.

I. L'établissement du bien-fondé des pénalités par l'administration fiscale : le principe

694. La présomption d'innocence en tant que règle de forme « *détermine le sens de la défense de la personne faisant l'objet d'une accusation* »[1793]. Elle implique pour la personne poursuivie d'apporter la démonstration que les éléments de preuve apportés par la partie poursuivante ne sont pas convaincants. La présomption d'innocence en tant que principe à valeur constitutionnelle épargne à la partie poursuivie de démontrer son innocence. L'application de ce principe en droit fiscal devrait impliquer que l'administration fiscale supporte la charge de la preuve du bien-fondé des pénalités fiscales. Il s'agirait de « *protéger le contribuable, dont la bonne foi serait ainsi présumée* »[1794].

695. Cependant, il n'existe pas en droit fiscal de règles générales imposant que le fardeau de la preuve du bien-fondé des pénalités fiscales repose sur les épaules de l'administration fiscale. Seul l'article L. 195 A du Livre des procédures fiscales, institue une règle particulière de dévolution de la charge de la preuve en matière de sanctions fiscales. Elle prévoit qu'en cas de contestation des pénalités fiscales, la charge de la preuve du bien-fondé de celles-ci appartient à l'administration. Ainsi, une juridiction du fond méconnaît les dispositions de l'article L. 195 A du Livre des procédures

---

[1791] FOURRE J., « Les sanctions administratives et le Code général des impôts » *LPA* 17 janvier 1990, p. 46 ; DELMAS MARTY M et TEITGEN COLLY C., « Punir sans juger ? de la répression administrative au droit administratif pénal, op cit.

[1792] DELLIS G., « Droit pénal et droit administratif, l'influence du droit pénal sur le droit administratif répressif », op cit. p. 351.

[1793] CAPPELO A., « La constitutionnalisation du droit pénal - Pour une étude du droit pénal constitutionnel- », op cit, p. 406.

[1794] DE LA MARDIERE C., « La preuve en droit fiscal », *Lexis Nexis*, *Litec*, p. 285.

fiscales lorsqu'elle estime que le contribuable n'apporte pas la preuve de sa bonne foi. En effet, la preuve de la mauvaise foi doit être supportée par l'administration fiscale[1795]. Toutefois, cette disposition est limitée à deux égards. D'une part, l'article L. 195 du Livre des procédures fiscales ne concerne pas l'ensemble des impôts. Cette disposition s'applique *« au titre des impôts directs, de la taxe sur la valeur ajoutée et des autres taxes sur le chiffre d'affaires, des droits d'enregistrement, de la taxe de publicité foncière et du droit de timbre »*. D'autre part, cette disposition ne s'applique qu'aux majorations pour manquement délibéré et manœuvres frauduleuses.

696. Afin d'élargir la portée de la règle selon laquelle il appartient à l'administration fiscale d'établir le bien-fondé des pénalités fiscales, le Conseil constitutionnel a assorti ses décisions, à plusieurs reprises, « *de réserves d'interrogations* »[1796] selon lesquelles, même si la loi ne le précise pas, il appartient à l'administration d'apporter la preuve de ce que les conditions d'application de la pénalité sont réunies[1797]. À ce titre, le Conseil constitutionnel a, dans une affaire relative à une amende fiscale liée à la prime pour l'emploi, considéré « *qu'en adoptant les dispositions précitées, le législateur n'a pas entendu déroger aux dispositions applicables aux pénalités fiscales en matière d'impôts directs : qu'ont notamment vocation à s'appliquer l'article L. 195 A du Livre des procédures fiscales qui dispose que la preuve de la mauvaise foi et des manœuvres frauduleuses incombe à l'administration »*[1798]. La jurisprudence du Conseil constitutionnel « *tend (...) même dans le silence de la loi, à reconnaître que l'administration doit toujours démontrer le bien-fondé d'une sanction* »[1799].

697. La Haute juridiction administrative a retenu une solution similaire à propos de la pénalité infligée en cas d'abus de droit. Dans un arrêt du 29 septembre 2010[1800], elle a considéré que l'administration de la preuve des sanctions réprimant l'abus de droit n'était pas régie par le troisième alinéa de l'article L. 64, mais par les dispositions de l'article L. 195 A du Livre des procédures fiscales. Cependant, cette disposition ne fait référence qu'aux majorations pour mauvaise foi[1801] et manœuvres frauduleuses. Partant de cette solution, une interrogation a légitimement été soulevée par la doctrine. Dès

---

1795 CE, 21 mars 2001, n° 202490, Egot, *Dr fisc.* 2001, n° 24, comm. 549, concl. GOULARD G., *RJF* 6/2001, n° 813.

1796 COLLIN P., note sous CE, 9e et 10e ss-sect., 29 sept. 2010, n° 341065, Sté Snerr Théâtre de Paris, *La revue fiscale du patrimoine,* n° 12, Décembre 2010, comm. 109.

1797 C.C., 29 décembre 1999, n° 99-424 DC, Loi de finances pour 2000, op cit., au sujet de la pénalité de 80 % pour activité occulte ; C.C., déc. 29 déc. 2003, n° 2003-489 DC, Loi de finances pour 2004, op cit.

1798 C.C., 29 décembre 2003, n° 2003-489 DC, Loi de finances pour 2004, ibidem. consid. 12.

1799 Ibidem.

1800 CE, 9e et 10e ss-sect., 29 sept. 2010, n° 341065, Sté Snerr Théâtre de Paris, op cit.

1801 Aujourd'hui « manquement délibéré ».

lors qu'il n'existe pas, en matière fiscale de dispositions légales imposant que charge de la preuve du bien-fondé d'une sanction repose sur l'administration fiscale, « *est-ce à dire que le Conseil d'État reconnaîtrait ce principe, au prix d'une interprétation pour le moins extensive de l'article L. 195 A ?* »[1802]. Cette interprétation aurait le mérite de s'inscrire dans la jurisprudence du Conseil constitutionnel.

698. Si au vu de ces jurisprudences, la charge de la preuve du bien-fondé des pénalités fiscales incombe à l'administration fiscale, la complémentarité de certaines règles d'assiette avec les dispositions répressives et le caractère automatique de certaines sanctions ont soulevé des doutes quant au respect du droit à la présomption d'innocence en matière fiscale.

699. La controverse a émané de la Haute juridiction administrative. Interpellé au sujet de l'inconstitutionnalité du deuxième alinéa de l'article L. 64 du Livre des procédures fiscales au regard du droit à la présomption d'innocence, le Conseil d'État a refusé de transmettre la question au Conseil constitutionnel[1803]. Cet article constitue une règle d'assiette qui autorise l'administration à écarter comme ne lui étant pas opposables certains montages fiscaux ou certains artifices misent en œuvre par le contribuable. Dès l'origine de la procédure, la charge de la preuve a, dans « *un souci de sécurité* »[1804], été mise à la charge de l'administration. Toutefois, la création du comité d'abus de droit a eu une incidence sur la charge de la preuve en cas de contentieux ultérieur. Avant l'entrée en vigueur de la loi du 28 décembre 2018[1805], trois cas de figure pouvaient alors se présenter. En l'absence de saisine du comité d'abus de droit, la charge de la preuve incombait toujours à l'administration conformément aux règles de droit commun d'administration de la preuve en droit fiscal. En cas de saisine du comité, si l'avis était défavorable à l'administration, elle conservait la charge de la preuve. Dans le cas contraire, il revenait au contribuable d'apporter la preuve de l'absence d'abus de droit en cas de contentieux ultérieur. Or, comme l'ont relevé Maurice Cozian et le professeur Florence Deboissy, « *une preuve négative est toujours délicate à rapporter* »[1806]. Ainsi, ce système aboutissait à un paradoxe en ce que *« l'intervention du comité, conçue comme une garantie,*

[1802] DE LA MARDIERE C., « La charge de la preuve en matière d'abus de droit », *Dr fisc.* 2011, n°10, comm. 250.

[1803] CE, 9e et 10e ss-sect., 29 septembre 2010, n° 341065, Sté SNERR Théâtre de Paris, op cit.

[1804] Il s'agit d'une procédure qui doit rester exceptionnelle dès lors que « *par principe, la sincérité des actes privés est acquise, sauf à démontrer que la construction juridique qu'ils contiennent n'a d'autre fin que d'éluder l'impôt* » : DE LA MARDIERE C., « la preuve en droit fiscal », op cit, p. 289.

[1805] Loi n° 2018-1317, 28 déc. 2018, art. 202, op cit.

[1806] COZIAN M., DEBOISSY F., « Garanties et domaine de la procédure de répression de l'abus de droit », *RJF* 2/93, p.99.

peut donc se retourner contre celui que la loi a cherché à protéger »[1807]. À côté de la règle d'assiette, la preuve du bien-fondé de la pénalité pour abus de droit devait être établie par l'administration fiscale. Or, la sanction de l'abus pouvait être considérée comme présentant un caractère « automatique », dès lors qu' « *une fois le bien-fondé d'un redressement pour abus de droit reconnu, celui de la pénalité pour abus de droit pouvait sembler acquis* »[1808]. Si l'on admet cette supposition[1809], la question du respect du droit à la présomption d'innocence avait un intérêt à être soulevée.

700. La Haute juridiction a, dans une analyse conforme aux conclusions du rapporteur public Pierre Collin, implicitement effectué une distinction entre la preuve en matière d'imposition et la preuve en matière de sanction. Selon ce raisonnement, la preuve de l'abus de droit est régie par les dispositions de l'article L. 64 du Livre des procédures fiscales lesquelles faisaient reposer la charge de la preuve sur le contribuable en cas d'avis défavorable du comité. En revanche, la preuve du bien-fondé de la sanction de l'article 1729 du Code général des impôts est établie par l'administration conformément au droit à la présomption d'innocence. Selon ce raisonnement la sanction serait « détachable » de l'imposition. Or, il résulte de la jurisprudence du Conseil constitutionnel que le principe de la présomption d'innocence n'est applicable qu'en matière répressive. Ainsi, le moyen tiré de l'inconstitutionnalité du régime de preuve du bien-fondé des impositions en matière d'abus de droit était inopérant.

701. Toutefois, face au caractère particulièrement répressif de la procédure d'abus de droit, le législateur a mis un terme à cette pratique en supprimant l'alinéa 3 de l'article L. 64 du Livre des procédures fiscales qui disposait que « *si l'administration ne s'est pas conformée à l'avis du comité, elle doit apporter la preuve du bien-fondé de la rectification* »[1810]. Il en résulte que la preuve de l'abus de droit doit être établie par l'administration fiscale, peu importe l'avis du Comité de l'abus de droit. Selon le professeur Christophe de la Mardière, l'intervention du législateur était indispensable dès lors que « *l'abus de droit* (est) *une procédure des plus répressives, pour conduire à une majoration pouvant atteindre 80 %* »[1811]. Il est ainsi « *normal que*

[1807] Ibidem.

[1808] DAUMAS V., « Abus de droit, derniers développements jurisprudentiels », *RJF* 1/11.

[1809] Qui peut être appuyée sur le fait que « *l'incrimination recoupe très exactement la qualification d'abus de droit au sens de l'article L. 64 du Livre des procédures fiscales* », COLLIN P., note sous CE, 9e et 10e ss-sect., 29 septembre 2010, n° 341065, Sté Snerr Théâtre de Paris, op cit.

[1810] Loi n° 2018-1317, 28 déc. 2018, art. 202, op cit.

[1811] DE LA MARDIERE C., « ABUS DE DROIT. – Textes, historique et notion », *JCP N*, fasc. 375.

l'administration supporte par principe la charge de la preuve »[1812]. C'est encore ici, la forte connexion entre le bien-fondé de la qualification d'abus de droit et l'application de la pénalité qui semble imposer un régime commun de preuve en matière d'assiette et en matière de sanctions.

II. L'institution de présomption de culpabilité : l'exception

702. Les présomptions de culpabilité constituent des exceptions par rapport au principe de la présomption d'innocence, selon lequel, il appartient à la partie poursuivante d'apporter la preuve de la culpabilité. La présomption légale est considérée comme celle qui est attachée par une loi « *à certains actes ou à certains faits les tenant pour certain* »[1813]. Dans cette situation, « *le législateur tient le fait à prouver comme démontré, dès lors que tel autre fait est établi* »[1814]. Elle a pour conséquence « *de mettre à la charge de la personne poursuivie la preuve de son innocence alors que la partie poursuivante ne dispose pas toujours des moyens pour le faire* »[1815].

703. En matière fiscale, le législateur a institué certains procédés de présomption afin de lutter contre la déperdition de matière imposable. Il en va ainsi des dispositions des articles 1350-2°[1816] et 1350-3°[1817] du Code civil et de celles de l'article L 76. AA du Livre des procédures fiscales qui renvoient aux dispositions de l'article 1649 quater-0 B bis du Code général des impôts. Enfin, la majorité des présomptions fiscales figurent dans le Code général des impôts dans le domaine des droits d'enregistrement, des distributions irrégulières aux sociétés et de l'évasion fiscale internationale. Si la plupart de ces présomptions peuvent être combattues par tous les moyens dès lors qu'elle « *repose sur une simple vraisemblance* »[1818], d'autres en revanche sont difficiles, voire impossibles à renverser pour le contribuable, et posent la question de leur éventuelle remise en cause[1819]. Il en va ainsi particulièrement

[1812] Ibidem.
[1813] Article 1354 du Code civil dans sa version en vigueur au 30 juillet 1994.
[1814] BOI-CTX-DG-20-20-40-20120912.
[1815] BUISSON J., « Preuve – Charge de la preuve », *Répertoire de droit pénal et de procédure pénale*, Octobre 2013 (actualisation : Octobre 2019).
[1816] Les cas dans lesquels la loi déclare que la propriété ou la libération résulte de certaines circonstances déterminées.
[1817] L'autorité que la loi attribue à la chose jugée.
[1818] BOI-CTX-DG-20-20-40-20120912
[1819] Dans son étude sur la fin des présomptions, le professeur Ludovic Ayrault a relevé que « *la suppression des présomptions légales simples n'est ni un constat qu'il serait possible d'opérer, ni un projet annoncé, ni d'ailleurs une évolution souhaitable en raison de leur utilité probatoire. La question peut en revanche être posée concernant les présomptions légales irréfragables favorables à l'action de l'administration fiscale* », AYRAUL L. « La fin des

des présomptions instituées en matière de distributions irrégulières faites par les sociétés qui s'avèrent « *redoutable(s)* »[1820] pour le contribuable.

704. Le Conseil constitutionnel comme la Cour européenne des droits de l'homme ont posé une limite à l'institution par le législateur de présomption de culpabilité qui tient à leur caractère irréfragable.

A. L'interdiction des présomptions irréfragables de culpabilité par le Conseil constitutionnel

705. S'il est loisible au législateur d'instaurer des présomptions simples de culpabilité en matière répressive, le Conseil constitutionnel a posé une réserve d'interprétation. En principe, « *le législateur ne saurait instituer de présomptions de culpabilité en matière répressive, toutefois à titre exceptionnel, de telles présomptions peuvent être établies, notamment en matière contraventionnelle, dès lors qu'elles ne revêtent pas de caractère irréfragable, qu'est assuré le respect des droits de la défense et que les faits induisent raisonnablement la vraisemblance de l'imputabilité* »[1821] . Il ressort de cette décision que si le législateur peut instaurer des présomptions simples de culpabilité en matière répressive, il lui est interdit de créer des présomptions irréfragables de culpabilité[1822]. En l'espèce, le Conseil constitutionnel a validé la procédure de recouvrement des amendes pénales encourues en matière d'excès de vitesse. Le Conseil a considéré que cette procédure instituait une présomption simple de culpabilité que le titulaire du certificat d'immatriculation du véhicule pouvait renverser en apportant la preuve d'une force majeure ou de tout élément justificatif de nature à établir qu'il n'était pas l'auteur de l'infraction[1823]. De plus, le Conseil a relevé que seule une décision juridictionnelle prenant en compte les considérations de

---

présomptions, à propos des présomptions irréfragables », *Revue européenne et internationale du droit fiscal* 2018, n°1, p. 18.

1820 DE LA MARDIERE C., « La preuve en droit fiscal », op cit, p. 57.

1821 C.C., 16 juin 1999, n° 99-411 DC, op cit.

1822 Le Conseil censure les dispositions législatives qui tendent à instaurer une présomption irréfragable. Ainsi, il a considéré qu'en permettant de punir le représentant légal pour ne pas s'être assuré du respect par le mineur d'une décision de couvre-feu, le dernier alinéa du paragraphe III de l'article 43 de la loi d'orientation et de programmation pour la performance de la sécurité intérieure (Loi n° 2011-267 du 14 mars 2011, LOPPSI II, *JORF* n°0062 du 15 mars 2011 p. 4582, texte n° 2) a pour effet d'instituer, à son encontre, une présomption irréfragable de culpabilité C.C., 10 mars 2011, n° 2011-625 DC, *JO* 15 mars 2011, considérant n° 39.

1823 C.C., 16 juin 1999, n° 99-411 DC, op cit, consid. 6

faits de l'espèce et les facultés contributives de l'intéressé pouvait déclarer redevable pécuniairement le titulaire du certificat d'immatriculation[1824].

706. Le Conseil constitutionnel a confirmé cette solution dans une décision du 10 juin 2009 relative aux sanctions pouvant être infligées par la Haute autorité pour la diffusion des œuvres de protection des droits sur internet[1825]. Le Conseil constitutionnel a relevé que la preuve contraire de la culpabilité du titulaire de l'accès à internet ne pouvait être rapportée qu'en produisant les éléments « *de nature à établir que l'atteinte portée au droit d'auteur ou aux droits voisins* (procédait) *de la fraude d'un tiers* »[1826] et non par d'autres éléments comme la force majeur. D'autre part, si le Conseil constitutionnel ne présente pas la gravité de l'infraction et la sévérité de la sanction comme « *une condition de validité des présomptions* »[1827], elles constituent « *des critères* »[1828] pris en compte dans son contrôle. Or, le mécanisme mis en place pouvait conduire à prononcer contre les titulaires du contrat, des sanctions privatives ou restrictives de droit. La sévérité de la sanction a rendu le Conseil constitutionnel plus vigilant quant à l'administration de la preuve mise à la charge du titulaire des contrats. Ainsi, il en a conclu que la loi favorisant la diffusion et la protection de la création sur internet[1829] instituait *« en méconnaissance des exigences résultant de l'article 9 de la Déclaration de 1789, une présomption de culpabilité à l'encontre du titulaire de l'accès à Internet »*[1830]. Il résulte de ces décisions que l'interdiction de créer des présomptions irréfragables de culpabilité « *peut être considérée en droit interne comme absolue* »[1831].

[1824] Ibidem.

[1825] C.C., 10 juin 2009, n° 2009-580 DC, *AJDA*, 2009, n° 21, p. 1132, note BRONDEL S. ; *LPA*, 2009, n° 125, p. 7-11, note CHALTIEL F. ; *Rec.* 2009, n° 26, p. 1770-1771, note BRUGIERE J-M.

[1826] Ibidem.

[1827] CAPPELO A., « retour sur la jurisprudence de Conseil constitutionnel relative aux sanctions administratives », *RSC* 2010, p. 145.

[1828] Ibidem.

[1829] Loi n° 2009-669 du 12 juin 2009 favorisant la diffusion et la protection de la création sur internet, *JORF* n°0135 du 13 juin 2009 p. 9666, texte n° 2.

[1830] C.C., 10 juin 2009, n°2009-580 DC, op cit.

[1831] AYRAULT L., « la fin des présomptions ? », *Revue européenne et internationale du droit fiscal* 2018, n°1, pp.17-25.

B. L'encadrement des présomptions de culpabilité par la Cour européenne des droits de l'homme

707. Dans la même ligne directrice que le Conseil constitutionnel, la Cour européenne des droits de l'homme a encadré, sur le fondement de la présomption d'innocence qui résulte des dispositions du §2 de l'article 6 de la Convention, l'institution de présomptions de culpabilité. Les premiers enseignements du raisonnement suivi par la Cour résultent d'une décision du 7 octobre 1988 en matière douanière[1832]. La Cour européenne des droits de l'homme a, à cette occasion, précisé que « *l'article 6 § 2 ne se désintéresse (...) pas des présomptions de fait ou de droit qui se rencontrent dans les lois répressives* »[1833]. Les présomptions de fait et de droit ne sont pas incompatibles avec le principe de présomption d'innocence dès lors qu'elles sont « *enserrées dans des limites raisonnables prenant en compte la gravité de l'enjeu et préservant les droits de la défense.* »[1834]. Il en résulte que les juges du fond ne doivent pas procéder à un recours automatique aux présomptions et conserver un pouvoir d'appréciation.

708. La Cour européenne a adopté le même raisonnement à propos des présomptions en matière fiscale dans une décision du 23 juillet 2002[1835]. En l'espèce, le requérant, propriétaire de sociétés de taxis, s'était vu infliger une majoration au motif que ses déclarations étaient inexactes. En vertu de la législation suédoise, il lui incombait de prouver qu'on n'aurait pas dû lui infliger la majoration d'impôt. Cette présomption de culpabilité était, selon lui, quasiment insurmontable et contraire au §2 de l'article 6 de la Convention.

709. La Cour s'est, dans un premier temps, penchée sur la nature des majorations d'impôt qui sont infligées par les autorités suédoises. Elle a ainsi relevé qu'elles étaient infligées « *pour des raisons objectives, c'est-à-dire sans qu'il soit nécessaire de prouver qu'il y a eu intention ou négligence du contribuable* »[1836]. De plus, « *l'administration fiscale et les tribunaux ne peuvent que partir de l'hypothèse que les inexactitudes découvertes pendant un processus d'imposition sont dues à un acte inexcusable imputable au contribuable et qu'il n'est pas manifestement déraisonnable d'infliger une majoration d'impôt pour sanctionner cet acte* »[1837]. Elle en conclut que le

---

[1832] CEDH, 7 octobre 1988, Salabiaku c. France, n°10519/83, Série A, n°141 A, *RSC* 1989, 167.
[1833] Ibidem.
[1834] Ibidem, §28.
[1835] CEDH, 23 juillet 2002, Janosevic c. Suède, n°34619/97, op cit.
[1836] Ibidem, § 100
[1837] Ibidem, § 100

système fiscal suédois fonctionne donc avec une présomption qu'il appartient au contribuable de réfuter.

710. La Cour a procédé à un contrôle de proportionnalité entre l'importance de l'enjeu d'instituer des présomptions de culpabilité et les droits de la défense. La Cour reconnaît, dans un premier temps, que le requérant se trouvait face à « *une présomption difficile à réfuter, mais sans toutefois être totalement dépourvu de moyens de défense* »[1838]. Elle relève que le requérant a pu contester les décisions de l'administration fiscale concernant les majorations d'impôt. En effet, pour assurer sa défense il s'est appuyé, sur le chapitre 5, article 11, de la loi sur l'impôt au terme duquel « *une objection élevée avec succès à l'encontre du montant de l'impôt proprement dit entraîne automatiquement une réduction correspondante de la majoration* »[1839]. Pour ce faire, « *il aurait pu avancer pour sa défense, à titre subsidiaire, que même s'il apparaissait qu'il avait transmis des renseignements incorrects à l'administration fiscale, cela était excusable dans les circonstances ou encore qu'en tout état de cause lui infliger une majoration serait manifestement déraisonnable* »[1840]. Or, le requérant s'est borné à affirmer que les majorations devaient être remises, en raison de la durée de la procédure. Dans un second temps, la Cour a inséré dans son contrôle de proportionnalité, la prise en compte l'intérêt financier de l'État en matière fiscale, les impôts étant la principale source de revenus de ce dernier. Ainsi, selon la Cour, « *un système d'imposition se fondant principalement sur les renseignements fournis par le contribuable ne saurait fonctionner correctement sans une forme quelconque de sanction en cas de communication de renseignements incorrects ou incomplets, et le grand nombre de déclarations fiscales traité par an, joint à la nécessité d'assurer une application prévisible et uniforme de ces sanctions, impose sans nul doute d'appliquer celles-ci selon des règles standardisées* »[1841]. Par conséquent, la Cour considère que les présomptions retenues en droit suédois concernant les majorations restent confinées dans des limites raisonnables.

711. Il résulte de cette décision que le contrôle de proportionnalité qui découle de l'analyse de la présomption d'innocence « *exclut l'institution de présomption irréfragable de culpabilité* »[1842]. L'analyse retenue par la Cour européenne des droits de l'homme s'inscrit donc dans la même ligne directrice que la jurisprudence du Conseil constitutionnel.

[1838] Ibidem, §102

[1839] Ibidem.

[1840] Ibidem.

[1841] Ibidem, §103

[1842] AYRAUKT L., « La fin des présomptions ? à propos des présomptions irréfragables », op cit., p. 19.

712. Une interprétation similaire a été donnée par la Haute juridiction administrative dans un contentieux relatif aux pénalités pour distribution occulte. Les distributions irrégulières sont régies par des dispositions qui instituent des présomptions de revenus distribués en vue de faciliter la preuve mise à la charge de l'administration et en alourdissant celle du contribuable. Une distribution est considérée comme irrégulière « *lorsqu'elle n'a pas été prise par l'organe compétent, qu'elle est le résultat d'une fraude ou qu'elle n'entre dans aucun des cas pour lesquels le Code du commerce autorise la distribution de sommes prélevées sur les bénéfices* »[1843]. Maurice Cozian a relevé dans ce domaine trois hypothèses. Les distributions irrégulières des sociétés peuvent revêtir la forme de distributions « camouflées » qui correspondent à des « *frais indûment supportés par la société* »[1844]. Il en va ainsi des distributions « présumées » telles que les prêts, avances ou acomptes consentis par une société à ses associés. Dans ce cas, les sommes sont présumées déguiser une distribution de bénéfices[1845]. La dernière hypothèse, objet de l'étude, concerne les distributions occultes qui correspondent à des avantages et rémunérations au profit d'un bénéficiaire dont l'identité n'est pas révélée par la société[1846]. Ces trois catégories de distributions irrégulières instituent des présomptions légales dès lors qu'elles présument de ses charges, l'absence d'intérêt de la société, mais de celui du dirigeant, de ses associés ou d'un tiers. Il revient à la société d'apporter la preuve contraire en justifiant de la régularité de sa situation. Elles constituent toutes les trois des présomptions fiscales suffisantes à elles seules pour établir l'imposition. À côté de ces règles régissant l'administration de la preuve, le législateur a mis en place un mécanisme permettant à l'administration fiscale de rétablir la régularité et de sanctionner le manquement à l'obligation fiscale. En effet, en matière de distributions occultes l'article 117 du Code général des impôts autorise l'administration à exiger de la société qu'elle transmette l'identité du bénéficiaire des sommes présumées distribuées sous peine d'une amende prévue à l'article 1959 du Code général des impôts (ancien article 1763 A du Code général des impôts)[1847]. Ainsi, la présomption fiscale de distribution occulte peut, en l'absence de divulgation du bénéficiaire, donner lieu à une sanction fiscale de nature répressive.

[1843] DEBOISSY F., CHADEFAUX M., « Précis de fiscalité des entreprises », op cit, p. 470.

[1844] DE LA MARDIERE C., « La preuve en droit fiscal », op cit, p. 57.

[1845] Article 111, a du Code général des impôts.

[1846] Article 111, c du Code général des impôts.

[1847] Le législateur a donc mis en place une procédure particulière permettant à l'administration d'imposer la distribution malgré l'anonymat de son bénéficiaire. Ainsi, aux termes de l'article 117 du Code général des impôts, « *au cas où la masse des revenus distribués excède le montant total des distributions tel qu'il résulte des déclarations de la personne morale visées à l'article 116, celle-ci est invitée à fournir à l'administration, dans un délai de trente jours, toutes indications complémentaires sur les bénéficiaires de l'excédent de distribution. En cas de refus ou à défaut de réponse dans ce délai, les sommes correspondantes donnent lieu à l'application de la pénalité prévue à l'article 1763 A* ».

713. Cette disposition législative d' « *esprit répressif* »[1848] a fait l'objet d'un recours devant la Haute juridiction administrative, sur le fondement du principe de la présomption d'innocence tel qu'il résulte des dispositions de l'article 6§2 de la Convention. En l'espèce, à la suite d'une vérification de comptabilité, l'administration fiscale a réintégré, dans le résultat imposable de la société SA Martell, différentes charges ayant le caractère de revenus distribués, en vertu de l'article 111 e du Code général des impôts et a, sur le fondement de l'article 117 de ce code, invité la société à désigner le ou les bénéficiaires de ces distributions occultes, dans un délai de trente jours. Or, la société requérante s'est abstenue de les désigner. Par conséquent, l'administration fiscale lui a infligé la pénalité de l'article 1763 A du Code général des impôts prévue en cas de défaut de révélation de l'identité des bénéficiaires, au taux de 100 %, dès lors que les sommes en question n'avaient pas été inscrites dans sa déclaration de résultat.

714. Selon la société Martell, les dispositions de l'article 1763 A seraient contraire à l'article 6§2 de la Convention, au motif qu'elles instituaient une présomption de culpabilité. La société invoque à ce titre le fait qu'elles « *n'autorisent pas le contribuable à invoquer une excuse de bonne foi pour contester son intention de dissimuler les sommes que l'administration fiscale a regardées comme distribuées* »[1849]. En d'autres termes, les dispositions de l'article 1763 A du Code général des impôts ne permettent pas au contribuable de s'exonérer de la pénalité en invoquant l'absence d'intention de dissimuler les distributions. Il existerait dans le dispositif de l'article 1763 du Code général des impôts, une présomption de culpabilité difficilement réfragable.

715. La Haute juridiction administrative a jugé que « *la cour n'a pas commis d'erreur de droit en jugeant, alors même que la pénalité qu'elles prévoient (*les dispositions de l'article 1763 A du Code général des impôts*) est encourue du seul fait que l'intéressé s'est abstenu de répondre à la demande de l'administration dans le délai qui lui est imparti, que les dispositions du premier alinéa de l'article 1763 A du Code général des impôts ne méconnaissent pas les stipulations du § 2 de l'article 6 de la Convention européenne de sauvegarde des droits de l'homme et des libertés fondamentales* »[1850], dès lors que ces dispositions « *ne font pas peser la charge de la preuve sur le contribuable* »[1851] . Elle s'est fondée implicitement sur la nature « objective » de ladite pénalité. En effet, « *elle pénalise moins des*

[1848] Cette disposition a été considérée par la doctrine comme une « *arme décisive* (…) *sachant qu'une société est naturellement conduite à protéger ses dirigeants et associés, de même qu'elle montre peu d'enthousiasme à dénoncer un tiers* » : DE LA MARDIERE C., « La preuve en droit fiscal », op cit, p. 58.
[1849] CE, 9e et 10e sous-sect., 24 mars 2006, n° 257330, SA Martell & Co, op cit.
[1850] Ibidem.
[1851] Ibidem.

inexactitudes discutables qu'une abstention coupable de révéler des destinataires de revenus distribués à l'administration »[1852]. En d'autres termes, c'est le refus de la société qui peut entraîner l'infliction de la pénalité. Par conséquent, les dispositions de l'article 1763 A ne font pas peser sur le contribuable la charge de la preuve de son innocence.

716. Un autre argument a été avancé par le commissaire du gouvernement Laurent Vallée, au soutien de l'absence de violation des dispositions de l'article 6§2 de la Convention européenne des droits de l'homme. S'il n'a pas été repris par la Haute juridiction administrative, il permet d'élargir le débat relatif à l'application du principe de la présomption d'innocence en matière fiscale. Cet argument tient à l'absence de privation des garanties des droits de la défense lors de la procédure d'infliction de la pénalité pour distribution occulte. Le commissaire du gouvernement a relevé, à cet égard, que la pénalité est infligée « *au terme d'un processus protecteur, qui comprend trois étapes* »[1853]. La première étape permet à l'administration fiscale et au contribuable de débattre sur la régularité de l'intégration de la situation de la société dans les prévisions des articles 108 et suivants du Code général des impôts. Une seconde étape vise à imposer à l'administration d'adresser une demande de désignation remplissant les conditions requises pour être régulière[1854]. Enfin, l'application de la pénalité de l'article 1763 du Code général des impôts nécessite un refus de répondre à la demande de l'administration. Par conséquent, « *il (...) paraît difficile* »[1855] selon de commissaire du gouvernement « *de dire que la société se trouve privée de moyens de défense* »[1856].

717. En conclusion, que ce soit sur le fondement de l'article 8 de la Déclaration ou du §2 de l'article 6 de la Convention, les jurisprudences du Conseil constitutionnel, de la Cour européenne des droits de l'homme et de la Haute juridiction administrative interdisent d'instituer des présomptions irréfragables de culpabilité. Ainsi, « *les contribuables sont assurés du bénéfice de cette protection y compris pour contester les sanctions administratives emportant l'application du principe de la présomption d'innocence* »[1857].

[1852] Concl. VALLEE L., sous CE, 9e et 10e sous-sect., 24 mars 2006, n° 257300, SA Martell & Co, op cit.
[1853] Ibidem.
[1854] Ibidem.
[1855] Ibidem.
[1856] Ibidem.
[1857] AYRAULT L. « La fin des présomptions ? À propos des présomptions irréfragables », op cit, p. 20.

Sous-section 2 : L'application souple du droit de se taire et de ne pas s'auto-incriminer

718. À côté de la règle de forme qui découle du principe de la présomption d'innocence, une règle de fond implique que « *la personne ne peut faire l'objet de mesures coercitives que si celles-ci sont nécessaires et proportionnées au but poursuivi et notamment à la gravité de l'infraction qu'il s'agit de réprimer* »[1858]. Ainsi, du principe de la présomption d'innocence découle le droit pour toute personne accusée ou soupçonnée de se taire et de ne pas contribuer à sa propre incrimination. Ce principe à valeur conventionnelle a été confronté par la Cour européenne des droits de l'homme aux spécificités du système déclaratif. Si le principe de la présomption d'innocence n'a pas d'incidences sur les obligations liées à la déclaration primitive, le maintien de certaines demandes de renseignements demeure plus discutable au regard de ce principe.

I. Les fondements juridiques du droit de se taire et de ne pas contribuer à sa propre incrimination

719. Ce droit trouve un fondement juridique à l'article 14§3 du Pacte international relatif aux droits civils et politiques. Néanmoins, le Conseil d'État a jugé ces dispositions inopérantes à l'égard de la procédure d'établissement des sanctions fiscales. La Cour européenne des droits de l'homme a interprété les garanties de l'article 6 de la Convention comme incluant le droit de se taire et de ne pas contribuer à sa propre incrimination.

A. L'inopérance du Pacte international relatif aux droits civils et politiques à l'égard de la procédure d'établissement des pénalités

720. Le droit de se taire et de ne pas contribuer à sa propre incrimination trouve un fondement juridique dans le Pacte international relatif aux droits civils et politiques. En effet, son article 14§3 stipule que « *toute personne accusée d'une infraction pénale a droit, en pleine égalité, au moins aux garanties suivantes : (...) g) à ne pas être forcée de témoigner contre elle-même ou de s'avouer coupable* »[1859]. Si l'effet direct de cette stipulation ne

---

[1858] CAPPELO A., « La constitutionnalisation du droit pénal - Pour une étude du droit pénal constitutionnel- », op cit., p. 406.

[1859] Article 14§3 du Pacte international relatif aux droits civils et politiques.

pose pas de difficulté[1860], le Conseil d'État l'a toutefois jugé inopérant à l'égard de la procédure d'établissement des sanctions fiscales. La Haute juridiction administrative a procédé à une interprétation littérale des stipulations du Pacte. Plus précisément, les termes « *toute personne accusée d'une infraction pénale* » ont conduit à « *exclure l'option qui consisterait à assimiler le champ de l'article 14 du Pacte à celui de l'article 6 de la Convention européenne des droits de l'homme* »[1861]. Conformément à cette interprétation, la Haute juridiction administrative a jugé que « *ces stipulations ont pour objet de protéger les droits des personnes accusées d'une infraction pénale* »[1862]. Par conséquent, le requérant « *ne peut utilement s'en prévaloir à l'appui de sa contestation de l'amende fiscale mise à sa charge qui, alors même qu'elle présente le caractère d'une accusation en matière pénale, ne sanctionne pas une infraction pénale* »[1863]. Par ce considérant, le Conseil d'État refuse d'assimiler la notion d« infraction pénale » à celle « d'accusation en matière pénale » au sens de la Convention européenne des droits de l'homme. L'applicabilité de ces stipulations doit donc être cantonnée au droit pénal stricto sensu. Toute invocabilité de ces stipulations pour contester la procédure d'établissement des pénalités fiscales doit être jugée inopérante.

B. La consécration du droit de se taire et de ne pas contribuer à sa propre incrimination par la Cour européenne des droits de l'homme

721. Le droit de se taire et de ne pas contribuer à sa propre incrimination a été consacré dans une décision du 25 février 1993 en matière douanière[1864].

1860 Il résulte d'une jurisprudence constante de la Haute juridiction administrative que les stipulations du paragraphe 7 de l'article 14 du Pacte relatives au principe non bis in idem ont un effet direct : CE, sect., 9 décembre 1983, n° 54382, M. Gasparini, *Rec. CE* 1983, p. 495 ; CE, 9e et 8e ss-sect., avis, 4 avr. 1997, n° 183658, Jammet, op cit. ; CE, 9e et 10e ss-sect., 16 janvier 2006, n° 252782, Sté Edipag, *Dr fisc.* 2006, n° 19, comm. 370 ; *RJF* 4/2006, n° 447. Le même raisonnement a été implicitement retenu à propos du e du §3 de cet article qui concerne le droit d'interroger ou de faire interroger les témoins, dans un arrêt du 30 janvier 2002 : CE, 4e et 6e ss-sect., 30 janvier 2002, n° 203328, M. Ouendeno, *Rec. CE* 2002, tables p. 727. Relevant ces différentes solutions, le commissaire du gouvernement Nathalie Escaut en conclut que « *rien ne justifierait de reconnaître l'effet direct du e du paragraphe 3 mais pas celui du g du même paragraphe* » : Concl. ESCAUT N., sous CE, 8e et 3e ss-sect., 17 mars 2010, n° 309197, SARL Café de la Paix, *Dr fisc.* 2010 n°21, comm. 336.

1861 Concl. ESCAUT N., sous CE, 8e et 3e ss-sect., 17 mars 2010, n° 309197, SARL Café de la Paix, Ibidem. La conception extensive du champ d'application de l'article 6§1 résultait de la notion d'accusation en matière pénale qui est considérée comme « plus vague » que la notion « d'infraction pénale ».

1862 CE, 17 mars 2010, n° 309197, SARL Café de la Paix, op cit.

1863 Ibidem.

1864 CEDH 25 février 1993, Funke c. France, n°10588/83, op cit.

Dans cette affaire, les douanes avaient provoqué la condamnation de Madame Funke en l'obligeant, sous astreinte, à divulguer les éléments de preuves nécessaires à son inculpation. À cette occasion, les juges européens ont interprété les garanties de l'article 6 de la Convention comme incluant le droit de se taire et de ne pas contribuer à sa propre incrimination. Ils ont conclu, au cas d'espèce, que « *les particularités du droit douanier (...) ne sauraient justifier une telle atteinte au droit, pour tout « accusé » au sens autonome que l'article 6 attribue à ce terme, de se taire et de ne point contribuer à sa propre incrimination* »[1865]. Par la suite, la Cour européenne a considéré que le droit de ne pas contribuer à sa propre incrimination est une norme internationale généralement reconnue qui est « *au cœur de la notion du procès équitable* »[1866]. Bien que n'étant pas rattaché à l'article 6§2 de la Convention, la Cour considère ce droit comme « *étroitement lié au principe de la présomption d'innocence consacré à l'article 6 par. 2 de la Convention* »[1867].

722. Cette garantie a pour but de protéger de l'accusé contre une « *coercition abusive de la part des autorités, ce qui évite les erreurs judiciaires et permet d'appliquer le principe de l'égalité des armes* »[1868]. Il revient à la personne investie du pouvoir de sanction de fonder son argumentation « *sans recourir à des éléments de preuve obtenus par la contrainte ou les pressions, au mépris de la volonté de l'accusé* »[1869] même lors d'une procédure administrative non contentieuse. La sécurité et l'ordre public ne sauraient justifier la suppression de ces droits.

723. Le droit de se taire et de ne pas contribuer à sa propre incrimination n'est pas un droit absolu. En effet, s'il est manifestement incompatible avec le droit au procès équitable de fonder une condamnation exclusivement sur le silence du prévenu ou sur son refus de répondre aux questions, le droit de se taire et de ne pas contribuer à sa propre incrimination ne peut et ne saurait empêcher « *de prendre en compte le silence de l'intéressé dans des situations qui appellent assurément une explication de sa part, pour apprécier la force de persuasion des éléments à charge* »[1870]. Ce droit n'est pas absolu et doit s'analyser au vu de l'ensemble des circonstances de l'espèce[1871]. Ainsi, seules

---

[1865] Ibidem.
[1866] CEDH, 21 décembre 2000, n° 34720/97, Heaney et McGuiness c. Irlande, Recueil des arrêts et décisions 2000-XII., §40.
[1867] CEDH, 17 décembre 1996, n° 19187/91, Saunders c/ Royaume-Uni, JCP G 1997, I, 4000, chron. SUDRE F., §60.
[1868] Ibidem.
[1869] Ibidem, §68.
[1870] CEDH, gde ch., 8 février 1996, n° 18731/91, John Murray c/ Royaume-Uni, JCP G 1997, I, 4000, obs. SUDRE F., §47.
[1871] Il résulte de la décision John Murray c/ Royaume-Uni que *« pour rechercher si le fait de tirer de son silence des conclusions défavorables à l'accusé enfreint l'article 6 (art. 6), il faut tenir compte de l'ensemble des circonstances, eu égard en particulier aux cas où l'on peut*

les conclusions « *dictées par le « bon sens » sont recevables* »[1872]. En d'autres termes, « *ce n'est que si les preuves à charge appellent une explication que l'accusé devrait être en mesure de donner, que l'absence d'explication peut permettre de conclure, par un simple raisonnement de bon sens, qu'il n'existe aucune explication possible et que l'accusé est coupable* (…) *Inversement, si les arguments de l'accusation ont une valeur probante tellement faible qu'ils n'appellent pas de réponse, l'absence de réponse de la part de l'accusé ne justifie pas de conclure à sa culpabilité.* »[1873]. En outre, la Cour européenne des droits de l'homme ne sanctionne pas automatiquement toute coercition directe d'un accusé. Ainsi, dans une décision du 29 juin 2007[1874], elle a jugé que l'obligation faite aux propriétaires de véhicules photographiés en excès de vitesse de donner des informations sur la personne qui conduisait le véhicule ne portait pas atteinte à la substance même du droit de se taire et de ne pas contribuer à sa propre incrimination. Dans cette décision, l'absence d'atteinte au droit de ne pas s'auto-incriminer se justifie par « *la nature de la réglementation en cause et du caractère limité des informations sollicitées* »[1875].

II. La conciliation du droit de se taire et de ne pas contribuer à sa propre incrimination avec le système déclaratif

724. Dans un système fiscal qui repose sur un régime déclaratif, le droit de garder le silence s'avère difficilement conciliable avec la lutte contre la déperdition de la matière imposable. Le système déclaratif repose sur une présomption simple d'exactitude de la déclaration. Elle n'est donc pas absolue. L'administration fiscale dispose de la faculté de renverser la présomption d'exactitude en rapportant la preuve de l'inexactitude des éléments fournis par le contribuable dans sa déclaration. Afin d'établir la sincérité de la déclaration, le législateur a doté les services fiscaux de pouvoirs d'investigation plus ou moins contraignants, lui permettant d'obtenir des informations auprès des contribuables comme des tiers. Ont ainsi été instituées des obligations de déclaration, de comptabilité, de conservation et de production de justificatifs afin d'apprécier la sincérité des déclarations.

---

procéder à des déductions, au poids que les juridictions nationales leur ont accordé en appréciant les éléments de preuve et le degré de coercition inhérent à la situation », ibidem.

1872 Livre Vert de la Commission européenne du 24 avril 2006 sur la présomption d'innocence, COM/2006/0174 final.

1873 Ibidem.

1874 CEDH, gde ch. 29 juin 2007, n°15809/02 et 25624/02 O'Halloran et Francis c. Royaume Uni, JDI 2008, chron. 5.

1875 Concl. ESCAUT N., sous CE, 8e et 3e ss-sect., 17 mars 2010, n° 309197, SARL Café de la Paix, op cit.

Dans ce processus de recherche d'informations, la participation du contribuable s'avère indispensable tant dans la souscription de la déclaration que dans la réponse apportée aux interrogations de l'administration. Ainsi afin de pérenniser le système fiscal déclaratif, ces obligations ont parfois été accompagnées de sanctions à caractère pénal. Une interrogation légitime peut être soulevée, à savoir, si les procédures permettant de contraindre le contribuable à dévoiler des informations concernant sa situation fiscale violent le droit de se taire et de ne pas contribuer à sa propre incrimination.

725. Sur ce point, la Cour européenne des droits de l'homme a montré sa volonté de tenir compte de la spécificité du système déclaratif et de l'intérêt financier des États membres. Elle considère « *l'obligation de révéler ses revenus et son capital aux fins de la détermination de l'assiette de l'impôt et du calcul de celui-ci* »[1876] comme « *une caractéristique commune aux systèmes fiscaux des États contractants, dont il serait difficile d'envisager le fonctionnement efficace en l'absence de cette obligation* »[1877]. Ainsi, lorsqu'il lui revient de se prononcer sur l'obligation déclarative, la Cour européenne des droits de l'homme *« tient également compte de l'intérêt financier de l'État en matière fiscale, les impôts étant la principale source de revenus de ce dernier »*[1878]. Par conséquent, *« un système d'imposition se fondant principalement sur les renseignements fournis par le contribuable ne saurait fonctionner correctement sans une forme quelconque de sanction en cas de communication de renseignements incorrects ou incomplets, et le grand nombre de déclarations fiscales traité par an, joint à la nécessité d'assurer une application prévisible et uniforme de ces sanctions, impose sans nul doute d'appliquer celles-ci selon des règles standardisées* »[1879]. Si la Cour européenne des droits de l'homme considère comme indispensable l'institution de mesures coercitives dans le processus de recherche d'information, toutes les demandes d'informations ou de renseignements ne revêtent pas la même nature et ne sauraient être assimilées. Il convient de distinguer la demande initiale d'informations autrement dit « la déclaration primitive » et les demandes d'informations établies postérieurement à la souscription de la déclaration.

[1876] CEDH, 4e sect., 10 sept. 2002, n° 76574/01, Allen c/ Royaume-Uni.
[1877] Ibidem.
[1878] CEDH, 1re sect., 23 juill. 2002, n° 34619/97, Janosevic c/ Suède, op cit, pt. 103
[1879] Ibidem.

A. La déclaration primitive

726. Le droit de ne pas s'auto-incriminer ne saurait pour autant être invocable pour contester l'obligation déclarative qu'il s'agisse de la déclaration ou des documents justificatifs exigés par l'administration fiscale dans le cadre de sa mission de contrôle. En effet, il ressort de la jurisprudence de la Cour européenne des droits de l'homme que l'imposition ne revêt pas le caractère d'une sanction[1880]. Cette caractéristique a pour conséquence de l'exclure tant du champ pénal que du volet civil de l'article 6 de la Convention. En effet, il n'y a « *aucune mise en cause du contribuable. Tout au plus s'agit-il de ne pas s'en tenir à une déclaration établie sur l'honneur du signataire* »[1881]. De plus, si l'obligation déclarative est sanctionnée par le législateur, « *la sanction vise le manquement à l'obligation déclarative et non un manquement que la déclaration aurait pour objectif de révéler* »[1882]. À ce titre, la Cour européenne des droits de l'homme a jugé que le droit de ne pas s'auto-incriminer qui résulte de l'article 6§1 de la Convention « *n'interdit pas en soi le recours à des pouvoirs coercitifs pour obliger une personne à produire des informations sur sa situation financière ou sur celle d'une société dans laquelle elle a des intérêts* »[1883]. Il en résulte que « *l'obligation faite au requérant de fournir une déclaration de ses avoirs à l'administration fiscale ne soulève aucun problème sous l'angle de l'article 6, § 1, même si une sanction était attachée au défaut de déclaration* »[1884].

B. Les demandes d'informations établies postérieurement à la souscription de la déclaration

727. La situation est différente lorsque les demandes de renseignements sont établies postérieurement à l'imposition primitive. Dans ce cas de figure, il convient d'effectuer une distinction entre les demandes de renseignements concernant un tiers ou concernant le contribuable lui-même.

728. Dès lors qu'elles sont adressées à un tiers, la Haute juridiction administrative ne leur attribue pas le bénéfice du droit de se taire et de ne pas s'auto-incriminer. Dans cette hypothèse, la demande de renseignements ne vise pas à incriminer la personne à laquelle la demande est adressée, mais un

---

1880 CEDH, 5e sect., 17 mai 2016, n° 76959/11, Sté Oxygène + c/ France., op cit.

1881 AYRAULT L., « Droit fiscal européen des droits de l'homme : chronique de l'année 2012 », op cit.

1882 Ibidem.

1883 CEDH, 4e sect., 10 septembre 2002, n° 76574/01, Allen c/ Royaume-Uni, op cit.

1884 Ibidem.

tiers. Il en va ainsi du mécanisme institué à l'article 117 du Code général des impôts. Cette disposition prévoit une procédure proche du droit de communication qui permet à l'administration fiscale de contraindre une société à révéler l'identité des bénéficiaires de distributions. Ces demandes sont établies lorsqu'il apparaît qu'une société a octroyé des distributions plus importantes que ce qu'elle a déclaré avoir distribué. L'administration fiscale est alors en droit de demander à ladite société « *toutes indications complémentaires* » sur les bénéficiaires des distributions. L'absence de réponse, dans un délai de trente jours, soumet la personne concernée à l'application d'une amende prévue à l'article 1763 A du Code général des impôts qui peut s'élever à 100% des sommes versées ou distribuées.

729. La Haute juridiction administrative a rejeté l'argument tiré de la violation du droit de se taire et de ne pas s'auto-incriminer par les dispositions de l'article 1763 A du Code général des impôts dès lors qu'elles ont pour objet et pour effet *« d'inciter une personne morale passible de l'impôt sur les sociétés à révéler, à la demande de l'administration présentée sur le fondement de l'article 117 du même code, l'identité des bénéficiaires de l'excédent des distributions auxquelles elle a procédé »*[1885]. Elles n'ont pas pour conséquence d'obliger la personne morale à s'incriminer elle-même. Ces demandes ne concernent que l'identité du bénéficiaire de la distribution qui ne peut être qu'un tiers par rapport à la société susceptible de se voir infliger l'amende prévue à l'article 1763 A du Code général des impôts. Il en va ainsi même lorsque la personne morale identifie son gérant ou ses associés comme bénéficiaire dès lors qu'indépendamment des liens qui les unissent, elles restent des personnes juridiques différentes. La Haute juridiction administrative a fondé sa décision sur une distinction entre la dénonciation forcée d'un tiers et l'auto-incrimination. Ainsi, conformément aux conclusions du rapporteur public Nathalie Escaut, le Conseil d'État a jugé que ces dispositions *« ne méconnaissent pas les stipulations du 1 de l'article 6 de la convention européenne de sauvegarde des droits de l'homme et des libertés fondamentales »*[1886].

730. Un raisonnement différent doit être adopté lorsque la demande de renseignements contraignante est établie postérieurement à l'imposition primitive, mais qu'elle concerne directement la situation du contribuable. Si la Cour européenne des droits de l'homme admet que les États instituent des dispositions coercitives afin de récolter des informations auprès du contribuable, elles ne doivent pas porter atteinte au droit de se taire et de ne pas s'auto incriminer. La Cour a, au fil de ces décisions, précisé les limites de

[1885] CE, 8e et 3e ss-sect., 17 mars 2010, n° 309197, SARL Café de la Paix, op cit.
[1886] Concl. ESCAUT N., sous CE, 8e et 3e ss-sect., 17 mars 2010, n° 309197, SARL Café de la Paix, op cit.

l'exercice des pouvoirs d'investigation institués aux fins de contrôler le respect des obligations juridiques par le justiciable. Le droit de se taire et de ne pas contribuer à sa propre incrimination constitue, selon la Cour, « *une protection non pas contre la tenue de propos incriminants en tant que telle, mais* (…) *contre l'obtention de preuves par la coercition ou l'oppression* »[1887]. À ce jour, les juges européens ont systématisé trois situations dans lesquelles, la coercition juridique viole le droit de se taire et de ne pas contribuer à sa propre incrimination. Il peut s'agir de la menace de subir une sanction lorsqu'un suspect ne témoigne pas ou de la punition qui résulte du refus de le faire[1888], des pressions physiques ou psychologiques exercées sur l'accusé pour obtenir des aveux[1889] et du recours à un subterfuge par les autorités pour extorquer des informations non obtenues lors d'un interrogatoire[1890]. Or, en matière fiscale, afin de ne pas « neutraliser » l'action de l'administration, certaines demandes de renseignements adressées au contribuable s'accompagnent de la menace de l'infliction d'une sanction punitive en cas d'absence de réponse.

731. La Cour européenne des droits de l'homme a eu l'occasion de se positionner sur cette hypothèse dans une décision du 5 avril 2012[1891]. En l'espèce, monsieur Chambaz a fait l'objet de redressements fiscaux à la suite du constat par la Commission des impôts d'une disproportion entre les revenus déclarés et l'évolution de sa fortune. À la suite du dépôt de deux réclamations par le contribuable, la Commission d'impôt lui a adressé une demande de produire plusieurs documents relatifs à ces relations d'affaires avec plusieurs sociétés. À la suite du refus de monsieur Chambaz de produire ces documents, l'administration fiscale lui a infligé une amende. La Cour européenne des droits de l'homme a considéré que ces amendes constituent une « *pression* »[1892] exercée par les autorités fiscales sur le contribuable afin qu'il lui *« soumette des documents qui auraient fourni des informations sur son*

1887 CEDH, 13 septembre 2016, n° 50541/08, 50571/08, 50573/08 et 40351/09 Ibrahim et autre c/ Royaume Uni, *D.* 2016. 1862, obs. DE PRESSE C, *RSC* 2017 p.130, note MARGUENAUD J-P, §267.

1888 CEDH, 5e sect., 5 avril 2012, n° 11663/04, Chambaz c/ Suisse, *JCP G* 2012, 924, obs. SUDRE F. ; AYRAULT L., « Droit fiscal européen des droits de l'homme : chronique de l'année 2012 », op cit., KONING F. « Cour eur. D.H., Chambaz contre Suisse, 5 avril 2012. Prohibition de l'auto-incrimination en matière fiscale et égalité des armes », *RGCF*, novembre 2016, p. 403-417. ; MUYSHONDT N., « Quels sont les renseignements dépendant de la volonté ? », *Le Fiscologue*, n° 1302, 2012, p. 6 et s. ; SANZ DIAZ PALACIOS J.A., « Le droit du contribuable de ne pas contribuer à sa propre incrimination dans l'affaire Chambaz contre Suisse (commentaire de l'arrêt de la Cour eur. D.H. du 5 avril 2012) », *RGCF*, nov. 2016, p. 419-425.

1889 CEDH, 11 juillet 2006, n° 54810/00 Jalloh c/ Allemagne, CEDH 2006-IX, *JDI* 2007, chron. 5.

1890 CEDH, 5 novembre 2002, n° 48539/99, Allan C/ Royaume Uni, CEDH 2002-IX.

1891 CEDH, 5e sect., 5 avril 2012, n° 11663/04, Chambaz c/ Suisse, op cit.

1892 Ibidem, §53

revenu et sa fortune en vue de son imposition, plus particulièrement en ce qui concerne ses comptes auprès de la Banque S »[1893]. Or, sur ce point, la Cour observe que le requérant « *ne pouvait exclure que toute information relative à des revenus supplémentaires de sources non imposées l'exposait à être accusé d'avoir commis l'infraction de soustraction d'impôt et était de nature à compromettre sa position dans l'enquête pour soustraction d'impôts* »[1894]. La demande de renseignements est ici analysée comme « *une contrainte juridique* » exercée sur le contribuable afin qu'il produise les éléments de preuve de nature à caractériser l'accusation en matière pénale. La violation du droit de se taire et de ne pas contribuer à sa propre incrimination est ainsi caractérisée. Cette solution « *semble étendre la notion d'auto-incrimination à « l'obligation de produire des informations fiscales dans le cadre de l'appréciation par l'État des obligations fiscales d'une personne »*[1895].

732. Cette solution pourrait avoir des conséquences sur certains dispositifs fiscaux qui instaurent une coercition juridique aux fins de recueillir des informations sur la situation fiscale des contribuables. Certaines demandes de renseignements sont accompagnées de sanctions qualifiées d'accusations en matière pénale. Il en va ainsi en ce qui concerne le droit de communication qui permet à l'administration fiscale de recueillir des justificatifs ou des éclaircissements relatifs aux déclarations souscrites. Cette obligation s'accompagne de la menace d'une amende de 10 000 €. Une amende égale à 1 500 € est applicable, pour chaque document, sans que le total des amendes puisse être supérieur à 50 000 €, en cas d'opposition à la prise de copie mentionnée à l'article L. 13 F du Livre des procédures fiscales. Il en va de même en ce qui concerne le droit de communication de l'administration fiscale auprès des concepteurs et éditeurs de logiciels de comptabilité ou de caisse, fondé sur les articles L. 96 J et L. 102 D du Livre des procédures fiscales. Ces obligations fiscales entraînent l'application d'une amende égale à 10 000 € par logiciel, application ou système de caisse vendus ou par client pour lequel une prestation a été réalisée dans l'année. Enfin, en matière de prix de transfert, l'administration fiscale peut adresser des demandes d'informations et de documents sur le fondement des articles L. 13 AA et L. 13 AB du Livre des procédures fiscales. Ces dispositions instaurent à la charge de certaines personnes morales[1896], une obligation de tenir à disposition de

[1893] Ibidem.
[1894] Ibidem, §54
[1895] SUDRE F., note sous CEDH, 5e sect., 5 avr. 2012, n° 11663/04, Chambaz c/ Suisse, *JCP G* 2012, 924.
[1896] Il s'agit des personnes morales qui relèvent de la compétence de la direction des grandes entreprises au sens de l'article 344-0 A de l'annexe II du Code général des impôts mais aussi aux filiales et établissements de groupes étrangers qui satisfont aux mêmes critères. L'article L. 13 AB du Livre des procédures fiscales complète cette obligation lorsque les transactions

l'administration, une documentation permettant de justifier la politique de prix de transfert. Le défaut de réponse et la réponse partielle à ces demandes, sont sanctionnés par une amende pouvant atteindre, en fonction de la gravité du manquement, 0,5 % du montant des transactions concernées par les documents ou compléments qui n'ont pas été mis à disposition de l'administration après mise en demeure et 5 % des rectifications du résultat fondées sur l'article 57 du Code général des impôts et afférentes aux transactions concernées par les documents ou compléments qui n'ont pas été mis à disposition de l'administration après mise en demeure.

733. Ces dispositions peuvent être interprétées à la lumière de la jurisprudence de la Cour européenne des droits de l'homme comme « une menace de subir une sanction » en cas de refus de communiquer des informations relatives à la déclaration ou celles relatives à la politique des prix de transfert. En revanche, les demandes d'éclaircissements et de justifications fondées sur les dispositions de l'article L. 16 du Livre des procédures fiscales ne sauraient être inquiétées par la jurisprudence européenne. En effet, la menace réside dans la mise en œuvre de la procédure de taxation d'office[1897] et non dans l'infliction d'une sanction punitive.

734. Le développement de la jurisprudence de la Cour européenne des droits de l'homme relative au droit de se taire et de ne pas contribuer à sa propre incrimination constitue une avancée en faveur de la protection des droits du contribuable tout en respectant l'intérêt financier des États. Comme le résume, Lida Achtari, Avocate au barreau de Bruxelles, la jurisprudence de la Cour européenne des droits de l'homme instaure *« un juste équilibre entre l'obligation pour l'État d'assurer une juste perception de l'impôt et la garantie pour le contribuable de voir respecter ses droits fondamentaux. L'Administration dispose, dès lors, de larges pouvoirs d'investigation, et le contribuable est tenu de collaborer, notamment, en répondant aux questions qui lui sont posées. Toutefois, le droit à un procès équitable est une notion fondamentale dans une société démocratique et l'on ne voit pas pourquoi, en matière fiscale, un contribuable devrait se voir contraint de collaborer à sa propre incrimination »*[1898].

---

sont réalisées avec des entités liées situées ou constituées dans les États ou territoires non coopératifs.

1897 Article L. 69 du Livre des procédures fiscales.

1898 ACHTARI L., « Procès équitable : le contribuable aussi a le droit de se taire ! - Questions à Lida Achtari, Avocate au barreau de Bruxelles, Association d'avocats Afschrift », *Lexbase Hebdo édition fiscale* n°493 du 12 juillet 2012.

Sous-section 3 : La protection renforcée de la présomption d'innocence a postériori

735. La portée de l'article 6§2 de la Convention a été élargie par la jurisprudence de la Cour européenne des droits de l'homme au-delà de son acception traditionnelle. Le principe de la présomption d'innocence ne se limite pas à une garantie de procédure en matière pénale, mais sa portée doit être élargie dès lors qu'il « *favorise en même temps le respect de l'honneur et de la dignité de la personne poursuivie* »[1899] mais également « *la réputation de l'intéressé et la manière dont celui-ci est perçu par le public* »[1900]. La Cour a progressivement tiré de l'article 6§2 de la Convention l'obligation de « *faire respecter dans toute procédure ultérieure un acquittement ou une décision d'abandon des poursuites* »[1901].

736. À côté de la conception classique de la présomption d'innocence, la Cour européenne des droits de l'homme, a étendu ce droit à la protection du justiciable a postériori. Pour les juges européens, « *son but général, dans le cadre de ce second volet, est d'empêcher que des individus qui ont bénéficié d'un acquittement ou d'un abandon des poursuites soient traités par des agents ou autorités publics comme s'ils étaient coupables de l'infraction qui leur avait été imputée* »[1902]. Il en découle, selon l'arrêt Allen c/ Royaume-Uni[1903], que, sous réserve pour l'intéressé d'établir que les deux actions sont liées, « *la présomption d'innocence signifie que si une accusation en matière pénale a été portée et que les poursuites ont abouti à un acquittement [ou à une relaxe], la personne ayant fait l'objet de ces poursuites est considérée comme innocente au regard de la loi et doit être traitée comme telle* »[1904]. La Cour européenne considère qu'après « *l'abandon de poursuites pénales, la présomption d'innocence exige de tenir compte, dans toute procédure ultérieure, de quelque nature qu'elle soit, du fait que l'intéressé n'a pas été condamné* »[1905] et que « *le dispositif d'un jugement d'acquittement doit être respecté par toute autorité qui se prononce, de manière directe ou incidente,*

[1899] CEDH 24 mai 2011, Konstas c/ Grèce, n° 53466/07, op cit, § 32.

[1900] CEDH, gr. ch., 12 juillet 2013, Allen c/ Royaume-Uni, n° 25424/09, § 94. V. SUDRE F., « Droit de la Convention européenne des droits de l'homme », *JCP G* 2014, doctr. 78, n° 10. ; CEDH 23 juillet 2013, Ürfi Cetinkaya c/ Turquie, n° 19866/04, § 147-150. ; CEDH 12 novembre 2015, El Kaada c/ Allemagne, n° 19866/04, § 42 ; CEDH 28 mars 2017, Kemal Coşkun c/ Turquie, n° 45028/07, § 42.

[1901] CEDH, 1re sect., 30 avril 2015, n° 3453/12, n° 42941/12 et n° 9028/13, Kapetanios et a. c/ Grèce, *JCP G* 2015, 596, zoom SUDRE F. Sudre ; *AJP* 2015, 367, note MAURO C., pt. 83.

[1902] Ibidem.

[1903] CEDH, gde ch., 12 juillet 2013, n° 25424/09, Allen c/ Royaume-Uni, pt 94, op cit.

[1904] Ibidem.

[1905] CEDH 14 janvier 2010, Vanjak c/ Croatie, n° 29889/04.

sur la responsabilité pénale de l'intéressé »[1906]. Par conséquent, lorsqu'elle se prononce sur une sanction de nature pénale au sens de la Convention, l'autorité administrative doit considérer que la personne relaxée ou acquittée pour les mêmes faits au pénal est innocente.

737. L'élargissement de la portée de ce principe présente un intérêt pour la protection du justiciable lorsqu'il est soumis à deux voies de répression. C'est particulièrement le cas en matière fiscale où coexistent deux voies de répression, administrative et pénale. La Cour européenne des droits de l'homme a, dans un premier temps, fondé l'interdiction du cumul des sanctions fiscales et pénales sur l'article 4 du Protocole additionnel à la Convention européenne des droits de l'homme lequel dispose que « *nul ne peut être poursuivi ou puni pénalement par les juridictions du même État en raison d'une infraction pour laquelle il a déjà été acquitté ou condamné par un jugement définitif conformément à la loi et à la procédure pénale de cet État.* »[1907]. Toutefois, cet ensemble normatif n'a jamais été appliqué en France. Lors de la ratification du Protocole, le gouvernement a émis une réserve qui rend ce principe inapplicable au cumul des sanctions fiscales et pénales. Par conséquent, « *cette réserve contribue ainsi à protéger l'architecture française de la répression fiscale* »[1908].

738. Sans les confondre, mais dans la même logique, la Cour a changé de fondement juridique pour prendre en compte les décisions définitives d'acquittement. C'est ainsi, sur le fondement de l'article 6 de la Convention que les juges européens ont progressivement interdit qu'un contribuable qui a obtenu gain de cause devant le juge fiscal puisse être condamné par le juge pénal pour les mêmes faits et inversement.

739. Les prémisses du raisonnement de la Cour résultent d'une décision du 21 octobre 2014, Lungu c/ Roumanie[1909]. Les juges européens ont eu l'occasion de se prononcer sur les divergences de qualification juridique ayant donné lieu à une décharge du juge de l'impôt et une condamnation du juge pénal. Dans cette espèce, une société roumaine de reconditionnement et de transformation de pneus avait considéré que son activité ouvrait droit à un régime fiscal de faveur. Le juge de l'impôt a confirmé cette position. Or, le

---

[1906] CEDH 27 septembre 2007, Vassilios Stavropoulos c/ Grèce, 35522/04, *Recueil des arrêts et décisions* 2007-I, § 39

[1907] Article 4 du protocole additionnel à la Convention européenne des droits de l'homme.

[1908] LEPOUTRE J., « Validité des réserves françaises au principe non bis in idem : le juge administratif attendra la Cour de Strasbourg -. - À propos de CE, ass., 12 oct. 2018, SARL Super Coiffeur », *Dr fisc.* n° 46, 15 Novembre 2018, act. 490.

[1909] CEDH, 3e sect., 21 octobre 2014, n° 25129/06, Lungu et a. c/ Roumanie, *RJF* 1/2015, n° 90. V. également : AYRAULT L., « Droit fiscal européen des droits de l'homme, chronique de l'année 2014 », *Dr fisc.* 2015, n°9, comm. 180.

juge pénal, amené à se prononcer dans le cadre d'un recours pour fraude fiscale, a considéré que le procédé utilisé par la société était constitutif d'une fraude fiscale et a condamné son associé à un an de prison avec sursis. Le litige a été porté devant la Cour européenne des droits de l'homme sur le fondement de l'article 6§1 de la Convention, en ce qu'il impose le respect du principe de sécurité juridique et de prééminence du droit. Les juges européens ont conclu à l'unanimité à la violation dudit article. Ils ont considéré que « *la procédure fiscale et celle pénale portaient sur la même question déterminante pour leur issue, à savoir la qualification juridique des mêmes opérations de transformation et de revente des pneus* »[1910]. Ainsi, le fait que les experts aient eu des points de vue différents ne saurait être de nature à porter atteinte au principe de sécurité juridique en l'absence de « *motifs substantiels et impérieux* »[1911]. Cette décision présente un intérêt dès lors qu'elle reconnaît l'opposabilité des décisions de justice définitive au sein d'une autre instance alors même qu'il n'y a ni identité de partie ni identité d'objet dans les deux procédures.

740. Comme l'a relevé le professeur Ludovic Ayrault, « *la décision présente un intérêt évident en France en ce qu'elle exclut, à peine de condamnation de la France, toute divergence d'appréciation entre le juge pénal et le juge civil quant aux faits, y compris leur qualification juridique, à partir du moment où une décision devient définitive* »[1912]. Ainsi, « *un contribuable obtenant gain de cause au fond devant le juge fiscal ne peut donc pas être condamné au pénal pour les mêmes faits une fois la décision du juge fiscal devenue définitive. Et réciproquement* »[1913]. La Cour européenne des droits de l'homme a poursuivi cette analyse proche du principe non bis in idem dans une décision du 30 avril 2015[1914]. En l'espèce, les éléments constitutifs de l'infraction étaient identiques dans les procédures mises en œuvre à l'encontre du justiciable. Elles donnaient lieu à un acquittement et ultérieurement à une condamnation. La Cour s'est fondée sur l'article 6§2 de la Convention, élargissant ainsi la portée du principe de présomption d'innocence à la protection a postériori du justiciable.

741. Dans les trois espèces, qui ont donné lieu à la présente décision, les requérants avaient été acquittés par le juge pénal des faits de contrebande et postérieurement poursuivis et condamnés par l'autorité disciplinaire pour les mêmes faits. La Cour a relevé que tant les juridictions du fond que le Conseil

---

[1910] Ibidem., §40.
[1911] Ibidem., §43.
[1912] AYRAULT L., « Droit fiscal européen des droits de l'homme, chronique de l'année 2014 », op cit.
[1913] Ibidem.
[1914] CEDH, 1re sect., 30 avril 2015, n° 3453/12, n° 42941/12 et n° 9028/13, Kapetanios et a. c/ Grèce, *JCP G* 2015, 596, zoom SUDRE F., *AJP* 2015, 367, note MAURO C.

d'État ont considéré que les requérants avaient commis les mêmes infractions de contrebande pour lesquelles ils avaient précédemment été acquittés par les juridictions pénales. Or, selon les juges, « *étant donné l'identité de la nature des deux séries de procédures en cause, des faits litigieux et des éléments constitutifs des infractions concernées* »[1915], la conclusion des juridictions administratives a méconnu le principe de la présomption d'innocence. La violation de l'article 6 § 2 de la Convention est alléguée. Il en résulte qu'une autorité administrative ne peut infliger une sanction de nature punitive lorsqu'une décision définitive du juge pénal a acquitté le requérant dès lors que les faits imputés et les éléments constitutifs des infractions sont les mêmes, sous peine de violer le principe de la présomption d'innocence qui résulte du §2 de l'article 6 de la Convention.

742. Le principe de la présomption d'innocence ne joue que lorsqu'il y a une identité d'infraction. Ainsi, une autorité administrative investie d'un pouvoir disciplinaire peut sanctionner les faits reprochés à un agent public suite à son acquittement au pénal[1916], dès lors que la procédure disciplinaire présente une certaine autonomie par rapport à la procédure pénale[1917]. Il en va ainsi notamment lorsque la décision de la juridiction administrative ne renferme pas une déclaration imputant une responsabilité pénale au requérant[1918].

743. La portée de cette décision a été dégagée par le professeur Ludovic Ayrault. Selon lui, « *loin de considérer, du moins en l'état de la jurisprudence, que le droit à la présomption d'innocence peut remplacer l'article 4 du protocole n° 7 en présence d'une décision favorable devenue définitive clôturant la première procédure répressive, cet arrêt met en évidence l'intérêt du moyen lorsque les deux procédures répressives mises en œuvre présentent une identité de nature (pénale au sens de l'article 6, 1 de la Convention EDH), de faits et d'éléments constitutifs des infractions* »[1919]. Le principe de la présomption d'innocence produit des effets « *moins radicaux* »[1920], que le principe non bis in idem. Si l'on peut considérer que le droit à la présomption d'innocence « *produit le même effet que le principe non*

[1915] Ibidem, § 88.
[1916] CEDH, 13 septembre 2007, n° 27521/04, Moullet c/ France.
[1917] Il en va ainsi des conditions de sa mise en œuvre et de son objectif non répressif : CEDH 23 août 2011, n° 53372/07, Vagenas c. Grèce.
[1918] CEDH, 14 janvier 2010, n°29889/04, Vanjak c. Croatie, § 69-72, CEDH 27 septembre 2011, n°23272/07, Hrdalo C/ Croatie.
[1919] AYRAULT L., « Droit fiscal européen des droits de l'homme - Droit fiscal européen des droits de l'homme : chronique de l'année 2015 », op cit.
[1920] GUTNAMM D., « La portée de l'article 6 de la Convention européenne des droits de l'homme en matière fiscale », op cit.

bis in idem »[1921] en ce qui concerne le cumul des peines, ce principe ne permet que de protéger la personne innocente et non la personne déjà condamnée par une décision dotée de l'autorité de la chose jugée. Or, le principe non bis in idem interdit une nouvelle condamnation, mais aussi de nouvelles poursuites.

744. En guise de conclusion, on peut se rapporter aux propos du professeur Cristina Mauro selon lesquels, « *les secousses causées par la jurisprudence européenne en matière de doubles poursuites ne sont donc pas finies, elles ont juste changé d'origine : elles viennent désormais de l'article 6 §2 de la Convention !* »[1922].

745. Si la jurisprudence en matière fiscale a évolué en faveur de la reconnaissance de l'applicabilité du principe de la présomption d'innocence, son application aux sanctions fiscales répressives conserve encore à l'heure actuelle certaines lacunes. Elles sont toutefois atténuées par « *la juridictionnalisation de la procédure non contentieuse* »[1923] et plus particulièrement par l'obligation faite à l'administration de respecter les droits de la défense avant toute condamnation. En d'autres termes, l'application relative du principe de la présomption d'innocence « *est comblée par une autre garantie procédurale* »[1924].

Section 2 : L'application souple des principes directeurs garantissant l'équité du procès

746. La notion d'équité est comprise, selon une conception étroite, comme « *l'ensemble des principes fondamentaux tendant à ce que chaque partie soit mise en mesure d'exercer effectivement ses droits et de faire valoir utilement ses arguments sans que soit abusivement favorisée l'une d'entre elles ou l'accusation* »[1925].

747. Cette conception fait écho, d'une part, à l'exigence du procès équitable[1926], laquelle implique, le respect de deux principes fondamentaux, à savoir, le contradictoire et l'équilibre des droits des parties. Ces deux garanties

---

1921 AYRAULT L., « Droit fiscal européen des droits de l'homme - Droit fiscal européen des droits de l'homme : chronique de l'année 2015 », op cit.
1922 MAURO C., « La Cour européenne des droits de l'homme revient sur la question de l'autorité de la chose jugée au pénal sur l'administratif », *AJ Pénal* 2015 p.367.
1923 DELLIS G., « Droit pénal et droit administratif, l'influence du droit pénal sur le droit administratif répressif », op cit., p.
1924 Ibidem.
1925 DESPORTES F., LAZERGES-COUSQUER L., *Traité de procédure pénale*, op cit. p.323.
1926 Fondée sur l'article 6 de la Convention européenne des droits de l'homme.

sont considérées comme « *les composantes essentielles de l'équité du procès* »[1927]. Toutefois, l'équité de la procédure ne peut être assurée qu' « *à la condition que soient respectés les droits de la défense* »[1928]. Considérées comme « *les garanties indispensables à l'équité du procès* »[1929], elles se révèlent principalement dans la phase juridictionnelle. Le droit au procès équitable se présente ainsi comme un droit « *propre au justiciable* »[1930]. Cette affirmation est illustrée par les termes mêmes de l'article 6 de la Convention, lesquels visent à assurer « *un procès équitable* » devant un « *tribunal* » compétent pour décider « *du bien-fondé de l'accusation* ». Toutefois, l'appréciation de l'équité de la procédure ne se limite pas à la procédure contentieuse suivie devant les juridictions. La Cour européenne lorsqu'elle se prononce sur la notion d'équité, prend en considération l'ensemble de la procédure y compris les phases avant procès. C'est donc à l'aune d'un contrôle global et concret qu'elle détermine l'équité du procès. Ainsi, certains vices intervenus lors de la phase préalable au procès peuvent être jugés comme violant les garanties de l'article 6 de la Convention s'ils emportent des conséquences irrémédiables pour la poursuite du procès pénal. Cette interprétation de l'équité du procès a été relayée, en droit interne, par la Haute juridiction administrative.

748. L'équité du procès fait d'écho, d'autre part, au principe des droits de la défense tel qu'il résulte des sources internes. Considéré dans un premier comme un principe fondamental reconnu par les lois de la République[1931], le Conseil constitutionnel le rattache désormais à l'article 16 de la Déclaration[1932]. Il a précisé que l'obligation du respect des droits de la défense en matière fiscale s'impose à l'autorité administrative sans qu'il soit besoin, pour le législateur d'en rappeler l'existence[1933]. La jurisprudence du Conseil constitutionnel a été à l'origine d'une profonde évolution de la procédure de sanction fiscale au profit du contribuable. Les deux garanties fondamentales des droits de la défense, à savoir, l'exigence de motivation des décisions prononçant une pénalité et la possibilité de présenter des observations à l'administration, sont désormais consacrées par la loi et contrôlées par le juge de l'impôt. Le Conseil constitutionnel n'est pas allé jusqu'à imposer la

---

[1927] DESPORTES F., LAZERGES-COUSQUER L., *Traité de procédure pénale*, op cit., p. 324.
[1928] Ibidem.
[1929] MILANO L., « Le droit à un tribunal au sens de la Convention européenne des droits de l'homme », *Dalloz*, Nouvelle bibliothèque de thèse, 2006, p. 511.
[1930] Ibidem, p.509
[1931] C.C., 23 janvier 1987, n°87-224 DC, op cit.
[1932] En matière pénale : C.C., 2 décembre 1976, n° 76-70 DC, *JO* du 7 décembre 1976, p. 7052 ; comme en matière administrative : C.C., 20 juillet 1977, n° 77-83 DC, *JO* du 22 juillet 1977, p. 3885.
[1933] C.C., 30 mars 2006, n°2006-535 DC, *JO* n°79 du 2 avril 2006 p. 4964, texte n° 2.

poursuite d'une procédure contradictoire en matière de sanctions fiscales, ce qui réduit la portée du principe des droits de la défense.

Sous-section 1 : L'application indirecte des exigences conventionnelles relative à l'équité du procès

749. Les garanties de l'article 6 de la Convention européenne des droits de l'homme ne s'appliquent pas à l'autorité administrative dotée du pouvoir de sanction dans la mesure où sa décision est susceptible d'être déférée à une juridiction présentant toutes les garanties du procès équitable. Par conséquent, l'administration fiscale n'est pas tenue de respecter en tant que telles, les exigences du procès équitable. Toutefois, l'article 6 a des implications « *bien qu'indirectes* »[1934] dans la phase préalable à l'infliction de la sanction. L'article 6 de la Convention européenne des droits de l'homme doit servir de guide à l'administration fiscale et permettre au contribuable de prétendre à un procès équitable dans son ensemble. Consacrée par la Cour européenne des droits de l'homme, la méthode d'analyse de l'équité du procès qui repose sur une appréciation globale et concrète de la procédure a été reprise par la Haute juridiction administrative. Ainsi au fil de la jurisprudence du Conseil d'État, se sont imposées certaines exigences du procès équitable et plus particulièrement celles liées aux droits de la défense.

I. L'approche globale et concrète de l'équité de la procédure par la Cour européenne des droits de l'homme

750. Lorsqu'elle se prononce sur l'équité du procès, la Cour européenne des droits de l'homme procède à un contrôle global et concret de l'ensemble de la procédure. Ce qui l'amène à prendre en considération la phase avant procès. Ainsi, la Cour européenne des droits de l'homme admet que « *des impératifs de souplesse et d'efficacité* »[1935], sont de nature à justifier l'intervention préalable d'organes[1936] qui ne satisfont pas aux exigences de l'article 6 de la Convention, dès lors que les décisions subissent le contrôle ultérieur d'un organe de pleine juridiction, présentant lui les garanties de cet article. À cet égard, la Cour européenne des droits de l'homme a considéré,

---

[1934] RENDERS D., JOASSART M., PIJCKE G., PIRET F., « le régime juridique de la sanction administrative », in Les sanctions administratives, Centre d'études constitutionnelles et administratives, *Bruylant Bruxelles*, 2007, p. 196.

[1935] CEDH, 23 juin 1981, n°6878/75, Le compte Van leuven de Meyere c/ Belgique, op cit, §51.

[1936] La Cour européenne des droits de l'homme a précisé qu'il pouvait s'agir d'organes administratifs ou corporatifs, et a fortiori d'organes juridictionnels, ibidem.

s'agissant de l'égalité des armes qui constitue une condition de réalisation de l'équité de la procédure, qu'elle devait s'appliquer à l'ensemble de la procédure y compris à la phase d'instruction[1937]. Elle a précisé que cette garantie devait être appréciée à l'aune d'un contrôle global de la procédure équitable[1938]. Il en va de même de l'exigence du contradictoire qui s'impose à toute les phases de la procédure, y compris à la phase avant procès, dans la mesure où elle exerce une influence prépondérante sur la décision du juge[1939]. Cette analyse « se double d'une analyse in concreto » qui l'amène à prendre en considération les circonstances particulières de l'espèce[1940]. La Cour européenne des droits de l'homme, qui se prononce nécessairement après épuisement des voies de recours internes, est en mesure d'examiner l'ensemble de la procédure. Elle peut, par conséquent, apprécier l'incidence qu'une irrégularité commise en amont a pu exercer sur la phase avant procès.

751. Afin d'apprécier l'équité de la procédure, la Cour européenne des droits de l'homme a, dans un premier temps, utilisé le critère de l'atteinte irrémédiable à l'équité du procès. Ce critère a été dégagé dans la décision Imbroscia c/ Suisse[1941]. Les juges de Strasbourg avaient alors précisé que les exigences de l'article 6 « *et notamment de son paragraphe 3 (art. 6-3), peuvent-elles aussi jouer un rôle avant la saisine du juge du fond si et dans la mesure où leur inobservation initiale risque de compromettre gravement le caractère équitable du procès* »[1942]. La Cour européenne des droits de l'homme analyse l'équité de la procédure à l'aune d'un contrôle concret qui l'amène à tenir compte des circonstances particulières de l'affaire. Ainsi, un manquement important qui emporte des conséquences irrémédiables pour le procès viole le droit au procès équitable, quel que soit le stade de la procédure[1943]. Elle procède à une appréciation casuistique de l'équité de la procédure. Selon elle, « *les modalités d'application de (l'article 6) durant l'instruction dépendent des particularités de la procédure et des circonstances de la cause. [...] Il s'agit de savoir dans chaque cas si, à la lumière de l'ensemble de la procédure, la restriction a privé l'accusé d'un procès équitable* »[1944]. Cette décision a été à l'origine d'une jurisprudence protectrice des droits de la défense. Elle a permis de conclure à la violation du droit à l'assistance d'un avocat lors des interrogatoires de police, dès lors que

---

1937 CEDH, 30 mars 1989, n°10444/83, Lamy c/ Belgique, , A 151, §37.
1938 CEDH, 19 décembre 1997, n°20772/92, Helle c/ Finlande, , *Rec.* 1997-VIII, §53-54.
1939 CEDH, 18 mars 1997, n°21497/93, Mantovanelli c/ France, *Rec.* 1997-II, §§ 33-36, *JCP G*, 1998, I, 107, p.180 chron. SUDRE F.
1940 CEDH, 24 novembre 1993, n° 13972/88, Imbroscia C/ Suisse, op cit.
1941 Ibidem.
1942 Ibidem, §36.
1943 Ibidem, § 38.
1944 Ibidem.

l'absence de cette garantie, au cours de la phase préalable au procès, constituait une atteinte non compensable à la suite de la procédure[1945].

752. Cette méthode, favorable à la promotion de l'équité du procès, a subi quelques aménagements. La Cour européenne des droits de l'homme semble désormais privilégier le critère de l'équité globale de la procédure. Un premier pas a été franchi par la décision Ibrahim C/ Royaume-Uni du 13 septembre 2016. Les juges de Strasbourg ont précisé que « *le respect des exigences du procès équitable s'apprécie au cas par cas à l'aune de la conduite de la procédure dans son ensemble et non en se fondant sur l'examen isolé de tel ou tel point ou incident, bien que l'on ne puisse exclure qu'un élément déterminé soit à ce point décisif qu'il permette de juger de l'équité du procès à un stade précoce* »[1946]. La Cour précise que pour apprécier l'équité globale d'un procès, elle peut prendre en compte « *les droits minimaux énumérés à l'article 6 § 3* »[1947]. Ces droits minimaux ne sont, selon la Cour, « *pas des fins en soi* »[1948] dès lors que « *leur but intrinsèque est toujours de contribuer à préserver l'équité de la procédure pénale dans son ensemble* »[1949]. Par cette décision, la Cour procède à une « *modification subreptice des paramètres de l'analyse du juge européen* »[1950].

753. Cette solution a été confirmée par la Cour européenne des droits de l'homme dans une décision du 18 décembre 2018[1951]. Par une formule inédite, la Cour a estimé que préserver l'équité globale constitue un « *point de référence définitif dans l'analyse d'un procès* »[1952]. La Cour confirme ainsi la substitution du critère de l'atteinte irrémédiable à l'équité du procès par celui de l'équité globale. Ce critère « *n'a pourtant aucun contenu précis et octroie aux États une marge d'appréciation importante dont il sera bien difficile pour le juge européen, s'il tel était sa volonté, de fixer les bornes* »[1953].

1945 CEDH, gr. ch., 27 novembre 2008, n° 36391/02, Salduz c/ Turquie, *JCP G* 2009, I, 104, § 7, obs. SUDRE F., *GACEDH* 2008, n° 37.
1946 Can c. Autriche, n° 9300/81, rapport de la Commission du 12 juillet 1984, § 48, série A no 96.
1947 CEDH, gr. ch., 13 septembre 2016, n° 50541/08, 50571/08, 50573/08 et 40351/09 Ibrahim et autres c/ Royaume-Uni, *D.* 2016. 1862, obs. DE PRESSE C, *RSC* 2017 p.130, note MARGUENAUD J-P.§ 251.
1948 Ibidem
1949 Ibidem.
1950 MILANO L., « Droits de la défense - Le critère de « l'équité globale du procès », un critère régressif », JCP G., 2019, Générale n° 9-10, comm. 253.
1951 CEDH, gr. ch., 18 décembre 2018, n° 36658/05, Murtazaliyeva c/ Russie, *JCP G* 2019, 253, note L. Milano.
1952 Ibidem., §168.
1953 MILANO L., « Droits de la défense - Le critère de « l'équité globale du procès », un critère régressif », op cit.

754. Par ces deux décisions, la Cour semble définitivement abandonner le critère de l'atteinte irrémédiable au procès équitable en le substituant au critère de l'équité globale. Or, ce critère considéré comme « *régressif* »[1954] semble difficilement conciliable « *avec une protection effective des droits de l'accusé* »[1955].

II. L'influence de la méthode d'analyse de l'équité du procès dans la jurisprudence du Conseil d'État

755. Pendant longtemps, l'article 6§1 de la Convention, n'était invocable que pour contester la procédure suivie devant les juridictions[1956]. Suivant le raisonnement du Conseil d'État, « *l'article 6 précité n'énonce, y compris dans son paragraphe 2, aucune règle ou aucun principe dont le champ d'application s'étendrait au-delà des procédures contentieuses suivies devant les juridictions, et qui gouvernerait l'élaboration ou le prononcé de sanctions, quelle que soit la nature de celles-ci, par les autorités administratives qui en sont chargées par la loi* »[1957]. Ainsi, le juge administratif considérait que sa violation ne pouvait être utilement invoquée pour contester la procédure administrative préalable[1958], et ce, quel que soit le paragraphe. Par conséquent, le contribuable ne pouvait invoquer la violation des droits de la défense, à l'appui d'une contestation relative aux pénalités fiscales, en arguant l'irrégularité commise lors de leur procédure d'établissement. Toutefois, sous l'influence de la Cour européenne des droits de l'homme, la Haute juridiction administrative a accepté de contrôler les implications des exigences du procès équitable lors de la phase avant procès.

A. L'application indirecte des garanties du procès équitable à la phase précontentieuse

756. La Haute juridiction administrative a, dans un premier temps, procédé à un revirement de sa jurisprudence traditionnelle en jugeant applicables, à la phase précontentieuse, les dispositions du §2 de l'article 6 de la Convention

[1954] Ibidem.
[1955] Ibidem.
[1956] CE, avis, 31 mars 1995, n° 164008, Auto Industrie Méric, op cit.
[1957] Ibidem.
[1958] CAA de Paris, 24 juin 1997, n° 95PA00045, M. Barali, *Dr fisc.* 1998, n°20, comm. 459 ; CAA de Bordeaux, 14 octobre 1997, n° 95BX01358, SARL Bal's, *Dr fisc.* 1998, n°46, comm. 1038 ; CE 27 mars 2000, 187 703, SARL Maurel et Fils, *Dr fisc.* 2000, n°49, comm. 985. Concl. ARRIGHI DE CASANOVA J.

européenne des droits de l'homme. À l'occasion d'un recours portant sur la conventionnalité de la pénalité prévue à l'article 1759 du Code général des impôts[1959], la Haute juridiction administrative a, conformément aux conclusions du commissaire du gouvernement Laurent Vallée[1960], jugé invocable, le moyen tiré de la violation des dispositions du §2 de l'article 6 de la Convention lors de la phase administrative de l'établissement de ladite pénalité. Cet arrêt a été à l'origine d'une extension du champ d'application des garanties d'équité du procès aux phases précontentieuses.

757. Par la suite, le Conseil d'État a pris une solution identique en ce qui concerne les dispositions de l'article 6§1 de la Convention. Il a jugé que « *les principes qu'elles énoncent sont applicables à la contestation de ces pénalités* (les majorations de 40 % pour manquement délibéré, prévues par l'article 1729, 1 du CGI) *devant les juridictions compétentes, y compris en tant qu'elle concerne la procédure d'établissement des pénalités* » [1961]. Dans cet arrêt, la Haute juridiction administrative ne pose aucune limite à l'applicabilité des dispositions du procès équitable à la phase administrative d'établissement des pénalités fiscales à la différence de la jurisprudence de la Cour européenne des droits de l'homme.

758. La Haute juridiction administrative a poursuivi son raisonnement s'agissant du §3 de l'article 6 de la Convention européenne des droits de l'homme relatif aux droits de la défense en cantonnant son champ d'application. À la différence de sa jurisprudence antérieure, le Conseil d'État a encadré l'applicabilité des dispositions du procès équitable. En effet, il a jugé ces dispositions applicables pour contester la procédure d'établissement d'une pénalité fiscale lorsque la mise en œuvre de cette procédure risque d'emporter des conséquences de nature à porter atteinte de manière irréversible au caractère équitable d'une procédure engagée devant le juge de l'impôt[1962]. Ainsi, pour l'applicabilité du §3 de l'article 6 de la Convention, le juge administratif, effectue un tri entre les droits nécessaires dès le stade de la procédure administrative d'établissement de la pénalité et ceux qui, eu égard

---

[1959] CE, 24 mars 2006, n° 257330, SA Martell & Co, op cit.

[1960] Le commissaire du gouvernement avait préconisé de prendre en compte l'évolution de la jurisprudence de la Cour européenne des droits de l'homme qui par deux décisions du 29 août 1997, et du 23 juillet 2002, a jugé que présomption d'innocence garantie par l'article 6§2 de la Convention était bien applicable à la phase antérieure à la saisine du juge. CEDH, 29 août 1997, n° 75/1996/684/886 EL, RL et Jol c/ Suisse et n° 71/1996/690/882, AP, MP et Ta c/ Suisse, op cit., CEDH, 1re sect., 23 juillet 2002, n° 34619/97, Janosevic c/ Suède, op cit. : VALLEE L., concl. sous CE, 24 mars 2006, n° 257330, SA Martell & Co, op cit.

[1961] CE, 27 février 2006, n° 257964, Krempff, op cit. CE, 11 déc. 2006, n° 278806, Pessey, op cit.

[1962]CE, 26 mai 2008, n° 288583, Sté Norelec, *Dr fisc.* 2008, n° 28, comm. 411, concl. SENERS F., *RJF* 8-9/08, n° 981.

à leur nature, ne sont applicables que dans la phase juridictionnelle[1963]. Dans ces conditions, le contribuable peut invoquer la violation de l'article 6 de la Convention à l'appui d'une contestation portant sur une pénalité fiscale, en se prévalant d'une irrégularité commise au cours de la procédure administrative d'établissement de ladite pénalité. Cet arrêt illustre la « *volonté du juge de contrôler les agissements de l'administration lorsqu'ils privent le contribuable de toute chance de gagner ultérieurement son procès* »[1964] et de cantonner la jurisprudence issue de l'arrêt Krempff.

759. Cet arrêt, inspiré de la jurisprudence Parent rendue en matière administrative, a permis d'identifier le critère d'identification des garanties dont le respect s'impose dès la phase administrative. Conformément aux prescriptions du commissaire du gouvernement François Séners, seuls « *les agissements de l'administration (qui) ont privé le contribuable de toute chance de gagner son procès* »[1965], peuvent être invoqués dès le stade de l'établissement de la pénalité. Ce qui peut se produire « *en cas de violation grave et irréversible, ou difficilement réversible, des droits au procès équitable que garantissent l'ensemble des stipulations de l'article* »[1966]. Ainsi, deux critères d'identification des garanties s'imposant dès la phase administrative du prononcé d'une sanction peuvent être dégagés, à savoir, « *la gravité et le caractère irrémédiable du vice allégué* »[1967] qui risquent de compromettre gravement l'équité de l'ensemble de la procédure. Par conséquent, toutes les exigences du procès équitable ne sont pas invocables à la procédure administrative d'établissement des pénalités fiscales. Le Conseil d'État doit opérer un contrôle au cas par cas de l'invocabilité des garanties du procès équitable par le contribuable.

[1963] Le principe de ce tri est acquis depuis l'arrêt Parent du 27 octobre 2006 qui en donne une illustration à propos d'une sanction prononcée par l'Autorité des marchés financiers : CE, sect., 27 octobre 2006, n° 276069, Parent et a., *AJDA* 2007, p. 80, note COLLET M., *LPA* 28 novembre 2006, p. 15, note GLATT J-M. et *LPA* 20 décembre 2006, p. 4, concl. GUYOMAR M.

[1964] FERNANDEZ-MAUBLANC V., « Portée en droit fiscal français du droit de toute personne de ne pas contribuer à sa propre incrimination », *Rev. UE* 2011. 476.

[1965] Concl. SENERS F., sous, CE 26 mai 2008, n° 288583, Sté Norelec, op cit.

[1966] Ibidem.

[1967] RONTECHEVSKY N., « Annulation d'une décision de la commission des sanctions de l'Autorité des marchés financiers pour méconnaissance du principe d'impartialité », *RTD Com.* 2007 p.406.

B. L'appréciation restrictive du caractère invocable des garanties du procès équitable

760. Dans l'arrêt Parent, la Haute juridiction administrative a considéré, en matière de marché financier, que le droit à l'assistance gratuite d'un avocat n'a pas vocation à jouer dès la phase administrative de la procédure. En d'autres termes, ce droit ne fait pas partie des exigences indispensables pour « *garantir, dès l'origine de la procédure, son caractère équitable par le respect de la conduite contradictoire des débats* »[1968]. Le professeur Martin Collet a vu, dans cette solution, une application restrictive des droits de la défense, car « *l'avocat joue un rôle déterminant dès lors qu'il s'agit d'assurer le dialogue entre son client et la juridiction ou l'organisme chargé de l'affaire, et donc de permettre que joue la contradiction (en particulier dans le cadre de procédures éminemment techniques, comme en matière de délits financiers)* »[1969]. Cette solution a été étendue à la procédure d'établissement des pénalités fiscales. Suivant les conclusions du gouvernement François Séners[1970], la Haute juridiction administrative a jugé qu'il ne résulte ni des dispositions applicables à l'établissement de l'amende prévue à l'article 1740 ter du Code général des impôts ni des obligations qui découlent du principe général des droits de la défense, que l'administration soit tenue de suivre la procédure de redressement contradictoire et de mentionner, dans le document prévu à l'article L 80 D du Livre des procédures fiscales, la possibilité pour la personne à laquelle il est envisagé d'infliger l'amende de se faire assister d'un conseil de son choix. Le fait que l'administration n'ait pas mentionné la possibilité de se faire assister d'un conseil de son choix n'a pas compromis les

---

[1968] CE, sect., 27 octobre 2006, n° 276069, Parent et a., op cit.

[1969] Selon lui, cette position a été guidée par des considérations financières : V. COLLET M., « Les sanctions administratives et l'article 6 de la Convention européenne de sauvegarde des droits de l'homme et des libertés fondamentales », *JCP A* 2013, n°11, comm. 2077.

[1970] Selon le Commissaire du gouvernement, Il paraît « *absolument exclu, (…), de juger que le seul fait de ne pas avoir informé le contribuable de la possibilité d'avoir recours à un défenseur de son choix avant le prononcé de la sanction administrative puisse constituer un manquement à l'article 6 § 3. Le seul grief de la société requérante était que, dans la lettre que l'Administration lui avait adressée pour l'informer de son intention de la sanctionner et l'inviter à présenter ses observations, dans les délais prévus par l'article 1740 ter, il n'était pas explicitement indiqué que ses observations pouvaient être présentées par un défenseur de son choix, en particulier un avocat. Outre que, dans notre système juridique, le droit à l'assistance d'un avocat se présume dans toute procédure administrative, l'absence d'information donnée sur ce seul point au contribuable menacé d'une pénalité n'est certainement pas un handicap insurmontable pour l'intéressé : à supposer que le contribuable ne pense pas spontanément à solliciter le conseil d'un défenseur et que cela le prive d'une chance d'éviter ou d'atténuer la sanction devant l'Administration, il conserve en tout état de cause la possibilité d'obtenir gain de cause devant le juge de l'impôt, avec l'assistance d'un défenseur, de sorte qu'aucune atteinte au droit au procès équitable ne peut être relevée.* » : Concl. SENERS F., sous, CE 26 mai 2008, n° 288583, Sté Norelec, op cit.

chances de celui-ci d'obtenir gain de cause avec l'assistance d'un défenseur, devant le juge. Par conséquent, le contribuable n'a pas été privé de la garantie d'équité énoncée à l'article 6§3 c de la Convention.

761. La Haute juridiction administrative a, en suivant le même raisonnement, jugé que le seul fait pour l'administration de ne pas avoir mis un interprète à la disposition du contribuable lors de la procédure de contrôle de l'impôt n'était pas de nature à porter une atteinte irréversible au caractère équitable de la procédure ultérieurement engagée devant le juge de l'impôt[1971]. Si cette garantie constitue « *un élément essentiel des droits de la défense au cours d'une procédure juridictionnelle* »[1972], son absence lors de la procédure administrative d'établissement des pénalités n'est pas de nature à exercer une influence décisive sur l'équité de la procédure dans son ensemble. Selon le professeur Ludovic Ayrault, cette solution ne peut être qu'acceptée. Effectuant un parallèle avec la privation du droit à un conseil lors de la procédure administrative, il considère que l'absence d'interprète « *ne prive en rien le justiciable du droit de bénéficier d'un conseil devant la juridiction* »[1973]. Celui-ci pouvant par la suite « *invoquer devant la juridiction l'irrégularité commise antérieurement* »[1974]. Par conséquent, « *l'absence d'interprète n'exerce aucune influence sur le procès dès lors que, devant le juge, le droit à l'interprète est garanti* »[1975].

762. L'application restrictive de l'équité du procès qui résulte de la jurisprudence de la Cour européenne des droits de l'homme et du Conseil d'État n'a eu que des conséquences limitées sur la protection des garanties du contribuable. Confirmant cette analyse, le professeur Chapus relevait que l'évolution qui résulte de l'arrêt Didier[1976], n'a eu en « *l'état du droit national* »[1977], des effets « *des plus limités* »[1978]. En effet, la plupart des garanties de l'article 6§1 de la Convention applicables à la phase administrative préalable trouve un écho dans les principes du droit interne. Or, ces principes revêtent un champ d'application plus large et, par conséquent, « *recouvrent des exigences au moins équivalentes à celles issues de l'article*

[1971] CE, 9e et 10e ss-sect., 7 novembre 2012, n° 339441, Roumiantsev, *Procédures* n° 1, Janvier 2013, comm. 33.
[1972] AYRAULT L., « Examen contradictoire et présence d'un interprète », *Procédures* n° 1, Janvier 2013, comm. 33.
[1973] Ibidem.
[1974] Ibidem.
[1975] Ibidem.
[1976] En ce qu'il a admis pour la première fois l'applicabilité des dispositions du procès équitable sous certaines conditions.
[1977] CHAPUS R., « Droit du contentieux administratif », *Montchrestien, Lextenso Éditions*, 13e éd., 2008, p. 139.
[1978] Ibidem

6 de la Convention qui s'appliquent aux autorités administratives »[1979]. En effet, en droit interne, le Conseil d'État et le Conseil constitutionnel ont entendu donner une large portée au respect des droits de la défense dont le principe du contradictoire constitue la pierre angulaire. Ainsi, « *les contours du principe des droits de la défense* »[1980] tracés par le Conseil constitutionnel et par la Haute juridiction administrative « *recouvrent largement les exigences issues du paragraphe 3 de l'article 6 de la Convention européenne des droits de l'homme* »[1981].

Sous-section 2 : La portée limitée des droits de la défense fondée sur les principes de valeur constitutionnelle

763. Les droits de la défense, rattachés à l'article 16 de la Déclaration, occupent une place fondamentale dans la jurisprudence du Conseil constitutionnel. Il découle de ce principe une multitude de droits permettant à la personne poursuivie ou soupçonnée, par un organe ayant un pourvoir de répression, de préparer sa défense. Appliqué aux sanctions fiscales, ce principe implique deux exigences. Toute décision prononçant une sanction fiscale doit être motivée et aucune sanction ne peut être prononcée sans que le contribuable ait été mis à même de présenter ces observations.

I. Le principe à valeur constitutionnelle du respect des droits de la défense

764. Après avoir été considéré comme un principe fondamental reconnu par les lois de la République, le respect des droits de la défense est désormais rattaché par le Conseil constitutionnel à l'article 16 de la Déclaration. La normativité du principe en est sortie renforcée.

A. Consécration de la valeur constitutionnelle du principe

765. La Haute juridiction administrative a ouvert la voie à une consécration constitutionnelle du principe des droits de la défense en lui attribuant la valeur

---

1979 FAURE Y., MALVERTI C., « Didier a vingt ans. L'entrée dans l'âge adulte ? », *AJDA* 2019. 506

1980 Ibidem.

1981 Ibidem.

de principe général du droit opposable à l'administration, dans l'arrêt Dame Veuve Trompier Gravier du 5 mai 1944[1982]. Le respect de ce principe s'impose à toute mesure prise par l'administration dès lors qu'elle présente le caractère d'une sanction et qu'elle est suffisamment grave pour l'intéressé. Il implique « *que la personne concernée, après avoir été informée des griefs formulés à son encontre soit mise à même de demander communication de son dossier et dispose de la faculté de pouvoir présenter utilement ses observations avant que l'autorité disposant d'un pouvoir de sanction se prononce* »[1983].

766. Le Conseil constitutionnel a, par la suite, élevé ce principe dont la fondamentalité est marquée, au rang constitutionnel en considérant qu'il s'agissait d'un principe à valeur constitutionnelle et qu'il avait vocation à s'imposer non seulement à l'administration, mais également au législateur ainsi qu'aux citoyens[1984]. À défaut d'un texte constitutionnel suffisamment clair, le Conseil constitutionnel l'a considéré comme un principe fondamental reconnu par les lois de la République[1985]. Ce principe a fort logiquement été intégré dans le bloc normatif du droit constitutionnel répressif dans la décision du 17 janvier 1789[1986]. Cette décision a, de manière générale, rattaché le régime des sanctions punitives à « *l'ensemble des sources formelles constitutionnelles* »[1987].

767. Ce principe constitutionnel s'impose au législateur lorsqu'il édicte une norme relative à la procédure d'établissement des pénalités. À cet égard, les sages de la rue de Montpensier ont très vite jugé que la création de la taxe additionnelle sur les tickets du pari mutuel[1988] était inconstitutionnelle dès lors que « *le recouvrement n'astreint nullement l'administration au respect des droits de la défense préalablement au prononcé d'une amende sur le fondement de l'article 1840-I du code général des impôts* »[1989]. Ainsi, les droits de la défense ont été considérés comme « *s'imposent au législateur dans le cadre de l'adoption d'une procédure susceptible de conduire au prononcé*

[1982] CE, sect., 5 mai 1944, Dame veuve Trompier Gravier, *Rec. CE* 1944, p. 133.
[1983] CE 30 janvier 2012, n°349009, Ministre de l'intérieur, de l'outre-mer, des collectivités territoriales et de l'immigration c/ Aéroports de Paris, *Lebon T.* p. 554 ; *AJDA* 2012. 726 ; ibid. 1054, concl. BOTTEGHI D.
[1984] C.C., 2 décembre 1976, n° 77-70 DC, Prévention des accidents du travail, op cit.
[1985] C.C., 2 décembre 1976, n° 76-70 DC, op cit. (ce principe était absent de la Déclaration des droits de l'homme et du citoyen, de la Constitution de 1958, et du préambule de 1946).
[1986] C.C., 17 janvier 1789, n° 88-248 DC, op cit.
[1987] HONG ROCCA J., « Les sanctions fiscales à l'épreuve des transformations du droit (contribution à l'étude historique et théorique des sanctions fiscales) », op cit. p. 300.
[1988] Laquelle était soumise, en matière de sanctions, au même régime que celui prévu pour les droits de timbre.
[1989] C.C., 29 décembre 1989, n° 89-268 DC, consid. 89, *JO* 30 déc. 1989, p. 16498. ; C.C., 28 déc. 1990, n° 90-285 DC, consid. 57, op cit.

d'une sanction, y compris fiscale »[1990]. Ce principe s'impose à l'autorité administrative quand elle prononce des sanctions. À ce titre, le Conseil constitutionnel a jugé qu' « *en toutes circonstances, le principe constitutionnel des droits de la défense s'impose à l'autorité administrative sans qu'il soit besoin pour le législateur d'en rappeler l'existence* »[1991]. Il adresse ici « *une véritable injonction* (...) *non seulement au pouvoir réglementaire mais plus précisément à l'administration fiscale de prévoir expressément dans les règlements et dans les instructions administratives des dispositions permettant le respect effectif de la défense* »[1992].

B. Une normativité renforcée

768. Le Conseil constitutionnel a renforcé la normativité du principe des droits de la défense dans une décision du 20 mars 2006 en rattachant les droits de la défense à l'article 16 de la Déclaration[1993]. Ils ont fait de cet article, qui fait de la garantie des droits « *l'une des conditions mêmes de l'existence d'une constitution* »[1994], la base « *textuelle des garanties organiques et procédurales applicables, notamment, en matière répressive* »[1995] grâces à une interprétation constructive[1996]. La jurisprudence constitutionnelle a progressivement contribué au « *déclin de la Constitution-séparation des pouvoirs* »[1997] et à « *l'émergence de la Constitution-garantie des droits des*

[1990] MEIER E., « Droits et libertés constitutionnels en matière fiscale », *Dr fisc.* 2010, n°12, comm. 243.

[1991] C.C., 30 décembre 1997, n° 97-395 DC, op cit. ; V. également, C.C., 22 avril 1997, n° 97-389 DC, *JO* 25 avril 1997, p. 6271

[1992] PHILIP L., « Droit fiscal constitutionnel – Évolution d'une jurisprudence », *éd. Économica*, 2014, Collection finances publiques, p. 91.

[1993] C.C., 30 mars 2006, n° 2006-535 DC, op cit.

[1994] MELIN-SOUCRAMANIEN F., « Le principe de la garantie des droits de la défense, le point de vue du constitutionnaliste », in Droit constitutionnel et grands principes du droit pénal, coll. Actes et études, *éditions Cujas*, 2013, p. 72.

[1995] LE CALVEZ J., BREEN E., « Droit constitutionnel répressif », op cit.

[1996] Dans la décision du 9 avril 1996, l'article 16 de la Constitution est évoqué concernant la garantie des droits. Il en résulte qu' « *aux termes de l'article 16 de la Déclaration des Droits de l'Homme et du Citoyen : "Toute Société dans laquelle la garantie des Droits n'est pas assurée ni la séparation des Pouvoirs déterminée, n'a point de Constitution" ; qu'il résulte de cette disposition qu'en principe il ne doit pas être porté d'atteintes substantielles au droit des personnes intéressées d'exercer un recours effectif devant une juridiction* ». (C.C., 9 avril 1996, n° 96-373 DC, Loi organique portant statut d'autonomie de la Polynésie française, op cit) Le Conseil affirme que la garantie des droits est assurée par un recours effectif et « *faute de quoi il n'y a pas de Constitution* » : BARANES W., « Le souci de l'effectivité du droit » *D.* 1996, p. 301.

[1997] LAMARQUE J., « L'article 16 de la Déclaration de 1789 », *Dr fisc.* 2015, n° 13, comm. 232.

gouvernés »[1998]. Cette jurisprudence a été confirmée dans le cadre du contrôle a posteriori du Conseil constitutionnel. Dans une décision du 30 juillet 2010, il a jugé que les droits de la défense garantis par l'article 16 de la Déclaration de 1789 figurent au nombre des droits et libertés que la Constitution garantit et peuvent être invoqués à l'appui d'une question prioritaire de constitutionnalité [1999]. Considéré dorénavant comme « *la clef de voûte des droits et libertés* »[2000], l'article 16 de la Déclaration a donc progressivement été intégré aux fondements de la pénalisation des sanctions fiscales, en tant qu'il garantit les droits de la défense, mais également le droit au procès équitable. Le renforcement de la normativité des droits de la défense n'a pas eu pour conséquence d'accroître la protection juridique du contribuable. En effet, si certaines grandes avancées ont été observées en matière de sanctions fiscales sous l'effet du principe des droits de la défense, il n'en demeure pas moins qu'elles restent pour l'heure inachevées.

II. L'application souple du principe des droits de la défense aux sanctions fiscales

769. Le principe des droits de la défense exige un véritable débat contradictoire entre l'administration fiscale et le contribuable. Il implique que le contribuable ait été mis à même de discuter les griefs relevés contre lui. Deux étapes permettent, en matière d'établissement des pénalités fiscales, de satisfaire à ce principe. Dans un premier temps, le contribuable doit recevoir la communication motivée des griefs formulés contre lui, afin de comprendre ce qui lui est reproché et de pouvoir préparer sa défense. Dans un second temps, le contribuable doit pouvoir bénéficier d'une procédure contradictoire qui lui permette de présenter sa défense afin d'éviter la sanction. Si ces deux grandes avancées permettent à la procédure d'établissement des pénalités de satisfaire aux exigences constitutionnelles des droits de la défense, elles n'ont pour effet d'instituer un véritable débat contradictoire. En effet, l'administration fiscale n'est pas tenue de répondre aux observations du contribuable.

1998 Ibidem.

1999 C.C., 30 juillet 2010, n° 2010-14/22 QPC, *Procédures* 2010, comm. 382, note CHAVENT-LECLERE A.-S., consid. 21.

2000 FRAISSE R., « L'article 16 de la Déclaration, clef de voûte des droits et libertés », *Les nouveaux cahiers du Conseil Constitutionnel*, juin 2014, n° 44.

A. Le déclenchement de la procédure contradictoire : l'établissement de la motivation

770. Conçue pour répondre à « *une exigence de transparente* »[2001], elle est aujourd'hui considérée comme une étape indispensable au respect de l'exigence constitutionnelle du respect des droits de la défense. Elle permet au contribuable de prendre connaissance des griefs formulés contre lui. Mais surtout, la motivation doit permettre de comprendre les considérations de droits et de faits qui ont conduit l'administration à mettre en œuvre la procédure d'établissement des pénalités. Si cette exigence à l'égard des sanctions fiscales est aujourd'hui ancrée dans le corpus normatif, il n'en a pas toujours été ainsi. Le droit administratif et plus particulièrement le droit fiscal est longtemps resté conservateur sur cette question. Aujourd'hui, elle constitue la première étape du respect du principe du contradictoire et le juge administratif veille à ce que les modalités et le contenu de la motivation soient respectés par l'administration fiscale.

a. L'exigence de motivation

771. L'exigence de motivation des sanctions constitue une « *garantie légitime du pouvoir répressif* »[2002]. D'une part, en ce qu'elle porte à la connaissance de la personne sanctionnée les motifs de la décision, elle contribue à son acceptation et à sa légitimité. La motivation d'une sanction permet à la personne visée par celle-ci de comprendre la décision et d'y consentir. La communication des motifs de la décision constitue *« un gage de son bien-fondé et de sa légitimité »*[2003]. D'autre part, elle constitue en droit répressif un rempart contre l'arbitraire. La motivation de la sanction fiscale oblige l'administration à préciser les considérations de droits et de faits qui ont conduit à l'infliction de la sanction. Elle répond au risque « *pour tout pouvoir répressif discrétionnaire* (…) *de glisser vers l'arbitraire. L'exigence de motivation permet assurément de le limiter* »[2004].

772. Pendant longtemps, le droit administratif est resté conservateur sur la question de la motivation des sanctions administratives. La Haute juridiction

---

2001 BRARD Y., « Motivation, droits de la défense et procédure contradictoire », in les sanctions administratives fiscales, aspects de droit comparé, *l'Harmattan*, coll. Finances publiques, 2006, p. 157.
2002 SEVELY-FOURNIER C., « Répression et motivation – Réflexion sur la motivation des arrêts et jugements des juridictions répressives », *RSC*, 2009, p. 783 et s.
2003 Ibidem.
2004 Ibidem.

administrative opposait ainsi, les actes juridictionnels qui devaient être motivés en vertu « *d'une règle générale de procédure* »[2005] s'imposant même sans texte à toute les juridictions et les actes administratifs qui n'avaient pas besoin d'être motivés[2006]. Ainsi, antérieurement à la loi du 11 juillet 1979 relative à la motivation des actes administratifs et à l'amélioration des relations entre l'administration et le public[2007], l'administration fiscale n'était pas tenue de motiver les sanctions fiscales, conformément « *à la règle jurisprudentielle pas de motivation sans texte* »[2008]. L'autorité administrative n'était tenue à l'obligation de motivation que pour les seules mesures dont la loi ou le règlement prévoyaient expressément cette exigence.

773. Ce principe a été renversé par la loi du 11 juillet 1979 qui dispose que « *les personnes physiques ou morales ont le droit d'être informées sans délai des motifs des décisions administratives individuelles défavorables qui les concernent. À cet effet, doivent être motivées les décisions qui infligent une sanction* ». La Haute juridiction administrative a jugé que les pénalités fiscales instituées par le Code général des impôts étaient au nombre des sanctions soumises à l'obligation de motivation[2009]. À la suite de cet arrêt[2010], le législateur a, par l'article 42 de la loi n° 86-1318 du 30 décembre 1986[2011], institué l'article 80 D al. 1er dans le Livre des procédures fiscales qui dispose que « *les décisions mettant à la charge des contribuables des sanctions fiscales sont motivées au sens de la loi n° 79-587 du 11 juillet 1979 relative à la motivation des actes administratifs et à l'amélioration des relations entre l'administration et le public, quand un document ou une décision adressée au plus tard lors de la notification du titre exécutoire ou de son extrait en a porté*

2005 CE, 8 juin 1994, n° 08-06-1994, Lecomte, *Rec.* 1994 p.191 *RFDA* 1994, p. 850.

2006 Le législateur avait institué dans des cas exceptionnels, une obligation de motivation à l'administration. Cependant, en l'absence d'encadrement de cette obligation, elle bénéficiait d'une grande marge de manœuvre.

2007 Loi n° 79-587 du 11 juillet 1979 relative à la motivation des actes administratifs et à l'amélioration des relations entre l'administration et le public, op cit.

2008 SIERACZEK-ABITAN M., « le respect des droits de la défense en matière de sanctions fiscales », *Les Nouvelles Fiscales*, N° 838, 15 décembre 2000.

2009 En considérant que « *les pénalités prévues par le CGI sont au nombre des sanctions auxquelles s'appliquent les dispositions précitées* (article 1er de la Loi du 11 juillet 1979) *que l'avis de mise en recouvrement en date du 12 février 1980 ne comporte par lui-même aucune motivation des pénalités mises à la charge de la société "Pessac Automobiles" et ne s'approprie aucune motivation qui aurait figuré dans un document précédemment notifié à la société ; que, dès lors, la société est fondée à soutenir que ces pénalités ont été établies sur une procédure irrégulière et, à en demander la décharge* » CE 7e et 8e ss, 13 octobre 1986, n°44.193 SA Pessac automobiles, *Dr fisc.* 1987, n° 19, comm. 996 ; *RJF* 12/1986, n° 1141, concl. MARTIN LAPRADE B. À l'exception des intérêts de retard : CE 9e et 8e ss, 25 octobre 1989, n° 64.737, *RJF* 12/89 n°1472 ; CE 9e et 8e ss, 17 février 1992, n°58.299, *RJF* 4/92, n° 503.

2010 CE, 13 octobre 1986, n° 44.193, SA Pessac automobiles, op cit.

2011 Loi n° 86-1318 du 30 décembre 1986, de finances rectificative pour 1986, *JO* du 30 décembre 1986.

la motivation à la connaissance du contribuable »[2012]. Cette exigence législative fait l'objet d'un contrôle particulièrement rigoureux par le Conseil d'État en ce qui concerne les modalités ou le contenu de la motivation.

a) Les règles générales relatives aux modalités et au contenu de la motivation

774. Étant un vice de procédure, le défaut de motivation des sanctions fiscales entraîne l'irrégularité de la procédure d'établissement des pénalités et la décharge de celles-ci[2013]. Afin de se conformer au principe du respect des droits de la défense, la motivation de la sanction fiscale doit être suffisamment explicite. À cet égard, la notification des pénalités fiscales doit être accompagnée d'un exposé des circonstances de droit et de fait qui justifient l'application desdites pénalités[2014], mais également du taux, s'il s'agit d'une majoration et du montant s'il s'agit d'une amende. Cette exigence vise à exclure « *les motivations stéréotypées* »[2015]. En d'autres termes, « *il est impossible pour l'administration de retenir une motivation qui pourrait s'appliquer de manière indifférente à toute demande équivalente* »[2016]. Les motifs de la sanction fiscale doivent être adaptés au cas précis du contribuable. Ils doivent lui permettre de comprendre les raisons pour lesquelles la pénalité fiscale lui a été infligée. Les juges du fond apprécient de manière souveraine le caractère suffisant de cette exigence[2017]. Il ressort de la jurisprudence de la Haute juridiction administrative, une application rigoureuse de l'obligation de motivation des sanctions fiscales sur le fondement de la loi du 11 juillet 1979 et de l'article L 80 D du Livre des procédures fiscales.

[2012] Article 80 D al. 1er dans le Livre des procédures fiscales.

[2013] CE, 22 février 1989, n° 70252, Braun, *RJF* 4/1989, n° 444 ; CE, 8 novembre 1989, n° 58.818, Rodach, *Dr fisc.* 1990, n° 15, comm. 743, *RJF* 1/1990, n° 53 ; CE, 5 juin 2002, n° 201066, Min. c/ SARL Link, *Dr fisc.* 2002, n° 43, comm. 854 ; *RJF* 8-9/2002, n° 987.

[2014] En ce sens CAA Nancy, 9 avril 1991, n° 89-798, *Dr fisc.* 1992, n° 13, comm. 678. Et CAA Nancy 31 décembre 1992, n° 91-302, *Dr fisc.* 1993, n° 49, comm. 2374.

[2015] Concl. LAGRAS C., sous, CE, 19 décembre 2008, n° 292.286, Flament, *Dr fisc.* 2009, n° 4, comm. 92.

[2016] PAULIAT H., « La motivation des actes administratifs unilatéraux », in La motivation, actes du colloque organisé à Limoges, 1998 / par l'Association Henri Capitant des amis de la culture juridique française, *LGDJ*, 2000, p.60.

[2017] CE, 6 mai 1996, n° 134415, Colomer, *Dr fisc.* 1996, n° 38, comm. 1130, concl. ARRIGHI DE CASANOVA J., *RJF* 6/1996, n° 734, chron. AUSTRY S., p. 395 ; CE, 26 juin 2002, n° 220733, Domergue, *RJF* 10/2002, n° 1133 ; CE, 17 décembre 2010, n° 330666, Throude, *Dr fisc.* 2011, n° 10, comm. 246, concl. CORTOT-BOUCHER E., note MAITROT DE LA MOTTE A., *RJF* 3/2011, n° 270.

775. Lorsqu'elle motive une pénalité fiscale, l'autorité administrative doit, en vertu de l'article L 80 D du Livre des procédures fiscales, préciser le fondement juridique sur laquelle est fondée ladite pénalité, mais également son taux et son assiette. Le défaut de l'une de ces informations entraîne l'irrégularité de la procédure et permet au contribuable de demander la décharge des pénalités. Sur ce point, la Haute juridiction administrative se montre rigoureuse et juge insuffisante la motivation qui n'indique pas le taux applicable en cas de taxation d'office pour défaut de souscription de déclaration d'ensemble du revenu[2018]. En effet, l'ancien article 1733-3 du Code général des impôts prévoyait deux taux selon que le contribuable avait répondu dans les trente jours de la première mise en demeure ou s'il s'abstient de régulariser sa situation après la seconde mise en demeure. L'absence de précision du taux ne permettait pas au contribuable de se renseigner précisément sur la sanction infligée[2019]. En effet, plusieurs articles du Code général des impôts instituent des taux de majorations différents en fonction du comportement du contribuable. Cette précision s'avère ainsi indispensable pour considérer la motivation comme suffisante[2020]. Il en va de même pour le défaut de précision de la nature de l'infraction et de l'amende en cause[2021].

776. L'article L 80 D du Livre des procédures fiscales n'exige pas que le titre exécutoire comporte en lui-même la motivation de la décision d'appliquer les pénalités fiscales. Elle peut résulter d'un autre document portant la sanction à la connaissance du contribuable ou encore d'un document auquel l'administration entend se référer. Cependant, la Haute juridiction administrative exige que le document de référence énonce les considérations de faits et de droits qui ont justifié la décision d'infliction de la sanction[2022]. Ainsi, est considéré comme suffisamment motivée, au regard de l'article L. 80 D du Livre des procédures fiscales, la combinaison d'une lettre de

---

[2018] CAA Paris, 16 avril 1998, n° 96PA01379, de Bonneval, *Dr fisc.* 1999, n° 8, comm. 164, *RJF* 8-9/1998, n° 969.

[2019] Ibidem.

[2020] CAA Paris, 16 avril 1998, n° 96-1379, de Bonneval, Ibidem ; CE (na), 5 mai 1999, n° 197354, de Bonneval, *RJF* 6/1999, n° 754 ; CAA Lyon, 7 juin 2000, n° 96-1379, GFA de Blagnac, *RJF* 12/2000, n° 1411.

[2021] La Haute juridiction administrative a considéré comme insuffisamment motivé, le titre de recouvrement de l'amende fiscale relative à la taxe départementale des espaces naturels sensibles, dès lors que l'autorité administrative se borne à indiquer que cette amende est « prévue en cas de procès-verbal », sans préciser la référence à la nature de l'infraction et de l'amende en cause : CE, 17 juin 2011, n° 318243, Min. des transports, de l'équipement, du tourisme et de la mer c/ Sasu La plage de l'Arinella et n° 318201 et 308242, Min. des transports, de l'équipement, du tourisme et de la mer c/ SA Marina D'Erba Rossa, *RJF* 10/2011, n° 1053.

[2022] À cet égard, a été censuré par le Haute juridiction administrative, l'arrêt de la Cour d'appel qui se réfère à une notification de redressements, sans rechercher, si cette notification comportait en elle-même l'indication d'éléments caractérisant la mauvaise foi : CE, 7 décembre 1994, n° 122147, M. et Mme Tournier : *Dr fisc.* 1995, n° 7, comm. 312, concl. ARRIGHI DE CASANOVA J., *RJF* 1/1995, n° 48.

motivation et une notification de redressement à laquelle elle renvoyait pour le chiffrage des pénalités[2023]. A contrario, le Conseil d'État a jugé que « *ni les mentions portées sur les imprimés adressés à M. David en vue de le mettre en demeure d'avoir à déposer les déclarations d'ensemble de ses revenus et précisant qu'à défaut de satisfaire à ses obligations déclaratives, il serait passible de pénalités de 100%, ni la circonstance que la notification de redressement qui lui a été adressée constatait que M. David n'avait pas déposé ses déclarations de revenus et se trouvait ainsi en situation d'être taxé d'office à l'impôt sur le revenu ne sont de nature à constituer la motivation des pénalités mises à la charge du requérant* »[2024]. La Haute juridiction administrative se montre particulièrement exigeante sur la motivation de la décision par référence.

b) L'appréciation souveraine de la motivation suffisante

777. Après avoir précisé le fondement juridique, le taux, l'assiette et la nature de l'infraction, l'administration doit préciser les motifs de fait qui l'ont conduit à infliger la sanction fiscale. Ainsi, elle ne peut se contenter de la simple mention d' « omissions de recettes » et d'« antécédents en matière d'infractions fiscales » contenue dans une lettre de motivation des majorations pour absence de bonne foi sans faire référence aux circonstances particulières de l'affaire[2025]. Cette décision s'explique aisément dès lors que l'autorité administrative aurait pu utiliser cette motivation pour justifier l'application des pénalités de bonne foi en toute autre circonstance.

778. La Haute juridiction administrative s'est montrée particulièrement rigoureuse en ce qui concerne l'application des pénalités de l'article 1729 du Code général des impôts. Ainsi pour l'application de ces dispositions, l'administration doit apporter la preuve de l'absence de bonne foi du contribuable. Pour ce faire, le Conseil d'État a identifié deux critères constitutifs de l'absence de bonne foi, à savoir, l'omission ou l'insuffisance de déclaration et leur caractère délibéré. Ainsi, l'administration établit l'intention délibérée de dissimulation en se fondant d'une part, sur l'importance des revenus d'origine indéterminée par rapport aux revenus portés par le contribuable sur sa déclaration de revenus et, d'autre part, sur la circonstance qu'il ne pouvait ignorer l'existence de ces revenus, qui constituaient l'essentiel de ses ressources financières, et lui permettait de faire

---

[2023] CE, 31 mars 2006, n° 265953, Blein, *RJF* 6/2006, n° 736.
[2024] CE, 7e et 8e s.-s., 21 avril 1989, n° 89657, David, *RJF* 6/89/710.
[2025] CAA Nantes, 2e ch., 30 juin 1994, n° 92-506, M. Lecorney.

face aux dépenses de son train de vie[2026]. En revanche, elle juge insuffisants les indices se rapportant à l'importance des revenus non déclarés ou le montant élevé des sommes taxées d'office dans la catégorie des revenus d'origine indéterminée, en l'absence de preuve de l'intention délibérée de dissimulation[2027].

779. Dans le même sens, elle ne peut se contenter d'affirmer que le contribuable ne pouvait de bonne foi ignorer qu'il ne remplissait pas les conditions d'exonération des entreprises nouvelles[2028]. De même, l'administration n'établit pas la mauvaise foi du contribuable en se contentant de soutenir que l'entreprise individuelle du contribuable et la société créée avec son épouse ont fait l'objet de contrôles aboutissant à la remise en cause de l'exonération au titre des entreprises nouvelles, sans préciser si ces contrôles étaient achevés lors de la déclaration des résultats de l'entreprise nouvelle en litige et alors qu'il n'est pas établi que les contribuables n'ignoraient pas que cette entreprise ne pouvait bénéficier de l'exonération[2029].

b. La modification de la motivation

780. Il résulte des dispositions de l'article L 80 D du Livre des procédures fiscales que l'administration est tenue au moins dans les trente jours avant la mise en recouvrement des pénalités visées, d'adresser au contribuable un document comportant la motivation des sanctions qu'elle envisage de lui appliquer et en indiquant qu'il dispose d'un délai de trente jours pour présenter ses observations. En application de cette disposition, la Haute juridiction administrative a jugé que « *l'administration est tenue de renouveler cette formalité si, pour quelque motif que ce soit, elle modifie, avant leur mise en recouvrement, la base légale, la qualification ou les motifs des pénalités qu'elle se propose d'appliquer au contribuable* »[2030]. Le Conseil d'État a renforcé l'obligation de motivation de l'administration fiscale alors même que le délai de trente jours ne s'inscrit pas dans une procédure contradictoire[2031].

2026 CE, 19 décembre 2008, n° 292.286, Flament, op cit.
2027 CE, 8e et 9e ss-sect., 17 mars 1993, n° 74775, M. Goutali, *Dr fisc.* 1993, n° 28, comm. 1470, concl. ARRIGHI DE CASANOVA J., *RJF* 2003, n° 619 ; CE, 8e et 9e ss-sect., 6 novembre 1995, n° 125558, M. Daras-Martinez, *Dr fisc.* 1996, n° 5, comm. 126, concl. BACHELIER G., *RJF* 1996, n° 4.
2028 CE, 29 janvier 2003, Sté Cofadis, n° 232055, *Dr fisc.* 2003, n°20, comm. 372.
2029 CE, 6 juillet 2005, n° 252645, M. et Mme Dion, *Dr fisc.* 2005, n° 48, comm. 778, *RJF* 11/05/1164.
2030 CE, sect., 6 avril 2007, n° 269402, Clermont, *Procédures* n° 7, Juillet 2007, comm. 177.
2031 L'administration fiscale n'est pas tenue de répondre aux observations du contribuable.

Cette solution s'inscrit dans la droite ligne des travaux parlementaires ayant précédé le vote de la loi du 30 décembre 1999. En effet, le rapport de la Commission des finances de l'Assemblée nationale, relevait que l'obligation de motivation de l'article L. 80 D du Livre des procédures fiscales, s'apparentait à une procédure contradictoire entre l'administration et le contribuable[2032].

781. L'exigence de motivation des sanctions fiscales ne suffit pas à elle seule à satisfaire le principe du respect des droits de la défense. Le Contribuable doit être à même de présenter ces observations à l'administration fiscale.

B. Le droit du contribuable de présenter ces observations

782. Pendant longtemps, la procédure d'établissement des pénalités a été considérée comme n'imposant pas à l'administration de poursuivre une procédure contradictoire. Le Conseil d'État tirait de l'ensemble des dispositions du Code général des impôts la conséquence que le législateur avait entendu exclure pour l'administration chargée de l'établissement des pénalités, la poursuite d'une procédure contradictoire[2033]. Le contribuable ne pouvait donc utilement se fonder sur le principe du respect de la défense pour contester des pénalités dont la mise en recouvrement n'avait pas été précédée d'une invitation à présenter ces observations[2034].

783. Sous la pression des exigences constitutionnelles[2035], le législateur a inséré, par la loi de finances pour 1993[2036], le deuxième alinéa de l'article L. 80 D du Livre des procédures fiscales qui dispose que la motivation des sanctions fiscales doit être portée à la connaissance du contribuable au moins trente jours avant la notification du titre exécutoire ou de son extrait et que durant ce délai, le contribuable peut présenter ses observations. Or, l'administration a continué à considérer qu'il n'impose pas une procédure contradictoire, dès lors que la loi n'oblige pas l'administration à répondre aux observations du contribuable, même si elle doit en tenir compte si celles-ci

---

[2032] Rapp. Comm. fin. Ass. nat. n° 1992, t. II, p. 251

[2033] CE., ass. 27 avril 1979, n° 7309, *RJF* 1979, comm. 192, concl. MARTIN LAPRADE ; CE. 16 février 1987, n° 50422, *RJF* 4/87 n° 419 ; CAA Nantes, 8 juin 1990, n° 441, *Dr fisc.* 1991, n°29, comm. 1522 ; .

[2034] CE. ass., 27 avril 1979, n° 7309, op cit.

[2035] Il résulte de la jurisprudence du Conseil constitutionnel fondée sur l'article 8 de la Déclaration, qu'aucune sanction ne peut être infligée sans que l'intéressé ait été mis à même de présenter ses observations sur les faits qui lui sont reprochés.

[2036] Loi n° 92-1376 du 30 décembre 1992 de finances pour 1993, *JORF* du 31 décembre 1992.

sont fondées[2037]. Ainsi, si elle se conformait à motiver les sanctions dans les trente jours au moins avant la notification du titre exécutoire, elle n'invitait pas le contribuable à présenter ces observations dans le délai de trente jours[2038].

784. La Haute juridiction a procédé à un revirement de jurisprudence en interprétant les dispositions de l'article L 80 D du Livre des procédures fiscales dans sa rédaction issu de la loi de 1993 comme imposant à l'administration d'informer le contribuable de sa possibilité de présenter des observations[2039]. Elle a ainsi jugé « *qu'il résulte de ces dispositions que, lorsque la pénalité mise en recouvrement ne constitue pas l'accessoire d'une imposition ou lorsqu'elle sanctionne une infraction dont la qualification est fondée sur l'appréciation du comportement du contribuable, l'administration fiscale doit faire connaître à l'intéressé, au moins trente jours avant la notification du titre exécutoire ou de son extrait, les motifs de cette sanction et la possibilité dont il dispose de présenter ses observations* »[2040]. Cette solution se fonde exclusivement sur les dispositions de l'article L 80 D du Livre des procédures fiscales dans sa rédaction issue de la loi de 1993. Elle ne se réfère aucunement au principe du respect des droits de la défense. Par conséquent, cette solution a été regardée comme devant s'appliquer uniquement aux sanctions fiscales.

785. Cette solution a trouvé, depuis la loi du 30 décembre 1999, un fondement législatif dans la nouvelle rédaction de l'article L 80 D du Livre des procédures fiscales[2041]. Il dispose que « *les sanctions fiscales ne peuvent être prononcées avant l'expiration d'un délai de trente jours à compter de la notification du document par lequel l'administration a fait connaître au contribuable ou redevable concerné la sanction qu'elle se propose d'appliquer, les motifs de celle-ci et la possibilité dont dispose l'intéressé de présenter dans ce délai ses observations* »[2042]. Cette rédaction sans ambiguïté est venue mettre fin à la pratique de l'administration fiscale qui consistait à ne pas informer le contribuable de son droit de présenter ces observations dans un délai de trente jours. Dorénavant, l'administration est tenue d'informer le contribuable de son droit de présenter des observations. Pour le Conseil constitutionnel, « *les droits de la défense sont suffisamment garantis par*

2037 Instr. 5 janvier 1994 : BOI *13 L-1-94 ; Dr. fisc. 1994, n° 9, Instr. 1 1065 et Doc. adm. 13 L-1611, § 16, 1er avr. 1995

2038 Ibidem.

2039 CE, 4 novembre 2003, n° 24664, Cheng, *Dr fisc.* 2004, n° 20, comm. 486, concl. GLASER E., *RJF* 2/2004, n° 257.

2040 Ibidem.

2041 Article 26 de la loi n° 99-1173 du 30 décembre 1999 portant Loi de finances rectificative pour 1999, *JO* 29 déc. 2000, p. 20813, *Dr fisc.*. 2000, n° 4, comm. 44.

2042 Article L 80 D dans sa rédaction issue de la loi du 30 décembre 1999, op cit.

l'application des dispositions de l'article L. 80 D du Livre des procédures fiscales, en vertu duquel, avant la mise en recouvrement de la pénalité, le contribuable peut présenter ses observations durant un délai de trente jours à compter de la notification des motifs pour lesquels l'administration envisage la majoration »[2043]. Si cette exigence permet de rendre la procédure d'établissement des pénalités conforme au principe constitutionnel du respect des droits de la défense en permettant « *au justiciable de contredire, autrement dit de contrer les dires de l'administration* »[2044], l'absence d'obligation pour l'administration de répondre aux observations du contribuable réduit la portée de ce principe.

C. Le droit pour l'administration fiscale de ne pas répondre aux observations du contribuable

786. S'il est loisible à l'administration de répondre aux observations du contribuable, aucun principe général ni aucune disposition législative ou réglementaire ne lui impose une réponse[2045]. Si le contribuable dispose, dans la mise en œuvre de la procédure d'établissement des pénalités, d'un droit de présenter ces observations, l'administration dispose quant à elle d'un droit de ne pas répondre aux observations. La Haute juridiction administrative a, sur le fondement des dispositions de l'article L 80 D du Livre des procédures fiscales, jugé que « *l'administration n'est pas tenue de répondre aux observations présentées par le contribuable sur ces sanctions, même si elle les a motivées dans la notification de redressement* »[2046]. Cette décision non contestable en droit[2047] se justifie par l'absence de mention dans ce texte « *d'une obligation de réponse motivée de l'administration sur ces observations* »[2048].

787. À côté de l'interprétation littérale de l'article L 80 D du Livre des procédures fiscales, s'est posée la question de savoir si la motivation des pénalités qui résultent d'une notification de redressement impose une obligation de répondre aux observations du contribuable sur le fondement de

---

[2043] C.C., n° 99-424 DC, 29 décembre 1999, op cit.
[2044] AYRAULT L., « SANCTION FISCALE. – Procédures », op cit.
[2045] Le contribuable ne peut pas davantage se fonder sur les dispositions de la Charte de contribuable vérifié pour imposer un droit de réponse aux observations.
[2046] CE, 27 juin 2008, n° 305702, SCI Ingrid, *Dr fisc.* 2008, n° 44-45, comm. 563, concl. OLLEON L., note GUINCHARD M. et GRAU R.
[2047] GUICHARD M., GRAU R., « Absence d'obligation de répondre aux observations du contribuable portant sur les sanctions », *Dr fisc.* 2008, n° 44-45, comm. 563.
[2048] Ibidem.

l'article L 57 du Livre des procédures fiscales[2049]. La Haute juridiction administrative a répondu par la négative dans l'arrêt du 27 juin 2008[2050]. En l'espèce, la SCI Ingrid a, à la suite d'une vérification de comptabilité relevant une omission de déclaration, fait l'objet de rappels d'impôts par une notification de redressement en date du 24 juin 1998. Cette notification a été remplacée par une seconde en date du 28 juillet 1998, laquelle comportait, en outre, la motivation des pénalités encourues. La demande de décharge des pénalités ayant été rejetée devant les premiers juges du fond, la société a fait appel devant la Cour administrative d'appel de Marseille. Celle-ci a, par une interprétation extensive des dispositions de l'article L 57 du Livre des procédures fiscales, jugé que l'administration n'est pas dispensée de confirmer au contribuable la persistance d'un désaccord quant à l'application des pénalités. Dès lors, en ne confirmant pas les redressements envisagés, l'administration a méconnu les dispositions de l'article L. 57 du Livre des procédures fiscales.

788. La Haute juridiction administrative a jugé que la Cour administrative d'appel de Marseille avait commis une erreur de droit en fondant le contrôle de la motivation des pénalités fiscales sur les dispositions de l'article L 57 du Livre des procédures fiscales. Le Conseil d'État pose une frontière stricte entre les dispositions de l'article L 57 du Livre des procédures fiscales qui traitent de la motivation de la réponse de l'administration aux observations du contribuable et les dispositions de l'article L 80 D de ce Livre qui traitent de la motivation des pénalités fiscales. Par conséquent, « *l'obligation de motiver le bien-fondé des pénalités qui incombe à l'administration est exclusivement régie par l'article L 80 D du Livre des procédures fiscales* »[2051]. Selon le commissaire du gouvernement Laurent Olléon, pour imposer à l'administration de répondre aux observations du contribuable sur le fondement de l'article L 57 du Livre des procédures fiscales, il aurait fallu considérer que « *la nature du document l'emporte sur son contenu, et que tout ce qui figure dans une notification de redressements doit satisfaire aux exigences de l'article L 57 du Livre des procédures fiscales* »[2052]. Or, la Haute

---

[2049] L'article L 57 du Livre des procédures fiscales dispose que « *l'administration adresse au contribuable une proposition de rectification qui doit être motivée de manière à lui permettre de formuler ses observations ou de faire connaître son acceptation* ». Il résulte de ces dispositions que l'administration doit aviser le contribuable qui a présenté ses observations sur une notification de redressement de la persistance d'un désaccord, en lui en faisant connaître les motifs : CE 11 juillet 1984, n°49355, *Dr fisc.* 1985, comm. 793, concl. CHAHID-NOURAI, *RJF* 1984. 630.

[2050] CE, 27 juin 2008, n° 305702, SCI Ingrid, op cit.

[2051] GUICHARD M. GRAU R., « Absence d'obligation de répondre aux observations du contribuable portant sur les sanctions », op cit.

[2052] Concl. OLLEON L., sous CE, 27 juin 2008, n° 305702, SCI Ingrid : *Dr fisc.* 2008, n° 44-45, comm. 563

juridiction administrative a choisi la voie d'une application stricte du principe du contradictoire aux sanctions fiscales[2053].

789. Cet arrêt a fait l'objet d'une controverse au sein de la doctrine. Il résulte du rapport de la Commission des finances, que le contenu de l'obligation de motivation peut être considéré comme « *une procédure assimilable de fait à une procédure contradictoire* »[2054] dès lors que « *le maintien de la pénalité envisagée ou au contraire l'abandon ou la réformation de cette pénalité constitueront, de fait, de la part de l'administration, une réponse aux observations (ou à l'absence de réaction) du contribuable* »[2055]. Par conséquent, *« on peut considérer que le présent article introduit effectivement une procédure assimilable de fait à une procédure contradictoire* (...) »[2056]. Cette acception souple n'est toutefois pas partagée par la majorité de la doctrine. En effet, si cet arrêt n'est pas contestable en droit, puisqu'il procède d'une application littérale des dispositions législatives et qu'il s'inscrit dans une jurisprudence constante du Conseil d'État, il est regrettable qu'il n'aille pas dans le sens d'un meilleur dialogue entre l'administration fiscale et le contribuable dans le processus d'établissement de la sanction fiscale[2057]. Selon certains, le respect des droits de la défense devrait imposer à l'administration de poursuivre « *une procédure réellement contradictoire* »[2058]. Or, la procédure instituée à l'article L 80 D du Livre des procédures fiscales n'est pas « *à proprement parler une procédure contradictoire puisque l'administration décide souverainement d'engager ou non le dialogue avec le contribuable au vu de ses observations* »[2059]. Le respect des droits de la défense doit se traduire par l'obligation de répondre aux observations de l'intéressé et par l'indication des motifs de leurs rejets. Cette obligation permettrait au contribuable de connaître la position de l'administration fiscale et les raisons qui justifient l'infliction d'une sanction fiscale. Il en résulterait un échange complet des points de vue.

[2053] Cette solution n'a pas fait l'unanimité dans la doctrine. Certain regrette que la jurisprudence de la Haute juridiction administrative « *n'aille pas dans le sens d'un meilleur dialogue entre le contribuable et l'administration* ». En effet, « *inclure les sanctions fiscales aurait pu permettre d'améliorer ce dialogue aux yeux des contribuables. Cette exigence est à notre sens d'autant plus favorable que les sanctions font partie des éléments généralement les moins facilement admis par le contribuable dans une procédure de redressement. Désormais, seul le législateur pourrait remédier à cette carence* » : GUICHARD M. GRAU R., « Absence d'obligation de répondre aux observations du contribuable portant sur les sanctions », op cit

[2054] MIGAUD D., Rapp. Comm. finances de l'Assemblée n° 1992 : t. II, p. 251.

[2055] Ibidem.

[2056] Ibidem.

[2057] GUICHARD M. GRAU R., « Absence d'obligation de répondre aux observations du contribuable portant sur les sanctions », op cit.

[2058] Ibidem.

[2059] BORNHAUSER M., « SANCTIONS FISCALES ET PROCÈS ÉQUITABLE -. - La compatibilité du contentieux des pénalités fiscales avec l'article 6 de la Convention européenne des Droits de l'Homme », op cit.

Conclusion chapitre 2

790. L'intégration de la présomption d'innocence a été remarquée en matière fiscale essentiellement par l'interprétation extensive qui a été faite par la Cour européenne des droits de l'homme des dispositions de l'article 6§3 de la Convention. Elle constitue les prémisses de la protection de la présomption d'innocence a postériori.

791. En revanche, les garanties relatives à l'équité du procès, telles qu'elles résultent de l'article 6 de la Convention n'ont été transposées aux formes extra pénales de la répression que de manière très limitée. Si, dans un premier temps, la Cour européenne des droits de l'homme a semblé favorable à l'application indirecte des garanties du procès équitable à la phase non contentieuse de la procédure, la jurisprudence récente est révélatrice d'un net recul sur ce point. Le passage du critère de l'atteinte irrémédiable au critère de l'équité globale semble compromettre les chances de se voir appliquer les garanties du procès équitable à la phase administrative d'établissement des pénalités fiscales. La transposition de ce raisonnement par la Haute juridiction administrative n'a pas non plus permis d'obtenir des résultats satisfaisants sur le terrain de l'application des garanties de l'article 6 de la Convention à la phase administrative préalable. L'appréciation au cas par cas du caractère invocable des garanties du procès équitable n'a eu qu'un effet limité en matière fiscale.

792. Cette application restrictive des dispositions de l'article 6 de la Convention n'est pas de nature à priver le contribuable de toute garantie relative à l'équité du procès. En effet, certaines de ces exigences bénéficient d'une normativité renforcée en droit interne. Il en va ainsi du principe constitutionnel des droits de la défense qui inclut l'une des principales exigences du droit au procès équitable, à savoir le contradictoire[2060]. La consécration de ce principe a été à l'origine d'une profonde refondation du régime juridique des sanctions fiscales, en instaurant l'obligation pour l'administration fiscale de motiver les décisions prononçant une pénalité et en donnant le droit au contribuable de présenter ces observations. Toutefois, la transposition des garanties des droits de la défense à la procédure d'établissement des pénalités fiscales a été insuffisante. Les jurisprudences du Conseil constitutionnel et du Conseil d'État n'imposent qu'un standard minimum de garanties au profit du contribuable pour contester la décision

[2060] Ce principe, considéré comme la condition d'exercice des droits de la défense, inclut dans la jurisprudence de la Cour européenne des droits de l'homme, le droit de discuter des pièces du dossier et le droit à l'information : MILANO L., « le droit à un tribunal au sens de la Convention européenne des droits de l'homme », op cit pp. 515-520.

prise par l'administration. D'une part, l'exigence de motivation des sanctions et le droit de présenter ces observations ne permettent pas de mettre en œuvre un véritable débat, dans la mesure où l'administration peut décider d'interrompre le dialogue en refusant de répondre à ces observations. Il n'existe donc pas en matière de sanctions fiscales de véritable débat contradictoire. Le renforcement de la normativité du principe des droits de la défense par le Conseil constitutionnel n'a pour l'heure pas été dans le sens d'un renforcement des garanties au profit du contribuable.

Conclusion Titre 2 :
L'intégration des principes de forme

793. L'intégration des principes de forme n'a pas reçu le même écho en matière fiscale en ce qui concerne les droits procéduraux objectifs et les droits procéduraux subjectifs. Concernant les premiers, les principes constitutionnels et conventionnels n'ont permis de mettre en place qu'un standard minimum de garanties procédurales. La justification de l'efficacité répressive s'est faite au détriment de la promotion des droits du contribuable. Il en va ainsi de la jurisprudence tant constitutionnelle que conventionnelle relative à la négation du pouvoir de modulation. La spécificité du contentieux de masse en matière fiscal est à l'origine d'une jurisprudence restrictive des droits et libertés. À l'objectif d'efficacité répressive s'ajoute l'efficacité du recouvrement. Il justifie la dérogation au caractère non suspensif des recours en matière fiscale. En ce qui concerne les droits procéduraux subjectifs, les garanties de l'article 6 de la Convention ne sont appliquées que de manière indirecte à l'aune d'un contrôle global et concret de l'équité de la procédure. Cette application restrictive est toutefois compensée au niveau interne par les exigences relevant des droits de la défense. Les initiatives du juge visant à renforcer la portée du principe des droits de la défense ont été relayées par le législateur. Cette intervention législative a permis de renforcer la normativité des exigences découlant de ce principe. Toutefois, pour que la procédure soit équitable au sens de l'article 6 de la Convention, il faut poursuivre le renforcement des exigences du procès équitable en imposant une obligation pour l'administration de répondre aux observations du contribuable.

Conclusion générale

794. La spécificité du système fiscal fondé sur un mécanisme essentiellement déclaratif a amené le législateur à prévoir corrélativement des dispositifs de contrôle et de sanction efficace afin de s'assurer de la sincérité des déclarations et de préserver le système d'imposition. L'attribution d'un pouvoir de sanction fiscale nécessite pour être légitime de doter les contribuables de garanties que la Cour européenne des droits de l'homme et le Conseil constitutionnel ont puisées dans les principes fondamentaux du droit pénal. En effet, « *l'efficacité sans la garantie, c'est le risque d'arbitraire* »[2061]. Ainsi, sous l'impulsion conjuguée de la Cour européenne des droits de l'homme et du Conseil constitutionnel, le droit des sanctions fiscales s'est transformé.

795. S'appuyant sur des fondements juridiques différents, les sages de la rue de Montpensier et les juges européens ont contribué ensemble à la soumission de nombreuses normes fiscales à finalité punitive à l'empire des principes fondamentaux habituellement appliqués en droit pénal. Ce phénomène résulte de deux éléments, à savoir, la caractérisation de la sanction fiscale au regard du droit pénal et l'instauration d'un régime juridique quasi pénal. Depuis les décisions fondatrices, le champ d'applicabilité des sanctions fiscales aux principes directeurs du droit pénal de fond et de forme n'a cessé de s'accroître et les garanties accordées aux contribuables se sont multipliées et renforcées à tel point qu'il est apparu nécessaire de nommer ce phénomène, la pénalisation des sanctions fiscales.

796. Les principes fondamentaux de droit pénal de fond et de forme prennent une place croissante dans la répression administrative des infractions fiscales. Elle résulte de l'élargissement du champ d'applicabilité des principes issus du droit pénal à de nombreuses pénalités fiscales, mais également à certains éléments du régime d'imposition à finalité punitive. Cette extension du champ d'applicabilité s'est accompagnée parallèlement d'une multiplication des principes applicables aux mesures fiscales répressives. Ces principes s'appliquent du fondement de la norme incriminatrice jusqu'à la

[2061] GUYOMAR M., « La sanction administrative », *LPA*, 12 janv. 2006, n° 9, pp. 7-9, spéc. p. 9

contestation la sanction. Ainsi, la pénalisation du droit fiscal a permis « *d'enserrer la sanction fiscale dans un carcan juridique* »[2062].

797. L'élargissement progressif du champ d'applicabilité des principes et leur multiplication ont conduit la Cour européenne des droits de l'homme, le Conseil constitutionnel, la Cour de cassation et le Conseil d'État à limiter leur portée afin de ne pas contrevenir à l'action de l'administration. Face à un contentieux de masse, l'administration fiscale doit avoir les moyens de réprimer rapidement tout manquement aux obligations fiscales. C'est en vertu d'un régime de sanction efficace que la Cour européenne des droits de l'homme, le Conseil constitutionnel, le Conseil d'État et la Cour de cassation admettent une certaine souplesse dans l'application des principes fondamentaux du droit pénal et de la procédure pénale. Il en ressort une tension constante entre la volonté de préserver un système de répression fiscale efficace et la préservation des droits et garanties du contribuable.

798. La voie de l'équilibre est toutefois difficile à garantir. L'impératif d'efficacité répressive s'impose dans les jurisprudences de la Cour européenne des droits de l'homme, du Conseil constitutionnel, du Conseil d'État et dans une moindre mesure dans celle de la Cour de cassation. Il n'est pas envisageable de considérer la sanction fiscale comme formant un ensemble avec les sanctions pénales stricto sensu, conduisant à l'application du même régime juridique. Une assimilation parfaite des sanctions fiscales aux sanctions pénales bouleverserait le fondement même de la répression en matière fiscale. Toutefois, si cette assimilation n'est pas souhaitable, une conception libérale implique d'intensifier la vigilance à l'égard de la répression administrative fiscale dont l'exercice est confié à des autorités non juridictionnelles.

[2062] FROGER C., « La sanction fiscale dans les jurisprudences constitutionnelles et européennes », *RDP* 2013, n° 4, p. 929

Bibliographie

I. Ouvrages

CHAPUS R., Droit du contentieux administratif, *Montchrestien, Lextenso Éditions* 2008, 13e éd., 1560 p.

CHEVALIER J-P., La relativité de la chose jugée dans le contentieux fiscal, *Presses universitaires de France*, 1975, 168 p.

COLLET M., Droit fiscal, *PUF* 2020, 8e éd., 458 p.

COLLET M., COLLIN P., Procédures fiscales, *PUF* 2020, coll. thémis droit, 400 p.

CONTE, Ph, MAISTRE du CHAMBON P., Droit pénal général, *Dalloz-Sirey* 2004, 7e éd., 394 p.

DEBOISSY F., CHADEFAUX M., Précis de fiscalité des entreprises, *Litec Lexis Nexis* 2019, coll. précis fiscal, 43e éd., 1054 p.

DEGOFFE M., « Droit de la sanction non pénale », *Economica* 2000, Droit, 380 p.

DELMAS MARTY M., TEITGEN-COLLY C., Punir sans juger ? de la répression administrative au droit administratif pénal, Economica 1992., 191 p.

DESPORTES F., LAZERGES-COUSQUER L., Traité de procédure pénale, *Economica* 2015, 4e éd., 2461 p.

DESPORTES F., LE GUNEHEC F., Droit pénal général, *Economica* 2009, Corpus Droit privé, 6e éd, 1248 p.

DREYER E., Droit pénal général, *Litec Lexis Nexis* 2019, 5e éd., 1518 p.

GUINCHARD S., BUISSON J., Procédure pénale, *Litec Lexis Nexis* 2019, 12e éd., 1510 p.

GUINCHARD S., CHAINAIS C., DELICOSTOPOULOS C., DELICOSTOPOULOS L., DOUCHY-OUDOT M., FERRAND F., MAGNIER V., RUIZ FABRI H., SINOPOLI L., SOREL J-M., Droit processuel, *édition dalloz* 2017, 1515 p.

JEANCLOS Y., La peine, miroir de la justice, *Montchrestien Lextenso Edition* 2012, 160 p.

LAMARQUE J., NÉGRIN O., AYRAULT L., Droit fiscal général, *Lexis Nexis*, 4e édition, 2019, 1642 p.

LAMBERT T., Procédures fiscales, *LGDJ 2019*, Précis Daumat Droit public, 4e éd, 756 p.

LOPEZ C., Droit pénal fiscal, *LGDJ* 2012, *Lextenso Edition*, 234 p.

MAYAUD Y., Droit pénal général, PUF 2018, 6e éd. Droit fondamental, Classique, 800 p.

MERLE et VITU, Traité de droit criminel, Cujas, 7e éd., 2000, t. 1, 1068 p.

NEEL B., Les pénalités fiscales et douanières, Economica 1989, coll. Finances publiques, 423 p.

PHILIP L., Droit fiscal constitutionnel, évolution d'une jurisprudence, Economica 2014, Coll. Finances publiques, 151 p.

SPIRE A., WEIDENFELD K., « Des erreurs ou des fraudes ? Le sens des sanctions en matière fiscale », Mission de recherche Droit et Justice, CERAP, septembre 2014, 189 p.

SUDRE F., L'interprétation de la Convention européenne des droits de l'homme : actes du colloque des 13 et 14 mars 1998 / organisé par l'Institut de droit européen des droits de l'homme (UMR-CNRS 5815), Faculté de droit de l'Université de Montpellier I , *Bruxelles Nemesis*, 1998, 354 p.

Droit européen et international des droits de l'homme, *PUF*, 2008, p. 424.

VINEY G., Traité de droit civil. Introduction à la responsabilité civile, *LGDJ*, 2008, 3e éd., p. 164

II. Thèses

ANGELETTI-DELTIN L., « De l'existence du droit pénal fiscal ou l'impossible justification des principes généraux gouvernant le contentieux pénal de l'impôt », Thèse Aix-Marseille Université, 2002, 741 p.

BARONE L., « L'apport de la Convention européenne des droits de l'homme au droit fiscal français », *l'Harmattan* 2000, coll. Finances publiques, 439 p.

CHAABOUNI I., « La protection des personnes soumises à des contrôles fiscaux et financiers. Étude comparative des contrôles de l'administration fiscale, des juridictions financières et de l'autorité des marchés financiers », *LGDJ* 2010, Thèse, Bibliothèque finances publiques et fiscalité, t. 50., 496 p.

CLIQUENNOIS M., « La convention européenne des Droits de l'Homme et le juge français, vademecum de la pratique professionnelle », *l'Harmattan* 1997, 319 p.

DEBAT O., « La rétroactivité et le droit fiscal », *Défrénois* 2006, coll. Droit et Notariat, 528 p.

DELLIS G., « Droit pénal et droit administratif, l'influence du droit pénal sur le droit administratif répressif », *LGDJ* 1997, Bibliothèque de Droit public, 464 p.

DESFOURS M-H., « Contribution à la réflexion sur la notion de sanction pénale dans le droit positif contemporain français », thèse Aix-Marseille Université.

DETRAZ S. « La contrainte par corps », th. dactylographiée, Bordeaux IV, 2002, 1352 p.

DJOUHRI M., « L'évolution du contrôle fiscal depuis 1945 : aspects juridiques et organisationnels », *LGDJ* 2012, Bibliothèque de finances publiques et fiscalité 449 p.

DRIE J-C., « Procédures de contrôle fiscal, la voie de l'équilibre », *l'Harmattan* 2005, coll. Finances publiques, 384 p.

GUINCHARD A., « Les enjeux du pouvoir de répression en matière pénale : du modèle judiciaire à l'attraction d'un système unitaire », *LGDJ* 2003, Bibliothèque des sciences criminelles, Tome 38, 663 p.

HARDY C-H. « La répression en matière fiscale en France 1789 – 2019 », Thèse Paris 1.

HONG ROCCA J., « Les sanctions fiscales à l'épreuve des transformations du droit (contribution à l'étude historique et théorique des sanctions fiscales) », ANRT, Thèse à la carte, 701 p.

JOANNARD E., « L'établissement de la preuve fiscale : essai de droit processuel », *L'Harmattan*, coll. finances publiques, 2019.

LEFONDRE M., « Recherches sur les sanctions administratives et leur nature juridique », Thèse Caen, 1973.

MASCLET DE BARBARIN M., « Le contentieux de recouvrement de l'impôt », *LGDJ* 2004, bibliothèque de droit public, Tome 243, 616 p.

MILANO L., « Le droit à un tribunal au sens de la Convention européenne des droits de l'homme », *Dalloz*, Nouvelle bibliothèque de thèse, 674 p.

MODERNE F., « Sanctions administratives et justice constitutionnelle », *Economica* 1993, coll. Droit public positif, 341 p.

MOLFESSIS N., « Le Conseil Constitutionnel et le droit privé », *LGDJ* 1997, Bibliothèque de droit privé, TOME 287, 602 p.

MOURGEON J., « La répression administrative », *LGDJ,* Bibliothèque Droit public 1967, 643 p.

MOUYSSET O., « Contribution à l'étude de la pénalisation », *LGDJ* 2008, Bibliothèque des sciences criminelles, 524 p.

PERIN-DUREAU A., « L'obligation fiscale à l'épreuve des droits et libertés fondamentaux », *LGDJ* 2014, Nouvelle Bibliothèque de Thèses, 566 p.

SAUTEL O., « Le double mouvement de dépénalisation et de pénalisation du nouveau Code pénal », Thèse Montpellier I, 1998, 624 p.

SID AHMED K., « Droits fondamentaux du contribuable et procédure fiscales – Étude comparative », *l'Harmattan* 2008, coll. Finances publique, Tome 1. 442 p.

« Droits fondamentaux du contribuable et procédure fiscales – Étude comparative », *l'Harmattan* 2008, coll. Finances publique, Tome 2, 330 p.

III. Articles

ACARD C., GENESTIER N., EXERJEAN G., « La ligne de démarcation entre risque fiscal et pénal (1er volet). Les enjeux de la pénalisation en matière fiscale », *Dr fisc.* 2017 n°7-8, comm. 172

ACHTARI L., « Procès équitable : le contribuable aussi a le droit de se taire ! - Questions à Lida Achtari, Avocate au barreau de Bruxelles, Association d'avocats Afschrift », *Lexbase Hebdo édition fiscale* 2012, n°493.

ALBERT J-L., « Fraude fiscale - Rapport introductif général », *Dr fisc.* 2007, n° 3, comm 47.

ANDRE C., « l'exigence de justice », in mélange en l'honneur de Pierre Badinter, *Dalloz* 2016, pp. 1-28.

ANDRIANTSIMBAZOVINA J., « Jurisprudence administrative et Convention Européenne des Droits de l'Homme », *RFDA* 2009, p. 715.

AUSTRY S., « Chronique de droit économique et fiscal », *nouv. Cah. du Cons. const.,* n°57 p. 229.

« Les sanctions administratives en matière fiscale », *AJDA* 2001, p.51.

AYRAULT L., « Droit fiscal répressif », *Dr fisc.* 2007, n° 25, n° hors-série, comm. 632.

« Droit fiscal européen des droits de l'homme : chronique de l'année 2009 », *Dr fisc.* 2010, n° 8-9, comm. 209.

« Office du juge et répression administrative en matière fiscale », *Procédures* 2012, n° 3, comm. 100.

« L'absence de modulation des sanctions fiscales par le juge et la Convention EDH : sens et conséquences de la décision Segame de la CEDH, *Dr fisc.* 2012, n°29, comm. 387.

« Conformité à la Constitution de l'amende pour défaut de déclaration des sommes versées à des tiers », *Dr fisc.* 2012, n° 40, comm. 46.

« Examen contradictoire et présence d'un interprète », *Procédures* 2013 n° 1, comm. 33.

« Convention européenne des droits de l'homme (CEDH) - Droit fiscal européen des droits de l'homme : chronique de l'année 2012 », *Dr fisc.* 2013, n°9, comm. 177.

« Droit fiscal européen des droits de l'homme, chronique de l'année 2014 », *Dr fisc.* 2015, n°9, comm. 180.

« Le renforcement des sanctions », *Dr fisc.* 2014, n° 51-52, comm. 701.

« Droit fiscal européen des droits de l'homme - Droit fiscal européen des droits de l'homme : chronique de l'année 2015 », *Dr fisc.* 2016, n°9, comm. 206.

« La pénalisation de la lutte contre la fraude fiscale », *Revue européenne et internationale de droit fiscal*, n°2015-1, p.36

« Non bis in idem : les enjeux en matière fiscale », *AJ pénal* 2015, p. 185.

« Droit fiscal européen des droits de l'homme : chronique de l'année 2016 », *Dr fisc.* 2017, n°9, comm. 191.

« Droit fiscal européen des droits de l'homme : chronique de l'année 2017 », *Dr fisc.* 2018, n° 9, comm. 207.

« La fin des présomptions, à propos des présomptions irréfragables », *Revue européenne et internationale du droit fiscal* 2018, n°1, p. 18.

« SANCTION FISCALE. – Définition et régime juridique », JCl. Notarial Formulaire, V° Enregistrement, fasc. 385

AYRAULT L., SIERACZEK-ABITAN M., « La commission des infractions fiscales : analyse critique après trente ans d'existence », in Écrits de fiscalité des entreprises, études à la mémoire du professeur Maurice Cozian, *Litec Lexis Nexis*, 2009, pp. 679-696.

BACHELIER G., EL KAOURI G., GUICHARD M., « Table ronde sur l'articulation des sanctions pénales et des sanctions fiscales », *Dr fisc.* n° 46, 13 novembre 2014, comm. 626 ; « Table ronde sur l'articulation des incriminations pénales et des qualifications fiscales », *Dr fisc.* 2014, n° 46, comm. 624.

BACHELIER G., EL KAOURI G., GUICHARD M., OBADIA E., « La détection des fraudes : table ronde sur les nouvelles armes de l'administration fiscale », *Dr fisc.* 2014, n° 46, comm. 619.

BARANES W., « Le souci de l'effectivité du droit » *D.* 1996, p. 301.

BARCON MAURIN J-L « Éléments sur les objectifs et les résultats du contrôle fiscal en matière de lutte contre la fraude fiscale », *Dr fisc.* 2007, n° 3, comm. 50.

BARILARI A., « Le Conseil Constitutionnel abandonne-t-il l'objectif constitutionnel de lutte contre la fraude ? », *Constitutions* 2014, pp. 68-75.

BELDA B., « La présomption d'innocence, garantie par l'article 6, § 2 de la Convention EDH, peut s'appliquer à la procédure administrative établissant une sanction fiscale », *JCP G* 2007, n°50, II 10206.

BENARD Y., « Dissuasion à l'anglaise : la double clef de la fraude à la loi », *RJF* 12/2006, p. 1087.

BENESSIANO W., « Légalité pénale et droits fondamentaux », *PUAM*, 2011, p.83.

BOKDAM-TOGNETTI E., « ESFP : obligation de poursuivre le dialogue contradictoire avec les ayants droit d'un contribuable décédé en cours de procédure », *Dr fisc.* 2017 n° 28, comm. 398.

BONIS-GARÇON E., « L'identification de la sanction pénale - le point de vue d'un pénaliste », in Droit constitutionnel et grands principes du Droit pénal, Acte du colloque organisé le 8 et 9 novembre 2012 par le CERCCLE et l'ISCJ de l'Université Montesquieu-Bordeaux IV, *Edition Cujas* 2013, collection Actes et Études., p.146

BONNET J., « Le principe de légalité criminelle, le point de vue d'un constitutionnaliste », in Droit constitutionnel et grands principes du Droit pénal, Acte du colloque organisé le 8 et 9 novembre 2012 par le CERCCLE et l'ISCJ de l'Université Montesquieu-Bordeaux IV, *Edition Cujas* 2013, collection Actes et Études p. 116.

BORNHAUSSER M., « Sanctions fiscales et procès équitable - La compatibilité du contentieux des pénalités fiscales avec l'article 6 de la Convention européenne des Droits de l'Homme », *Dr fisc.* 1995, n°28, comm. 100049.

BOTTON A., « À la recherche de la peine perdue en droit constitutionnel », *DP* 2015, n° 9, dossier 7.

BOUSARDO V., MAES M., « Pénalisation de la fraude fiscale : la fin justifie-t-elle les moyens ? », DP 2018, n°10, dossier 9.

BOUSTA R., « De la créativité du juge fiscal : l'exemple de l'indépendance des procédures fiscale et pénale », *Dr fisc.* 2011, n° 16, comm. 310.

BOUTEMY B., « Intérêts de retard - selon le TGI de Nîmes, le juge est habilité à ramener l'intérêt de retard au taux de l'intérêt légal », *Dr fisc.* 2001, n°28, comm. 670.

BOUTEMY B., MEIER E., « Intérêts de retard- la différence du taux entre l'intérêt de retard et les intérêts moratoires ne constitue ni une sanction, ni une discrimination prohibée » *Dr fisc.* 2002, n°26, comm. 555.

« Intérêts de retard : rendez à César ce qui est à César (Matthieu 22,21), mais pas plus (TGI Paris 6 juillet 2000) », *Dr fisc.* 2001, n° 3, p. 133 s.

BRARD Y., « Motivation, droits de la défense et procédure contradictoire », in les sanctions administratives fiscales, aspects de droit comparé, *l'harmattan*, coll. Finances publiques, 2006, p. 157.

BROKELIND C., « Charte des droits fondamentaux de l'Union européenne et cumul de sanctions fiscales et pénales », *Dr fisc.* 2013, n°40, comm. 460.

BUCK V., « chronique de droit constitutionnel pénal », *RSC* 2005, n° s.n., pp. 122-13

BUISSON J., « Preuve – charge de la preuve », *Répertoire de droit pénal et de procédure pénale*, Octobre 2013 (actualisation : octobre 2019).

CABON S-M., « Le particularisme du déclenchement des poursuites pénales : le maintien du « *verrou de Bercy* », *Dr fisc.* 2014 n° 46, comm. 620.

CHACORNAC J., « L'articulation des répressions. Comment résoudre le problème de non bis in idem ? », *RSC* 2019 p.333.
CHAINAIS C. FENOUILLET D. « Le droit contemporain des sanctions, entre technique et politique, présentation et conclusion de la recherche collective », in Les sanctions en droit contemporain, la sanction entre technique et politique, *Édition Dalloz* 2012, pp XII- LXXX.

CHETARD G., « La proportionnalité de la répression dans la jurisprudence du Conseil Constitutionnel, *RSC* 2013, p. 51.

CLAVERIE-ROUSSET., « Le délit de fraude fiscale et les délits voisins », *Dr fisc.* 2014, n° 46, comm. 622.

COCHETEUX P., « La police fiscale », *LPA,* 12 août 2011, n°160.

COLLET M., « La question prioritaire de constitutionnalité en matière fiscale », *RJEP* 2011, p. 3.

« Quelles conséquences attacher aux erreurs procédurales de l'administration fiscale ? », *JCP G.,* 2012, n° 23, comm. 687.

« Les sanctions administratives et l'article 6 de la Convention européenne de sauvegarde des droits de l'homme et des libertés fondamentales », *JCP A* 2013, n°11, comm. 2077.

« L'application du principe de personnalité des peines aux personnes morales en matières administrative et fiscale -. - À propos de l'avis du Conseil d'État du 4 décembre 2009, Société Rueil Sports », *RJEP* 2010, n° 673, étude 5.

COLLET M., COLLIN P., « Le cumul de sanctions pénale et fiscale face aux exigences constitutionnelles et européennes - . - À propos de Cons. Const., 24 juin 2016, n° 2016-546 QPC et n° 2016-545 QPC », *JCP G.*, 2016 n° 29, comm. 847.

COLSON R., FIELD S., « Entre gestion des flux, équité processuelle, efficacité répressive et efficience budgétaire », in les transformations de la justice pénale, *D.* 2014 pp 12-23.

COSTA D., « Les limites du principe de la rétroactivité in mitius », *JCP G.* 2010, n° 44, comm. 1099.

COUSTET T., « La justice pénale négociée au secours du verrou de Bercy ? », *DA* 08 octobre 2018

COZIAN M., « La gestion fiscale de l'entreprise », *RJF* 1980, p. 202 à 206.
COZIAN M., DEBOISSY F., « Garanties et domaine de la procédure de répression de l'abus de droit », *RJF* 2/93, p.99.

DAUMAS V., « Abus de droit, derniers développements jurisprudentiels », *RJF* 1/11.

DE LAMY B., « le principe de la légalité criminelle dans la jurisprudence du Conseil Constitutionnel », *cah. du Cons. Const.* 2009, n° 26.

« Le non cumul des sanctions par la non constitutionnalisation du principe ne bis in idem », *RSC* 2015. 705.

DELMAS-MARTY M., DERVIEUX V., JACQ CH., MASSIAS F., COSTE J-F., « La matière pénale au sens de la Convention européenne des droits de l'homme, flou du droit pénal », *RSC* 1987, n°4, p. 820.

DE MONTALIVET P., « Les objectifs de valeur constitutionnelle », *Cah. du Cons. const.* 2006, n° 20.

DEBAT O. « La commission des infractions fiscales, les ressorts d'un désamour inépuisable » *Revue européenne et internationale de droit fiscal*, 2015, n°1, pp.79-87

« Souveraineté, citoyenneté, liberté. Le droit pénal fiscal en quête d'équilibre », in Livre du bicentenaire du Code pénal et du Code d'instruction criminelle, *D.* 2010, pp. 771 à 824.

DEBOISSY F., « L'abus du régime mère-fille » *Dr fisc.* 2014, n° 41, étude 567

« Abus de droit : quel est le risque pénal ? », *Dr fisc. 2014,* n° 46, comm. 623.

« Retour sur un principe controversé : l'indépendance des procédures pénale et fiscale », *Dr fisc.* 2014, n°51-52, comm. 692.

« La fraude corrompt tout, y compris l'application d'une convention fiscale », *JCP A.* n° 3, 18 Janvier 2018, 1034

DEBOISSY F., WICKER G., « L'absence d'application du principe de personnalité des peines aux personnes morales en cas de transmission universelle du patrimoine », *Dr fisc.* 2010, n°3, act. 18

DECOCQ A., « Cours de droit pénal et de sociologie criminelle », *Les cours de droit*, 1986, p. 98

DEGOFFE M., « L'ambiguïté de la sanction administrative », AJDA 2001, p.27

DEKEUWER A., « La rétroactivité in mitius en Droit pénal : un principe encore et toujours contesté ! », *JCP G.*, 1997, n°48, comm. 4065

DE LA MARDIERE CH., « La pénalité de 10% pour paiement tardif n'est pas une sanction », *Constitutions* 2011, comm. 380.

« La charge de la preuve en matière d'abus de droit », *Dr fisc.* 2011, n°10, comm. 250.

« La mort punie saisit le vif innocent », *Constitution* 2012, p. 471.

« La notion d'abus droit, arme de répression fiscale », *Dr fisc.* 2014, n°51-52, comm. 70.

« Abus de droit : vers une plus grande répression ? Comment analyser l'état du droit depuis l'arrêt Verdannet ? », *Dr fisc.* n° 24, 14 Juin 2018, 297.

« La répression fiscale en France sous l'Ancien Régime », *Revue européenne et internationale de droit fiscal*, n°2015-1, p.31 ;

« Abus de droit- notion, texte, historique », *JCl. Procédure fiscale*, fasc. 375.

DE LAMY B., « la transmission d'une amende par voie successorale », *RSC* 2013. 430.

DELMAS-MARTY M., « code pénal d'hier, droit pénal d'aujourd'hui, matière pénale de demain », *D.* 1986, chr., p. 27.

« Les contradictions du droit pénal », *RSC* 2000, p.4.

DEROUIN P., « L'apport du Droit pénal au régime juridique des sanctions fiscales », *LPA* 1993, n°120.

DETRAZ S., « Constitutionnalité relative du cumul des sanctions fiscales et pénales », *JCP G.* 2016 n°40, comm. 1042.

« Conformité à la Constitution du cumul plafonné des pénalités fiscales et des sanctions pénales pour les fraudes fiscales les plus graves », *Revue pénitentiaire et de droit pénal*, juillet-septembre 2016, n° 3, 633-636.

« La mise à l'écart du principe non bis in idem en matière fiscale », *Dr fisc.* 2016, n°38, comm.502

« Une brèche dans l'indépendance des procédures fiscales et pénales », *RSC*, juillet-septembre 2016, n° 3, p. 524-528

« La pérennisation jurisprudentielle du cumul des répressions fiscale et pénale », *Dr fisc.* n° 11, 14 Mars 2019, 201.

DELVOVE P. « Le pouvoir de sanction et le contrôle du juge », *LPA* 17 septembre 2001, n°185, p. 18.

DIBOUT P., « Répression des abus de droit en matière fiscale et principe de fraude à la loi - À propos de l'arrêt du Conseil d'État du 27 septembre 2006, Société Janfin », *JCP A.*, n° 50, 14 Décembre 2006, 2820.

DREIFUSS M., « Portée de l'article 6 de la Convention européenne des droits de l'homme en matière de pénalités fiscales », *AJDA* 1995, p. 739.

DREYER E., « Question prioritaire de constitutionnalité - Le Conseil constitutionnel et la matière pénale - la QPC et les attentes déçues... », *JCP G.* 2011, n° 37, doctr. 976.

DRIE J-C « Prescription fiscale : vers la multiplication des exceptions », in la sécurité juridique, *l'harmattan, coll. Finances publiques*, 2011, p.191.

DUGRIP O. et SUDRE F.,, « Du droit à un procès équitable devant les juridictions administratives » : *RFDA* mars-avril 1990, p. 203- 223

ESCLASSAN M-C., « Mieux adapter la contrainte fiscale. L'essor des dispositifs d'essence contractualiste en droit fiscal français », *in Réforme des finances publiques et modernisation de l'administration*, p.199-210.

« Une conséquence de la crise : l'essor de la pénalisation du contrôle fiscal » in Mélange en l'honneur du professeur Joël Molinier, *LGDJ Lextenso édition* 2012, p.190-201.

EVEILLARD G. « Les sanctions en droit administratif, entre approfondissement de la soumission à la légalité et recherche de l'efficacité », in Les sanctions en droit contemporain, vol 1, La sanction entre technique et politique, *Edition Dalloz*, 2012, p. 494.

« Les principes applicables à la procédure disciplinaire dans les établissements d'enseignement primaire et secondaire », *DA,* 2014, n° 11, comm. 66

FARINA CUSSAC J., « La sanction punitive dans les jurisprudences du Conseil Constitutionnel et de la Cour européenne des droits de l'homme », *RSC* 2002, p. 517.

FAURE Y., MALVERTI C., « Didier a vingt ans. L'entrée dans l'âge adulte ? », *AJDA* 2019. 506

FERNANDEZ-MAUBLANC V., « Portée en droit fiscal français du droit de toute personne de ne pas contribuer à sa propre incrimination », *Rev. UE* 2011. 476.

FLAUSS J-F., « Droit administratif et Convention européenne des droits de l'Homme » ((janvier- avril 1993), *AJDA,* 1993. 483.

« Droit administratif et Convention européenne des droits de l'Homme », (janvier- avril 1994), *AJDA* 1994, p. 511.

« Pénalités fiscales et Convention européenne des droits de l'homme : à propos de l'arrêt Bendenoun du 24 février 1994 », *LPA* 1994, n°56, p.21.

FOUQUET O., « Cumul des sanctions fiscales et pénales : *Rev. adm.* 1997, n° 296, p. 170 et 171

« Fraude à la loi et abus de droit », *Dr fisc.* 2006, n° 47, 65, p. 2004.

« Abus de droit : la sécurité juridique rédactionnelle - . - À propos de la censure des articles 96 et 100 de la loi de finances pour 2014 », *Dr fisc.* 2014, n° 1-2, p. 8-9.

« Les deux nouvelles procédures de « mini-abus de droit » instituées par le projet de Loi de finances pour 2019 sont-elles constitutionnelles ? », *Dr fisc.* 2018, n°49, act. 519.

FOUQUET O. et HATOUX B., « Décharge de l'impôt par le juge et condamnation pour fraude fiscale : que reste-t-il de la réserve d'interprétation du Conseil constitutionnel ? À propos de Cass. crim., 28 juin 2017, n° 16-81.149, P+B », *Dr fisc.* 2017, n° 45, act. 587

FOURNIER A., « Charte des droits fondamentaux et Convention européenne des droits de l'homme, redondance ou renforcement de la protection des contribuables ? », *Dr fisc.* 2018, n°21, comm. 281.

FOURRE J., « Les sanctions administratives et le Code général des impôts » *LPA* 17 janvier 1990, p.46.

FRAISSE R., « L'article 16 de la Déclaration, clef de voûte des droits et libertés », *Les nouveaux cahiers du Conseil Constitutionnel*, juin 2014, n° 44.

FRAISSINIER-AMIOT V., « l'article 6§1 de la Convention européenne des droits de l'homme et la matière fiscale, la lecture européenne (1iere partie) », *Les nouvelles fiscales* 2011, n°1071.

FROGER C., « La sanction fiscale dans les jurisprudences constitutionnelles et européennes », *RDP* 2013, n° 4, p. 929.

FROSSARD S., « quelques réflexions relatives au principe de la personnalité des peines », *RSC* 1998. 703.

FRULEUX F., « Loi de finances pour 2019 : une réforme contestable de l'abus de droit », *JCP N.* n° 1, 4 Janvier 2019, act. 101.

FUCINI S., « L'interdiction du cumul de poursuites en matière d'abus de marché : la constitutionnalisation minimaliste du principe non bis in idem », *RFDC* 2015, n°103, p. 722.

GAILLARDOT D., « Les conséquences de l'indépendance des contentieux pénal et fiscal pour l'autorité judiciaire », *Dr fisc.* 2016, n° 38, comm. 504

GALLOIS A., « La responsabilité pénale de la société absorbante en cas de fusion-absorption frauduleuse », *DS* 2010, n° 4, étude 7.

GEST G., « La Convention et l'action des autorités fiscales », *D.P.C.I.* 1991, n°4.

GIRARD F., « L'intérêt de retard face à l'intérêt légal », *Lexbase Hebdo,* édition fiscale *2002,* n°23.

GIUDICELLI A., « le principe de légalité en droit pénal français. Aspects légistiques et jurisprudentiels », *RSC*, 2007, 3, p. 155

GOESEL LE BIHAN V., « Le contrôle de proportionnalité dans la jurisprudence du Conseil Constitutionnel : figures récentes : *RFDC* 2007, n°70, p. 292.

GOULARD G., « Applicabilité de l'article 6-1 de la Convention européenne des droits de l'homme. CEDH 24 février 1994 n°3/1993/398/476, aff. Bendenoun c/ France », *RJF* 6/1994, p. 383 et s.

GRANDEMANGE J-P., « On hérite de tout... même des pénalités fiscales », *Dr fisc.* 2012 n° 27, 5 comm. 365.

GUILLAND N., « Cumul de sanctions en matière de fraude fiscale et principe non bis in idem : première condamnation par la CEDH et appréciation du lien temporel et matériel entre les procédures après l'arrêt A et B c/ Norvège », *JCP E*, 7 septembre 2017, n°36.

« Cumul de sanctions de la fraude fiscale et principe non bis in idem : l'avocat général de la CJUE ne s'incline pas devant la CEDH », *Dr fisc.* 2017, n° 42, act. 559

« Cumul de sanctions de la fraude fiscale : pas de requiem pour non bis in idem », *Dr fisc.* 2018, n° 21, comm. 285

GUICHARD M., GRAU R., « Absence d'obligation de répondre aux observations du contribuable portant sur les sanctions », *Dr fisc.* 2008, n° 44-45, comm. 563

GUTMANN G., SIVIEUDE O., GOUDET C., DERO C., BARCON MAURIN J-L., MARCUS E., « Transparence des relations entre Administration et contribuables : quel équilibre ? »., Actes de la soirée annuelle de l'IFA du 6 novembre 2014, *Dr fisc.* 2014, n° 50, comm. 673.

GUTMANN D., « La pénalisation du droit fiscal : mythe ou réalité ? », *Dr fisc.* n°4, 27 janvier 2011, 122

« Sanctions fiscales et constitution », *Nouveaux Cahiers du Conseil Constitutionnel* 2011, n° 33.

« Le contrôle du Conseil constitutionnel sur les sanctions fiscales », *Dr fisc.* 2015 n° 13, comm. 233.

« La sanction : regards croisés du Conseil d'État et de la Cour de cassation » Acte du colloque organisé par le Conseil d'État et la Cour de cassation le 13 décembre 2013 », *La documentation française*, 2015, p. 125.

« La portée de l'article 6 de la Convention européenne des droits de l'homme en matière fiscale » *Dr fisc.* 2016, n°38, comm. 501.

GUYOMAR M., « La sanction administrative », *LPA*, 12 janv. 2006, n° 9, pp. 7-9, spéc. p. 9

HAIM V., « L'article L. 80 A du Livre des procédures fiscales est-il inconstitutionnel ? », *Dr fisc.* 1995, n° 12, p. 549 et s.

HARDOUIN-LE-GOFF C., « Les fictions légales en droit pénal », *DP* 2009, étude 1, p. 7.

HATOUX B., « La règle de droit en matière fiscale devant l'ordre judiciaire », *Dr fisc.* 2013, n° 24, comm. 325.

INGRAIN C., LORRAIN R., « Verrou de Bercy allégé, justice pénale négociée et droits de la défense - . - Le nouveau visage de la justice pénale fiscale », *JCP G.*, 2019, n°16, comm. 441.

JACQUOT N., « Constitutionnalité des pénalités fiscales : les peines alitées par la proportionnalité ? », *Dr fisc.* 2017, n° 29, comm. 400.

« Vers une balkanisation du contentieux fiscal ? Réflexions sur les nouveaux contours de l'office du juge pénal en matière de fraude fiscale - . - À propos de Cass. crim., 11 sept. 2019, n° 18-81.980, n° 18-82.430, n° 18-81.067, n° 18-81.040 et n° 18-84.144 et note explicative », *Dr fisc.* 2019, n°43, comm. 412.

JACQUOT N., MISPELON P., « Inconstitutionnalité partielle de la sanction pour non-respect des obligations déclaratives relatives à un trust (CGI, art. 1649 AB anc.), *Dr fisc.* 2017, n° 21, comm. 323

J. VAN BRUSTEM E., « L'article 6§1er de la CESDH et le contentieux fiscal : une exclusion fondée sur une spécificité de plus en plus discutable » *Dr fisc.* 2007, n°46, comm. 956.

KLUGER J., « L'élaboration d'une notion de sanction punitive dans la jurisprudence du Conseil Constitutionnel », *RSC* 1995, comm. 505.

KOERING-JOULIN R. et TRUCHE P., « Retour sur le champ pénal européen… », Mélange en hommage à PETTITI L., *Bruylant* 1999, p.513, p. 524

KONING F. « Cour eur. D.H., Chambaz contre Suisse, 5 avril 2012. Prohibition de l'auto-incrimination en matière fiscale et égalité des armes », *RGCF*, nov. 2016, p. 403-417.

LABAYLE H., FLAUSS J-F., « Droit administratif et Convention européenne des droits de l'homme », *RFDA* 1995. 1172.

LAMBERT T., « La place des sanctions pénales dans le dispositif général de lutte contre la fraude fiscale », in Les sanctions pénales fiscales, *L'harmattan* 2000, collection finances publiques, pp 13-37.

LAMARQUE J., « L'article 16 de la Déclaration de 1789 », *Dr fisc.* 2015, n° 13, comm. 232.

LAMULLE T. « Une interprétation stricte des réserves du Conseil Constitutionnel en matière de cumul des sanctions fiscales et pénales », *Lexbase hebdo,* édition fiscale, n°707 du 2à juillet 2017.

LASERGES C., « Le Conseil Constitutionnel acteur de la politique criminelle – A propos de la décision 2004-492 DC du 2 mars 2004, *RSC* 2004, n° s.n., pp. 725-736.

LE GALL J-P., GERARD L., « Les recours des contribuables sur le fondement de Convention européenne de sauvegarde des droits de l'homme et des libertés fondamentales, à propos de l'arrêt Bendenoun, *Dr fisc.* 1994, n°21, comm. 100027.

LEGRAS C., « Rétroactivité in mitius : l'abrogation pour l'avenir de la participation pour dépassement de COS entraîne-t-elle la non application pour le passé de sa majoration pour omission ou insuffisance de déclaration ? », concl. sous CE, sect. 16 juillet 2010 n°294239, Colomb, *RJF* 1/11 n°59.

LEPAGE A. « Les sanctions en droit pénal des affaires : Réflexion sur la place et le rôle du droit pénal dans la vie des affaires », in Les sanctions en droit contemporain, La sanction entre technique et politique, *Édition Dalloz* 2012, pp. 96-108.

LEPOUTRE J., « Validité des réserves françaises au principe non bis in idem : le juge administratif attendra la Cour de Strasbourg -. - À propos de CE, ass., 12 oct. 2018, SARL Super Coiffeur », *Dr fisc.* n° 46, 15 Novembre 2018, act. 490.

LEROY J., « la densification normative en matière pénale », in Faut-il regénéraliser le Droit Pénal ? », Acte du colloque organisé à Tours les 6 et 7 novembre 2014, *LGDJ Lextenso édition*, collection Grands Colloques, 2015 pp 75-86.

LOUVEL L., « Défaut de déclaration des contrats de capitalisation souscrits à l'étranger : inconstitutionnalité de la sanction », *Les Nouvelles Fiscales*, 2017, n° 1211.

LUCHAIRE F., « La sécurité juridique en droit constitutionnel français », *Les nouveaux cahiers du Conseil Constitutionnel*, 2001, n°11, p. 69.

MAGNIER V., PACLOT Y., « Le principe de personnalité des poursuites et des peines à l'épreuve des décisions de l'AMF », in Étude à la mémoire du professeur Bruno Oppetit, Lexis Nexis, 2009, p. 536.

MAIA J., « Illusion et promesse de l'application à la matière fiscale de la Convention européenne des droits de l'Homme », *RJF* 1/02, chron. n°3.

MANGIAVILANO A., « Le rayonnement du droit constitutionnel fiscal », *RFDC* n°98, 2014, p 470-476.

MASCALA C., « Droit pénal des affaires », *REC. D*, 2016, p. 1836.

MASSIAS F., « Le champ pénal européen selon la Cour européenne des droits de l'homme : interprétation autonome et applicabilité des articles 6 et 7 de la Convention européenne des droits de l'homme », in Mélange en l'honneur de Reynald Ottenhof, *édition dalloz* 2006, p. 90-112.

MATHIEU G., « La responsabilité solidaire des dirigeants pour le paiement d'une amende fiscale : garantie et non-punition (commentaire de la décision du Conseil Constitutionnel, n°2010-90 QPC du 21 janvier 2011, M. Jean-Claude C. (Responsabilité solidaire des dirigeants pour le paiement de l'amende fiscale), *RFDC* 2011, n°87, p. 612.

MATSOPOULOU H., « L'application de la règle non bis in idem par la CJUE », *Rev. soc*. 2018. 73

MAURO C., « La Cour européenne des droits de l'homme revient sur la question de l'autorité de la chose jugée au pénal sur l'administratif », *AJ Pénal* 2015 p.367.

MAYAUD Y., « Les décisions « non bis in idem » du Conseil Constitutionnel : compétence judiciaire ou administrative ? Une invite à la Cour de cassation ? », *JCP E*. 2016, n°45, Comm. n°1595.

MELIN-SOUCRAMANIEN F., « Le principe de la garantie des droits de la défense, le point de vue du constitutionnaliste », in Droit constitutionnel et grands principes du droit pénal, coll. Actes et études, *éditions Cujas*, 2013, p. 72.

MEIER E., « Les droits et libertés constitutionnels en matière fiscale », *Dr fisc.* 2010, n°12, comm. 243

« L'indépendance des procédures fiscale et pénale, ou quand un train peut en cacher un autre », *Dr fisc.* 2012, n°42, comm. 488.

MILANO L., « Sanctions fiscales et pouvoir de modulation du juge, la réponse de la Cour de Strasbourg », *JCP G.*, 2012, n°35, comm. 922.

« Réserve française à l'article 4 du Protocole n° 7, une occasion délibérément manquée ! », *JCP G*, 24 juin 2019, n° 25, comm. 674.

« Le Gouvernement refuse de lever l'incertitude sur la conventionalité de la réserve au principe non bis in idem », *JCP G.* 2019, n° 36, , 876.

« Droits de la défense - Le critère de « l'équité globale du procès », un critère régressif », *JCP G.* 2019, n° 9-10, comm. 253.

MOLINIER J., « Pour une clarification de la répression fiscale », *Dr fisc.* 1980, n° 45, p. 1237 et s.

NEGRIN O., « opposabilité de la doctrine administrative », *Procédure* 2011, n°3, comm.124.

« Répression de la fraude fiscale - Procédure applicable aux poursuites pour fraude fis*cale* », *Procédures* 2016, n° 7, comm. 246.

« Abus des conventions fiscales, note sous CE, plén., 13 oct. 2017, n° 396954, Verdannet », *Procédures* 2017, comm. 327.

OLIVA E., « La lutte contre la fraude fiscale : un principe à valeur constitutionnelle », in le contentieux fiscal en débats, Actes du Colloque organisé les 15 et 16 novembre 2013 par le CEFF de la Faculté de droit et science politique d'Aix-Marseille Université, *LGDJ*, coll. Grand colloque, p.

OLLEON L., « Intérêts de retard et Convention européenne des droits de l'Homme : peut-on noyer un serpent de mer ? », *RJF* 06/02, chron. 447

PARIZOT R., « Le principe ne bis in idem dans la jurisprudence de la Cour européenne des droits de l'homme », *AJ pénal* 2015. 173.

PAULIAT H., « La motivation des actes administratifs unilatéraux », in La motivation, actes du colloque organisé à Limoges, 1998 / par l'Association Henri Capitant des amis de la culture juridique française, *LGDJ*, 2000, p.60.

« L'émergence du concept de sanction administrative », *La Semaine Juridique Administrations et Collectivités territoriales* 2013, n° 11, 11 comm. 2072

PELLAS J-R., « L'influence du droit à un procès équitable sur le pouvoir de sanction fiscale », *LPA* du 1er juillet 1994, n°78.

PELLETIER M., « Droit constitutionnel fiscal : chronique de l'année 2016 » : *Dr fisc.* 2017 n° 12, comm. 209

« Droit constitutionnel fiscal : chronique de l'année 2015 » : *Dr fisc.* 2016 n° 10, comm. 208

« Vers un élargissement discret de la qualification de sanction fiscale », *Dr fisc.* 2014 n° 31-35, act. 432.

« Non-cumul des sanctions - Principe non bis in idem », *Revue pénitentiaire et de droit pénal* 2015, n° 2, p. 419-425.

« De quelques conséquences (inattendues) des décisions Alec W et Jérôme C. », *Dr fisc.* 2016, n° 30-35, act. 466.

« Échappatoire constitutionnel », *DP* 2016, n° 9, comm. 135

« Nouveau requiem pour le principe non bis in idem ? - . - À propos de CEDH, gde ch., 15 nov. 2016, n° 24130/11 et n° 29758/11, A et B c/ Norvège », *Dr fisc.* n° 47, 24 Novembre 2016, comm. 603.

« La CJUE et le principe non bis in idem : un pas en arrières, deux pas en avant », *Dr fisc.* 2018, n°14 comm. 139.

PETIT J., « L'application du principe de la rétroactivité in mitius aux sanctions fiscales », *RFDA* 1997, p. 843.

PICARD B., CHERRUAULT C., « La loi relative à la lutte contre la fraude - . - Poursuite du mouvement de pénalisation du droit fiscal », *Revue Internationale de la Compliance et de l'Éthique des Affaires* 2018, n° 5, comm. 163.

PIERRE J-L., « Répression des abus de droit », *Procédures* 2006, n°12, comm. 284.

« Efficacité des pénalités fiscales, principe de personnalité des peines et personnes morales, *Dr fisc.* n°6, 11 fevrier 2010, comm. 181.

PRIOL J-M., « Intérêt de retard : une saga sans fin ? », *Lexbase édition fiscale*, n°119 du 6 mai 2004.

RACINE P-F « Les sanctions fiscales et la CEDH », Regards critiques et perspectives sur le droit et la fiscalité, liber amicorum Cyrille Avid, *LGDJ Montchrestien* 2005, p. 68.

RAKOTONDRAHASO F-T., « L'application du principe constitutionnel de la légalité des délits et des peines aux sanctions administratives », *RDP* 2014, n°2, p. 399.

RENDERS D., JOASSART M., PIJCKE G., PIRET F., « le régime juridique de la sanction administrative », in Les sanctions administratives, Centre d'études constitutionnelles et administratives, *Bruylant Bruxelles*, 2007, p. 196.

ROBLOT-TROIZIER « Chronique de Jurisprudence- Droit administratif et droit constitutionnel », *RFDA* 2012, p. 528.

ROBERT J-H, « La punition selon le Conseil constitutionnel », *Cahiers du Conseil constitutionnel* n° 26, août 2009.

« Une importante réforme de procédure pénale inachevée – À propos de la loi du 9 juillet 2010 », *JCP* 2010, 1067.

« Une peine modérément modérable », *DP* 2012 n° 10, comm. 130.

ROULHAC C., « L'apport de la question prioritaire de constitutionnalité en matière fiscale », *Dr fisc.* 2017, n° 51-52, 21 comm. 586.

ROUJOU DE BOUBEE G., GARE T., GINESTET C., MIRABAIL S., TRICOIRE E., « Droit pénal », *D.* 2018. 2259.

RUSTCHMANN Y., ROCHE P-M., « Transposition de la clause anti-abus générale en matière d'IS (CGI, art. 205 A) et nouvelle procédure d'abus de droit (LPF, art. L. 64 A) : les paradoxes de la réforme », *JCP N.* 2019, n° 4, comm. 1084.

SAILLARD A., « Le Conseil d'État refuse d'assimiler les intérêts de retard à une sanction administrative », *LPA* 2002, n°162, p.6.

SALOMON R., « Droit pénal fiscal », *Dr fisc.* 2014, n° 46, comm. 614.

« Droit pénal fiscal », *Dr fisc.* 2016, n°45, comm. 576.

« Droit pénal fiscal », *Dr fisc.* 2017, n°40, comm. 485.

« Droit pénal fiscal », *Dr fisc.* 2018, n°49, comm.489.

« Droit pénal fiscal », *Dr fisc.* 2019, n°46, comm. 437.

« Dix ans d'évolution du droit pénal fiscal », *Dr fisc.* 2017, n° 40, comm.484.

« Maintien de sa jurisprudence par la chambre criminelle », *DS* 2017, n° 2, comm. 34.

SAND C., DAOUD E., « Fraude fiscale : réflexions autour de la présomption d'innocence », *Dr. pénal* 2018, n° 10, dossier 11.

SANZ DIAZ PALACIOS J.A., « Le droit du contribuable de ne pas contribuer à sa propre incrimination dans l'affaire Chambaz contre Suisse (commentaire de l'arrêt de la Cour eur. D.H. du 5 avril 2012) », *RGCF*, nov. 2016, p. 419-425.

SAUPHANOR S.et MOIRIGNOT L., « Non bis in idem : état des lieux de la remise en cause du cumul des poursuites et des sanctions administratives et pénales dans l'ordre juridique français », JCP A. 2019, n° 45, comm. 1500.

SAUVE J-M, « Les sanctions administratives en droit public français », *AJDA* 2001, p. 16 et s.

SCOFFONI G., « Jurisprudence fiscale et Convention européenne des droits de l'homme : vers une protection européenne du contribuable national », *Cahiers de l'I.D.E.H.H.* n°2, Université de Montpellier I, p.120.

SERLOOTEN P., « Responsabilité fiscale des dirigeants : direction effective et opposabilité des exceptions », *BJS* juin 2004, n° JBS-2004-165, p. 821.

SEVELY-FOURNIER C., « Répression et motivation – Réflexion sur la motivation des arrêts et jugements des juridictions répressives », *RSC*, 2009, p. 783 et s.

SCHIELE P., « La portée de la règle « non bis in idem » au regard du cumul des sanctions fiscales et pénales, Note sous Cass. crim., 20 juin 1996, n° 94-85 796, M. Ponsetti », *Dr fisc.* 1997, n° 15-16, p. 532 à 535

SID HAMED K., « L'appréhension des activités illicites par le droit fiscal » *Revue européenne et internationale du droit fiscal*, n° 2015/1, *Bruyant* 2015, pp.128-136.

SIERACZEK-ABITAN M., « Le respect des droits de la défense en matière de sanctions fiscales », Les Nouvelles Fiscales, N° 838, 15 décembre 2000.

« L'indépendance des procédures pénale et fiscale : un principe prétorien contestable », *Dr fisc.* 2007, n°50, comm. 1039.

SORDINO M-C., « Spécificités de l'application du principe de personnalité des peines n matière économique », *Rec.* 2014 p.531

SOURZAT C., « Essai d'une analyse des rapports entre procédures fiscale et pénale », *RSC* 2016 p.199

STOLOWY N., « interprétation stricte des lois pénales et image fidèle », *JCP G* 1999, n°30 doctr. 157

SUDRE F., « Droit à un procès équitable et retrait de points du permis de conduire : un arrêt en trompe l'œil de la CEDH », *JCP* 1999., n°19, comm. II. 10086.

« Principe non bis in idem et Convention européenne des droits de l'homme : la décision en trompe l'œil du Conseil Constitutionnel », *JCP G.*, 2015, n°13, p. 608.

« L'onde de choc de l'article 6 de la CEDH en matière de sanctions fiscales », *JCP G.* 1997, n° 43, II 22935.

TIXIER G., et LAMULLE T., « La règle non bis in idem est-elle applicable au cumul des sanctions pénales et des sanctions fiscales ? Note sous Cass crim., 20 juin 1996, n° 94-85 796, M. Ponsetti » D. 1997, J, p. 249 à 251

TORCK S., « Chronique d'une mort annoncée ou la vaine résistance de la Chambre criminelle de la Cour de cassation », *DS* 2014, n° 5, comm. 87.

TOUILLIER M., « Le Conseil constitutionnel à la recherche de la juste proportion dans la lutte contre la fraude fiscale et la grande délinquance économique et financière », *La revue des droits de l'homme (En ligne)*, Actualités Droit-Liberté, mis en ligne le 02 janvier 2014 : http://revdh.revues.org/499.

TOURBON J., « Introduction aux enjeux de la pénalisation de la vie économique », acte du colloque sur les enjeux de la pénalisation de la vie économique du 20 et 21 mars 1996, *Editions Dalloz* 1997, pp. 2-9.

TUROT J., « La vraie nature de la garantie contre les changements de doctrine », RJF 5/92, chron. p. 371

« Pénalités fiscales : une « zone de transit » du droit administratif. », *RJF* 1992, chronique p. 263.

« Indispensable prescription », *Dr fisc.* 2015 n° 42, comm. 628.

VATIER B., « La pénalisation nuit-elle à la démocratie ? », *LPA* 27 janvier 1997 n° 12, P. 4.

WALINE M., « Nature juridique des pénalités fiscales », *Rev sc. fin.* 1949, p. 14.

WRASEN C., CHAVENT-LECLERE A-S., RICARD T. BACHELET J., AMBLARD., MAJEROWICZ S., « La responsabilité fiscale et pénale du dirigeant d'entreprise, Compte rendu du colloque organisé par l'université Lyon 3 le 31 octobre 2008 », *Dr fisc.* 2009, n°16, comm. 279.

IV. Publications officielles

Directives de l'Union européenne

Directive 2006/112/CE du Conseil, du 28 novembre 2006, relative au système commun de taxe sur la valeur ajoutée : JO L 347, p. 1.

Lois

Loi n° 63-1316 du 27 décembre 1963, portant unification ou harmonisation des procédures, délais et ,pénalités en matière fiscale*JORF* du 29 décembre 1963 p. 11827.

Loi n° 81-1160 du 30 décembre 1981 de finances pour 1982, *JORF* du 31 Décembre 1981 en vigueur 1er janvier 1982.

Loi n° 86-1318 du 30 décembre 1986, de finances rectificative pour 1986, *JORF* du 30 décembre 1986.

Loi n° 87-502 du 8 juillet 1987 Dite Aicardi modifiant les procédures fiscales et douanieres, *JORF* du 9 juillet 1987, p. 7470.

Loi n° 99-1173 du 30 décembre 1999 portant loi de finances rectificative pour 1999, *JORF* 29 déc. 2000, p. 20813, *Dr fisc.* 2000, n° 4, comm. 44.

Loi n° 2001-458 du 30 mai 2001 portant création d'une prime pour l'emploi, *JORF* n°125 du 31 mai 2001 p. 8639, texte n° 1.

Loi n° 2003-1311 du 30 décembre 2003 de finances pour 2004, *JORF* du 31 décembre 2003.

Loi n° 2005-1719 du 30 décembre 2005 de finances pour 2006, *JORF* du 31 décembre 2005.

Loi n°2007-297 du 5 mars 2007, *JORF*, n°0056 du 7 mars 2007 p. 4297, texte n° 1.

Loi n° 2008-1443 du 30 décembre 2008 de finances rectificative pour 2008, *JORF* du 31 Décembre 2008, *Dr fisc.* 2009, n° 5, comm. 139.

Loi n° 2010-237 du 9 mars 2010 de finances rectificative pour 2010 (1), *JORF* n°0058 du 10 mars 2010 p. 4746, texte n° 1.

Loi n° 2010-768 du 9 juillet 2010 visant à faciliter la saisie et la confiscation en matière pénale, *JORF* n°0158 du 10 juillet 2010 p. 12753, texte n° 1.

Loi n° 2011-267 du 14 mars 2011, LOPPSI II, *JORF* n°0062 du 15 mars 2011 p. 4582, texte n° 2

Loi n° 2013-1117 du 6 décembre 2013, relative à la lutte contre la fraude fiscale et la grande délinquance économique et financière, *JORF* n°0284 du 7 décembre 2013 p. 19941, texte n° 4.

Loi n° 2016-1918, 29 déc. 2016, art. 110, *JORF* du 30 décembre 2016.

Loi n° 2017-1339 du 15 septembre 2017 pour la confiance dans la vie politique *JORF* n°0217 du 16 septembre 2017, texte n° 2.

Loi n° 2017-1837, 30 déc. 2017, *JORF* n°0305 du 31 décembre 2017.

Loi n° 2018-898, 23 oct. 2018 relative à la lutte contre la fraude, JO 24 oct. 2018, texte n° 1.

Loi n° 2018-1317 du 28 décembre 2018 de finances pour 2019, *JORF* n°0302 du 30 décembre 2018, texte n° 1.

Ordonnances

Ordonnance n° 2005-1512 du 7 décembre 2005 relative à des mesures de simplification en matière fiscale et à l'harmonisation et l'aménagement du régime des pénalités, *JORF* n°285 du 8 décembre 2005 page 18912, texte n° 10.

V. Jurisprudences

Décisions de la Cour européenne des droits de l'homme

CEDH, 21 février 1975, n° 4451/70, Golder c/ Royaume-Uni, *GACEDH*, n° 26

CEDH 8 juin 1976, n°5100/71, Engel C/ Pays-Bas, série A, n°22. *GACEDH*, n° 4.

CEDH, 23 juin 1981, 6878/75 Le compte, Van Leuven et De Meyere c/ Belgique, A., 43, §51, *GACEDH*, n°17.

CEDH 21 février 1984, n°8544/79, Oztürk c/ Allemagne : série A, n°73, *GACEDH*, n° 25.

CEDH 28 juin 1984, Campbell et Fell C. Royaume Uni, série A, n°80, *JDI*, 1986, 1058, obs. P. Tavernier.

CEDH, 7 octobre 1988, n° 10519/83, Salabiaku c/ France : *Rec. CEDH* 1988, série A, n° 141-A.

CEDH, 30 mars 1989, Lamy c/ Belgique, 10444/83, A 151.

CEDH, 27 février 1992, n° 11598/85, Sténuit c/ France : *Rec. CE* 1992, série A, n° 232-A ; *CDE* 1992, n° 4, p. 26, note F. Sudre.

CEDH, 24 juin 1993, Schuler-Zgraggen c/ Suisse : *Rec. CEDH* 1993, série A, n° 263, pt 58.

CEDH, 24 février 1994, n°3/1993/398/476, aff Bendenoun c/ France, *RJF* 4/94 n°503.

CEDH 25 novembre 1994, Ortenberg c/ Autriche, série A n° 295-B.

CEDH, 10 février 1995, Allenet de Ribemont c/ France : série A, n° 308, §§ 36-37 ; GACEDH n° 33

CEDH, 23 octobre 1995, n° 15963/90, Gradinger c/ Autriche, série A n° 328-C

CEDH 23 octobre 1995, n° 15523/09 Schmautzer c/ Autriche, A.328-A, § 36.

CEDH, 22 novembre 1995, n°20166/92 SW et CR c/ Royaume-Uni, *GACEDH* n° 36.

CEDH, 17 décembre 1996, n° 19187/91, Saunders c/ Royaume-Uni, *JCP G* 1997, I, 4000, chron. SUDRE F.

CEDH, gde ch., 8 février 1996, n° 18731/91, John Murray c/ Royaume-Uni, *JCP G* 1997, I, 4000, obs. SUDRE

CEDH, 18 mars 1997, Mantovanelli c/ France, 21497/93, *Rec.* 1997-II, §§ 33-36, *JCP G*, 1998, I, 107, p.180 chron. SUDRE F.

CEDH, 29 août 1997, n° 75/1996/684/886 EL, RL et Jol c/ Suisse et n° 71/1996/690/882, AP, MP et Ta c/ Suisse, *RJF* 1997, n° 1097.

CEDH, 19 décembre 1997, n° 20772/92, Helle c/ Finlande, 20772/92, *Rec.* 1997-VIII.

CEDH 23 septembre 1998, Malige c/ France, n° 27812/95, *JCP* 1999., n°19, comm. II. 10086, note SUDRE F.

CEDH, 7 octobre 1988, Salabiaku c. France, n°10519/83, Série A, n°141 A, *RSC* 1989, 167.

CEDH, 14 septembre 1999 n° 33634/96, J.B. c. France.

CEDH, 30 mai 2000, n° 31982/96, R.T. c / Suisse.

CEDH, 1re sect., 26 septembre 2000, n° 33933/96, Guisset c/ France : *Rec. CEDH* 2000-IX.

CEDH, 21 décembre 2000, n° 34720/97, Heaney et McGuiness c. Irlande.

CEDH, 29 mai 2001, n° 37950/97, Franz Fischer c/ Autriche.

CEDH 5 juillet 2001, n° 41087/98, Phillips c. Royaume-Uni, § 34, CEDH 2001-VII.

CEDH 12 juillet 2001, gde ch., n°44759/98, Ferrazzini c/ Italie : *Rec. CEDH*-VII ; *Dr fisc.* 2002, n°10, comm. 187, *RJF* 2002, n°128, chron. J. Maïa.

CEDH, 1re sect., 23 juillet 2002, n° 34619/97, Janosevic c/ Suède, pt. 103, *RJF* 11/2002, n° 1340.

CEDH, 4e sect., 10 septembre 2002, n° 76574/01, Allen c/ Royaume-Uni.

CEDH, 5 novembre 2002, n° 48539/99, Allan C/ Royaume Uni, *CEDH* 2002-IX.

CEDH, 3 décembre 2002, n° 52938/99, Mieg de Boofzheim C/ France, *RJF* 2003, n° 663.

CEDH, 3 juin 2003, n°54559/00, Morel c/ France, Rec. CEDH 2003-IX ; *Europe* 2004, comm. 269 ; *RJF* 2003, n° 1337.

CEDH, 15 juin 2004, n°53371/99, Canady c/ Slovaquie.

CEDH, 12 avril 2005, n°46387/99, Withfield et autre.

CEDH, 11 juillet 2006, n° 54810/00 Jalloh c/ Allemagne, CEDH 2006-IX, *JDI* 2007, chron. 5.

CEDH, 10 octobre 2006, n° 40403/02 Pessino c/ France, *D.* 2007, p. 124, note ROETS.

CEDH, 23 novembre 2006, n°75.053/01, Jussila C/ Finlande : *Dr fisc.* 2007, suppl. au n°25, p.90 s.

CEDH, 30 novembre 2006, n°75101/01, Grecu c/ Roumanie.

CEDH, gde ch. 29 juin 2007, n°15809/02 et 25624/02 O'Halloran et Francis c. Royaume Uni, *JDI* 2008, chron. 5.

CEDH, 13 septembre 2007, n° 27521/04, Moullet c/ France.

CEDH 25 septembre 2007, n° 20.656/03, Loncke c/ Belgique.

CEDH 27 septembre 2007, n° 35522/04, Vassilios Stavropoulos c/ Grèce, *Recueil des arrêts et décisions,* 2007-I, § 39.

CEDH, 20 décembre 2007, n°21.638/03, Paykar Yev Haghtanak Ltd c/ Arménie.

CEDH, 25 novembre 2008, n°18.384/04, Oral c/ Turquie(n°2).

CEDH, gde ch., 10 févr. 2009, n° 14939/03, Zolotoukhine c/ Russie, pt 82 : JCP G 2009, 143, obs. SUDRE F.

CEDH 26 février 2009 n° 28 336/02 Grifhorst c. France *JCP G* 2009 II P. 10075 note PANNIER, *rev. sc. crim* 2009 p. 597 obs H MATSOPOULOU.

CEDH, 4e sect., 16 juin 2009, n° 13079/03, Ruotsalainen c/ Finlande.

CEDH, 5e sect., 6 oct. 2009, n° 29494/08, Poniatowski c/ France.

CEDH 14 janvier 2010, n° 29889/04, Vanjak c/ Croatie.

CEDH 24 mai 2011, n° 53466/07, Konstas c/ Grèce.

CEDH 23 août 2011, n° 53372/07, Vagenas c. Grèce.

CEDH 27 septembre 2011, n°23272/07, Hrdalo C/ Croatie.

CEDH, 12 avril 2012, n° 18851/07, Lagardère c/ France, *AJDA* 2012. 1726, chron. BURGORGUE-LARSEN L., D. 2012. 1708, obs. BACHELET O., note RENUCCI J.-F., *AJ pénal* 2012. 421, obs. LAVRIC S., *Rev. sociétés* 2012. 517, note MATSOPOULOU H.

CEDH, 5e sect., 5 avr. 2012, n° 11663/04, Chambaz c/ Suisse, *JCP G* 2012, 924, obs. SUDRE F.

CEDH, 7 juin 2012, n° 4837/06, Segame c/ France, *Dr fisc.* 2012, n° 29, comm. 387, note AYRAULT L.

CEDH, gr. ch., 12 juillet 2013, n° 25424/09, Allen c/ Royaume-Uni.

CEDH 23 juillet 2013, n° 19866/04, Ürfi Cetinkaya c/ Turquie.

CEDH, 3e sect., 21 octobre 2014, n° 25129/06, Lungu et a. c/ Roumanie, *RJF* 1/2015, n° 90.

CEDH, 5e sect., 27 novembre 2014, n° 7356/10, Lucky Dev c/ Suède, pt 51, *Dr fisc.* 2015, n° 4, act. 54.

CEDH, 1ière sect., 30 avr. 2015, n° 3453/12, n° 42941/12 et n° 9028/13, Kapetanios et a. c/ Grèce, *JCP G* 2015, 596, zoom SUDRE F. Sudre ; *AJP* 2015, 367, note MAURO C.

CEDH, 12 novembre 2015, n° 19866/04, El Kaada c/ Allemagne.
CEDH, 5e sect., 17 mai 2016, n° 76959/11, Sté Oxygène + c/ France, *Dr fisc.* 2017, n°2, comm. 191., note AYRAULT L.

CEDH, 13 septembre 2016, n° 50541/08, 50571/08, 50573/08 et 40351/09 Ibrahim et autre c/ Royaume Uni, *D.* 2016. 1862, obs. DE PRESSE C, *RSC* 2017 p.130, note MARGUENAUD J-P.

CEDH, 4 octobre 2016, n° 21563/12, Rivard c/ Suisse, *DP* 2016, comm. 181.

CEDH, gde ch., 15 novembre 2016, n° 24130/11 et n° 29758/11, A et B c/ Norvège », *Dr fisc.* n° 47, 24 Novembre 2016, comm. 603.

CEDH 28 mars 2017, n° 45028/07, Kemal Coşkun c/ Turquie.

CEDH, 1ière sect., 18 mai 2017, n°22007/11 Johannesson et a. c/ Islande, décision non reproduite.

CEDH, 3e sect., 19 sept. 2017, n° 10114/06, Khabarovskaya Toplivnaya Kompaniya c/ Russie.

CEDH, gr. ch., 18 décembre 2018, n° 36658/05, Murtazaliyeva c/ Russie, *JCP G* 2019, 253, note MILANO L.

CEDH, 6 juin 2019, n° 47342/14, Nodet c/ France, *JCP G* 2019, 876.

Décisions de la Commission européenne des droits de l'homme

Comm. EDH, 12 mars 1987, n°11 464/85, Max von Sydow c/ Suède, *DR* 53, p.85.

Comm. EDH, 3 juillet 1991, n°149-86/89, Van Kuijk c/ Grèce, *R.U.D.H.* 1991, p. 460.

Comm. EDH, 5 décembre 1991, n°13-616/88, H c/ France, *R.U.D.H.* 1991, p. 594-595.

Comm. EDH 1er décembre 1992, n°18 656/91, Edda Perin, *RJF* 8-9/93 n°1255.

Comm. EDH, 10 décembre 1992, n°12547/86.

Décisions de la Cour de Justice de l'Union européenne

CJCE, 28 mars 1984, aff. jtes 29 et 30/83, Cie royale asturienne des mines SA et Rheinzink GmbH c/ Commission : *Rec.* 1984, p. 1679 ; *CJCE*, 24 sept. 2009, aff. C-125/07 P, Erste Group Bank AG, spéc. § 79.

CJCE, 21 février 2006, aff. C-255/02, Halifax : *Rec. CJCE* 2006, I, p. 1609, *RJF* 5/2006, n° 648, *BDCF* 5/2006, n° 68, p. 62, concl. POIARES MADURO L-M., *Europe* 2006, n° 4, comm. 128, note MARIATTE F.

CJUE, gde ch., 26 février 2013, aff. C-617/10, Aklagaren c/ Hans Aklerberg Fransson, *Dr. fisci.* 2013, n°40, comm. 460, note BROKELIND C.

CJUE, 5e ch., 5 mars 2015, Aff. C-343/13, Modelo Continente Hipermercados SA c/ ACT, *JCP E* 2015, 1234, F. Barrière ; *DP.* 2015, comm. 74, obs. G. Notté ; *RJDA* 2015, p. 491, note C. Soulard.

CJUE, gde ch., 5 déc. 2017, aff. C-42/17, M.A.S. et M. B., pt 32, *Dr fisc.* 2017, n° 50, act. 671

Décisions du Conseil Constitutionnel

C.C., 20 janvier 1981, n° 80-127 DC, Rec. p. 15 ; *AJDA* 1981, p. 278, note GOURNAY C. ; *D.* 1981, p. 101, note PRADEL J. et 1982, p. 441, note DEKEUWER A. ; *Gaz. Pal.*, 13-14 févr. 1981, note PERIER-DAVILLE ; *JCP* 1981. éd, G. II. 19701, note FRANCK C. ; *RDP* 1981, p. 661, note PHILIP L. ; *Rev. adm.* 1981, p. 266, note DE VILLIERS M.

C. C., décembre 26 juin 1969, n° 69-55 L : *Rec. Cons. Const.* 1969, p. 32

C. C., 28 novembre 1973, n° 73-80 L, Nature juridique de certaines dispositions du Code rural, de la loi du 5 août 1960 d'orientation agricole, de la loi du 8 août 1962 relative aux groupements agricoles d'exploitation en commun et de la Loi du 17 décembre 1963 relative au bail à ferme dans les départements de la Guadeloupe, de la Guyane, de la Martinique et de la Réunion, *Rec.*, p. 45.

C.C., 2 décembre 1976, n° 76-70 DC, *JORF* 7 déc. 1976, p. 7052.

C.C., 20 juillet 1977, n° 77-83 DC, *JORF* du 22 juillet 1977, p. 3885.

C.C., 14 mai 1980, n°80-113 DC, *JORF* 16-17 mai 1980 p. 1231

C.C., 20 janvier 1981, n°80-127 DC, loi renforçant la sécurité et protégeant la liberté des personnes, *Rec.*, p.15., *JORF* du 22 janvier 1981, p. 308

C.C., 30 juill. 1982, n° 82-143 DC, Loi sur les prix et les revenus, consid. n° 13., *JORF* du 31 juillet 1982, p. 2470.

C.C., n° 82-145 DC du 10 novembre 1982, *Rec. Cons. const.* 1982, p. 64 cons. n° 3.

C.C., déc. 30 déc. 1982, n° 82-155 DC, Loi de finances rectificatives pour 1982, *Rec.* P.88, *JORF* 31 déc. 1982, p. 4034.

C.C., décembre n° 83-164 DC, 29 déc. 1983, *JORF* 30 déc. 1983.

C. C., 25 juillet 1984, n° 84-176 DC, *Rec. Cons. Const.* 1984, p. 55.

C.C. 10 et 11 octobre 1984, n° 84-181 DC, *Rec.* 78 ; L. Favoreu, *RDP* 1986, p. 395

C.C., 29 décembre 1984, n° 84-184 DC, Loi de finances pour 1985 : *RJF* 3/1985, n° 182.

C.C. 3 septembre 1986, n° 86- 213 DC, Loi relative à la lutte contre la criminalité et la délinquance, *JORF* du 5 septembre 1986, p. 10786.

C.C., 29 décembre 1986, n° 86-223 DC, *Rec. Cons. Const.* 1986, p. 184.

C.C., 23 janvier 1987, n° 86-224 DC, *RFDA*, janvier-février 1987, n° 1, p. 301, note FAVOREU L., Ibidem, p. 287, note GENEVOIS B. RDP, septembre-octobre 1987, n° 5, p. 1341, note GAUDEMET Y. ; *Pouvoirs*, septembre 1987, n° 42, p. 170-171, 179, 180-181, note AVRIL P., GICQUEL J.

C.C., 17 janvier 1989, n° 88-248 DC, Loi modifiant la loi n° 86-1067 du 30 septembre 1986 relative à la liberté de communication, cons. n° 37, *Rec. Cons. Const.* 1988, p. 18.

C.C. 8 juillet 1989, n° 89-258 DC, *Rec.* p. 48
C.C., 28 juillet 1989, n° 89-260 DC, Loi relative à la sécurité et à la transparence des marchés financiers, *JORF* du 1er août 1989, p. 9676.
C.C., 29 décembre 1989, n° 89-268 DC, *JORF* 30 déc. 1989, p. 16498.

C.C. 25 juillet 1990, n°90-227 DC, Loi relative à la révision générale des évaluations des immeubles retenus pour la détermination des bases des impôts directs locaux, *Rec. Cons. Const.* 1990, p.70

C.C., 28 décembre 1990, n° 90-285 DC, cons. n°57, *LPA* 1991 n°17, p.15, obs. J-P CHAUMONT ; *RFDC* 1991, 145, obs. L. FAVOREU ; *RFDC* 1991, 136, obs. L.PHILIP ; *Dr fisc.* 1991, 612, note L.PHLIP.

C.C., 21 février 1992, n°92-305 DC, Loi organique modifiant l'ordonnance n°58-1270 du 22 décembre 1958 portant loi organique relative au statut de la magistrature, *Rec. Cons. Const.* 1992, p. 27.

C.C., 25 février 1992, n° 92-307 DC, *RFDC*, avril-juin 1992, n° 10, p. 311-317, note GAIA P. ; *Pouvoirs*, septembre 1992, n° 62, p. 173, 189-192, note AVRIL P., GICQUEL J.

C.C., 18 août 1993, n° 93-225 DC, *Pouvoirs*, janvier 1994, n° 68, p. 166-167, 172, Note AVRIL P. et GICQUEL J., *RFDC*, juillet-septembre 1993, n° 15, p. 583-600, note FAVOREU L., *Rec* 1994, n° 13, p. 111, note MAILLARD DESGREES DU LOU D.

C.C., 21 janvier 1994, n° 93-335 DC, *JORF* n°21 du 26 janvier 1994 p. 1382, *RFDC*, avril-juin 1994, n° 18, p. 364-370, note MELIN SOUCRAMANIEN F., *Pouvoirs*, septembre 1994, n° 70, p. 205, 219, Note AVRIL P. et GICQUEL J.

C.C., 2 février 1995, n° 95-360 DC, *RJC* 1959-1997.

C.C., 9 avril 1996, n° 96-373 DC, Loi organique portant statut d'autonomie de la Polynésie française, *JO* du 13 avril 1996, p. 5724.

C.C., 22 avril 1997, n° 97-389 DC, *JO* 25 avril 1997, p. 6271

C.C., 16 juillet 1996, n°96-377 DC, consid. 11, *Rec.* p.87.

C.C., 30 décembre 1997, n° 97-395 DC, cons. n°39, *AJDA* 1998, 118, obs. J-E SHOETTL, *RFDC* 1998, 160, obs., Procédures 1998, p.4, note P. SCHIELE et p.24, note J-L PIERRE.

C.C., 16 juin 1999, n° 99-411 DC, 16 juin 1999, *Rec. Cons. Const.* 1999, p. 63, *JORF* n°140 du 19 juin 1999 p. 9018, *D.* 1999, jurispr. p. 589, note MAYAUD Y.

C.C., décembre 16 déc. 1999, n° 99-421 DC, Loi portant habilitation du Gouvernement à procéder, par ordonnances, à l'adoption de la partie législative de certains codes, *JORF* n° 296 du 22 décembre 1999 p. 19041, texte n° 2.

C.C., décembre n° 99-424 DC, 29 déc. 1999, L. fin. 2000, consid. 52, *JORF* du 31 décembre 1999, p. 19991, *Rec. Cons. Const.* 1999, p. 156, *RFDC* janvier-mars 2000, n° 41, p. 132-137, note PHILIP L., *RDP*, janvier-février 2000, n° 1, p. 9-16, note BUISSON J.

C.C., décembre 16 juin 1999, n° 99-411 DC, Loi portant diverses mesures relatives à la sécurité routière et aux infractions sur les agents des exploitants de réseau de transport public de voyageurs *: Rec. Cons. const.* 1999, p. 63, *JORF du* 19 juin 1999 ; *D.* 1999, p. 589, note MAYAUD Y.

C.C., 27 juillet 2000, n° 2000-433 DC, *JORF* du 2 août 2000, p. 11922.

C.C., 21 janv. 2001, n° 2010-88 QPC, Boisselier, *JORF* du 22 janvier 2011, p. 1385, texte n° 65, *Dr fisc.* 2011, n° 4, act. 35 ; *RJF* 2011, n° 482.

C.C., 27 déc. 2001, n° 2001-457 DC, L. fin. rect. 2001, *JORF* du 29 décembre 2001, p. 21172.

C.C., déc. 12 janv. 2002, n° 2001-455 DC, Loi de modernisation sociale, *JORF* du 18 janvier 2002 p. 1053, texte n° 3.

C.C., 20 novembre 2003, n°2003-484 DC, *Rec.*, p.438.

C.C., 29 décembre 2003, n°2003-489 DC, Loi de finances pour 2004, *Rec. Cons. Const.* p.487, *RJF* 3/2004, n°28.

C.C., 2 mars 2004, n° 2004-492 DC, § 5, *D.* 2004. 2756, obs. DE LAMY B, ibid. 2005. 1125, obs. OGIER-BERNAUD V. et SEVERINO C. ; *GDCC*, 15e éd. 2009. n° 43 ; *RSC*. 2004. 725, obs. LAZERGES C. ; ibid. 2005. 122, étude BUCK V. ; *RTD civ*. 2005. 553, obs. ENCINAS DE MUNAGORRI R.

C.C., décembre 22 juillet 2005, n° 2005-520 DC, *Rec. Cons. Const.* 2005, p. 118.

C.C., 30 mars 2006, n°2006-535 DC, *JORF* n°79 du 2 avril 2006 p. 4964, texte n° 2.

C.C. 10 juin 2009, n° 2009-580 DC, *RSC*, 2010, n° 2, p. 415-422.

C.C., 18 juin 2010 n° 2010-5 QPC, SNC Kimberly-Clark, *JORF* du 19 juin 2010, p. 11149 (cons. 3) ; *AJDA* 2010. 1230 ; *D.* 2010. 1622 ; ibid. 2011. 1713, obs. V. BERNAUD et L. GAY ; *RFDA* 2010. 704, J. BOUCHER ; *Constitutions* 2010. 419, obs. C. DE LA MARDIERE ; ibid. 597, obs. A. BARILARI.

C.C., décembre 22 juil. 2010, n° 2010-4/17 QPC, Indemnité temporaire de retraite outre-mer, *JORF* n°0168 du 23 juillet 2010 p. 13615, texte n° 115.

C.C., 23 juillet 2010, n° 2010-16 QPC, *JORF* du 24 juillet 2010, p. 13728.

C.C., 30 juillet 2010, n° 2010-14/22 QPC, *Procédures* 2010, comm. 382, note CHAVENT-LECLERE A.-S.

C.C., 26 novembre 2010 n° 2010-66 QPC, *JORF* n°0275 du 27 novembre 2010 p. 21117, texte n° 39, *JCP G* 2011, p. 15 note J-H Robert.

C.C., 26 novembre 2010, n° 2010-66 QPC, *D.* 2011. 2823, obs. ROUJOU DE BOUBEE G., GARE T., MIRABAIL S. et POTASZKIN T., *AJ pénal* 2011. 31, obs. PERRIER J.-B.

C.C., 10 décembre 2010, n° 2010-72/75/82 QPC, M. D. et a., JORF du 11 décembre 2010, *Dr fisc.* 2010, n° 50, act. 477, *Dr. fisc.* 2011, n° 15, 296, *Procédures* 2011, comm. 80, note AYRAULT L., *RJF* 2/2011, n° 211.

C.C., 21 janv. 2011, n° 2010-90 QPC, Cuaz, *Dr fisc.* 2011, n° 4, act. 35; *RJF* 4/2011, n° 483; *RJF* 2/2011, n° 215.

C.C. 10 mars 2011, n° 2011-625 DC, *JO* 15 mars 2011.

C.C. 17 mars 2011, n° 2010-103 QPC, Soc. Séras II, n° 104 QPC, Bertrand et n° 105/106 QPC Soares et autres ; *Constitutions*, 2011, n° 3, p. 378, note BARILARI A., *Dr fisc.*, 2011, n° 27, comm. 416, note LE SUBRA F. et LA TACON M., *RFDC*, 2011, n° 87, p. 635, note OLIVA E.

C.C., 29 avril 2011, n° 2011-124 QPC, *FR* 23/11, p. 23 et s., note AUSTRY S.

C.C., 16 sept. 2011, n° 2011-165 QPC, Sté Heatherbrae LTD, *RJF* 2011, n° 1349.

C.C., 10 février 2012, n° 2011-220 QPC, M. Ardouin, *Dr fisc.* 2012, n° 7-8, act. 87; *Procédures* 2012, n° 3, comm. 100, note L. Ayrault ; *RPDP* 2012, p. 742 ; *RJF* 4/2012, n° 400.

C.C., 30 mars 2012, n° 2012-225 QPC, Soc. Unibail Rodamco, *RJEP*, 2012, n° 700, p. 25, note FRAISSE R., *Dr fisc.* 2012, n° 14, act. 178 ; *RJF* 6/2012, n° 636.

C.C., 4 mai 2012, n° 2012-239 QPC, Altmann ; *Dr fisc.* 2012, n° 27, p. 29, note GRANDEMANGE J.-P.

C.C., 20 juillET 2012, n° 2012-267 QPC, Lherbeil, *Dr fisc.* 2012, n° 40, comm. 461, note AYRAULT L., *RJF* 12/2012, n° 1150.

C.C.,12 octobre 2012, n° 2012-280 QPC, Sté Groupe Canal Plus, *RJDA* 12/12 n° 1107.

C.C., déc. 27 septembre 2013, n° 2013-341 QPC, M. Smaïn Q. et a., *JO* du 1er oct. 2013, *Constitutions* 2013, p. 599, note LE BOT O., *AJDA* 2013, p. 1890, obs. GRAND, *AJDA* 2013 p. 2437, note ACH N.

C.C., 4 décembre 2013, n° 2013-679 DC, Loi relative à la lutte contre la fraude fiscale et la grande délinquance économique et financière, *Dr fisc.* 2013, n° 51, comm. 563, note DE LA MARDIERE Ch. ; *RJF* 2014, n° 173.

C.C., décembre 29 déc. 2013, n° 2013-685 DC, Loi de finances pour 2014, *JO* 30 déc. 2013, p. 22188, consid. 79, *RFDC*, avril-juin 2014, n° 98, p. 470-476, note MAGIAVILLANO A., *Dr fisc.* 2014, n° 1-2, p. 8-9, note FOUQUET O., *Gaz. Pal.* 2014, n° 47-49, p. 3-4 note LAVAL J-P., *LPA*, 6 février 2014, n° 27, p. 6-8, note ROLAND M.

C.C., 27 mars 2014, n° 2014-692 DC, Loi visant à reconquérir l'économie réelle, *JORF* n°0077 du 1 avril 2014 p. 6232, texte n° 4.

C.C., décembre 8 oct. 2014, n° 2014-418 QPC, Sté SGI, *Dr fisc.* 2014, n° 42, act. 531.

C.C., 29 décembre 2014, n° 2014-707 DC, Loi de finances pour 2015, *JORF* n°0301 du 30 décembre 2014 p. 22947, texte n° 4.

C.C., 20 janvier 2015, n° 2014-437 QPC, *JO* 23 janv. 2015, p. 1025.
C.C., 18 mars 2015, n° 2014-453/454 QPC et n° 2015-462 QPC, *Dr fisc.* 2015, n° 13, act. 198, *AJP* 2015, n° 4, 172, note MAURO C.

C.C., 26 juin 2015, n° 2015-473 QPC, Epx Palhon, *Dr fisc.* 2016, n°3, comm. 81, note GIRAUD P., *RJF* 10/2015, n°823.

C.C., 17 septembre 2015, n° 2015-481 QPC, *JORF* n° 0217 du 19 septembre 2015, p. 16585, texte n° 55.

C.C., 29 décembre 2015, n° 2015-726 DC, *Dr fisc.* 2016, n° 4, act. 50.

C.C., 18 mai 2016, n° 2016-542 QPC, *JORF* n° 0116 du 20 mai 2016, texte n° 92.

C.C., 24 juin 2016, n° 2016-545, QPC, M. Alec W et a. et n° 2016-546 QPC, M. Jérôme C, *JORF* n° 0151 du 30 juin 2016, texte n° 110., *Dr fisc.* 2016, n° 27, comm. 405, note DETRAZ S. JACQUOT V. N. et MISPELON P., *Dr fisc.* 2016, n° 26, act. 409.

C.C, 22 juillet 2016, n° 2016-554 QPC, M. Gilbert B., *Dr fisc.* 2016, n° 30-35, act. 481 ; *RFN* 2016, comm. 14, note PORNIN É., *RJF* 2016, n° 999.

C.C., 21 octobre 2016, n°2016-591 QPC, *Dr fisc.* 2016 n° 48, p. 84-89, note KHAYAT M. et PANNETIER S. ; Ibidem, 2018, n° 30, P. 53-55, note CREPEY E, *LPA* 2017, n°35, p. 7-8, note BENDELAC E.

C.C., 16 mars 2017, n° 2016-618 QPC, B, *Rec. D.* 2017 p.650, *Dr fisc.* 2017, n°21, comm 323, note JACQUOT N. et MISPELON P.

C.C., 9 juin 2017, n° 2017-636 QPC, Sté Edenred France, *Dr fisc.* 2017, n° 24, act. 355.

C.C., 27 octobre 2017, n° 2017-667 QPC, Cormorèche, *Dr fisc.* 2017, n° 45, act. 598 ; *RFP* 2017, alerte 234 ; *RJF* 1/2018, n° 77.

C.C., 23 novembre 2018, n° 2018-745 QPC, *JORF* n° 0272 du 24 novembre 2018, texte n° 70.

Arrêts du Conseil d'État

CE, 12 décembre 1930, *Rec. CE* 1930, p. 1063.

CE, sect., 31 mars 1944, De Weirdt, *Rec. CE* 1944, p. 105.

CE, sect., 5 mai 1944, n° 69751 Dame veuve Trompier Gravier, *Rec. CE* 1944, p. 133.

CE, 28 juin 1946, Société des phosphates de Nurlu, *Rec. CE* 1946, p. 187.

CE, sect., 8 juillet 1949, Dame veuve Goudoulin, *Rec. CE* 1949, p. 336.

CE, 23 novembre 1949, Meyer, *Rec. CE* 1949, p. 502.

CE, 10 mai 1952, n° 13640, *Rec. CE* 1952, p. 249 ; *JCP G* 1952, II, 7264.

CE, sect., 1er avril 1955, Harrach, *Rec. CE* 1955, p. 19.

CE, 23 avril 1958, n° 164217, Commune du Petit-Quevilly, *AJDA* 1958, II, p. 383.

CE, sect., 29 juin 1962, Sté aciéries de Pompey, *Rec. CE* 1962, p. 438 ; *JCP G* 1963, II, 13026, concl. POUSSIERE, note TOURDIAS.

CE, ass., n° 32084-32688, 30 mars 1962, Bertaux, *Rec. CE* 1962, p. 237.

CE, ass., 2 juillet 1965, min. Fin. et secr. d'État budget, *Rec. CE* 1965, p. 399.

CE, 26 mai 1970, n° 76193, Société Grasse-Arôme, *Rec. CE* 1970, p. 354.

CE, Sect., 5 octobre 1973, n° 82 836, SARL Clinique X, *Dr fisc.* 1974, n° 3, comm. 36, concl. MARDELKERN D.

CE, ass., 10 mai 1974, Barre et Honnet, *Rec. CE* 1974, p. 276.

CE, plén., 11 juillet 1977, n° 1929, SA Ferrero-France, *Dr fisc.* 1978, n°27, comm. 1116, concl. LOBRY P.

CE, 27 octobre 1978, n° 7103, Debout, *Rec. CE* 1978, p. 395.

CE, plén., 2 mars 1979, n° 6646, *Rec. CE* 1979, p. 92 ; *Dr fisc.* 1979, n° 20, comm. 997 ; *Dr fisc.* 1981, n° 4, comm. 125, concl. LOBRY P., *RJF* 4/1979, n° 237.

CE, 27 avril 1979, n° 7 309, *Dr fisc.* 1980, n° 2, comm. 56 et 73 et ID 6 339, *Rec. CE*, p. 169, *RJF* 6/79, n° 366, concl. contraires MARTIN LAPRADE B., p. 192.

CE, 27 février 1980, n° 13239, *Dr fisc.* 1980, n° 22-23, comm. 1267, *RJF* 1980, n° 347.

CE, plén., 10 juin 1981, n° 19079, *Dr fisc.* 1981, n° 48-49, comm. 2187, concl. LOBRY P. ; *RJF* 9/1981, n° 787 ; *GAJF*, 2e éd., n° 22-7, étude PLAGNET B.

CE, 24 novembre 1982, n° 32944, Ministre des Transports c/ Héritiers Malonda, *Rec.*, p. 720

CE, 22 juin 1983, n° 32956, *Dr fisc.* 1983, n° 51, comm. 2380, *RJF* 1983, n° 1013, chron. RACINE P.-F., p. 423 à 425

CE, 29 juill. 1983, n° 20-809, *Dr fisc.*1984, comm. 235.

CE, sect., 9 décembre 1983, n° 54382, M. Gasparini, *Rec. CE* 1983, p. 495.

CE, 11 juillet 1984, n°49355, *Dr fisc.* 1985, comm. 793, concl. CHAHID-NOURAI, *RJF* 1984, n°. 630.

CE, plén., 26 juillet 1985, n° 45.149, Sté Lefebure Isolants Réunis, *Rec. CE* 1985, p. 237

CE, 9e et 7e ss-sect., 14 avril 1986, n° 44.607, *Dr fisc.* 1986, n° 41, comm. 1679.

CE, 13 octobre 1986, n° 44.193, SA Pessac automobiles, *Dr fisc.* 1987, n° 19, comm. 996, *RJF* 12/1986, n° 1141.

CE, 16 février 1987, n° 50422, *RJF* 4/87 n° 419.

CE, 7e et 8e ss-sect., 6 avril 1987, n° 55862, Vincent, *RJF* 6/1987, n° 664.

CE, sect., 10 juillet 1987, n° 57762 et n° 57763, M. et Mme Roucaud, *Rec. CE* 1987, p. 256, concl. LE ROY T., *Dr fisc.* 1987, n° 51, comm. 2301, *RJF* 10/1987, n° 1055.

CE, sect., 11 décembre 1987, n° 61-531, *Dr fisc.* 1988, comm. 924, concl. MARTIN LAPRADE B.

CE, sect., 11 juillet 1988, Léonard, *Dr fisc.* 1988, n° 44, comm. 2044, concl. FABRE D., *RJF* 1988, n° 1055.

CE Plén., 9 novembre 1988, n° 68 965, M. Grisoni, *Dr fisc.* 1989, n° 27, comm. 1360, concl. MARTIN LAPRADE B., *RJF* 2/1989, n° 179.

CE, 7 et 9 ss-sect., 18 Janvier 1989, n° 65320, *RJF* 3/89 n° 346.

CE, 22 février 1989, n° 70252, Braun, *RJF* 4/1989, n° 444.
CE, 7e et 8e ss-sect., 21 avril 1989, n° 89657, David, *RJF* 6/89/710.

CE 9e et 8e ss-sect., 25 octobre 1989, n° 64.737, *RJF* 12/89 n°1472.

CE, 8 novembre 1989, n° 58.818, Rodach, *Dr fisc.* 1990, n° 15, comm. 743, *RJF* 1/1990, n° 53.

CE, sect., 9 novembre 1990, Frencia, *Dr fisc.* 1991, n° 7, comm. 264, concl. ARRIGHI DE CASANOVA J., *RJF* 1991, n° 15.

CE, 17 mars 1993, n° 74-755, *Dr fisc.* 1993, n°28, comm. 1470, concl. ARRIGHI DE CASANOVA J.

CE, 8 juin 1994, n° 08-06-1994, Lecomte, *Rec. CE* 1994 p. 191, *RFDA* 1994, p. 850.

CE, 7 décembre 1994, n° 122147, M. et Mme Tournier, *Dr fisc.* 1995, n° 7, comm. 312, concl. ARRIGHI DE CASANOVA J., *RJF* 1/1995, n° 48.

CE, 8e et 9e ss-sect., 6 novembre 1995, n° 125558, M. Daras-Martinez, *Dr fisc.* 1996, n° 5, comm. 126, concl. BACHELIER G., *RJF* 1996, n° 4.

CE, avis, 5 avril 1996, n° 176611, Houdmond, *RFDA* 1997, p. 35, note PETIT J., *Dr fisc.* 1996, n° 25, comm. 765 , concl. ARRIGHI DE CASANOVA J.

CE, 6 mai 1996, n° 134415, Colomer, *Dr fisc.* 1996, n° 38, comm. 1130, concl. ARRIGHI DE CASANOVA J., *RJF* 6/1996, n° 734, chron. AUSTRY S., p. 395.

CE, avis, 4 avril 1997, n° 183 658, *Dr fisc.* 1997, n° 24, comm. 660, concl. LOLOUM F., *Procédures* 1997, comm. 255, obs. PIERRE J.-L., *RJF*

5/1997, n° 469, chron. AUSTRY S, p. 287 à 292, *RGDP* 1998, p. 347, chron. LAMARQUE J.

CE, 3e et 5e ss-sect., 4 juin 1997, n° 169051, Sté Cap Île-de-France, *Rec. CE* 1997, p. 203, *JCP E* 1997, p. 383, note ROUAULT M.-C., *RFDA* 1997, p. 899.

CE, 27 février 1998, n° 177991, Vanadia, *Dr fisc.* 1998, n° 23, comm. 516, concl. ARRIGHI DE CASANOVA J., *RJF* 4/1998, n° 425.

CE, avis, 8 avril 1998, n° 192539, Sté de distribution de chaleur de Meudon et Orléans (SDMO), *Dr fisc.* 1998, n° 18, comm. 398, concl. GOULARD G.

CE, 9e et 8e ss-sect., 17 juin 1998, n° 179 443, M. Paco Rabanne, *Dr fisc.* 1998, n°41, comm. 868.

CE, ass, avis, 8 juillet 1998, n° 195664, Fattell, *Dr fisc.* 1998, n° 40, comm. 842, *RJF* 8-9/1998, n° 970, concl. ARRIGHI DE CASANOVA J., *RGDP* 1998, p. 673 s., chron. LAMARQUE J.

CE, 5 mai 1999, n° 197354, de Bonneval, *RJF* 6/1999, n° 754.

CE, sect., 1er oct. 1999, n° 170 598, Association pour l'unification du christianisme mondial, *Dr fisc.* 2000, n° 12, comm. 240, *Procédures* 2000, comm. 114, note PIERRE J-L., *RJF* 1999, n° 1397.

CE, 10 déc. 1999, n° 180691, SARL Boulangerie auvergnate, *Dr fisc.* 2000, n° 17, comm. 364, *RJF* 2/2000, n° 220.

CE, 27 mars 2000, n° 187 703, SARL Maurel et Fils, *Dr fisc.* 2000, n° 49, comm. 985. Concl. ARRIGHI DE CASANOVA J.

CAA Lyon, 7 juin 2000, n° 96-1379, GFA de Blagnac, *RJF* 12/2000, n° 1411.

CE, 30 juin 2000, n° 181 003, M. Manchec, *Dr fisc.* 2001, n° 7, comm. 143, *RJF* 9-10/00, n° 1171.

CE, sect., avis, 20 octobre 2000, n° 222675, Bertoni, *Dr fisc.* 2001, n° 10, comm. 201, concl. BACHELIER G.

CE, 10 novembre 2000, n° 197979, Tossounian, *Dr fisc.* 2001, n° 14, comm. 329, *RJF* 2/2001, n° 201.

CE, sect., 22 novembre 2000, n° 207697, Sté Crédit Agricole Indosuez Chevreux, *JCP G* 2000, n° 49, p. 2218, *JCP E* 2001, 1609, *JCP E* 2000, n° 49, p. 1927, *JCP G* 2001, II, 10531, note SALOMON R., *RD bancaire et fin.* 2001, p. 28, obs. FRISON-ROCHE M-A, GERMAIN M, MARIN J-C et PENICHON Ch., *AJDA* 2000, p. 997 chron. GUYOMAR M. et COLLIN P., *Banque et droit* 2001, n° 75, p. 26 et s., note DE VAUPLANE H. et DAIGRE J-J, *LPA* 2001, n° 84, p. 18 et s., note BARBIERI J.-F. ; *Bull. Joly Bourse* 2001, § 29, note RONTCHEVSKY N.

CE, 21 mars 2001, n° 202490, Egot, *Dr fisc.* 2001, n° 24, comm. 549, concl. GOULARD G., *RJF* 6/2001, n° 813.

CE, 2 juill. 2001, n° 211690, Baudin, *Dr fisc.* 2001, n° 46, comm. 1067.

CE, 9e et 10e ss- sect., 27 juill. 2001, n° 211758, SA Agencinox et n° 211759, SA Stirn, *Dr fisc.* 2001, n° 49, comm. 1138, concl. GOULARD G., *RJF* 11/2001, n° 1416.

CE, 8e et 3e ss-sect., 30 nov. 2001, n° 234654, M. Dion, *Dr fisc.* 2002, n° 11, comm. 234, concl. MIGNON E., *RJF* 2/2002, n° 232, *RJF* 4/2002, p. 287, chron. MAIA J.

CE, 4e et 6e ss-sect., 30 janv. 2002, n° 203328, M. Ouendeno, *Rec. CE* 2002, tables p. 727.

CE, 8 mars 2002, n° 224304, SARL Clinique Mazargues, *Dr fisc.* 2002, n° 30-35, comm. 648, concl. GOULARD G., *RJF* 6/2002, n° 671.

CE, sect., 15 mars 2002, OMI, *Rec.* CE 2002, p. 103 ; *AJDA* 2002, p. 630, concl. BOISSARD S., *RDP* 2003, p. 413, chron. GUETTIER.

CE, ass., avis, n° 239693, 12 avr. 2002, SA Financière Labeyrie : *Dr fisc.* 2002, n° 26, comm. 55, concl. F. Séners, note B. Boutemy et E. Meier ; *RJF* 6/2002, n° 673, chron. L. Olléon, p. 447 ; *BDCF* 6/2002, n° 83, concl. F. Séners ; *AJDA* 2002, p. 410, chron. COLLIN P. et GUYOMAR M.

CE, 5 juin 2002, n° 201066, Min. c/ SARL Link, *Dr fisc.* 2002, n° 43, comm. 854 ; *RJF* 8-9/2002, n° 987.
CE, 26 juin 2002, n° 220733, Domergue, *RJF* 10/2002, n° 1133

CE, 9e et 10e sous-sect., 28 oct. 2002, n° 227 610, SARL Lobelle, *Dr fisc.* 2003, n° 5, comm. 67.

CE, 29 janvier 2003, Sté Cofadis, n° 232055, *Dr fisc.* 2003, n°20, comm. 372.

CE, 4 novembre 2003, n° 24664, Cheng, *Dr fisc.* 2004, n° 20, comm. 486, concl. GLESER E., *RJF* 2/2004, n° 257.

CE, ass., 7 juill. 2004, n° 255136, min. Int. c/ Benkerrou, *AJDA* 2004, p. 1695, chron. LANDAIS et LENICA, *Dr. adm.* 2004, comm. 155, note BREEN, *LPA* 11 nov. 2004, note SAILLARD ; *RFDA* 2004, p. 913, concl. GUYOMAR M. et p. 1130, note DEGOFFE et HAQUET.

CE 25 avril 2005, n° 213 460, Sté Parfival, *Dr fisc.* n° 29, 18 Juillet 2001, comm. 711.

CE, 6 juillet 2005, n° 252645, M. et Mme Dion, *Dr fisc.* 2005, n° 48, comm. 778, *RJF* 11/05/1164.

CE, 9e et 10e ss-sect., 16 janv. 2006, n° 252782, Sté Edipag, *Dr fisc.* 2006, n° 19, comm. 370 ; *RJF* 4/2006, n° 447.

CE, 31 mars 2006, n° 265953, Blein, *RJF* 6/2006, n° 736.

CE, 27 juill. 2006, n° 272397, M. et Mme Tournois, *Dr fisc.* 2007, n° 13, comm. 339, concl. GLASER E.

CE, 9e et 10e sous-sections, n° 257330, 24 mars 2006, SA Martell et Co, *RJF* 2006, n° 667 ; concl. L. VALLÉE au *BDCF* 2006, n° 71 ; *Dr fisc.* 2006, n°39, comm. 623.

CE, 27 septembre 2006, n° 260050, Sté Janfin, *Rec. CE* 2006, p. 401, *Dr fisc.* 2006, n° 47, comm. 744, concl. OLLEON L., *Procédures* 2006, comm. 284, note PIERRE J.-L., *RJF* 12/2006, n° 1583, chron. BERNARD Y., p. 1083 et s., *BDCF* 12/2006, n° 156, concl. OLLEON L., *Bull. Joly Sociétés* 2007, p. 104, § 12, note REEB-BLANLUET S., *BGFE* 2006, n° 12, p. 30 et s., obs. CHAHID-NOURAI N., V. également FOUQUET O., Fraude à la loi et abus de droit, *Dr fisc.* 2006, n° 47, 6.

CE, sect., 27 octobre 2006, n° 276069, Parent et a., *AJDA* 2007, p. 80, note COLLET M., *LPA* 28 novembre 2006, p. 15, note GLATT J-M. et *LPA* 20 décembre 2006, p. 4, concl. GUYOMAR M.
CE, 6 novembre 2006, n° 287940, *RJF* 1/07/ 79.

CE, 11 déc. 2006, n° 278806, M. et Mme Pessey, *Dr fisc.* 2007, n° 8, comm. 212.

CE, sect., 6 avril 2007, n° 269402, Clermont, *Procédures* n° 7, Juillet 2007, comm. 177.

CE, 6 juin 2007, n° 270955, Min. c/ Lemarinier, *Dr fisc.* 2007, n° 38, comm. 846 ;

CE, 2e et 7e ss-sect., avis, 29 oct. 2007, n° 307736, Sté Sportive professionnelle Losc Lille Métropole, *Rec. CE* 2007, p. 431, *AJDA* 2008, p. 919, note DUVAL J-M.

CE, 8e et 3e sous-sections, 30 novembre 2007, Société Sideme, n° 292705, *RJF* 2008, n° 172, chron. J. BURGUBURU, *BDCF* 2008, n° 25, concl. L. OLLÉON.

CE, sect., 7 février 2008, n° 268961, SARL Cobenko, *RJF* 2008, n° 424.

CE, 10e et 9e ss-sect., 11 avr. 2008, n° 293754, Ermi, *RJF* 2008, n° 786.

CE, 23 avril 2008, n° 308865 , Min. c/ Sté Bisico France, *Dr fisc.* 2008, n° 24, comm. 379, concl. L. VALLÉE, note J.-L. PIERRE.

CE, 3e et 8e sous-sections, 26 mai 2008, Société Norelec, n° 288583, *Dr fisc.* 2008, n° 23, comm. 411, note PIERRE J.-L., *BDCF* 8-9/08, n° 109, concl. SENERS. F.

CE, sect., 6 juin 2008, n° 299203, Sté Tradition Securities and Futures (TSAF), *JCP E* 2009, n° 25, comm. 1618, note PACLOT Y., *JCP G* 2008, act. 435, obs. ROUAULT M-Ch., *AJD*A 2008, p. 1321, chron. BOURGEOIS-MACHUREAU.

CE, 8e et 3e ss-sect., 27 juin 2008, n° 301342, M. Melki et n° 301343, Sté Segame, *Dr fisc.* 2008, n° 38, comm. 501, *RJF* 11/2008, n° 1213, *BDCF* 11/2008, n° 136, concl. OLLEON L.

CE, 27 juin 2008, n° 305702, SCI Ingrid, *Dr fisc.* 2008, n° 44-45, comm. 563, concl. OLLEON L., note GUINCHARD M. et GRAU R.

CE, sect., 18 juillet 2008, n° 300304, *AJDA* 2008, p. 1812, chron. GEFFRAY et LIEBER.
CE, 9e et 10e ss-sect., 3 septembre 2008, n° 277755, min. c/ SA Colly Bombled, *Dr fisc.* 2008, n° 44, comm. 561, concl. COLLIN P., *RJF* 2008, n° 1317.

CE, 17 décembre 2008, n° 316000, *Rev. sociétés* 2009, p. 397, note ARSOUZE C.

CE, 19 décembre 2008, n° 292.286, Flament, *Dr fisc.* 2009, n° 4, comm. 92.

CE, 9e et 10e sous-sections, 26 décembre 2008, n° 282995, , Gonzales-Castrillo, *Dr fisc.* 2009, n° 10, comm. 231, concl. COLLIN P. ; *RJF* 3/2009, n° 237.

CE, 9e et 10e sous-sections, 31 décembre 2008, n° 296472, , Multari, *Dr fisc.* 2009, n° 15, comm. 271, concl. LEGRAS C., *RJF* 2009, n° 346.

CE, 16 février 2009, n° 274000, Sté Atom, *Dr fisc.* 2009, n° 15, comm. 275, concl. C. LEGRAS.

CE, 10e et 9e ss-sect., 10 avril 2009, n° 297040, Ministre de l'économie, des finances et de l'industrie c/ Von Koenig, , *RJF* 2006, n° 676.

CE, 9e et 10e ss-sect.., 10 avril 2009, n° 297040, , min. c/ Von Koenig, *RJF* 7/09 n° 676.

CE, 27 mai 2009, n° 307957, SNC Saint-Honoré, *Dr fisc.* 2009, n° 28, comm. 412 , concl. LEGRAS C.

CE, 27 juillet 2009, n° 295358, Caisse interfédérale de crédit mutuel et n° 295805, Sté Conforama holding, *Dr fisc.* 2009, n° 42, comm. 506, concl. GLASER E., *FR Lefebvre* 36/2009, n° 10, p. 13, note VALLEE L.

CE, 3e et 8e ss-sect., avis, 4 décembre 2009, n° 329173, Sté Rueil Sports venant aux droits et obligations de la Sté Sidonie, *Dr fisc.* 2010, n° 6, comm. 181, concl. GLASER E., note PIERRE J.-L.

CE, 12 mars 2010, n° 306368, Sté Charcuterie du Pacifique, *Dr fisc.* 2010, n° 19, comm. 307, concl. GEFFRAY E., note DEBOISSY F., *RJF* 6/2010, n° 620

CE, 17 mars 2010, n° 309197, SARL Café de la paix, *Dr fisc.* 2010, n° 21, comm. 336, concl. ESCAUT N. , note AYRAULT L., *RJF* 6/2010, n° 653.

CE, sect., 16 juillet 2010, n° 294239, M. Colomb, *Dr fisc.* 2010, n°41, comm. 529.

CE, 8e et 3e ss-sect., 10 septembre 2010, n° 341063, Sté Benoît du Louroux, *Dr fisc.* 2010, n° 40, comm. 518.

CE, 9e et 10e ss-sect., 29 septembre 2010, n° 341065, Sté Snerr Théâtre de Paris, *La revue fiscale du patrimoine* 2010, n° 12, comm. 109.

CE, 9e et 10e ss-sect., 13 octobre 2010, n° 341536, SNC Eiffage Construction Val-de-Seine et n° 341830, Sté Forclum Infra Nord, *Dr fisc.* 2010, n° 45, comm. 552, concl. LEGRAS C.

CE, 22 octobre 2010, n° 342.565, *Dr fisc.* 2010, n° 48, comm. 578, concl. ESCAUT N., *RJF* 2011, n° 83.

CE, 10e ss-sect., 29 octobre 2010, n° 339200, QPC, Limousin c/ Min. Budget, *Procédure* 2011, n°3, comm.124.

CE, 8e et 3e ss-sect., 15 décembre 2010, n° 320693, Mme Retman et n° 320694, M. et Mme Guillemot, *Dr fisc.* 2011, n° 11, comm. 259, note FUMENIER P., *RJF* 3/2011, n° 283.

CE, 17 décembre 2010, n° 341014, Sté Seras II, n° 331113, Bertrand, n° 336406, Blanc et n° 344316, Soares, *Dr fisc.* 2011, n° 3, comm. 118, concl. COLLIN P.

CE, 17 décembre 2010, n° 330666, Throude, *Dr fisc.* 2011, n° 10, comm. 246, concl. CORTOT-BOUCHER E., note MAITROT DE LA MOTTE A., *RJF* 3/2011, n° 270.

CE, 3 février 2011, n° 329839 , Min. c/ Conseil, *Dr fisc.* 2011, n° 27, comm. 417 , concl. CORTOT-BOUCHER E., note PIERRE J.-L., *RJF* 4/2011, n° 471.

CE, 17 juin 2011, n° 318243, Min. des transports, de l'équipement, du tourisme et de la mer c/ Sasu La plage de l'Arinella et n° 318201 et 308242, Min. des transports, de l'équipement, du tourisme et de la mer c/ SA Marina D'Erba Rossa, *RJF* 10/2011, n° 1053.

CE, 30 janvier 2012, n°349009, Ministre de l'intérieur, de l'outre-mer, des collectivités territoriales et de l'immigration c/ Aéroports de Paris, *Lebon T.* p. 554 ; *AJDA* 2012. 726 ; ibid. 1054, concl. BOTTEGHI D.

CE, 9e et 10e ss-sect. réunies, 22 février 2012, n° 352200, Mme Altmann, *Dr fisc.* 2012, n° 12, comm. 206, concl. ALADJIDI F., *RJF* 2012, n° 504.

CE, 8e et 3e ss-sect., 24 avril 2012, n° 343709, Sté Abbey National Treasury Services, *RJF* 7/2012, n° 735.

CE, 10e et 9e ss-sect., 27 septembre 2012, n° 325436, Catusse, *RJF* 11/12 n° 1041.

CE, 27 juillet 2012, n° 331748 , Manseau, *RJF* 11/12/1073.

CE, 9e et 10e ss-sect., 7 novembre 2012, n° 339441, Roumiantsev, *Procédures* n° 1, Janvier 2013, comm. 33.

CE, Avis, sect., 8 mars 2013, n° 353782, Monzani, *RJF* 5/2013, n° 518, p. 403 ; chron. BOKDAM-TOGNETTI E., L'article L. 80 A du LPF et l'annulation pour excès de pouvoir : un mariage hors norme. ; TUROT J., Le roi et le moulin, Brèves observations sur l'avis Monzani, *Dr fisc.* 2013, n° 15, act. 203.

CE, 9e et 10e ss-sect., 23 mai 2014, n° 374056, Sté financière des pins, *Dr fisc.* 2014, n°43-44, comm. 596., concl. LEGRAS C.

CE, 9e et 10e ss-sect., 28 mai 2014, n° 351935, M. et Mme Matallah, *Dr fisc.* n° 29, 17 Juillet 2014, comm. 448, concl. LEGRAS C.

CE, 23 juin 2014, n° 360708 et n° 360709, *RJF* 10/14 n° 925, concl. ALADJIDI F. *BDCF* 10/14 n° 99.

CE, 9e et 10e ss-sect., 16 juillet 2014, n° 380406, Sté SGI, *Dr fisc.* 2014, n° 31-35, comm. 483, concl. ALADJIDI F.

CE, 10e et 9e ss-sect., 24 septembre 2014, n° 361330, SARL Baranco, *Dr fisc.* 2015, n°3, comm. 61., concl. HEDARY D.

CE, 9e et 10e ss-sect., 5 novembre 2014, n° 356798, SCI Agathe (1re esp.), *Dr fisc.* 2014, n°51-52, comm. 705., concl. NICOLAZO DE BARMON M.-A.

CE, 9e et 10e ss-sect., 11 mai 2015, n° 365564, Sté Natixis, *Dr fisc.* 2015, n° 31-35, comm. 526

CE 10e et 9e ss-sect., 14 octobre 2015, n° 386698, min. c/ SCI 3 ME, *Dr fisc.* 2016, n° 2, comm. 70.

CE, 9e et 10e ch., 18 mai 2016, n° 397826, M. B., *Dr fisc.* 2016, n° 23, comm. 368, concl. É. BOKDAM-TOGNETTI

CE, 10e et 9e ch., 27 juin 2016, n° 376513, min. c/ M. Fily, *Dr fisc.* 2016, n° 41, comm. 550.

CE, 3e et 8e ch., 5 octobre 2016, n° 380432, Teles Pinto, *Dr fisc.* 2016, n° 50, comm. 652, concl. DAUMAS V., note PEYEN L. ; *RJF* 12/2016, n° 1099 ; *Procédures* 2016, n° 12, comm. 388, obs. NEGRIN O.

CE, 10e et 9e ch., 29 mars 2017, n° 379685, Sté Edenred France, *Dr fisc.* 2017, n° 17, comm. 287.

CE, 9e et 10e ch., 26 avril 2017, n° 384872, Abad Green, *Dr fisc.* 2017, n° 28, comm. 398, concl. BOKDAM-TOGNETTI É., *RJF* 2017, n° 657.

CE, 8e ch., 12 juillet 2017, n° 410740 , Benmussa, *Dr fisc.* 2017, n° 37, comm. 443, concl. VICTOR R.

CE, 8e ch., 28 juillet 2017, n° 410452, *Dr fisc.* 2017, n° 37, comm. 440.

CE, plén. fisc., 25 octobre 2017, n° 396954, Verdannet, *Dr fisc.* 2018, n° 2, comm. 64, concl. CREPEY E., note DEBOISSY F., *RJF* 1/2018, n° 70, chron. ILJIC A., *RJF* 12/2017 p. 1553.

CE, 9e et 10e ch., 25 octobre 2017, n° 374836, Sté Holcim France SAS venant aux droits de la société Euro Stockage et Sté Enka, *Dr fisc.* 2017, n° 45, act. 596, *RJF* 1/2018, n° 32, concl. BOKDAM-TOGNETTI É.

CE, ass, 12 octobre 2018, n° 408567, SARL Super Coiffeur, *AJDA* 2018. 1991 ; ibid. 2390, chron. NICOLAS C. et FAURE Y., *D.* 2018. 2023, obs. PASTOR J.-M.

CE, 12 févr. 2020, n° 421444, *Dr. fisc*. 2020, n° 10, comm. 180, concl. LLJIC A., note VABRES R.

Arrêts de la Cour de cassation

Cass. crim., 3 mars 1859, *Bull. crim.*, n° 69

Cass., crim., 11 décembre 1863, DP 1864, 1, p. 200.

Cass. civ., 20 août 1867, *DP* 1867, 1, p. 337

Cass. crim., 24 septembre 1868, Tramoni, *Bull. crim.* 1868, n° 212.

Cass. crim. 12 février 1958, *Bull. crim.* n° 147 .

Cass. crim., 30 juin 1960, *Bull. crim.* 1960, n° 353, *Rev. sc. crim.* 1961, p. 107, obs. LEGAL A

Cass. com., 25 octobre 1960, n° 57-11.284, *Bull. civ*. 1960, IV, n° 337, *Rev. sc. fin.* 1961, p. 714 s., note CHRETIEN M., 2e arrêt.

Cass. crim. 19 avril 1967, *Bull. crim*. n° 126.

Cass. crim. 24 mai 1967, *Bull. crim*. N° 163.

Cass. crim., 30 avr. 1963, n° 62-90.938, *Bull. crim*. 1963

Cass. crim., 9 janv. 1974, n° 73-90.789, *Bull. crim*. n° 13

Cass. crim., 3 mai 1974, n° 73-92.289, *Bull. crim* n° 157, *RSC* 1975, p. 403, obs. LARGUIER J.

Cass. crim. 9 mai 1977, *Bull. crim.* n° 160.

Cass. com., 13 mars 1978, n° 77-12.701, *Bull. civ*. 1978, IV, n° 88.

Cass. com., 9 févr. 1981, *Bull. civ.* 1981, IV, n° 73.
Cass. crim., 21 juin 1982, n° 81-93.586, *Bull. crim*. n° 165.

Cass. crim. 29 mai 1983, *Bull. crim*. n° 245.

Cass. com., 16 octobre 1984, n° 734, Sté SEDIF et a., *Dr fisc.* 1985, comm. 476 ; *RJF* 1985, n° 342 ; JCP G 1984, IV, 355

Cass. com., 19 avril 1988, n° 86-19.079, Mme Fanny Joseph, épse Donizel, *Dr fisc.* 1988, n° 32-38, comm. 1733, *RJF* 1989, n° 250.

Cass. com., 10 octobre 1989, n° 1169D, *RJF*, 1989/12, n° 1444

Cass. com., 7 novembre 1989, n° 88-12.059, Daloz, *Dr fisc.* 1989, n° 52, comm. 2533, *RJF* 12/1989, n° 1461, concl. RAYNAUD.

Cass. com., 8 janvier 1991, n° 101 P, *Bull. Joly Sociétés*, 1991, p. 333, § 105 ; *RJF*, 1991/3, p. 226, n° 369.

Cass. com., 9 avril 1991, n° 642 P, *RJF*, 1991/6, p. 503, n° 874

Cass. com., 23 novembre 1993, n° 92-11.138, *Dr fisc.* 1994, comm. n° 689, *Bull. civ.* IV, n° 428, *RJF* 3/1994, n° 636

Cass. com., 7 décembre 1993, n° 91-19.493, Bonhomme, *RJF* 1994, n° 344.

Cass. com., 1ier février 1994, n° 296 D, *RJF*, 1994/5, p. 361, n° 636.

Cass. crim., 7 novembre 1994, n°93-85.286., *Bull. crim.*, n°354.

Cass. com., 3 mai 1995, n° 92-16.983, Guérin, *RJF* 1995, n° 1024.

Cass. com., 17 octobre 1995, n° 1680 D, *RJF*, 1996/1, p. 58, n° 120.

Cass. com., 26 mars 1996, n° 661 D, Société Reneric, *RJF* 7/1996, n° 952.

Cass. com., 6 mai 1996, n° 94-14.686, Verbrugghe, *RJF* 8-9/1996, n° 1088.

Cass. crim., 20 juin 1996, n° 94-85 796, *Dr fisc.* 1997, n° 15-16, comm. 427.

Cass. com., 1er avril 1997, n° 92-20.602, Passet, *RJF* 12/1997, n° 1162.

Cass. com., 29 avril 1997, n° 95-20.001, Ferreira, *Dr fisc.* 1997, n° 20-21, comm. 594, *JCP E* 1997, II, 90, note BRARD Y., *Gaz. Pal.* 1997, 1, p. 20, *Defrénois* 1998, p. 202, note CHAPPERT A., *LPA* 1er décembre 1997, p. 6, note TIXIER G. et HAMONIC-GAUX A.-G., *RJF* 1997, n° 641.

Cass. crim., 19 août 1997, Ballan, *RJF* 12/97/1186.

Cass. com., 7 octobre 1997, n° 95-13.650, Tiberghien, *RJF* 3/1998, n° 340.

Cass. com., 10 mars 1998, n°95-15729, SARL Corevim, *Dr fisc.* 1998, n°22, comm. 486.

Cass. com., 20 octobre 1998, n° 96-20.772, *RJF* 1/1999, n° 87.

Cass. com., 17 novembre 1998, n° 96-21.749, Dupuis, *RJF* 2/1999, n° 284.

Cass. com., 15 juin 1999 n° 98-10931, *Bulletin* 1999 IV N° 130 p. 109, *RJF* 8-9/1999, n° 1119.

Cass. com., 15 juin 1999, n° 97-16.439 : *Bull. civ.* 1999, IV, n° 127, *RTD com.* 1999, p. 914, obs. RONTCHEVSKY N., *Rev. soc.* 1999, p. 844, note VATEL D.

Cass. crim., 16 juin 1999, n°4030 D, Thébault, *RJF*, 5/2000, n°170.

Cass. crim., 27 octobre 1999, n° 98-84.626, *Dr fisc.* 2000, n° 22-23, act. p. 830

Cass. crim., 10 novembre 1999, n° 98-84.076, *DP* 2000, comm. 4, note ROBERT J.-H.

Cass. com., 22 février 2000, n° 488 P, *RJF* 5/00 n° 737.

Cass. com., 21 mars 2000, n° 97-21.894, de Noailles de Mouchy de Poix, *Bull. civ.* 2000, IV, n° 67, *RJF* 2000, n° 863.

Cass. com., 26 février 2002, n° 98-21.744, Laruel et n° 00-18.502, Mercier, *RJF* 2002, n° 858 et 859.

Cass. com., 3 mars 2004, n° 02-14.882, Charavel, *Dr fisc.* 2004, n° 41, comm. 763, *Procédures* 2004, comm. 140, note PIERRE J-L, *RJF* 2004, n° 792 ; *BJS* 2004, § 165, note SERLOOTEN P.

Cass. Com., 23 juin 2004, n° 01-17.896, *Bull. civ.* IV, n° 132 ; *D.* 2004. 2439 ; *RTD com.* 2004. 796, obs. LEGEAIS D.

Cass. Com., 28 janvier 2003, n° 01-00.528, Bull. civ. IV, n° 12 ; *D.* 2003. 553, obs. CHEVRIER E ; *RTD com.* 2003. 493, 2004. 80 et 87, obs. CLAUDEL E.

Cass. com., 17 mars 2004, n° 544 FS-PB, Société Kervilly, *RJF* 7/2004, n° 797.

Cass. com., 31 mai 2005, n° 02-17.025, Marin-Cudraz et Favray, *Dr fisc.* 2005, n° 38, comm. 625.

Cass. com., 27 septembre 2005, n° 1321 et 1322 FS-PBIR, Sté Octogone immobilier et n° 1323 FS-PBIR, Sté Montroyal, *Dr fisc.* 2006, n° 12, comm. 275 et n° 27, comm. 492, rapport GUEGUEN C., *RJF* 1/2006, n° 103, *Procédures* 2005, n° 12, comm. 298, note PIERRE J.-L.

Cass. com., 28 février 2006, n° 05-12.138, *D.* 2006. 781, obs. CHEVRIER E.

Cass. com., 26 juin 2007, n° 06-15.867, *Rec* 2007, p.2037

Cass. Com. 15 sept 2009, n° 08-18.013, P+B, *Dr fisc.* 2009 n°39, comm. 482.

Cass. crim., 24 février 2010, n° 09-82.857, FS P+F, *JCP G* 2010, 629, note CUTAJAR C.

Cass. Crim., 22 septembre 2010, n°09-85.666 : *RD bancaire et fin.* 2011, comm. 79, note CREDOT F-J. et SAMIN Th.

Cass. Crim. 29 septembre 2010, n°10.81.174, Inédit.

Cass. crim., 4 novembre 2010, n° 10-81.233, *Dr fisc.* 2011, n° 3, 111, SALOMON R.

Cass. crim., 13 juin 2012 n° 11-84.092, note MEIER E. et TORLET R., *Dr fisc.* n° 42/12 c. 488.

Cass. Com., 21 janvier 2014, n° 12-29.166, *Bull. civ.* IV, n° 11, D. 2014. 531, obs. CHEVRIER E.,; ibid. 2423, obs. ROUJOU DE BOUBEE G., *AJCA* 2014. 41, obs. CONSTANTIN L. ; *RTD civ.* 2014. 367, obs. BERBIER H.

Cass. crim., QPC, 3 décembre 2014, n° 14-82.526, *Dr fisc.* 2015, n° 5, comm. 113.

Cass. com., QPC, 18 février 2016, n° 15-22.317, Sté ITM Alimentaire International c/ Ministère de l'économie de l'industrie et du numérique et Procureur général près la cour d'appel de Paris *Contrats, conc. consom.* 2016, comm. 118, note MATHEY N.

Cass. crim., 31 mai 2017, n° 15-82.159, P+B, *D.* 2017. 1193.

Cass. crim., 28 juin 2017, n° 16-81.149, P+B, *Dr fisc.* 2017, n° 45, act. 587.

Cass. crim., 6 déc. 2017, n° 16-81.857, F-P+B, *Dr fisc.* 2018, n° 5, comm. 165, note GUILLAND N.

Cass. crim., 11 septembre 2019, n° 18-81.040, n° 18-81.980, 18-82.430, 18-83.484, 18-84.144, 18-81.067 *D. actu.* 1er octobre 2019, obs. FUCINI S., *AJ pénal* 2019. 562, obs. LASSERRE CAPDEVILLE J., *RSC* 2020. 123, note PARIZO R., *JCP* 2019. 1086, note DETRAZ S., DEZEUZE E.

Arrêts des Cours administratives d'appel

CAA Nantes, 8 juin 1990, n° 441, *Dr fisc.* 1991, n°29, comm. 1522.

CAA Nancy, 9 avril 1991, n° 89-798, *Dr fisc.* 1992, n° 13, comm. 678.

CAA Paris, Plén.,17 décembre 1991, n° 357, Restauration Gestion Service (RGS), *RJF* 2/92 n° 232.

CAA Nancy 31 décembre 1992, n° 91-302, *Dr fisc.* 1993, n° 49, comm. 2374.

CAA de Paris, 24 juin 1997, n° 95PA00045, M. Barali, *Dr fisc.* 1998, n° 20, comm. 459.

CAA de Bordeaux, 14 octobre 1997, n° 95BX01358, SARL Bal's, *Dr fisc.* 1998, n° 46, comm. 1038

CAA Paris, 16 avril 1998, n° 96-1379, de Bonneval, *Dr fisc.* 1999, n° 8, comm. 164, *RJF* 8-9/1998, n° 969

CAA Paris, 1er ch., 18 juin 1998, n° 97-753, Sté Murinvest, *Dr fisc.* 1999, comm. 108.

CAA Paris, 2 févr. 2007, n° 04PA03365, Sté Ford Models France, *Dr fisc.* 2008, n° 11, comm. 210 .

CAA Nantes, 1er ch., 6 avril 2010, n° 09NT00336, SAS Génie Travaux Publics Négoce (GTPN) : *Dr fisc.* 2010, n° 20, comm. 320, *RJF* 12/2010, n° 1198.

CAA Versailles, 3e ch., 28 mai 2015, n° 14VE00794, Ndeugoué, *RJF* 2015, n° 810

CAA Versailles, 1er ch., 7 février 2017, n° 15VE02287, SNC Grande Pharmacie de Rosny II.

Index

(Les numéros renvoient aux paragraphes)

P

R

S

Table des matières

Structures éditoriales du groupe L'Harmattan

L'Harmattan Italie
Via degli Artisti, 15
10124 Torino
harmattan.italia@gmail.com

L'Harmattan Hongrie
Kossuth l. u. 14-16.
1053 Budapest
harmattan@harmattan.hu

L'Harmattan Sénégal
10 VDN en face Mermoz
BP 45034 Dakar-Fann
senharmattan@gmail.com

L'Harmattan Cameroun
TSINGA/FECAFOOT
BP 11486 Yaoundé
inkoukam@gmail.com

L'Harmattan Burkina Faso
Achille Somé – tengnule@hotmail.fr

L'Harmattan Guinée
Almamya, rue KA 028 OKB Agency
BP 3470 Conakry
harmattanguinee@yahoo.fr

L'Harmattan RDC
185, avenue Nyangwe
Commune de Lingwala – Kinshasa
matangilamusadila@yahoo.fr

L'Harmattan Congo
67, boulevard Denis-Sassou-N'Guesso
BP 2874 Brazzaville
harmattan.congo@yahoo.fr

L'Harmattan Mali
ACI 2000 - Immeuble Mgr Jean Marie Cisse
Bureau 10
BP 145 Bamako-Mali
mali@harmattan.fr

L'Harmattan Togo
Djidjole – Lomé
Maison Amela
face EPP BATOME
ddamela@aol.com

L'Harmattan Côte d'Ivoire
Résidence Karl – Cité des Arts
Abidjan-Cocody
03 BP 1588 Abidjan
espace_harmattan.ci@hotmail.fr

Nos librairies en France

Librairie internationale
16, rue des Écoles
75005 Paris
librairie.internationale@harmattan.fr
01 40 46 79 11
www.librairieharmattan.com

Librairie des savoirs
21, rue des Écoles
75005 Paris
librairie.sh@harmattan.fr
01 46 34 13 71
www.librairieharmattansh.com

Librairie Le Lucernaire
53, rue Notre-Dame-des-Champs
75006 Paris
librairie@lucernaire.fr
01 42 22 67 13

www.ingramcontent.com/pod-product-compliance
Lightning Source LLC
LaVergne TN
LVHW050052061026
849532LV00001BA/78
* 9 7 8 2 3 4 3 2 2 9 7 9 9 *